GENERAL WINNING TREND THROUGH DISTRIBUTION

CHANNEL

通道制胜

大趋势

范小军 著

Market Development Strategy under E-Commerce Environment

电子商务环境下的市场发展战略

经济管理出版社
ECONOMY & MANAGEMENT PUBLISHING HOUSE

图书在版编目（CIP）数据

通道制胜大趋势：电子商务环境下的市场发展战略/范小军著．—北京：经济管理出版社，2014.3

ISBN 978-7-5096-3002-0

Ⅰ.①通…　Ⅱ.①范…　Ⅲ.①电子商务-零售商业-经济发展战略　Ⅳ.①F713.32

中国版本图书馆 CIP 数据核字（2014）第 052514 号

组稿编辑：郭丽娟
责任编辑：郭丽娟　刘　宏
责任印制：司东翔
责任校对：超　凡

出版发行：经济管理出版社
（北京市海淀区北蜂窝 8 号中雅大厦 A 座 11 层　100038）
网　　址：www.E-mp.com.cn
电　　话：（010）51915602
印　　刷：北京银祥福利印刷厂
经　　销：新华书店
开　　本：720mm×1000mm/16
印　　张：29.5
字　　数：529 千字
版　　次：2014 年 5 月第 1 版　2014 年 5 月第 1 次印刷
书　　号：ISBN 978-7-5096-3002-0
定　　价：68.00 元

序

电子商务已经在各行各业得到了广泛的运用，其快速发展也推动了营销领域的深刻变革。2013 年 12 月最新统计数据显示，我国电子零售总额已达到 1.8 万亿元，占全社会零售总额的 7.7%，电子零售在快速发展的同时，也对传统的销售模式产生了巨大的冲击和构成了威胁。无论是制造商还是传统零售商，谁忽略了电子商务的运用就必然会受到市场的惩罚。由于电子商务的重要性，众多学者从不同角度对电子商务展开了研究。该著作则从营销渠道的角度，对电子商务环境下的市场发展战略进行了系统的研究，无疑将会为从事相关领域的理论研究者和实务工作者提供有益的参考。

范小军是我指导的博士生，他在营销领域拥有扎实的理论功底和很强的研究能力，已出版过多部著作。本书是其长达四年的国家自然科学基金研究成果，他一直希望写一本具有一定理论价值并能被广大管理实践者认可的书，本书是他的一种努力尝试。本书具备知识系统、案例丰富、数据翔实、图表清晰等特点。从知识的系统性来看，本书分析、总结、借鉴了国内外大量研究积累的成果，对相关问题进行了深入、全面、系统的梳理。本书首先分析了电子渠道和传统渠道之间的竞争、电子商务环境下的消费者行为，为探讨电子商务环境下的市场发展战略提供了前期理论基础。其次，分别针对独立电子零售商、制造商和传统零售商探讨电子商务环境下的市场发展战略，为电子商务的实践管理者和理论研究者提供一个强有力的理论支撑。为了对相关的理论进行合理阐述，本书收集了国内外大量的案例，以便为实践管理者提供更多的参考。本书采集的大量数据会有助于电子商务的实践管理者作出更为科学的管理决策。本书尽可能采用图表的形式对相关理论问题进行提炼，既避免了读者阅读大量文字的枯燥，又可以帮助读者更有效地掌握好理论。

作为一个高校的学者，由于其长期研究养成的习惯和丰富社会实践的缺乏，在写作时会存在理论阐述有余、实践解释不足的固有问题，与管理实践者的知识需求对接可能会存在一定差距，再加上写作文风问题，要成为一部被实践管理者广泛接受的著作，确实是个不小的挑战。但是，仁者见仁、智者见智，希望眼光犀利的读者能从这本书中汲取到所需的知识营养。

王方华
教授、博士生导师
菲利普·科特勒理论贡献奖获得者
原上海交通大学经济与管理学院院长
中国市场学会副会长
2014-3-16

前 言

随着互联网络技术和信息技术的日臻成熟，互联网络规模日益扩大，网络用户数量迅猛增加，互联网络的应用已经逐步进入了社会的各行各业，与人们的日常工作和生活逐渐紧密地联系在一起。互联网络技术在全球的广泛使用，标志着人类社会开始进入“信息经济”时代。“信息经济”时代最显著的一个特征就是信息通信技术在传统商业领域的应用，即电子商务。电子商务的实施使“信息经济”时代具有市场全球化、商业平民化和消费个性化的显著特征，对世界经济的发展产生前所未有的影响。中国电子商务研究中心监测数据显示，2012 年中国电子商务市场交易规模达 7.85 万亿元，同比增长 30.83%。其中，网络零售市场交易规模达 13205 亿元，同比增长 64.7%。近年来，我国电子商务快速发展，对经济社会生活的影响不断增大，正成为我国经济发展的新引擎。利用好这个新引擎，对于启动消费、扩大内需、转变经济发展方式具有重要意义。在电子商务环境下，消费者数量呈现快速增长趋势，截至 2013 年 6 月底，我国网络购物网民规模达到 2.71 亿人，网络购物使用率提升至 45.9%。

电子商务不仅影响消费者行为，也更深刻地推动着市场参与主体的市场战略变革。本书正是在电子商务环境下，对市场主体的市场发展战略进行探讨。本书首先对电子渠道和传统渠道之间的竞争状况进行分析；其次，讨论电子渠道和传统渠道环境下的消费行为；最后，探讨电子零售商、制造商、传统零售商的市场发展战略。全书分五篇、共十二章。第一篇讨论电子渠道和传统渠道之间的竞争，先对中国电子商务的发展概况进行了描述和总结，然后分析电子渠道和传统渠道之间的竞争，该篇包含了第一章（电子商务概述）和第二章（电子渠道和传统渠道之间的竞争）；第二篇探讨电子渠道和传统渠道环境下的消费者行为，以便为制造商、电子零售商和传统零售商开展网络销售业务提供理论基础，该篇包含第三章（电子商务环境下的消费者购买行为）、第四章（在线评价对消费者在线购物行为的影响）和第五章（电子渠道和传统渠道环境下的消费者渠道选择行为）；第三篇讨论独立电子零售商的市场发展战略，为独立电子零售商发展网络零售业务提供理论指导，该篇包含第六章（独立电子零售商的业务发展策略）、第七章（独立电子零售商的在线定价策略）和第八章（独立电子零售商的服务管理策略）；第四篇讨论制造商引入电子渠道的双渠道发展战略，为制造商在引入电子渠道后发展双渠道提供理论参考，该篇包含第九章（制造商的双渠道战略决策）和第十章（制造商引入电子渠道后的双渠道协调策略）；第五篇探讨传统零售商引入电子渠道的多渠道发展战略，为传统零售商发展多渠道业务提供指导，该篇包含第十一章（零售商引入电子渠道的战略决策）和第十二章（多渠道零售商的渠道整合战略）。

本书主要面向从事电子渠道相关的生产企业、传统零售企业和电子零售企业的管理人员，为他们从事电子渠道相关的业务提供管理指导和借鉴，帮助他们提高电子渠道管理的绩效，并可供从事电子渠道相关的研究人员参考。

本书的主要特点：

（1）理论系统。本书分析、总结、借鉴了国内外大量研究积累的成果，对相关问题进行深入、全面、系统的梳理，给电子商务的实践管理者和理论研究者提供了一个强有力的理论支撑。

（2）案例丰富。为了对相关的理论进行合理阐述，本书收集了国内外大量的案例，以便为实践管理者提供更多的参考。

（3）数据翔实。本书收集了电子商务领域的大量数据，有助于电子商务的实践管理者作出更为科学的管理决策。

（4）图表清晰。本书尽可能采用图或表的形式对相关理论问题进行提炼，既避免了读者大量阅读文字的枯燥，又可以帮助读者更有效地掌握好理论。

本书作为国家自然科学基金的结题成果，其写作过程得到了胡杨、尚晨晨、杨翠、于淑莲、仲景、王飞、王永健、花飞飞、强春发九位同志在资料收集、文字梳理等方面的大力支持，在此对他们的辛苦付出表示感谢！笔者希望将理论成果通过著作形式能够对管理实践有指导意义，所以，写作时尽量避免学术著作的枯燥和理论的深奥，使更多的管理者能够认为它确实有价值。当然，限于自己水平的局限性，想法和结果还是会存在一定的差距，希望读者在以挑剔的眼光阅读时，能够提出更多中肯的意见。

目　录

第一篇　电子渠道与传统渠道之间的竞争

第二篇 电子渠道和传统渠道下的消费者行为

第三篇 独立电子零售商的市场发展战略

第四篇　制造商引入电子渠道的双渠道发展战略

第五篇 传统零售商引入电子渠道的多渠道发展战略

第一篇

电子渠道与传统渠道之间的竞争

第一章　电子商务发展概述

随着互联网络技术和信息技术的日臻成熟，互联网络规模日益扩大，网络用户数量迅猛增加，互联网络的应用已经逐步进入了社会的各行各业，与人们的日常工作和生活逐渐紧密地联系在一起。互联网络技术在全球的广泛应用，标志着人类社会开始进入“信息经济”时代。“信息经济”时代最显著的一个特征就是信息通信技术在传统商业领域的应用，即电子商务。借助互联网络技术，经济全球化进程大大加快，国际经济结构进一步调整，原有的时空间隔被打破，产品市场逐步形成全球化趋势，同时使生产和消费更为贴近，大大降低了产品的成本，企业同时也获得了更为广泛、公平的竞争市场，消费者亦从中获得更多的选择和更为个性化的服务。电子商务的实施使“信息经济”时代具有市场全球化、商业平民化和消费个性化的显著特征，对世界经济的发展产生前所未有的影响。有人甚至把电子商务与200年前的工业革命相提并论，把它看成是知识经济时代中信息通信技术对传统产业变革的重要环节。各发达国家都把发展电子商务作为拓展全球市场、加快本国经济发展的重要手段，积极参与全球电子商务应用的协同与合作，大力推进全球电子商务的发展。各发展中国家更是在国际组织的援助和支持下通过加强基础设施建设，积极参与到发展电子商务的潮流中来，力争缩小与发达国家存在的“数字鸿沟”。

本章主要对电子商务发展状况进行全局性分析，以明确电子商务环境下开发市场战略的价值。本章首先对中国电子商务总体发展状况进行了描述；其次，专门对本书研究的B2C网络零售市场进行了阐述；最后，探讨了制造商、独立电子零售商、传统零售商等市场主体参与B2C网络零售的具体方式。

第一节 中国电子商务总体发展状况

近年来，我国电子商务快速发展，对经济社会生活的影响不断增大，正成为我国经济发展的新引擎。利用好这个新引擎，对于启动消费、扩大内需、转变经济发展方式具有重要意义。目前，我国网络购物快速从分散化购买阶段进入规模化购买阶段。即使面对国际金融危机的冲击，我国电子商务 2007～2010 年的增长速度均超过 30%，2012 年更是达到了 64.7% 的增速，占到社会消费品零售总额的 6.3%。我国电子商务主要可分为 B2B、B2C、C2B、C2C、O2O 五大类模式，不同模式都有提升的趋势。

近 10 年来，我国电子商务市场高速稳定增长，电子商务交易额在消费总额中的占比从几乎为零稳步增长到突破 6%，成为我国扩大消费的一个主要渠道。同时，电子商务促进了相关产业的变革和发展，比如网络支付、快递等，电子商务的蓬勃发展还扩大了社会就业。该节在描述了电子商务整体发展状况之后，对电子商务中的各个子行业进行分析。

一、电子商务整体发展状况[1]

（一）电子商务交易规模

截止到 2012 年底，中国电子商务市场交易规模达 7.85 万亿元，同比增长 30.83%。其中，B2B 电子商务交易额达 6.25 万亿元，同比增长 27%。网络零售市场交易规模达 13205 亿元，同比增长 64.7%。如图 1-1 所示。

（二）区域分布

目前国内电子商务服务企业主要分布在长三角、珠三角一带，以及北京、上海等经济较为发达的省、市。在企业区域的分布上，排在前十的省份（含直辖市）分别为浙江省、广东省、上海市、北京市、江苏省、山东省、四川省、河北省、河南省、福建省。如图 1-2 所示。

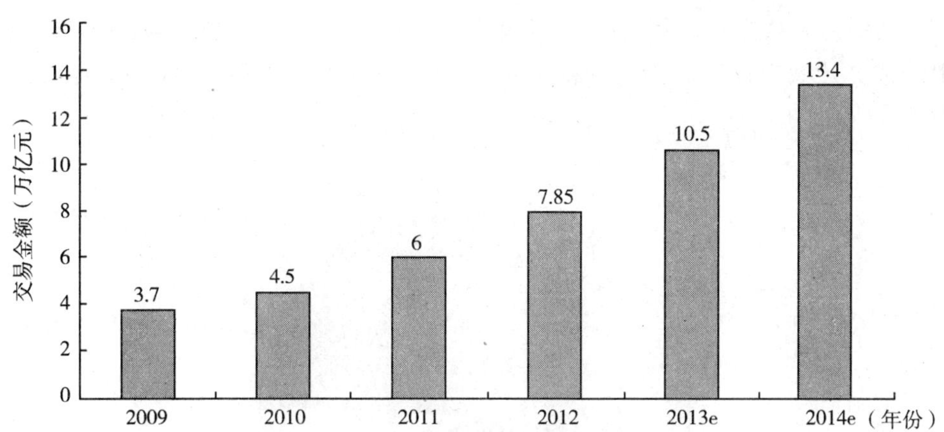

图 1-1 2009～2014 年中国电子商务市场交易规模

资料来源：中国电子商务研究中心。

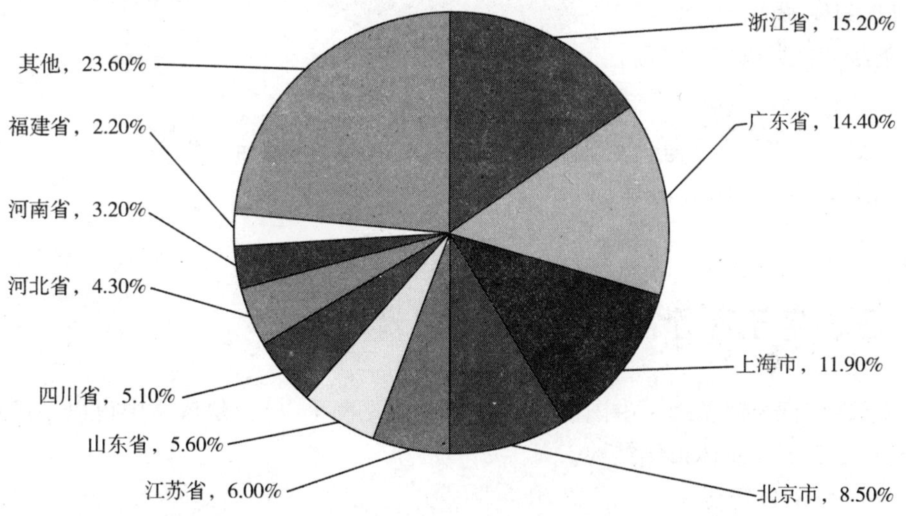

图 1-2 2012 年中国电子商务企业区域分布

资料来源：中国电子商务研究中心。

（三）产业分布

在日益增长的电子商务网站数量中，各电子商务服务商所处的行业至关重要。据中国电子商务研究中心数据显示，从目前电子商务网站所处的行业分布来看，排在前十名的依次为服装鞋帽、纺织化纤、农林畜牧、数码家电、机械设备、化工塑料、食品糖酒、建筑建材、五金工具、医疗医药（见图 1-3）。服装、纺织等大众化、需求较大的行业聚集的电商网站最多，紧随其后的是数码家电等适合开展电商的行业。而随着电商的不断发展，将影响更多的行业加入电商。

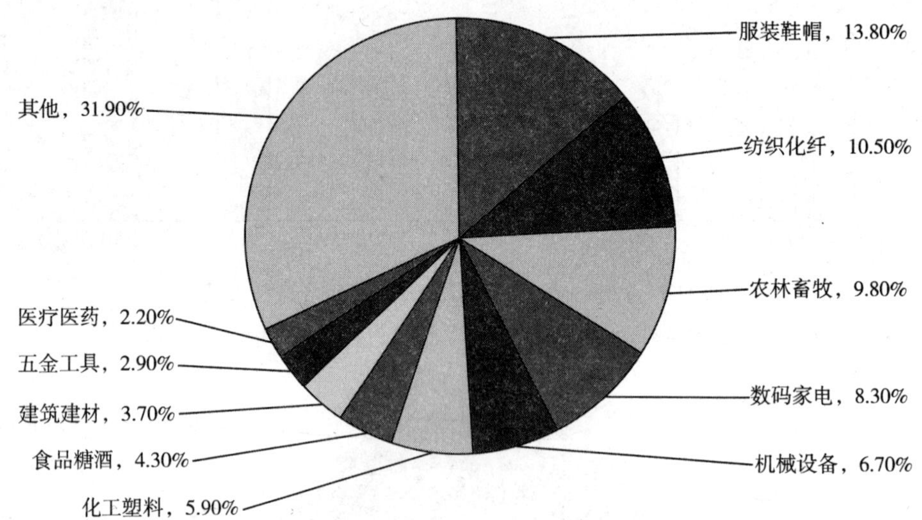

图 1-3 2012 年中国电子商务企业产业分布

资料来源：中国电子商务研究中心。

二、电子商务各子行业发展状况

艾瑞咨询公司整理了中国主要电商版图（见图 1-4），从该图中可以了解中国电子商务行业总体市场结构[2]。

（一）B2B 行业

2012 年中国 B2B 电子商务市场规模达 6.25 万亿元，同比增长 27%，相较 2011 年下滑 2 个百分点。截止到 2012 年 12 月，我国 B2B 电子商务服务企业达 11350 家，同比增长 8%，相较 2011 年下降 6 个百分点。2012 年中国 B2B 电子商务服务商的营收规模约为 160 亿元，同比增长 23%。2012 年 12 月，国内使用第三方电子商务平台的中小企业用户规模（包括同一企业在不同平台上注册但不包括在同一平台上重复注册）已经突破 1700 万家。2012 年 B2B 电子商务服务商营收（包括线下服务收入）份额中，阿里巴巴继续排名首位，市场份额为 45%，而环球资源、我的钢铁网、慧聪网、中国制造网、环球市场集团、网盛生

图 1-4　中国主要电商版图

意宝分别位列第二位至第七位（见图 1-5）。

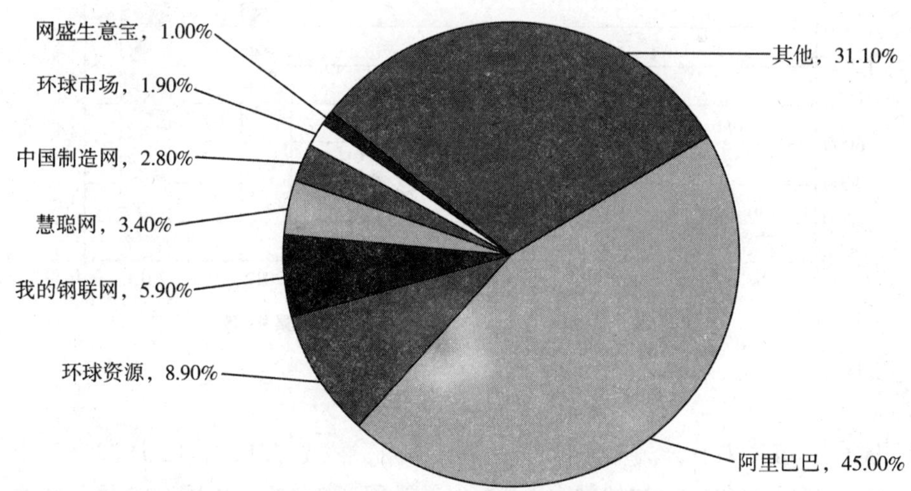

图 1-5　2012 年 B2B 企业市场份额分布

资料来源：中国电子商务研究中心。

B2B 市场存在以下发展趋势：① B2B 行业将更加细分。2013 年只针对行业某一类产品的 B2B 网站将大量涌现，尤其是工业品 B2B 行业网站是未来一大发展趋势。该类行业网站的优势在于能够为供应商和采购商提供更加专业、更有针对性的服务。② B2B 将由信息平台向交易平台转型。未来 B2B 电子商务平台运营商将进一步从现有的以信息平台为主向交易平台转型，帮助买卖双方安全、便利地完成整个交易流程。③ B2B 与 B2C 融合发展。两者结合将更加符合市场需求，缩小商家与客户的距离，实现商品的直销。同时也降低了产品质量和服务的问题，让厂家直面消费者，缩短了交易的中间环节，加快供需信息交流的速度和保证了供需信息的准确性。

（二）网络零售行业

网络零售行业含 B2C 行业（含传统固定网络电商 B2C 和移动电商 B2C）、C2C 行业、海外代购等细分行业。2012 年中国网络零售市场交易规模达 13205 亿元，同比增长 64.7%，占社会消费品零售总额的 6.3%（见图 1-6）。到 2012 年 12 月底国内 B2C、C2C 与其他电商模式企业数已达 24875 家，较 2011 年增幅达 19.9%，预计 2013 年将达到 25529 家。

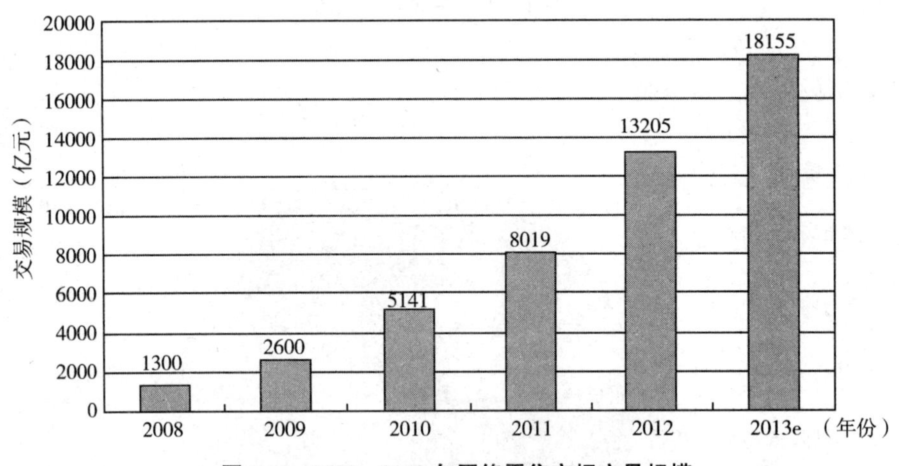

图 1-6 2008 ~ 2013 年网络零售市场交易规模

资料来源：中国电子商务研究中心。

从 C2C 市场来看，淘宝集市地位依旧稳固，截至 2012 年 12 月淘宝占全部的 C2C 市场的 96.4%，拍拍网占 3.4%，易趣网占 0.2%。中国 C2C 网络购物市场格局相对稳定，各网站占比趋于稳定，交易规模持续平稳增长。

截止到2012年12月，中国移动电子商务市场交易规模达到965亿元，同比增长135%，依然保持快速增长的趋势。我们预计到2013年这一数字有望达1300亿元。在过去的2012年，移动电子商务用户规模约达25050万人，较2011年的15000万人同比增长67%。预计到2013年这个数据将增长到37250万人。

2012年中国海外代购市场交易规模达483亿元，较2011年同比增长82.3%。

网络零售市场存在以下发展趋势：① 电商行业的整合并购潮将持续。电子商务堪称互联网行业里的吸金大户，以资本力量整合并购的趋势会更为突出，大鱼吃小鱼加剧。② 业务线继续拓展，商品种类不断丰富。综合B2C电子商务企业未来将继续拓展业务线，完善商品种类，为用户提供“一站式”购物体验。同时电商们也开始不满足于国内市场，实行走出去战略。③ 移动电子商务成为电商争抢的“蛋糕”。移动电子商务为传统企业开辟了新战场，未来传统企业都将通过各种方式进军移动电子商务。移动电子商务将成为电商的下一个战场。④ 线上线下加速融合将成零售业发展趋势。从传统企业走向线上到日前“红孩子”要落地开实体店，都可看到线上线下加速融合的趋势，未来将更加明显。⑤ 电商竞争开始转向比拼内力。行业发展到一定阶段，电商竞争渐趋于内力的比拼，未来电商企业们急需修炼内功，以增强其竞争力。

（三）网络团购行业

截至2012年12月底，全国团购网站累计诞生总数高达6177家，累计关闭3482家，死亡率达56%，运营中2695家，低于2010年底的3200家。与此同时，团购行业逐步规范，团购网站平均诞生率和平均复活率出现双降的趋势。

2012年团购市场（含“聚划算”）成交规模达到了348.85亿元，而这一数字在2011年仅为216.32亿元，同比增长61%。2012年上半年，含团购平台在内的中国网络团购交易额达到了146.5亿元，而这一数字在2011年上半年仅为65.4亿元，同比增长124%。但与2011年下半年的150.6亿元相比却下跌了2.74%。这与下半年是团购旺季有关。

2012年团购市场份额统计，独立团购网站占据了团购市场58%的份额。以聚划算、京东团购和58团购为主的团购平台占据41%的市场份额。独立团购网站排行榜前十名依次为美团网（13%）、高朋网（7%）、拉手网（6%）、大众点评（5%）、糯米网（5%）、窝窝团（5%）、千品网（2%）、满座网（2%）、嘀嗒团（1%）、聚齐网（1%）（见图1-7）。十强团购网站占据了整个团购市场47%的市场份额。而以聚美优品、知我网、Like团、喜团网、团购王、品质团等为主的中小综合团购网站和垂直细分团购网站占据了12%的市场份额。

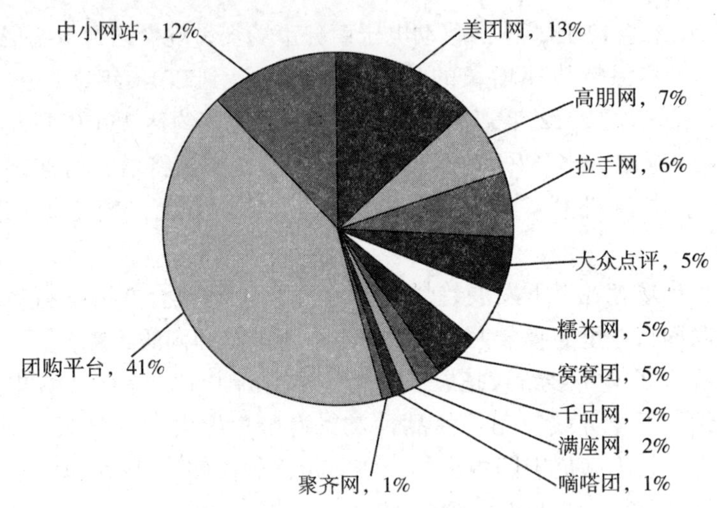

图 1-7 2012 年团购网站市场份额分布

资料来源：中国电子商务研究中心。

团购市场存在以下发展趋势：① 团购进入 O2O 社会化模式。2012 年团购行业取得了长足的进展。团购已经从一种被视为很短命的暴发户模式，发展成为稳定的可以规模盈利的闭环 O2O 模式。团购也为移动互联网时代传统行业的触电完成了热身。团购与 LBS 的天然契合使得本地生活服务的 O2O 快速发展，并成为现代都市人不可或缺的消费指南与生活导航。② 未来团购由大型团购网站、团购平台与“小而美”组成。中国未来团购大格局一定是几家独立大型团购网站与几家大型团购平台或团购门户耦合的众多分布广泛的行业细分或区域特色的“小而美”团购网共同组成。前者为行业的标准化作出贡献，后者为团购的多样性作出贡献。中国地域和商家的复杂性注定最接地气、运营成本最低的是本地团队，因此行业整体向社会化发展才是中国团购的出路。③ 移动互联网成团购主战场。2013 年团购的主战场将会逐渐由桌面转移到移动互联网。使用手机上网的网民数量已占网民总数的 69.3%，移动互联网的风靡成为团购网站与互联网的对接平台，团购导航的客户端比如领团网客户端，聚合了全部商家和团购，更加方便了消费者。

第二节　B2C 网络零售市场发展状况

B2C 网络零售行业是电子商务应用的典型代表之一，一直被誉为“最能发挥长尾优势”的行业。近年来，全球 B2C 类站点呈现了相对平稳发展后突然快速发展的趋势，中国 B2C 行业在电子商务行业中占有至关重要的地位，并呈现加速发展的态势。在本节中，首先介绍了全球 B2C 网络零售行业的发展状况；其次，分析中国电子零售商发展环境；最后，探讨中国 B2C 市场竞争状况、中国 B2C 网络零售市场产品品类、中国网络零售市场消费者构成。

一、全球 B2C 网络零售市场发展状况[3]

2010 年全球 B2C 电子商务交易总额达到了 1.5 万亿美元，2011 年达到了 1.7 万亿美元（见图 1-8），其中，北美地区占 23%、亚太地区占 27%、西欧地区占 24%。在北美地区中，美国市场 2010 年的 B2C 电子商务交易总额为 4700 亿美元，2011 年达到了 5800 亿美元。

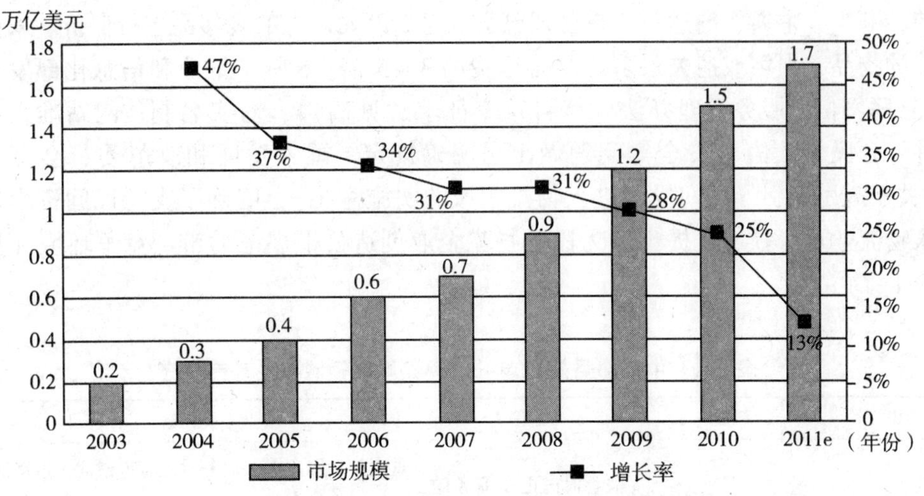

图 1-8　2003～2011 年全球 B2C 电子商务市场交易额

资料来源：中国电子商务协会数字服务中心。

二、中国网络零售市场发展环境分析[4]

（一）政策法律环境

国家层面的政策法律监管扶持进一步加强。2012 年，相关部门协同推进电子商务发展的工作机制初步建立，围绕促进发展、电子认证、网络购物、网上交易和支付服务等主题，出台了一系列政策、规章和标准规范，为构建适合国情和发展规律的电子商务制度环境进行了积极探索。

2012 年 2 月，国家发改委、财政部、商务部、人民银行、海关总署、税务总局、工商总局、质检总局八部委联合发布《关于促进电子商务健康快速发展有关工作的通知》，重点推动国家电子商务示范城市创建，推动商贸流通领域电子商务应用快速发展，规范电子支付，推广金融 IC 卡应用，研究跨境贸易电子商务便利化措施等工作。3 月，工信部规划司发布《电子商务“十二五”发展规划》，确定“十二五”期间电子商务发展的具体目标为交易额翻两番，突破 18 万亿元。企业间电子商务交易规模超过 15 万亿元。网络零售交易额突破 3 万亿元，占社会消费品零售总额的比例超过 9%。国家工商行政管理总局发布《关于加强网络团购经营活动管理的意见》，以规范网络团购市场经营秩序，维护网络消费者和经营者的合法权益。5 月，国家邮政局针对《快递市场管理办法（修订草案）》公开征求意见，首次建议寄件人对贵重物品购买保价或保险服务。目前，顺丰、中通、韵达等快递公司已尝试对 2 万元以上的奢侈品进行保价。未保价的物品，损坏或遗失最多只赔偿运费的 3 ~ 5 倍。6 月，工业和信息化部发布《互联网信息服务管理办法（修订草案征求意见稿）》，对实名制、网站准入条件、公民个人信息安全等问题做出了明确规定。国家发展和改革委员会发布《关于鼓励和引导民间投资进入物流领域的实施意见》，明确了支持民间资本进入物流业重点领域，提出要为民营物流企业创造公平规范的市场竞争环境（见表 1-1）。

表 1-1　中央部委 2012 年出台网络购物领域相关政策一览

时间	部委	政策	主要内容
2012 年 2 月	国家发改委、财政部等八部委	《关于促进电子商务健康快速发展有关工作的通知》	重点推动国家电子商务示范城市创建，推动商贸流通领域电子商务应用快速发展，规范电子支付，推广金融 IC 卡应用，研究跨境贸易电子商务便利化措施等工作

续表

时间	部委	政策	主要内容
2012年3月	工信部规划司	《电子商务“十二五”发展规划》	确定“十二五”期间电子商务发展的具体目标为交易额翻两番，突破18万亿元。企业间电子商务交易规模超过15万亿元。网络零售交易额突破3万亿元，占社会消费品零售总额的比例超过9%
2012年3月	国家工商行政管理总局	《关于加强网络团购经营活动管理的意见》	以规范网络团购市场经营秩序，维护网络消费者和经营者的合法权益
2012年5月	国家邮政局	《快递市场管理办法（修订草案）》	首次建议寄件人对贵重物品购买保价或保险服务。目前，顺丰、中通、韵达等快递公司已尝试对2万元以上的奢侈品进行保价。未保价的物品，损坏或遗失，最多只赔偿运费的3~5倍
2012年6月	工业和信息化部	《互联网信息服务管理办法（修订草案征求意见稿）》	对实名制、网站准入条件、公民个人信息安全等问题做出了明确规定
2012年6月	国家发展和改革委员会	《关于鼓励和引导民间投资进入物流领域的实施意见》	明确了支持民间资本进入物流业重点领域，提出要为民营物流企业创造公平规范的市场竞争环境

此外，2012年，由国家工商总局牵头发起的《网络商品交易及服务监管条例》已被列入国务院“二类立法”计划，这意味着我国首部电子商务监管立法已全面启动。商务部会同有关部委研究起草了《网络零售管理条例》和《网络零售交易规则管理规定》，力争在电子商务规制建设上取得突破。电子商务的规范化进程在加快，行业将更加有序发展。

（二）经济市场环境

2012年，国民经济缓中企稳，经济发展稳中有进，宏观市场环境良好。初步核算，全年国内生产总值519322亿元，比2011年增长7.8%（见图1-9）。其中，第一产业增加值52377亿元，增长4.5%；第二产业增加值235319亿元，增长8.1%；第三产业增加值231626亿元，增长8.1%。第一产业增加值占国内生产总值的比重为10.1%，第二产业增加值的比重为45.3%，第三产业增加值的比重为44.6%。

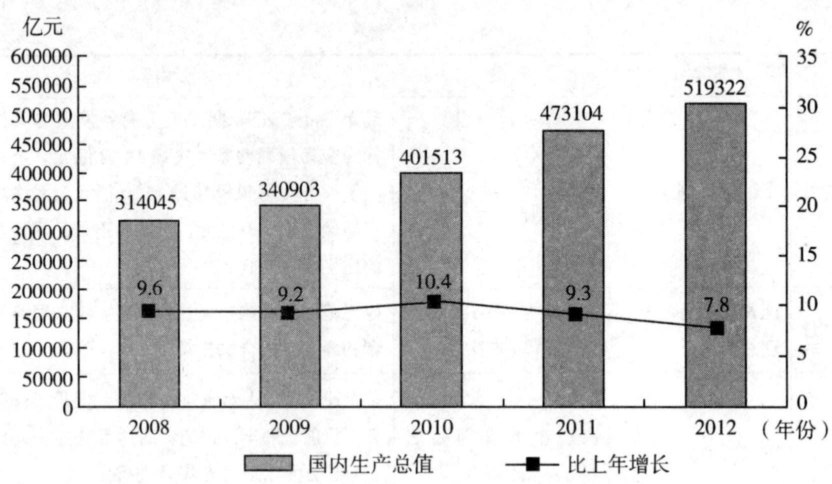

图 1-9 2008 ~ 2012 年国内生产总值及其增长速度

资料来源：国家统计局。

2012 年全年居民消费价格比上年上涨 2.6%，其中食品价格上涨 4.8%；固定资产投资价格上涨 1.1%；工业生产者出厂价格下降 1.7%；工业生产者购进价格下降 1.8%；农产品生产者价格上涨 2.7%。

2012 年全年社会消费品零售总额 210307 亿元，比 2011 年增长 14.3%，扣除价格因素，实际增长 12.1%（见图 1-10）。按经营地统计，城镇消费品零售额 182414 亿

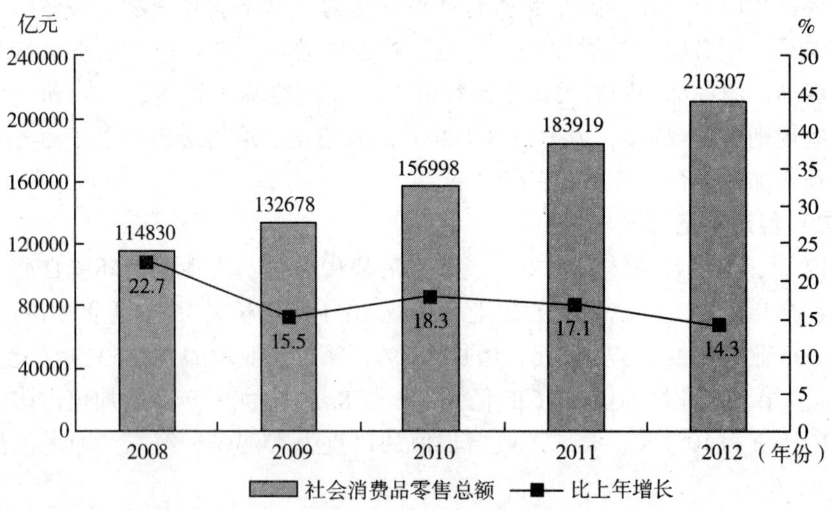

图 1-10 2008 ~ 2012 年社会消费品零售总额及其增长速度

资料来源：国家统计局。

元，增长14.3%；乡村消费品零售额27893亿元，增长14.5%。按消费形态统计，商品零售额186859亿元，增长14.4%；餐饮收入额23448亿元，增长13.6%。

在限额以上企业商品零售额中，2012年汽车类零售额比上年增长7.3%，粮油类增长19.9%，肉禽蛋类增长18.0%，服装类增长17.7%，日用品类增长17.5%，文化办公用品类增长17.7%，通信器材类增长28.9%，化妆品类增长17.0%，金银珠宝类增长16.0%，中西药品类增长23.0%，家用电器和音像器材类增长7.2%，家具类增长27.0%，建筑及装潢材料类增长24.6%。

（三）网络基础环境

2012年，全国光缆线路长度净增268.6万千米，达到1480.6万千米。局用交换机容量（含接入网设备容量）净增478.1万门，达到43906.4万门。移动电话交换机容量净增11233.8万户，达到182869.8万户。基础电信企业互联网宽带接入端口净增3596.0万个，达到26835.5万个。全国互联网国际出口带宽达到1899792.0Mbps，同比增长36.7%。

截至2013年6月底，我国网民规模达5.91亿人，半年共计新增网民2656万人。互联网普及率为44.1%，较2012年底提升了2个百分点（见图1-11）。中国新增网民中使用手机上网的比例高达70.0%，高于其他设备上网的网民比例，说明手机对互联网普及的促进作用重大，是目前互联网增长的主要来源。

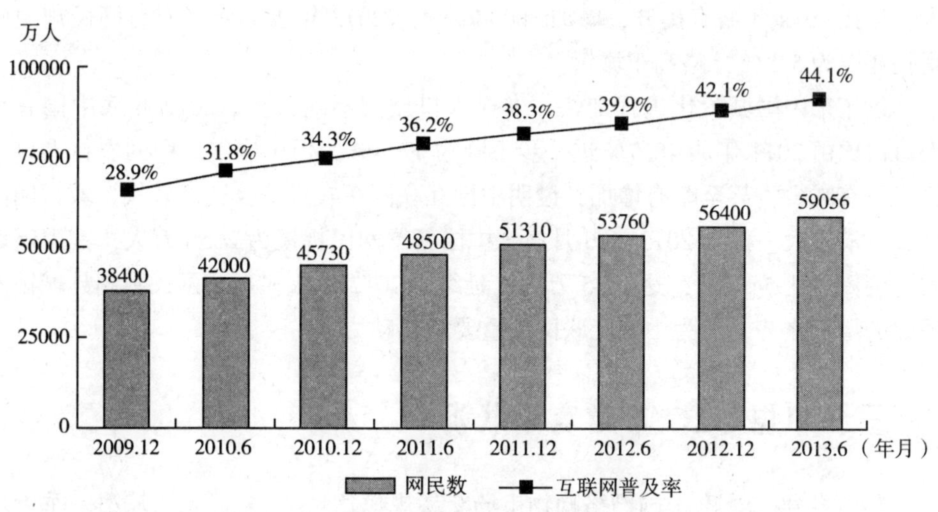

图1-11 中国网民规模与互联网普及率

资料来源：CNNIC第32次《中国互联网络发展状况统计报告》。

截至2013年6月底，我国手机网民规模达4.64亿人，较2012年底增加约4379万人，网民中使用手机上网人群占比由74.5%提升至78.5%，较2012年下半年增速有所提升（见图1-12）。

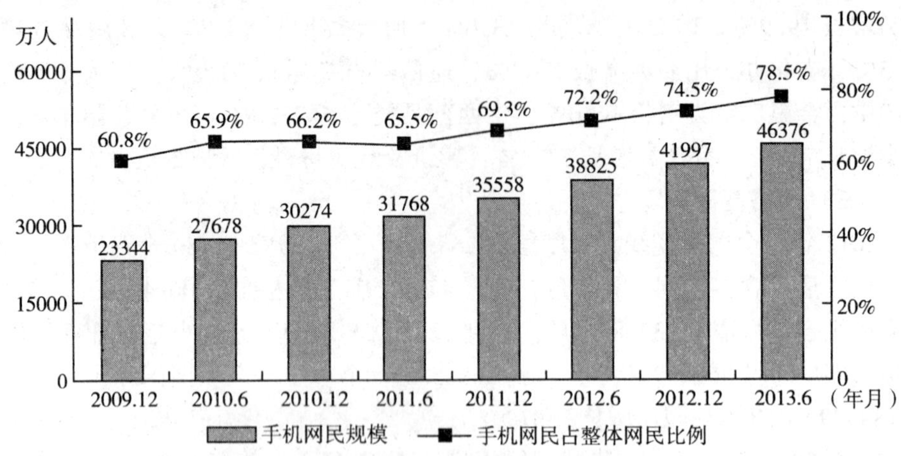

图1-12 中国手机网民规模及其占网民比例

资料来源：CNNIC第32次《中国互联网络发展状况统计报告》。

截至2013年6月底，我国网民中农村人口占比为27.9%，规模达到1.65亿人，相比2012年略有提升，增加约908万人。2013年上半年，农村网民规模的增长速度为5.8%，略高于城镇。

近年来中国城镇化进程加快，农村人口比例不断减少。2012年底中国农村人口占比由2011年的48.7%进一步下降为47.4%，但中国网民中的农村人口比例却没有减少，甚至略有增加，说明中国互联网在农村普及速度较快，农村网民增长规模较大。截至2013年6月底，中国新增网民规模为2656万人，其中新增农村网民占比54.4%，达1445万人，延续了2012年农村新增网民数超越城镇网民数的增长之势，成为中国互联网的重要增长动力。

三、中国B2C市场竞争状况[5]

2013年第二季度中国网络购物市场交易规模达4371.3亿元，较第一季度增长24.2%，而与2012年同期相比则增长45.3%（见图1-13）。据国家统计局发布的数据显示，2013年第二季度社会消费品零售总额达6.03万亿元，环比增速

8.7%，第二季度网络购物在社会消费品零售总额中的占比为7.3%，且网络购物交易规模环比增速为社会消费品零售总额的2.78倍。

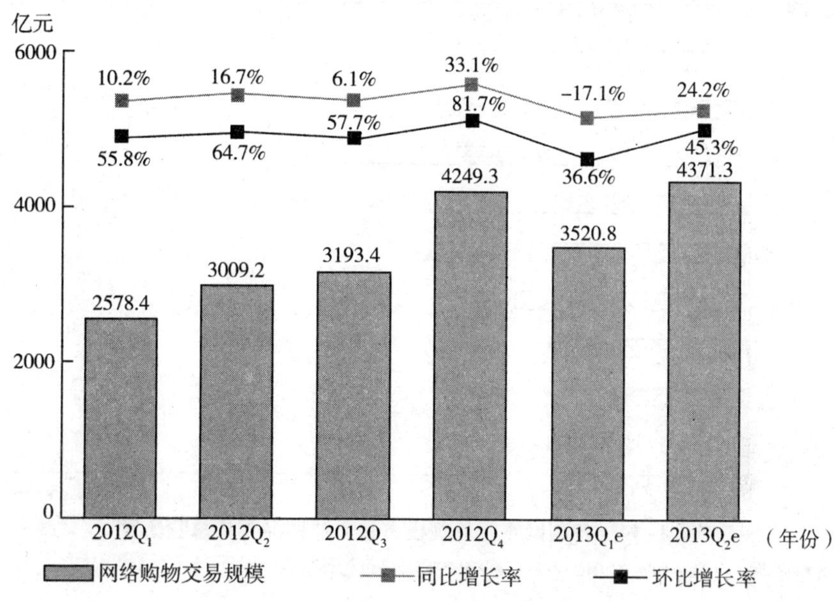

图1-13 2012Q_1～2013Q_2中国网络市场交易规模

注：网络购物市场交易规模是以实物产品销售为主营业务的平台电商与自主销售式电商GMV之和，包括实际成交的实物和虚拟产品GMV、营业税（或增值税）及未支付和退货等未成交订单GMV。

资料来源：艾瑞咨询：《2012年中国网络购物用户行为研究报告》。

尽管增长迅速，但仍有较大的空间，比较成熟市场的网购占社会消费品零售总额比重，如美国、英国、德国等，均远高于中国的这一占比，网络零售仍然有较大的发展空间（见图1-14）。

2013年第二季度中国网络购物市场中B2C（含C2C推出的B2C商城）交易规模为1576.1亿元，在中国整体网络购物市场交易规模中的比重达到36.1%，较上一季度提高2个百分点，C2C的占比进一步缩小；从增速来看，第二季度B2C网购市场的同比增长为77.4%，为C2C网购市场增速的2.4倍。

从B2C市场整体来看，市场格局与一季度相比变化不大，天猫和京东依然在各自领域保持领先，其中天猫的市场份额为50.8%。其余B2C企业中苏宁易购、腾讯电商、国美电商、1号店、唯品会的同比增速均高于B2C行业整体增速（见图1-15）。

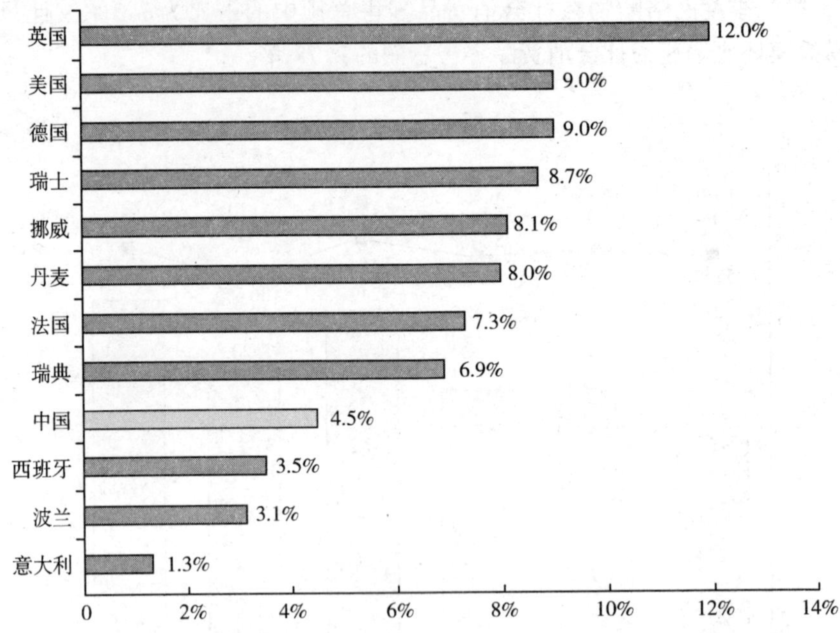

图 1-14 各国网络零售规模占社会消费品零售总额比重

资料来源：艾瑞咨询：《2012 年中国网络购物用户行为研究报告》。

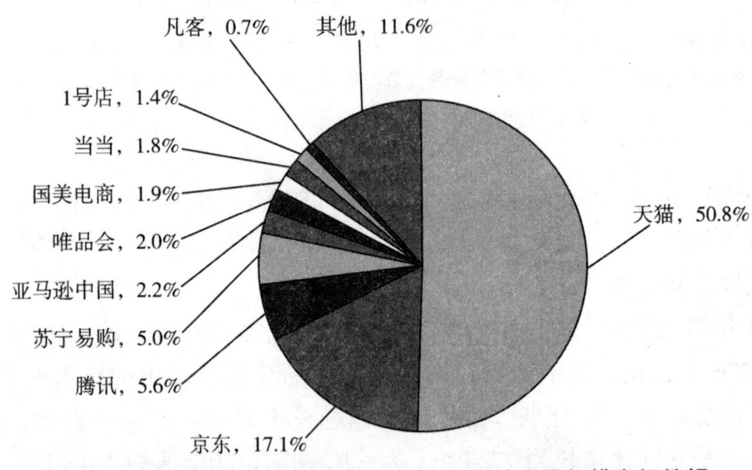

图 1-15 2013Q$_2$ 第二季度中国 B2C 购物网站交易规模市场份额

注：①B2C 市场拥有复合销售渠道的运营商规模仅统计其与网络相关的销售额。②B2C 网站根据盈利模式不同划分为平台式 B2C 和自主式 B2C，其中，平台式 B2C 指天猫此类的以佣金服务费为主要收入的网站，自主式 B2C 指京东商城此类的以商品的进销差价为主要收入的网站。③苏宁易购包含旗下红孩子，腾讯 B2C 包含 QQ 网购及旗下易迅网，国美电商包含国美在线及库巴网。

资料来源：艾瑞咨询：《2012 年中国网络购物用户行为研究报告》。

从自主销售为主 B2C 市场来看，京东商城占 43.9% 的份额，该占比与第一季度相比略有提升；苏宁易购在第二季度占自营 B2C 市场的 12.9%，与第一季度相比提高了 1.7 个百分点。此外，亚马逊中国、易迅网及唯品会在第二季度的占比也均超过 5%。从市场集中度来看，第二季度 TOP9 核心 B2C 企业合计占比 86.8%，B2C 市场竞争更加激烈，市场集中度进一步加强（见图 1-16）。

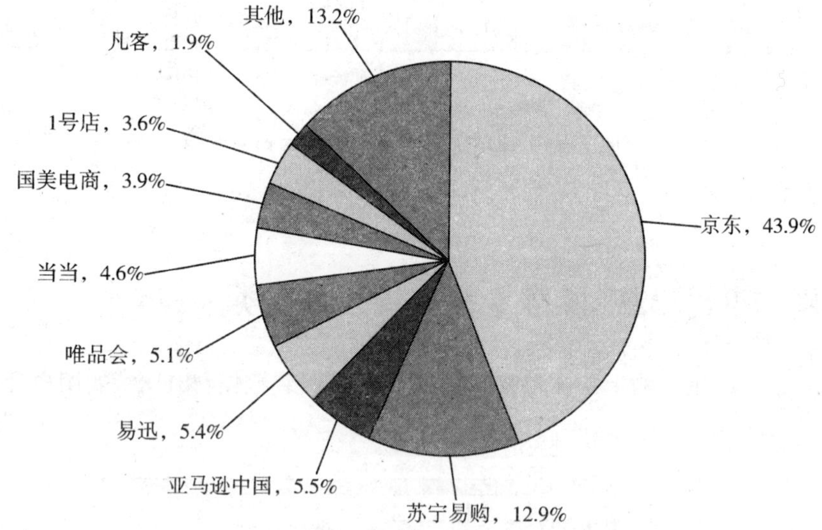

图 1-16　2013 年第二季度中国自主销售为主 B2C 购物网站交易规模市场份额

注：①B2C 市场拥有复合销售渠道的运营商规模仅统计其与网络相关的销售额。②B2C 网站根据盈利模式不同划分为平台式 B2C 和自主式 B2C，其中，平台式 B2C 指天猫此类的以佣金服务费为主要收入的网站，自主式 B2C 指京东商城此类的以商品的进销差价为主要收入的网站。③苏宁易购包含旗下红孩子。

资料来源：艾瑞咨询：《2012 年中国网络购物用户行为研究报告》。

在各类购物网站中，淘宝网的用户规模依然高居首位，用户渗透率达到 88.1%；第二位是天猫，有 50.7% 的用户渗透率；第三位是京东商城，用户渗透率为 29.9%；第四位是当当网，用户渗透率为 16.9%；第五位是凡客诚品，用户渗透率为 12.2%[6]（见图 1-17）。

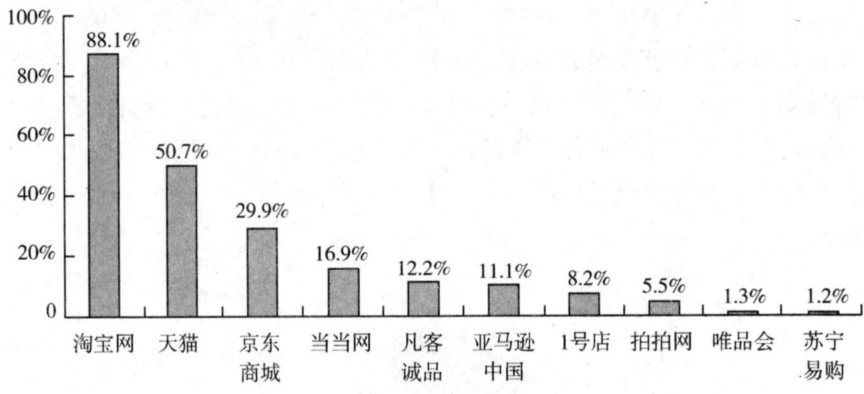

图 1-17　2012 年主要购物网站用户渗透率

资料来源：CNNIC：《2012 年中国网络购物市场研究报告》。

四、中国 B2C 网络零售市场产品品类

2012 年，用户网上购买最多的商品类型是服装鞋帽，81.8%的用户最近半年

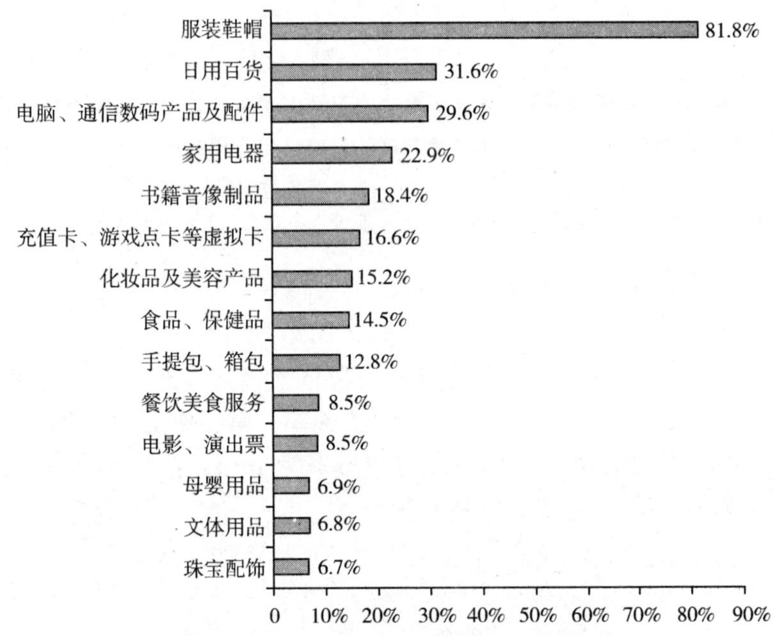

图 1-18　2012 年网购各类商品的网民比例

资料来源：CNNIC：《2012 年中国网络购物市场研究报告》。

在网上购买过服装鞋帽。第二位是日用百货，用户购买的比例达到 31.6%。第三位是电脑、通信数码产品及配件，用户购买比例为 29.6%。购买家用电器和书籍音像制品的比例也分别为 22.9% 和 18.4%。如图 1-18 所示。

艾瑞咨询统计数据显示，主营服装服饰类的网站数量最多，数码家电类次之。2011 年 Top50 的 B2C 在线零售商中，主营服装服饰类的网站最多，达到 20 家，其次是数码家电网站，达到 10 家，另有 7 家综合百货类网站（见图 1-19）。与 2010 年相比，食品、酒类奢侈品中开始出现规模以上的企业。

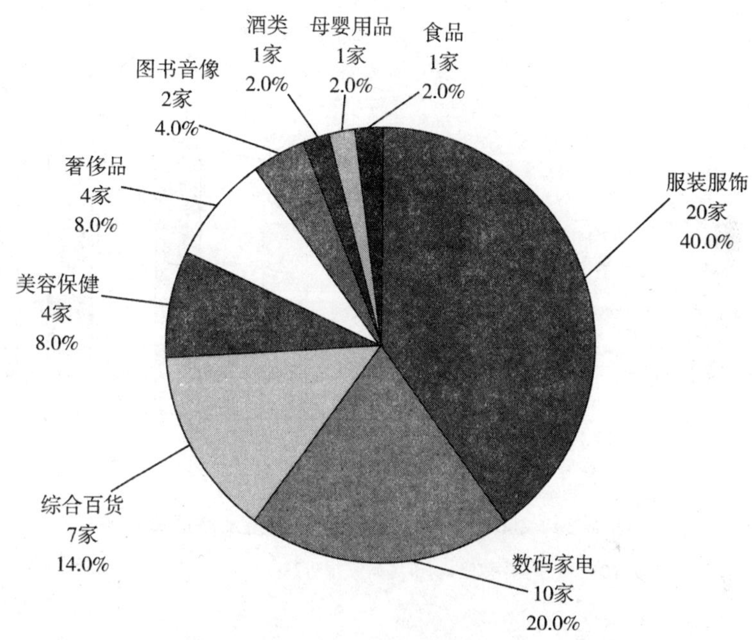

图 1-19 2011 年中国 B2C 在线零售商 Top50 主营品类分布

资料来源：艾瑞咨询：《2012 年中国网络购物用户行为研究报告》。

五、中国网络零售市场消费者构成[7]

截至 2012 年 12 月底，我国网络购物用户规模达到 2.42 亿人，网民使用网络购物的比例提升至 42.9%。与 2011 年相比，网购用户增长 4807 万人，增长率为 24.8%。在网民增长速度逐步放缓的背景下，网络购物应用依然呈现迅猛的增长势头，2012 全年用户绝对增长量超出 2011 年的 1463 万人，增长率高出

2011 年同期 4 个百分点（2011 年增长量为 3344 万人，增长率为 20. 8%）（见图 1-20）。当前，居民消费在拉动国民经济发展中的重要性明显提升，而网络零售更是成为促进消费的重要抓手。此外，手机网络购物成为拉动网络购物用户增长的重要力量，2012 年手机网购用户年增长 136. 5%，达到 5544 万人。用户购买力的提升，线上消费习惯养成和移动、社交网购形式的结合不断推动网络零售市场的壮大，电商企业频繁的低利润促销也持续激发用户的使用热情，带动了网络购物用户规模的加速增长。

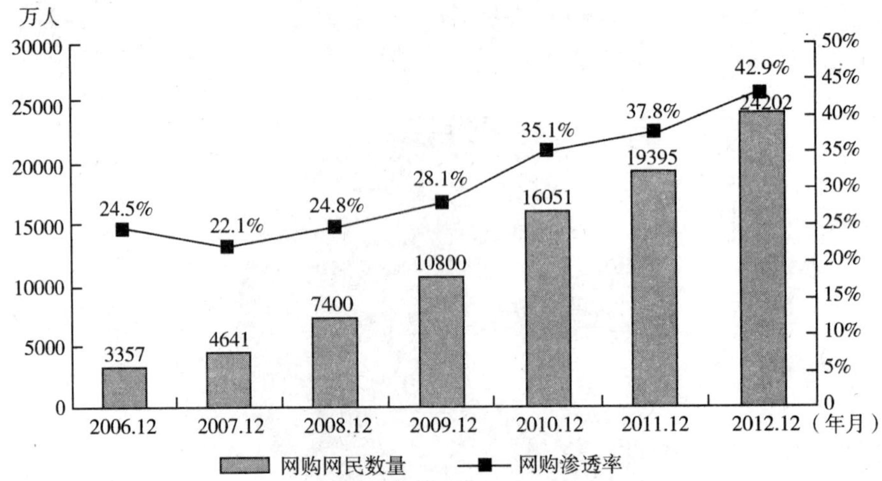

图 1-20　2006～2012 年网购用户数量及渗透率

资料来源：CNNIC：《2012 年中国网络购物市场研究报告》。

男女比例差距拉大，19～30 岁用户占比下降。2012 年网购用户中男性占 52. 3%，高于女性 4. 6 个百分点；2011 年同期男性占比为 51. 7%。19～30 岁用户合计占比 56. 1%，与 2011 年相比略有下降；36～40 岁及 40 岁以上用户占比均有小幅提升（见图 1-21）。

职场白领及在校学生是网购用户主体，高收入群体稳步增长。白领及在校学生合计占比近三成；专业人士、技术人员及教师职业占比相当，均在 8% 左右；2012 年中国网购用户月收入集中在 1000～3000 元，合计占比 47. 0%；5000 元以上的高收入群体网购用户比例较 2011 年增长 4. 3 个百分点（见图 1-22）。

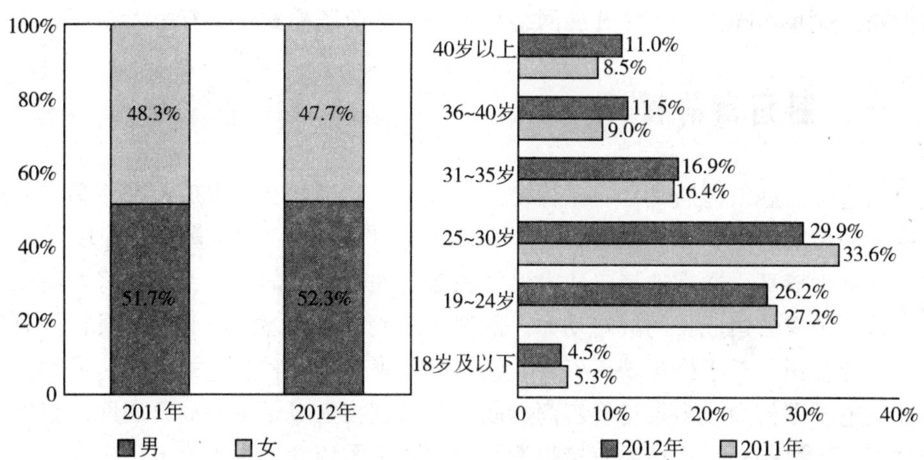

图 1–21　2012 年网购用户性别和年龄结构

资料来源：艾瑞咨询：《2012 年中国网络购物用户行为研究报告》。

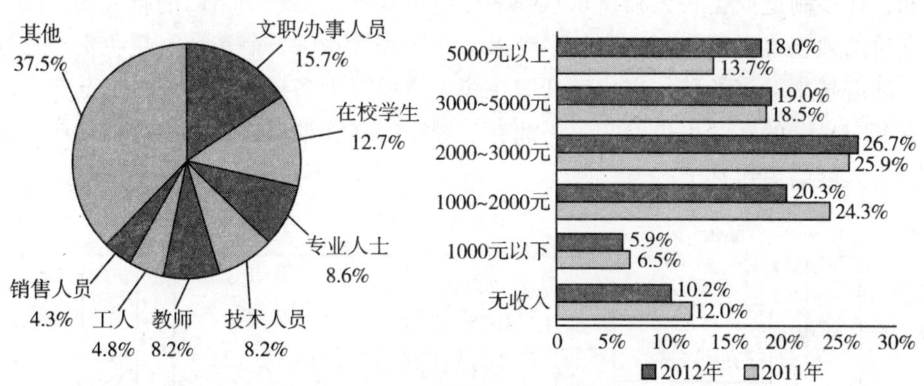

图 1–22　2012 年网购用户职业和收入结构

资料来源：艾瑞咨询：《2012 年中国网络购物用户行为研究报告》。

第三节　B2C 网络零售市场的各市场主体业务发展模式

在网络零售市场，存在开展网络零售业务的三种市场主体，即制造商、独立电子零售商、传统零售商。由于企业自身资源、市场竞争、产品特点等多种因素的影响，这些不同市场主体开展网络零售的具体业务模式也会有很大差异。

一、制造商的模式

制造商开展渠道通常会有三种模式，即制造商自建在线渠道、利用第三方独立网络和多渠道零售商，如图 1-23 所示。由于自建在线渠道需要有较大的投入、风险也较高，通常选择自建渠道的制造商拥有很强的实力，而且将发展在线渠道作为未来公司成长的战略动力。例如，IT 行业的联想和 DELL、服装行业的波司登等公司。对于许多缺乏资源或将网络零售作为一种尝试的公司，通常会选择独立电子零售商或多渠道零售商。制造商通过独立电子零售商开展网络销售有两种方式：第一种是将产品直接批发给独立电子零售商，由独立电子零售商自主经营，制造商只赚取批发价格与产品生成成本之间的利差，将销售风险转嫁给独立电子零售商；第二种是通过提供 POP 平台销售的电子零售商直接销售产品，例如，许多制造商会在天猫、京东等平台电子零售商上开出自己的旗舰店，制造商支付给独立电子零售商一定的平台入驻费用和管理费，制造商直接负责产品销售。随着越来越多的传统零售商开辟在线渠道而成为多渠道零售商，如苏宁电器拥有苏宁易购的在线渠道、沃尔玛拥有 1 号店的在线渠道，许多制造商的产品就自然进入网络零售环节。

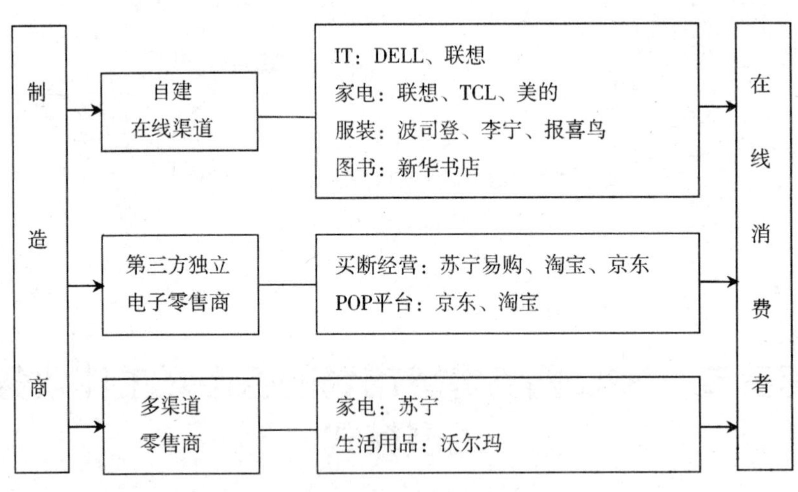

图 1-23　制造商开展网络零售的模式

制造商在进军网络零售时，可以采取其中一种模式，也可以采用两种或两种以上的模式，如图 1-24 展示的代表性服装生产商的渠道结构。

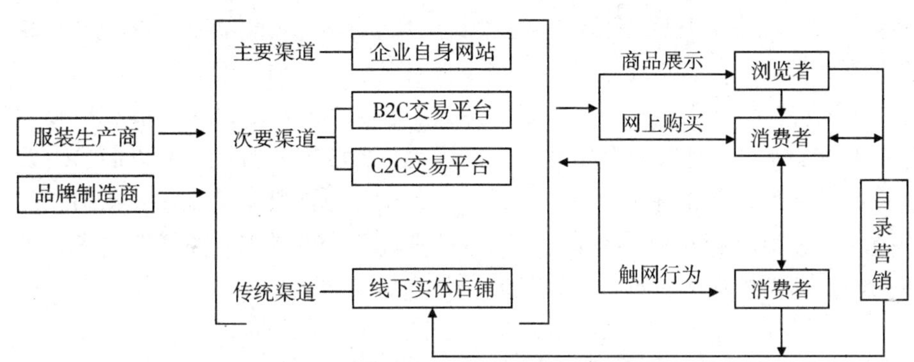

图 1-24 服装制造商的多渠道销售结构

二、独立电子零售商的业务模式

独立电子零售商存在两种业务发展模式，即自主经营模式和平台化经营模式。自主经营模式是指电子零售商依靠购销差价或销售分成的方式获取利润。平台式经营模式是指电子零售商作为一个服务平台，本身不参与商品买卖，仅提供一个交易场所，自营比例相对较低，主要是通过开放模式来为平台上的各类商家提供服务，靠收取服务费和佣金盈利。

当前，领先的 B2C 电子零售商的主要发展趋势：一是综合式 B2C 继续扩充产品品类和品牌，提供一站式购物；二是平台与商家合作加剧，平台式 B2C 发展迅猛，独立垂直 B2C 将面临更大经营压力。比较典型的转变如京东商城，已经从自主经营向平台化转型。有数据显示，京东商城自营商品和品牌合作产品的比例为 1∶7，越来越多的商户入驻京东商城，平台化趋势明显。

据艾瑞咨询数据，2012 年 B2C 市场中平台式 B2C 交易规模为 955 亿元，占 B2C 市场交易规模的 53.3%，已经超过自主销售式 B2C；从趋势上看，平台式 B2C 将继续保持高增速增长，也将是 B2C 市场的主要发展方向。B2C 平台化发展，品类也随之扩充，综合化一站式购物平台成为新的趋势。

作为自营 B2C 的典型代表，京东商城和当当网也陆续把目光投向综合类百货。2011 年，京东商城继续进行品类扩张，向百货转型。继进军服饰、食品饮料、图书销售等市场后，2011 年 6 月，京东正式涉足机票预订业务。2012 年 2

月，京东高调杀入电子书业务，首期上线8万种正版电子图书。更甚之，其2月试水汽车销售。京东希望通过品类扩张来吸引更多潜在消费者，扩大销售规模，借“一站式”购物提升用户黏性，寻找新的增长点。与此同时，主营图书的当当网也向百货渗透，试图通过品类拓展发掘更多用户价值。而以苏宁、国美为代表的传统零售巨头在杀入网络零售领域后，也在陆续有计划地进行品类扩充。苏宁易购继2011年10月以图书品类重磅上线后，2012年4月底，又以酒店、票务等虚拟商品上线，而5月初酒类频道也开始运营，目前已新增百货、图书、日用品、金融、虚拟产品五大采销中心，向综合购物平台的转型之路日渐清晰。国美库巴网则将品类扩充的重点放在家纺和家装建材领域。

三、传统零售商开展网络零售的模式

传统零售商开展网络零售存在三种模式，即借助第三方网络零售平台、收购网络零售企业和自建网络零售平台[8]。

（一）借助第三方网络零售平台

借助第三方成熟的平台进行商品销售和企业推广。这种模式适用于较小的传统零售商，或者希望通过第三方平台尝试网络零售的企业，其特点是投入较少，但影响有限。稍有规模或希望发展网络零售的企业很少考虑此种模式。

（二）收购网络零售企业

传统零售商进入网络零售，比较直接的方式是通过资本运作，收购市场上已有一定规模的网络零售平台。这种方式可以帮助企业迅速切入网络零售业务，但有较高门槛，后期整合也有不小难度。国美收购库巴，沃尔玛收购1号店，均通过此种方式快速进入网络零售。

（三）自建网络零售平台

由于其本身的特性，本身就是以提供销售场所为主要经营方式，自建平台为传统零售商采用的主要模式。但根据定位不同，有三种更为具体的模式。下面就传统零售企业现有的5种资源——品牌、客户、门店、物流、运营，协同分析三种模式。

1. 定位于线上业务配合传统零售门店

线上网站配合线下传统门店业务是网络零售业务作为一种新的渠道对线下业务的延伸，其本质是将传统零售业务简单复制到网上，实际上是实体店铺的超市网页。这种模式的网络零售品牌内涵与线下品牌基本一致，可大力利用原有品牌资源发展线上业务。同时，线上业务作为线下业务的补充，突破实体店空间的限制，实现“营业面积”的拓展。成功典范如伊藤洋华堂的网上超市，用户可在该网上超市购买生鲜食品等，超市则负责送货上门。其特色是：① 可充分发挥企业品牌资源协同，迅速实现网络推广和扩大宣传，增加业务量。② 网络业务和门店业务重叠度高，可充分发挥门店资源协同，提供自提，消费体验和售后服务功能。③ 网络零售可充分分享传统零售的采购、仓储和物流等传统优势。④ 投入中段配送能力的建设，网络零售业务分享传统物流优势的同时，需要大力建设其终端配送能力。⑤ 在中端供应链管理、后端客户服务中进行管理团队、信息系统、管理工具等方面的充分对接。

2. 网络零售和传统零售并重

这类公司将网络零售业务作为驱动收入的新增长点，进行客户、产品、地域的扩展，但业务结构不发生转变，以银泰网、美国沃尔玛为代表。其特色是：① 在线零售品牌的产品内涵不变，可利用现有品牌，结合营销手段体现用户新内涵。② 线上线下重叠度较低，对于现有客户资源的利用有限，因此需要在现有客户基础上进行投入和挖掘客户价值，从而提供更多的产品和服务。③ 对现有门店的利用有限，需要跳出现有门店的限制，其原因也是网络客户与传统零售客户的重叠问题。④ 对于平台型 B2C，应协同原有供应商资源，大力建设仓储物流配送；对自营型 B2C，则应最大限度协同传统供应链的采购仓储物流，但对于新增需求则须新建。另外，还可协同前端品类管理能力。⑤ 对自营型 B2C，可以基于信息系统的支持最大限度地利用中、后端的先进管理技术。

3. 网络零售突破传统零售业务

网络零售业务完全区别于其传统零售业务，完全以电商的姿态进入，如果撇开其传统业务单独来看，在运营模式上与纯电子零售商无异。这类模式因其网络业务与传统业务的客户重合度不高，主要采取差异化经营的策略，以苏宁易购为代表。其特色是：① 由于品牌重合度低，可以采取错位发展策略。② 需要在现有客户资源基础上，挖掘用户价值，同时开发新的客户资源。③ 这种模式业务范围较广，门店覆盖有限，对自提和售后的支持非常有限，但在发展初期可以作为网络业务发展的补充，起到过渡作用。④ 业务重叠部分应共享原有供应链，针对新的品类需要重新进行供应链建设。

第二章　电子渠道和传统渠道之间的竞争

电子商务的快速发展加剧了电子渠道与传统渠道之间的竞争，这种竞争主要体现在价格竞争上。本章首先分析电子渠道与传统渠道的差异，在此基础上分析电子渠道引入对传统渠道产生的效应，以及电子渠道对传统渠道产生的效应，最后重点分析两个渠道之间的价格竞争。

第一节　电子渠道与传统渠道的比较差异

电子渠道与传统渠道在交流、交易和分销功能上各有优势与劣势，销售商只有充分了解不同渠道的特征差异才能理解不同渠道之间的竞争。本节首先阐述这两种渠道的差异，在此基础上重点分析电子渠道与传统渠道的价格竞争，为销售商的多渠道战略提供基础。

一、电子渠道与传统渠道的特征差异

市场营销渠道就是商品和服务从生产者向消费者转移过程的具体通道或路径，它执行着三个主要功能：交流渠道、交易渠道和分销渠道。交流渠道是能使消费者与销售商之间顺利进行信息交换。交易渠道则是消费者与销售商之间发生的实际销售活动。分销渠道是商品和服务发生现货交易。电子渠道和传统渠道都可以进行信息交换、销售活动、产品和服务现货交易，但传统渠道的三种功能某种程度上比电子渠道有局限[9]。每种渠道都有其独特的特征，这些特征通过不同的方式发挥这三种功能，两种渠道的功能比较如表 2-1 所示。

表 2-1 电子渠道与传统渠道优势比较

功能	电子渠道	传统渠道
交流渠道	·访问信息、搜索信息、组织信息、交流信息 ·互动性、按需求提供信息	·检查产品、体验产品 ·面对面交流，与家庭、朋友进行社会交流的机会
交易渠道	·没有地理限制，可获得更大的顾客群 ·方便 ·简化业务流程，减少文书工作，降低业务成本 ·个性化体验	·对产品质量和支付更加放心，相对电子渠道更安全 ·支付方式更多
分销渠道	·更多样的存货选择 ·对于软件、音乐、电子书之类的产品扮演传统渠道的分销功能，可立即获得产品	·即时获得产品 ·无运费和相关手续费

（一）电子渠道的功能

1. 电子渠道的交流渠道功能

互联网发展旨在有效地传播信息，在用户之间形成联通，因此电子渠道最大的优势就是它的交流渠道功能。通过访问、搜索、组织和交流信息（文字和可视化方式），电子渠道相比传统渠道可以有效地交流信息。互联网可以廉价地储存巨大的信息，同时比价网站、产品评论网站和产品讨论论坛的大量出现，方便了消费者在几秒钟内访问，详细考察产品的数据库信息。这样，消费者用最小的努力、最小的时间成本和最大的方便不受地理限制地查看零售商的所有产品分类。消费者也可以有效率地比较不同零售商提供的产品，比较它们的特征和价格，重要的是电子渠道的搜索成本比传统渠道小得多。虽然电子渠道的搜索成本很低，但也不是完全免费，消费者浏览一次 eBay 的拍卖大概要花费 3. 2 美元，在书籍比价代理系统中浏览搜查结果以外的网页最大的成本是 6. 45 美元。搜索教科书的成本不低于 3 美元。不过，对于重视时间的消费者来说，这些搜索成本完全可以忽略不计。

互联网具有交互性，可以按需提供信息。首先，零售商和消费者可以进行双向交流，双方都可以在网上发布产品信息。零售商可以向消费者传递它们产品和服务的特点。类似地，消费者可以在网上对这些产品和服务评价，这样零售商可以很容易地知道顾客对他们提供服务的满意度。其次，这种双向的交流可以为那些没有体验过这种产品和服务的消费者提供有价值的信息。最后，互联网方便消费者与零售商在任何时间、任何地点即时通讯[10]。

然而，电子渠道会存在信息不对称。消费者在购物前不能对产品进行检查，一般电子渠道的卖家相对是比较新的企业，它们拥有较少的品牌或声誉资产来说明它们产品的高质量。这些因素会造成卖方与买方的信息不对称，传统渠道则不会存在这样的信息不对称。信息不对称会导致市场无效率，因此买方和卖方都会采取激励措施来减缓这种"劣质问题"现象。例如，Zappos 是一家美国卖鞋的 B2C 网站，自 1999 年开站以来，如今已成长为网上卖鞋的最大网站，超过了 Amazon。在 Zappos 网站购物时，消费者无须支付运费，当存在质量问题时，消费者退货也无须支付运费，这样消费者无须担心购买到劣质产品，因为即使买到劣质产品可以无代价退货。

2. 电子渠道的交易渠道功能

由于没有地理限制，零售商可以获得更大的顾客群。通过访问互联网，电子渠道零售商可以向任何消费者提供它们的产品。例如，一个住在欧洲的消费者可以访问美国的网上书店，买到一本美国版书籍。

电子渠道提供了很大的方便，它一天营业 24 小时，每周营业 7 天，消费者不需要出门就可以进行交易。对于忙碌的消费者和不愿意在商店购物的消费者来说，网上购物很方便。他们不需要换衣服，不需要担心交通状况，不需要找停车场，不需要和人群打交道，如果商店没有他们想要的东西，也不会觉得浪费时间。

电子渠道简化了交易过程，因此减轻了工作的复杂性，减少了文书工作和交易成本。对于这个优点一个很好的例子就是在线预订飞机票，互联网使消费者直接在航空公司预订机票，不需要像以往那样找旅行社订机票。电子渠道提供了个性化体验，通过互联网零售商可以收集消费者大量的信息如姓名、住址、购买偏好等。这为零售商向顾客提供个性化服务提供了可能性[11]。

3. 电子渠道的分销渠道功能

电子渠道让零售商有了更广的存货选择。电子渠道零售商由于不受实体店铺空间的限制，它们可以有更多的存货。它们也可以提供实体店里不方便存储的产品。同样，它们可以提供在实体店里买不到的产品。电子渠道还提供像实体店一样的即时配送的产品，这类产品包括软件、音乐或者电子书等。

另外，零售商可以选择低存货，因为它们可以快速评估需求状态，把信息反映给上游供货商，随时补货。而零售商可以把网上订单转给批发商，由批发商向消费者直接供货，这大大减少了分销成本，特别是一些体积庞大的产品。采取这种供货方式的零售商提供产品的种类会更多。

（二）传统渠道的功能

1. 传统渠道的交流渠道功能

传统渠道中，消费者能够检查、体验产品。消费者购物时，他们可以通过嗅觉、触觉、视觉体验产品特征，这对于一些商品非常重要。尽管电子渠道零售商可以提供多媒体展示，但是对于一些购买普遍的产品，电子渠道在买前体验方面有所不足。例如，服饰、生鲜农产品、玩具和家具这类产品在传统渠道中能很容易通过试用、观察来获知产品是怎样的，是否好用。但在电子渠道，这种体验是无法获得的。

传统渠道中零售商和消费者可以面对面互动，这是和朋友家庭社交、与社会接触的好机会。对于一些人在传统渠道与销售人员互动比在电子渠道中与网络服务器交流更有吸引力。直接面对面交流提供更多微妙的交流，消费者可以通过销售人员的肢体语言、语音语调鉴别一些变化。另外，有些人觉得与家人和朋友一起购物是个愉快的活动，他们觉得在电子渠道购物缺乏社会交流。

2. 传统渠道的交易渠道功能

消费者认为比起电子渠道，传统渠道购物支付更加安全，买到的产品质量也更有保障。一方面，在传统渠道中消费者不需要担心隐私泄露，不用担心在线购物是否安全。事实上，信用卡诈骗是电子渠道潜在消费者和现有消费者最大的顾虑。有专家调查发现，70%的无购物网民（只上网，不购物）和33%的网络消费者很介意在网上提供自己的信用卡号[12]。另一方面，消费者在传统渠道购物时，他们能够收集更多的产品质量信息。传统渠道接受更多形式的支付方式，除了信用卡和支票，消费者还可以使用现金，这是电子渠道仍需完善的部分。

3. 传统渠道的分销渠道功能

传统渠道中分销渠道功能是直接的、即时满足的。消费者在传统渠道购买产品时，可以即刻获取自己的产品，从购买的产品中得到即时的满足。如果消费者是在电子渠道购物的话，除了可下载的产品外，其他产品由于需要快递运送，消费者需要等待后才能享受到自己购买的产品，这样就存在购买与消费的一个延期。此外，传统渠道购物不存在运送费用和手续费，如果是在网上购物，购买的价格通常都包括了运送费用及相关的手续费。

二、电子渠道适合销售的产品品类

互联网最重要的一个优点就是能存储海量信息，然而，它只限于表达文字信息或一些视觉信息如图片、影像。对于一些明显标准化和独特品牌的产品如书籍、

CD，因为几乎不会存在质量问题，电子渠道是一个非常好的销售渠道选择[13]。对于一些产品如毛巾，购买前的经验很重要，所以并不适合在电子渠道销售。

考虑到有些与购买相关的重要信息在网上是不能获得的——消费者不能触摸、品尝、观看，零售商必须考虑具备怎样的产品特征才更适合在电子渠道销售。接下来本书将讨论不同的产品分类方法，在此基础上确定适合在电子渠道销售的产品品类。

（一）按照搜索、体验和信用等产品特征分类

按照产品的信息特征将产品分为搜索类产品、经验类产品和信用类产品，是在网络环境中应用较广也相对比较适合的分类方法。搜索属性是指在购买前可以通过搜索过程完全了解产品的属性，如衣服的颜色、食物所含热量。这类产品容易被消费者评价。体验属性是指在购买后通过主观体验获得了解的属性，如金枪鱼罐头的味道、一个棒棒糖嘎吱的声音。这类产品相比经验产品来说需要体验后才能给出正确的评价。信任度属性则是在重复购买和使用后都不一定能获得，如修理服务提供的质量，由于消费者不能确切地知道他们需要服务的程度，因此，即使购买之后消费者也难以确定产品的质量和评估其价值。根据产品的属性，具体可以分为搜索产品、体验产品和信任产品。通过三分类法确定什么样的产品适合在电子渠道销售变得容易。众多学者对此进行研究，一个较为吸引人的结论是搜索产品和信任产品更适合在电子渠道销售，然而学者发现对经验产品来说，购买和使用过一次后，消费者可以有效推断出哪种品牌的产品质量比较好。如果是这样，品牌作为经验产品的搜索属性，使得这类具有搜索属性的经验产品也适合通过电子渠道销售，这无疑是对上述的结论提出了一个质疑。随着电子商务的发展，越来越多的经验产品在电子渠道销售，但是需要明确的是品牌对促进这类产品的销售起着至关重要的作用。图 2–1 给出了产品特征如何影响评价的容易程度。

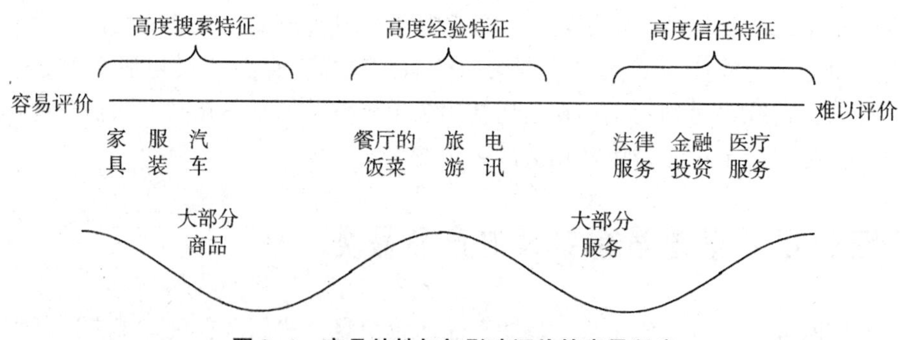

图 2–1 产品特性如何影响评价的容易程度

（二）按照数字产品与非数字产品分类

这种分类方法是将产品分为数字属性产品与非数字属性产品。这种分类方法在某种程度上与上面提到的三分类法相联系但是在两个重要的问题上有所不同。第一，大多产品既包括数字属性又包括非数字属性，难以区分它是数字产品还是非数字产品[14]。第二，消费者购买产品不是说观察它是数字产品或是非数字产品而购买，而是通过实际观察然后购买。因此基于上述两个问题，结合互联网背景，根据消费者如何获得产品信息来定义产品的数字属性与非数字属性。数字属性是指消费者可以低成本通过在网上交流、文字描述获得产品所有属性信息，非数字属性是指必须通过观察才能获得的产品属性，如毛巾的质地。数字属性与非数字属性又可称为信息属性与非信息属性。显而易见，数字产品相对于非数字产品由于更易在网上获得产品信息而更适合通过电子渠道销售。

（三）按照购买成本和频率、价值主张与差异化程度分类

产品三分类法对鉴定适合电子渠道销售产品品类有很大的作用，但也存在一些局限，如许多产品难以归类，经验类和搜索类代表了两种极端的产品类别，大量的产品介于这两者之间。因此对三分类法进行完善，新的分类方法对确定电子渠道适合销售的产品品类有更大的作用。这个分类是按照购买成本和频率、价值主张与差异化程度进行的，第一个维度是购买成本和频率，产品分为从低成本、经常购买（如咖啡），到高成本、不经常购买（如空调）。因为电子渠道销售产品需要运送成本，低成本、经常购买类产品就不适合在电子渠道销售。第二个维度是价值主张，这里是指产品是有形的、实物还是无形的、信息。第三个维度是差异化程度，是指产品与服务之间差异化程度，互联网则是传递产品差异一个非常好的媒介，因此差异化产品非常适合在电子渠道销售[15]（见表 2-2）。

表 2-2　购买成本和频率、价值主张与差异化程度三大维度产品品类

维度 1	维度 2	维度 3	举例
低成本 高频率	有形或实物	高度差异化	香烟、酒、软饮料
		低度差异化	牛奶、鸡蛋、食用盐
	无形或信息	高度差异化	电子杂志、电子报纸
		低度差异化	证券
高成本 低频率	有形或实物	高度差异化	汽车、空调
		低度差异化	24K 黄金
	无形或信息	高度差异化	计算机软件
		低度差异化	保险、汽车金融

（四）按照感官产品和非感官产品分类

在前面的分类基础上，还可以按照感官产品（Sensory Goods）和非感官产品（Non-Sensory Goods）分类，假设经验产品和信任产品的信息需要通过消费者的记忆等推测，那么现在集中注意力到搜索产品[16]。将搜索属性分为品牌名称、价格、感官属性和非感官属性。感官属性是指可以通过触觉、嗅觉等感知的属性（如洗涤剂的味道）。非感官属性是指能简单地通过文字信息表达的属性（如奶油的脂肪含量）。这样分类后，相比传统渠道，电子渠道环境不能大量地为消费者提供关于感官产品的相关信息，对于非感官产品，电子渠道能提供与传统渠道差不多数量甚至更多的产品信息，因此非感官产品更适合在电子渠道销售。

（五）按照日用品、准日用品、观赏和感觉产品、质量易变的观赏和感觉产品分类

上述的分类方法基于产品具有不同的特征，即使特征相同，特征水平也会出现差异，网上判别产品质量的能力应该是各类产品在电子渠道销售时最大的差异化因素。毫无疑问，销售渠道中有助于选择的信息呈现得越少，消费者判断产品质量越困难。因此，按照网上判别产品质量的易难程度把产品区分为四大类：第一类是日用品（Commodity Product），它是产品质量最清晰也是最容易约定和传递的产品，如桶装原油，简单的一句标语介绍“得克萨斯桶装原油”便可清晰表达产品信息。第二类是准日用品（Quasi-commodity Products），与日用品相比，准日用品代表了差异化产品，而不是标准化产品，包括书籍、CD、玩具、新轿车等。第三类是观赏、感觉产品（Look and Feel Good），这类产品有一个共同的特征，即它们的质量很难远距离评判，因此在网络环境下消费者很难得知产品质量信息。服装、化妆品等就属于这类产品。第四类是质量易变的观赏、感觉产品（Look and Feel Goods with Variable Quality），指消费者对产品质量的认知会出现较大差异的产品，或者产品和产品之间的质量会存在较大差异的产品，如农产品、二手车、艺术品。从日用品到质量易变的观赏、感觉产品，消费者的“经验”强度在变化，从而影响购买过程，影响消费者的购买渠道选择[17]。

（六）按照几何产品和物质产品分类

从心理学视角，分析消费者认知产品特征所采用的知觉机制来分类产品，把产品分为几何产品和物质产品。几何产品是指其主要属性是尺寸、形状（如灌装软饮料）的产品。物质产品是指其首要性能为温度、重量或者粗糙度的产品（如一块布）。消费者一般通过多种感觉来收集产品信息，每一种感觉提供产品具体的某个特征。几何产品是视觉属性显著的产品，消费者只要通过观察就能很好地作出选择，物质产品是触觉属性显著的产品，消费者更多地依赖触觉获知产品信息。在传统渠道中，消费者可以同时通过视觉和触觉获得产品信息，然而在电子渠道，互联网只能提供视觉信息不能提供触觉信息，在电子渠道消费者购买物质产品必须依靠视觉，尽管他们获得的信息并不充分。因此，消费者更愿意在传统渠道购买物质产品。对于几何产品，电子渠道与传统渠道的销售无显著差别[18]。

（七）按照视觉产品和触觉产品分类

将产品分为视觉产品和触觉产品是一个新的分类方法，它主要是将传统的搜索产品再进行分类，所以视觉产品全称应该为视觉搜索产品，触觉产品应该叫作触觉搜索产品。视觉产品的质量可以通过观察产品图像或者阅读产品说明获得。触觉产品的质量只能由消费者个人判断，如裤子是否合身。触觉产品是搜索产品特定的一个子集合，因为这类产品的质量信息消费者在接触产品后、购买之前就可以获得。这种分类方法实际与前面提到的感官产品/非感官产品分类相似，所不同的就是视觉产品属性不仅通过文字信息传递，还可以通过影像和图片。通过描述容易发现，相比触觉产品，视觉产品更适合在电子渠道销售。

（八）按照实用产品和享乐产品分类

产品也可按考虑消费者购物选择受实用主义动机和享乐主义动机影响进行分类。例如，消费者选择牙膏时既关心牙膏的实用性能也关心它的享乐特征。根据产品相对的实用或享乐性质，把它们分为实用产品和享乐产品。实用产品是那些消费它们主要是因为它们是有用的，有某种特定的功能的产品。享乐产品主要是由于它们提供更多的基于情感、感官的体验消费。事实上产品的享乐特征主要与它的味道、声音、气味和质地等相关。通过分类可了解消费者在电子渠道购物不仅存在实用动机也存在享乐动机，因此对于以享乐属性为主的产品，电子渠道销售时要重视提供享乐环境。

本节从不同维度对产品进行分类，通过分类销售商可以更容易总结出适合于电子渠道销售的产品共性。在此基础上完善电子渠道的各种功能，让更多产品适合在电子渠道销售。

三、电子渠道相对优势的建立

电子渠道在交流、分销、交易功能上相比传统渠道存在大量的相对优势，但也存在一些不足，因此本节提出了电子渠道相对优势再建立，通过这种再建的相对优势模型，销售商可以更有针对性地发扬电子渠道的优势，完善电子渠道的不足。鉴于网络发展的大环境以及关系到购买是否发生的核心影响因素，首先，把再建的相对优势分为三个维度：便利性、信任和信息采集效果。其次，要理解消费者发生实际购物是一个连续的过程。最后，在购买的各个阶段中考虑相对优势的三个维度，了解一些维度在特定阶段相比其他维度更重要。

营销学将购物活动分为三个阶段：①购买前阶段，此阶段消费者获得产品和销售商信息，评估信息，确定需求等。②购买阶段，消费者完成实际的交易。③购买后阶段，消费者获得必要的售后服务，评价购买，进行管理工作等。此书沿用这种方法，在这个基础上稍作改变，将购买前阶段分为两步：需求确定和销售商选择。这样把购买过程分为了四个阶段：①需求确定阶段：在这阶段，消费者决定他要购买什么，众多的产品，不同的属性，消费者需要作出选择，如汽车保险，消费者要决定保险的种类和保险范围，消费者要么自己了解这方面的知识作出选择，要么不对它进行详细了解，而是听从代理商的建议或是从网络获得建议作出选择。②销售商选择阶段：这阶段包括收集不同销售商的信息，销售商销售产品的质量信息，售后服务质量信息。其中最重要的是比较产品价格。③购买阶段：接下来这个阶段消费者完成购买交易，包括交流产品说明、支付信息和其他的人口统计信息例如姓名、家庭住址等。④购买后阶段：这阶段结合了所有的售后服务包括产品维护、升级。前两个阶段（需求确定和销售商选择）着重于信息收集，后两个阶段（购买和购买后阶段）着重于交易的执行。

相对优势被划分为三个维度：第一个维度为便利性，这里提出的便利性是指消费者感知在电子渠道与卖家互动有效率，包括在收集产品信息和发生实际交易时节约时间，高效率完成交易。这种便利性源于电子渠道能减少交易双方的业务成本[19]。在网络上进行信息传递的成本相对于信件、电话、传真而言较低。此外，缩短时间及减少重复的数据录入也降低了信息成本。买卖双方通过电子渠道进行商务活动，无须中介者参与，减少了交易的有关环节。电子渠道中卖方可通过互联网络进行产品介绍、宣传，避免了在传统方式下做广告、发印刷品等大量费用。实行“无纸贸易”，可减少90%的文件处理费用。互联网使买卖双方即时沟通供需信息，使无库存生产和无库存销售成为可能，而使库存成本降为零。

信任是相对优势的第二个维度，消费者担忧电子渠道中个体商家的可信赖性，因为消费者对它们不了解，同样也担忧整个网络的可靠性，因为存在个人信息泄露的风险。消费者进行无信任的搜索，受到吸引进行了第一次交易，交易后不满意，消费者会终止与销售商的再交易。如果消费者对网络环境、交易评价满意，他们更愿意通过电子渠道重复购物，也可能会建立牢固的客户忠诚[19]（见图2-2）。信任是多维度的，包含意向信任、制度信任和人际信任[20]。在电子渠道中，研究人际信任最为重要，人际信任是指使用者相信网络销售商具有一些价值属性，如能力、诚实或者善意。这使得消费者愿意选择这个销售商完成购买。人际信任可进一步分为两个方面：①信息信任：用户相信从网络收集来的信息可靠、可信、正确。②结构确信：用户对社会结构有信心，对网络的信息技术基础——包括免于黑客攻击，未被授权的个人信息泄露——有信心。

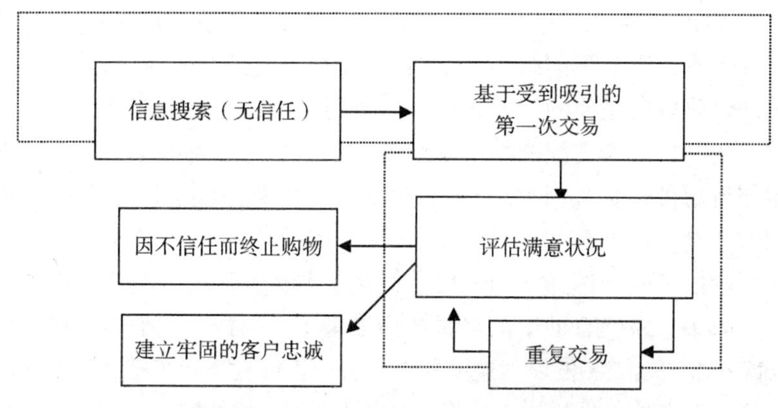

图 2-2 网络交易的信任周期理论模型

在需求确定和销售商选择阶段，消费者使用网络来获得信息。因此，发挥作用的是信息信任。在交易阶段（购买和购买后阶段）用户交流个人信息，发挥作用的是结构确信。

最后，介绍信息采集效果这一维度。媒介丰富度理论①认为，为了有效交流，要处理困难、模棱两可的议题，管理者需要选择丰富度高的媒介如面对面交流的沟通方式。相对地，丰富度较低的媒介适合在组织例行事务等沟通活动中使用，如文书工作、规则与计算机输出文件等是能够准确且有效率地传送非模糊性的信息。大部分的电子渠道销售商的网站都缺少能提供丰富社会交流的平台。在需求确定和销售商选择阶段，消费者使用渠道（电子渠道或传统渠道）获取信息，因此要重视渠道作为获取信息媒介的功效，然而人们只重视交易阶段的购买过程，这个因素在 B2C 电子商务中被很大程度忽略了。

这里，定义信息采集效果是让用户认为一个渠道能够提供信息，并且提供的信息能清楚地让用户了解到产品。信息采集效果是个非常重要的因素，尤其是当

---

① 主要探讨的是媒介是否具有传输丰富信息的能力，并把媒介进行了等级划分，面对面传播是最丰富的媒介，紧接着是电话、电子邮件、指定收件人的书信沟通、无指定收信人的书信沟通和正式的文字沟通。

电子渠道销售发展更为复杂业务时，如接受金融建议或者购买说明复杂、需要装配的产品等。假设消费者对于这些复杂产品的认知是有限的、模糊的，并且是在不断变化的，在电子渠道和传统渠道不同的环境下，获取信息是不同的。在这种情况下消费者又需要作出准确的需求确定，信息采集效果就是特别重要的一个因素，它决定着消费者的渠道选择。

表2-3给出了相对优势的三个维度与购买过程各阶段的关系，不同阶段的活动与目的不同，因此不同维度在不同阶段的重要性各异。信息采集效果这一维度在需求确定阶段是主要的，因为这一阶段的主要活动是收集信息，学习产品知识和评估。便利性则是支配购物阶段消费者行为的主要维度。借鉴的经验证实，态度和感知行为可控制①，计划行为理论认为行为意向受态度、主观准则和感知行为控制的影响，会导致“收集信息意图”，而不是导致“购买意图”。消费者在不同购买阶段可能会选择不同的渠道，在需求确定阶段，电子渠道如果能发挥显著的信息采集效果，有助于消费者选择该渠道。同样，电子渠道在信任特别是人际信任这一维度上成熟发展，这一相对优势的很好发挥对于整个购物阶段都有助于消费者的渠道选择倾向于电子渠道。方便性亦是同样的问题（见表2-3）。

表2-3　相对优势：维度和购买过程阶段

购买过程阶段	维　　度		
信息阶段：	信息采集效果	信任	方便
（1）需求确定	√	√	√
（2）销售商选择		√	√
交易阶段：			
（1）购买		√	√
（2）购买后		√	√

① 感知行为控制是个人对其所从事的行为进行控制的感知程度，由控制信念和感知促进因素共同决定。控制信念是人们对其所具有的能力、资源和机会的感知，而感知促进因素是人们对这些资源的重要程度的估计。

第二节 电子渠道对传统渠道产生的效应

电子渠道的引入打破了传统渠道原有的平衡，它给供需双方带来基础性的改变，并使市场结果发生许多积极的改变，包括厂商的价格、市场份额、收益率和市场上厂商类型。同时新的销售渠道的引入也带来了渠道冲突问题。本节具体分析电子渠道对传统渠道产生的效应，这些效应主要涉及价格、新型电子中间商的发展、渠道冲突等方面。

一、价格效应

电子渠道对传统渠道影响最大的便是价格。研究表明电子渠道的产生可能给产品价格带来三种不同的影响：电子渠道产品价格低于传统渠道，电子渠道产品价格等于传统渠道，电子渠道产品价格高于传统渠道。但是从大趋势看来，正如前面分析过的，电子商务的发展降低了消费者的搜索成本和分销成本，这些都会引起在线市场价格下降。随着消费者信息网站的出现——从价格比较网站（又称购物虫）到产品评价与讨论论坛——消费者收集信息的成本大幅度下降。网络营销直接面对消费者，减少了批发商、零售商等中间环节，节省了中间营销费用，降低了分销成本，所以电子渠道销售的商品价格可以低于传统渠道商品的价格。大量的实证工作证明了电子渠道的引入降低了价格：众多学者对书籍和 CD 市场进行研究，发现网上销售的价格在不包含运费的情况下要比传统渠道低[20]；美国学者从行业研究机构随机收集了 1999 年 1 月至 2000 年 2 月美国主要大城市汽车销售的 671468 个交易数据，分析得出电子渠道销售的汽车价格比传统渠道汽车价格低 2%[21]；Brown 等以 1995 年至 1997 年的数据为样本，对人寿保险市场进行研究，发现在该时间段内，条款相同的寿险合约的价格下降了 8% ~ 15%，他们认为购物虫（进行产品价格搜索和比较的专业站点）的广泛使用是价格下降的一个重要原因[22]。Sengupta 等研究了飞机票购买在引入电子渠道后的价格变化，增加在线销售后机票的价格明显下降。

电子商务技术加剧了市场竞争，因此商品价格弹性增加（消费者对价格更加敏感），这无疑给具有成本优势的厂商提供了有利的机会，这些厂商通过低价策略可以很快占领一部分市场，但对成本处于劣势的厂商产生很大的冲击，如何减缓这一冲击带来的负面影响，在激烈的竞争中求得自己的发展空间是成本处于劣势的厂商面临的难题。下面具体介绍两种典型的策略。

首先，厂商可以通过提供增值服务、发挥品牌效应减缓价格竞争。很多情况下厂商不单是销售产品本身，它们经常与辅助服务相捆绑，这些服务没有明确的价格，销售商的品牌和信誉某种程度可以代表这些服务的质量，例如，在线图书销售的品牌效应是一个例子。虽然价格比较网站弱化了品牌效应，但对于很多产品，品牌仍然相当重要，比如网上拍卖。因此，处于成本劣势的厂商虽不能通过价格取胜，仍可通过强调品牌、提供附加服务增强自身竞争力。

其次，厂商可以通过模糊价格策略来缓解价格竞争。提供增值服务，发挥品牌效应不是唯一用来减缓价格竞争的工具，对在线销售电脑 CPU 和存储卡的销售活动实证调查后发现，销售商通过模糊产品的真实价格来对抗比价网。在电脑市场，消费者一般认为所有的卖家和他们提供的产品是同质的、无差异的。因此许多销售者使用“挂羊头卖狗肉”策略（Bait-and-Switch Tactics），他们在比价网上提供的是配置极其简单的模型产品（通常消费者需要的组配必不可少的部分不包含在内），这类产品价格低廉，在网站上可获得高的排名，吸引消费者进入，那些必不可少的配件往往标价很高。销售商试图寻找新的方法隐藏真实价格与比价网调整他们获取信息的算法以便更好地解密产品的价格之间是一场持续的战役。然而，建立一个完美的比价网站，向消费者提供与购买产品相关的所有信息，让消费者以最少的成本获得最有价值的讯息有时是特别困难的，尤其是产品价格差异大或者产品品种各异、产品档次不同等。产品比价网运行过好时会破坏价格离散（大多数网上市场存在价格离散），或其他的一些属性，比如有些必要的产品服务可能因此被去除。因此，比价网应该是提供足够消费者参考的信息而不是过多的信息以至于剔除了它存在的目的。

二、促进新型电子中间商的发展

电子渠道的出现不仅对市场价格产生影响，减少的搜索成本、变动的分销成本还都会改变一个产业的基本结构，引起一波又一波的创造性毁灭。

由于电子商务技术的发展，消费者很容易找到低价格销售商，低成本厂商（或者同样的成本能提供更好质量的厂商）将夺取更大市场份额，虽然剧烈的竞争会减少价格和利润，对于低成本厂商通过电子商务贸易的扩张获得的大份额足够他们获得更大的利润，这样高成本厂商遭遇双重打击：他们的定价能力下降，市场份额也下降，有些厂商由此被市场淘汰。消费者在此间获益，他们不再像以前由于无知或缺少选择而被销售商俘虏。

市场结构发生重大改变。电子渠道的引入简化了整个营销渠道，渠道长度变简短，许多产品的中间渠道可直接剔除。部分传统中间商转向网络，形成基于网络的提供信息服务中介功能的新型电子商务中间商，这些中间商类型包括：

（1）目录服务。利用互联网上的目录化的 Web 站点提供菜单驱动进行搜索，现在这种服务是免费的，将来可能收取一定的费用。现在有三种目录服务：①通用目录（如 Yahoo），可以对各种不同站点进行检索，所包含的站点分类按层次组织在一起。②商业目录（如 Internet 商店目录），提供各种商业 Web 站点的索引，类似于印刷出版的工业指南手册。③专业目录，针对某个领域或主题建立 Web 站点。目录服务的收入主要来源于为客户提供 Internet 广告服务。

（2）搜索服务。与目录不同，搜索站点（如 Lycos、Infoseek）为用户提供基于关键词的检索服务，站点利用大型数据库分类存储各种站点介绍和页面内容。搜索站点不允许用户直接浏览数据库，但允许用户向数据库添加条目。

（3）虚拟商业街。虚拟商业街（Virtual Malls）是指在一个站点内连接两个或以上的商业站点。虚拟商业街与目录服务的区别是，虚拟商业街定位某一地理位置和某一特定类型的生产者和零售商，在虚拟商业街销售各种商品、提供不同服务。站点的主要收入来源依靠其他商业站点对其的租用。如我国的新浪网 Sina. com 开设的电子商务服务中就提供网上专卖店店面出租。

（4）站点评估。消费者在访问生产者站点时，由于内容繁多、站点庞杂，往往显得束手无策不知该访问哪一个站点。提供站点评估的站点，可以帮助消费者根据以往数据和评估等级，选择合适站点访问。通常一些目录和搜索站点也提供一些站点评估服务。

（5）电子支付。电子商务要求在网络上交易同时，能实现买方和卖方之间的授权支付。现在授权支付系统主要是信用卡如 Visa、Mastercard，电子等价物如填写的支票，现金支付如数字现金，或通过安全电子邮件授权支付。这些电子支付手段，通常对每笔交易收取一定佣金以减少现金流动风险和维持运转。目前，我国的商业银行也纷纷上网提供电子支付服务。

（6）虚拟市场和交换网络。虚拟市场提供一虚拟场所，任何只要符合条件的产品可以在虚拟市场站点内进行展示和销售，消费者可以在站点中任意选择和购买，站点主持者收取一定的管理费用。如我国对外贸易与经济合作部主持的网上市场站点——中国商品交易市场就属于此类型。当人们交换产品或服务时，实行等价交换而不用现金，交换网络就可以提供此以货易货的虚拟市场。

（7）智能代理。随着 Internet 的飞速发展，用户在纷繁复杂的 Internet 站点中难以选择。智能代理是这样一种软件，它根据消费者偏好和要求预先为用户自动进行初次搜索，软件在搜索时还可以根据用户自己的喜好和别人的搜索经验自动学习优化搜索标准。用户可以根据自己的需要选择合适的智能代理站点为自己提供服务，同时支付一定的费用。

三、渠道冲突的出现

由于电子渠道与传统渠道在交流渠道、交易渠道以及分销渠道的功能上区别很多，因此当电子渠道的引入、两种渠道共存时势必会产生矛盾与冲突。在价格方面，由于电子渠道节省了搜索成本和分销成本，从而使价格大大降低，同种商品在电子渠道销售的价格比在传统渠道销售价格低，这大大促进电子渠道的销售量而影响到传统渠道的销售量，最终导致渠道冲突的出现，渠道冲突破坏渠道成员的关系，进而损害双方的利益，还会影响渠道业绩，破坏产品品牌形象。在销售时间和区域上，电子渠道销售不受时间和地理限制，销售范围遍及全国，如果产品在传统渠道销售业绩不佳，销售商会选择在电子渠道销售，窜货到其他地区，这会严重破坏传统渠道的销售活动，极度影响品牌在消费者心中的形象，最终也会影响公司的总体利润。从消费者的角度来说，现代网络技术发展迅速，网上购物成为一种新的娱乐方式，加之现在许多人尤其是年轻人由于工作的压力而没有太多的精力购物，因此他们大多数倾向于选择在电子渠道购物，进而形成了一种习惯。随着时间的推移，当社会的主要消费人群是这些成长起来的新一代时，传统渠道将会受到电子渠道更大的冲击。

各种可能的因素都会引起渠道冲突的发生，因此需要对冲突进行管理，将冲突水平控制在合理的范围之内，在不影响到渠道绩效的同时，又可以保持渠道活力，使渠道的整体运行效率接近理想状态，尽量减少渠道冲突在各渠道成员实现自身目标过程中的不利影响。管理渠道冲突主要是从预防冲突发生开始，通过挑选合适的经销商、加强渠道成员之间信息沟通和共享，增进成员信任，可以利用渠道权力的奖惩权协调渠道成员之间的利益、规范两种渠道的价格、差异化不同渠道销售的产品等手段，减小冲突发生的可能性。

第三节　电子渠道与传统渠道之间的价格竞争

电子渠道与传统渠道最重要的竞争形式就是价格竞争，两种渠道的价格差异通过价格水平、价格弹性与价格离散反映。价格的差异受到多重因素的影响，因此不同渠道需要采用不同的定价策略。本节首先指出了电子渠道和传统渠道在价格水平、价格弹性和价格离散方面的差异；其次，探讨电子渠道与传统渠道价格差异的影响因素；最后，提出了电子渠道和传统渠道下的战略性定价。

一、电子渠道与传统渠道的价格差异

在早期，确定价格只考虑一个成本因素。如今，定价已经发展成为一个至关重要的管理决策，它不仅需要考虑成本结构，还考虑原材料价格、利润等，如成本加利润定价法。这并不是说定价在过去不重要，定价从过去到现在一直很重要。定价对管理者决策过程的影响仍然很大[32]。特别是在电子渠道，定价受到越来越多的关注，甚至说定价策略已经是营销策略的焦点策略，定价策略和工具也发展得越来越丰富。价格至关重要地决定着一个产品是否会被购买，或者在哪被购买。

电子渠道定价非常类似于传统渠道定价，并且容许厂商实行新的定价策略。定价策略从传统的标价到复杂精致的收益管理①，通过实行不同的策略避免残酷的竞争。因此，动态定价策略对标价很有利，也使得市场更加不透明。电子渠道的交互性也可以使用与用户交互的定价策略，如拍卖。电子渠道的价格标签成本微不足道，因此厂商可以针对每一个个体顾客制定一个价格，这就类似于收益管理。这些策略都可以用来最小化竞争，与竞争者产生区别。

厂商确定合适的价格、提高利润，需要清楚地了解整个价格结构，价格结构包含三个主要因素：价格水平、价格弹性和价格离散，理解电子渠道与传统渠道的价格差异需要从这三个方面展开。

---

①　收益管理的核心是价格细分亦称价格歧视，就是根据客户不同的需求特征和价格弹性向客户执行不同的价格标准。

（一）价格水平

从经济学论证角度可以推断增强的价格竞争会导致价格下降。电子渠道的引入鼓励了竞争，这一推断似乎是可信的。例如，比价网向消费者提供了产品和服务的详细概述，低的供给成本和高的价格竞争去除了垄断。在电子渠道，价格应该下降。大量的研究表明电子渠道的价格显著低于传统渠道，尤其是数字信息产品，这类产品没有明显差异性特征，多靠价格竞争取胜，电子渠道的价格更低。甚至在汽车零售行业，互联网也会降低新车的价格[23]。这并不奇怪，互联网提供完全信息，软件、比价网等都可以提供信息，消费者迅速找出最低的价格就可以作出最经济的决定。在电子渠道，价格确实是吸引顾客的主要因素[36]。激烈的竞争加上消费者获取信息的方便是电子渠道中价格下降的基础。

当然，电子渠道中也普遍存在更高的价格，这主要源于产品的差异化。在易趣（eBay）拍卖中，受信任的卖家相比负面评级的卖家可以获得一个溢价。需要注意的是更低的价格不意味着更高的价格敏感度；相反，在线客户忠诚度更高，这降低了价格敏感，因此在电子渠道制定更高的价格是可能的。再者，一些非价格属性对消费者也有价值，便利性价值也会增加价格。对于一些产品，质量属性最重要，价格属于其次考虑的因素，这类产品定价高是可行的，如婴幼儿配方奶粉。一些实证例子也证明了电子渠道一些产品价格比在传统渠道高，说明消费者愿意为方便性支付一定的佣金[24]。

电子渠道与传统渠道存在价格水平差异，哪个渠道的价格更高或是相等，可以解释的理由在于互联网的成熟度。如果互联网的范围很小，价格就高，随着互联网越来越成熟，在线价格将呈下降趋势。这也与在电子渠道销售的特定产品品类有关。网上购物成本高的商品（如衣服、首饰、化妆品）其价格要低于传统渠道，因为消费者在通过网络评估产品的质量时缺少更多的体验，面对的不确定性要大一些。网上购物成本低的商品（如书籍、DVD、手机），它们的电子渠道价格与传统渠道价格相当，甚至更高一些。厂商的信息策略和市场的竞争强弱也关系着电子渠道与传统渠道的价格差异程度[25]。

（二）价格弹性

价格弹性描述了当边际价格变化时消费者的反应。随着电子渠道销售产品的质量和服务不断改善，消费者对价格的敏感度不断减弱，甚至低于传统渠道消费者的价格敏感度，如果竞争的商店提供非重叠的商品种类，消费者的价格敏感度也会很低[41]。知名品牌也会降低消费者的价格敏感，尤其对于在电子渠道购物的消费者来说，品牌也降低了他们的风险感知[42]。因此重视品牌忠诚度很重要，它可以降低价格敏感。相反，电子渠道的高度透明性会增加消费者的价格敏感，尤其是销售商提供差异较小的商品或服务时，消费者趋向于寻找更低价格的卖家。

价格弹性很大程度由产品分类决定，同质产品相比有差异化的产品表现出更大的价格弹性。这一不对称也有可能是不同的搜索摩擦造成的。第二个影响源于产品的过度重叠分类，较高的重叠会引起较高的价格弹性。

（三）价格离散

价格离散是市场竞争程度的指示器。对于大多数产品品类，电子渠道的竞争比传统渠道激烈，由于在线消费者对当前价格结构认知更多，因此在线价格离散程度弱。例如，在线汽车零售行业、硬件、软件、家用电器、保险行业等。加上比价网的发展，减小了电子渠道的价格离散。

与价格水平一样，电子渠道也存在相比传统渠道更大的价格离散的实例。电子渠道相比传统渠道有更高的价格离散度源于在线厂商通过差异化产品质量和服务来避免竞争。电子渠道大量价格离散的例子主要存在于旅行社、书籍与 CD 零售商等[26]。在线旅行社通过专业化和针对不同顾客制定不同价格的策略来差异化自身，以避免被顾客比较，参与到激烈的竞争中。这些策略带来价格变化的跨度很大，因此导致高的价格离散。

总体来看，对于电子渠道与传统渠道价格离散的大小没有统一定论。价格离散大小与市场饱和度有关，同样也与产品分类、市场竞争程度、企业品牌强度有关。

二、电子渠道与传统渠道价格差异的影响因素

在描述电子渠道与传统渠道存在的价格差异时提到了影响价格差异产生的一些因素，本节将系统地分析影响价格差异的因素，基于微观经济学理论总结出价格差异的影响因素包含三个部分：市场特征、零售商特征和产品特征。图 2-3 给出了电子渠道与传统渠道价格差异的影响因素模型。

（一）市场特征

市场特征主要通过竞争程度反映，尽管消费者有不均匀的品位，不是所有的企业都有相同的鼓励措施或机会实行价格差异。微观经济学理论认为企业必须有在边际成本基础上定价的市场能力。在完全竞争市场，价格等于边际成本，所有的厂商都必须接受相等的价格，任何提高价格的行为都会引起消费者转向其他竞争者或改变渠道选择。也就是说，在完全竞争环境下价格差异不存在。相反，在完全垄断市场，厂商可以在不损失顾客的情况下任意提高价格。价格差异需要一

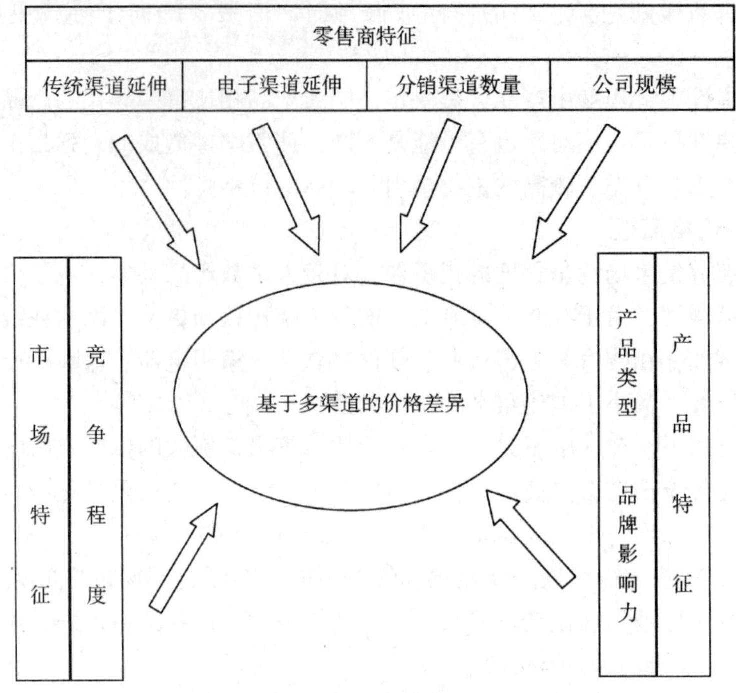

图 2-3 价格差异的影响因素分析

定程度的市场权利，由此，可推断竞争水平越低，价格差异的范围越大。

（二）零售商特征

另一个导致价格差异的因素是分割市场的能力，物理距离经常用来阻止消费者从高价格市场逃离到低价格市场。例如，距离低价格市场较远的消费者需要在他们靠近的市场支付较高的价格，因为从低价格市场购买的交易成本很高。高交易成本阻止了空间需求变动，这样自然形成了价格差异。

传统渠道延伸（Offline Reach）是指多渠道零售商经营的传统渠道分支的数量，它影响消费者在传统渠道进行购物的选择机会，较多数量的传统渠道分支使消费者转变选择渠道的成本不断下降。结果，只经营较少数量传统渠道的多渠道零售商可以有能力很好地分离电子渠道和传统渠道，电子渠道与传统渠道的价格差异更可能发生。同样地，传统渠道分支庞大的多渠道零售商为顾客提供更多的渠道选择，消费者可以容易地转变渠道，基于渠道的价格差异难以形成。在此基础上，更少的传统渠道分支会导致较高程度的价格差异。

与传统渠道延伸相似，电子渠道延伸（Online Reach）影响基于渠道的价格差异程度。在电子渠道发展之初，使用该渠道购物的消费者寥寥可数，在近些年，电子渠道购物发展迅速，消费者对网络环境越来越熟悉，交易成本随着消费者转向电子渠道而减少，市场也不再像传统渠道那样被很好地分隔。多渠道价格策略很有可能依赖潜在愿意选择电子渠道购物的消费者数量，如果电子渠道延伸覆盖低，电子渠道与传统渠道价格很有可能不同。随着电子渠道延伸的增加，竞争因素将促使电子渠道的价格与传统渠道价格趋同[27]。

考虑到分销渠道数量因素时，可发现很多情况下，即使价格差异标准的需求是满足的，如不同质的消费者品位，厂商拥有一定的市场权利等，销售商也放弃实行价格差异策略。之所以放弃这一策略，是因为实行和管理价格差异策略的成本很高。对于多渠道零售商，当分销渠道数量上升时，协调成本也随之增加。如果零售商只经营两个分销渠道，基于渠道的价格差异策略的成本明显低于分销渠道数量多的零售商。因此，价格差异的程度随着渠道数量的增加逐渐减少。

面临低成本水平的企业更有可能实行价格差异策略。在众多影响企业的成本结构的因素中，企业规模扮演重要角色。大型企业由于它们的优秀的技术、有效率的组织、享受经济规模、丰富的经验等都会降低它们的平均营运成本。结果大型企业相比小企业更有机会实行基于多渠道的价格差异策略。

（三）产品特征

产品的自然属性也影响着价格差异的形成，如果一个产品适合转售，面对低价格的消费者会把产品以稍高的价格转售给那些面对高价格的消费者，这会破坏价格差异带来的利润。产品与服务的差别在于服务不适合转售，产品可以分为两类：耐用品和非耐用品，后者同样也不适合转售。因此，对于服务很容易形成价格差异，对于产品非耐用品比耐用品更容易形成价格差异。

其他的产品特征也会引起基于渠道的价格差异，电子渠道和传统渠道在传达产品多种多样的属性信息时能力不同，两种渠道并不是相同的适合分销所有的产品。事实上，对于不同的产品品类，消费者有不同的渠道偏好。对于电子产品、书籍、旅游等电子渠道和传统渠道都适合销售；对于服饰类，大多消费者倾向在传统渠道购买，他们可以试穿，检查衣服质量。当对于某类产品，电子渠道和传统渠道都适合销售时，消费者感知的价值相似，对价格敏感、价格差异程度就会较低。相反，当一个渠道比另一个渠道有销售优势时，消费者在信任的渠道购物时价格不敏感，两个渠道的价格差异程度较高。

销售商可以通过广告或者公共关系活动建立强大的品牌，获得市场权利。一方面拥有强大市场权利的销售商在实行定价策略时占优势地位，另一方面强大的品牌影响力会减弱消费者的价格敏感，这为销售商实行价格差异策略提供机会。在汽油市场，可以发现拥有品牌权利的加油站更有可能实行差异化的价格，如中国石化相比其他汽油提供商，价格偏高。

然而，基于品牌资产，品牌要发挥其权利首先自身信息要稳定、清晰，尤其在价格上，不同渠道价格各异会模糊品牌，降低品牌效应，影响销售商利益。鉴于此，一般情况下拥有强大品牌权利的厂商在厂商—零售商关系中处于强势地位，更有可能影响零售商的定价策略，很难预测受到品牌权利影响的零售商是否会实行价格差异策略，导致不同渠道同品牌的产品价格有差异。

以上分析了多渠道价格差异的影响因素，发现许多多渠道零售商参与了价格差异策略的制定，电子渠道与传统渠道的价格差数在12%～16%，总体上反映了不同渠道价格差异的显著存在，但是相比其他形式的价格差异，渠道之间的价格差数还很低。

从总体来看，电子渠道的价格仍然低于传统渠道，这与消费者的感知风险有很大关系，相对传统渠道，有些厂商也并不十分鼓励自己的消费者转向电子渠道购物，销售商应该树立不同的渠道的目标，充分利用电子渠道来增强自身的知名度。

三、电子渠道和传统渠道环境下的战略性定价

零售商发展定价战略必须确保它们的定价能够最优化它们的利润，传达公司形象。例如，像沃尔玛追求与 Neiman-Marcus（奢侈品网站）不同的企业形象，因此它承诺每天低价格，而 Neiman-Marcus 则强调最新的时尚、名牌和优质服务，不过分强调价格方面的促销。制定价格并把它发展成一个稳定的价格战略对零售商而言比制造商更加复杂，因为存在巨大的库存成本。本章重点阐述了电子渠道和传统渠道环境下的零售商战略定价框架，分析在战略定价过程中影响定价问题的所有可能因素。

在战略性定价结构中，如图 2-4 所示，首先介绍三个重要的前因：厂商因素、产品因素和渠道因素，这些因素对发展零售商定价战略有重大影响，它们影响消费者反应，反过来影响定价战略。每一个前因对定价战略的影响又被消费者因素、环境因素和竞争因素缓和。同时，消费者因素、环境因素和竞争因素又直接影响零售商战略性定价。最后所有的影响都反映在财政成果中。

（一）厂商因素

1. 零售组合

定价一个关键的前提是厂商要选择零售组合，传统的零售业态区分基于产品分类的宽度和长度，百货公司提供广泛的分类，但是每一种类的深度不够，而专卖店产品品类窄，专注于产品深度，如苹果专卖店。零售商可以对信息、价格、

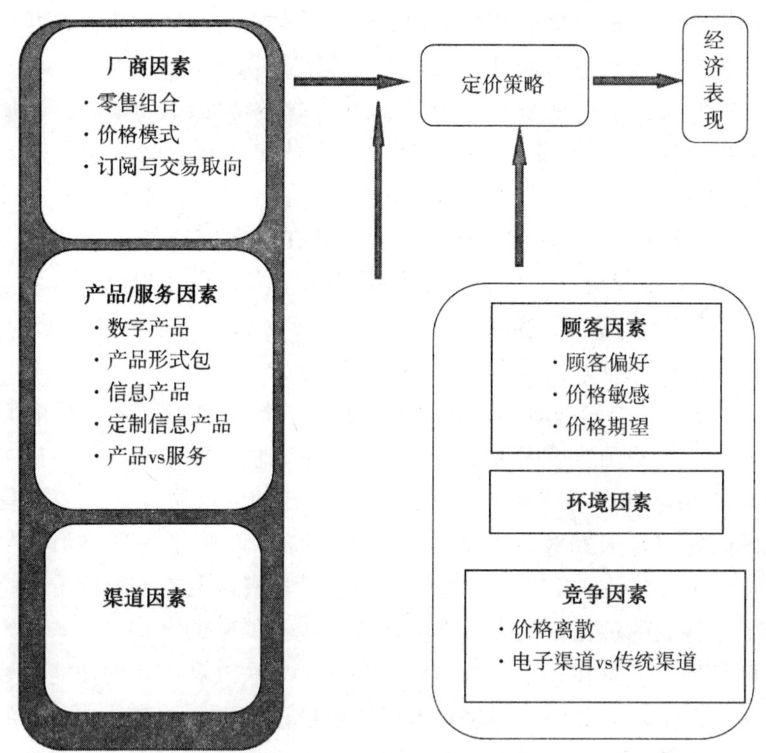

图 2-4 策略性定价组织框架

分类、便利性和娱乐水平进行特定的组配来差异化自身，当零售组合因素以独有的方式结合就形成了零售业态。如中型商场、围绕商城生活的百货商店，美国梅西百货向消费者提供种类繁多的产品，每种产品系列（深度）不完全，店内辅助设施齐全，价格公道，但是便利程度低，因为它处于围绕商城生活的位置，不在居民区，娱乐水平程度高。围绕商城生活的百货商场一般吸引大型商场而不是提供种类有限、每种产品可以深度选择的专卖店之类的商店。因此，百货商场与专卖店的区别主要源于商品的宽度和深度。

与传统渠道不同，电子渠道不受店铺面积的限制，可以提供更宽更深的产品分类，避免了商品宽度与深度之间的权衡。电子渠道零售商如亚马逊实行不断增加商品的宽度和深度的策略。这一策略减少了大众化市场的大众营销策略和利基市场的专业化策略这两大策略效果的差距。

2. 价格模式

零售商实行有差别的价格模式区分自身，他们经常采用两种模式：天天低价

(EDLP) 和周期性促销定价 (Hi-Lo pricing)。沃尔玛是天天低价的创建者，其他采用这种价格模式的包括家得宝、乔氏超市、德国最大的连锁超市阿尔迪等。相比 EDLP 零售商（促销频率小），Hi-Lo 零售商经常促销，如沃尔玛每年发 13 次传单而它的 Hi-Lo 竞争者塔吉特每周发一次传单。对家庭购物数据的调查发现大篮子购物者偏好 EDLP 模式，并且相对于一篮子产品的价格，对产品类别价格敏感度小，对时间更敏感[28]。Hi-Lo 购物者在意每一产品类别的价格。在这个意义上，EDLP 不仅是一个价格战略，更是一个零售市场战略。如果 EDLP 战略不结合适当的定位或广告策略，零售商就不容易获得明显的需求响应。EDLP 零售商不仅在价格上竞争，也在服务水平上竞争[29]。

EDLP 与 Hi-Lo 之间的成本差异也不容忽视。特别是 Hi-Lo 零售商面临大量的成本，包括广告费用、店内劳动力、存货积累和供应链中断与扭曲成本，这一成本可能因为较弱的 IT 系统而被隐藏，导致较低的供应链增值。像凯马特在一个会计年度内的广告通知成本占销售额的 10.6%，而沃尔玛只有 4%[30]，像沃尔玛这种零售巨头进入一个市场，会对市场、竞争者以及它们的定价策略产生重大的影响。零售商的价格模式影响它整合线上线下价格的方式。在整合线下线上时，一个可行的方式是在新渠道沿用当前存在的方法或利用新的功能更好地执行当前的方法。以沃尔玛为例，沃尔玛电子渠道应该同样实施其传统渠道的天天低价策略，促销的频率也应与传统渠道一致，而不是使用新的定价策略。沃尔玛现存的供应链只适应提供始终如一的需求，而不适合为了促销活动进行囤货的波动需求。去完善延伸现存的 EDLP 模型，沃尔玛使用网络作为它具有成本效益的信息渠道。它强调在传统渠道中“压价”，并在网站鼓励消费者去实体店购物。

Hi-Lo 定价强调在相同的定价模式中对不同类型的消费者实行价格歧视，但是由于不能对每单个家庭实行定制化的促销，价格歧视的程度是有限的。Hi-Lo 零售商在电子渠道的促销策略可以更加的精细，去吸引那些寻找最优惠价格的消费者和容易改变初始购买的消费者。零售商可以在电子渠道和传统渠道使用两种不同的价格表。在传统渠道中，许多 Hi-Lo 零售商拓展促销组合，在常有的低折扣活动中少量增加深度折扣的促销活动。限制深度折扣活动的频率是因为这类活动会侵蚀销售商利润，毁坏店面形象。在电子渠道环境下，Hi-Lo 零售商可以执行有针对性的深度折扣活动。通常深度折扣不应该放在公司主页上，而是建立专门的折扣渠道来展示这些活动吸引价格敏感的消费者。Priceline. com 是旅游行业提供此类服务的网站，但是由于在线搜索成本低，Priceline 一般在购买前不显示提供服务的供应商名字和精确的产品细节（如航班号）。零售商同样地可以设计不同的折扣项目组合，在独一无二的渠道中提供最大的折扣组合或者向个人提供定制项目。这些优势可以完善 Hi-Lo 零售商策略的成本效率[31]。

零售商可以使用品类管理方法陈列店铺，创造好的形象。这样的分类可以吸引顾客在商店进行娱乐性购物，增加销售。零售商在这些重要的分类品类的定价策略和市场营销策略上必须密切协调整合电子渠道和传统渠道。

再次需要强调的是，EDLP 零售商的活动必须与其核心天天平价活动相一致，在电子渠道拓展 EDLP 的策略。这些低成本导向为基础的零售商同样需要利用网络进一步加强他们的低成本结构，如通过使用电子邮件、网站等低成本的广告途径，这样广告费用也降低了。与此相反，Hi-Lo 零售商依靠价格歧视，因此使用互联网进行更多的复杂的价格歧视策略。

3. 订阅与交易取向

一些零售业态实行订阅的方式，顾客需要支付会员费用才能在店内购物，基于订阅服务的零售业态很早前就存在，但是没有成为主流的零售形式。尽管零售商试图通过电子渠道扩大他们基于订阅的策略，这种业态所占零售市场份额仍旧很低。亚马逊提供基于订阅的服务叫作“prime”，这项服务是免运费的。

（二）产品因素

1. 数字产品

具有信息和数字属性的产品和服务包括创意内容（书籍、音乐、视频）、报纸、软件、旅游、娱乐、咨询服务等在电子渠道占有主要地位。电子渠道改变了许多产品的形式以及它们递送的形式。就像 CD 唱片被 MP3 或者 iTunes 下载取代，DVD 被流媒体视频取代，书籍被电子书取代。这些产品的定价基础必须不同。许多公司开始的时候不能对电子形式的产品进行合适的定价，数字盗版的存在也导致定价困难。数字产品的定价问题主要源于消费者对电子渠道销售的数字产品的期望价格，数字产品的边际成本接近于 0，消费者认为公平的价格应该大大低于传统版本的产品。因此，在线报纸并不收费，主要靠广告获得收入[32]。

定价可能会影响在线剽窃。零售商会放弃免费的低质量的版本，拥有垄断内容的零售商会对单个产品增加市场渗透，减少盗版动机。在竞争市场，数字产品零售商可以减少价格竞争通过容许价格敏感者从盗版内容获益的方式增加自己的利润。通过很强的网络效应和版权保护法强有力的执行来帮助减少竞争。然而网络效应确实对数字产品定价产生冲击性，特别是影响着盗版行为、市场渗透、网络效应和定价之间的关系，也决定着零售商怎样定价可以使利润最大化。

2. 产品形式包

不同的新兴数字形式信息产品和服务也为捆绑传统形式提供了一个机会。例如，打印版的《新华日报》提供了传统报纸的优势，在线形式可以保证快速搜索。蓝光 DVD 在大屏幕上显示得非常清晰，但是“. mpeg”和“. avi”后缀名的文件符合移动设备最低分辨率和尺寸要求，因此亚马逊会销售一部电影几种格式的捆绑包版本。然而消费者趋向于不同质的，对于不同版本之间是替代品还是互补品的认知不同，如印刷书与 PDF 格式电子书显示了消费者的异质性，这样一个包含打印本、PDF 和它们的捆绑包可以通过在电子渠道做销售实验评估出顾客偏好，在此基础上制定最合理的价格[33]。此外，消费者关于不同版本是替代品或是互补品的认知还受使用情景的影响，这反过来又影响它们为捆绑包支付的意愿。对书籍和报纸订阅服务研究发现它们的使用情景为对捆绑包进行打折时，这对增加购买意图有巨大影响。厂商设计每一种形式时需要考虑它的相对属性品质，确保这些产品在消费者看来是互补品而不是替代品，来增加消费者对捆绑包的支付意愿。具有多种形式的产品逐渐成为营销设置中的一部分，零售商必须明确在何种情况下——是非捆绑模式下还是捆绑模式下——消费者有更高的支付意愿。因为新的产品形式侵蚀利润，替代了更多的传统产品形式、更多的盈利形式。

3. 信息产品

消费者对商品信息可能有特定偏好，如包含在网络数据库中的文本信息或者视频剪切，但是他们对不同信息的偏好分布是扁平的。由于信息量大，搜索空间范围广，定价一般参考访问量而不是单条的信息。因此，在线服务器必须决定如何给信息商品的访问定价，如何给许多已经根据使用时长支付过的用户定价，但是硬件和软件的进步引发了一些变化，包括基于搜索的定价和/或订阅费用定价。不同的定价策略可以证明最优化的网络服务器，因为消费者的专业知识会改变，他们对信息的评价也会改变，这影响着服务器的定价策略。考虑到描述市场的成本结构，无差别的在线服务器可以竞争和共存，通过不同的定价策略获得的收入都会带来利润的增加。在什么情况下采用何种定价策略变得更为关键，因为现在很多信息可以在电子渠道轻易获得，内容网站如 Hulu. com 和 Youtube. com 甚至开始考虑通过顾客访问赚钱的独特商业模式[34]。

4. 定制信息产品

现在市场调研报告和分析与诊断报告也通过电子渠道销售，销售商一般对经验产品做出报告因为消费者只有使用过后才能评价出产品质量，对于信任产品，有时消费者使用后也不能对产品质量做出判断。消费者对这些产品的质量和卖家信任存在风险感知。对销售商而言，这种感知风险属于存在的噪音因为即使是一件高质量的商品也可能被评价是低劣的，销售商的努力与有效的流程被忽视。一般风险越高，定制信息产品定价越高，而信息中间商帮助监控市场，通过降低整体风险来降低价格。现在在传统渠道和电子渠道实现产品和服务的个性化和定制化越来越容易，这对销售商的定价产生重大影响，尤其是体验类与信任类商品。

5. 提供的是产品还是服务

销售商提供的内容（产品或是服务）对其定价战略格式有重要的影响。例如，一份杂志的单价和杂志服务的订阅价格就不同，一张 CD 的单价与音乐订阅服务价格不同。在软件产品领域，都呈现相同的趋势：对软件产品的订阅服务开始取代购买包装的软件，因为这些产品更像服务而不是产品。将订阅定价与服务内容按此计费相比，订阅定价通常包含某周期的一个固定访问费用和随着每个阶段使用级别变化的使用费[62]。因此，定价依赖于顾客的使用等级，顾客访问费用和使用费用相关弹性和顾客保留/流失率。这种定价策略在传统渠道零售设置中也经常使用，如美国科斯科连锁和 Sam's Club，他们每年向顾客访问收取订阅费，但是店里的东西都打很大的折扣。这种会员身份收费将他们的顾客限制在了大容量买家中（消费者购买折扣商品省下的钱必须能抵消缴纳的会员费用），访问收费的级别很可能决定顾客选择策略的有效性。

（三）渠道因素

评价消费者如何利用电子渠道和传统渠道作为信息来源和发生交易时，通常给消费者定义的角色是寻找最低的完整的交易价格的人，完整的价格包括售价、交易费用、配送费用、手续费、搜索费、等待成本和风险成本。电子渠道使旅行成本最低而传统渠道交易减少了等待成本。传统渠道交易风险也更小，因为一旦存在问题，消费者与卖家可以面对面交流。因此多渠道零售商可以整合这些优点。有些情况下，电子渠道交易更具优势，如市场的物理分割广，传统渠道销售商发现维持大量库存成本高效率低。

在电子渠道和传统渠道作为信息来源的比较中，数字属性与非数字可以很好地区分差异。数字属性能容易地通过电子渠道交流，非数字属性需要实际的物理检查[63]。假设访问很简单，在表达数字属性信息时，互联网占有优势，尤其是通过搜索引擎，显著减少了比较成本。搜索引擎还在大量的信息中活跃的搜索上发挥优势，如搜索新闻。

如果互联网降低了搜索成本，改善了数字属性信息，那么竞争可能加剧，最终价格也会降低。一般来说，如果消费者使用通过电子渠道收集的信息来追求更低价格，这意味着市场更具竞争。改进的电子渠道信息可以更好地匹配消费者偏好，这类销售商可以收取相对更高的价格。更易获得的产品质量信息减少了价格敏感。

除了影响价格，互联网还影响了搜索的其他方面。消费者可以更有效率地搜索，互联网改变了搜索成果的分配，如在线搜索减少了汽车交易的总花费时间。尽管有这么多优势，搜索成本也近乎为零，消费者也不经常搜索，调查发现中等家庭平均每个月访问 1.2 个书籍网站、1.3 个 CD 网站、1.8 个旅游网站，表明大多数消费者在线搜索活动有限[43]。

(四) 消费者特征和异质性的缓和作用

消费者是否愿意在线购买产品和服务取决于他们的搜索方便性、风险和市场进入成本。另外，具体选择特定的产品则取决于消费者偏好、价格敏感和价格期望。

1. 消费者偏好

传统渠道零售定价目前的工作就是专注于零售商如何根据这些维度制定价格政策。消费者偏好不同，以及他们对产品是互补品还是替代品的认知不同都会影响零售商价格策略。如果消费者不同维度的异质性能成功地被判断，那么定价问题就简单的是最优化问题了。然而评估消费者偏好异质性的适当判断规则现在仍然是项艰难的挑战[44]。

2. 价格敏感

现在许多的转换分割存在，零售商特有的忠诚不能解释其价格策略的变化，即使是在无差别的同质产品市场。当然，零售商的折扣策略受转换分割的规模与忠诚分割的规模比率驱使。传统观点认为最低价格保证策略引起价格共谋和更高的价格，但是有学者指出相反的观点，认为当零售商采取这种策略时促进了竞争，价格和利润压缩得更低；最低价格保证加上提供退款保证，可以减少零售商的损失和顾客的麻烦成本，从而改善了经济效率而不是更高的价格。

3. 价格期望

消费者异质性的最后一个维度就是价格期望，参考价格源于消费者搜索和购买产品或服务的频率、如何标准化产品或服务、产品或服务的参与度水平。在某种程度上，消费者在电子渠道和传统渠道的购物行为变化对参考价格也有很大的影响。如果价格是更加突出的属性，消费者可能在面对两种渠道时更好地回忆价格，这增加了他们对自己期望的参考价格的信心[45]。

(五) 宏观经济的缓和作用

一般而言，宏观经济的发展对厂家的市场策略有重大的影响，并帮助决定消费者是怎样响应的。然而这些因素都不在单个厂商能控制的范围之内。从需求方看，宏观经济因素如衰退、失业、高利率、股市下滑等将严重影响消费者的购买行为。不确定的经济形势往往增加消费者的价格敏感[46]。遭遇经济低迷，消费者担心他们该买什么，在哪买，要支付多少钱。其实，宏观经济真正的影响依赖于提供产品或服务的形式。例如，耐用消费品价格昂贵，购买要花费消费者可支配收入的一大部分，因此它们对经济周期变化更敏感[39]。在经济紧缩时期，消费者一般不购买价格很高的名牌商标产品而更倾向于价格便宜、贴有零售商标签（不是厂商标签）的产品。在经济扩张时期，情况就完全相反了。需要强调的是在经济较紧的形势下，消费者没有放弃总共的购买，只是更加关心所买的产品有无附加价值，是否有促销活动。从供应方看，在经济形势不景气环境下，制造商通常减少他们市场营销支出，减少成本，重新分配预算以获得短期销售或资金流[40]。

（六）竞争效果的缓和作用

1. 价格离散

搜索成本和不完全信息决定了传统渠道与电子渠道的价格决策，竞争性的价格选择通常取决于搜索成本是否昂贵、产品是否具有差异性。例如，当无差别的销售商提供了一个无差别的产品，一些消费者的搜索成本为零，另一些消费者有正的搜索成本，零售商最好的解决方案就是利用混合策略，在顾客保留价格（这些顾客不进行搜索）与更低的价格（吸引进行搜索的顾客）中交替。其中，后者还包括一些促销活动。

混合策略形成了围绕平均价格上下波动的价格离散分布，另一个可以解释价格离散形成的原因是厂商不同的成本。如果消费者搜索同质产品的最低价格，当所有销售者的搜索成本都为零时，产品价格差异就源于厂家不同的生产成本。这些结果都适合同质商品，并且都表明搜索倾向不同造成了价格离散。然而，当消费者有不同的偏好和完全相同的搜索成本时，他们寻找最佳匹配的愿望会消除价格离散，产品差异化在价格上会产生两个抵消效应：由于搜索的存在，产品的价格会降低，但是由于差异化和消费者偏好，消费者愿意为自己喜欢的产品支付更多而提高了价格。

在现实中，零售商可以缓和竞争，如电子渠道零售商可以将运费包含在产品价格中，然后承诺“免运费”来促进销售，制造商可以通过向不同零售商提供不同的产品版本，增加消费者比较的难度以减缓竞争。另一个最小化竞争的方法是创造转化成本，电子渠道零售商最初设定低价格吸引消费者访问网站，消费者逐渐熟悉网站的购买操作，这产生了一个锁住效应。

平均价格和价格离散会随着竞争者数量的变动而变动吗？这取决于产品种类，有调查研究发现在线销售的书籍、音乐 CD、电影光盘的平均价格随着竞争者数量的增加而增加[41]，也有调查显示电子产品的平均价格却随着销售商数量增加而减少，并且当零售商增加到 10 个左右，最低价格与第二低价格之间的差距迅速减小，其后开始趋平[42]。

2. 电子渠道与传统渠道

电子渠道零售商提供了价格优势，传统渠道在物流检查和立即获得产品上具有优势。尽管电子渠道零售商和传统渠道零售商都销售相同的产品，两种渠道都有消费者使用，它们也有内在的区别。多渠道零售商给消费者提供了可能的所有渠道优势，但是它们也需要协调线上线下价格、协调促销活动以及其他的服务。多渠道零售商需要清楚地了解电子渠道的价格对传统渠道产品价格的影响，证据表明多渠道零售销售产品的价格通常高于单一电子渠道销售商，但是对于多渠道零售商的价格离散是否比纯网络零售商低这一问题仍没有定论。

第二篇

电子渠道和传统渠道下的消费者行为

第三章　电子商务环境下的消费者购买行为

截至2013年6月底，我国网络购物网民规模达到2.71亿人，网络购物使用率提升至45.9%。与2012年12月底相比，2013年上半年网民增长2889万，半年度增长率为11.9%。但是，现实贸易活动中大多顾客对网上购物持保留态度，网上购物在社会消费品零售总额中所占的比例仍是很小的一部分。出现此种现象，主要原因在于企业对消费者在电子商务环境下的购买行为还不够了解，关于消费者为什么到网上消费、网上消费者以及其需求呈现出什么样的特点、网络消费者又具有哪些行为特征以及哪些因素会影响到网络消费者的购买行为等方面缺乏准确的把握。本章将深入地探讨这些问题，从而全面地剖析电子商务环境下的消费者购买行为。

第一节　电子商务环境下的消费者及市场特征分析

消费者作为在线购买行为的主体，会受到不同因素的影响，比如风俗习惯、生活阅历等，从而体现出这个群体独特的特点，而商家只有把握住其特点，才能有针对性地为这个特殊群体提供满意的产品和服务。另外，电子商务环境下，网络消费市场也体现出其独特的特征。本节将详细地阐述网络消费者及市场的特征，从而为网络消费者购买行为的分析作铺垫。

一、网络消费者特征分析

（一）网络消费者的界定

从广义上讲，根据营销产品和营销目标的不同，电子商务营销的主体既可以是个人消费者，也可以是集团购买者，或者说既可以是自然人，也可以是法人。但是由于侧重点的因素以及篇幅有限，本节仅探讨个人消费者群体，也就是自然人消费群体。这个消费群体主要由广大网民构成，但是也不能排除非网民。一方面非网民也可能由网民代为在网上购物消费，另一方面他们可能成为网民，也就是潜在的网络消费群。

（二）网络消费者的分类

在很多文献中，顾客细分被描述为电子商务成功与否的关键。只有通过不同的顾客细分，每个企业的营销人员才能制定战略与战术来吸引与保持这些顾客。根据不同的标准，网络消费者大致可以分为以下五个类别：[43]

1. 人口统计特征为标准的分类

性别是最基本的人口统计特征之一，男性与女性在网络购买行为上表现出不同的特征。因此，以人口统计特征为标准的分类中最常见也是最便利的分类是按照性别的分类，即分类为男性在线消费者与女性在线消费者。

2. 消费者的在线行为特征为标准的分类

根据消费者的在线行为特征来细分市场，如消费者主动花费的在线时间量、接触的页面与网站的数量、主动浏览每一个页面花费的时间以及访问的网站种类等，当前有效的在线消费者可分成六类：追求简单者、冲浪者、讨价还价者、联系者、按惯例行为者和运动者。

每一个细分群体有着不同的需求，其中，追求简单者是最具吸引力的消费者，占所有在线交易总量的50%以上；冲浪者仅占使用者人数的8%，但是在线花费的时间最长，远超出任何其他细分群体，接触的页面数量也最多；讨价还价者主要与取得好的交易有关，尽管他们仅构成8%的有效在线人数，花费较少的时间在线，但是他们的网站访问量最大；联系者使用Internet主要是享用聊天服务，在线时间较短，在线购买也较少；按惯例行为者使用Internet为了获取新闻与财务信息；运动者的行为像惯例行为者，但是被兴趣吸引到运动与娱乐网站，他们将浏览内容看成娱乐，所以网站必须是新奇的、有趣的与互动的以吸引他们。

3. 在线购物者的潜在目标为标准的分类

通过使用特定在线商店的点击流数据，访问者被分成了购买、浏览、搜寻和知识建立的访问四种类型，每种访问类型在购买概率上表现不同。其中，网络购买群体显示出非常明显的购物行为，表现出以目标为导向的动机，以反复考虑的有限数量的产品为目标；浏览、搜寻群体也是目标导向的，在某一产品类别上进行集中浏览和搜寻，他们访问网站的目标是获取有关信息以利于作出更优选择。知识建立者的目标是提高产品与市场的专业知识，消费者并不必然考虑任何购买，但获得的信息可以影响未来的购买决策。知识建立的购物者更可能访问网站的共享讨论区、建议栏等与产品有关的内容。

4. 网络消费者的个性特征为标准的分类

这是综合心理图案、文化与个性特征对全球环境下的网络消费者所做的细分，可将网络消费者分为以下三种类型：风险厌恶怀疑者、坦率的在线购物者、保守信息搜寻者。其中，风险厌恶怀疑者极其小心、保守，通常对新的经历持怀疑态度，而且对在线购物的感知风险最高、信任最低，在对在线购物的态度与购买意愿上的得分也是最低的；坦率的在线购物者很少担心生存环境，表现出最低的感知风险、最高的购买意愿以及高度的购买愉悦感，表现出对在线购物的热爱；保守信息搜寻者是非常典型的谨慎的保守者，有着较高的正面态度，他们使用 Internet 主要是为了信息搜寻与购前产品评价。

5. 以在线购买动机为标准的分类

在分析离线环境下购物动机的基础上，考虑在线购物背景下的种类寻求等动机，表明存在四种购物类型：便利购物者、种类寻求者、权衡购物者和商店导向的购物者。其中，便利购物者更多以便利为动机；种类寻求者比任何其他购物类型更多地以选择多个零售商与产品类型及品牌为动机；权衡购物者中庸地以便利与种类寻求为动机；商店导向的购物者更多地以实体商店导向为动机，如对直接拥有商品与社会互动的渴望。

综上所述，网络消费者的分类大致如表 3-1 所示。

表 3-1　网络消费者分类

分类标准	类　别
人口统计特征	男性在线消费者、女性在线消费者
消费者的在线行为特征	追求简单者、冲浪者、讨价还价者、联系者、按惯例行为者、运动者
在线购物者的潜在目标	购买者、浏览者、搜寻者、知识建立者
网络消费者的个性特征	风险厌恶怀疑者、坦率的在线购物者、保守信息搜寻者
在线购买动机	便利购物者、种类寻求者、权衡购物者、商店导向的购物者

（三）中国网络消费者的结构调查分析

综合已有的消费者调查研究报告，当前中国网络消费者结构呈现以下的特点。

1. 性别结构

据 CNNIC 统计，截至 2012 年 12 月底，中国网民中男女比例为 55.8：44.2，与 2011 年情况基本保持一致，男性与女性居民的互联网使用率仍存在一定差距，如图 3-1 所示。而据艾瑞咨询统计，2012 年网购用户中男性占 52.3%，高于女性 4.6 个百分点；2011 年同期男性占比为 51.7%，如图 3-2 所示。

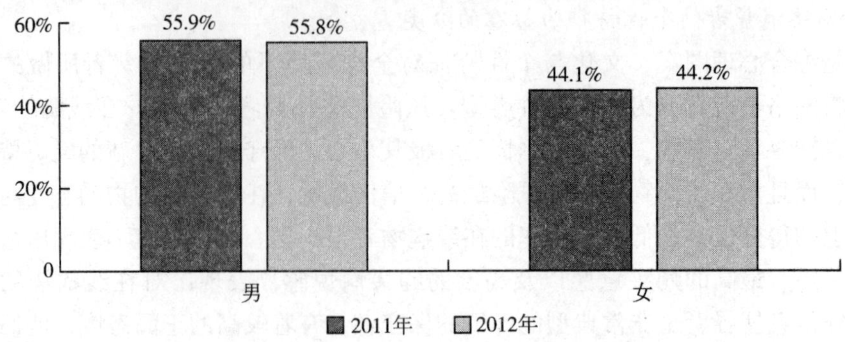

图 3–1 中国网购用户性别结构

注：调查总体为中国有住宅固定电话（家庭电话、小灵通、宿舍电话）或者手机的 6 岁及以上常住居民；总体样本 30000 个，其中，住宅固定电话用户、手机用户各 15000 个，样本覆盖中国大陆 31 个省、自治区、直辖市；调查方式为通过计算机辅助电话访问系统（CATI）进行调查，下同。

资料来源：中国互联网络发展状况统计调查 2012。

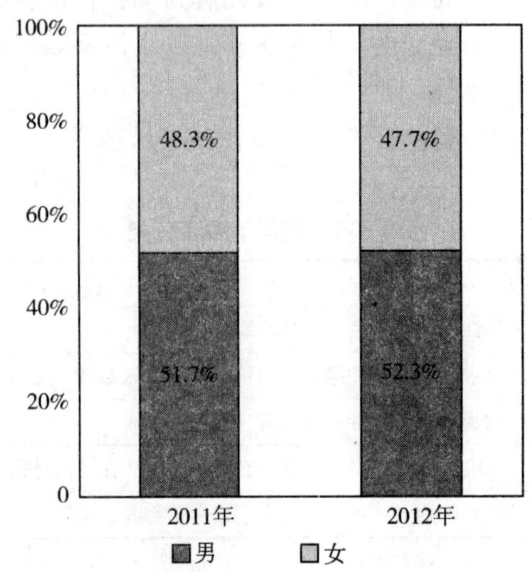

图 3–2 中国网购用户性别结构

资料来源：艾瑞咨询，基于对 40 万名家庭及办公（不含公共上网地点）样本网络行为的长期监控数据获得，下同。

比较图 3–1 和图 3–2，数据虽有差别①，但可以看出，总体情况下中国所有

① 由于网站之间的调查范围、总体样本或者调查方式之间的不同，导致统计数据之间有所差别，下同。

的网购用户中，男性仍占主导地位，且所占比例基本处于稳定状态。

2. 学历结构

据 CNNIC 统计，高中和大专以上学历人群中互联网普及率已经到了较高的水平，尤其是大专以上学历人群上网比例接近饱和，网民的增长动力来自低学历人群，截至 2012 年底网民中小学及以下人群占比提升至 10.9%，如图 3-3。而据艾瑞咨询统计，2012 年中国网购用户中大学本科用户占比达 42.5%，与大学专科用户加和占比为 68.9%，如图 3-4 所示。但在总体趋势上，中国网购用户正向低学历用户发展。

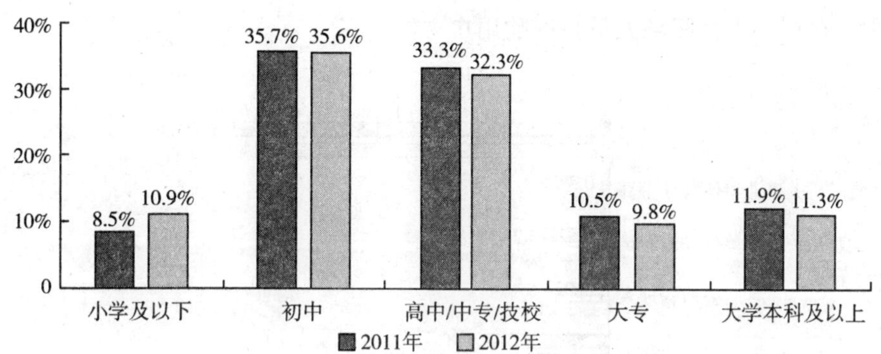

图 3-3　中国网购用户学历结构

资料来源：中国互联网络发展状况统计调查 2012。

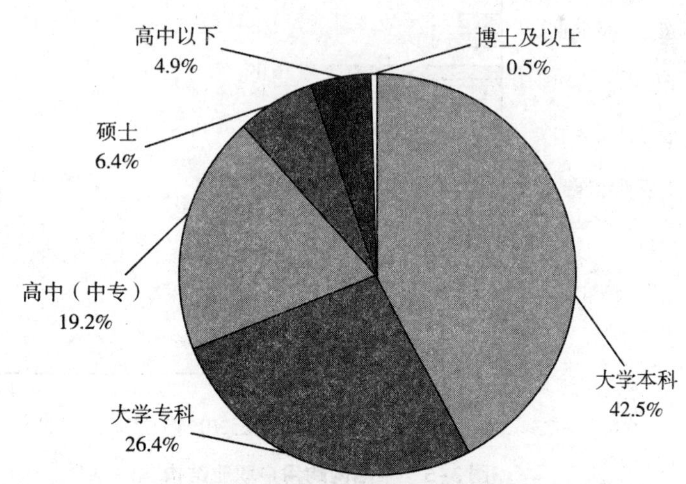

图 3-4　2012 年中国网购用户学历结构

资料来源：艾瑞咨询：《2012 年中国网络购物用户行为研究报告》。

3. 职业结构

据 CNNIC 统计，由于学生群体的互联网普及率已经处于高位，同时近年来中国中小学生人数呈逐年下降趋势，作为网民中规模最大的职业群体，学生的占比在 2012 年降至 25.1%。其次个体户/自由职业者占比为 18.1%。企业公司中，管理人员占整体网民的 3.1%，一般职员占 10.1%。党政机关事业单位中，领导干部和一般职员分别占整体网民的 0.5% 和 4.2%。另外，专业技术人员占比为 8.1%，如图 3-5 所示。而据艾瑞咨询统计，2012 年中国网购用户中文职办事人员占比 15.7%，在校学生占比 12.7%，两者合计近三成；专业人士、技术人员及教师职业占比相当，均在 8% 左右，如图 3-6 所示。总而言之，在中国网购用户中，在校学生及职场人员是网购用户主体。

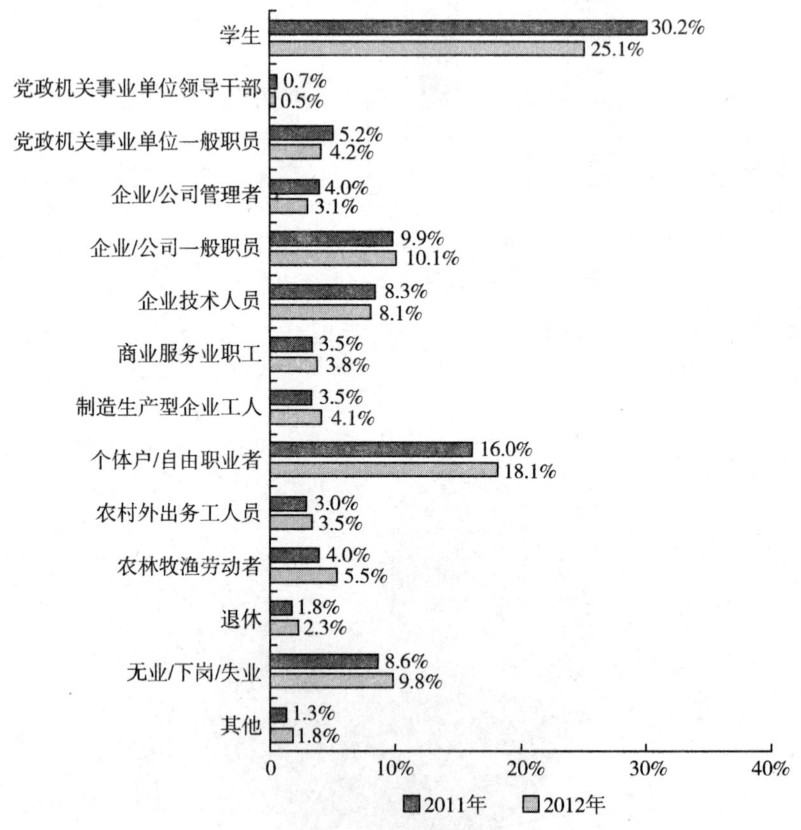

图 3-5 中国网购用户职业结构

资料来源：中国互联网络发展状况统计调查 2012。

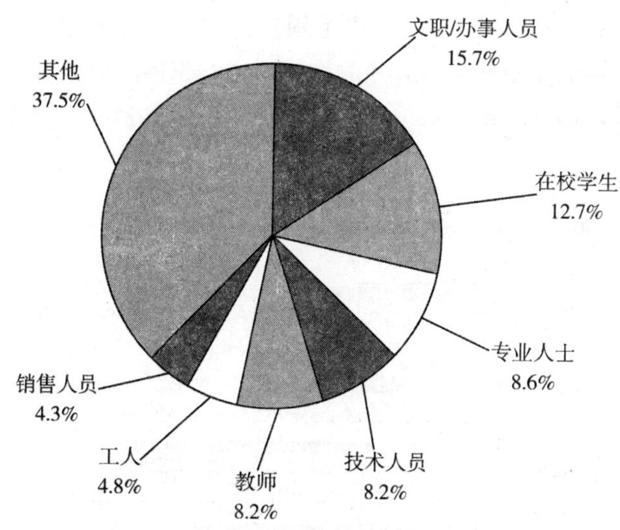

图 3-6　2012 年中国网购用户职业结构

资料来源：艾瑞咨询：《2012 年中国网络购物用户行为研究报告》。

4. 年龄结构

据 CNNIC 统计，网民中 10～19 岁人群比例从 2011 年底的 26.7% 下降至 24.0%，这与我国该年龄段整体人口总数下降相关。此外，网民中 40 岁以上各年龄段人群占比均有不同程度的提升，互联网在这些群体中的普及速度加快，如图 3-7 所示。而据艾瑞咨询统计，19～30 岁用户合计占比 56.1%，与 2011 年相

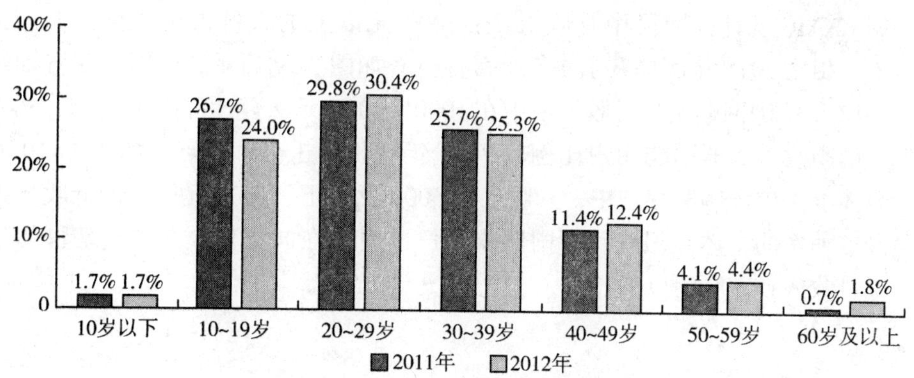

图 3-7　中国网购用户年龄结构

资料来源：中国互联网络发展状况统计调查 2012。

比略有下降；36～40岁以及40岁以上用户占比均有小幅提升，如图3-8所示。总体上，中国网购用户中，中青年为网络消费的主体。但最近几年，网购年龄逐渐向更小以及更高的年龄发展。

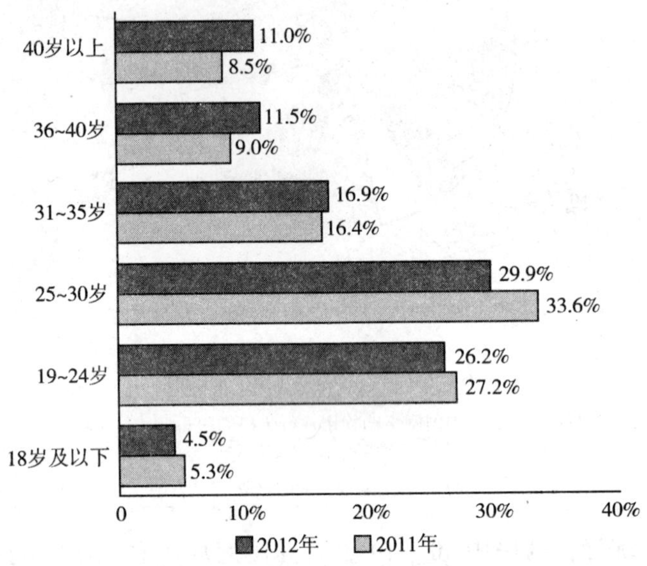

图3-8 中国网购用户年龄结构

资料来源：艾瑞咨询：《2012年中国网络购物用户行为研究报告》。

5. 收入结构

据CNNIC统计，网民中月收入[①]在3000元以上的人群占比继续提升，达28.8%，相比2011年底提升了6.5个百分点，如图3-9所示。而据艾瑞咨询统计，2012年中国网购用户月收入集中在1000～3000元，合计占比47.0%；5000元以上的高收入人群网购用户比例较2011年增长4.3个百分点，如图3-10所示。总体上，中国网购用户中，月收入在5000元以下、1000元以上的低收入人群是网络消费的主体。但是，中国网购用户也逐渐在向更低收入的消费群体发展，如月收入在500元以下。

① 其中学生收入包括家庭提供的生活费、勤工俭学工资、奖学金及其他收入，农民收入包括子女提供的生活费、农业生产收入、政府补贴等收入，无业、下岗、失业群体收入包括子女给的生活费、政府救济、补贴、抚恤金、低保等，退休人员收入包括子女提供的生活费、退休金等。

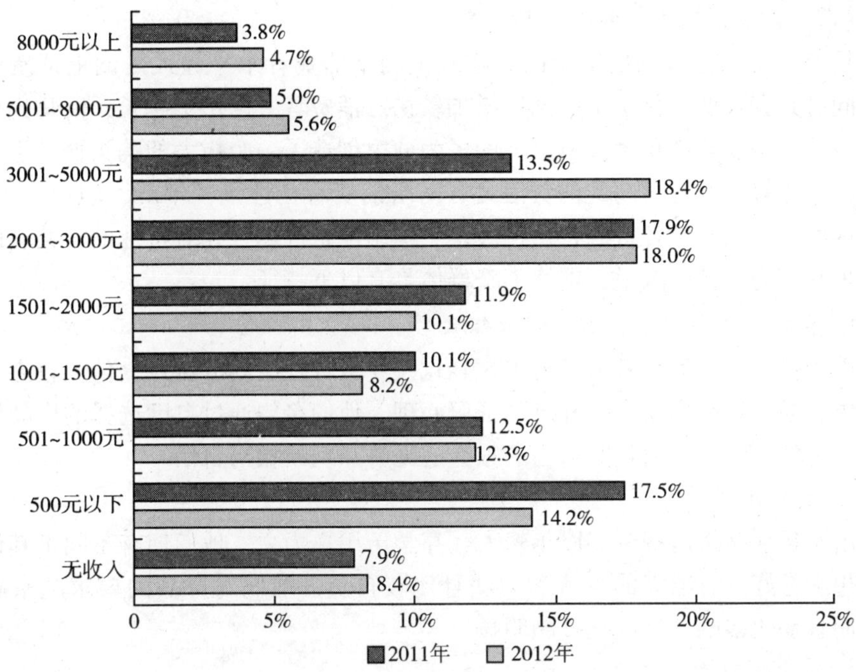

图 3-9 中国网购用户收入结构

资料来源：中国互联网络发展状况统计调查 2012。

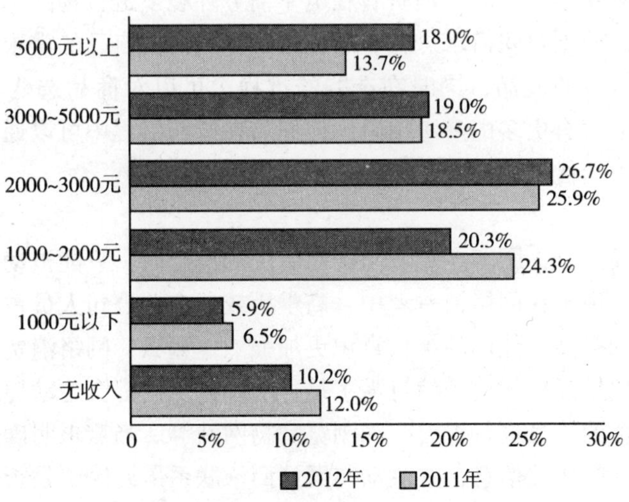

图 3-10 中国网购用户收入结构

资料来源：艾瑞咨询：《2012 年中国网络购物用户行为研究报告》。

（四）网络消费者的特征分析

目前，在B2C模式的电子商务中我国网络消费者中年轻人是网上消费的主流，同时具有较低文化水平的网民增加较快。消费者上网历史越长，购物比例越高。因此从市场营销角度分析这些网民为商家创造了一个极大的购买群，引领网上购物的趋势，具有很高的消费潜力。网络消费者在性别、年龄、职业、收入、教育程度等方面有着各自的特点，决定了网络消费群体存在着特殊的、共有的消费心理和行为。具体来说，网络消费群体具有以下特征：

1. 喜欢新鲜事物，有强烈的求知欲[44]

由于目前网络消费者多呈现出年轻化及受教育程度高的特点，他们较之一般用户更容易对新鲜事物产生好奇与征服心理。他们希望通过自己选择的商品体现自己独有的个性化，而且对自己的独立的见解和判断相当自信。

2. 注重自我

由于目前网络消费者多以年轻人、高学历用户为主，他们拥有不同于其他人的思想和喜好，有独立的见解和想法且比较自负。他们对产品的要求越来越独特，而且变化多端，个性化日趋明显。

3. 比较理性[45]

由于网络消费者以大城市、高学历的年轻人为主，他们不受舆论的左右，对各种产品宣传有较强的分析判断能力。另外，网络具有开放性，相关的商品信息可以通过引擎搜索获得。同时，消费者在电子商务环境下进行物品选购有足够的空间，对商品可以根据自我需求进行合理化选购，进而对自己的需求进行物品对比，选择更适合自我的商品，同时在选购的过程中可以对商品选购经验进行积累，以便下次选购时有更多的参考信息，使商品在选购过程中可以通过多尺度衡量和多角度对比评选优劣，便于购买决策分析。

4. 主动性较强

在传统零售模式下，顾客在获取与产品有关的信息时，只能被动地依赖于产品提供商。但是，由于在网络消费者中，高学历或者企业公司人员占比更大，随着顾客人文素质的提高，他们的维权意识更加强烈。那么，网络消费者在购物的过程中主动性就比较强，无论其信息需求是否明确，他们都会主动地通过各种途径和方法搜索相关的信息进行查看，如浏览购物网站等。当需求明确后，他们又会主动地查看详细的相关信息，并主动与网站商家联系最终决定是否购买。

5. 缺乏耐心

方便快捷是消费者选择网购的重要原因之一。当网络用户在搜寻信息时，经常比较注重搜索所花费的时间，如果联接、传输的速度比较慢的话，他们一般会耐心不够而离开这个站点，终止自己的购买行为。

6. 忠诚度偏低

由于在线顾客能够通过互联网获得更多的商品信息和选择机会，因此，顾客的网络购物活动更加现实。顾客可以对自己所购买的产品的效用价值更多关注，并不断增强自己对新产品、新时尚的追求。而且，在搜索引擎和其他技术的帮助下，互联网的使用成本越来越低，这使顾客购买、对比和转向其他网络零售商的行为变得越来越容易、越来越便捷，而且花销更少。另外，由于消费者网购时的可选择的范围增加，不仅可以选择本地的商品，而且可以选择本地所没有的商品。因此，如果其他商家能够提供质量更高、价格更加优惠的同类商品时，消费者一般会改变交易对象。

7. 互动性极大提高

随着 QQ、移动互联网等交互平台的崛起以及交互技术的迅猛发展，网上消费者之间的互动性已经大大增强。一方面，让供应商更加充分地了解以及更好地满足消费者的个性化需求；另一方面，也让品牌和商品信息传播有了更多样化的途径。近几年兴起的商品消费点评网也是以互动信息为主体，消费者可将自己的消费感受（不管是正面的还是负面的）与感兴趣者进行分享，而且还逐渐形成了一些消费偏好群组，其中也包括品牌粉丝（忠实消费者）群组，他们可在群组中随意地与其他同好者交流消费心得，并且乐于满足个人的角色扮演欲望，成为别人认可或接受的某一消费群组的角色定位。[46]

（五）网络消费者的需求特征分析

由于电子商务的出现，消费观念、消费方式和消费者的地位正在发生着重要的变化，可以说是一场革命。首先，消费者主权时代的到来。互联网商用发展使商品生产者、供给者与消费者的距离消失了，不同商店等距离，加之消费的信息极为丰富和极易传播，促进了消费者主权地位的提高。其次，基于信息的消费开始出现。在互联网上，消费者极易掌握丰富的信息，并且进行快速、低成本的类比和旁比极为方便，这使得消费行为有充分的信息依据，消费质量大大提高。最后，资源节俭型消费。工业化时期物质产品极大丰富，必将过渡到后工业时期的按需供给——资源节俭型消费，或叫合理消费。在工业化社会，物质极度丰富的另一面是极易出现生产过剩和消费不足，而合理消费是符合可持续发展要求的。造成这个转变的主要原因是在互联网商用发展推动下，企业对市场和消费者的反应极为迅速，虚拟商店的无库存和低库存经营，以及中间环节的减少，消费者与生产者直接交流与互动。这种消费观念、消费方式和消费者地位的变化，使得当今的企业面临前所未有的激烈竞争，市场正由卖方垄断向买方垄断演变，消费者主导的营销时代已经来临。在买方市场上，消费者将面对更为复杂的商品和品牌选择，这一变化使当代消费者需求与以往相比呈现出新的特点。

1. 网络消费需求的个性化[46]

中国互联网信息中心（CNNIC）发布的《第32次中国互联网发展状况统计报告》指出，截至2013年6月底，我国网民规模达5.91亿人，半年共计新增网民2656万人。互联网普及率为44.1%，较2012年底提升了2个百分点。近几年，中国互联网用户逐渐呈现出其个性化消费。对于个性化的消费要求，网络购物模式较容易使其实现。个性化顾客可以随时与网络购物网站的客服进行互动，直接参与到企业产品的设计、生产和包装中去，并主动向提供商表达自己的想法和欲望，从而使自身的个性化需求得到极大的满足。

2. 网络消费需求的差异性

不仅是需求的个性化使得网络消费需求呈现出差异性，对于不同的网络消费者，因其所处环境和现有条件的不同，也会产生不同的需求。而且，不同的电子商务顾客，即使处在同一需求层次上，他们的需求也会有所不同。所以，对于从事网上零售的B2C电子商务企业来说，要想取得成功，就必须在整个产品的生产、流通过程中，认真思考顾客需求之间的差异性，并针对不同顾客的特点采取相应的措施。

3. 网络消费需求的层次性[47]

网络消费就其内容来说，可以分为由低级到高级的不同层次。需要注意的是，在传统的商业模式下，人们的需求一般是由低层次向高层次逐步延伸发展的，只有当低层次的需求满足以后，才会产生高一层次的需求。而在网络消费中，人们的需求是从高层次向低层次扩展的。在网络消费的开始阶段，消费者侧重于精神产品的消费，如通过网络书店购书，通过网络光盘商店购买光盘。到了网络消费的成熟阶段，消费者在完全掌握了网络消费的规律，并且对其有了一定的信任后，消费者才会侧重于由精神消费品的购买转向日用消费品的购买。

4. 网络消费需求的交叉性

在网络消费中，各个层次的需求不是相互排斥的，而是有紧密联系的，需求之间广泛存在交叉的现象。例如，在同一张购物单上，消费者可以同时购买最普通的生活用品和昂贵的饰品，以满足生理的需求和尊重的需求。这种情况的出现是因为网络虚拟商店可以囊括几乎所有商品，人们可以在较短的时间内浏览多种商品，因此产生交叉的购买需求。

5. 网络消费需求的超前性和可诱导性[48]

电子商务构造了一个全球化的虚拟大市场，在这个市场中，最先进的产品和最时髦的商品会以最快的速度与消费者见面。另外，网络消费者大都是具有超前意识的年轻人，他们对新事物反应灵敏，没有旧框框，接受速度很快，也就必然很快接受这些新商品（包括国内的和国外的），从而带动其周围消费层新的一轮消费热潮。从事网络营销的厂商应当充分发挥自身的优势，采用多种促销方法，启发、刺激网络消费者的新的需求，唤起他们的购买兴趣，诱导网上消费者将潜在的需求转变为现实的需求。

6. 中高档品牌需求热切[49]

由于网络消费者年龄层、收入水平不断提升，另外，来自三、四线城市的富裕消费者占比提升，使得网购用户对提升生活品质的中高档品牌热切向往，从而也导致了海外品牌购买意向迅猛增长。据中国电子商务研究中心统计，2012 年中国海外代购市场交易规模达人民币 483 亿元，同比增长 82.3%。并且他们预计，2013 年海外代购的交易规模仍将保持平稳增长，有望突破 700 亿元，如图 3-11 所示。

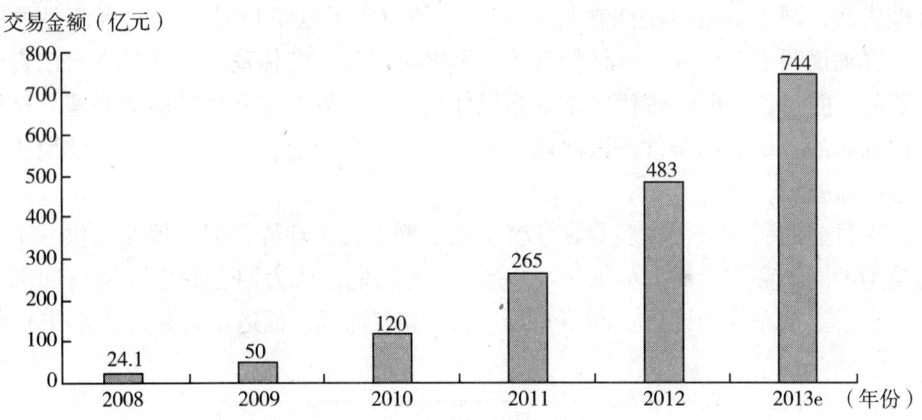

图 3-11　2008～2013 年中国海外代购市场交易规模

资料来源：中国电子商务研究中心。

二、网络消费市场及其特征

（一）网络消费市场与传统消费市场的对比[50]

网络消费市场是一个虚拟的消费市场概念，是基于互联网这一技术手段，而在消费者与厂商之间、不同消费者之间形成的一个信息、商品、服务交易平台。

网络消费市场是对传统消费市场的超越。

消费者在网上购物只需按一下网页上的“购买”按钮即可实现，但往往简单的背后就是复杂，而且这种模式不可能用于所有的商品或服务，认识到这一点非常重要。尽管每个消费者都有他自己的购物习惯，但还是可以从中找出一些共同的规律。这些规律（或者说是商业模式）是了解消费者动态变化的基础，它决定了消费者和商家之间的互动关系。这些商业模式使卖家不必单独创立自己的商业过程，而且还能方便消费者，使交易行为程序化。反过来，如果没有一个通用的程序来管理和进行交易，电子商务就会陷入一种混战状态，即每个公司都以独特的方式进行在线交易。事实上，网上媒体非常适合于发布产品信息，也可以为消费者提供品评产品优缺点的天地。

（二）网店环境分析

电子商务环境下企业经营的主要形式是网上商店。网络虚拟商店和真实的商店在部门结构上和功能上没有太大的区别，不同点在于其实现方式。为了获得消费者的认同，网上销售商在互联网上建立一个商业网站，也就是虚拟商店，精心打理店面，网上商品不是摆在货架上，而是做成了电子目录，里面有商品的图片、详细说明书、尺寸和价格信息等。顾客可以像在实体商店一样挑选自己喜欢的商品，并付款结账。现代网站的多媒体支持和良好的交互性功能成为建立这种虚拟商店的必要技术条件。因此建立一个网上虚拟商店，与建立常规实体商店有类似的需要。

在目前的研究中，很多专家学者提出了网上商店环境框架，旨在提供一个全面类型的网上商店界面，如图3-12所示。一般地，认为网上商店环境由四部分组成：①虚拟布局和设计：网格布局、自由格式布局、通道布局等。②虚拟气氛：

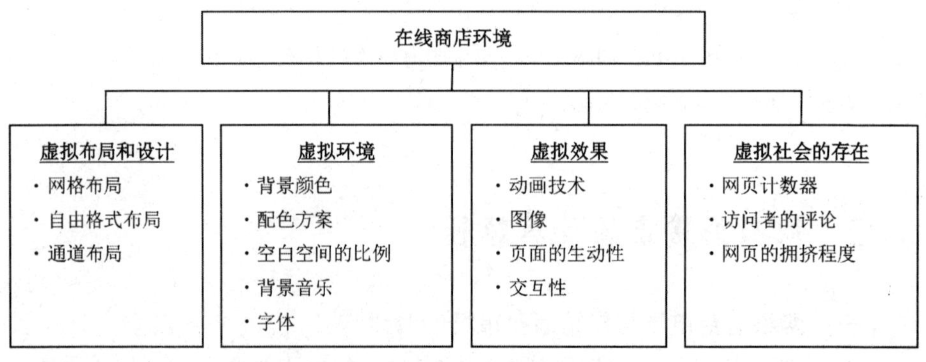

图3-12　在线商店环境及其分析

背景颜色、配色方案、空白空间的比例、背景音乐、字体等。③虚拟效果：动画技术、图像、页面的生动性、交互性等。④虚拟社会的存在：网页计数器、访问者的评论、网页的拥挤程度等。[51]

（三）网络产品类型[46,48]

随着网络技术发展和其他科学技术的进步，越来越多的产品都可以在网上销售。网络在商业活动中的应用极大地突破了传统的商业经营模式，使产品或服务本身的存在形式更趋多样化。借助网络，我们可以开展纯粹的在线交易，也可以对传统的离线产品或服务做必要的补充和支持，以提高原有产品或服务的价值。根据产品本身的存在形态和性质，可以把网络产品分为两大类：实体产品和虚拟产品。

1. 实体产品

实体产品是指具有物理形状的物质形态产品，我们大多数使用的产品属于这个形态。该类产品本身与离线销售的产品与离线销售的产品无异，但网络延长了营业时间，拓宽了营业空间，向顾客提供 24 小时全天订购服务。在线运作拓宽了分销商的产品市场，丰富了分销商的营业模式，使顾客购物更灵活、更便捷。通过网络进行该产品销售的优点在于：网络能聚集来自各地的需求，从而维持低产品库存。目前网上交易比较活跃并热销的商品有：服饰、日用百货、计算机产品、家用电器、书籍以及化妆美容产品等。

2. 虚拟产品

虚拟产品与实体产品的本质区别是虚拟产品一般是无形的，即使表现出一定形态也是通过其载体体现出来的，但产品本身的性质和性能必须通过其他方式才能表现出来。网络销售的虚拟产品一般分为在线数字化产品、在线交互式服务和在线增强产品。

（1）在线数字化产品。产品为能实现在线交付，必须是可数字化的。网络以一系列离散的比特形式传输数字化的数据。也就是说，任何可数字化的信息产品都可通过网络直接交付给客户。软件、音乐、影像和新闻等都属此类产品。数字化产品的在线交付突破了传统的交付形式在时间和空间上的局限，具有明显的快捷、及时与低成本等优势。然而，由于数字化了的信息产品很容易被复制后广泛传播，因此该类产品的生产商或经销商对其产品的所有权限很难控制，网上的免费电影和音乐就是很好的证明。

（2）在线交互式服务。在线交互式服务指那些在线完成的服务，其特征主要表现为该类服务质量的好坏程度依赖于储存的信息，以及由此完成的供应商与客户间的沟通互动，如远程医疗、远程教育、网上法律咨询、网上金融证券交易等。由于传统服务产品本身所具有的无形性、同时性、异质性、易腐性，使得这类产品在生产与交付上会受到时间空间与服务人员数量的限制，而网络可以减少这种限制。

（3）在线增强产品。在线增强产品指那些为某一服务或产品增加的额外服务或利益。通常可归为三类：售前支持、售后支持和履行选项，它们通常能以较低的增量成本提高产品的差异化程度。例如，当消费者购买某种自己不熟悉的产品之后，商家对消费者进行的关于产品使用方法和保养方法等方面的培训介绍等服务，使消费者更好地运用商家的产品。

在电子商务高速发展的今天，购买有形产品的网络消费者的数量占绝对优势。据统计，2012 年，用户网上购买最多的商品类型是服装鞋帽，81.8% 的用户最近半年在网上购买过服装鞋帽。第二位是日用百货，用户购买的比例达到 31.6%。第三位是电脑、通讯数码产品及配件，用户购买的比例为 29.6%。购买家用电器和书籍音像制品的比例分别为 22.9% 和 18.4%，如图 3-13 所示。

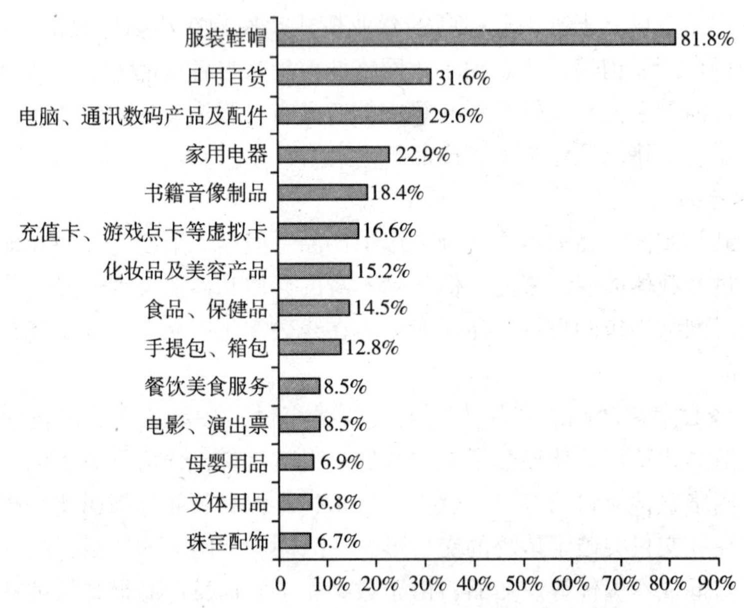

图 3-13 2012 年网购各类商品的网民比例

资料来源：中国电子商务研究中心。

（四）网络消费者市场特点

1. 无边界

由于互联网是无边界的，因此只要能上网，就可以购物消费，这既使得顾客的范围大大增加，也使得网络零售企业不受地域的限制，突破了传统的商圈限制，使商圈的范围无限制地扩大。

2. 实体零售与网上零售相结合

根据新时代消费者的特征，新经济条件下的零售业将实现传统零售商和网上零售商的结合，实体零售商给消费者提供一个体现现实环境的“购物感觉”的地方，并提供包括餐饮、社交、娱乐等非购物方面的服务，而购买只是其中的一部分，商店店堂内的销售方式也会电子化；而网上零售则利用互联网的多媒体特征，给消费者提供虚拟环境中互动的购物体验，满足消费者充分选择和低价位的需求，两者的结合则可以充分满足消费者的不同需求。

3. 购物便捷

消费者购物时间包括两方面的内容：购物时间的限制和购物时间的节约。与传统商店相比，网络虚拟商店一天24小时开业，随时准备接待顾客，没有任何时间限制。顾客早上5点或晚上12点购物都没有问题。

商品挑选范围“货比三家”是人们在购物时常常使用的操作方法。在网络消费市场，“货比三家”已不足为奇。人们可以“货比百家”、“货比千家”，甚至是“货比万家”，商品挑选的余地大大扩展。这是传统的购物方式难以做到的。

4. 消费市场更加细分化

在传统模式下，进行市场细分和市场定位的对象是顾客群，不可能是单个顾客，细分市场的目的是针对不同顾客群的需求提供特定的产品和服务。电子商务环境下的顾客群的数目可以细分到单个消费者，一对一营销在B2C电子商务模式下得以实现，充分满足顾客个性化需求。

5. 消费者直接参与生产和流通循环

在传统的营销模式中，消费者所选择的产品和服务是企业已经设计制造出来的，产品和服务通过各种销售渠道，最终到达顾客的手中。在这种模式下，消费者是企业生产的产品的被动接受者，他们无法表达自己的意愿和要求，而且由于技术、资金各方面条件的限制，企业也无法满足顾客个性化的需求。商业流通循环是由生产者、商业者和消费者共同完成的，商业机构充当生产者和消费者连接的共同纽带。但在电子商务模式下，消费者和生产者直接构成了商业的流通循环。如IBM的“Alpha Works”就是让消费者直接参与IBM的产品设计，生产消费者需求的特定产品；戴尔的直销模式“Go Direct”，实现了戴尔的超速增长，满足了顾客的特定需求。[52]

第二节　电子商务环境下消费者购买行为影响因素分析

消费者购买过程不仅是一个用货币交换商品或服务的简单行为过程，而且还是一个既包括购买中的心理活动，又包括购买行为的复杂行为过程。当消费者产生需求之后，这个过程在具体购买行为之前就已经开始，主要包括以下几个阶段：认识阶段、情绪阶段、意志阶段以及反馈阶段。具体如图 3-14 所示。

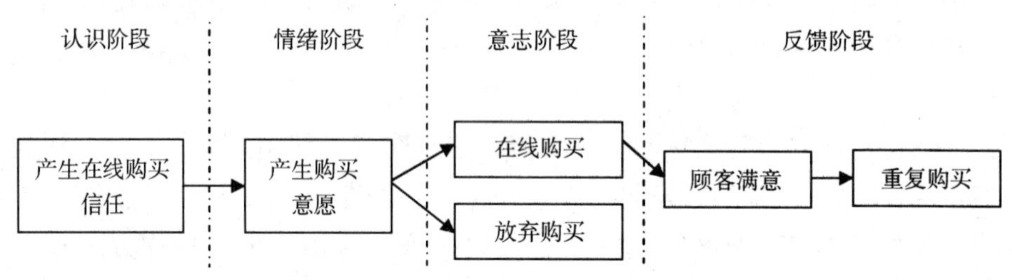

图 3-14　网络消费者购买行为的心理过程

在整个过程中，在各种因素的影响下，消费者会有不同的行为和态度，本节将详细地对这些影响因素进行阐述。

一、消费者在线购买信任的影响因素

电子商务环境下的信任是指在线消费者对在线商家所抱有的信心或意愿，期望在线商家能够按在线消费者的期望执行重要活动，维护或提高消费者的利益。在电子商务环境下，信任主体是买方，即消费者，信任客体是卖方，即商家。在信任的研究文献中，通常买方被认为是把自己置于一个容易受伤害情形之中的一方，而卖方——信任客体，是信任附着方，有机会利用信任主体的弱点。

互联网提供了一个全新的交易渠道，中国电子商务进入了一个快速发展的阶段。然而，消费者信任缺失已成为阻碍网上交易快速发展的关键因素之一。与不同电子商务类型中的企业组织间交易（B2B）和个体消费者间交易（C2C）相比，企业对消费者的电子商务（B2C）面临着更为严峻的网络交易信任问题。因此，对消费者信任的影响因素分析的必要性也就不言而喻。

消费者对商家的信任并不是凭空产生的。针对中国背景下 B2C 电子商务的实际，本书将从消费者自身因素、系统环境因素、网站因素、公司因素、关系营销方式因素、信任倾向六个方面考察消费者在线购买信任的影响因素。

（一）消费者自身因素

1. 互联网专业程度

消费者是否拥有互联网的专业知识，可能会影响其对网站的信任。互联网作为一种新技术，不同的消费者网络应用能力的高低不同，对网络购物的感知也就不同。相对于新手用户，互联网的专家级用户能够更好地利用这个新兴的购物渠道，将会发现网络购物的趣味性、便捷性、实用性，可能对商家的信任感要强一些；反之，信任感可能要弱一些。因此，精通互联网的消费者可能会拥有更强的网络信任。

2. 网购经验[53]

在网络环境中，消费者的网购经验会对消费者行为产生重大的影响。以往的经验会影响个人信任倾向，并影响客户的满意度，而消费者的满意度直接关系到他们对网站的信任。另外，消费者网购经验越丰富，他们进行网络交易时的知觉风险也会越低。因此，消费者的知识与经验对于商家的信任态度也会产生积极的影响。

3. 在线娱乐或聊天体验[54]

许多消费者在使用互联网进行在线娱乐，许多使用网上聊天室分享他们的经验，从其他消费者获取相关产品和服务的信息，从而提高他们对网站的信任。更多的信心可以减少一些不确定性和取得更多的信任。因此，在互联网上，消费者享用到更多的娱乐和聊天体验，就会导致他们对该网站更大的信任。

（二）系统环境因素

1. 法律和技术

法律约束是指管理经济活动中的法律合约，已被广泛地认为是减少机会主义行为、加强信任的制度机制。法律约束为企业提供激励，以规避其可能的机会主义活动，否则，其行为的法律成本可能要超过其潜在的利益。因此，法律约束是结构保证的一种形式。而系统信任中，除了狭义的制度保障外，所依托的网络技术环境的安全保障也是其重要内容。严中华等（2004）[55]认为技术信任是一个企业相信这内在的技术设施安全和控制机制能按照它的信心期望促进一个特定交易的主观信念。因此，消费者对法律和技术的感知有效性对于商家的信任态度也会产生积极的影响。

2. 网购系统的可信度

在人机界面和人机工程学的文献中，信任被定义为一个影响人的选择使用电脑系统的因素。而网上购物是一个必然需要主要与计算机系统的相互作用的活动。在某种意义上，消费者购物所使用的互联网设备（如个人电脑、网络电视）就类似于传统店铺中的销售人员。消费者在何种程度上信任这种计算机化的中介可能会影响到他们对网上购物的整体信任度。Lee 和 Moray[56] 认为，在自动或电脑系统中，信任取决于三个因素：①可感知的系统的技术能力。②可感知的系统的性能水平。③操作人员对潜在特征的理解和管理系统行为的流程。系统的技术能力是指有能力执行期望执行的任务。性能水平，包括速度、可靠性和可用性等参数。这三个因素都影响着网络消费者对网店的信任，且呈正相关关系。

3. 网络中介机构[57]

在线购物环境中的另一因素是可信任的网络中介机构，包括银行、信用卡机构、认证机构、Escrow（委托付款）服务提供商等。中介通过设立规则来限制卖方的机会主义行为，为可接受的交易行为提供指南。他们提供一个安全可靠的交易环境，建立公平和开放的规则和程序，对双方认证、评价并剔除有问题的参与者，鼓励善意的交易规范，通过建立公平的交易和公正的结果建立起双方的信任。这说明当消费者对网站不是很了解时，第三方支付或认证等作为信用中介，为防范网络欺诈、增强消费者信任起到了很大的作用，消费者对支持著名第三方支付或认证的商家更加信任。

（三）网站因素

1. 网站的质量[58]

网站质量是指消费者对网站的组织、设计水准的感知与评价。传统购物中交易是否能够顺利实现，一方面取决于消费者是否有需求且有能力进行购买，另一方面则取决于厂家是否能够提供给购物者满意的商品和服务，网上购物不同于传统购物的是缺少实物感知，消费者通过网络购买东西，网站就是消费者对商家的第一印象。尤其是在信任形成的初始阶段，因为双方没有或很少有实质性的交易，初始信任会基于所看到的信息很快形成，并且往往一些很微弱的信息就能够对消费者的初始信任产生影响。如果消费者感觉到网站具有较高的质量或者是网店的形象较好时，可能就会认为商家有能力和诚意来完成他们的订单，并且会认真地履行订单，可能就会对商家产生信任。因此，网站设计、组织的好坏直接影响交易的效果，影响消费者对商家实力与能力的评价，从而影响消费者对商家的信任。例如，网站的导航和演示，即网站的外观、布局以及网站上的链接、图像和通道的排序，它们直接关系着流程建设和网站的感知易用性，从而影响消费者对网站的信任。再如，网站的社区功能，这种功能是指消费者通过加入该网站的公告板、聊天群或者类似的论坛，使得他们在网上购物的同时，可以和同一网站上的其他消费者进行互动和交流。这些社区功能，促进信息交流和知识共享，并为消费者提供一个有利的环境，从而增加了网络消费者的信任。

2. 网站的安全性[59]

网站的安全性包括个人隐私信息的安全，主要有个人身份信息的安全，计算机和信用卡或金融信息的安全。网站的安全性是消费者在进行电子商务商品选购时最大的顾虑，消费者是否愿意公开个人信息，以及消费者对隐私信息的处理态度也是消费者是否信任网购的主要因素之一。更多的消费者都会要求在商品进行购物时能够保证个人信息不被公开，他们进行商品选购时会更加关注电子商务网站自身的安全性和对隐私信息的处理方式，从而在自己可接受的范围内进行商品购买决策。为了增强消费者的信任，许多网站会争取到一些权威机构的认证，比如在美国，一些网店会寻求商业改进局、威瑞信和 TRUSTe 等机构的认证。

3. 网站的信誉

网络购物中，消费者通过对网站信誉的感知来评判商家是否具备运作交易平台的能力，是否能够设身处地满足消费者的需要，维护消费者的利益。因为消费者认为网站的良好信誉来之不易，需要长时间的努力与累积才得以建立，商店所有者不会贪图一时小利而破坏辛苦经营的名声，足以看出信誉效应对消费者信任的积极影响。

（四）公司因素

1. 公司的规模

公司规模是指消费者对公司大小的感知。消费者往往认为规模大的公司有足够的能力给他们提供想要的服务和支持，往往愿意为他们的信誉和品牌投资，当销售给消费者的商品出现了问题后，大公司愿意给消费者合理的赔偿。因此，规模大的公司往往能够增加消费者对其的信任态度。

2. 公司品牌和信誉[60]

一个品牌就是一种无形中给予人信任的标志，它也是建立信任时质量和保证的象征。消费者选择商品时，如果所有相关信息比较匮乏，品牌可以提供更多的指导性，使得消费者更好、更快地选择。并且，具有优秀品牌的商家在做任何行为时都要进行成本衡量，因而品牌能带给消费者心里更多的安全感，因为优秀的品牌发生欺诈的成本相对一些小品牌的成本要高，从而赢得消费者的信赖。例如，相比其他图书电子零售商，亚马逊具有更高的品牌优势且更容易被消费者所信任。

公司的信誉可通过商家的能力、诚信和善意三个不同的维度进行体现。例如，订单履行的程度，订单履行是指消费者所提交的产品或服务订单的交付，就是体现商家能力、诚信和善意的一个重要方面。当消费者非常在意他们在网站上购买的产品但又不确定信任该网站时，他们就可能依靠该网站的订单履行程度进行判断该网站是否可信。如果订单履行很少出现差错，或者是几乎没有，那么消费者就会对其有极高的信任度。

对公司而言，塑造良好的信誉是一项困难、昂贵和长期的过程，需要大量坚持不懈的努力，一旦公司有不诚实的举动都会对其信誉造成不可挽回的破坏。消费者会将信誉作为一个可靠的指标来评估公司的信任度，以确定在多大程度上信任该公司，因为消费者一般认为，公司不会愿意冒着破坏信誉的风险去进行投机等行为。此外，信誉在消费者之间是可以传递的。[61]

（五）关系营销方式因素

消费者对商家关系投资的感知会影响关系质量，而消费者对关系投资的感知来源于商家所采用的关系营销方式。而商家采用的关系营销策略一般为特殊待遇、切实奖励和联系沟通。特殊待遇是指消费者对商家为经常光顾的客户提供更好的待遇和服务的程度的感知；切实的奖励是指消费者对商家提供有形奖励如价格折扣或礼物以换取顾客忠诚的程度的感知；联系沟通是指消费者对商家热情而个性化地与客户接触的程度的感知。在 B2C 电子商务环境下，商家除了为消费者提供特殊待遇和一定的物质奖励外，更多地可以通过积极主动地与消费者进行在线互动和联系沟通，不断地向消费者展示其能力、诚信和善意，以有效建立和提高消费者对商家的信任水平。例如，消费者购物的过程中，商家适当的建议可以起到引导消费者的作用，帮助他们寻找合适的方法去解决网购时遇到的各种问题，从而增强消费者购物时对该网店的信任。[62]

（六）信任倾向

前文所提出的各种影响网络消费者信任度的因素都会受到消费者个人的信任倾向的影响。霍夫斯泰德（Hofstede）发现，信任倾向的不同依赖于个人的文化背景、性格类型和生活经验。信任倾向是一种人格特质，影响着消费者信任形成过程中的各个影响因素。当消费者决定是否信任以及多大程度的信任时，他们会寻找相关的线索（如可信度因素）。而信任倾向往往会放大或缩小线索提供的信号。从某种意义上说，这种节制效应发挥着一定的积极作用，即信任倾向水平越高，对网络消费者信任的形成的各种影响因素作用越大，也就是说信任倾向正向作用于信任度形成的各个影响因素。

综上所述，结合中国电子商务的实际情况，构建了 B2C 环境下消费者自身因素、系统环境因素、网站因素、公司因素、关系营销方式因素以及信任倾向与消费者在线购物信任之间的结构模型，如图 3-15 所示。[63]

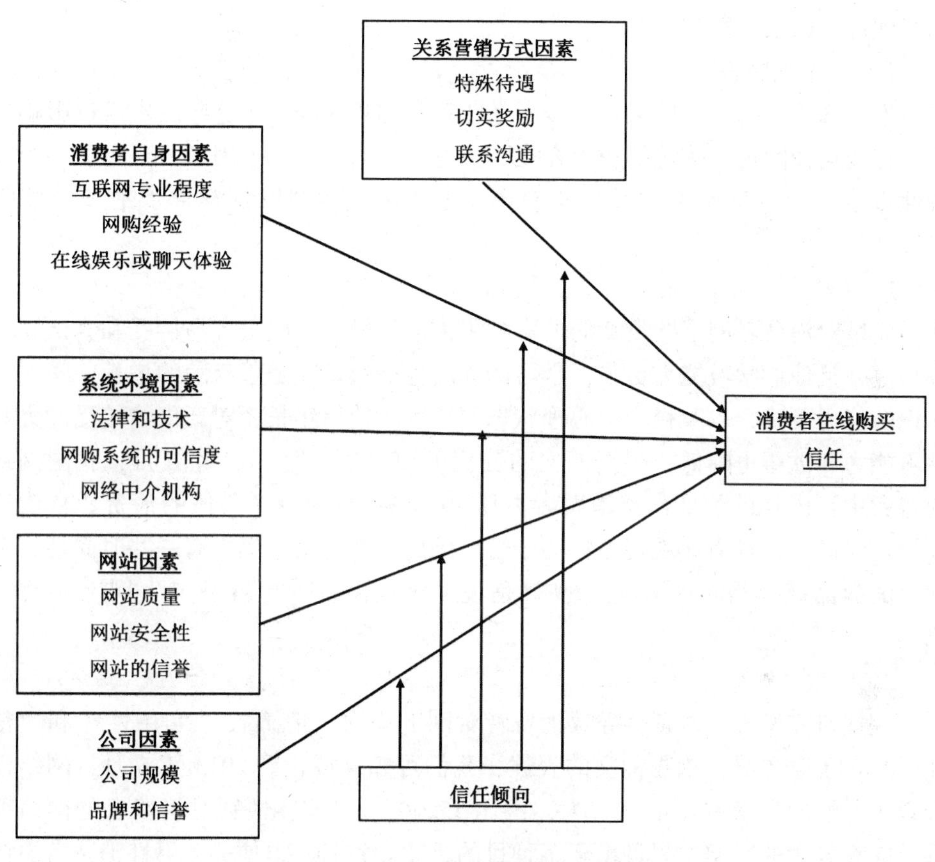

图 3-15　网上购物消费者信任模型

二、网络消费者购买意愿的影响因素

消费者对网购拥有初始信任之后，才会产生网购意向。意向是行为的前因变量，是决策行为显示前最重要的因素。消费者所作的任何决策都与自身的态度和主观认识有着紧密的联系，消费者的态度、主观认识产生行为意向，行为意向导致行为的发生。如果说消费者的态度、主观认识是原因，那么行为则是结果。因此，购买意向的强弱直接影响消费者的行为决策结果。

综上所述，本书把网上的购买意向定义为：消费者通过互联网在“虚拟商场”购买商品的主观概率或可能性。消费者购买意向越强烈，网上购买商品的可能性就越大。而购买意向的强弱，除了受到消费者在线信任的影响之外，还受到其他许多因素的影响。

（一）个人特性

上一部分介绍了一些影响消费者在线信任的自身因素，这些因素通过影响消费者在线信任间接影响着消费者在线购买意向。而除了以上因素，还有一些个人特性直接影响着消费者在线购买意向，如年龄、性别以及教育水平和经济收入等。[64][65]

1. 年龄

年龄对消费者网上购物意向的影响很大，年轻者一般更容易接受和尝试新生事物。并且他们学习能力更强，学习的速度也更快。而随着年龄的增长，学习新知识的能力下降，以及稳定的心理状态等原因，使得年长者对新事物接受能力和学习能力和欲望也降低。根据前文的分析可知，截止到 2013 年 6 月，我国网络消费者中，10～39 岁的网络消费者占比 79.8%。处于这个阶段的消费者喜欢追逐流行时尚，并且喜欢展现独特的个性。因此，在网络市场中有一些时尚性或个性化的商品就显得更受欢迎。也就是说，年轻消费者更容易产生网上购物的意向。

2. 性别

一些研究发现，性别会导致消费者对网上购物“情感”、“实用性”和“信任度”的显著差异。根据前文的表述，我们可知，截止到 2013 年 6 月，网络消费者中男性的数量占比依然较大，占比 55.6%。可知，性别对消费者的网络购买意向有重大的影响。并且出于多种目的，比如省时、方便等，男性消费者更倾向于进行网购。

3. 教育水平

网络消费者的受教育的程度越高，在了解和掌握互联网知识方面的困难就越低，网络经验相对越丰富，也就越容易接受网上购物的观念和方式，越是受过良好的教育，网上购物的意向越强烈，网上购物的频率也越高。

4. 经济收入

经济状况也会在较大程度上影响消费者是否选择网上购物。首先，上网是需要一定的基本费用投入的，如果消费者本人或是家庭还没有能力购买电脑，那么，他与网络的接触率必会少于那些能够将电脑放在家里或寝室，并且可以随时上网冲浪的同龄人，他接触网络的机会就会被迫减少，也就不大可能在电子商务本来还不成熟的中国扮演尝试者的角色；其次，经济条件较低者，风险承受水平也明显偏低，一次对于具有较大风险的网上购物，即使存在低价诱惑，一般也不会冒险。

（二）消费者的风险感知能力

现代电子商务模式下消费者对于商品的风险感知能力也是决定消费者是否产生购买意向的因素之一。电子商务模式下的消费由于其本质特征，商品具有不可见性，商品都是以图片图像的形式虚拟存在。消费者在进行购物时，都会针对商品的包装、质量、规格及形象等根据自已的心理需求进行筛选，对符合欣赏水平和质量要求的商品进行风险感知，如果商品所体现的风险程度较低，消费者就会更加信赖自己的选择，最终产生购买意向；反之，消费者愈加谨慎，甚至最终放弃该商品的选购。

（三）消费者的风险偏好

对于进行网购的消费者来说，即使感知的风险类似，但是由于对风险的偏好不同，不同的消费者有不同的选择。按对风险的偏好程度不同，可以把消费者分为风险爱好者、风险规避者和风险中立者。进行网络购物时，消费者总是承担着一定的风险，这种风险来自效用的不确定，可能物非所值；负面信息的影响；权益不能得到保护等因素。如果消费者对风险的偏好高，他的网购意向相对来说比较高，如果消费者对风险持回避态度，他可能不会选择网上购物。[46]

（四）感知的价格

价格可以被定义为消费者对产品客观价格的感性陈述或主观感知。在选择在线或离线购买的过程中，价格无疑是消费者决策过程中考虑的最重要的线索之一。也就是说，吸引消费者网上购物的主要动机之一是可以节省更多。经研究发现，在网上购物时，85%的消费者会重点参考产品的价格信息。因此，消费者的感知价格会影响他们购物途径的选择，即消费者的购物意向。由于消费者在网上就能够获得更多的价格信息，也能够在不同的网上零售商之间进行比较，因此，当网购的价格比消费者期望的产品价格低的时候，消费者才会产生网上购物的意向。

（五）产品的类型

网上零售的领域内已经提出几种产品分类方法，一种常见的分类方式是将商品分为搜索型商品和体验型商品。搜索型商品是指，在购买前关于产品的主要属性的完整信息可以得知。体验型产品是指，关于产品的主要属性的完整信息只有在直接体验之后才能得知，也就是说通过信息搜索获得这类产品的主要属性信息是非常困难的，必须通过亲身体验。总之，搜索型商品在购买之前可以通过外部获得的信息进行详细的了解，而体验型商品需要亲身体验去了解该商品。

由于体验型商品在购买之前需要亲自观察，并且产品的相关信息很难通过从网上直接获得，因此消费者购买搜索型商品的意向一般会强于购买体验商品的意向。此外，在网络环境下，减少搜索成本可能更有利于搜索型商品。因此，相比体验型商品，消费者更倾向于对搜索型商品进行网购。[66]

（六）在线评价[67][68]

网络口碑相对于传统口碑来讲，具有匿名、非面对面、波及范围大、传播速度快等特征。在线产品评价（简称评价）是网络口碑的一种，它是消费者基于产品给予的主观和客观两方面的评价，按照信息的特性，即相关、可靠、完整、容易理解的信息才是高质量的信息。随着我国电子商务的飞速发展，评价内容日渐成为网络消费者购买决策的重要依据。在线评价一般包括正面评价和负面评价，正面评价会在一定程度上促进消费者网购意向的形成；相反，负面评价会对网络消费者购买意向产生消极影响。而且，消费者通常会认为负面信息比正面信息更具判断性价值，所以会在购买决策时更多地依赖负面信息。因此，在线评价中负面评价比例的多少将会成为网络消费者是否购买新产品的一个重要影响因素。由此，可以认为对于网络消费者，负面评价比例越高，网络消费者购买风险就会越大，购买意向就会降低。

（七）网络接受性[66]

网络接受性是指人们对使用网络进行购买的态度，它受到网络的感知易用性、感知有用性以及感知便捷性的影响。感知易用性是指网上购物过程对消费者来说意味着易于学习和使用、减轻记忆负担等，如在上网过程中很顺利、网站网页打开速度很快或者操作的简易性。感知有用性是指消费者对通过线上购物能给自身带来的效益程度，如消费者曾经有过很好的网购经历或者这家团购网站的信誉很好。如果感知易用性较高或者感知有用性也很高，那么网络接受程度就会较高，此时消费者很有可能产生最终的网络购买意向。而便捷性也是网上购物的一个最显著的好处，也是消费者最经常提到的进行网上购物的原因。因此，便捷性已被认为是消费者网购的主要动机。当消费者感知离线购物不方便时，他们打算在网上购物的意向越大；反之亦然。总而言之，互联网接受性高会加速消费者网络购买意向的产生。

三、网络消费者购买行为发生与否的影响因素

消费者网络购买行为的形成需要经过两个阶段：首先就是消费者网络购买意向的形成，其次消费者的购买意向转变为网络购买行为。前一节所分析的影响网络消费者购买意向的因素，它们也会间接影响到网络消费者的购买行为。而在网络消费者的购买意向转变为购买行为的过程中，也会受到其他一些因素的影响，从而促进或者抑制消费者的在线购买行为。

（一）消费者理性

人们在产生行为意向后，会根据自己的信念（Beliefs）对意向（Intention）进行评估，而人们对行为意向的评估过程恰恰就表现了人们的理性。理性的人对自己的行为会经过更加细致的考虑，当他们发现自己想要购买时，会考虑准备购买的物品是否必需的，因此对购买行为更加谨慎。因此，人们的理性越高，网络购买行为形成的第二个阶段发生得越慢，甚至不发生。

（二）社交因素

简单地说，社交因素就是指他人对消费者购买意图的影响。例如，TRA 认为，我们最好的朋友对我们是否应该做一个特定的采购的意见就会影响到我们的购物意图。其他社交动机，如家庭之外的社交经历或者与兴趣相似的人以及同龄人组织成员之间的交流，对消费者购买意向都会产生一定的影响。基于以上分析可知，社交因素在一定程度上影响着消费者的购买意向。[64]

（三）商品性质

消费者对商品特征的认识也会影响消费者商品选购的决策。消费者对日耗品的选购极易作出购买决策，因为一来价格便宜，二来消耗大，即使物品品质不好，仍可以通过尝试而不断发现优质商品。但是消费者对新产品的使用普遍存在观望态度：一是对商品质量的担忧，二是对商品信誉的陌生。尤其在易损品等方面，消费者在进行电子商务购物时会更加谨慎，既考虑商品本质问题，又会对商品的流通渠道的安全性进行考虑，从而无形中增大了感知风险，最终难以作出购买决策。

（四）消费导向

购买导向是消费者最容易接受的购物引导方式之一。很多消费者会把电子商务当作自己生活的一部分，消费者在生活中习惯在电子商务环境中去学习和享受，甚至把电子商务购物经历当作一种娱乐消遣的方式。此时，电子商务网站无形中成为他们的消费引导者。

(五) 网络购物感知流行度

与国外消费者不同，我国消费者有较强的从众心理，在接受新事物的过程中非常容易受到他人的影响。消费者感知流行是指当其发现身边人有很多在使用某新事物时，发现该事物非常流行时，则也会引起他对该事物产生兴趣，从而更容易接受该新事物。或者说，当消费者感觉周围越来越多的人在使用某新事物时，那么他想了解和使用该事物的欲望就越强烈。在传统的营销策略中，许多商家也利用消费者这一特点，最典型的就是让明星来代言，这样更突出该产品的流行性，网络营销同样适用。因此，网络购物感知流行度对消费者网络购物存在显著性正相关关系。

四、消费者在线购买满意度的影响因素

商品被购买之后，就进入了购买后阶段。消费者购买商品后，通过自己的使用和他人的评价，会对自己购买的商品产生某种程度的满意或不满意。顾客满意是指消费者在购买产品或服务后的一个差异评价，这个差异指的是顾客的期望与实际消费经历的感知绩效之间的差异。而影响网购顾客满意度的因素主要包括：顾客对产品或服务的预期、购买后对产品或服务的实际感受、顾客对本次交易过程的效益评估等。[69]

(一) 购买前对产品或服务的预期

顾客对产品或服务的预期，是指顾客基于过去网络购物经验、个人特定需求和商家的声誉品牌而对购物网站整体服务质量的预期。顾客满意度的产生就是基于顾客购买后与之前的期望所对比形成的，依据这种差距的正负以及距离程度产生三大情绪：欣喜、满意和抱怨。一方面，当期望过高时，容易导致落差的产生，此时顾客失望几率会加大，此时顾客期望与顾客满意度是呈负相关的关系的；另一方面，顾客在购买后的比较当中，往往将自身的感受水平向预期进行靠拢，这在某种程度上导致顾客期望与顾客满意度正向关系的形成。

(二) 购买后对产品或服务的实际感受

顾客购买后的实际感受指的是顾客对所购买到的产品在性能、价格和稳定性，以及服务的周到性、及时性等方面所体验到的一个过程。很显然，这种感受与顾客满意度是一种正向的关系。这是一种主观感受，一般会受到产品（包括服务类虚拟产品）质量、服务质量以及网站的感知易用性的影响。

1. 产品质量

产品质量是影响网上购物顾客满意度的首要因素，因为顾客购物的目的就是

要买到称心如意的产品，如果所购产品质量较高，对于整个购买过程就会比较满意。

2. 服务质量

电子商务服务质量是网站使顾客进行高效率地浏览查询、购物以及为顾客配送产品或提供服务变得便利的程度。一般包括售前服务、交货的准确和速度以及售后服务。

售前服务是指在消费者购买行为发生之前对于顾客互动需要的响应。网络购物过程中，顾客通常会根据商家的信誉度来选择商家。由于信息的不对称，顾客希望在购买之前能够更多地了解商品的情况，商家应该能及时为顾客提供他所需的服务。同时，商家应注重于服务是如何传递给顾客的，包括服务人员的仪表举止、礼貌程度、解决顾客问题时的主动程度等。同时，随着经济社会的发展，消费者也更注重个性消费。如果商家向顾客提供定制化的服务，满足顾客的特定需求，将会增强顾客对商家的满意度。因此，良好的、个性化的售前服务可以大幅度提高商家的服务质量，从而提高顾客满意度。

交货的准确性和速度是消费者评价商家服务质量的一个重要因素。因为顾客花费一定货币成本、时间成本和体力成本之后，一般都期望在短时间内能获得所购产品，并且人们对于新产品有一种本能的期盼。因此，在交货准确的前提下，速度越快，消费者就会对商家多一份满意。

售后服务是指售后商品的退换等行为。在虚拟环境中的交易，退换商品的过程比较复杂。退换货系统是否方便、快速、周到等都影响着顾客对此次购买行为的评价。因此，在产品售出后，如果因为某些原因出现退换商品行为，售后人员的态度和行为将会在很大程度上影响消费者的满意度。

3. 网站的感知易用性

如前节所述，网站感知易用性是指网上购物过程对消费者来说意味着易于学习和使用、减轻记忆负担等，如在上网过程中很顺利、网站网页打开速度很快或者操作的简易性。它不仅影响着网络消费者的购买意向，同时也影响着网络消费者的满意度。

Rice[70]曾指出，网上购物发展缓慢、顾客拒绝网上购物的重要原因之一是网站购物复杂，难以快速找到购物的准确信息。而据第 32 次《中国互联网络发展状况统计报告》显示，影响国内网上购物的重要原因也是网络购物对大部分民众而言是复杂烦琐的。国内从 2012 年起实行的火车票网上订购行为就深刻体现到了这一点，大部分教育程度较低的民众无法正确地进行网上购票。另外，国内消费者对快速反应的要求极大提高。一个网页在 20 秒之内无法打开，消费者就会感到焦虑，对该网站或电子商务网站的评价大打折扣，甚至会在产品质量有保证的情况下也萌生放弃购买的打算。

（三）顾客对本次交易过程的效益评估

顾客对交易的效益评估是一种更为抽象的概念。它包含更多的方面，如对交易过程的公平度的评判，或者顾客多次消费对某品牌的印记从而附带上一些情感因素等，顾客的这些考量因素是与满意度正相关的。

五、网络消费者重复购买行为发生的影响因素

由于网络购物的特性，消费者购后的效应会大大扩大，即当消费者对网络购物体验不满意时，他们很可能不会再度光顾这家网络店铺，甚至会终止网络购买行为；反之，如果消费者对网络购物体验满意时，其往往会在短期间内进行重复购买。但是，顾客满意并不是必然会引起网络消费者的重复购买，顾客满意要向顾客忠诚转换会受到一些随机因素的影响，以下对这些因素进行详细的分析。

（一）转换成本

转换成本的概念最早是由 Porter 于 1980 年提出的。转换成本是指当顾客从某一产品或服务的交易对象转向另一交易对象时所需要付出的努力和承担的额外成本。转换成本不仅是经济上的，还是时间上和情感上的，它是企业竞争壁垒中的一个重要因素。因此，适当地设置转换成本是提高顾客行为忠诚的有效手段，但转换成本的设置手段和方法应尽量让顾客不感到反感，要尽量多从顾客的角度考虑问题，要带给顾客更多的便利性，要赢得他们的支持和信赖，从而不影响顾客的态度忠诚。零售企业可以建立会员制度、合理的老顾客优惠政策、有效的信息传达系统，这些都能提高顾客的连续性成本、学习成本和沉没成本，从而加大了顾客转移到其他竞争者购物的成本，更有利于保留老顾客。[71]

（二）感知价值[46]

感知价值是一个基于顾客主观感知的概念，反映了消费者对产品或服务的态度和评价。消费者感知价值的大小受感知利益、感知风险和购买成本三个因子所影响。其中，感知风险是指网上消费者在购买产品过程中对遇到的各种客观风险的心理感受和主观认知，是消费者在网上购物过程中感知到的不确定性，这种不确定性包括购买结果的不确定性和错误决策结果严重程度的不确定性；网络购物的感知利益包括满足消费者个性化的需求、为消费者提供方便快捷的购物方式、满足消费者追求新奇的动机和为消费者提供更便宜的商品等；购买成本既包括消费者支付的货币成本，也包括消费者在购买过程中花费的时间和精力。消费者感

知利益越大，消费者感知价值越大；消费者感知风险越大，消费者感知价值越小；消费者购买成本越大，消费者感知价值越小。当消费者对产品的感知质量越高时，其对产品的感知价值也会跟着提高。

顾客感知价值是通过两种途径影响消费者重复购买行为的：一是直接影响，二是通过影响顾客满意度的间接影响。

消费者在对产品和服务进行购买后，对产品和服务知识有了一个学习的过程。通过这种学习，对产品和服务本身的品质水平有了更深刻的认识，对比为之付出的代价，形成感知价值的判断，也就是“值”或“不值”的认识。如果消费者获得的感知价值水平较高，符合消费期望的水平越高，就越容易形成较好的满意水平。从而，使得消费者在之后的二次购买甚至多次购买时，会愿意为了降低风险和节约自身时间、精力等而再次光顾。

（三）顾客信任

不同于顾客对商家的初始信任，这里的顾客信任是指交易完成以后，网络消费者对商家履行交易诺言的一种感觉或信心。顾客信任在顾客满意向顾客忠诚的转化过程中发挥着重要的调节作用。如果顾客没有建立起对企业合理程度的信任，关系将很难长久维持。因此，商家必须提高服务人员的素质和服务水平，为顾客提供优质优价的商品，提高企业品牌的知名度和美誉度，从而增强顾客的信任感。随着顾客信任的增强，顾客满意和顾客忠诚之间的转换将更容易，从而促进消费者的重复购买行为。[71][72]

（四）替代性选择

替代性选择在理论上是指顾客在市场中选择竞争者产品的可行性。如果顾客感觉现有供应商的竞争者能够为他们提供更为方便、优质齐全的服务或功能更先进、价格更优惠的产品，发生转换行为能够获得较高的利润回报，他们就可能背叛现有的服务供应商而购买竞争者的产品或服务，即使顾客满意现有的关系。

零售业是一个充分竞争的市场，可供顾客选择的竞争者充分，若顾客对竞争者的满意度更高，则顾客很容易就转换到竞争者处购物，成为竞争者的忠诚顾客。因此，很有必要设立竞争者追踪系统，时刻关注竞争者的动态，了解顾客对竞争者的满意程度以及满意的具体方面，从而为自己的满意度提升指出方向，进而提高顾客忠诚度，作出重购的决定。

（五）便利程度

在替代产品种类繁多竞争激烈的情况下，如果顾客不能较方便地购买到所需要的产品，即使对以前的购买和消费高度满意，对企业、品牌及其产品高度信任，在情感上比较偏爱和留恋，也会因急于需要而转向购买竞争对手的产品。所以说，如果一个企业的产品便利程度越高，那么网购满意的顾客也就越容易对本店进行再次光顾。

（六）服务补救

服务补救对顾客的重购行为也有很大程度的影响，有些时候顾客对产品或服务总的感觉是满意的，但在某些接触点或对一些细节的感知却不一定很好，所以企业可以通过采取一些补救措施来使顾客的感知质量达到更好的水平，获得更高的满意度，并进而赢得顾客以后的光临。

第三节　电子商务环境下消费者购买行为分析

网络消费者行为具有哪些特点和类型、网络消费者为什么到网上消费以及网络消费者购买行为形成的过程，是本节要探讨的问题。

一、购买行为特点分析

电子商务建立在先进的信息技术平台上，它的活动空间不是传统的有形实体产品交换的空间，而是电子空间。在电子商务模式下，消费者行为相对于传统的商业模式，主要表现出下列五个特点：[46][52]

（一）选择的范围扩大化且便利

在电子商务环境下，由于网络系统的强大信息处理能力，为消费者在挑选商品时提供了空前的选择余地。另外，不同于传统的商务模式，电子商务环境下的消费者不受时间和空间的限制，消费者可以在任何时间、任何地点选择满足自己需要的商品和服务，因而相对于传统的店面购物模式，消费者的选择更加自由方便且范围更大。

（二）关注网络的可靠性和安全性

目前，人们认为影响网上购物的主要障碍是网络的可靠性和安全性。网络的可靠性是指数据存取、通信、操作权限的安全可靠性以及在意外情况下正常工作的能力，网络的安全性是指有效保护用户个人信息的能力。目前，许多网站缺乏安全隐患意识，许多用户不敢使用信用卡支付，担心他们的账户和密码被盗，以免造成巨大的经济损失。

（三）强调企业形象

企业形象是企业通过外部特征和经营实力表现出来的得到消费者和公众所认同的企业总体形象。企业的知名度、信誉度、美誉度是传统营销模式下的企业资本，在电子商务模式下，企业形象对消费者的行为同样产生了很大的影响，由于消费者无法通过感知判断产品和服务的质量，因此偏向购买传统的企业名牌产品。

（四）更加注重价值

网络消费者对商品和服务的要求越来越多，从产品设计到包装，从产品使用到产品的售后服务，消费者的要求越来越详细且越来越具个性化。另外，品牌、质量和价格仍然是消费者主要的考虑因素。还有，消费者希望全面了解产品和服务，包括对个人和社会的效益，通过对产品和服务的信息交流，消费者对价值的追求得到最大满足。

同时，网络消费者也很注重时间价值。基于现代电子商务模式下的消费者购物，首先由于其便捷的信息传递，消费者足不出户就可以浏览到最新的消费商品信息，这为购物的便捷化提供了很大的优势，避免了在传统消费过程中去商场选购的路程时间。然而在电子商务模式下进行购物，由于消费者不能亲自体验商品的特性，因此消费者对于商品的期待增加，并且对于消费青睐的商品，其使用需求的欲望增强，对商品的流通时间要求就非常强烈。消费者在进行商品购买时，对于延迟发货或者快递公司工作效率较低等问题非常敏感。这些现象都是消费者注重时间价值的一种体现，不仅影响着商家的货品流程速度，同时考核着快递公司对商品投递的服务态度。

（五）购买更加感性化

基于现代电子商务模式下的消费购买行为越来越趋于感性化。消费者在进行商品选购时不仅考虑商品的外形、外观，还对商品的实用性和耐用性进行考察。消费者只要有足够的决策时间就会对商品进行尽可能的全面的了解。也就是说，只要时间允许，消费者行为可以是理性的。但是，现在的上网者大都具有强烈的时间观念，大多数消费者在进行商品选购时由于工作、学习、生活等因素的影响，面对过多的信息，没有时间和精力理智地选择他们所需要的信息，准备时间并不充足，甚至多部分商品的购买并不是事先考虑好才去执行的，很多购买决策受到了购买情绪等多因素的引导，非理性的购买决策产生的几率要远远大于理性购买的数量和次数。

二、购买行为类型分析

(一) 按购买行为目的划分

根据消费者在完成购买行为时的目的性是否明确，可将消费者购买行为分为以下三种类型[73]：

1. 确定型

消费者通过对自身和商品的确定性了解，完全明确商品的名称、型号、规格、颜色、款式、价格等信息，在互联网上搜索到商品后，当商品满足其所有需要时，就会确定购买。此种的消费者往往是在实体店试用满意后，由于价格或款式、颜色等因素不能完全满足购买要求，于是在网络上寻找有关商品，搜索到的商品若能完全满足其需求，就会确定购买。此时，购物满意程度较高。

2. 半确定型

消费者在购买前，已有大致的目标，但此目标不够明确。此种消费者犹豫期较长，电子商务的便利和快捷性，往往给出更多更大的选择空间，消费者可在充分比较后，完成购买。

3. 不确定型

完全没有购买目标，消费者进入店铺主要是游览，漫无目的地了解商品信息。电子商务时期，由于“逛街不累”此类消费者不断增多，许多人每天都要上购物网站浏览，随机购买的机会增加。

(二) 按消费行为复杂程度和商品差异程度划分

根据消费者行为的复杂程度和所购商品本身的差异性大小，可将消费者购买行为分为复杂型、和谐型、习惯型和多变型四种。[48]

1. 复杂型

消费者初次购买差异性很大的耐用消费品时发生的购买行为，如买电脑。

2. 和谐型

消费者购买差异性不大的商品时发生的一种购买行为，如买纸、笔等文化用品。

3. 习惯型

这是一种简单的购买行为，一种常规反应行为，如买香烟。

4. 多变型

这是为了使消费多样化而常常变换品牌的一种购买行为，如买食品。

(三) 按消费者购买动机和个性特点划分

根据消费者的购买动机和个性特点，可将消费者购买行为划分为以下六种类型[48]：

1. 理智型购买

理智型购买是指经过冷静思考之后采取的购买行动，它是从产品长期使用的角度出发，经过一系列深思熟虑之后才作出的购买决定。一般来说，购买者在作出这种购买决定之前，通常都仔细考虑质价是否相当、开支大小、产品的可靠性及维修服务等因素。

2. 感情型购买

感情型购买是指出于感情上的理由，即感情动机产生的购买行为。一些引起感情购买动机的主要因素，如感觉上的感染力：祈求安全长寿，避免痛苦和危险；现实地位和威望等。

3. 习惯型购买

这类消费者对某些商品往往只偏爱其中一种或数种品牌购买商品时，多数习惯于选取自己熟知的品牌。

4. 经济型购买

经济型购买行为重视价格，对外形、包装并不太关注，至于质量，虽然也作质价比较，但往往是价格重于质量。

5. 冲动型购买

这类消费者易受产品外观、广告宣传或相关人员的影响，决定轻率，易于动摇和反悔。这是促销过程中应大力争取的对象。

6. 不定型购买

这类消费者通常是年轻人，新近才开始独立购物的消费者，易于接受新的产品。他们的消费习惯和消费心理正在形成之中，尚不稳定，缺乏主见，没有固定偏好。

三、购买行为动机分析

所谓动机，是指推动人进行活动的内部原动力（内在的驱动力），即激励人行动的原因。人只要处于清醒的状态之中，无论从事何种活动，都是由一定的动机所引导的。网络消费者的购买动机是指在网络购买活动中，能使网络消费者产生购买行为的某些内在的驱动力。

在高度发展的商业环境之下，消费者得到了极大的便利和实惠。由于电子商务的便捷性、产品的多样性、收货的方便性、购买的随时性，越来越多的人愿意足不出户地完成购买行为。互联网的完善和发展，无线网络的遍布普及、3G手机的推广，从物质和技术水平上促进电子商务的完善发展，消费者可以随时随地在网络上查询产品信息，通过网络选择购买、团购等多种购买行为。

网络购物与传统购物行为一样，有着明确的购买动机。分析网上顾客的购买动机，有助于企业和商家有针对性地进行网上促销，扩大销售。常见的顾客购买动机有以下九种，下面将对这些动机进行详细的讨论。

（一）需求动机

消费者的需求动机是指消费者生理和心理上的匮乏状态，即感到缺少什么，从而想获得它们引起的购买动机。电子商务环境给消费者提供了三种基本的需要：兴趣、聚集和交流。首先，网民对网络活动抱有极大的兴趣，这种探索秘密的好奇心理驱使自己沿着网络提供的线索不断地向下查询，希望找到自己预想的结果；其次，虚拟社会提供了人们聚集的机会，这种聚集不受时间和空间的限制，并形成富有意义的个人关系；最后，聚集起来的网民自然产生一种交流的需求，随着交流的增加，带动对某些产品和服务有相同兴趣的成员聚集在一起，形成商品信息交易市场，这样更多的人产生了这种网络消费需求。[50]

（二）扮演角色动机

网上购物可以满足消费者个人角色扮演动机，消费者可借此扮演社会上所认可或接受的某一角色定位，如一位母亲、家庭主妇、顾家的丈夫等。这些消费者扮演着自己喜欢的特定的角色在网上购物，心理上能够得到极大的满足，从而增加了购物的兴趣。

（三）隐匿动机

对于那些购物经验很少的消费者，不想或不习惯上街购买，对传统商店购物形式有着强烈的排斥，不愿意直面售货员或厌恶售货员过分热情而造成的压力，对购买的东西不想让人知道或想拥有别人没有的东西等。网上购物的隐秘性和产品独特性，恰可满足这些要求。消费者利用家中电脑上网便足不出户到世界各地采购。

（四）求乐动机

网上商店通常装饰得色彩亮丽，由此带来的视觉娱乐和感官刺激可在一定程度上使消费者心中原先的厌烦情绪和无聊感得以转移或释放。琳琅满目的商品使消费者暂时忘却心中的烦忧与困惑，沮丧感得到了缓和。再者，上网漫游使得网络使用者有一种原始的放纵感，故有人认为上网购物是一种原始角色的后现代表现。消费者网上购物既买到了需要的商品，又带来了精神上的放松。随着微电子技术、软件技术和网络多媒体环境的发展，网上购物可以有身临其境的感觉，给人们购物带来更多的乐趣和享受。

（五）好奇型动机

好奇型动机是指寻找事物发生的原因的一种消费动机。这种动机既是生活中的重要动机形式，也是消费者动机中的重要组成部分。好奇是每个人都具有的一种心理。当人们对某些事物觉得新鲜有趣奇怪的时候，想要了解它、理解它、尝试它的好奇之心就产生了。所以，促使消费者产生好奇之心并且激发其购买欲望的商品，都是些外观新奇、功能奇特或给消费者意想不到的发现的商品。新上市的娱乐用具、玩具等，一般都会激发消费者的好奇型动机。网络的诞生改变了人们的生活，网络构造了一个全球化的虚拟大市场。在这个市场中，最先进的产品和最时尚的商品会以最快的速度与消费者见面。以年轻人为主体的网络消费者通过网络获得这些商品信息，这些信息很容易激发消费者的好奇心，而许多网络消费者为了追求时尚与形象、展现个性与发展自我，必然很快接受这些新商品。

（六）求廉动机

追求廉价是消费者追求商品低价格的一种消费动机。网上购物之所以具有生命力，重要的原因之一是网上销售的商品价格普遍低廉。由于通过网络销售产品，可以减少经销商、代理商等中间环节，采用订单生产、减少库存，从而降低了成本，加之网上折扣店和拍卖店的出现，网上的同类商品相对而言要比传统商店中的商品便宜，许多网络消费者就是冲这一点采取网络购物的。这种低价策略吸引了许多喜欢买便宜商品的人上网寻找自己想要的商品。[48]

（七）方便型动机

方便型动机是为了减少体力与心理上的支出而出现的消费原因。传统购物要经历从家到店铺的路程，在商店走动和停下来选择商品、付款结算、包装商品、取货送货等一系列的过程。消费者为购买商品必须付出时间和精力，同时，拥挤的交通和日益扩大的店面更延长了消费者为购物所消耗的时间，为此必须付出更多的精力。而网上商店每年 365 天、每天 24 小时营业，网上支付或者货到付款的支付方式，送货上门等服务的特色带给消费者许多的便利。对于追求购物的方便、购物时间及精力节省的消费者，网上购物是非常好的选择。[46]

（八）表现型动机

表现型动机是指消费者购买商品来达到宣扬自我、夸耀自我的一种消费动机。这种消费动机因个性不同而出现较大的差异性，有些消费者的表现型动机十分微弱，有些消费者的表现型动机比较强烈。目前网络用户多以年轻、高学历用户为主，这些青年人处于少年向中年的过渡时期，少年人的未成熟心理与中年人的成熟心理共存。体现自我意识是青年人在消费中的心理需求，因此，他们更喜欢能够体现个性的商品，往往把所购商品与个人性格、理想、身份、职业、兴趣等联系在一起。青年人喜欢追求标新立异强调个性色彩，而不愿落入“大众化”，“与众不同”的消费心理较“追求流行”更为强烈。网络上提供的产品包括很多新颖的产品，即新产品或者是时尚类产品，并且这些产品一般来说是在本地传统市场中暂时无法买到或不容易买到的产品，因此，网络购物能比较容易地实现他们的这一要求，即可以实现他们展示自己的个性和与众不同品位的需要。

（九）心理平衡型动机

心理平衡型动机是指由于消费者本人存在某些方面的不足，要通过消费商品来弥补个人的不足以取得心理平衡的消费动机。例如，环境信赖型消费者在周围的人们都购买了某种商品时，也会购买同样的商品以达到与周围环境的心理平衡。

对于许多网络消费者来说，由于具有追求流行、时尚的特点，看见周围的人通过网络购买商品后发现自己似乎落伍了，从而进行模仿，也通过网络选择自己需要的商品，以此来融入这个信息化的社会。有些消费者为了改变自己形象而通过网络购买商品，有些消费者因为自信心不足也通过网络购物来增强自信心，这些消费都源于消费者心理平衡的动机。

四、购买决策过程分析

网络消费者的购买过程，是网络消费者购买行为形成和实现的过程，也是消费者从产生需求到满足其需求的过程。网络消费者的购买过程一般分为识别需求、收集信息、比较选择、购买决策、购后评价五个阶段。

（一）识别需求

电子商务环境下消费者购买决策过程的起点是识别需求。当消费者在现实生活中感到或意识到现实与自己的企求之间有一定差距，并产生了要解决这一问题的需要时，消费需求就很明显地存在或产生了。在传统模式下，诱发需求可能是内部和外部的刺激所引起的，如一个人每天都要吃饭，就是由于其内部的生理需要产生的压力引起的，这个压力就是内部刺激。外部刺激来自于外部的环境[46]。例如，人们想吃某种食品，不一定是由于饥饿，而是由于闻到了食品的诱人香味而产生的食欲，此外，企业的广告、海报以及看到其他的消费者正使用这种产品，都是外部刺激。当然，有时候消费者的某种需求、欲望和动机可能是内外因素同时作用的结果。而网络消费者更多的外部刺激则来源于网络，主要体现在：一是网络媒体，网络媒体所发布的各种信息都直接或间接地影响着消费者的需求确认活动；二是网络社区，网民在论坛、贴吧、在线社区等虚拟社区中的购物分享，以及一些社区的植入式广告；三是网上企业的营销活动，如网络广告、网络竞价拍卖、网络公共关系活动等都在激发着消费者的购买欲望。[50]

（二）收集信息

一旦消费者意识到一个问题或需求并产生了购买特定产品或服务的动机时，他们便开始通过各种途径寻找相关决策所需要的信息。消费者收集信息时，希望最大限度地获取能够解决问题的产品信息。网上信息搜集的快捷与简便是消费者选择上网的主要原因之一。消费者信息的来源主要有四个方面：

（1）个人来源。从家庭、亲友、邻居、同事等个人交往中获得信息。

（2）商业来源。只是消费者获得信息的主要来源，其中包括广告、推销人员的介绍、商品包装、产品说明书等提供的信息，这样的信息是企业可以控制的。

（3）公共来源。消费者从电视、广播、报纸杂志等大众传媒所获得的信息。

（4）经验来源。消费者从自己亲自接触及使用商品的过程中得到的信息。

这四种信息来源中，商业信息最为重要。从消费者角度看，商业信息不仅具有通知的作用，而且还有针对性、可靠性，而个人和经验来源只能起验证作用。而对企业来说更为有意义的是，商业信息是可以控制的，消费者可以通过商业信息的渠道了解本企业的产品，进而购买本企业的产品。

虽然电子商务极大地提高了人们进行信息收集的效率，改变了消费者的购买行为，但消费者在以下各因素的影响下收集信息的意向、积极性却仍然表现得有高有低：①产品知识，即消费者对产品的了解程度，一般而言消费者对其熟悉的或是经常购买的商品，几乎不需要信息搜寻而主要是根据经验来作出决策，而在全新购买时则搜寻意向较大。②产品价值，消费者的搜寻意向通常和所购买产品的价值成正向关系，即对于那些低风险和价值小的产品而言，消费者几乎不需要信息搜索，主要是根据以往的经验作出决策。而当消费者购买价值较高的产品时，因为担心存在信息不对称问题，且承担的风险也较大，所以，信息搜集就变得尤为重要。③时间压力，因为收集信息要花费大量的时间和精力，所以当需要在很短的时间内快速作出决策时，消费者的搜寻意向要低些。④卷入程度，就是消费者在购买过程中所愿花费多少时间和精力的程度，对于一些复杂的购买，消费者大多数对其知之甚少，就会去花一定的时间收集信息，进行多方位的挑选比较。

（三）比较选择

当消费者从不同的渠道获得相关的信息后，便会对供选择的各种产品或者服务进行分析和比较，从中选择最适合自己的产品或者服务。传统消费模式下，消费者可以通过对产品的触摸、闻、嗅、试听、试穿等实体性接触来比较评判，但在网络消费中，消费者对商品与服务的比较只能依赖于商家的描述，且这种描述也多限于文字和图片方面。

消费者在选择商品时，都会按照某种评价标准对同类商品的功能、样式、可靠性、价格、售后服务等进行比较，评价比较的结果是以消费者的效用值为基础的，消费者不同，其效用值也就存在差异。同时，即使是同一个消费者对不同评价标准来说其重要程度也不一样，从而最终形成自己想购买的理想商品。而对于网络消费者，互联网的运用不仅极大地方便了他们对商品信息的收集，而且各种比较购物网站也提供了详细的商品信息，来帮助其尽快作出选择。[74]

（四）购买决策

经过方案比较和选择，消费者将形成对某一产品的购买意向，也就是有了购买某一产品的意愿和打算。但是，有了购买意向，并不表示消费者就一定下决心进行购买。在消费者下定决心购买某一产品时，还可能受到许多其他因素的影响。

（1）他人的态度。消费者购买意图会因他人的态度而增强或减弱。他人态度对消费意图影响力的强度，取决于他人态度的强弱及他人与消费者的关系。一般来说，他人态度越强，他人与消费者的关系越密切，其影响就越大。

（2）意外的情况。消费者购买意向的形成，总是与预期收入、预期价格和期望从产品中得到的好处等因素密切相关。但是当他欲进行购买时，发生了一些意外的情况，诸如失业而收入减少，因产品涨价而无力购买，或者有其他更需要购买的东西等，这一切都将会使消费者改变或放弃原有的购买意图。

（3）消费者信息安全也是消费者考虑得比较多的一个问题。对于通过网络购物来说，消费者的口碑或者说商家的信誉是非常重要的。如果消费者普遍对该网站销售的产品比较满意，消费者会通过网络发表自己的意见，这些意见和建议对其他消费者作最终的购买决策影响非常大。同时网络消费者还非常担心自己私人资料的泄露，以及付款方式是否方便和可靠等，如果这些相关的问题网上的销售商不能很好地解决，无疑都会影响到消费者的购买决策。因此，对于网上的销售商来说，应在技术上确保消费者的个人信息安全，这样既保护了消费者的权益也提高了自身的信誉。网上企业同时还要做好与银行的协调工作，确保网上支付的安全可靠，从而使消费者放心地通过银行卡进行网上支付，提高消费者购物效率，也突出了网上购物的优势。[75]

（五）购后评价

网络消费者购买商品后，整个购买过程并没有结束，而是进入了购后时期。这个时候，消费者往往会将他所感受到的产品实际性能与以前对产品的期望进行比较来判断这次购买决策的准确性，并指导下一次的购买决策，比如产品质量、服务质量、网站安全性以及售后服务等。若产品性能超出了期望，消费者就会感到非常的满意；若产品的实际性能与其期望大体相符，消费者就感到基本满意；

若产品性能达不到期望，消费者就会感到失望和不满。而且消费者也都倾向于对其周围的亲朋好友倾诉这种感受，对于网络消费者这种购后感受影响面被进一步扩大了。消费者通过网上论坛、QQ 群、虚拟社区、博客等各种渠道来发表相关评论时，甚至会影响到素不相识的人的购买决策行为。

因此，售后服务对于网上商店来说同样重要，这是提高网上商店信誉的一个重要途径。网上商店应具有完善的售后服务体系，厂商应密切关注消费者的购后感受，充分利用网络在沟通厂商与消费者信息上的便利性，及时采取措施弥补产品或服务的不足，以最大限度地降低消费者的不满意感。同时，对消费者购后感受的收集，还可了解消费者的新需求，及时捕捉市场机会，提高新产品开发的适用性与实效性。[76]

基于上述分析，提出电子商务环境下消费者购买决策过程模型（见图 3–16）。

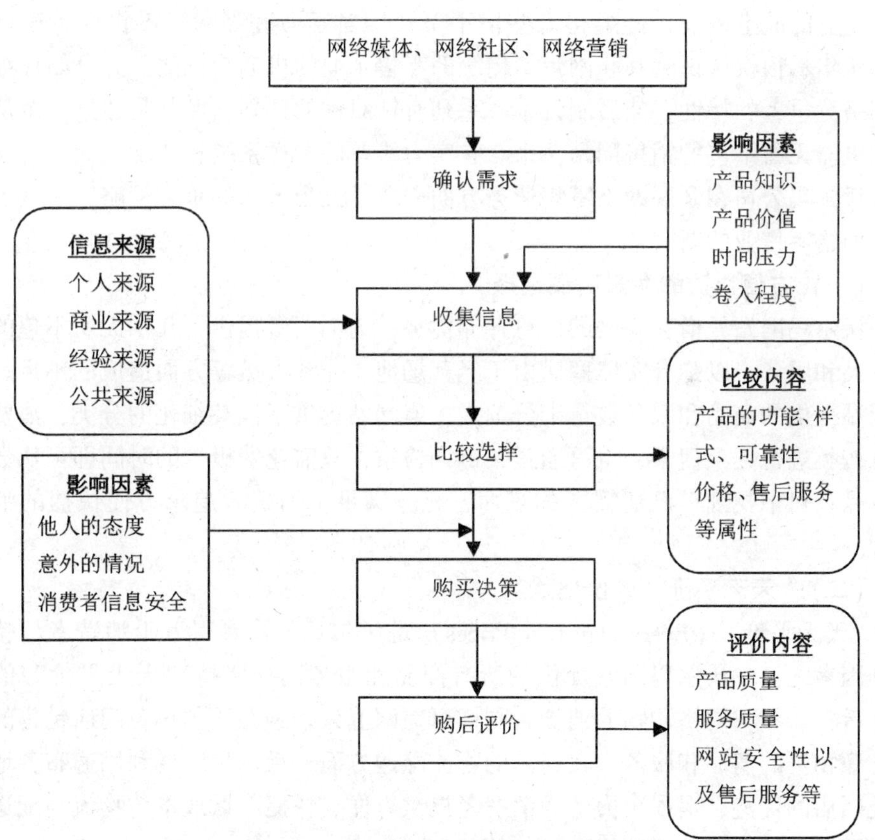

图 3–16 网络消费者购买决策过程

第四节　在线消费者行为案例分析

毫无疑问，把握好网络消费者行为特点，是从事网络销售的企业制定合理的营销策略的前提和依据。本节分别列举了网络零售商和制造商直接网络销售的两个案例，以说明掌握网络消费者行为对企业在网络销售上取得成功的重要性。

一、沃尔玛的在线营销策略分析

在汹涌而来的网络经济大潮中，沃尔玛（http：//www.walmart.com）这个传统企业的航空母舰曾经显得有些措手不及，当亚马逊等网络零售商迅速崛起时，沃尔玛很快认识到互联网带给传统的零售企业的机遇与挑战，并开始仔细研究网络竞争者的特性，然后制订了一系列有针对性的计划，尤其是建立一个从牙刷到电器无所不包的销售网站，来与它实力雄厚的配送系统相匹配。

沃尔玛公司在开展网络零售业务方面采取了五个方面的重要策略，使其迅速成为网络零售业的新“霸主”。

（一）方便快捷的海量商品选择

沃尔玛网站凭借互联网的信息存储优势，为消费者提供了几乎无所不包的各种商品和服务，以弥补实体商店由于经营场地、业务人员等方面造成的不足。尽管网站提供的商品和服务数量十分惊人，但网站提供了极其细化的分类，消费者既可按类进行逐项搜索，也可通过关键词检索，只需花费极少的时间即可从数十万商品条目中找到自己所需要的东西，充分满足了消费者追求方便快捷的消费心理。

（二）“天天平价”的价格优势

“天天平价”（Every Day Low Prices）是沃尔玛公司赢得万千消费者信赖的关键因素之一。沃尔玛网站提供的所有商品和服务同样坚持“天天平价”的经营宗旨，让参与网络购物的消费者同样可在网上订购到在沃尔玛各门店销售的各类价廉物美的商品和服务。在商品的物流配送方面，沃尔玛同样利用遍布各地的各类门店的优势，竭尽全力地为消费者提供方便、快捷、低成本的物流与配送服务，设身处地地让消费者得到更多的便利与实惠。

（三）丰富详尽的购物信息服务

网上购物时消费者不能和商家的服务人员面对面接触，如果在购买过程中遇到各种问题就很难得到及时、准确的答复，不少消费者因此而对网上购物敬而远之。沃尔玛公司充分考虑到了消费者在购物过程中对商品和服务等各种相关信息咨询的需求，并花了极大的工夫为消费者提供极为丰富和详尽的有关商品和服务的信息。

（四）"不满意退货"消除消费者的后顾之忧

在网上购物，很多消费者担心收到的货物发生质量问题或者不合自己要求时不好找商家解决，会给自己带来很多麻烦。沃尔玛公司充分考虑到了消费者在这方面的忧虑，并把"最大限度地让客户满意"的经营原则同样应用到网络零售业务中来。沃尔玛公司规定：消费者如果对在沃尔玛网站购买的任何商品不满意，即可通过两种方式进行退换货，一是带上所购商品和相关单据直接到当地的沃尔玛商店的客户服务中心办理；二是直接寄送到沃尔玛网上商店的退换货中心免费办理退换货手续。由于制定了方便灵活的退换货政策，在沃尔玛网站购物的消费者完全没有必要为在网上商店购买不到称心的商品而烦恼。

（五）严密的安全与隐私保护政策

在网上购物的消费者几乎都对网上交易的安全性以及个人隐私权的保护问题产生担心，因为网上购物时，消费者既要在网上输入电话、地址、职业、收入等个人基本信息，而且还要提供比如银行账号、取款密码等敏感信息，一旦泄露会给个人带来极大的烦恼和重大的损失。沃尔玛公司高度重视网上交易的安全性，并为每个消费者的个人信息安全制定了严密的保护政策，使在沃尔玛网站购物的消费者不再需要为安全和隐私等问题而担心。

从上述网络营销策略可看出，沃尔玛认真研究了消费者的网络消费心理与行为，从各方面满足消费者的心理需求特征，并保障消费者的消费行为方便、快捷和安全。同时，本案例也体现了沃尔玛充分利用网络营销的心理优势和吸引力并努力消除心理不足的成功。

二、戴尔的在线营销策略分析

据2013年3月艾瑞网公布的《2013年3月中国台式机网络零售市场检测报告》显示，2013年1~3月中国台式机网络零售市场B2C平台，戴尔公司分别占据27.6%、28.5%和27.2%的市场份额，同时，前两个月的市场份额超越了联想，排名全球第一。戴尔公司成功的重要因素是：对客户的高度重视。它从消费者的购买行为入手，充分了解消费者的购买习惯，掌握其在网上的活动规律，并由此制定的销售模式——“直销”就应运而生了。戴尔公司直销模式的精华在于“按需定制”，在明确客户需求后迅速做出回应，并向客户直接发货。由于消除中间商环节，减少不必要的成本和时间，使得戴尔公司能够腾出更多的精力来理解客户需要。戴尔公司的直销模式能以富有竞争力的价位，为每一位消费者定制并提供具有丰富配置的强大系统。通过平均四天一次的库存更新，戴尔公司及时把最新相关技术带给消费者，并通过网络的快速传播性和电子商务的便利，为用户搭起沟通桥梁。

戴尔公司的成功很大程度上得益于其推崇备至的直销模式，其直销的渠道包括电话和网络，本案例主要分析的是网络渠道。通过分析网络消费者行为，戴尔公司在开展网络零售业务方面采取了五个方面的重要策略，使其在台式机市场的份额一直遥遥领先。本例将从以下五个方面的因素阐述戴尔的营销策略。

（一）产品的价格

从消费者的角度来讲，价格不是决定消费者购买的唯一因素，但肯定是消费者购买商品首要考虑的因素，而且是非常重要的一个因素。戴尔公司的营销模式——直销，就注定它具有这种价格上的优势。在传统的营销渠道中，总是回避不了以下问题：买入卖出的差价、大量的差旅费用、流通环节的层层卡油、货物货款拖欠及利息的损失、仓储费、异地运输费、人员的工资管理费用等。网络营销渠道却能够帮助企业和顾客把这些费用都省下来。网络上电子邮件安全迅速的传递，最大限度地沟通了买卖双方的信息，缩短了商品流通的时间。生产商直接面对消费者，减少了许多中间环节，使得商品的价格大大低于传统流通渠道中的商品价格，从而对消费者产生了更大的吸引力。戴尔公司正是因为最大限度地发挥了这种优势才异军突起，从联想和惠普手中夺得了领头羊的位置，确立了它在PC销售市场上的霸主地位。

（二）产品的购买时间

现代社会大大加快了人们的生活节奏，时间对于每一个人来说都变得十分宝贵，人们用于外出购物的时间越来越少。人们已经没有时间像过去一样去逛商场，从楼下到楼上，从一个商店到另一个商店反复挑选商品。他们迫切需求新的快捷方便的购物方式和服务。戴尔公司的直销模式就是在这样一种环境下应运而生的，充分利用网络资源，将自己的营销网络延伸至每个上网的家庭。人们只需坐在家中就可和厂商联系，定制自己的个性化电脑或者要求上门服务。不仅如此，网络还消除了购物的时间限制，顾客可以在任何时间订购产品。以上两个方面是戴尔公司最看重的，因为戴尔的直销模式的核心思想就是：真正按照顾客的要求来设计制造产品，并把它在尽可能短的时间内直接送到顾客手上。

（三）产品的挑选范围

人们通常在购物时喜欢就同一种商品在不同的商店进行比较，戴尔公司通过分析抓住消费者的这一心理特征为消费者构建了全球规模最大的互联网商务网站，网址覆盖86个国家的站点，提供21种语言或方言、40种不同货币的报价，目前每季度有超过6.5亿人次浏览。为消费者进行比较选择提供最大的便利，因为戴尔公司很自信自己提供的是最便宜的也是最好的产品和服务。

（四）购物的便捷

戴尔公司利用已经很发达的互联网，直接购买产品，并实时下单，同时工厂依据消费者的订货需求开始生产，成品再通过高效的物流网络，直接送到消费者手中，从而完成整个产品销售过程。这样一来，消费者不仅可以直接咨询很多产品的信息，还可以获得更多使用上的指示，很多问题都可以在产品购买之前解决。通过直销购买电脑时，消费者可以依据自己的需求，调整整机的配置，这样每台计算机都是不同的，整个销售过程就好像直接在电脑城里随心所欲地组装一台完全属于自己的电脑。如果对产品不是很熟悉，戴尔公司的工程师会帮消费者分析不同机器配置和特点，帮助消费者选购一台合适使用的电脑。由于直销形式采用公开的价格体系，因此所有产品价格都是统一的，各种报纸杂志上都有完全一样的报价。网站上的价格使用更加方便，不仅有标准配置的价格，而且无论更改哪个部件的配置，电脑的总价会自动调整。机器出现问题的时候，只要拨打免费电话或上网，报出机身上的编号，工程师就能依据消费者机器的具体情况帮消费者解决故障。

（五）安全的可靠性

网络购买必须考虑网上购买的安全性和可靠性问题。由于在网上消费，消费者一般需要先付款后送货，过去购物的一手交钱一手交货的现场购买方式发生了变化，网上购物中的时空发生分离，消费者有失去控制的离心感。戴尔公司充分注意到这点，加强了网上购物各个环节的安全控制措施，保护消费者购物过程的信息传输安全和个人隐私保护，树立起消费者对网站的信心以及品牌忠诚。

从上述分析可以看出，戴尔公司是通过认真研究、分析消费者的网购动机以及影响网络消费者行为的一些因素，从而制定的网络营销策略，同时也满足了网络消费者的各种心理需求，比如方便快捷、安全等。另外，本案例也体现了网络消费者购买行为分析对戴尔直销渠道发展的重要性，以及戴尔在这方面的成功。

第四章　在线评价对消费者在线购物行为的影响

随着电子商务的迅速发展，消费者开始习惯于在作出购买决策前到网络上浏览已购买者的使用经验和评论。同时，当消费者成功收到其在网站上购买的产品后，他们也习惯于在网络上发表自己对商品的看法和评论。在线评论，即实际的或以前的顾客对于产品正面或负面的评论信息，这些评论通过互联网被广大消费者及组织所了解。与传统的线下评论相比，在线评论具有范围广、速度快、信息量大、可存储、匿名性和可测量性等特点。在线评论作为营销沟通的一种新元素，已成为一种重要的产品信息交流渠道，在消费者购买决策中扮演着越来越重要的角色。

本章主要探索在线评论影响消费者购买决策的重要因素，构建在线评论对消费者购买决策的影响模型，探索在线评论影响消费者购买决策的作用机理，并分析各因素的影响程度，最后结合研究结果，为企业实施口碑营销提出针对性的营销策略及相应建议。

第一节　在线评论概述

本节主要论述了在线评论对消费者购买决策影响的相关文献研究，为建立本章的研究模型提供理论依据。首先，介绍了口碑、在线口碑、在线评论的概念以及在线评论与在线口碑的关系；其次，介绍了消费者搜寻在线评论的驱动力；最后，介绍了消费者发表在线评论的动机。

一、口碑与在线口碑

（一）口碑与在线口碑的含义

口碑（Word-of-Mouth，WOM）是人们之间的口口相传。Johan Arndt 是第

一个对口碑进行定义的人，他认为口碑是一种非正式群体影响，是两个或多个人之间关于某个品牌、产品或服务的非商业的口头沟通[77]。Johan Arndt 的定义强调了口碑的非商业性，但将口碑传播的形式局限于口头沟通。口碑有很多种方式，不同口碑方式会对消费者在线购物决策产生不同影响，如图 4-1 所示。

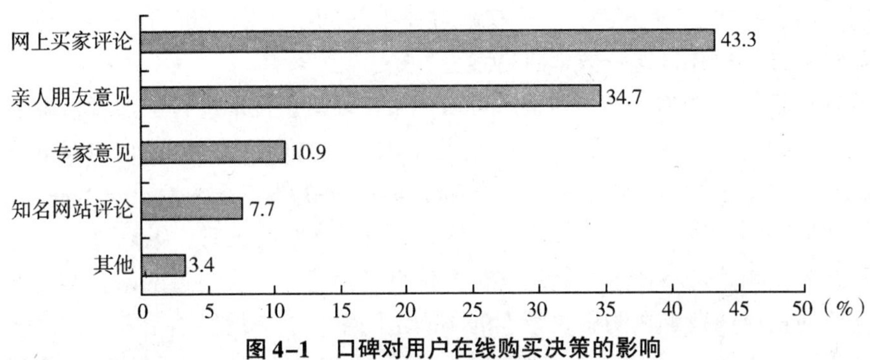

图 4-1 口碑对用户在线购买决策的影响

资料来源：CNNIC：《2009 年中国网络购物市场研究报告》。

在信息不发达时，口碑是消费者获取信息的主要途径。当前，口碑也是最有影响力的沟通渠道之一，消费者一般认为口碑比营销者导向的沟通（人员推销、广告、公共关系等）更有可信力。大部分用户搜索到目标商品后，除了关注商品本身属性外，还会浏览用户评论等商品相关信息。有 41.1% 的网民在购买每个商品前都看用户评论，26% 的用户购买大多数商品前都会看，只有 17.9% 的用户表示购物前不看用户评论，如图 4-2 所示。用户评论通过传递他人的直接经验，避免买家选购的失误，成为用户购买决策的重要助手。

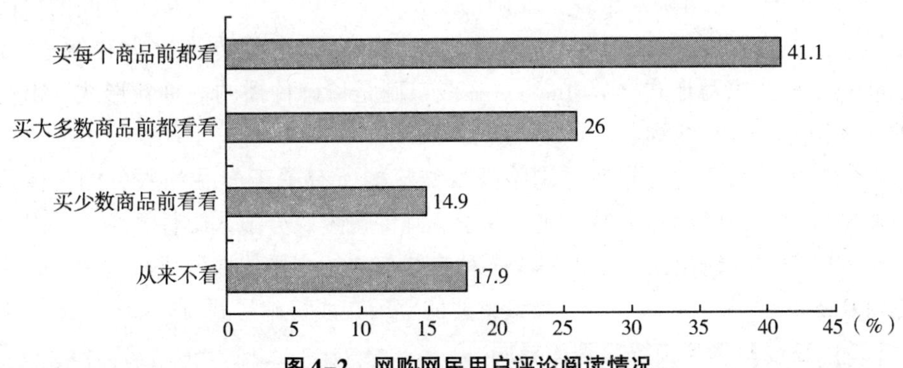

图 4-2 网购网民用户评论阅读情况

资料来源：CNNIC：《2009 年中国网络购物市场研究报告》。

借助互联网媒介，传统口碑表现为新的形式——网络口碑。其摆脱了传统口碑“人际圈子”的限制，传播范围更广泛，能够影响更多的弱联结消费者，且口碑形式有形化。通过网络开展电子商务最核心的价值和竞争力即在于其中的评论信息形成的舆论导向，这对消费者购买决策具备重要的影响。美国市场研究公司 eMarketer 与口碑营销协会在 2008 年报告“口碑营销”中揭示了网络营销中口碑营销的巨大威力。eMarketer 估计有超过一半的网络营销人员将采用某种形式的口碑营销方式，并且这一数量将持续上升。

随着互联网的飞速发展，消费者可以使用各种信息技术进行沟通，口碑信息可以在短时间内扩散到世界范围，在互不认识的人之间传播。因此，与线下口碑（即传统口碑）相区别，产生了口碑的新形式——在线口碑（Online Word-of-Mouth，Electronic Word-of-Mouth）。消费者在进行网络购买时，纵然可以通过网络搜索到一些相关产品信息，但还有很多信息是消费者无法通过网站直接了解到的，这些便构成消费者在购买决策上的不确定因素，这就促使消费者在作出购买决策之前，首先搜索一些网络口碑信息，来了解更多的隐性信息，从而降低网络购买的风险。由于在线口碑的巨大影响力，诸多学者、市场研究者、企业家都对在线口碑极为关注，并进行了分析研究。

在现有文献中，不同学者对于在线口碑名称的界定存在着一些分歧，比如网络口碑（Internet Word-of-Mouth）、在线口碑（Online Word-of-Mouth）、电子口碑（Electronic Word-of-Mouth）、鼠碑（Word-of-Mouse）、虚拟口碑（Virtual Word-of-Mouth）等。但总体而言，关于网络口碑的定义都是在传统口碑的信息分享和交流作用的基础上强调了计算机和网络的媒介作用，即通过网络进行的关于某种产品或服务的口碑传播和信息交流。

通过互联网进行的信息沟通和交换也是口碑传播的一种形式，即“在线口碑”。网络客户（即口碑发送者）在网络上发表文章的行为和人与人之间的口碑沟通行为是等同的，只不过信息呈现的形式发生了转变，由声音形式（Auditory）变为书写形式（Written）。在线口碑是口碑传播的一种新形式，由传统的人际沟通变成在线沟通。

在线口碑是消费者之间通过网络技术交流的所有关于产品和服务的具体特性、使用或提供商的信息沟通。在线评论、邮件包裹、分散式邮件系统、一对一邮件、即时信息、讨论区和聊天室是七种在线口碑的主要传播形式。其中，在线评论（Online Consumer Review）是最重要的一种在线口碑形式[78]。

（二）在线口碑与传统口碑的异同

在线口碑作为口碑的一种，信息内容、内涵、沟通形式和传统口碑都具有一定的相似性，但是在线口碑基于互联网媒介，在表现和传播模式等方面均与传统的口碑有所区别，如图 4-3 所示。

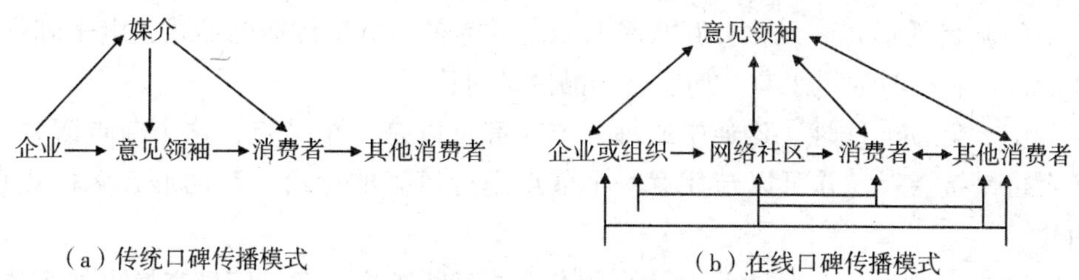

图 4-3 传统口碑和在线口碑的传播模式

从图 4-3 可以看到，在线口碑传播模式中，企业或组织、网络社区、消费者、其他消费者之间都成了逻辑拓扑结构中的节点，任意一个节点都可以进行双向传播，传播的范围和便利程度大为提高。本节对在线口碑与传统口碑的异同进行归纳。

1. *在线口碑与传统口碑的主要相似点*

（1）高可信度。不管线上或者线下传播的口碑，都来源于与企业无经济利益关系的第三方。他们基于自己的经历或者某个专业的领域，对产品进行客观和符合实际情况的描述，这在大众心中比企业广告更加可信，而且在网络环境下，消费者能够搜集众多的关于同一产品的评论加以对比和筛选，综合各方意见得到一个全面可信的信息[79]。

（2）交互性。在现实中，人们面对面地交换信息，信息得到充分和即时的互动；在网络中，口碑的传播打破了时空的界限，参与者可随时随地凭借网络平台进行发布信息、评价信息、阅读信息等行为，口碑的传播是双向的，沟通是互动的。

（3）降低客户的感知风险。不管是在线口碑或者传统口碑，都为消费者提供了直接的使用信息。这种来自实际使用后的评价有利于消费者对商品的资料加以确认，有利于减少顾客与企业之间的信息不对称，为之后的顾客了解商品、规避风险等提供了参考依据。

2. *在线口碑与传统口碑的差异*

（1）扩散性传播，范围广，速度快：在互联网中，在线口碑是一对多的扩散方式，使其传播范围广，速度更快。

（2）信息量大，可持久存储，可测量化：网络中庞大的信息以文本形式展现和保存，这些保存的数据特性也使得口碑变得可测量。

(3) 匿名性：在网络环境中，提供意见的人基本上都是虚拟的，沟通双方大多不熟悉，口碑的发生处于弱联结的关系。

(4) 传播形式多元化：互联网上提供了更多种信息传播的形式，电子邮件、在线论坛、即时通讯工具、博客、产品网站讨论区等。

(5) 互动非线性：沟通中的每一个人都可以是一个节点，这个节点既是发送者也是接受者，并可以与任意一个节点进行口碑的交流，互动形式多样化自由化。

(6) 便利性：互联网使大量的个体通过信息连接起来，信息交换更加容易；另外，可通过搜寻功能轻易获取相关信息。

(7) 不受时空限制：网络的存在使用户可以在任何时间、地点通过网络完成信息的传播或搜寻，打破了时空的界限。

(8) 内容形式：在线口碑不需要人们面对面的接触，信息主要以文字为主，图像、视频等为辅[80]。

(三) 案例

1. 传统口碑传播——资生堂“d计划”

“d计划”是资生堂在1997年面向敏感皮肤的人群推出的护肤化妆品。它的推广方式是先分地域地对全国皮肤科医生进行宣传，让医生们对这个产品有一定的认识，平均每个县都有一名医师参加公司的活动，这样就建构起了广泛的传播网，当有因为皮肤敏感问题到医院向医生需求帮助的时候，医生就向她们推荐这个品牌。通过这样的口碑营销策略，2002年度这个品牌的年销售额达到约70亿元。

2. 网络口碑传播——小蜜蜂网络口碑传播

小蜜蜂是美国的一个化妆品品牌，它在网络上开展了一次口碑营销。它首先在聚集40万年轻女性的化妆品社区——唯伊网建立起品牌俱乐部，将小蜜蜂的产品加入唯伊网的“宝贝”（化妆品产品库），之后再通过社区召集产品体验活动，再请这些参加活动的网友写试用感想。作者或网友会将这些感想转载到其他网上社区。经过这次传播活动，社区召集帖点击152124次，回复3216次；总共派发产品250份；试用报告142篇；试用报告主动转载642篇。据不完全统计，转载的试用报告共获得356432次浏览，5169次回复。

在资生堂计划中，企业比较有效率的方式只能是先接触医院的医生，医生再传播给目标消费者，因为企业没有直接的、便利的渠道直接接触大规模的消费者。而在网络时代，小蜜蜂品牌就可以直接通过已经聚集了大量年轻女性的网站开展活动，引起大量消费者的关注，它也可以再请唯伊网的意见领袖进行传播，但这已经不是唯一有效率的方法，而消费者如果对活动的热情很高，她们对产品试用评价口碑的再传播，又能接触到更多的消费者，网络口碑传播随着信息传播模式的变化影响力大大地增强了[81]。

二、在线评论

(一) 在线评论的兴起

在线评论（Online Consumer Review）是最重要的一种在线口碑形式，已成为一种日益流行和重要的产品信息渠道，在消费者购买决策中扮演着越来越重要的角色，引起了学者、新闻界和市场营销者的关注。

互联网和信息技术的发展为消费者在线分享产品评价提供了新机会。1995年，亚马逊（Amazon. com）开始为客户提供发布产品评论的功能。近年来，越来越多的在线销售者采取了与亚马逊相似的战略。这些网站邀请消费者在卖方的网站上发布个人产品评价，或者为消费者提供第三方的消费者评论信息。

B2C 购物售后评价体系，是 B2C 电子商城为消费者所提供的已实施购买行为并已接触到商品的消费者对商品进行评论、打分，以向其他消费者提供参照标准的信息体系。消费者可以根据其他买家对商品所作的评论，进一步了解商品的真实信息。根据《2010～2011 年中国电子商务报告》，网络失信或诚信缺失已成为我国电子商务持续发展的最大阻碍。大量的商家发布虚假信息、发生消费纠纷不及时解决等现象，严重影响了正常的交易。B2C 评价体系正是一个相对客观、能体现商品真实状况的平台[82]。

在线评论对消费者购买决策和产品销售的影响很大。浏览零售商网页且有消费记录的客户中，有一半的人说在线评论对他们的购买决策是重要的或非常重要的。随着互联网的日益普及，网上消费者的评论已经成为消费者寻求产品质量一个重要的资源。《2013 年中国网民搜索行为研究报告》显示，网民搜索购物相关信息时，除了价格，网民对产品的质量也非常关注，83.4%的网民会通过产品评价来判断产品质量的好坏，如图 4-4 所示。因此，现在许多公司都把在线评论作为一种新的营销工具。研究表明，企业不仅定期发布产品信息和赞助宣传，也会积极诱导他们的消费者对其产品进行在线传播，一些公司甚至战略操纵在线评论，以影响消费者的购买决策。

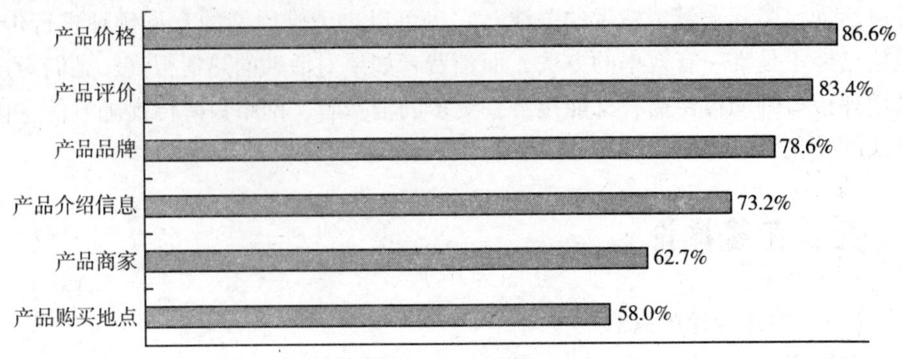

图 4-4 2013 年 PC 端网民购物搜索内容

资料来源：CNNIC：《2013 年中国网民搜索行为研究报告》。

随着在线评审系统的广泛应用，许多人认为，在线评论可以代表整体口碑，并影响消费者的决策。在线评论作为营销沟通的一种新元素，已成为一种重要的产品信息交流渠道，在消费者购买决策中扮演着越来越重要的角色。

（二）在线评论的定义

在线评论是消费者对商品质量、性能、使用体验的评价信息，包括评论者信息、评论等级、评论内容和评论时间等组成部分。根据获取信息的来源不同，可以将消费者购物时参考的信息分为第一方评论、第二方评论和第三方评论三种形式。第一方评论是来自卖家的信息，买家通过与卖家直接接触而获得的信息。第二方评论是指历史买家对与卖家交易情况作出的评价信息，包括对产品、服务的评价。这些信息通过买家之间的交流，“口耳相传”，可以让买家了解卖家在过去交易中的情况。卖家是无法控制这种信息的传递，所以如果卖家曾经有过欺诈行为，都将影响到潜在买家的购买决策。第三方评论是关注于容易量化和观测的产品的属性信息，是基于实验测试和专家评测提供对某一种产品的评论信息，如产品的性能、特点和可靠性。信息的来源会影响到消费者对于网络口碑的信任程度。消费者对网络或者网站经营者的可信度可能会远远低于独立商家网站之外的信息来源。可见不同类型网站的信息对于消费者的影响力是不一样的[83]。

本章讨论的在线评论是指客户购买后关于产品和商家服务的自身体验，属于第二方评论。即消费者在购物网站或者其他评论网站、论坛等根据自己的亲身体验或他人的经历对某种产品或服务发表的正面或负面的看法。在线评论是在线口碑最重要的一种表现形式，具有非面对面性、互动非线性、异步性、集中性、可存储性、匿名性、内容形式和传播渠道多样性等特点。

在线评论是让消费者发表个人产品意见的平台，可能存在于商业销售网站、产品网站、个人主页或消费者抱怨等网站上。不同于在线口碑的其他形式，在线评论的内容在网络上通常可以持续一年以上，并且每一则消息都能被大众消费者获得。因此，在线评论是消费者比较容易获取的一种在线口碑信息。

在线评论具有双重角色，同时起到了信息提供者和推荐者的作用：作为信息提供者，它提供了客户导向的信息；而作为推荐者，它以在线口碑的形式由以前的消费者向当前的消费者提供建议。

在线评论是潜在的、实际的或先前的消费者对产品的正面或负面的陈述，通过互联网可以被大多数群众和公共机构所获取。这一定义也强调了在线评论的易获取性，因此，才能发挥其他在线口碑形式所不能比拟的巨大作用。

在线评论具有客户导向性，其与消费者的关联度更大。它从使用者的角度评价产品性能，充当着免费"销售助手"的作用，能帮助消费者尤其是新手，寻找到符合自身特定需求的产品。

（三）在线评论的交流过程

在线评论交流过程与传统线下口碑传播过程主要存在以下三个方面的不同：

（1）在线评论交流过程中多了"互联网媒介"这个中间环节。互联网媒介主要是指评论交流的网络空间或载体，如前面提到的网上论坛、虚拟社区、讨论组、即时通讯组、博客、网上商城、客户评论网站等。其中，在线评论发表的媒介空间就是客户评论网站。发送者与互联网媒介交互，发表评论信息，然后接收者同样与互联网媒介交互，通过互联网媒介接收评论信息。

（2）在线评论主要以文本形式呈现和存储。

（3）在线评论的发表和接收可以不同时同地，即评论的发表与接收可以是异步的，因而评论发表者和接收者所处的评论交流环境或情境可能有所不同。

本书将在线评论的交流过程界定为：在一定的沟通环境或情境下，评论来源（发表者）通过某种或某些互联网媒介制造或转发主要以文本形式呈现的评论信息给评论接收者，在这个过程中评论的发送和接收可以是异步异地的（评论接收者接收评论的时间、地点、环境或情境可以与发表者不同），且这个过程是一个循环反复的过程，评论接收者可能成为评论转发者开始新一轮的评论发表。[84] 本书将上述界定的在线评论交流过程用图 4–5 形象化表示。

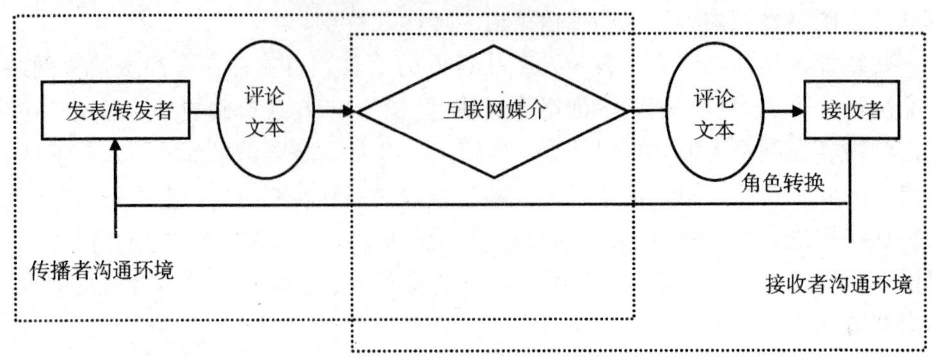

图 4-5　在线评论的交流过程

三、在线评论与在线口碑

在线评论是在线口碑的一种表现形式，在线评论与其他形式的在线口碑有所不同。Bickart 和 Schindler 对各种表现形式的在线口碑的定义及特点进行了总结（见表 4-1）。表中所涉及的各种口碑表现形式均以互联网为平台，但口碑传播的网络空间（或称载体）有所不同，另外在一些具体特征上也有一些差异，比如：

（1）在线评论具有优势，且影响力更大。与在线口碑的其他表现形式相比，在线评论网站上的消费者评论信息具有可长久保存、集中呈现、面向最广泛的人群、可被较广泛的大众所获得等特征及优点。

（2）在线评论与其他口碑形式的研究在方法和内容上有所不同。虚拟社区、网络博客等网络空间的口碑主要是非结构化文本信息，量化比较困难，因此，这些口碑形式的相关研究常采用社会网络方法、分析性模型或实验设计方法探索在线口碑信息的扩散规律。而在线评论除提供非结构化文本评论外，还提供评论者对商品观点的打分，这个量化的指标在一定程度上可以成为评论情感倾向的代理，非常有利于进一步的量化分析。

表 4-1　在线口碑各种表现形式的解释和特征

形 式	说 明	口碑信息特征
在线评论	消费者在购物网站根据自己的亲身体验或他人的经历对某种产品或服务发表的正面或负面的看法	常持续一年以上，每条信息可被一般消费者较容易地获得

续表

<table>
<tr><th>形 式</th><th>说 明</th><th>口碑信息特征</th></tr>
<tr><td>邮件包裹</td><td>包括消费者或读者评语或反馈，刊登在各类组织如消费产品制造商、服务供应商、杂志或新闻组织的网站上</td><td rowspan="2">可持续相当长一段时间</td></tr>
<tr><td>网上论坛</td><td>包括电子布告栏、新闻群组等，可供特定议题持续讨论的平台</td></tr>
<tr><td>邮件列表</td><td>将消费者意见、使用经验等经由电子邮件发给邮件列表中的会员</td><td rowspan="2">需存档才可取得信息内容</td></tr>
<tr><td>个人邮件</td><td>个人发送信息给另一个人或一群人</td></tr>
<tr><td>聊天室</td><td>网上群组内成员对特定议题即时讨论</td><td>讨论过程中才可获得信息，结束后信息即消失，无法复查</td></tr>
<tr><td>即时通讯</td><td>网上个人与个人或群体之间的即时对话</td><td>可保留对话信息</td></tr>
</table>

总之，无论是哪种在线口碑，它们之间最主要的差别在于表现形式不同，交流空间不同，而它们的核心内涵是不变的，即都是消费者之间关于某产品或者服务的非正式的在线交流与沟通。在线评论传承了在线口碑的一般特点，与其他形式的在线口碑相比更具影响力，另外其历史数据保存更完整，更便于开展量化分析。

四、消费者搜寻在线评论的驱动力

关于消费者信息搜寻动机影响因素的研究已经很多，如 Olshavshy 和 Wymer 指出购物热情、认知需求、持续性涉入、知觉收益、知觉成本对消费者信息搜寻动机存在影响；Schmidt 和 Spreng 指出知觉成本和知觉收益对消费者信息搜寻存在着影响。影响消费者在线评论搜寻的驱动力主要有以下四个方面。

（一）信息不对称

在信息不对称情况下，商家往往处于比较有利的地位，而信息贫乏的消费者，则处于比较不利的地位。为了缩小与商家之间的信息差距，消费者就开始信息搜寻，搜寻的信息越多，与商家之间的信息差距就越小。研究发现，计算机、服装等行业中都有近一半以上的消费者在作出购买决定前会在互联网上搜索相关商品的介绍及其他消费者对商品的评论信息，互联网商品或服务评论对于消费者的购买决策有着重要影响[85]。

（二）可用信息的缺失

造成可用信息缺失最重要的一个原因就是信息超载。如今网络充斥着大量的信息，在给消费者更多信息选择的同时，也带来许多的不利，如信息鉴别困难、无用信息泛滥、信息虚假等情况，消费者就很难找到自己所需要的信息。同时，相关研究表明，在网络环境下，相比于其他形式的信息，消费者在搜寻触感信息时的倾向性是不一样的。由于消费者在进行网络购物时搜寻触感信息方面的能力有限，只能通过文字、图片、音频、视频等非接触方式进行一定程度的弥补，存在着一定知觉风险，消费者还是无法确定这些信息是否真实以及购买决策带来的潜在后果的好坏，购买决策的知觉风险越高，就越有必要搜寻。

（三）感知认知权威

早在 1983 年，威尔森就提出了“认知权威”的观点。他认为认知权威是能够对他人产生影响的人，它建立在一定范围内，权威大小取决于人际关系及信任的程度，认知权威影响着人对适当性的判断，只有可靠、值得信赖的人才具有权威性。由于网络消费者之间存在时间/空间断带，更多的信息是以评论的方式呈现，这些发表评论的人就具备认知权威。当然，由于小世界信息交流的畅通，会导致意见领袖的产生，他们就具备很高的认知权威，他们所发表的评论可信度就高，对其他人产生的影响就较大[86]。

（四）感知经济

信息经济学认为，信息是有价值的，信息的搜寻有利于人们作出正确的选择，从而提高经济效益。因此，网络消费者在购物或选择服务前会尽可能去获得更多的信息，然而消费者的时间、精力、货币等是有限的，在理性行为的假设前提下，消费者要在资源有限的约束条件下追求经济效益最大化。消费者搜寻在线评论就更具有针对性，可以减少漫无目的的信息搜寻，降低信息搜寻成本[87]。

五、消费者在线评论发表动机

动机一词来源于拉丁文的“movere”，是指推动人们行为的内在力量。随着人们认知能力的不断提升，对动机的形成原因和它对人们行为产生的动力都有了更深入的理解，本书归纳了消费者发表产品评论的九种动机，分别是情感分享、娱乐放松、信任平台、支持平台/商家、惩罚平台/商家、信息回报、经济回报、提升消费质量、感知有用性[88]。

（一）情感分享动机

人在购物过程中会产生积极或者消极的焦虑，通过发表评论能够缓解这种焦虑。情感分享是消费者传播积极或者消极消费体验等相关感受的一个重要动机。

Hennig-Thurau 等研究发现消极情绪对消费者发表评论的数目的影响是显著

的。同时，蒋英播关于电子口碑传播动机对口碑传播意愿之间关系的结果也显示情感分享动机会显著影响口碑传播意愿[89]。

（二）娱乐放松动机

娱乐放松动机是指消费者进行口碑交流的出发点在于娱乐放松。许多人为了追求娱乐体验才参与虚拟社区，进行电子口碑的传播的行为表明消费者在参与社区活动，故可以得出娱乐放松是消费者发表在线评论的一个重要动机。

有不少人会为了展现其在某些方面的专业知识和经验而进行评论，这些分享也成为一种娱乐行为。

（三）信任平台动机

信任平台动机是指消费者希望网络购物平台作为第三方，调解消费者同商家之间的矛盾，帮助消费者解决遇到的交易问题。社区平台应该以第三方的身份管理消费者发表的有关评论。消费者对平台作为第三方有效调解作用并保护消费者利益的预期是其发布在线评论的重要动机。这是对社区平台的信任，网络购物平台作为一种特殊的社区平台，也存在这种信任。在决定分享信息的对象或者接受对方的推荐、跟其发生交易行为时，信任起到非常重要的作用。网上购物平台提供了消费者跟商户之间进行交易的相关服务，如何获取及吸引消费者是其持续发展非常重要的问题，增加消费者对网上购物平台的信任，能够促成更多交易行为。

（四）支持平台/商家动机

支持平台/商家动机是指通过发表评论支持给自己带来愉悦购物享受的网络购物平台/商家。国外比较全面的动机模型都提出帮助公司是消费者传播积极口碑非常重要的动机。

消费者跟商家之间存在互利互惠的关系，一般人都会向曾经给他好评的人以积极的评价，同时，很多时候为了得到评价而去积极地评价其交易伙伴。也就是说，消费者会主动地去支持商家，以求得到商家的积极回应。

（五）惩罚平台/商家动机

惩罚平台/商家动机是指通过发表评论惩罚给自己带来不愉快购物体验的网络购物平台/商家。这是同上一个动机相对应的消极口碑传播动机。

当消费者的一些期望没有得到实现的时候就会促使口碑交流的产生。换句话讲，消费者期望通过惩罚平台/商家来弥补这种落差，而发表负面在线评论则是其中一种方式。

（六）信息回报动机

信息回报动机是指消费者希望从网络购物平台获得所需要的消息，并同其他消费者进行交流的动机。这也是传统口碑和在线口碑传播动机中非常重要的动机，既包含信息的获取也包括信息的分享，基于这种动机，消费者之间建立起一种互利互惠的关系。

（七）经济回报动机

经济回报动机是指消费者期望得到商品折扣、商家或者平台的奖励、更好的售后服务。同信息接收者建立互利互惠的关系，分享有价值的产品信息，促使接受者产生一种回馈有用信息的责任感，这会促使消费者发表在线评论。

（八）提升消费质量

通过发表评论使得商家的商品质量和服务得到提高，网络购物平台的服务流程更加完善。电子口碑的传播有利于平台、商家能够及时了解消费者的意见和需求。平台运营人员或者商家为了提供给消费者个性化的服务需要及时作出反馈，给消费者更好的消费体验。蒋英播在电子口碑发表动机同发表意愿之间关系的研究中得出结论，提升服务动机显著影响消费者的电子口碑发表意愿。

（九）感知有用性

感知有用性是指用户觉得在网络购物平台上发表评论效用和意义的大小。根据计划行为理论，行为意向受行为态度决定，而行为态度又由预期行为结果和评估决定，因此，消费者对在线口碑的宣传态度和意愿受电子口碑宣传的有用性影响，感知有用性高低与在线口碑的宣传呈正相关关系。而感知易用性又与感知有用性呈正相关关系，因此，感知有用性可以调节消费者评论发表动机和评论行为之间的关系。

消费者在发表在线评论时，单个技术模型理论等不足以全面地解释消费者的相关动机，需要将各个理论整合起来，这样才能够有效地理解消费者发表在线评论背后的驱动因素。

六、在线评论的案例分析

（一）淘宝网

淘宝网是目前国内最大的 C2C 购物网站，在其商品展示页面有商品的基本信息、商家的基本信息、产品的详细信息、商品评价概况及购买记录等内容。商家的基本信息如图 4–6（a）所示，包括卖家用户名、卖家好评率、创店时间及其他认证信息。商品的基本信息包括商品名称、价格、售出量、浏览量、评论数量、收藏人气等。点击评论数量可以进入具体的评论信息页面，如图 4–6（b）所示。

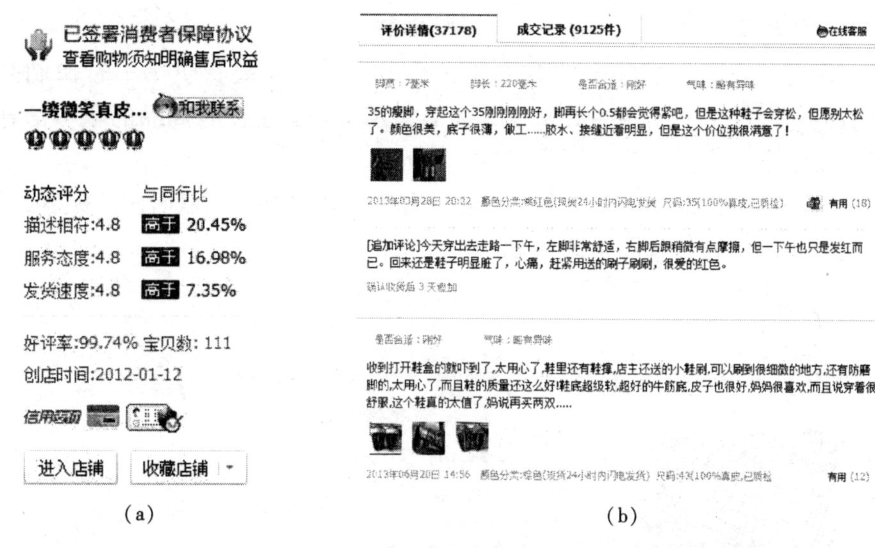

（a）　　　　　　　　　　　　（b）

图 4-6　淘宝商家信息和消费者评论

在该网站中，消费者首先对卖家进行评级，好评、中评或者差评，然后是文字性的描述。从对该网站口碑信息的分析中来看，大多数消费者不进行文字性的描述，有些也只是简单的一两句话，如“很好”、“不错”等。

接下来是卖家最近一个月的购买记录，如图 4-7 所示。

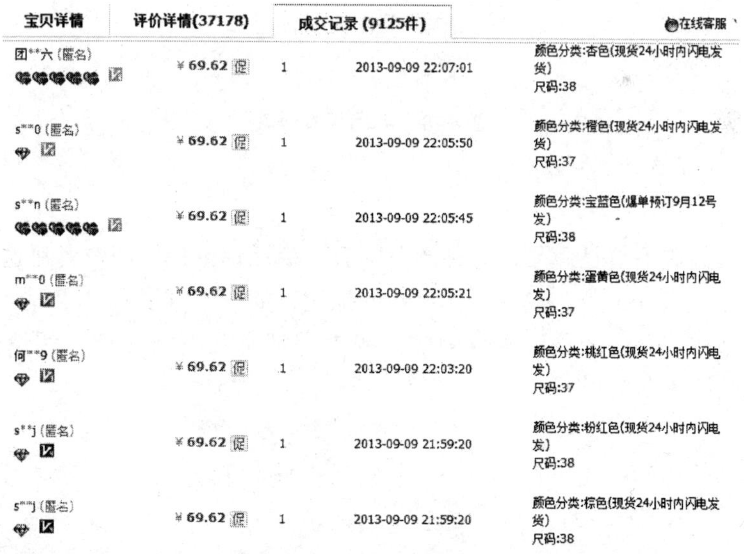

宝贝详情	评价详情(37178)	成交记录 (9125件)		在线客服
团**六 (匿名)	¥69.62 促	1	2013-09-09 22:07:01	颜色分类:杏色(现货24小时内闪电发货) 尺码:38
s**0 (匿名)	¥69.62 促	1	2013-09-09 22:05:50	颜色分类:橙色(现货24小时内闪电发货) 尺码:37
s**n (匿名)	¥69.62 促	1	2013-09-09 22:05:45	颜色分类:宝蓝色(爆单预订9月12号发) 尺码:38
m**0 (匿名)	¥69.62 促	1	2013-09-09 22:05:21	颜色分类:蛋黄色(现货24小时内闪电发) 尺码:37
何**9 (匿名)	¥69.62 促	1	2013-09-09 22:03:20	颜色分类:桃红色(现货24小时内闪电发) 尺码:37
s**j (匿名)	¥69.62 促	1	2013-09-09 21:59:20	颜色分类:粉红色(现货24小时内闪电发) 尺码:38
s**j (匿名)	¥69.62 促	1	2013-09-09 21:59:20	颜色分类:棕色(现货24小时内闪电发货) 尺码:38

图 4-7　购买记录

（二）当当网

当当网是国内较大的综合性 B2C 网上购物商城，主要提供图书音像制品，也兼有数码、服饰、家居用品等。在其商品展示页面，主要有商品的基本信息、商品的详细信息、商品评论、商品问答等内容。

以图书为例，商品基本信息包括价格、作者、出版社、出版时间、顾客总评分、评论数量等内容，如图 4-8 所示。

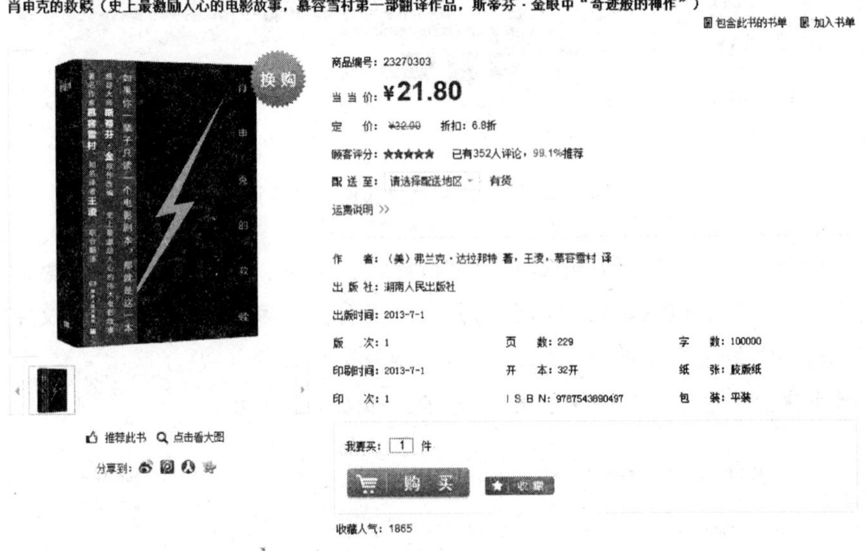

图 4-8　商品基本信息

在页面的最下端是商品评论和商品问答。商品评论中，消费者对这本书进行总体的评分，满分 5 分，然后是文字性的描述，如图 4-9 所示。

该网站中，评论的数量普遍偏多，畅销书都有几百条评论。评论内容较丰富，但是缺少统一的模式。

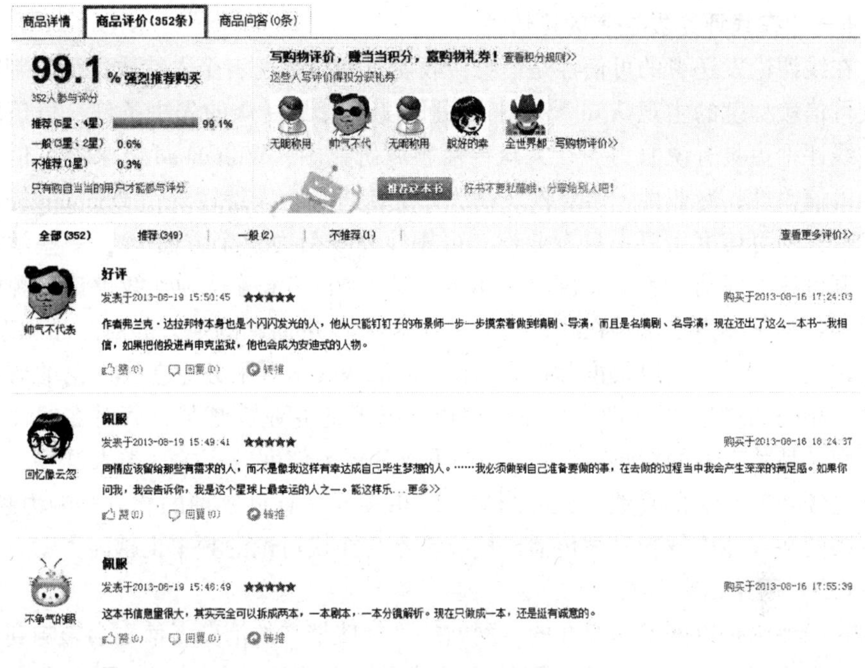

图4-9　商品评论

第二节　在线评论效果的影响因素

在线评论的效应取决于消费者对于在线评论信息的接受程度，消费者接受在线评论信息的感受或信心越强，则此类感受越有可能主宰消费者对于在线评论信息的解释和使用，进而影响消费者的态度与行为。了解哪些因素会影响在线评论的传播效应成了学者们十分关注的领域。本节将对在线评论效果的影响因素进行讨论，已有的相关研究和实践表明，在线评论效果受到在线评论来源的可信性、在线评论自身的特征、消费者特征和产品特征四个方面的因素的影响。

一、在线评论来源的可信性

在线评论来源的可信性主要是指在线评论发送者的可信性和网站信誉。

（一）在线评论发送者的可信性

在线评论发送者的可信性是信息接收者对信息传送者个人特质特征的判断和对其可信赖程度的主观认知[90]。来源可信度是说服受众的先决条件，可信度高的在线评论更具有说服力。在大众传播领域研究中，Whitehead 将来源可信度细分为可信赖性、专业性、客观性及在线评论传送者个人特性[91]。Ohanian 提出广告代言人的可信度主要来自专业性、可靠性和吸引力三个方面[92]，一些学者指出来源可信度对消费者的态度具有重要影响，如 Gilly 等认为在线评论来源的专业性和意见领导力会影响在线评论的可信度[93]，进而影响他人的商品品牌态度、在线评论搜寻、采纳以及推荐行为。Bansal 和 Voyer 对服务业在线评论的研究也得到了相同的结论[94]，即发现在线评论发送者的专业性越强，其对在线评论接收者商品品牌态度的影响越大。Sun 等重点分析了信度较高的一类人群——“在线意见领袖”——的在线评论的影响，结果发现，意见领袖的意见影响力越强，其发表的在线评论越容易被传播，接收者参与在线讨论的频率也越高[95]。

（二）网站信誉

在线评论是以网站为媒介的，网站的可靠性带来的消费者信心会影响到该网站上的在线评论的传播效应。网站的类型影响在线评论的说服效果，在商业网站、具有商业性质的第三方网站和非商业性质的第三方网站这三种类型的网站中，非商业性质的第三方网站的推荐对消费者更有用，消费者购物时会更多地参考这类网站的推荐。声誉较高的网站比不知名网站更可能被消费者信赖和接受。发表在声誉较高的网站上的在线评论的影响力更大。

二、在线评论自身特征

在线评论自身特征涉及在线评论类型（属性评价型评论或单纯推荐型评论）、在线评论的情感倾向（正面评论或负面评论）和在线评论内容的趣味性等。

（一）在线评论类型

从对国内 10 家主要的购物网站的分析可知，在线评论形式概况如表 4-2 所示。

表 4-2 网站在线评论形式

网站名称	口碑形式	网站名称	口碑形式
淘宝	数字、文字、图片	国美在线	数字、文字
天猫	文字、图片	京东商城	数字、文字、图片
聚美优品	数字、文字、图片	苏宁易购	数字、文字
乐蜂网	数字、文字、图片	亚马逊	数字、文字
1 号店	数字、文字	当当网	数字、文字

在在线评论的研究领域中，有学者将在线评论内容类型作为自变量纳入在线评论对消费者购买行为影响的研究中。他们指出虽然在线评论在表达上没固定的格式，但在表达信息内容上可分为属性评价型和单纯推荐型两大类型：

1. 属性评价型评论（Attribute-value Reviews）

属性评价型评论包含与产品自身属性相关的信息，是客户理性、客观且基于产品特定属性、性能表现的评论。例如，“这款相机真不愧是配置 GX200 镜头啊，等效焦距为 24mm ~ 72mm 的 3 倍光学变焦镜 CCD，拍照时聚光效果超好”。这类评论明确、清楚，并且拥有合理的论据支撑。

2. 单纯推荐型评论（Simple-recommendation Reviews）

单纯推荐型评论是情感导向、主观且没有基于产品属性论点支撑的评论，如“这东西用起来挺好的！买了绝不后悔！”“这款产品绝对是家庭必备”。这类评论更大程度上表达了在线评论传播者对产品使用的感受与主观意见，缺乏以产品属性为基础的论据[96]。

在现代口碑营销研究领域中，在线评论在营销推广上的优势正越发凸显。传统的口碑信息随传随逝，而在线评论信息则可以随时随地获取，且能有形地长时间保留，能给予在线评论接收者更大的感官刺激。但不是所有在线评论都具有同等的影响力，在线评论的有用性或质量一定程度上影响在线评论的传播效果。详细地介绍产品功能或使用经历的高质量在线评论的影响高于那些简单的推荐或陈述不清的低质量在线评论。

（二）在线评论的情感倾向

在线评论的情感倾向反映了在线评论的劝说作用，正负面在线评论从商品已使用者角度反映了商品质量的优劣，而评论阅读者可能会基于商品已使用者的在线评论来判断商品质量，决定是否购买。正面在线评论会提高消费者品牌态度和刺激购买，而负面在线评论会降低消费者品牌态度和抑制购买。

正面在线评论与负面在线评论相比，负面在线评论容易受到更多关注，消费者对负面在线评论信息的依赖程度也更高。负面在线评论信息比正面在线评论信息更有影响，当消费者接收到有关于某产品的负面在线评论时，明确地说明商品质量差，消费者会自然地将此产品视为不好的产品，但相反地，当消费者听到某产品的正面信息时，这种正面信息具有模糊性，消费者并不会因此而认为商品品质优良。

消费者通常会认为负面信息比正面信息更具诊断价值，因而在决策时更多地依赖负面信息。那些收到有关产品负面在线评论的人比那些没有收到负面在线评论的人购买该产品的概率小了24%；相反，那些收到正面在线评论评价的人比那些没有收到正面在线评论的人更有可能购买产品的概率只多12%。

（三）在线评论内容的趣味性

对于在线评论内容的趣味性，Herr等分析了在线评论内容的语言特点对在线评论影响力的影响，试验结果表明，与平铺直叙的在线评论信息相比，生动有趣的在线评论信息对消费者的影响更强；与笼统内容描述相比，细致的内容描述更能影响消费者对商品的态度。信息内容的趣味性直接影响传播的效果和扩散的速度。在在线评论相关研究中，智能性、趣味性和有组织性是网络信息内容的三个重要特征，并进一步指出网页内容的趣味性是吸引浏览者的重要因素。信息的趣味性能够提高受众对网络信息的满意度，进而影响后续的行为意愿。在线评论的交互性、信息丰富性、易使用性、实时性、有趣性等都会影响到消费者对此种推广方式的接受度。其研究结果表明，在线评论内容的趣味性通过加强受众的正面情感和态度，最终影响受众的行为意愿，包括购买、回复、点击浏览、转帖和向朋友推荐的行为意愿。

三、消费者特征

（一）消费者互联网体验

互联网大大降低了信息搜索成本，使得各种备选方案之间的比较更加方便。具有更多互联网体验的消费者更有可能使用在线渠道收集产品信息，因为从在线渠道收集信息的成本可能低于线下渠道。互联网体验与利用互联网收集信息的频率呈正相关。互联网体验缺乏会导致消费者放弃互联网这一信息来源，具有更多互联网体验的消费者更容易访问在线评论。对于一个网络新手，使用在线信息可能唤起其对不确定性和复杂性的感知。一个具有更多互联网体验的消费者可能会对在线渠道的属性有不同的感知和更多的信心。因此，互联网体验对网络信息的评价有一定的调节作用。

具有更多互联网体验的消费者更有可能使用互联网作为他们的主要信息来源并使用互联网的信息，同时，他们也更可能受到在线评论的影响。然而，也有研究表明，具有更多互联网体验的消费者可能会发现在线评论信息不可信。因为任何人都可以提供在线信息，此类信息的质量往往差别很大。一位经验丰富的在线客户更有可能接触到低可靠性信息来源和负面体验。这会导致一个新手可能会轻易相信网上的观点，具有更多互联网体验的消费者却不会那么容易被影响。

此外，具有更多互联网体验的消费者可以很容易地从多个来源找到关于一个产品的许多评论。然而，评估这些信息来源的有效性需要较高的认知成本，这导致他们不容易受到在线评论的影响。

（二）消费者的专业性

消费者的专业性包括其对产品的已有印象以及品牌熟悉度等。它在一定程度上是消费者对产品或服务的信心程度的标志，反映了消费者对产品或服务属性的自我判断水平。消费者的专业性是决定信息说服效果的一个重要因素，但实证研究结果却并不一致。

消费者对于先前已留下印象的品牌受到在线评论的影响更小；反之消费者对那些事先没有接触、没有形成观念的品牌的态度更容易受到在线评论的影响。在Bansal 和 Voyer 针对在线评论对服务购买决策的影响的研究中[94]，假设在线评论接收者专业水平越高，在线评论对消费者购买决策的影响越小，但研究结果显示两者关系并不显著。在线评论对专业水平高的消费者的影响大于对专业水平低的消费者的影响。而 Bone 等研究结果则表明[97]，与专业水平高的消费者相比，专业水平低的消费者受在线评论信息的影响更大。另外，消费者对品牌的熟悉度也可以调节在线评论的影响。负面在线评论的影响效果受到消费者对品牌熟悉度的影响，对一个品牌的熟悉度高，可以减少负面在线评论对消费者的影响。

（三）产品涉入

涉入（Involvement）概念最早由学者 Sherif 和 Cantril（1947）提出。他们在关于“社会判断理论”的研究中指出一个人对于某一事件“自我涉入”越深，则越不能接受相反的意见；反之，对于和自己相同的意见，自我涉入深的人不但会接受，甚至会将它扩大解释。涉入程度从 20 世纪 60 年代开始进入消费者行为研究领域。如今，涉入的概念已经在消费者行为以及广告学研究领域中广受关注与应用。

涉入是个人基于内在需求、价值观以及兴趣所感知到的与相关特定物品的相关程度，反映了消费者对该产品的重视程度。当消费者对某产品高涉入时，将会对该产品属性的差异、特点与重要性有更深入的认知态度，也就是消费者会寻求更多关于该产品的信息以及花费更多的时间与精力进行决策。可见，不同的涉入程度对消费者的信息处理方式会造成影响。产品涉入是影响消费者决策的因素之一，因不同特征的产品对消费者的意义和重要性是不相同的，因此在不同产品涉入程度中，消费者对于信息的搜集以及消费的感知风险上会有所差异，由于风险与决策所需努力的差异，可以将产品区分为低涉入与高涉入两类。

涉入度对在线评论影响的调节作用的实证研究目前较少。Park 和 Lee 研究了消费者情境涉入度和在线评论类型交互对评论影响力的调节作用，结果发现，对于低涉入度的消费者，基于属性描述的评论数量正向影响其购买意愿；对于高涉入度的消费者，基于简单推荐的评论数量正向影响其购买意愿。也有学者发现，消费者在购买高涉入度商品时受在线评论的影响大于其购买低涉入度产品时所受到的影响。

（四）消费者个人特征

消费者个人特征主要包括人口特征，如性别、年龄、教育程度等。在营销领域的研究中，消费者的性别一直被当作一个有效的调节变量。根据选择性假设理论，女性和男性在处理信息以及加工信息方面具有显著的不同，女性是“全面信息处理者”，而男性是“选择性信息处理者”。具体表现为，女性在作出判断前会努力了解所有可得到的信息，如将多方面的细节联系起来进行精细加工；而男性在处理信息的时候通常采用一种基于启发式和选择性的策略，即通常把自己的判断建立在对所有可得信息中的一部分进行加工的基础上。

研究发现，女性比男性更容易受他人在线评论的影响，女性在在线购买时感知的风险比男性大，而且女性比男性更容易受网站推荐的影响[98]。

四、产品因素

（一）产品属性的调节作用

一个公司的营销策略可能不会适用于所有产品，即使这些产品属于同一类别。在线市场的扩散导致许多利基生产商的出现，利基产品生产商和那些主要通过在线渠道销售的生产商更应该关注在线评论和在线评论系统的操控，因为在线评论可能大大影响他们的销售。

一些学者认为，在线评论对流行产品销售的影响更高，原因如下：首先，受欢迎的产品往往得到更多的评论，大量的评论会使这样的在线评论似乎更值得信赖。一个消费者可能不相信一个非专家，但如果 90% 的非专家都认为值得购买，那么它可能就是值得购买的。信息来源的增加可能会导致更多的信任。随着在线评论数量的增加，总体评价收敛于真实的质量。因此，流行产品的评论能比较准确地反映产品质量，从而更有影响力。其次，因为流行产品收到大量的评论，消费者更加相信他们可以在线上找到一个受欢迎的产品，这会使得他们更有可能寻找流行产品的在线评论，更多搜索可能会增加这些评论的影响。相反，如果消费者相信利基产品的评论是罕见的，而且很难找到，他们可能就不会搜索这样的评论，所以利基产品的评论几乎不影响消费者的购买决策。最后，流行产品的评论对消费者的购买决策可能会有一个很大的影响，因为消费者经常接触到这些评论。相比于利基产品，流行产品会更加频繁地被讨论，频繁的接触会对消费者购买行为产生巨大的影响。

与此相反，另一些学者认为在线评论对流行产品的影响更小。例如，对于流行产品，消费者对在线评论的需求可能较低，因为消费者使用在线评论是为了获得质量信息来降低风险，但流行产品本身就会传递高质量信息，购买流行产品往往会降低潜在风险。在消费者购买决策的背景下，如果消费者选择一个著名品牌，当该品牌后来被证明并没有那些不太知名的品牌更好时，他们的后悔程度低于他们选择一个后来被证明质量不够好的不太知名的品牌。对于那些消费者感兴趣的利基产品，他们有可能搜索更多的口碑信息来使他们远离可能发生的后悔，因此，在线评论可以更有效地影响利基产品的销售。

（二）产品感知风险

消费者感知风险是消费者在购买产品或服务时所感知到的不确定和不利后果的可能性。消费者面对购买决策所产生的不确定性与后果时，若消费者较重视其不确定性或后果程度较高，则消费者所感知的风险也相对较高。

Arndt 最早提出口碑沟通是降低感知风险最主要的策略[77]。他指出高风险感知者倾向于传递更多的产品或服务信息给其他消费者，因为这些信息被认为具有特殊价值，因此吸引他们成为社会关系中的一个交换成员。

消费者的信息搜寻大致分为两个方面，即单纯依靠储存在记忆中的经验的内部信息搜寻（Internal Search），以及访问商店、听取周围人的意见、搜寻广告媒体信息等积极的外部信息搜寻（External Search）。并且，在多数情况下，内部信息搜寻往往无法满足消费者购物决策的需要，因而不得不转向外部的信息搜寻。

在现有的在线评论研究中，大多数学者认为在高风险的情景下，在线评论对购买决策的影响力更强烈，消费者在作购买决策的过程中会受到感知风险的影响，而且感知风险越高则消费者越会从在线评论信息中去获得更多的信息。消费者在感知风险高的情况下常常会产生从众心态，此时消费者倾向于购买推荐群体较多的产品，消费者认为跟随大众的购买行为有助于降低错误决策的概率。

（三）产品类别

《2012 年中国网络购物市场研究报告》指出，无论用户网购熟悉产品还是不熟悉的产品，用户评价的因素对选择哪家购物网站影响都是最大的。相对而言，用户网购熟悉产品时，受价格高低影响更大，有 22.7% 的比例；用户网购不熟悉的产品时，更多受用户评价的影响，占到了 44.8%。如图 4-10 所示。

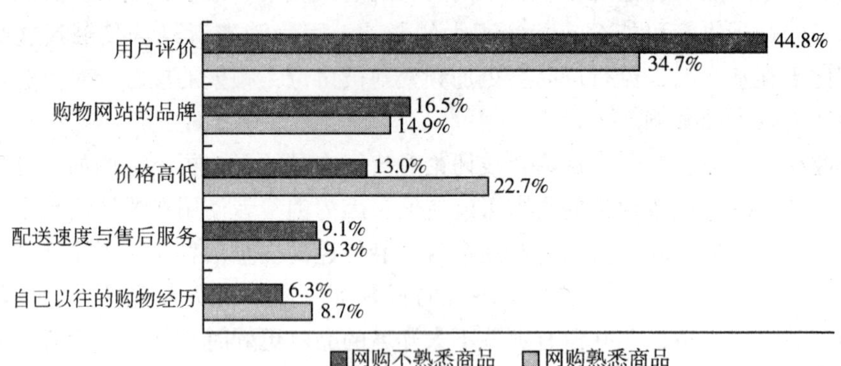

图 4-10 用户购物网站选择因素

资料来源：CNNIC：《2012 年中国网络购物市场研究报告》。

信息产品，如书籍、电影、音乐、电脑游戏，消费者对此类产品的购买往往只有一次，属于单一购买产品。许多这些单一购买产品可以被认为是经验商品，其产品特点在消费之前很难被观测到。因此，在线评论可以减少采购此类产品的风险。消费者对在线评论的依赖足够高时，在线评论对产品销售量的影响也越高。

《2011 年中国网络购物市场研究报告》显示，用户选择某一网站购买数码产品，最主要的原因是价格便宜，有 59.4% 的选择比例；第二位是网上用户评价较好，有 38.8% 的用户，如图 4-11 所示。用户选择某一网站购买家电，最主要的原因是价格便宜，有 64.3% 的选择比例；第二位是网上用户评价较好，有 40.2% 的用户，如图 4-12 所示。而用户采购服装最关注的前三个因素分别为价格便宜（55.4%），有喜欢的品牌和款式（44.1%）和产品比较丰富（42.7%）。网上用户评价较好排在第四位，有 37.4% 的选择比例，如图 4-13 所示。

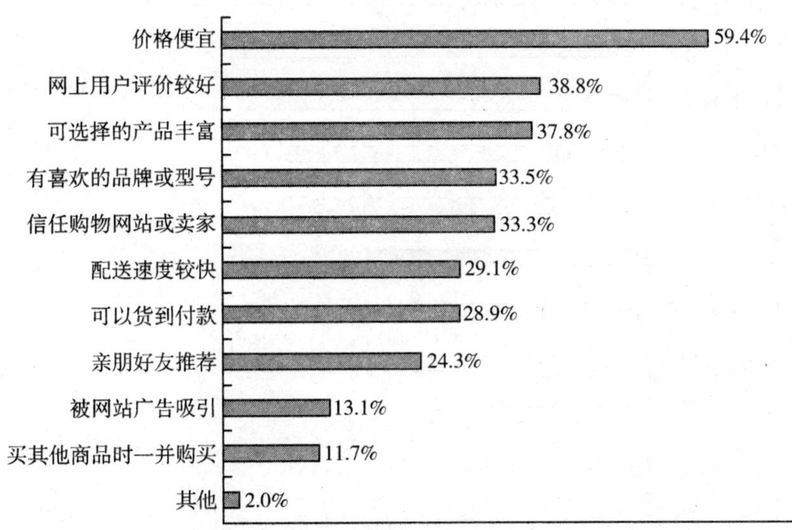

图 4-11 用户选择某一网站购买数码产品的原因

资料来源：CNNIC：《2011 年中国网络购物市场研究报告》。

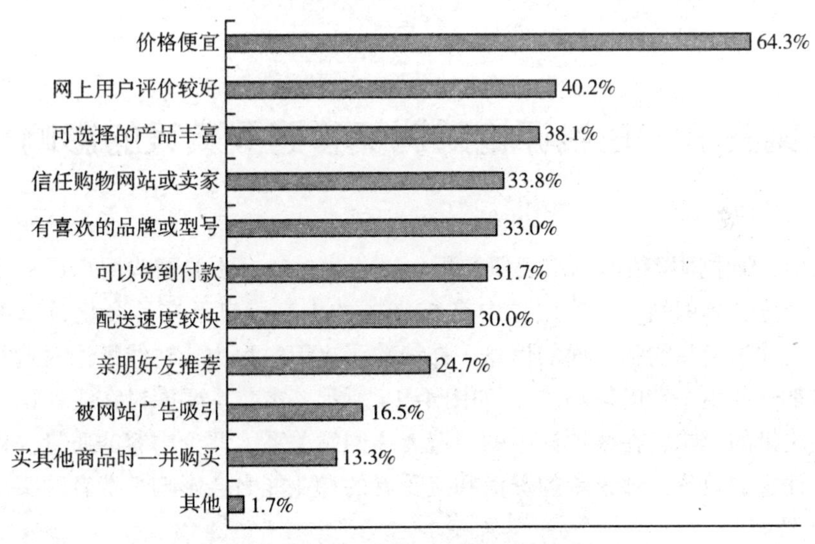

图 4-12 用户选择某一网站购买家电的原因

资料来源：CNNIC：《2011 年中国网络购物市场研究报告》。

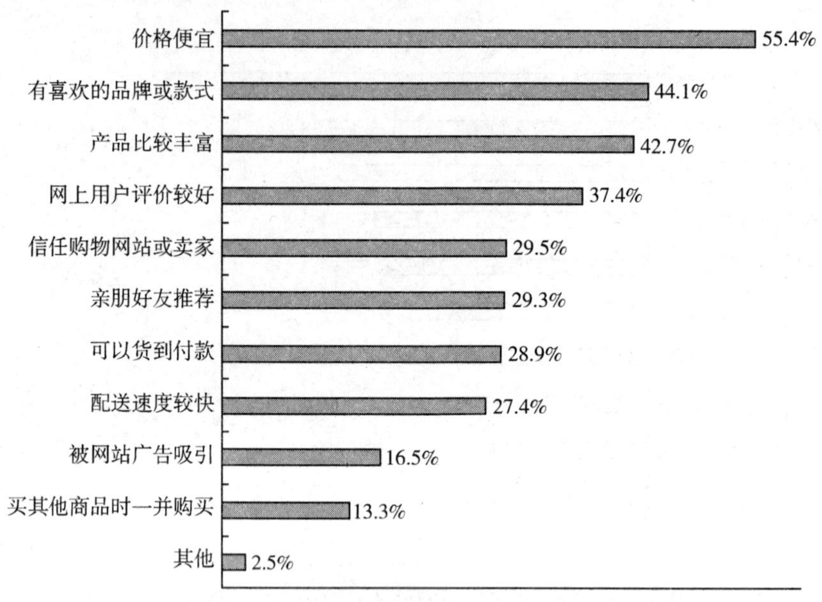

图 4-13 用户选择某一网站购买服装的原因

资料来源：CNNIC：《2011 年中国网络购物市场研究报告》。

第三节 在线评论对消费者购买决策的影响

《2012 年中国网络购物市场研究报告》指出，28.4% 的网购用户最近半年使用过社会化分享网站，这些用户中有 52.8% 的人表示自己在社会化分享网站上浏览、关注过商品购物方面的信息。在线购买决策过程中，在线评论对购买的各个环节都会产生一定的影响[99]，如图 4-14 所示。本节主要探讨在线评论对消费者购买决策的影响，在线评论中的消费者—网站关系、评论内容的质量、评论的数量、评论的效价、评论者的资信和接受者的专业能力会影响消费者购买决策行为（见图 4-15）。

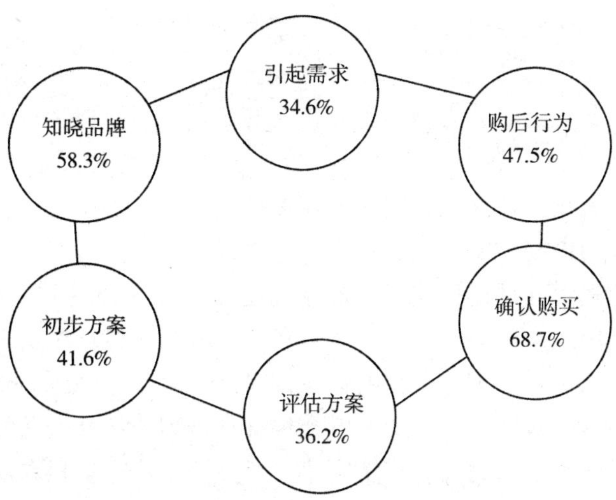

图 4-14 在线评论在购买决策各环节的影响

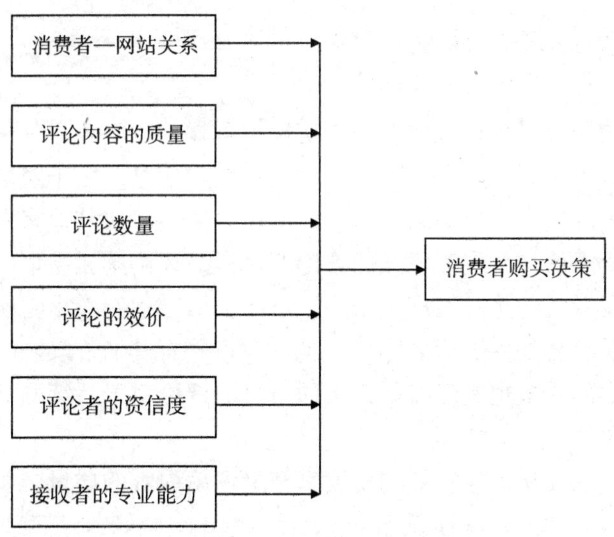

图 4-15 在线评论对消费者购买决策的影响

一、消费者—网站关系

消费者—网站关系是在消费者对评论发布网站逐步熟悉并接收的过程中建立起来的，是对该网站的一种接受和认可。消费者由于社会背景、教育程度、职业、个人喜好等不同，一般会选择某些或某类网站作为经常性交流的网上平台，并且在交流中会对该网站逐渐熟悉并产生较强的纽带关系。在实际购买决策中，消费者会根据所购买的产品类型，选择相关的专业网站。以手机购买为例，消费者会选择关注 IT 类的专业网站。消费者会从规模、专业程度以及在行业的影响力等因素去选择关注的评论发布网站。在虚拟环境下，消费者对评论发布网站越熟悉，则表明其与该网站的关系越紧密，从而越倾向于对网站建立信任。对网站的信任，会使消费者即评论接受者更加倾向于去接受在该网站发布的产品评论，以便获得更多有用的产品信息，从而对消费者的购买决策产生更大的影响。

消费者—网站关系越密切，在线评论对消费者购买决策的影响越大。目前，互联网网站众多，一般情况下，消费者会根据自身需要选择合适的网站进行经常性的浏览，慢慢地对这些网站会有认同感，对该网站产生信任和依赖性，对网站上传递的评论信息也认为较可信，更容易倾向接受相关的评论信息。因此，消费者—网站关系越密切，在线评论对消费者购买决策的影响就越大。

二、评论内容的质量

评论内容的质量是指评论内容的真实性、可靠性、内容与其所评价的产品的相关性，以及是否为后续购买者提供了大量有用的信息。由于网络市场较传统市场的特殊性，也产生了一些问题，一方面卖家可能会注册其他客户名，冒充买家对产品质量、卖家信誉等发表虚假的评论，这样的评论则无质量可言，这种评论不但不会对消费者的购买决策产生帮助，反而会引导他们作出错误的决策；另一方面，评论者受自身某些因素的影响，他们关于产品方面的专业知识不尽相同，他们发表的评论的质量也有高有低，不同质量的评论对于后续购买者的购买决策的影响也是不同的。

已有的研究主要从信息特征的角度来衡量评论内容的质量，如相关性、易懂性、充足性、可信性、客观性等。

以往的研究发现，如果评论的内容与产品密切相关、评论的内容真实可靠、评论观点比较中立并且评论包含了大量有用的信息，这样的评论对于消费者的购买决策的影响较大。也就是说，消费者更倾向于阅读那些高质量的评论，即客观、具体、逻辑性强且能够基于产品的具体特征给出推荐原因的评论。因此，在线评论的质量正向影响消费者的购买决策。在其他条件相同的情况下，质量高的评论比质量低的评论对消费者购买决策的影响大。

三、评论数量

在线评论的数量是指在互联网上消费者关于特定企业、产品或服务的评论信息的数量。目前，许多购物网站如淘宝网，消费者可以根据产品受到的关注程度检索商品，这意味着受到的关注程度越高的商品有更高的概率被其他购买者看到。

一些研究认为在线评论的数量对销售绩效没有影响，如 Clemons 等对啤酒工业中在线评论对于啤酒销量影响的研究中发现评论的数量对啤酒销量没有显著的影响。Godes 和 Mayzlin 通过对美国 44 个电视节目的在线评论与收视率关系的研究中发现在线评论的数量对电视节目收视率没有影响。

但许多研究发现评论数量与商品销量存在正向相关关系，Chen 和 Wu 在其实证研究中发现在线评论数量与图书销量存在显著正向相关关系。Liu 研究了在线评论对电影工业的影响，结果发现在线评论对电影票房的影响主要体现在在线评论数量方面。Dellarocas 和 Zhang 等在对电影的在线评论的研究中发现，无论消费者评论的正负情感倾向如何，评论数量对电影票房收入具有显著的正向影响。张紫琼在其对餐饮行业的研究中指出消费者评论数量将显著正向影响餐馆页面的浏览量。郝媛媛等在以面板数据为依据的研究中发现用户评论数量对电影票房收入的影响效应随时间呈现钟形变化：在放映的第一周产生较小影响，而在第二周迅速增大，之后逐周减弱。可见大部分研究都证明了在线评论的数量将显著地正向影响商品的销售绩效。

研究发现对于某产品的相关评论越多，而且如果评论中正面的评论和反面的评论都有的话，消费者对产品的了解会更加深入和全面。同时，消费者从中获得相关有用信息的概率也就越大，越有利于消费者了解该产品，对消费者购买决策的影响也就越大。并且在线评论数量表明商品受欢迎的程度，其更重要的作用是向其他消费者提供一种通知功能，传递有多少消费者正在使用或已经购买该商品的信息，这些信息会影响潜在消费者的知觉，促使正在作购买决定的消费者关注该商品，并且可能进一步使潜在消费者产生从众心理和行为，最终引起购买行为。因此，在线评论的数量正向影响消费者的购买决策。

四、评论的效价

评论的效价是指在线评论的整体正负程度，是指一种总体的评论效价，根据评论的效价，可以把评论分为正面评论和负面评论，即在所有在线评论中，当多数为正面评论时，总体评论效价为正；反之为负。一般来说，正面评论对购买决策起到正面影响，负面评论起到负面影响，即正面评论会在消费者心目中树立和强化该品牌的正面形象，修正已有的不良形象，从而提高消费者对该品牌的评价；相反，负面评论会降低消费者的品牌评价。

正面的和负面的评论信息都能影响消费者的产品选择以及购买行为。论坛评论信息的正面性和数量会影响消费者对该产品的评价以及对该论坛的评价。在实际购买过程中，正面的和负面的评论都能影响消费者的产品选择以及购买行为。正面的产品评论会提供有利于该产品的信息，提高消费者选择购买该产品的可能性。而负面的产品评论损害了产品形象，降低了消费者购买该产品的可能性。但是，负面评论主要影响产品形象较差的产品。一般来说，正面评论对消费者的购买决策起到正向影响，负面评论起到负向影响。

五、评论者的资信度

评论者的资信度（the Reputation of the Review）与其所写评论对后续购买者的购买决策的影响力有关。

评论者的资信度包括可靠性和专业能力两个维度。可靠性是指沟通过程中接受者对于推荐人或其推荐的内容的信任和接受程度，消费者对论坛等级高、社会知名度高的评论者的信任程度相对较高，容易受其影响进行决策。评论者的专业能力是指信息接收者所感知到的信息发送者能提供正确信息和表现专业行为的能力，这种专业能力是接收者的一种感知。由于职业、受教育水平或较多的产品及服务使用经验，评论信息发送者会被评论接收者认为具有更高的专业水平。消费者在搜索评论信息时，会倾向于请教拥有较高专业水平的所谓专家，而且评论者专业能力越高，其发布的产品评论也会被更多的评论接收者所搜索，同时会有更多的人来关注该类产品。一般情况下，专业能力高的评论发布者能够给消费者带来更多有用的关于该产品的信息，从而帮助消费者作出购买决策。

消费者不仅会做大多数人作的决策，多数派也会因为少数派的影响而改变自己原有的购买决策。而这少数人可能充当了在线评论里的意见领袖，从而引发了从众效应，可能是某个知名的明星购买了某产品并给予很高评价而传播的评论信息，也可能是论坛里等级较高的享有信誉的评论者发布的具有说服力的评论信息。这些意见领袖就是具有很高资信度的评论者。评论者的资信度与其所写的评论对后续购买者的购买决策的影响力有关，评论者的资信度越高，越容易引发消费者的从众行为。

所以，评论者的可靠性和专业能力，即评论者的资信度正向影响消费者的购买决策。评论者的资信度越高，在线评论对消费者购买决策的影响越大。

六、接收者的专业能力

接收者的专业能力是指在线评论接收者所具有的关于特定产品或服务的知识及经验等，且该产品或服务是评论信息中所涉及的。研究表明，消费者专业能力调节了在线评论信息对消费者购买行为的影响。

评论接收者的专业能力越高，其搜寻评论信息的积极性越低。专业能力较高的评论接收者相信自己的购买决策能力，且对在线评论信息有较强的判断能力；而专业能力较低的评论接收者因为缺乏相关的产品知识，所以更加依赖在线评论所提供的产品信息。一般而言，在线评论接受者的专业能力越高，评论信息对于消费者购买决策的影响则越小；反之，在线评论接收者的专业能力越低，评论信息对于消费者购买决策的影响则越大。

补充阅读

一、精细加工可能性模型

精细加工可能性模型（Elaboration Likelihood Model，ELM）可以用来解释消费者专业能力的调节作用。该模型是一个双重路径理论，解释了态度改变是基于不同的信息处理努力程度。信息的发送和接收可以通过两条说服路径：中心路径和边缘路径。消费者通过哪一条说服路径取决于人们评价刺激的主要价值的动机和能力。如果一个人有高的动力和能力来处理信息，就会通过中心路径，会投入较多的认知努力活动。相反，如果个体缺乏动机或能力来处理信息，说服就来自于边缘路径，那么他们就更多地依赖外部信号刺激或情感上的启发而非所给信息。

可以用 ELM 来解释根据专业能力水平的高低，评论数量和评论者资信度对消费者的影响的差异。评论的数量体现了已购买消费者的数量，可以作为产品流行度的一个信号，它影响了消费者对评论信息的处理过程。根据 ELM，专业能力低的消费者更关注边缘路径，评论的数量就可以说服他们购买某个产品，他们被说服时遵循简单的决策规则："信息多的就是好的。"而他们并不关注评论者的资信度和评论的具体内容，而且一般资信度高的评论者发布的评论大多比较专业，专业能力低的消费者并不能很好地理解，并且没有动力去了解，所以受到的影响较小，而专业能力高的消费者通常经过中心路径处理信息，会更努力地进行认知活动，更关注评论者的资信度、评论的质量等，会进行全面的分析和评价，不会仅仅根据数量多少就作出决策，他们会更关注资信度高的评论者发布的评论，所以受其影响更大。因此，专业能力低的消费者更容易受到评论数量的影响，而专业能力高的消费者更容易受到评论者资信度的影响。

二、从众效应

在社会中，普遍存在信息缺乏。人们购买产品时，很难获得具体详细的信息来帮助决策。所以在现实中，人们决定购买某个产品取决于其他购买者的经历。其他人的决策行为可能反映了一些我们未掌握的信息，因此在消费者看来是合理的，所以人们会做其他人做的事情，即使他们自己掌握了一些应当作出不同决策的信息。学习他人是大多数认知和决策活动的重要特征，消费者通过模仿少数人和跟随大多数人的购买行为降低了不确定性，简化了决策过程。模仿少数人的行为通常是非理性的。如果有某个明星购买了某个产品并对该产品评价很高，这样一条口碑信息在网络上广为传播，就可能引发很多喜欢该明星的消费者也选择购买该产品，并可能引起购买风潮，而从众是人们的一种普遍行为，反映了个体受到多数人决策影响的社会现象。例如，人们更愿意选择占座率高的餐馆就餐、购买流行品牌的衣物，使用多数人使用的软件、购买畅销书等。在线评论传递的不仅是一条一条的评论信息，而且提供了作为一个整体的信息，包括各个产品或服务评论的数量是多少、评论的效价总体上是正面还是负面，以及正负各占多少比例等。很多评论和销售网站，还会提供各种形式的排行榜，如按星级或评论量排序等。在线评论的这些整体特征为引发消费者从众效应提供了有利条件，消费者会选择评价高的和流行的产品或服务。

从众效应不仅影响了消费者的最终购买决策，同时还影响了消费者的决策速度。消费者进行购买决策时，通常要经过搜索品牌信息形成搜索集、评价各个品牌形成考虑集以及最终选择一个品牌这三个阶段，这一过程要花费较长的时间和较多的精力。加速消费者购买决策进而缩短购买决策时间是市场营销制胜的关键，而口碑（包括传统口碑和在线口碑）可以加快消费者作出购买决策的速度。消费者受到在线评论的影响引发从众行为，在从众时通常通过边缘路径处理信息，在较短的时间内就会作出产品购买决定，可能仅仅因为某个明星说该产品很好或很多人购买该产品就直接购买，没有完整经历决策的三个阶段，因此决策时间相当短。

第四节 负面评论对消费者品牌转换行为的影响

根据评论信息传播方向的不同，可以将在线评论分为“正面的”和“负面的”两种。从总体数量上来看，消费者正面评论所占的比例较大。虽然正面在线评论在数量上占有绝对的优势，但是占小部分的负面在线评论仍然对消费者起到不小的影响作用。本节在回顾负面评论相关文献的基础上，提出影响负面评论传播效果的因素，最后提出负面评论的规避策略。

一、负面评论概述

口碑信息包含的正、负面信息（亦即不同口碑方向）被学界认为是影响口碑传播效应的一个重要因素，因此多年来广泛地被学者们所探讨。负面在线评论是指消费者根据自己亲身经历以及他人的经历在网上发布的对某种产品或服务的负面看法。

相较于正面信息，负面信息是较为罕有的。因为当市场处于竞争状态时，若某一产品经常导致消费者不满就不容易存活，所以市场上大多数产品的体验信息是正面的。换句话说，对于存在于市场中的产品而言，其正面评论的数量通常会远多于负面评论的数量，而正因为负面评论相对来说较为罕有，所以消费者会认为负面评论更具诊断性，会更依赖于负面评论作出消费决策，因而负面评论对消费者的影响更大。

正面和负面评论都能影响消费者的购买态度和行为，而负面信息会抵消正面评论的效果，由于消费者更关注负面信息，因此负面信息被认为更具有可靠性。

Arndt 最早对于正面和负面口碑效果进行探讨。他的研究中使用了新的食物品牌，并比较了正面口碑信息和负面口碑信息的传播效果。研究发现，因负面口碑而减少的销售量是因正面口碑而增加的销售量的 2 倍以上。他的开创性研究揭示了正、负面口碑均会对消费者的购买决策造成影响，然而相较于正面口碑，负面口碑对消费者的影响力更大。过去许多研究都指出，满意的顾客会将愉快的使用经验分享给 5 个人，而不满意的顾客则会将不愉快的使用经验告诉 10 个人甚至更多。换句话说，当企业只要提供一次不满意的服务或产品时，平均会有 10 倍以上的人得知此负面口碑信息，而中国古代的谚语："好事不出门，坏事传千里"，更确切地说明了这个现象。正是由于顾客对企业产生不满意的反应方式之一是进行负面宣传，借着抱怨以表达不满的情绪，因此负面在线评论信息对企业的杀伤力很大。

负面评论的延伸效果，将影响其他顾客的购买意向[100]，如图 4-16 所示。如果企业因为某种原因让原有顾客发生转换行为，则该名顾客可能会散播负面评论信息从而影响其他顾客，让原本接受该服务提供商服务的顾客寻求转换新的服务商，而当受到影响的顾客发生转换行为之后，又有可能再次散播负面评论，影响到更多的消费者，如此恶性循环，企业终将因为没有顾客而导致毁灭。

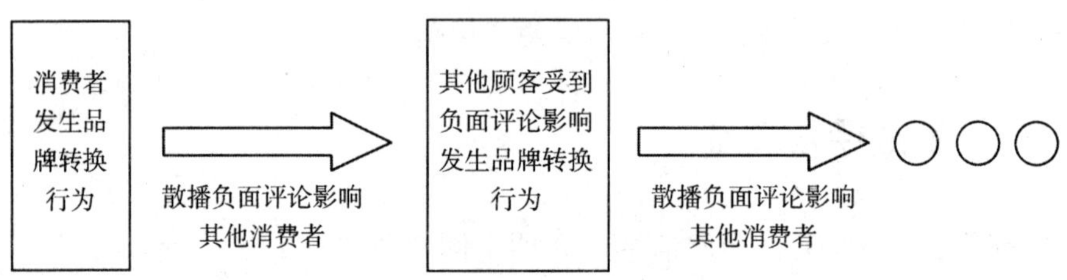

图 4-16 负面评论延伸效果图

二、负面评论影响因素

通过回顾国内外学者对负面评论影响因素的研究，并结合本书的研究主题，整理出负面评论的四个影响因素：负面评论占比、负面属性重要性、负面评论信息强度和信息发送者专业程度，如表 4-3 所示。

表 4-3 负面评论影响因素

影响因素	说　明
负面评论占比	负面评论占比越大，对消费者影响越大
负面属性重要性	负面评论的负面属性越重要，对消费者影响越大

续表

影响因素	说　明
负面评论信息强度	负面评论信息强度越高，对消费者影响越大
信息发送者专业程度	负面评论信息发送者专业程度越高，对消费者影响越大

本书从负面消极的评论出发，探讨负面评论对消费者（信息接收者）品牌转换行为的影响效果受到哪些因素的影响，如图4-17所示。

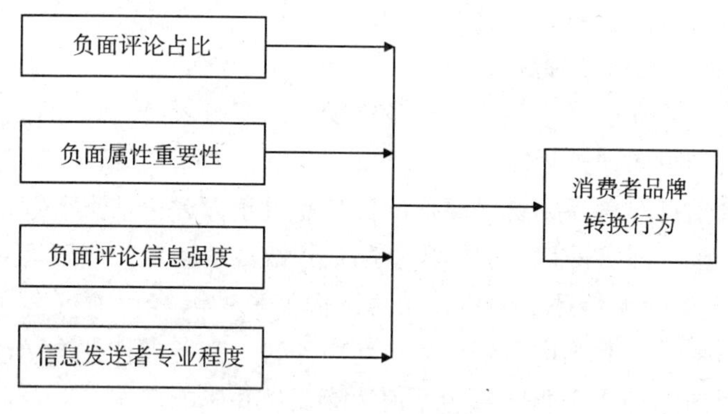

图4-17　概念模型

（一）负面评论占比

关于在线评论的研究已经显示，正面在线评论可以增强消费者的品牌感知，负面评论会增加消费者的负面感知，负面评论信息对消费者的影响比正面评论更大。单独的一条负面评论可能不利于产品评价，但如果十条评论中有一条是负面的，这个信息组不但没有负面影响还可能产生正面影响，因为评论信息中包含负面信息，可以加强信息的可信度，可信性反过来影响信息的整体劝说效果，而且随着包含的负面信息增多，可信度会增强。包含的负面信息除了增加信息可信度，还会增加消费者对产品的负面感知，对品牌态度会产生直接的不利影响。

相对于正面评论，消费者更关注负面评论，因此随着在线评论中负面评论比例的增加，其对消费者产生负面的规范性影响会影响消费者对品牌的态度。

（二）负面属性重要性

负面评论中包含重要属性时，负面评论的信息性影响会使消费者形成不利的品牌认知。消费者搜寻在线评论的动机来自于其想得到其他消费者的使用经验及得到更多产品相关信息，通过互联网对不同品牌的产品进行比较可以节省信息搜寻的时间。而在线评论信息也有其自身的特点，它不同于卖家提供的信息，在线评论信息主要是从消费者使用情境描述产品属性特征，从消费者角度评价产品表现，并且揭示一些卖家不愿意提及或没有及时披露的属性价值特征。所以，消费者浏览在线评论信息更多侧重于一种任务目标，即获取更多的产品信息及用户使用经验来对某产品或品牌有一个更加准确的认识，以便作出正确的决定。因此，相对于规范性影响，在线评论信息对消费者的影响更多来自于信息性影响，而负面评论信息中涉及重要的产品属性就是一种信息性线索。

综上所述，当消费者关注的重要产品属性被负面化时，相对于非重要属性会对消费者品牌态度产生更大的负面影响。

（三）负面评论信息强度

负面评论信息强度是指信息发送者给予信息接收者负面评论信息时，信息接收者所感知到的负向强烈程度。

负面评论信息对食品销售量降低的影响超过正面评论信息引起的销售量增加的影响的 2 倍多，即负面评论会阻碍食品销售数量的增加。当顾客对某个产品不满意时会向 11 个熟人传播负面口碑信息，而满意的顾客可能仅会向 3 个人传播积极的口碑信息。企业刚推出新产品或新服务时，消费者往往会更注意有关的负面信息，负面评论将使企业广告的可信度降低，并影响消费者对产品的认知和购买态度。

另外，有学者指出，从负面评论信息的角度研究，在探讨负面评论信息对消费者的影响程度的方法上，可源自于心理学对于负面评论信息的研究，其主要探讨的是个体对正负面评论信息处理方式的差异。研究发现，当个体在评估特定目标时，若接收正、负面评论信息极端程度相同，则个体会给予负面评论信息高过于正面评论信息的权重，此种对消费者行为影响较大的情形，学者将其称为负面效果。消费者若对一个产品或服务有负面意见出现时，该产品或服务将从消费者心中的备选群中直接删除。[101]

当信息发送者传播的负面评论信息越强烈时，负面评论信息对消费者在品牌转换行为上的影响越大。

（四）信息发送者专业程度

信息发送者专业程度是指信息发送者被信息接收者所感受到的能提供正确信息的能力。消费者在搜寻信息时，拥有较高专业程度的人通常是询问的对象，并且传播者专业程度越高，在线评论信息搜寻活动就越频繁。高可信度的信息来源会使消费者对品牌的态度发生较大转变，并且这种转变可能会导致消费者转换新的品牌。信息来源的可信度取决于信息接收者对信息发送者专业程度的认定。也就是说，当信息发送者让信息接收者感到越专业时，其信息也较容易导致消费者（信息接收者）发生品牌转换行为。

那些具有高度专业知识的消费者，都是对于选择市面上的产品拥有更多的了解和认识，并且专业人士会储存他们专业领域的资讯，以便适时地从这些信息中做出正确的判断和推论。信息是否会被信息接收者采纳，基于两个因素：一是信息本身是否存在明显偏见或不可被信赖；二是信息是否因缺乏准确性和数据，而不能引起信息接收者关注。在进行焦点访谈后发现，信息内容是否有参考价值取决于其描述的内容是否详细，上网搜寻信息的消费者会通过信息来源内容的深度和正确性来判断信息来源的专业程度。

专业能力能够产生更大的说服效果，信息接收者会因此减少依据自己已有的观念来检查信息准确性的动机。这里的专业能力是建立在在线评论信息接收方的相对认知的基础上。

负面评论信息发送者专业程度越高，负面评论信息对消费者（信息的接收者）在品牌转换行为上的影响越大。

三、负面评论的规避策略

（一）对负面评论应引起足够重视

负面评论对消费者的线上线下的购买意愿和再传播意愿都有明显的影响。各类企业应对负面评论引起足够的重视。

在线评论通过传递他人的直接经验，避免买家选购的失误，成为用户购买决策的重要助手。对大部分的网民来说，通过在线评论获取企业或产品的相关信息已经成为习惯，并具有较强的发展势头。

以往的研究表明，负面评论对消费者的影响会大于正面评论。正面评论会帮助树立形象，而负面评论则会损毁现象，进而对企业造成进一步的危害，任由负面评论传播，必将对企业经营造成恶性循环的后果。所以，企业应该对负面评论给予充分的重视，设置专门的人员和组织机构，并投入相应的企业资源。在互联网不断普及和网民不断增加的今天，无论是网络商家、网络运营商，还是主要在线下经营的企业，都不应忽视负面评论的存在，并且对于负面评论信息的管理，并不是短期内的突击活动，应是企业工作的常态。企业负面评论的管理也不是孤立的，应结合企业的其他经营活动，运用整合营销传播的思路对其进行管理。

（二）构建与消费者沟通的网络平台

负面评论是消费者在网络上发泄不满的一种方式，必然借助于一定的网络平台。如果企业提供合适的网络沟通平台，则可以减少消费者在其他地方发表负面评论信息的可能性。企业应努力增加网络平台的权威性和专业性，以强化对消费者的影响，并通过网络平台加强与消费者的关系强度。

一般而言，消费者在对企业不满后，首先会试图和企业取得联系以求解决。所以，企业应在自己的网站设置专门的消费者反馈区域，接收和及时解答消费者的各种意见。从而构建一个官方的正规的消费者网络沟通渠道，并打造成互联网上最权威的企业信息发布与消费者反馈的平台。

企业首先通过对自身产品和用户需求的分析挖掘，在网络社区平台上借助多种方式，在加强用户体验的基础上，提高用户分享良性体验的积极性，从而在用户中形成众口相传的口碑效应，达到促进企业品牌形象提升以及产品销售增加的目的。

对于各类企业而言，构建与消费者沟通的网络平台是及时了解消费者负面网络口碑信息的有效方式。企业可以针对在线评论信息内容，采取相应的应对措施，以降低负面评论信息的不利影响。

（三）主动回应负面评论信息

在线评论很容易被保存和复制，所以消费者往往会接触较多相类似的在线评论信息。在线评论的数量越多，对消费者购买决策的影响越大。

减少负面评论的数量，企业首先应在第一时间主动做出反应。否则，时间越长，负面评论传播就会越多。负面评论信息的快速传播，一方面是因为负面评论信息本身的吸引力带来消费者的高关注，另一方面也是消费者希望以此引起企业的重视，并期待给予满意的答复。所以，企业应对负面评论信息进行正确的分析，采取负责任的态度，给予消费者满意答复。

（四）找出负面评论信息的原因并给予解释

俗话说，“无风不起浪”，负面评论的产生，必然事出有因，或者是人为的恶意诋毁，也可能是确有其事。消费者在接触负面评论信息时，往往会探究其原因。消费者的不同归因结果，对于行为意愿有调节作用。总体而言，当消费者的归因侧重于企业时，对其行为意愿的影响要大，而当消费者的归因侧重于传播者个体时，对其行为意愿有弱化作用。所以，企业应对负面评论信息进行细致的分析，找准原因并给予解释，以正确引导舆论的导向。

针对具有谣言性质的负面评论信息，企业要及时澄清事实，还自己清白，以挽回相应的损失。同时，借助事件被高度关注的契机，也可以向消费者传播企业的正面信息，进一步培育市场。

针对消费者个人原因（主要是消费者对产品不了解、操作不当、对服务项目误解等原因）导致的负面评论信息，企业首先应澄清问题所在，以防更多的消费者误解。该负面评论信息的传播也表明，有一定比例的消费者对于企业的认识还不全面，或者对于企业产品的使用还存在不当的地方。所以，企业可以通过传播如何正确地选购和消费类似的产品，来丰富消费者的相关知识，从而借负面评论之机树立企业负责任的社会形象。

针对企业自身原因导致的负面评论，企业应积极地承认错误，并尽力弥补消费者的损失。切忌此时掩盖、逃避、转嫁责任，否则只会欲盖弥彰。更不应强制删除不利的负面评论信息，如此只能积累更多的消费者不满。正确的方法是积极承担责任，化解矛盾，让该负面评论信息失去吸引力和再传播的价值。

（五）加强消费者的品牌印象和产品涉入程度

消费者的品牌印象和产品涉入对其行为意愿有影响，且对再传播意愿的影响大于对购买意愿的影响。消费者先前对于企业品牌和产品的认识，会左右其对负面评论的接受程度。因此，企业应注重加强对消费者品牌印象和产品涉入的管理，防患于未然。当消费者对企业有正面的品牌印象或产品涉入程度高时，其对负面评论信息会有更为理性的判断。

企业加强对消费者品牌印象和产品涉入的管理，涉及整合营销问题，并且是一个长期持续的过程。需要企业投入一定的资源，内部各部门的协调运作，宣传平台也不仅限于互联网。整合各种媒介资源，传播企业全面的信息，树立一致的品牌形象。既要注重对老顾客的管理，培育顾客忠诚，也要注重对潜在顾客的营销，确保长期需求。

另外，企业也应该认识到负面口碑的传播对于社会公众也会有一定的影响。即使他们不购买企业的产品，也会通过口碑信息的传播影响其他消费者的消费行为。所以，企业加强品牌印象和产品涉入程度的营销对象，应扩大到所有可能参与到在线口碑传播的群体上来。

第五节 电子零售商开发在线评论的策略

在线评论不仅是消费者进行购买决策的重要信息来源，而且是企业应当重点关注并进行有效利用和监控的营销手段。电子零售商只有采用有效的在线评论策略，才能真正使在线评论成为消费者与商家沟通的有效渠道、消费者购买决策的有效信息来源，从而推动零售商销售额和利润的增加。本节从六个方面为电子零售商有效地开发在线评论提出了相应的策略建议。

一、从战略高度重视在线评论

从战略高度重视在线评论，利用在线评论有效实施口碑营销。以往的研究和市场实践都证实了口碑传播对消费者购买决策有重大影响。尤其是随着互联网的迅速发展，相比传统口碑，在线口碑的传播速度更快、影响范围更广、影响程度更深，网络极大地放大了口碑对消费者购买决策的影响力。所以，企业要想取得营销成功，获取竞争优势，必须从战略高度重视在线评论的营销价值，把在线口碑营销作为企业营销战略的重要组成部分，充分利用在线评论这一重要信息交流渠道的优势，积极挖掘影响消费者购买决策的因素，并制定相应的营销策略。如果企业不能认识到这一点，就很有可能失去大好的发展机遇，落后于其他企业。

二、加强消费者与评论发布网站关系的密切程度

研究表明，消费者与网站关系越密切，在线评论对消费者购买决策的影响越大。因此，企业应该在自有网站或知名度较高的网站为消费者提供产品评论的发布平台，加强企业与消费者、消费者与消费者之间的交流沟通。另外，企业应积极建立会员制，增加会员福利，吸引更多的消费者成为会员。最后，应加强网站的日常维护，妥善管理会员资料，及时更新相关产品的信息，努力为消费者提供良好的评论发布分享平台。

三、重视在线评论自身特征

在线评论自身特征包括：评论的质量、评论的数量、评论的效价。这三个因素会对消费者购买决策产生极大的影响。企业要想控制在线评论对消费者购买决策的影响，首先必须控制这三个属性。

评论内容的质量会正向影响消费者的购买决策。因为高质量的评论逻辑性更强，更有说服力，并基于产品的具体特征给出了推荐的原因。在其他条件相同的情况下，高质量的评论信息比低质量的评论对消费者购买决策的影响大。

对于目前国内的一些购物网站如淘宝网，虽然消费者也可以对其产品质量、卖家信誉以及相关服务发表评论，但是后续的潜在购买者却不能对这些评论作出评价，只能选择看或者不看。这样一来，卖家完全有可能找人冒充曾经在商家买过商品的消费者发表一些不实的在线评论——事实上实际也存在不少这样的情

况。这些不实的评论毫无质量可言，常常会误导消费者作出购买决策。消费者一旦有过不愉快的购买经历，这会对其造成很大的影响，他们可能会从此对网上沟通失去信心。所以从长远来看，这样非常不利于电子商务的健康发展。因此，建议国内的购物网站建立系统有效的在线评论质量评估体系。并且，网络零售商要重视在线评论质量评估体系的建立，提高在线评论的质量，加大其对网络消费者购买决策的影响。在线评论的内容质量是在线评论的重要维度之一，是影响消费者购买决策的关键性因素。对于网络零售商来说，光是吸引消费者登录其购物网站，增加访问量还远远不够，必须将这些潜在的消费者变成实际的购买者。企业可以采取各种激励措施来提高评论的质量、增加评论的数量，如以奖品、折扣、积分等作为激励，鼓励消费者在相关的产品评论网站上积极发表高质量的产品评论或使用体验。

评论的数量也会正向影响消费者的购买决策。企业同样可以采取激励措施来鼓励消费者尽可能多地在相关网站上发表评论。评论的数量越多，消费者从中获取相关有用信息的几率就越大，就越有利于消费者了解产品，对消费者购买决策的影响也就越大。此外，可以对产品按照评论的数量进行排序，以方便消费者进行查找。该品牌或该产品受到的关注越多，被消费者看到并购买的概率也越高，从而取得很好的营销效果。

评论的效价正向影响消费者的购买决策。所以，企业应当重点控制负面评论的产生，同时适当增加产品或服务的正面评论。通常，负面评论信息多是来自于不满意顾客的抱怨，因此，企业应致力于顾客沟通渠道的建立与畅通。借助沟通渠道，不仅可以回应顾客的抱怨，防止负面产品信息的扩散，而且还可借此得知产品或服务的改进方向。此外，也可考虑在企业网站上设置相关的意见论坛或讨论区。一旦产生负面评论，应立即查明原因，尽快处理。如果是产品质量问题，要发表申明或帮助解决消费者的问题，采取各种有效措施减少负面影响。

四、发掘资信度高的在线评论者

研究表明，评论者的资信度越高，其所发布的评论对消费者的购买决策影响越大。因此，企业要想发挥口碑营销的作用，应当在源头上发掘资信度高的在线评论者，而且这些评论者往往是在线口碑传播网络中的关键节点。

网络零售商应重视客户评论者资信评估体系，科学有效地评估评论者的资信等级，提高其对消费者购买决策的影响。如前所述，国内购物网站虽然也有在线评论机制，但是并不完善，使得有些卖家招人冒充消费者杜撰不实的评论。为了有效防止这类事件对于电子商务发展的不良影响，应该建立完善的评论者资信度评估体系。以亚马逊为例，亚马逊为在其上发表在线评论的评论者建立了一套系统而完善的资信评估体系。例如，如果评论者发表了不实的评论，那么其他阅读了该评论的消费者就不会投赞同，从而直接影响其资信等级。但是淘宝网则无这样的机制，使得有些人可以利用这一漏洞发表一些误导他人购买决策的评论。

但是，企业也要提高警惕。资信度高的评论者在发表正面评论的同时，也可能会散布负面评论，那么相比资信度低的评论者，会造成更大的负面影响。企业要重视这样的评论者，对他们进行积极有效的管理，扩大正面评论对消费者购买决策的影响，防止负面评论的扩散及蔓延。

五、口碑营销的细分战略

针对专家级和产品涉入度高的消费者，企业应当提供质量比较高的、专业性强的评论信息，并且是资信度比较高的评论者提供的，这样会对这一类消费者产生比较大的影响，而新手级和低涉入度等特征的消费者受到评论数量以及感性因素的影响较大，并且容易从众，因此，企业主要提供与评论的数量有关的统计量，比如总的评论量、正负面评论数量、产品好评排行榜等。此外，也可以利用名人口碑营销来积极引导正面的口碑从众效应。

六、有效控制在线评论对消费者的影响力

在线评论信息有正有负，所以在线评论对企业来说是一把“双刃剑”，有利也有害，如何按照“趋利避害”的原则有效掌控在线评论对消费者购买决策的影响力是每个企业必须思考和应对的一个严峻挑战。一般来说，控制有三个层次：事前控制、事中控制、事后控制。事前控制的控制效果最好，事后控制的效果最差。对应于在线评论的控制也有三个层次的控制策略：在线评论前因控制、在线评论行为控制、在线评论后果控制。企业最重要的是做好消费者行为预测和前因控制，也就是要了解和分析消费者在在线评论影响下的购买决策行为，对评论内容的质量、评论的数量、评论的效价和评论者的资信度等前因变量进行有效控制，使其有利于企业的口碑营销。其次是做好对在线评论传播过程的控制，使得正面评论的传播速度更快、范围更广、影响更深，控制负面评论传播的影响范围，尽量减少负面作用。最后是对在线评论传播后果的控制，如果已经发生负面评论带来恶劣影响的情况，企业必须果断地采取措施应对这一危机。同时，也要

引以为鉴，在以后做好控制和预警工作。

此外，企业应当恰当地采纳这些管理学建议和对策，对在线评论施加影响时应当考虑道德因素，不能篡改真实的评论或者雇用他人发表虚假评论，因为这会损害消费者的利益，降低在线评论的可信度，最终对企业也是有害的。总之，企业要从正面积极地引导消费者发表自己的真实看法，为消费者发表评论或查询评论提供良好的平台和途径，从而为消费者购买产品提供便利，这样才会达到双赢的局面。

第五章　电子渠道和传统渠道环境下的消费者渠道选择行为

随着网络和信息技术的发展，我国电子渠道已经迅速发展起来，对实体零售渠道构成了巨大的冲击。在多零售渠道环境下，从消费者的渠道选择行为出发，对供应商的零售渠道战略发展模式进行研究，将有着较大的理论与实践价值。本章首先介绍了影响消费者渠道选择的购买决策阶段，并说明了购买阶段是如何影响消费者渠道选择的；其次，对消费者的渠道选择行为及渠道转换（渠道二次选择）行为作了详细的阐述；最后，根据消费者的渠道选择行为，对企业提出渠道管理的相关建议和渠道实施策略。

第一节　消费者购买决策阶段及渠道选择

由于购买决策阶段直接影响着消费者的渠道选择行为，因此本节首先总结了学者们关于购买决策阶段的认识，并以三阶段学说为例，具体地阐述购买前信息搜索阶段、实际购买阶段及售后阶段，消费者是如何选择渠道的。最后提出影响购买决策阶段消费者渠道选择的相关因素，主要包括购买经验及消费者决策阶段的风险感知。

一、消费者的购买决策阶段

对消费者购买决策行为的解释可以分为完整系统模型、认知评价模型、态度形成模型、理性购买模型和随机购买模型等多种模式，在实证研究中，多以完整系统模型来说明消费者的购买决策过程，其中最主要的模型有三个：Nicosia 模型[102]、Howard－Sheth 模型[103]和 Engel－Bl－ackwell－Miniard（EBM）模型[104]。

Nicosia 模型把消费者的购物决策分成一个四阶段的决策过程：形成态度、信息收集与方案评估、购买行动和信息反馈，该模型认为消费者购买行为源于产品特性与消费态度，着重研究广告信息与潜在顾客购买行为之间的关联性。Howard-Sheth 模型将消费者决策分为信息、品牌认知、信心与态度、购买意图与购买等阶段，认为消费者倾向于选择那些能够提供他们所重视的过程和结果的服务和产品。EBM 模把消费者决策过程划分为需求确认、信息搜索、购前评估、购买、消费、消费后评估与放弃七个主要阶段。综合分析上述消费者购买行为模型，它们具有以下共同的假设和看法：①消费者购买行为是一个连续的决策过程，由需求识别、信息搜寻、方案评估、购买和消费后评估等多个阶段相互衔接组成。②消费者的购买行为大多具有目的性，即消费者采取合理的准则和行为来满足其需求。③消费者通常会主动搜集与利用外部信息，按照一定的消费标准来确定购买意向，而且这个标准会随着消费决策过程不断修正。④消费者行为受到环境和心理因素的交互影响，这些因素包括社会环境、商品特征、购买方式、情景因素、偏好、信任以及消费者个人特征等。在电子商务环境下，消费者的购买决策过程并未发生本质的改变，EBM 模型仍具有适用性，可以以此为基础进行扩展[104]。

多渠道消费行为是基于企业和渠道的多维结构。消费者在购买决策的不同阶段可以选择不同渠道，如在网站搜集信息后，转而到实体店面完成购买。在多渠道消费行为模型中，影响多渠道消费行为的因素是多方面的，既与消费者特征（如性别、年龄、教育经历、收入、家庭规模、地域、职业、经济环境、生活形态、个性和自我观念）有关，也和零售商因素（如声誉、营销策略、服务质量）、产品因素（如复杂性）、渠道特性（如易用性、渠道风险、信息丰度）和情境因素（如时间分配、购物类型）等相关联，这些因素往往会交织在一起发挥作用。消费者对购买方案的评估，不仅是对商家的评价，也包括对购物方式（如渠道）的衡量。由于消费者心智资源的有限性和稀缺性，消费者的选择并不总是一个严格的理性过程，社会因素会通过参照群体信念和主观规范对消费者的选择行为产生影响。

二、购买决策阶段对消费者渠道选择影响

由于消费者对渠道的预知价值取决于其个人意愿，因此渠道偏好在有替代的情况下就会有所不同。这些替代的情况与消费者获得产品过程的不同阶段有重要的关系。本节以购买阶段三阶段说为例，即：①售前阶段，此阶段是消费者了解购买的信息收集阶段。②购买阶段，这个阶段消费者作出购买决策和完成交易。③售后阶段，此阶段决定是否继续使用或重新购买。

研究表明，消费者通过考虑产品的配置属性来选择一次购买，从而寻求达到特定的消费目标。然而，消费目标，不仅通过消费者购买的产品或服务来满足，也通过消费者获得产品或服务的渠道来得到满足。因此，在这三个阶段，消费者将通过评估各个渠道满足他们寻求利益的能力，从而作出他们的渠道选择，以及相关产品的选择。利益寻求在购买阶段会改变，所以确定线上线下两个不同渠道在各个阶段表现的不同点很重要。

（一）售前阶段

在此阶段，消费者寻找他们考虑购买产品的属性信息。因此，在这个阶段，使消费者能够确认产品信息的渠道能力是重要的渠道驱动力。网络能够高效地呈现出组织和评估产品信息，并且在某种程度上能够以互动的方式提供消费信息。因此，网络能够很快并很方便地进行信息比较，从而方便各种替代产品的评估。许多明智的机构通过创建模型，正式地发布产品和服务的属性信息，与替代品产生快速、准确的比较。由于获取具有大量的突出属性的复杂服务的信息在线上比线下更容易，因此线上渠道在售前阶段的信息搜索过程中，被认为是一个更受喜欢的选择。尤其是在线上有经验的消费者，他们更加熟悉突出的渠道属性，并拥有以前信息搜索属性相关的体验。另外，因为他们的网络经验，在这个阶段，信息收集的成本远低于线下信息收集的成本。因此，相比于线下渠道，此类消费者更可能使用线上渠道。

对于那些没有充分互联网经验的消费者，线上可能引起不确定性和复杂性，而在考虑改变一种渠道行为时（如使用一种新渠道），消费者趋向于最小化他们潜在的损失，所以此类消费者更偏向使用传统渠道搜集信息。

（二）购买阶段

根据 Payne 等[105]的自适应决策理论，消费者基于属性搜索到基于替代品搜索的转变是因为他在决策过程中的变化。因此，当消费者转移到实际的购买阶段，他们会很少关注各个产品属性的信息搜索，而更加关注替代品的比较。在复杂的服务中，比如贷款，这些选择是产品属性和消费者利益的复杂捆绑，需要处理。Xia 和 Sudharshan[106]认为在决策相关方面不能控制时，个体在决策中会感到不舒服。因此，决策的复杂使得消费者在决策过程中要寻求“帮助”，从而更可能把这种渴望的利益作为评估线上渠道和线下渠道属性的基础。

另外，渠道—产品的一致性在该阶段很重要，因为在该阶段，选择的潜在消极结果会显现。当这个阶段个人顾问最能够帮助第一次购买者识别和解释所考虑的各个方面，互联网在这个方面是有不足的。店员交互可以帮助消费者补充不完善的信息和改正错误的信息，从而防止他们作出较差的决策。因此，在购买阶段，线下渠道被认为更能够支持消费者获得贷款。在重要购买中，如基于交易安全和隐私保护，感知的负面效应会加强个人渠道的偏好。这个能够解释 Vroomen 等[107]在贷款的购买中发现的第一次购买者更少用线上渠道。

与损失厌恶理论一致，该决策阶段传统渠道优于电子渠道，不管消费者是否有互联网经验，因为所有人都有强烈的需求，即在这个阶段避免作出有缺陷的决策。换句话说，产品购买利益比渠道利益更占主导地位。

（三）售后阶段

在售后阶段，以贷款服务为例，消费者可能和贷款提供者维持一个关系或者进行重复购买。在产品继续使用的状况下，和服务提供者的关系会由特定时刻的及时沟通主导，例如，当利率需要改变时，由于消费者有该服务的相关经历，这样的沟通可以被一种有效的方式管理着，并且不再具有复杂性和不确定性。因此，在这个阶段被偏好的渠道可能是消费者感到最舒服的一个。对于有互联网经验的消费者，可能选择电子渠道，而对于其他消费者可能选择传统渠道。同样地，在贷款的重复使用中，消费者可能在他们以往的购买经验中获益。因此，消费者可能不会受限于最初购买决策同样水平的焦虑感受了。特别地，对于有互联网经验的消费者来说，积极的使用经验预期可能推动他们使用以计算机为媒介的电子商务环境。积极经验可能包括时间或金钱的节省，知识的增长和对选择的自信和满意度增加，这些将鼓励消费者在这个阶段使用电子渠道。对于其他人来说，这些利益不适用，因此具有较少互联网经验的消费者占电子渠道上使用意图比率低，这类消费者具有更高的线下传统渠道偏好。

总结在购买过程中的三个阶段的渠道偏好观点，有以下三点：①在购买的售前阶段和售后阶段，有互联网经验的消费者更倾向于使用电子渠道。②在购买的售前阶段和售后阶段，有互联网经验的消费者相比传统渠道来说，更喜欢电子渠道。③在实际购买阶段，不管是否有互联网经验，所有的消费者相对于电子渠道来说，都更加偏好在传统渠道购买。

三、购买决策阶段中渠道选择的影响因素

（一）购买经验

渠道选择影响消费者行为的一种方式是通过消费者购物过程中的享受来实现的。消费者购物不仅评估他们要买或消费的东西，而且他们能够得到购物经历本身的愉悦。另外，研究表明消费者对于购物经历的满意不仅是即时效用和这些经历的一次函数，而是以往的效用和这些经历的一次函数。回顾的记忆在产品偏好方面，

也有相似的影响。例如，在购物时，消费者可能选择不同组的东西，包括较少愉悦的商品（如选择几种不同的冰淇淋而不是仅仅坚持最喜欢的那些），不是因为这个可以引导即时最大的享受，而是因为这个可以引导一个更好的经历记忆。总的来说，这些研究表明消费者记忆对购物行为本身和购物经历支出的满意都有重要的影响。

而消费者记忆是有偏见的，如果消费者作决策是因为他们想最大化他们的购物经历记忆，那么允许更精确记忆的渠道（如虚拟渠道可以记录以前的购买，以前的搜索，甚至以前享受率）可能比很大程度上依赖人们记忆收集以往经历的传统渠道更受喜欢。例如，考虑在线杂货店购物，消费者有能力抓重点，购买和上次购买完全一样的产品，相反于物理实体杂货店，要求走来走去，还有可能受到走道以及上次购买东西（或者被现在商店中展示的产品）的影响。一定的购物经历，和购买产品一样，在电子渠道和传统渠道中有很大不同。

带有偏见的记忆通常可以影响渠道选择。消费者经常将他们的经历记忆建立在高峰时刻和最后时刻。因此，如果消费者在商店或网站有一次积极的经历，但是在最后时刻表现得很坏，他们对这次经历可能有消极过度反应，那么在将来再选择这个渠道的可能性变小。例如，一个消费者在和零售商网站互动时，有一个积极的互动，但是若有很难的导航付款页面时，可能会给他们整个的在线购物经历打折。如果一个消费者在一个零售店有一次愉快的经历，但是当离开商场时，停车场拥挤不堪，一个相似的打折扣现象还可能出现。在随后的购物选择中，这些带有偏见的消极记忆就可能影响渠道选择。

当一个渠道在消费者以往的购物经历记忆中时，这个渠道就变得突出，在消费者学习过程中，营销人员经常无意识地成为合作伙伴。在这些情况下，管理的决策帮助可能不但增加消费者专业知识，而且帮助改善偏好或者鼓励消费者保持认知懒惰，但是不改变他们的偏好。另外，不同渠道在消费者记忆过程的影响可能在特定的购物活动和消费者购物行为方面起重要作用。

（二）感知风险[108]

渠道的感知风险是消费者采用某种渠道购物所感受到的风险，渠道不同，风险类型和风险水平也就不同，有些风险是某种渠道所特有的。传统零售渠道与电子零售渠道存在许多显著的特征，这些渠道特征会影响产品的质量、价格、服务的水平，也即不同渠道给消费者带来的风险是不一样的。渠道风险会影响到消费者的购买行为，对消费者而言，尽管传统零售渠道存在产品种类少、交通成本高、购物时间短的不足，但是消费者可以对产品进行完整的检查，并和商店工作人员面对面地交流，这种渠道的社会的、可见的特性降低了购买的感知风险。相反，电子零售渠道存在许多感知的经济风险和社会风险。因此，风险厌恶的消费者会选择传统零售渠道，而寻求便利性和可控性的消费者会倾向于选择电子零售渠道。另外，产品种类会影响消费者对渠道的感知风险，低参与度、价格便宜或标准化的产品会降低消费者对渠道的感知风险，如书籍、CD 等，消费者通过不同渠道购买这些产品感受到的风险差异较小；而高参与度、价格高、差异化程度较大的产品，如价格昂贵的消费电子、笔记本电脑、服装等，消费者倾向于在传统渠道购买，而电子渠道给消费者的感知风险较大。

第二节　消费者的渠道选择行为

随着科学技术与市场的不断成熟，顾客的消费需求不断地变化与发展，消费者购买行为也日趋多样化、差异化与个性化。为了更好更快地使产品顺畅地到达消费者，很多企业都希望通过合理的营销渠道取得市场的竞争优势。衡量现有渠道是否合理的标准是什么？解决该问题的途径就是从消费者购买渠道选择的动机和影响因素去进行诊断。因此，本节首先介绍了消费者的购物动机，主要分为经验动机和体验动机。其次，分析了影响消费者渠道选择的诸多因素，包括消费者因素、渠道因素、产品因素、品牌和尺寸因素、情景因素及价格因素。最后，阐述了消费者渠道选择后可能产生的忠诚度状况。本节的研究框架如图 5-1 所示。

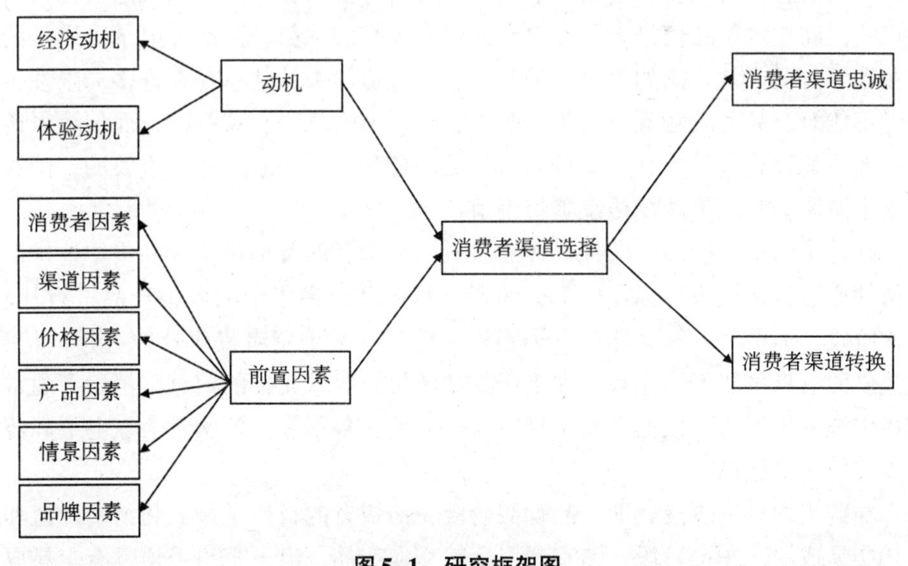

图 5-1　研究框架图

一、消费者购物动机

购物动机反映了购买行为的总体倾向并能用于解释消费者对特定零售商或零售形式的偏好。消费者存在多种购物动机，如便利、经济、娱乐、猎奇、低价、冲动、品牌意识、社会交往、象征意义、感官体验等。根据顾客主导动机的不同，可以将其分为目标导向、体验性导向。目标导向购物者对于所要买的商品或品牌已有明确的目标，把购物视为达成目标的方法，希望以较少的时间和成本尽快地完成购买任务，主要的考虑是商品价格和质量的交换关系，即可负担性；体验性购物者认为购物是一种休闲娱乐，通常被购物的过程而非目的或结果所吸引，购买商品是以直觉和情感反应来决定。网络购物具有方便性、可接近性、商品选择容易、信息获取性强、不需人际交往等特点，适合完成目标导向的任务；如果消费者想要触摸、感觉商品、享受购物体验时，则会优先考虑在实体商店购买。

（一）经济动机

消费者按经济目标来选择渠道时，其目的是实现净收益最大化，净收益是采用该渠道所获得的收益减去成本（旅行成本和时间成本等）。消费者需要在购买的不同阶段，对采用特定渠道的成本和收益进行权衡。

在购买的第一阶段，即构建产品选择集合阶段，消费者的任务是尽量收集产品信息以构建产品选择集合。通过网络渠道，消费者可以以最低的成本收集到充分的产品信息，而且多种电子渠道供应商可允许消费者对产品属性进行比较，尤其在收集高技术产品信息方面，电子渠道有独特的优势。因此，电子渠道是消费者在第一阶段非常青睐的渠道。但是，电子渠道提供的信息存在许多局限性，消费者不能对产品形成触觉、视觉、听觉、味觉、嗅觉等直观判断，而传统渠道可以有效地捕捉到这些信息。如果购买产品的各种直观判断是非常重要的，消费者在这个阶段会倾向于选择传统零售渠道。

在购买的第二阶段，即选择产品阶段，消费者的目标是从产品集中选择最高价值的产品。在经济目标导向下，消费者对产品选择集中的各种产品进行比较。在该阶段，消费者可能会选择电子零售，它们能为消费者提供比较直接的信息，但提供的信息可能不够完备。如果产品的评价需要较完善的信息，消费者通常会选择传统零售渠道。依据产品选择所需信息的完备程度，消费者会在电子和传统等零售渠道中选择。

在购买的第三阶段，即产品购买阶段，消费者的目标是最大化消费价值和最小化交易成本。在该阶段，消费者以金钱交换产品。电子零售渠道具有交易成本低和销售价格低的特点，容易受到消费者的青睐。但是，消费者购买还会考虑到消费的及时性和风险性。在及时性方面，由于电子渠道从产品订购到消费都会有相对较长的周期，如果消费的及时性不强，消费者会选择电子渠道；如果及时性强，则会选择传统渠道。例如，如果消费者通过电子渠道找到了自己想买的书或CD，并且想尽快看到书或听到音乐，他会选择到书店或音像店购买，如果不急的话，可以选择售价较低的电子渠道购买。

（二）体验动机

体验程度是指消费者在购物过程中对产品和购物环境的感受程度，体现为购物愉悦感和社会交际的需要，它会影响到渠道的选择。购物愉悦感是消费者选择零售渠道的一个重要依据。消费者在不同状态对刺激的需求程度不同，在无刺激状态下会寻求更大的刺激，在过度刺激状态下需要寻求安静。传统渠道的丰富购物环境能提供高的刺激，对于长期处于低刺激状态下的消费者，他们会在高刺激的传统零售渠道中购物；而对于经历过高刺激的消费者，会寻求安静的电子零售渠道。同时，传统零售渠道能提供视觉、听觉、嗅觉、触觉、味觉五种感观体验，能激励消费者产生购物的冲动，会使冲动性的购物者产生过度的购买；而电子零售渠道所能提供的感观体验是非常有限的，该环境下的消费行为通常是理性的，消费者会按照计划去购买。因此，在传统零售渠道下容易产生过度购买的消费者会倾向于选择电子零售渠道。

二、渠道选择的前置因素

（一）消费者因素

1. 个人特征

消费者的购买决策及渠道选择受个人特性，特别是年龄、职业、经济状况、生活方式及自我观念的影响。年龄是决定消费者需求的重要因素，处在不同年龄段的消费者有着不同的需求心理及渠道选择偏好。例如，老年人比较喜欢传统渠道购买，而年轻人更喜欢电子渠道购买；不同职业的消费者有着不同的价值观和购买准则，他们对商品的需求与渠道的选择也各不相同。经济水平即个人收入水平的高低对消费者的渠道选择有更为直接的影响。不同收入水平，决定了不同的购买能力，决定了不同的需求层次与购买渠道偏好。技术与经济的发展在不断地改变着消费者的生活方式和自我观念，也不断地改变着消费者的购物习惯。调查发现，电子渠道消费主体人群具有显明的特征：第一，以18～35岁人群为主，18～22岁的消费者一般为在校学生，23～35岁的消费者一般为在职人员，在职消费者一般有较为理想的收入。第二，女性消费者是电子渠道消费的主体。第三，电子渠道消费者受教育程度一般较高。日趋紧张的生活节奏，让更多的消费者更愿意选择快捷、便利的电子渠道进行购买。自我观念的变化涌现出更多更具个性的消费者，这些消费者的出现要求渠道终端更为具体化与人性化，而电子渠道比传统渠道更能满足此类消费者的需求。

2. 心理因素

消费者的购买决策还受到感觉、动机、经验、学习、信念和态度等相关心理因素的影响。合理的营销渠道设计应该高度重视消费者不同的心理。利用产品在某一方面的竞争优势引起消费者的注意与兴趣。随着经济水平的不断提高，人们的消费需求也有了更高的层次，消费者的购买动机已不局限在生存或温饱，而是有了更高的满足其社会角色与地位的动机，这种动机在现代化大都市更为显著。另外，消费者购买渠道的选择很大程度上受消费者感知风险的影响。由于商家与消费者之间存在着信息不对称，这就导致消费者购买结果往往达不到预期的效果，甚至产生不良后果。而为了降低购后风险，消费者通常会寻求更安全的渠道，以满足其降低风险的心理。比如消费者选择到传统渠道购买，以减少电子渠道购物的风险。

3. 社会因素

消费者在作购买决策时，一般乐于听取所信赖之人的意见以降低购买决策中的潜在风险。因此消费者购买行为受到诸如参照群体、家庭、社会角色与地位等一系列社会因素的影响。参照群体比如亲朋好友、单位同事及明星通常会对消费者在产品品质、品牌及购买渠道投向产生影响力。家庭是社会的基本单位，最重要的购买组织。不同背景、状况的家庭具有不同的消费特点与规律，这些特点与规律奠定了他们不同的购买行为与渠道偏好。比如处于未婚期的单身消费者的消费心理多以自我为中心，多数人消费慷慨大方，更愿意选择最为便捷的电子渠道购买。而以家庭为主的大多数中年消费者，家庭负担重，消费相对较谨慎，他们更愿意选择方便快捷、质量保证、价格合理的传统渠道进行购买。随着女性社会地位的提高，女性消费者正在崛起。据调查反映女性承担了非日常家居80%的采购活动，女性消费者对产品有其视角的特殊要求，对不同渠道有着更为明确的偏好差别。例如，有些女性消费者更注重店面的设计、店员的服务态度等，则会选择传统渠道，而有些注重价格、便利等的女性消费者，可能会选择电子渠道。

（二）渠道因素

1. 渠道策略

多渠道环境下，企业可以采取以渠道为中心或以消费者为中心的营销策略。

以渠道为中心的策略是通过促销和推广措施推动消费者采纳和使用特定的渠道，以消费者为中心的策略是通过多渠道协调来适应不同消费者的需求和渠道偏好。由于电子渠道普及时间较短，而且相对于传统渠道有着较高风险，电子渠道购物者会将企业的规模、历史沿革、渠道范围、声誉等作为风险判断的线索，让顾客对企业营销刺激进行感知，如便利性、商店声誉、购物氛围、价格、人员服务和沟通，使他们会对渠道选择行为产生积极影响。

2. 渠道特性

渠道特征在消费者选择渠道的过程中扮演了一个重要的角色，如消费者在进行电子渠道购物选择时，往往会首先考虑自己隐私是否泄露、交易是否安全等因素，而在传统渠道（如超市或商店）购物这些因素相对就不是很重要。就某些电子渠道而言，消费者行为会受到特定渠道的感知有用性和感知易用性的影响，比如网站的版面设计或者界面设计让消费者感到赏心悦目、容易浏览，所提供的内容能让消费者获得丰富信息，都会直接影响到消费者的评价与感受。渠道特征中，渠道转移成本是重要的影响因素之一，消费者只有从渠道转移中认知获得价值才会采取行动，比如节省时间与精力、获得心理利益（高兴和社会体验）。

不同渠道在物理展示、交互性、信息丰度、情感吸引力以及接触效率等方面存在显著差异。传统渠道可以实现即时反馈，员工的专业技能、服务态度、服务响应以及服务失误补救表现决定了服务质量和顾客满意程度。电子渠道不需要人员的直接参与，降低了人工成本，而且事先设计的流程可以提供标准化的服务，减少了服务失误概率，提升了服务效率。传统渠道和电子渠道的优点和缺点非常鲜明：传统渠道人员擅长传递情感和处理意外状况，但是管理难度大，培训成本高；电子渠道虽擅长处理信息和执行常规程序化的工作，但在与顾客的互动和情感交流方面存在着障碍。

（三）情境因素

情境是指消费者的消费或购买活动发生时个体所面临的短暂的环境因素，如购物时的气候、购物场所的拥挤程度以及消费者的心情等。在不同的情境下，人们将会有不同的行为。在消费者的消费过程中，消费行为也受到情境的影响。面对同样的营销刺激，如同样的产品、服务及同样的广告，同一个消费者在不同的情境下将会作出不同的反应，采取不同的消费行为。Belk[109]认为，情境由五个变量或因素构成，即物质环境、社会环境、时间、任务和先行状态。Nicholson等[110]认为物理条件（天气、交通拥挤）、社会条件（与友人陪伴购物）、时间条件（假期、时段、紧迫程度）、任务（购买品类）、状态（心情）五种因素对多渠道消费行为产生影响。例如，消费者在工作繁忙的情况下会更为关注交易效率

（购买的便利和可靠性）与商品质量，而不是商品陈列、商场氛围或店员友好的态度，会倾向选择节省搜寻时间的电子渠道。Sandell[111]的研究则证明，高达40%的消费行为变异可以归因于情境因素，个人因素对行为变异的贡献率仅占28%。

（四）价格因素

电子渠道购买要求个体改变他们的行为。行为的改变是困难的，需要刺激鼓励，如直接的金钱节省、很大的便利。首先，虽然电子渠道购买产品可能节省金钱，我们认为那些选择该渠道购物的消费者这样做主要是因为便利。相反于一般人，电子渠道使用者是有特色的，因为他们有较高的教育水平和收入，有较高趋势拥有中高层管理或专业的工作。这说明了较高的时间机会成本花费在访问店铺，这影响他们对于便利和价格方面的重要性。Degeratu 等认为通过电子渠道购物的消费者比那些通过传统渠道购物的消费者有更高的收入，较高的时间机会成本可能使他们对便利更加敏感，对价格有较低的敏感。Bellman 等发现电子渠道购买者有“相关的生活方式”（很大程度上使用互联网发邮件、工作、在家读新闻等），他们是“时间饥饿的”（很少的选择时间，如由于有一个工作很忙的配偶），因此寻找新的方式查询信息，购买更快更方便的产品。另外，如果要收取交货费用，而家庭同意支付，这就表明家庭原因可以为便利支付溢价。

其次，Alba 等基于电子渠道能够提供更多容易访问的产品价格和非价格属性的信息，将电子渠道和传统渠道购物的一个关键不同点理论化了。更多关于价格的信息可以提高无差别产品的价格敏感度。另外，更多关于非价格属性的信息可以减少价格无差别产品的价格敏感度。例如，Peapod 公司允许购物者瞬间根据指定的各种营养成分的产品品牌排行生成清单。特别地，购买人造奶油商品的消费者可以瞬间根据卡路里、脂肪、钠含量等排序。对于非食品类产品，如清洁剂，消费者可以根据他们的知名度排序产品。Degeratu 等认为较低的非价格属性在线搜索成本[104]，如营养信息、知名度，可以使消费者从关注价格属性转变为关注非价格属性，最后具有较低的价格敏感度。Lynch 和 Ariely 使用实验室研究通过电子渠道的葡萄酒销售来表明为消费者提供产品信息可以减轻价格竞争，并且增加消费者忠诚。Shankar、Rangaswamy 和 Pusateri 从旅行者那里得到的研究数据表明，以往在传统渠道对品牌的经验可以减少电子渠道的价格敏感度。

总的来说，在产品购买的价格敏感度方面，电子渠道比传统渠道低。尤其在电子渠道购物生命周期的早期阶段。当电子购物渠道成熟和更多主流的消费者采用电子购物渠道时，价格敏感度可能会随着时间改变。另外，如果在线杂货服务增加，家庭可以通过在线的其他家杂货店服务比较价格时，价格敏感度也可能增加。

（五）品牌和尺寸因素

1. 尺寸偏好

互联网使用者，比一般人拥有更高的收入、更高的时间机会成本、更多的“时间饥渴”，比其他人更加试图减少生活用品时间的花费。减少生活用品时间的花费的一个策略是通过采购大量的产品而减少购买的次数。高收入消费者可以付得起购买多的数量。另外，时间饥渴的家庭可能有更多的孩子，因此要求数量多的购买。最后，电子渠道购买者对于数量多的产品有更强烈的偏好。通过比较消费者之前为期7个月的实际购买和实验室仿真搜集的选择决策，Burke等发现电子渠道量大的购买更频繁。

2. 品牌和尺寸（数量）忠诚

Alba等认为通过其他零售商的交互式家庭购物的一个特定优势使消费者可以更有效地筛选其他替代物，以便他们可以关注匹配他们偏好的替代物。交互式家庭购物的这些筛选，电子代理工具几乎瞬间完成，因为电子代理工具可以使用消费者特定的偏好信息，使得其他替代物可行。例如，对第一次购买者，Peapod提供“快速店铺”和“个人列单”。消费者输入一个或更多的字，如制造商或品牌名称（如Nabisco，Cheerios），或者类别（如谷类、洗发水），电子代理工具很快锁定购物列单上的所有物品。对于再次购买的消费者来说，Peapod提供“以往订单”。开始第二次下订单时，消费者可以通过购买他们以前订单上的物品来节省时间。受相关的、时间饥渴的、便利驱动的消费者使用电子代理工具，导致更高的品牌和尺寸忠诚。如果不仅是能接受一个品牌，或者某些品牌经常购买，电子代理以前的购买列表将方便可接受品牌的筛选效应，这表明具有品牌选择信息的电子渠道比传统渠道更普遍。电子代理工具可能使关注价格属性的消费者转向非价格属性，如品牌名称，这就导致更高的品牌忠诚或者在筛选时使用品牌名称。另外，较低价格敏感度的消费者（由于高收入水平）将通过非价格属性作出相对更大程度的决策，如品牌名称，这也会导致品牌忠诚，或者在筛选中使用品牌名称。

（六）产品因素

产品是消费者价值最为基本的来源，它也是一个驱动消费者价值很重要的因素。关于产品对消费者价值的影响研究有很多，在消费者让渡价值的构成要素中，把产品作为消费者感知利得的首要因素[112]。Ulaga等的消费者价值构成实证也都将产品作为消费者价值构成的影响因素。一些研究提出将商品分为搜索型商品和体验型商品，其中搜索型商品指的是在购买前就可以决定产品的品质内容，如书、CD等。而体验型商品指的是直到购买和使用商品后才能了解到商品主要品质的商品，如衣服、乐器等。一般来说，电子渠道更适合搜索型产品的销售，而复杂和高涉入度产品则适合于传统渠道。例如，购买书籍时收集信息、方便交易显得十分重要。搜寻性产品通过电子渠道购买的可能性较大，而体验性产品在传统渠道购买的概率较高，电子渠道适合销售标准化的产品，需要亲身体验的产品适合于通过传统渠道销售，而昂贵的、有较高购买风险的和复杂的产品通常难以通过电子渠道进行销售，购买这种类型的产品时消费者需要通过人际接触以获得更充分的信息来帮助决策。由于本章的研究对象是渠道选择，也就是传统店铺渠道和电子渠道之间的选择、迁移，因此本章仅关注渠道本身带给消费者的价值。

三、渠道选择的后果——渠道忠诚[108]

渠道忠诚是指消费者对经销某些特定产品类型或特定品牌的特定渠道的忠诚，如对商店的忠诚、对电子零售的忠诚。购物可能是一种习惯，一旦消费者养成了在某个特定渠道购物的习惯，它已经成了消费者生活中的一部分，形成了对该渠道的忠诚，这类消费者几乎不会去比较各种零售渠道的成本和收益，也不会选择其他购物渠道。在传统零售渠道中，由于消费者积累了店铺特有的知识，消费者更愿意花高价在熟悉的店铺购物。消费者转换渠道会有转换成本，这些成本包括学习成本、交易成本、合约成本等，许多传统渠道提高客户忠诚度的方案（如贵宾卡、积分活动）进一步提高了客户转换渠道的成本。由于转换成本高，3/4 的消费者不愿意更换购物的商店，而在电子零售中，转换成本低，消费者很容易转换到其他网络供应商或店铺供应商。

第三节 消费者渠道转换行为

在多渠道消费环境下，消费者并不总是渠道忠诚，时常会从一种渠道转换到另一种渠道。本节将对这种渠道转换（渠道再次选择）行为进行详细的介绍。首先将说明消费者渠道转换的路径，主要有四条路径，然后针对消费者渠道转换的动机进行阐述，最后对影响消费者渠道转换的因素进行概括。

一、渠道转换路径

学者们在消费者购买决策三阶段的基础上，提出了一个线上线下渠道整合模型，他们认为消费者在购买前、购买中以及购买后的决策中都可能发生渠道转换[113]。后来的学者在这一模型的引导下，进行了一些积极的探索。总结他们的研究视角，可以将消费者渠道转换路径归纳为以下两条：

第一条是消费者从在线渠道搜索信息后转移到离线渠道购买产品。Verhoef等[114]将这一现象称为“搜索—购物”，并认为电子渠道搜索信息，传统渠道购买产品，是最受欢迎的一种购物方式。有的学者将这一路径下发生的消费者渠道转换现象定义为“渠道搭便车行为”，并认为消费者感知渠道整合和转换成本决定了该行为是否会发生[122]。

第二条是消费者从离线购买产品转变为在线购买产品。许多学者对这条转换路径进行了研究。如 Thomas 和 Sullivan 借助马尔科夫链[115]，基于营销传播六个过程，探讨了消费者从离线渠道向在线渠道转换的概率；Gupta 等[116]从购买决策过程的视角对消费者从传统渠道向电子渠道的转换行为进行了研究；Kauffman等[117]着眼于消费者从传统渠道向电子渠道的转换，探讨了企业的渠道定价策略。

然而，消费者可能在一个渠道搜索信息，而在另外一个渠道购买产品，这就说明消费者还有可能在传统渠道搜索信息（如进行体验），然后，在电子渠道购买产品[118]。电子渠道产品的价格优势，使得消费者倾向于从该渠道购买产品。如很多消费者尤其是大学生，在实体店对所需产品进行触摸、咨询和体验，以便了解产品的质量和价格，然后将其和电子渠道的产品进行对比，在同一产品质量差不多的情况下，他们会因为电子渠道价格较低，而选择在线购买，进而发生渠道转换现象。

另外，虽然网络购物等新型购物形式日趋流行，但是传统渠道在购买阶段仍然具有吸引力[119]，因为质量保证、体验、价值观等因素均能促进消费者对传统渠道的忠诚，所以消费者也可能从电子渠道购买转换成传统渠道购买。在实际消费过程中，尤其是在我国的这种产品鱼龙混杂、良莠不齐的特殊消费环境下，消费者无法辨明“正品”和“次品”。如果消费者从电子渠道购买的产品与自己的期望不一致，他们下一次就可能会选择从传统渠道购买。已有学者从计划行为理论的视角进行了实证研究，发现消费者的主观态度会显著影响该路径的渠道转换行为[120]。

此外，对于消费者而言，在线渠道和离线渠道不仅是他们购买产品的主要途径[121]，也是他们搜索信息的主要渠道。也就是说，除了产品交易功能，电子渠道和传统渠道也同时具有信息搜索功能。因此，本节新增了两条消费者渠道转换路径，具体如图5-2中的路径3和路径4所示。其中，路径3是指消费者从离线渠道搜索信息后转移到在线渠道购买产品，路径4是指消费者从在线购买产品转换成离线购买产品。

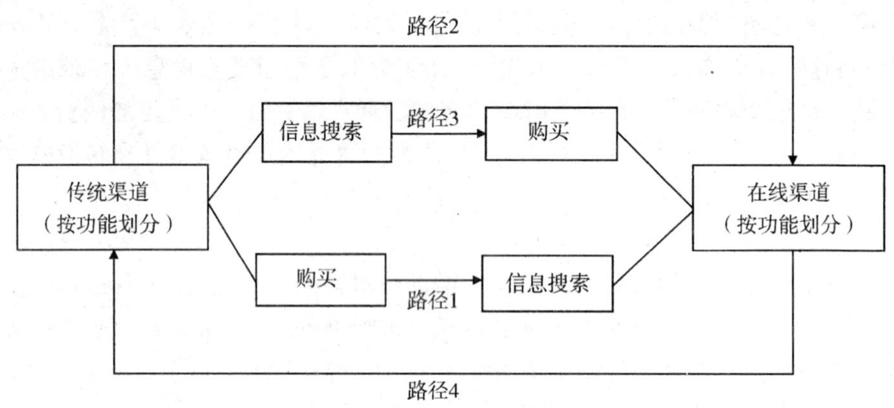

图5-2　渠道转换路径

二、消费者渠道转换的动机

在研究中，线上线下渠道的购买动机的不同被当作渠道转换趋势的指标。如果在线购买动机高于线下渠道购买的动机，消费者将倾向于转换成在线渠道。本质上来说，消费者表达偏好基于零售商正式展示给他们的成本和利益相关的效用最大化。这表明消费者在线购物所获得的效用需要超过传统购物所提供的效用，会导致消费者转换成电子渠道购物。

理性行动理论断言行为会受到行为动机的影响。社会心理学研究表明动机是个体行为最好的预示，因为动机允许每个个体独立合并所有可能影响他们实际行为的所有相关因素。一些研究已经证实了耐用和非耐用产品的购买动机和实际购买行为之间的关系。动机和购买之间可观察的关系是积极的、重要的。自从互联网购物行为共享了理性行为理论解释和预测现象的意志性质，人们表达他们购买动机的程度应该由他们实际购买行为合理的预测。然后，消费者线上线下渠道的购买动机的不同应该成为他们从线下渠道向线上渠道转换的合理指标。也就是说，消费者线下购买动机被当作评估他们转换到线上渠道趋势的重要参考。

基于消费者购买决策过程，有五种因素潜在的影响消费者线上线下的购物动机，包括渠道风险认知、价格搜索动机、搜索精力、评估精力、交货时间。并且，使用消费者在这些因素的线下认知作为参考点，线上渠道和线下渠道在这五个因素方面的不同可以合并解释他们渠道的转换趋势。

在市场和消费者行为文献中可建立消费者购买决策过程，包括五个阶段：问题认知、信息搜索、产品选择评估、购买决策、售后支持。当消费者认知到一个问题或需要时，购买过程开始。因为购买产品或服务的渴望很大程度上是下意识的（如口渴、饥饿、羡慕邻居的新车等），消费产品和服务本身的效用同样也是下意识的，不管消费者是从实体店还是电子商店获得产品或服务，这在驱动消费者进行线上线上渠道购买方面起了很小的作用。

下一个阶段是信息搜索。信息搜索，包括价格和产品信息，通常需要花费搜索精力。从传统渠道购买产品，消费者必须花时间浏览通道。如果消费者在店里不能找到合适的产品，如价格太高或产品的属性不是很喜欢，就必须继续花精力在另外店铺搜索。相反，线上购物可能极大地减少搜索价格和产品信息花的精力，仅仅是一些点击就可以。特别地，线上搜索更好价格的相对容易驱使消费者线上购物。因此，有强烈价格搜索动机的消费者可能发现线上购物比线下购物更有吸引力。

购买决策过程的第三个阶段是产品选择评估，这会导致花费评估精力。包括检查和比较产品属性，如价格、品牌、质量和其他的属性。尽管减少了价格信息的搜索成本，消费者在线上评估非价格属性时还会感到麻烦。产品的颜色和样式可能不完全像它在电脑屏幕上展现的。产品质量可能也很难在线上渠道进行评估，尤其是需要“感受和触摸”的产品类型。例如，消费者可能因买了一些不能触摸和感受的商品感到不安，由于质量的不确定性。因此，线上渠道可以促进信息搜索，但是阻碍了非价格属性产品选择的评估。

在评估的阶段，消费者也会评估他们认知到与线上购物相关的风险。风险认知被认为是影响消费者评估和选择行为的重要因素。研究表明，消费者购买决策修改，推迟购买或者避免购买决策很大程度上是由他们的认知风险影响的。线上购物可能被认知为冒险，因此会降低消费从线上购买所获得的总效用。然而，消费者认知的在线购物风险不一定能避免所有的风险。研究者定义认知风险依据事件的不确定性及其后果，这是风险的两个组成部分，在非营销方面的研究也被表明。根据风险理论，认知风险随着很高水平的不确定性或者更大可能的消极后果而提高。例如，如果消费者考虑为聚餐买不熟悉的葡萄酒，与目的相关的认知风险可能就会出现，因为他不知道葡萄酒尝起来会怎么样，并担心如果葡萄酒不好，客人的反应会如何。因此，消费者是否愿意忍受特定的风险取决于风险发生的可能性和重要性，或者可能的消极后果的严重性。之所以研究探讨消费者渠道风险感知，是因为通过线上渠道购买时，消费者风险感知的可能性和重要性有交互效应。

购买决策作出以后，如果在电子渠道购买产品依然需要交货（除了数字产品或服务）。即使消费者趋向于受到时间限制的最大化效用，交货的效率也是消费者和电子零售商都真正关注的点。电子零售商面临着较低的顾客满意，因为及时交货的实现能力较差。不同消费者对交货速度的评价也不同，时间敏感的消费者更喜欢传统渠道，仅仅因为节省交货的时间。

三、渠道转换的影响因素

信息搜索渠道和购买渠道之间的消费者渠道转换以及传统购买渠道和电子购买渠道之间的消费者渠道转换，分别发生于消费者购买决策过程的不同阶段。具体来说，前者发生在购买前，后者发生在购买中或购买后。而在购买过程的各个阶段，影响消费者渠道选择的因素又不尽相同，进而使得这两类转换行为的影响因素不能一概而论。

目前，关于信息搜索渠道和购买渠道之间消费者渠道转换的研究，主要着眼于探讨消费者从在线渠道搜索信息后转移到离线渠道购买产品这一转换现象。按照研究视角的不同，相关研究分为单一视角研究和综合作用视角研究两个层面。单一视角的研究主要讨论了消费者特征、零售商行为以及产品特征对消费者渠道转换的影响作用。在消费者特征因素方面，众多实证研究表明，感知产品效用大小、购物体验、感知信息搜索属性、感知渠道购买属性、渠道忠诚度、消费动机（便利性和自我肯定）等均显著影响着消费者在线搜索信息离线购买产品的转换行为。从零售商角度来看，企业营销传播能显著影响消费者从信息搜索渠道向购买渠道转换的消费行为。此外，有些学者用所要搜寻的产品类别、产品技术变化速度以及产品购买频率（产品使用周期）来解释这一渠道“搭便车”行为，并且他们通过调查发现，超过 20% 的消费者会在线搜索信息，然后离线购买产品[122]。而另一些学者认为，上述三方面影响因素并不是孤立地作用于信息搜索渠道和购买渠道之间的转换行为的，于是他们从综合作用的视角来探讨这一现象。如 Venkatesan 等[123]发现消费者与企业的互动会显著地影响消费者的购买决策，进而影响渠道转换行为。Chiu 等[124]认为导致消费者在线搜索信息而离线购买产品的原因不仅与消费者特征有关，还与零售渠道本身的特征有关，即销售渠道本身是否具有吸引力。他们在 PPM（push-pull-mooring）范式的基础上，考察了自我效能、转换成本、渠道忠诚度、离线渠道吸引力对这种渠道转换行为的综合影响作用。

关于离线购买渠道与在线购买渠道之间消费者渠道转换行为的影响因素，学者们主要着眼于消费者从离线渠道向在线渠道的转换研究。Gensler 等[125]通过实证分析发现，消费者从离线渠道向在线渠道转换是消费者个体特征（渠道忠诚度）、渠道吸引力以及产品类别三个因素综合作用的结果。另一些学者对消费者、产品、渠道这三方面影响因素进行了探索和验证。在消费者因素方面，实证研究表明，消费者在渠道转换过程中的感知转换成本、自我效能、购物体验等变量是影响和制约消费者从离线渠道向在线渠道转换的重要因素。Gupta 等[126]从购买决策过程的视角，通过控制产品类别探讨了个体特征与消费者渠道转换的关系，认为感知渠道风险、信息搜索成本、时间成本、评价努力程度、搜索努力程度是消费者渠道转换的五个驱动因素。在产品因素方面，Thomas 和 Sullivan[125]认为消费者渠道转换行为不仅与产品类别有关，还与产品价格存在显著相关性；Chu 等[126]通过对比分析家庭对在线渠道和离线渠道价格的敏感性，发现引起消费者渠道转换行为的因素与产品特征（体积、重量、包装等）存在明确相关性。在渠道因素方面，学者们通过实证研究发现，营销传播以及营销人员和消费者之间的沟通在消费者渠道转换过程中有着显著推动作用[127]。

此外，也有学者发现，到离线渠道购买产品所需要的时间长短也会影响消费者的渠道转换行为，当离线购物所花费的时间超过一定值时，消费者倾向于从离线渠道转换到在线渠道购买产品[128]。

表 5-1 对上述回顾所涉及的影响因素做了简单梳理。虽然以往关于消费者行为的研究对探讨消费者渠道转换行为的影响因素发挥了重要作用，但是仍然存在以下四个方面的问题：首先，大多数研究只考虑了消费者渠道转换行为影响因素（消费者、产品、渠道）中的一类或两类，导致目前的实证结论较为零碎，相互割裂，难以解释消费者、产品、零售商等方面的因素作用于消费者进而影响消费者渠道转换行为的机理。虽然有些研究考虑了三类因素对消费者渠道转换行为的综合作用，而且试图通过实证分析来为企业的渠道营销实践提供有用的结论，但是这些研究在探讨消费者渠道转换行为的作用机理时，仅局限于简单的逻辑推导，而没有通过理论来解释这一现象。其次，从目前的研究成果来看，学者们并没有深入探讨各影响因素间的交互作用，相关研究尚缺乏实用性、科学性和

说服力，因此难以通过相关影响因素真正预测消费者的渠道转换行为，对企业营销实践的指导作用有限。再次，现有研究虽然关注了消费者的特征，但是并没有考察消费者年龄的影响，而不同年龄的消费者具有不同的消费特征，其购物方式和消费技能也不一样。最后，消费者因素、产品因素以及零售商因素之间的相互作用关系还受社会文化的影响，而现有研究没有考察不同文化情境下消费者渠道转换行为的影响因素。

表 5-1　消费者渠道转换行为的影响因素

影响因素层面	信息搜索渠道和购买渠道之间的转换	离线购买渠道和在线购买渠道之间的转换
消费者	感知效用、购物体验、感知信息搜索属性、感知渠道购买属性、渠道忠诚度、感知便利性、自我肯定	感知转换成本、自我效能、购物体验、感知渠道风险、信息搜索成本、评价努力程度、搜索努力程度、时间成本、价格敏感性、渠道忠诚度、感知购物时间长短
产品	产品类别、产品使用周期、产品技术变化速度	产品类别、产品体积、产品质量
渠道或零售商	企业营销传播	营销传播、营销互动、渠道吸引力

第四节　消费者渠道选择行为下的企业渠道选择行为

了解消费者渠道选择行为的最终目的是为企业渠道选择服务，以上三节对消费者的渠道行为及渠道转换行为都作了详细的阐述，而本节将以企业为核心，阐述消费者渠道选择行为对企业的渠道选择的影响及企业应该如何选择自身的发展渠道。此外，本节提出了企业渠道管理中应注意的三点问题。最后提出了四种多渠道策略，为企业多渠道策略如何实施提供参考。

一、消费者渠道选择行为对企业渠道选择行为的影响

（一）了解消费者

企业管理者应该详细了解消费者购买商品或服务的序列。如果不了解消费者

在不同的购物阶段如何构建他们的目标，以及为了达到目标如何选择渠道，企业将无法影响消费者的渠道选择行为和购买行为。企业渠道管理者知道消费者所考虑的渠道及购买时的真正的渠道是很重要的。渠道管理者可能发现技术工具可以用来影响消费者的渠道选择。电子零售商百思买就提供“奖励”卡折扣积分。百思买在产品展览处可以设置读卡器，这样购物者就可以刷卡来找出感兴趣的商品类型，以便在网上得到更多的信息（如通过电子邮件）。由此，百思买可以确定不会流失这些消费者。

（二）满足消费者需求

消费者的渠道需求各不相同，企业渠道管理者需要根据消费者具体的需求进行渠道管理。例如，当自我肯定对一些消费者很重要时，企业渠道管理者应该提供这种反馈。具体地说，当在线消费者看到订单的快速反馈，就会感到他们控制了交易过程，从而会对企业产生满意度，甚至提高对其忠诚度。同样，卖家关于消费者相比其他商家节省的价格反馈，可以使消费者自我肯定他们的节约。例如，在一个杂货连锁店，收银员告诉购买者使用会员卡可以省多少钱。

（三）提供象征意义

企业渠道管理者应该提供给消费者意识象征意义的机会，尤其当他们购买礼物或者扮演某种角色时。在线玩具店的经理可能发现这样的信息：“母亲会精心挑选玩具”，或者“对一些正在展示玩具的认知和安全方面进行研究”比“快速、方便地为孩子购买玩具”更有效。当渠道不能提供产品的象征意义或不促进角色扮演时，这样的做法尤其重要。在线独特礼物的零售商可以精心说明他们产品的历史，以便寻找产品的独特性，还有选择产品时严格的标准。消费者找到合适礼物时，便会感到自信。

（四）设置购物环境

尽管传统零售渠道比电子渠道更富有感官性，电子渠道的管理者在设置购物环境时可以更灵活。他们可以开发一个刺激性的菜单和他们购物网址的简单版本，以供消费者选择。许多电子零售商基于消费者以往行为和偏好为消费者提供定制网页。网页开发者要维护图形版本的网站内容产生所需要的纯文本版本。

企业渠道管理者应该记住，许多消费者会将社会目标和经济目标融合起来购物。传统的零售商是具有社会互动的。而电子渠道管理者可以通过提高虚拟的交流来促进相似的社会互动。而且，几个虚拟社区在商业环境中已经成功了。当商业过程嵌入社会交往过程中，这些社区运作也是最好的。这些虚拟社区的成功可以只是一部分依赖于产品和服务本身。环保产品的卖家可以在举办自由形式的虚拟社区方面取得成功，如亚马逊将成员的投入转为产品评论。

（五）利用已有购物模式

当消费者因为购物模式或脚本使用一种渠道时，突出可替代渠道的经济效益可能不会改变他们的选择。相反地，替代渠道的管理者应该尝试打破或者使用消费者现有的模式或脚本，例如，对首次使用渠道的消费者提供实质性的奖励。从实践的角度来看，很难决定哪些消费者会遵循脚本。渠道管理者可以基于模式、脚本使用和其他常规行为的人口统计变量来确定目标消费者。例如，年纪大的消费者倾向于使用脚本，管理者可以为退休社区提供奖励来打破消费者对另一个竞争对手的脚本的喜爱。

二、企业渠道选择考虑因素

（一）分析多渠道消费行为的关键激励因素

消费方式体现了一种价值判断，是在消费者受到心理因素刺激和外部条件约束的情况下完成的，消费者个人因素、心理因素、情境因素、社会因素、渠道特性和企业因素对多渠道消费行为产生不同程度的影响，企业需要辨析这些因素和变量对多渠道消费行为的影响路径以及对消费者购买行为的激励效果，从中识别出关键变量，制定相应的营销策略。

（二）准确识别顾客渠道偏好

偏好是个人的特性或者行为的原因，是个体内在固有的和主观存在的，该特性决定了个人在一定环境下的行为。消费者具有不同的偏好和条件约束，如时间、成本、知识、娱乐、休憩，由此形成多种渠道选择模式。识别不同细分群体渠道偏好有助于企业资源优化配置，降低营销成本，使企业获得较高投资回报。

（三）重视与顾客的互动

多渠道消费行为既是一个消费者主动选择特定渠道和服务方式的过程，也是消费者与服务组织互动的过程。提升互动频率和改善关系质量能够帮助企业开展交叉渠道促销、加快顾客购买频度或缩短购买周期、增加顾客单次购买金额。不同渠道有着特定的信息丰富性、互动性、吸引力与关系属性，可以根据消费者渠道选择行为特征和趋势进行差异化渠道设计，满足消费者个性化的需求，提高顾客满意度和忠诚度，建立顾客信任和依赖，增加保留意向或降低流失倾向。

三、企业的渠道策略

（一）在线渠道策略

在互联网交易和传统实体店交易竞争日渐激烈的状况下，它们之间的竞争会由于实体店高的消费搜索成本而有所减缓。通常的信息技术，尤其互联网市场最大限度地减少了消费者搜索的成本，使消费者搜索不局限于一些知名的产品，还有利基产品的发现。相反地，消费者在线下实体店常常关注的是一些高度可见的知名产品，并不会发现一些要高搜索成本的利基产品，即使这些利基产品是可替代知名产品的。因此，当消费者购买利基产品时，他们不会通过浏览线下实体店来代替互联网零售商。但是当消费者购买知名产品时，不管在互联网上还是在传统零售店，线上和线下渠道的竞争会加剧。

到目前为止，互联网零售商和传统零售商的竞争最典型的反应总是“抓住当地的商店”。因此，互联网公司在交货中心，消费者服务以及免邮方面投入很多。然而，互联网零售商还可以使用另一种策略，在和线下实体零售商的竞争中获胜——通过提供在实体店中购买具有较高搜索成本的利基产品，方便购买。为了减缓与地方实体店的竞争，加快他们的收入增长水平，互联网零售商可以囤积更多的利基产品，同时，帮助消费者发现和购买，通过开发更有效的推动工具，或者通过在帮助消费者更有效的锁定利基产品方面培训服务代理商。毫无疑问，一些互联网零售商已经开始建立开发利基产品策略，从而完成他们的增长。鞋子的最大互联网零售公司 Zappos 的总裁 Tony Hsieh 说：“许多消费者来公司网站是寻找脱俗的风格。公司放在网上的种类越多，公司增长的越快。如今公司销售 1000 个品牌中超过 3000000 种产品。”

更多的情况是，在零售业，帮助预测消费者未来需求的变量对公司的营销计划非常必要。迄今为止，互联网零售商已经对消费者以前的购买做出了各种各样的测量，来预测未来的需求。当地的市场结构可以影响消费者网上的需求，这方面影响对知名产品更强。因此，当地市场结构变量可以包括在互联网零售商的市场决策中，尤其是那些收入中很大比例是来自知名产品的零售商。例如，互联网零售商可以改变他们的促销策略和提供基于消费者地理位置的产品。

普通的信息技术，尤其是互联网市场有较低的消费搜索成本。因此，利基产品占了互联网销售较大的百分比。互联网渠道的利基产品面临当地商店很小的竞争。已经意识到这个状况的管理者可能在将来有限的竞争中，寻求增加区别的规格，从而在两个渠道都增加利润。

（二）实施多渠道营销策略

企业实施线上和线下结合多渠道策略可以有多种形式，由于线上和线下渠道的关系和扮演的角色不同，多渠道策略也有所不同，具体策略可涉及线下渠道主导的策略、线上和线下融合的策略、线上和线下分离的策略、在线渠道主导的策略，详细策略分析可见第十一章第三节的多渠道战略分类。

第三篇

独立电子零售商的市场发展战略

第六章　独立电子零售商的业务发展策略

随着互联网经济的飞速发展，在线独立电子零售商也呈现出蓬勃发展的状态。各电子零售商为了提升自身的竞争能力和盈利能力，也在适时地调整其业务发展战略。独立电子零售商的业务发展模式已经呈现出较为明显的变化，初始以自营为主的独立电子零售商，如京东商城、当当网等，逐渐采取了平台化发展的业务战略模式。根据艾瑞咨询的调查数据显示，2012 年 B2C 市场中平台式 B2C 交易规模为 955 亿元，占 B2C 市场交易规模的 53.3%，已经超过自主销售式 B2C；从趋势上看，平台式 B2C 将继续保持高增速增长，也将是 B2C 市场的主要发展方向。本章主要介绍了电子零售商的两种业务类型，以及企业转变业务发展战略的影响因素，并且对独立电子零售商发展的风险和利益进行了简要的分析，本章以京东商城、天猫等电子零售商为例，具体分析了其不同业务模式下的竞争优势、运营方式以及盈利方式等，并对独立电商的业务模式创新提出了一些建议。

第一节　电子零售商业务模式选择策略

电子零售商作为一种新兴的在线零售模式，其自身的发展存在一定的风险和机遇，业务类型主要包括自营式和平台式两种，考虑哪些因素会影响电商业务选择策略呢？本节将会介绍自营式和平台式电商的概念以及其自身的特点，并对两种业务类型的运营模式进行简单的分析，从而为之后电子零售商业务模式选择策略的具体分析作铺垫。

一、电子零售商业务类型分析

（一）平台类和自营类电子零售商简介

电子零售商的分类依据有很多种：提供服务的类型、收益的方式、经营产品的品类、参与商业活动的主体等都可以成为划分电子零售商分类的根据。其中，最为常见的分类方法是根据销售主体和对象的不同简单地分为 C2C 类和 B2C 类。

C2C 指的是消费者对消费者的交易模式，类似于现实中的跳蚤市场，交易的双方都是个人，C2C 企业只是为双方提供一个交易的平台，如淘宝网、拍拍网都是 C2C 类的典型电子零售商。

B2C 则指的是企业对个人的交易模式，又可以进一步分为平台式 B2C 和自营式 B2C。平台式 B2C 类似于现实中的百货商场，品牌入驻 B2C 平台需要交纳类似于柜台租金的保证金，通常还要抽取部分销售收入作为佣金交给 B2C 平台。淘宝网推出的淘宝商城就属于此类。自营式 B2C 网站可以比作现实中的超级市场，企业统一自行采购商品，在自己的网站上售卖，从中赚取进货价和销售价的差价。如京东商城、当当网、亚马逊等企业在初创时都属于自营式 B2C 类型。

（二）平台类和自营类电子零售商特点

1. C2C 交易平台类电子零售商

此类零售商为零售的买卖双方提供一个网络平台，是双方交流信息、支付交易的枢纽，零售商本身并不参与交易的过程，并且买卖双方均为个人，类似于线下的跳蚤市场。卖方在网站上展示自己的商品，标明价格。买方通过网站了解商品的信息、卖方的诚信度等。C2C 平台类网站通常提供信息交流工具、信用评价、支付手段等服务，以此连接买卖双方，突破空间地域的限制。

2. 自营类 B2C 电子零售商

这类零售商的模式最接近于现实中传统的零售商，零售商本身并不生产商品，而是基于对消费者需求的判断自行采购商品，并在自己的网站上出售。依据所售商品的品类范围的大小，自营式 B2C 零售企业进一步分为综合类和垂直类两种。综合类零售商力图提供尽可能多的产品种类，小到一支笔，大到一辆车，甚至一栋房。垂直类零售商则往往只专注于特定的领域，在选定的产品品类中为消费者提供尽可能多的选择。国内许多著名的综合类自营式 B2C 网站都是由垂直类网站发展而来的。当当网从“全球最大的中文图书网站”做起，京东商城从 3C 类产品的专业网站开始，现在都已发展为提供品种齐全的综合类自营式 B2C 网站，堪称网上的沃尔玛。

3. 平台类 B2C 类电子零售商

这一类型最形象的比喻是网上的百货商场，其提供品牌厂家和消费者个人交易的平台，通过向品牌收取“柜台租金”或销售佣金而盈利。我国的平台式 B2C 类网站多由其他类型的老牌网上零售企业创立，如淘宝网创立的淘宝商城（天猫）、京东商城的“品牌直销”分站、当当网的“商店街”等都是这一类型。消费者可以在这些网站上得到品牌的正品保障，同时品牌自身也可以规避自建购物网站的运营风险，并且平台类 B2C 零售商更是可以坐享原来的自营式零售和 B2C 平台上各大品牌的协同效应，可谓“三赢”。

（三）平台类和自营类电子零售商运营比较

从图 6-1 平台和自营式的运营的供应链描述中我们可以知道，自营式的电商是集采购、展示/销售以及物流配送为一体的运营模式，制造商、品牌商等在此环节上主要担当的是供应商的角色，是不参与整个销售的流程的。平台式的电商主要负责的商品展示的部分，在此制造商、品牌商等依然是起决定性作用的卖家，他们决定商品的价格；在配送方面，平台式的电商既可以是参与者也可以是“局外人”，由卖方决定物流零售商。

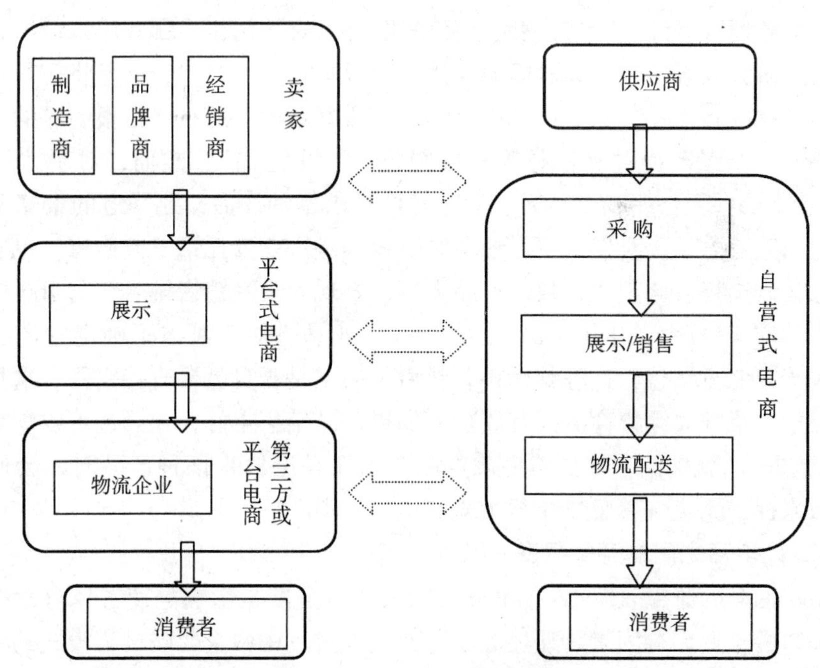

图 6-1　平台式与自营式电商供应链对比[129]

资料来源：兴业证券研究所。

二、电子零售商选择平台或自营业务的影响因素

由于历史原因，在线销售的主导形式是自营销售，而最近电商的发展和物流技术的快速发展使得平台销售更加具有可行性。尽管平台销售变得更加流行，总体而言，当前自营销售依然继续流行于某些成熟的市场，并且成为主导。

自营销售方式，电商从制造商那里以一个固定的批发价格购买产品并且制定市场零售价格。平台销售方式，制造商在零售平台上直接向消费者销售产品并且制定价格，但制造商需要和提供平台的电商分享一部分收入。两种形式之间的最大的差别就在于谁制定产品的销售价格——平台销售的价格是由制造商制定，然而自营销售的价格是由电商自主决定。以下三个方面是电商选择平台还是自营业务的影响因素。

（一）消费者对产品的需求

独立的电商选择自营销售还是平台销售的业务，其中一个重要的影响因素是消费者对产品的需求。在 Jiang 等的调查研究[130]当中以亚马逊为例，亚马逊不仅直接销售产品，而且允许数以万计的独立零售商在其平台上销售产品。那么，亚马逊的数以百万计的产品，哪些应该采购并且直接销售，哪些应该留给独立卖家来卖？研究调查发现亚马逊倾向于销售需求量较大的产品，并且将需求量较少的商品转移给独立零售商。亚马逊对销售量最好的商品的策略是很明显的——直接销售高需求量产品并且依托第三方销售“长尾产品”。然而，对于“中尾产品”，就是那些无法明确是高需求量还是低需求量的产品，亚马逊的策略不是很明显，当第三方承诺会使其变得畅销时，亚马逊可能依托第三方销售，也有可能是自己尝试销售。调查中以数码产品为例，发现亚马逊销售排名在前 100 位的数码产品的前 64 位为“中尾产品”。在早期，亚马逊对于需求不确定的产品会将其依托于第三方销售，追踪其销售，然后再决定是否自己要直接销售。这种情况会取决于中尾独立零售商的固有风险：如果产品销售得好，亚马逊可以观察得到（网站数据），就会储存并且销售该产品。当亚马逊销售该种产品时，会通过各种方法来促进销量（降低价格等方式）。

（二）电商之间的竞争程度

Abhishek 的研究表明[131]，电商之间的竞争强度是影响电商选择自营销售或平台销售的重要影响因素。通过关注电商竞争过程中两个影响销售模式的主要因素，制造商对电子渠道的回应以及制造商对传统渠道的回应的不同（实体零售）。得出的结论是，当电子渠道对传统渠道的需求有消极的影响，也就是说，

当电子渠道的出现使得传统渠道的受到负面的冲击时，电商就会选择建立一个平台；然而，当电子渠道对传统渠道的需求有一个持续性的积极冲击时，也就是说，当电子渠道的出现使得传统渠道获益，电商会选择让生产商自己销售。这两种情况取决于电商之间的竞争，由于电商之间的竞争加剧，电商会更倾向于建立平台。

在特定的情况下，平台的使用会使得所有市场参与者收益。在一个多渠道零售环境之下，一个渠道的销售可能会对其他渠道的销售产生重要的影响。一些实证研究表明，电子渠道的销售对传统实体渠道的销售有消极的影响[132][133]；也有研究表明电子渠道不仅能够直接接触消费者而且对传统渠道的需求也会有较强的刺激[134]；还有其他研究表明电子渠道销售对传统渠道可以有积极的影响，但是影响较小[135]。

（三）间接影响因素——对传统渠道的溢出效应①

在 Abhishek[131]的研究中，采用博弈的方法，对三类型（纯平台电商、平台与自营共存的电商、自营电商）的电商进行分析，得出了以下的结论：电商之间的竞争使得传统渠道出现了效益的溢出，电商和传统渠道这样的交叉渠道会影响制造商的总体利润。也就是说，当电商之间的竞争较为激烈，而其利润的溢出效应并不是很明显时，这时选择建立平台销售是最为合适的；当电商之间的竞争比较温和，而此时利益的溢出效益却比较明显，则选择自营销售的方式是最适合独立电商的。当电商的竞争使得效益的溢出并不是很明显时，电商可以既选择平台销售，也可以选择自营销售。

三、电子零售商的风险和利益[136]

与其他的渠道相比较而言，依托互联网的电子零售商有特定的优势和劣势及机遇和风险。在分析其机遇和风险时，主要采用交叉图的方法，观察互联网商务的特点，从零售商和消费者两个角度来分析。

（一）零售商角度

表 6-1 是从零售商视角来分析独立电商的机遇和风险。

---

① 溢出效应是指事物一个方面的发展带动了该事物其他方面的发展，本书中的溢出效应指的是在线渠道的出现对传统渠道效益的影响，可能是好的也可能是坏的经济效果。

表 6–1 零售商角度的电子渠道机遇和风险

	优势和机遇	劣势和风险
零售商角度	跻身国际市场	高技术复杂性
	直接订购	缓慢的投资回报率
	获得消费者数据	与其他部门竞争供应商
	一对一营销	“不速之客”的心态
	交叉销售	依赖谷歌
	长尾营销	

1. B—C 优势和机遇

（1）跻身国际市场：全球互联网的存在使在线零售商获得新的目标组织和市场。同时，在线销售提供更多的灵活性，这也是一个竞争优势。另外，货物可以从库存中提取或者添加，并可以精确到每一天，那些相互交叉的产品组合也可以计算。

（2）直接订购：直接订购使得过程缩短，从而可以直接反馈给客户。这便具有相当大的时间和成本优势，而手动处理或呼叫中心活动往往是不能够达到，这对零售商而言意味着更高的利润。

（3）获得消费者数据：以电子化的水平获得客户数据并进行处理在此之前是不可能实现的，而现在，随着购买行为可以被观察，获得客户数据，提供配套服务和个性化营销策略都可以为客户实现。

（4）一对一营销：针对每位客户的一对一营销，没有导致成本增加，要归功于可获得的信息，因为几乎所有的过程步骤，直到以邮件创建，可以完全自动化。

（5）交叉销售：交叉销售可以让商家根据目前提供的产品再提供其他的服务。这涉及积极推销，主要发生在供应商提供的产品与商家自身的产品相互合作时。最好这些产品是互补产品（如香水、沐浴露）。

（6）长尾营销：长尾营销包括出售低收益产品或库存尾货。主要是想将因为距离较远而分开的消费者聚集起来，集中销售利基产品。

2. B—C 劣势和风险

在线零售业务主要的缺点和风险是：高技术的复杂性，缓慢的投资回报，与其他部门竞争供应商，还包括“不速之客”的心态以及谷歌依赖的心理。

（1）高技术复杂性：高技术的复杂性是由于刚开始时低估了需要建立的信息技术基础设施。完成技术和媒体系统一般需要较高的初始投资，而这部分是需要与服务商合作才可实现。

（2）缓慢的投资回报率：缓慢的投资回报主要是因为高额的初始投资资本。建立一个客户基础需要较大的努力，继而带来的是营业额以一个非常缓慢的方式产生。在线零售商在缓慢地建立他们的业务之后，才可以达到可持续的规模经济。

（3）与其他部门竞争供应商：由于在线渠道空间和时间的无限性，使得与其他部门竞争供应商的情况出现了。互联网的出现，允许以前的信息传递者直接销售产品给客户，从而产生了中介业务。它允许其他商家销售产品，他们可能在没有付出努力之前就可以出售产品。

（4）“不速之客”的心态：消费者到商店里咨询产品的信息，最终选择到网上以一个更便宜的价格购买，这样的消费者称为“不速之客”。然而，我们可以通过客户关系管理，消费者的信息会绑定到商店，这样也可以享受到多渠道的益处。

（5）谷歌依赖：谷歌依赖是互联网零售商无法避免的状况。没有谷歌的指引，任何在线零售商都不会出现。公司的互联网商业模式是建立在谷歌年代游客流量的基础之上的，已经变得依赖它。

（二）消费者角度

互联网作为一个供应商和消费者的虚拟会议空间，其时间和空间独立的特征符号无处不在。所有的参与者可以进入、停留或者离开这个虚拟空间，这取决于他们的技术基础设施和偏好选择。这与其他的市场是完全不同的，因为在其他市场上，时间和空间完全独立是不可能的。

表 6-2 是从消费者视角来分析其机遇和风险。

表 6-2　消费者角度的电子渠道机遇和风险

	优势和机遇	劣势和风险
消费者角度	随时随地	缺乏对产品的接触
	开放时间自由	缺乏社会购买经验
	较多的选择提供	困难抱怨
	市场透明度	支付的风险
	一对一营销	最小订单价值和附加成本
	开放性	
	更多的信息	

1. B—C 优势和机遇

（1）随时随地：随时随地可以访问互联网。通过网络，客户可以访问全球所有的商家，因此有更多的替代商家。

（2）开放时间自由：独立的开放时间是指可以通过 24 小时订购选择并运输到任何想要的地址。而且网上零售的经验表明，晚上是购买的首选时间段。

（3）较多的选择提供：通过接入网络可以有较多的选择，但也因为供应方在空间和时间的限制下，产生了长尾市场①。

（4）市场透明度：市场透明度使得全面及时的比较成为可能，通过电子渠道和搜索引擎或软件代理等方式，根据客户的喜好寻找最好的选择，并且不用收取额外服务费用。

（5）一对一营销：针对个人提供的产品或者服务就是一对一营销。产品个性化齐头并进的趋势创造了互动价值，大规模定制和开放创新。这项技术进一步允许与顾客直接交流。

（6）开放性：开放和透明标志着互联网时代的到来。企业以及消费者都受影响。因此企业对消费者不再有隐藏。

（7）更多的信息：信息越多越全面，消费者就会更加受益。互联网赋予我们的产品更好传达方式，可连接到传输的情感画面和声音。与此类似的是 3D 动画，它正在被越来越广泛地使用。

2. B—C 劣势和风险

尽管其有多种的优势和机遇，但从客户角度来看在线渠道仍然具有缺点和风险，这些不应该被低估。

（1）缺乏对产品的接触：从客户的角度看，缺乏对产品的接触已经被认为是在线渠道的决定性劣势。主要是因为消费者无法验证产品的质量和功能。

（2）缺乏社会购买经验：在线渠道消费使得消费者缺乏社会购买经验，从而提高了顾客的感知风险。

（3）困难抱怨：抱怨可能来自于购买过程的相对匿名性。退回产品需要花费消费者的时间和金钱成本。

---

① 长尾理论（The Long Tail）是网络时代兴起的一种新理论，由美国人克里斯·安德森提出。长尾理论认为，由于成本和效率的因素，当商品储存流通展示的场地和渠道足够宽广，商品生产成本急剧下降以至于个人都可以进行生产，并且商品的销售成本急剧降低时，几乎任何以前看似需求极低的产品，只要有卖，都会有人买。这些需求和销量不高的产品所占据的共同市场份额，可以和主流产品的市场份额相比，甚至更大。

（4）支付的风险：支付处理过程中，安全风险容易引起潜在顾客的担忧。这些担忧在越来越多的诈骗消息下已经变得更加严重。采取在线支付方式时，应当采取措施来解决这些问题，这已经严重影响到在线零售商。

（5）最小订单价值和附加成本：抱怨带来了最小订单要求和额外费用，退货和维修是一个值得讨论的问题。这些主要是因为在线购买的非透明性。

第二节　电子零售商自营业务发展策略

随着B2C市场竞争的加剧，电子零售商的业务选择也有所调整和改变，大部分的B2C企业已经开始了自身的转型。本节主要介绍的是以自营业务为主的电子零售商的发展现状，包括其自营业务发展所具有的天然优势，以及其为适应平台化的发展趋势所做的改变。

由上面的介绍可知道自营式电商的经营模式与传统零售商类似，主要采取经销模式，通过商品进销赚取差价盈利，经营中会接触商品并产生库存，典型的代表有亚马逊、京东商城、苏宁易购、当当网等。

一、电子零售商自营业务概况

（一）B2C式自营业务组件[137]

（1）采购：自营业务由电商以批发的价格直接向制造商或者是生产商采购，制造商以及生产商在此充当的主要是供应商的角色。

（2）定价：行销成本低。由于中间渠道的减少，使得它的成本相应降低，消费者所花费的也就相对少了。在其专注的细分市场内，可为消费者提供价格更加优惠的商品。例如，京东商城的价格举报机制，如果用户发现同款商品的价格低于京东的价格，那么京东在核实以后会立即对该商品的销售价格进行修改。再如，专注于化妆品行业的聚美优品和乐蜂网，其化妆品的价格要绝对低于商场专柜或者专卖店的价格。

（3）信用：整体信誉较高是自营式业务的一大特点。主要是因为自营式电子零售商参与了整个销售活动，产品的质量比较有保障；而且自营式电商具有一定的经营规模，拥有的老客户也比较多。

（4）物流：拥有独立完整的物流团队，可以提供货到付款的方式。以当当网为例，当当网从最初的单车物流团队发展到现在物流网遍布全国的配送团队，同时还提供了除货到付款以外的包括信用卡、支票等多达八种的付款方式。

（5）支付：提供在线支付和货到付款等多种支付方式。

（6）售后：电子零售商网站对其销售的商品统一实行售后服务，提供了有效的保障。

（二）B2C 式自营业务发展模式

我国的自营式 B2C 网站较多，从实际的发展情况来看，成功的 B2C 网站发展历经的过程大多数较为相同[138]，模式如图 6-2 所示，我国的自营式 B2C 企业一般均以垂直 B2C 网站的形式进入市场，在运营良好的情况下，吸引各投资公司的注资，并将新注入的资金用于营销，如可以通过扩展产品线进而成为综合型 B2C 网站，再争取上市机会进行更大范围的融资，进而形成良性循环。只是在发展的过程中，每个网站的发展时间是不一样的。

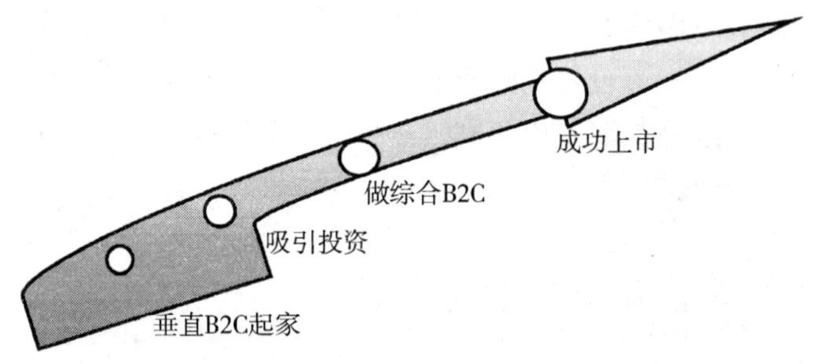

图 6-2　我国 B2C 网站发展模式

（三）B2C 式自营业务发展面临的问题及分析

1. 激烈的竞争环境

激烈的竞争环境在自营式的 B2C 市场上随处可见，与其他的自营式 B2C 零售商相比，行业内的垂直 B2C 网站，特别是数码电器、服装饰品等热门类别，大量的中小 B2C 电子零售商处于一个竞争相对激烈的环境当中，摆在中小 B2C 电子零售商面前的第一个问题就是如何在资源有限的情况下赢得足够的生存空间。第二是来自其他有竞争力的企业加入 B2C 的抢占之中，作为平台 B2C 的霸主，淘宝网的 3C 商城也已经上线，标志着其正式进军自主经营 B2C 市场，对于以 3C 类为主营业务的 B2C 网站也不可避免地受到一定程度的冲击，而且随着网络渠道价值的日益凸显，将会有持续不断有大型传统企业试水网络直销，其中不乏中粮、苏宁等各个传统行业内的重要企业。第三则是垂直网站向综合网站的发展的必然性，势必将使得现有的大型综合类 B2C 网站与后来者分享宝贵的市场份额。

2. 投入大、周期长

B2C 显著的经营特点是投资大、回报慢，自营式 B2C 作为 B2C 的主要业务战略类型之一，面对长期的非盈利状态，吸收可观的资金投入自然是重要的前提，需要有雄厚的资本投入，从而提高交易量，扩大其市场份额。易观国际的互联网高级分析师曹飞认为，类似当当网、京东商城这一类的 B2C 电子商务网站一般是靠“规模带来效益”，这种盈利模式是遵循边际成本递减的规律，等达到一定的量级和市场份额后，盈利就可以变得较为顺利。

3. 高昂的物流成本

B2C 电子商务想要做大做强，就不可能局限在某一城市或某几个城市，想要在全国范围内经营，物流常常成为发展中的短板，使用第三方物流的可控性太低，这对企业长远的发展不利，但如果选择自建物流体系，也会出现较多的问题，比如说建立配送中心和配送点，会需要大量的投资，这将使得成本投入增加；配送规模也难以衡量，如果规模较小必然增加配送费用；自建配送中心也存在潜在的库存风险[139]。物流一直都是电子商务中的“瓶颈”所在，第三方物流还是自建物流仍要依据 B2C 企业的发展规模而定。

4. 维持客户

消费者在网络购物中主要关注产品的性价比，消费者如此重视网购产品的价格既是电子商务的机遇也是其阻力。在初期主要通过牺牲利润，用相对较低的价格以及可靠的品质能够使得 B2C 网站在较短的时间内占据一定的市场份额，但从长期来看，利用较低的价格优势不是长久之计，如何赢得这场跟消费者之间的博弈成为一个棘手的难题。庞大的用户群是 B2C 企业顺利发展的基石，因此为用户提供良好的用户体验是十分重要的，一方面 B2C 零售商要通过长期的良性经营给消费者带来信任感，树立企业品牌，并使用如积分、VIP 卡、SNS 等手段增加用户黏性；另一方面通过其自身规模的扩大，提高议价的能力，从而为消费者提供具有价格优势的产品。

二、电子零售商自营业务案例分析

2011 年中国主要自营式电商市场结构如图 6-3 所示。

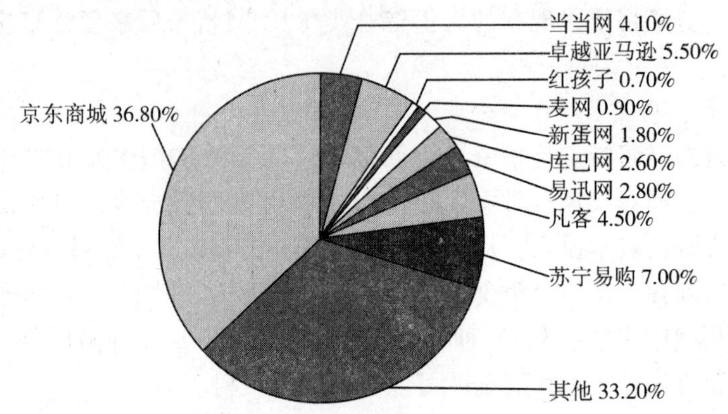

图 6-3 中国自营式电商市场结构

资料来源：艾瑞咨询：《2011 年中国网络购物用户行为研究报告》。

（一）京东简介

京东商城（www. jd. com）是中国 B2C 市场最大的 3C 网购专业平台，是中国电子商务领域最受消费者欢迎和最具影响力的电子商务网站之一。京东从 2004 年初开始正式涉足电子商务领域，一直保持高速成长的态势，其连续六年的增长率均超过 200%。京东商城始终坚持纯电子商务的模式运营，缩减中间环节，为消费者在第一时间提供优质的产品及满意的服务。京东商城目前拥有遍及全国各地 2500 万注册用户，近 6000 家供应商，在线销售家电、数码通讯、电脑、家居百货、服装服饰、母婴、图书、食品等 11 大类数万个品牌百万种优质商品，日订单处理量超过 30 万单，网站日均页面访问量超过 5000 万次。2010 年，京东商城跃升为中国首家规模超过百亿的网络零售企业，销售规模占据国内网购零售份额的 32.5%。相较于同类电子商务网站，京东商城拥有更为丰富的商品种类，并凭借更具竞争力的价格和逐渐完善的物流配送体系等各项优势，赢得市场占有率多年稳居行业首位成绩。

（二）京东业务环节[140]

京东商城的零售业务价值链各环节如下：

（1）采购环节：京东商城采购的商品，其供应商几乎都是生产商或者是厂商指定的代理商和经销商，在网站上所销售的产品也都是通过正规渠道的正牌商品。京东商城的采购业务主要集中在北京和广州两地的采购中心。

（2）销售环节：目前京东商城零售业务的销售环节主要依靠其 B2C 网站进行，消费者可以登录网站下单订购，也可以通过电话订购。京东商城在北京总部以及两个分公司分别建立了呼叫中心，为客户提供实时的帮助和导购服务。京东商城为所有商品提供详细发票，以保证售后服务的顺利进行。

（3）支付服务：京东商城的支付方式比较多，有现金支付、在线支付、货到银行卡支付、银行电汇、邮局汇款以及公司转账等多种支付方式。其中在线支付服务由支付宝、财付通、环迅支付和网银在线四家第三方支付服务商提供。另外，京东商城还提供工行牡丹国际信用卡、牡丹贷记卡的有息分期付款服务。

（4）配送环节：京东商城提供了灵活多样的商品展示空间，消费者查询、购物都将不受时间和地域的限制。依托多年打造的庞大物流体系，消费者充分享受了“足不出户，坐享其成”的便捷。目前，分布在华北、华东、华南、西南的四大物流中心覆盖了全国各大城市。2009 年 3 月，京东商城成立了自有快递公司，物流配送速度、服务质量得以全面提升。2009 年至今，京东商城陆续在天津、苏州、杭州、南京、深圳、宁波、无锡、济南、武汉、厦门等 40 余座重点城市建立了城市配送站，为用户提供物流配送、货到付款、移动 POS 刷卡、上门取换件等服务。2010 年 4 月初，京东商城在北京等城市率先推出“211 限时达”配送服务，在全国实现“售后 100 分”服务承诺，随后手机版京东商城也正式面世，京东商城的服务系统正在逐步实现跨越性的升级。此外，北京、上海、广州、成都四地物流中心也已扩容超过 12 万平方米，仓储吞吐量全面提升。

（三）核心能力及优势

从京东在电商市场份额的排名可以看出，京东比其他的电子零售商有绝对的优势，并且其市场份额呈现出逐年上升的趋势，其中关键的因素在于京东的核心能力。

1. 成本低

省去门店上的投入——直接与全球知名厂商合作，所有商品的货源都从厂商直接提取。

2. 物流、信息流、资金流的运转效率相对传统渠道高

传统渠道库存周转 50 天以上，京东只需 12 天左右。

3. 三个透明

京东网上商城对用户的三个透明：价格销售透明、产品评价透明、服务流程透明。紧紧抓住了供应链效率和成本控制两条曲线，让京东商城做到了以强大的 IT 系统消化每天发生的 1500 份订单；在线销售的产品品类超过 3 万种，产品价格比线下零售店便宜 10% ~20%；库存周转率为 12 天，与供货商现货现结，国美、苏宁的库存周转率为 47 ~ 60 天，账期为 112 天；费用率比国美、苏宁低 7%，毛利率维持在 5% 左右，向产业链上的供货商、终端客户提供更多价值。

4. 京东的核心能力优势主要来自于其内部的天然优势和外部的采购优势

（1）内部的天然优势：①B2C 企业全部产品都在线上销售，无须房租、水电费、促销员费用等实体店面成本，只有工资、房租、库房开支、税收、服务费用等开支。②京东的务实风格和严格的成本控制：该花的不省，不该花的不花。员工薪水高，待遇好；投入 500 万元建呼叫中心；投资 2000 万元建上海圆迈物流公司仓库租金低，办公节俭。

（2）外部的采购优势：①采购的上游化，直接向上游企业采购。②销量大，直购直供的模式使京东商城的销量具有明显的优势，图 6–3 列出了京东的部分供应商。③账期短：据相关统计，京东的账期仅 12 天，国美、苏宁在 50 天左右。④信息强：统计数据精准，在线数据的直接统计使其数据更精准、获得更高效。⑤高渠道附加值，解决渠道积压导致的产品贬值，提高厂商毛利率。⑥采购多元化：只要不是厂商直供，每个产品都要至少选择两家经销商供货。在采购的时候，每次都要进行询价，而且都是一次性询价，谁的价格最低就采购谁的产品。京东的部分供应商如图 6–4 所示。

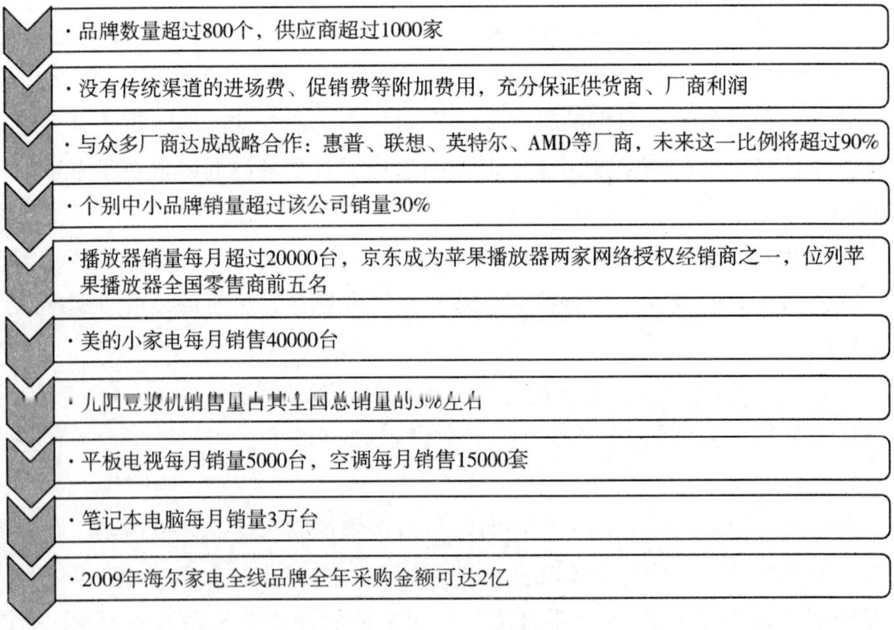

- 品牌数量超过800个，供应商超过1000家
- 没有传统渠道的进场费、促销费等附加费用，充分保证供货商、厂商利润
- 与众多厂商达成战略合作：惠普、联想、英特尔、AMD等厂商，未来这一比例将超过90%
- 个别中小品牌销量超过该公司销量30%
- 播放器销量每月超过20000台，京东成为苹果播放器两家网络授权经销商之一，位列苹果播放器全国零售商前五名
- 美的小家电每月销售40000台
- 九阳豆浆机销售量占其全国总销量的3%左右
- 平板电视每月销量5000台，空调每月销售15000套
- 笔记本电脑每月销量3万台
- 2009年海尔家电全线品牌全年采购金额可达2亿

图 6–4　京东部分供应商

资料来源：艾瑞咨询。

第三节　B2C 电子零售商平台化业务发展策略

平台式 B2C，是指网络零售商作为一个服务平台，本身不参与商品买卖，仅提供一个交易场所，自营比例相对较低，主要是通过开放模式来为平台上的各类商家提供服务，靠收取服务费和佣金盈利。现阶段 B2C 平台式的电商主要有两种形式，一种是自营为主的电商逐渐演变成自营+平台的形式，另一种是纯平台式电商，第一种商业模式已经在上一节是通过京东商城的案例有一定的了解。本节首先对平台化的趋势进行简单的分析；然后，分别对自营电商的平台化和纯平台式电商分别进行分析；最后，专门探讨平台化电商的盈利模式。

一、自营式电子零售商的平台化趋势

（一）国内平台开放的概况

国内平台开放的概况如表 6-3 所示。

表 6-3　中国自营类电商的第三方平台开放概览

时间	公司	开放第三方战略	现　状
2009 年 7 月	当当网	开放第三方平台，成为国内首个开通三方平台服务自主式电商	2011 年当当第三方平台业务收入约 6700 万元，增长 158%，按照其扣点 1% ~5% 保守数值估计，其第三方平台交易额已经超过 10 亿元，超过其自营百货业务交易规模
2010 年 12 月	京东商城	开通 POP 平台，开始第三方平台业务	截至 2011 年平台交易规模 57 亿元，入驻平台商家约为 5000 家。2012 年 2 季度平台交易额约为 35 亿元，2012 年全年交易规模的目标为 150 亿元
2011 年 7 月	卓越亚马逊	推出我要“开店服务”	其模式与美国亚马逊相似，主要收入来源为商家销售按比例提取的佣金，佣金比例根据品类而不同，佣金比例为 4% ~14%，目前开放品类主要为大百货商品

续表

时间	公司	开放第三方战略	现　状
2012 年 7 月	苏宁易购	召开经销商大会，宣布转战开放平台战略	易购将为供应商企业提供商品、采购、销售、库存、仓储物流、售后等全程供应链服务。大会报名企业超过 2000 家，最终苏宁选定 25 家作为试点供应商开始平台战略的实施

资料来源：兴业证券研究所。

（二）平台开放的必然性

B2C 企业都在致力于打造一站式购物，但是实现一站式购物必须做全品种。虽然网站前台的货架是可以无限延伸的，但是 B2C 企业的仓储却一定是有限的。所以要做全品种，就必须自营商品+零库存，即自营+联营。作为一家有伟大愿景的领先 B2C 公司，平台开放也是必由之路[141]。

目前已开放平台的 B2C 公司主要有：美国亚马逊、当当网、京东商城，以及纯平台的淘宝商城、日本乐天。随着垂直网站纷纷转型综合性网站，在各垂直领域领先的各 B2C 巨头纷纷如火如荼地开展。

1. 平台开放是大势所趋

Facebook 的 CEO 扎克伯格说："Facebook 不再是一个 . com 的网站，而是对外输出的 IT 系统和平台。"这句话，概括了推行开放的互联网企业的未来方向。"开放平台"的概念开始在国内兴起，百度、腾讯、阿里等互联网巨头都在强调"开放"。在 B2C 领域，继淘宝网、当当网之后，京东商城也于 2010 年 9 月 16 日宣布开放平台。开放平台包含两种内容：第一种是技术性的开放，如百度、腾讯、阿里等，阿里可以提供标准化的应用软件，但是数百万形形色色的卖家对于个性化要求的软件，并不是一个公司的力量可以满足的，所以把这些需求开放给众多的第三方开发者才是根本解决之道。再如 google 的基于 Linux 平台的开源手机操作系统就被认为会很快打败 Nokia 塞班系统。这一种技术性开放平台虽然目前来看跟 B2C 企业的开放平台关系不大，但是也能从一定程度上说明开放平台是互联网企业的趋势。第二种开放平台是指 B2C 企业允许商户入驻，而非全部由自己来做。我们主要讨论的是第二种平台的开放。

B2C 企业开放平台又包含两种形式：①淘宝商城、日本乐天这种纯平台的模式，即自己不碰商品的进销存，全部由入驻商家来做。②美国亚马逊、当当网、京东商城这种"自营+联营"的模式。

自营商品的B2C开放平台的始作俑者是美国亚马逊。当初贝索斯决定开放亚马逊网站平台，让外部商户甚至竞争对手在亚马逊网站上销售与亚马逊同样的商品，这被认为是“疯狂之举”，但事实证明，这一决策让其大获成功，因为顾客可以不必再登陆其他网站就能获得商品的多个报价，从而增加了用户黏性。对亚马逊而言，高效的物流管理足以保证自己在多数商品的价格优势，即便竞争失利，也能拿到一笔佣金，仍然是笔不错的生意。

亚马逊企业：以商品零售为基础，开放平台，挖掘流量价值，亚马逊的平台开放有以下五个优势：

（1）亚马逊拥有足够多的注册会员数量和网站流量。

（2）对入驻商户的定位准确及进入筛选严格。只有那些拥有好商品好服务的大中型零售商或品牌商才能进入亚马逊的开放平台。因为这些有实力的商户才能达到和自营一样的服务水平。这些商家才是亚马逊平台的支柱。

（3）自营商品和联营商品公平对待。基于亚马逊在网上零售方面的实力及IT系统的强大，亚马逊自信地在页面及搜索上给予联营商品和自营商品一样的待遇，这样使得入驻商户保持对亚马逊平台的信任。

（4）亚马逊商品展现时SPU模式，也就是突出商品本身的信息，而淡化商家角色，通过亚马逊整体统一的用户体验服务标准来管理所有联营/直营商家。因为亚马逊最终要对最终消费者负责而不是商户。让价格更低、好评更多的商户的商品排在前列，才是对消费者负责。

（5）提供配套的基础设施。如仓储、物流配送、建站、营销资源等，努力帮助商户的服务达到亚马逊自营的水平。

2. 影响电商开放平台的零售因素（见图6-5）

（1）巨大的边际收益。线上零售商第三平台（可以理解为实体店租赁商铺）开放具备无边界、低成本、高收益特征。

（2）丰富的商品品类。亚马逊在1995～1999年，产品仍局限于书籍与媒体产品，2000年第三方平台推广之后，商品品类迅速得到扩充至电子、百货、日用产品，品类丰富程度得到迅速、有效的提升。2011年大百货商品销售额占比从2001年的31%提升至60%，成为零售业务的主要收入来源。

（3）更高的管理效率。目前国内线上零售商的SKU[①]在100万以上，亚马

① SKU=Stock Keeping Unit（库存量单位）。即库存进出计量的单位，可以是以件、盒、托盘等为单位。SKU这是对于大型连锁超市DC（配送中心）物流管理的一个必要的方法。现在已经被我们引申为产品统一编号的简称，每种产品均对应有唯一的SKU号。

逊仅商品品类就在4000万，SKU更是高达1.2亿，这是传统线下零售企业所无法企及的。综合性网络零售商是近乎天量的，互联网平台开放为有效调动社会资源参与经营和管理提供了可能性，这也是建立网络商务生态圈的必然选择。

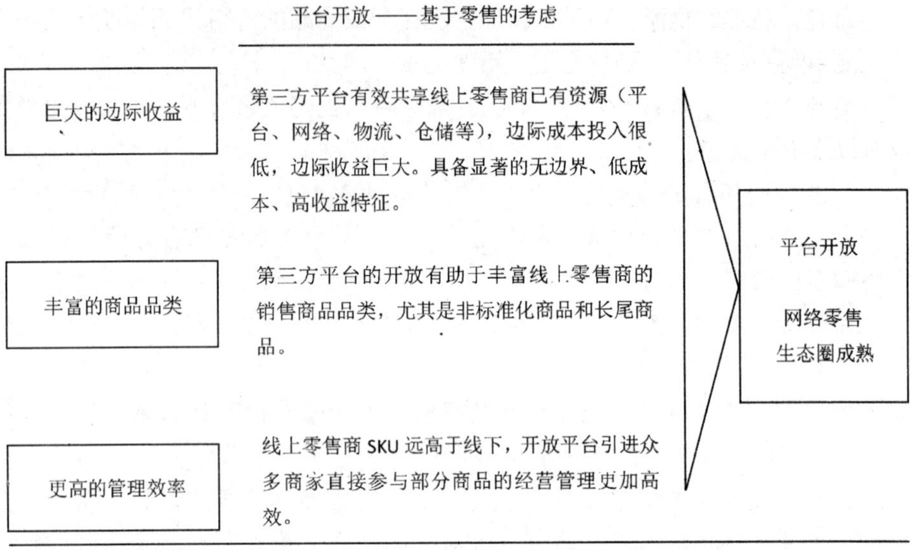

平台开放——基于零售的考虑

巨大的边际收益

第三方平台有效共享线上零售商已有资源（平台、网络、物流、仓储等），边际成本投入很低，边际收益巨大。具备显著的无边界、低成本、高收益特征。

丰富的商品品类

第三方平台的开放有助于丰富线上零售商的销售商品品类，尤其是非标准化商品和长尾商品。

更高的管理效率

线上零售商SKU远高于线下，开放平台引进众多商家直接参与部分商品的经营管理更加高效。

平台开放

网络零售

生态圈成熟

图6–5　影响电商开放平台的零售因素

资料来源：公司年报、兴业证券研究所。

（三）平台开放的利弊分析

1. 开放平台的“利”

（1）促进网站交易规模增长。

（2）快速丰富网站的商品品类，加速实现一站式购物的目标。

（3）增加网站的赢利点。

（4）摊薄B2C企业前期投入的仓储物流成本（为了应对未来销量的增长，B2C企业必然会预先建设好比当前所需更大的仓库面积及物流配送队伍，开放平台后，可以降低资源的闲置）。

（5）增强网站相比于其他竞争网站的价格等优势（因为在某些品类上，网站自营商品在价格上有可能不如加盟商家提供的低）。

（6）增强网站提供个性化服务的能力。

2. 开放平台的“弊”

（1）自营商品和平台商品的公平性是个难题。自营商品和平台商品在页面展示位置、搜索先后顺序上，能否得到网站的公平对待是入驻商户最关心的问题。亚马逊的方式是自始至终在页面和搜索上对所有的自营和开放平台的商品公平对待，这些都基于其强大的 IT 系统支撑。需要补充的是，能否公平不仅在于 IT 系统技术能否支撑，更在于网站对资金的实力是否有信心。

（2）入驻商户的资质控制是个难题。高门槛、严格准入是公司高层的理想愿望。因为公司对平台入驻商户的资质判断是从是否具有三证（营业执照、税务登记证、组织机构代码证）及品牌授权书等证书，但实际上，拥有这些证书的并非就是公司真正需要的优质商户，它可能是第三级甚至第四、五级代理商，不能提供有竞争力的价格；它也可能仅是从未做过线上业务的企业，在管理网上商铺，甚至及时发货上都存在严重问题。

（3）入驻商品的品质和商户的服务质量难以控制。商品是否是正品的问题是消费者较为关注的。质量问题也屡见不鲜，问题大多数出现在供货渠道上，主要是因为电子零售商对供应商的商品检验上把关不严。另外，自营商品因为从下单到顾客收货都是在 B2C 企业内部系统完成，有些不依靠电子零售商物流的联营商品在发货到顾客收货这一重要过程不受控制，服务质量难以保障。如果这些得不到很好的控制，影响的是该电子零售商企业整体的声誉和用户体验。

（4）对入住商户的管理有难度。在该平台获得持久并且较高收益的商户就容易管理，能较好配合 B2C 企业的策略，另一部分未获得实际效果的商户就难以管理。

综上所述，开放平台对 B2C 企业来说有利有弊，但是总体来说，当 B2C 本身发展到一定程度以后，就会遇到发展的“瓶颈”，对于自营 B2C 寻求平台开放的过程中，就需要尽情发挥开放平台的这些“利”，而正确处理平台开放过程中的“弊”，B2C 企业也应当发挥好自身的实力通过有效管理来达到最理想的状态。

二、自营式电子零售商的平台化——京东商城

（一）京东盈利平台化

京东商城 2011 年已发展成为中国最大自营式在线零售商，销售包括家电、3C、百货、日用品等 12 个大类商品。与亚马逊类似，公司除自营经营外，亦开始了对外开放第三方平台。相关数据显示，2011 年，京东自营收入 212 亿元，而第三方平台交易规模达到 57 亿元，占整体交易规模的 21%，整体毛利率为 5.5%，净利率为-5%（见图6-6）。2012 年上半年京东自营业务增长 120%，第三方平台交易规模增长 161%。

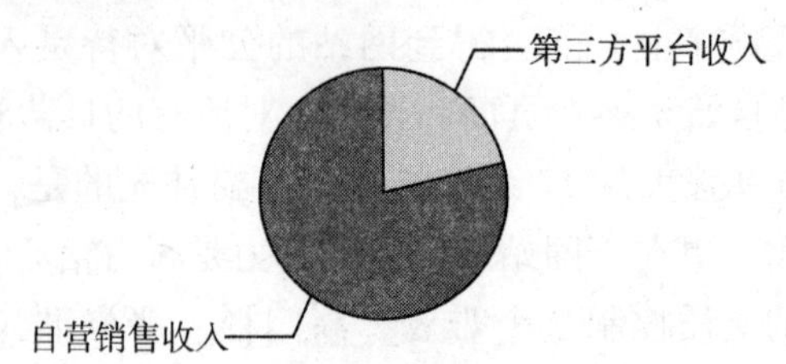

图 6-6 京东商城 2011 年自营和第三方平台规模销售占比

资料来源：兴业证券研究所。

（二）京东盈利模式[142]

京东商城平台化的趋势使得其收入的结构发生了变化，对其盈利模式也有一定的影响，下面简单分析一下京东商城平台化以后其盈利模式结构的变化。

1. 自营销售收入

自营性销售产品收入一直是京东商城主要的盈利来源，京东商城从专营 3C 产品的垂直 B2C 电商转型为综合性 B2C 后，其主营收入依然没变。

2. CPS 收入（返点）

来自 CPS（Cost Per Sales）渠道的销售提成也是其一逐渐增长的收入来源。所谓 CPS 是指商家根据实际产品销售额来付广告费，一般是根据实际销售额的一定百分比或者固定比例收取广告费。消费者只有通过京东商城网站有效购买了联盟商家的商品，商家才付广告费给京东商城，若消费者只是点击查看商品信息而没有付款购买，商家不用付广告费。

3. 平台使用费

独立 B2C 商城开放平台是行业趋势，京东商城已经开放销售平台，走上联营之路。平台使用费来自两个方面：一是商家只是进驻京东商城平台，物流配送自己解决，只需缴纳平台使用费；二是进驻商家如使用京东的物流配送系统还需缴纳一定费用。京东商城将自己已经占有很大优势的平台出租给联营商户，引入的联营商品不仅可以与自己 3C 产品形成互补之势，丰富产品种类及数量，做大销售规模，而且可以让前期投资建设的平台为自己赚取利润。更重要的是，联营商品的物流配送、客户服务、支付等环节也可以通过京东商城的流程进行，实现 IT 系统、仓储物流系统等的使用率最大化。平台开放既增加收入来源，又有利于提升销量和改善收益结构。

4. 仓储物流体系使用费

京东商城现在正在较大力度致力于物流体系的建设，等建设完成之后，在满足自身仓储物流需要的同时，京东商城可以将其物流体系出租给其他 B2C 企业，赚取利润的同时还可以分摊前期投资成本，这也是一个未来的潜在盈利点。

5. 广告收入

京东商城开放平台之后，商家的数量和质量必然会有较大的变化，平台上的竞争也会更加的激烈，平台上的商家为了争夺市场份额，必然有营销需求。虽然京东商城 CEO 刘强东宣称永远不会采用竞价排名，但是淘宝网采用竞争排名而盈利的诱惑还是不小的，除非刘强东能够说清自已的盈利模式，否则宣称永远不竞价排名是毫无说服力的，就像京东由当初全场免运费到向满 39 元免运费转变一样，广告很有可能是京东商城未来一个收入来源。

从上述盈利结构中可看出，除了自营销售利润外，其他利润来源都与平台开放有关，毫无疑问，自营电商的平台化发展增加了其利润的来源。

三、纯平台电子零售商——天猫

（一）天猫简介

天猫原名淘宝商城，成立于 2008 年 4 月 10 日，在与淘宝网合并发展两年后于 2010 年 11 月 1 日采用全新独立域名 www. tmall. com，这标志着淘宝商城正式全面进入 B2C 市场。2012 年 1 月 11 日，淘宝商城正式更换中文名称为“天猫”，天猫网购，代表的就是时尚、性感、潮流和品质；猫天生挑剔，挑剔品质，挑剔品牌，挑剔环境，这恰好符合天猫网购要全力打造的品质之城的定义。虽然天猫采用独立域名并独立运营，但并没有脱离淘宝，独立运营是为了满足消费者不断提高的购物体验质量，区别淘宝集市 C2C 平台，是为了二者更好地发展各自优势。改名后天猫努力成为网购世界中的第五大道、香榭丽舍大街，力做中国乃至世界 B2C 的新坐标。目前，天猫采用垂直化战略，产品类型有电器城、美容馆、家装馆、医药馆四个垂直分类，已经拥有 4 亿多个买家，5 万多家商户，7 万多个品牌；天猫入驻商家店铺有旗舰店、专卖店、专营店三种，资费标准方面主要有保证金、技术服务年费、实时划扣技术年费，后两项是天猫的盈利收入来源。

天猫模式严格来说属于 B2B2C 模式，天猫是独立于买方和卖方的第三方电子商务平台，为买卖双方提供一系列信息和交易等服务，集成卖方供应信息和买方需求信息，撮合买卖双方、支持交易以便利市场操作。虽然要为服务品质和服务承诺负责，天猫并不涉及双方的物流配送环节，仍需要卖家自行进行物流配送。如图 6–7 所示。

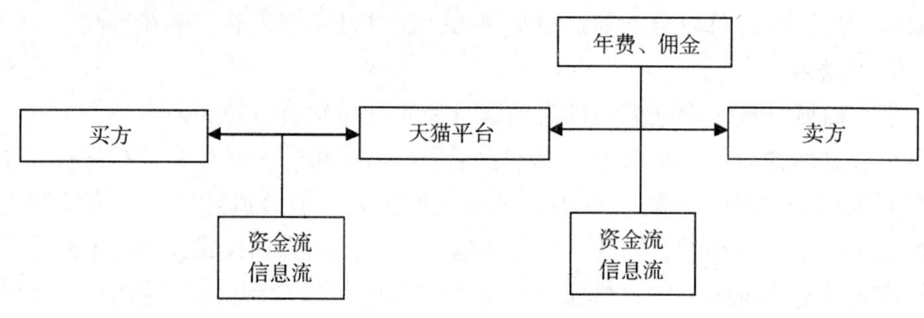

图 6-7 天猫业务模式

（二）天猫竞争优势

1. 内环境优势

天猫最主要的优势来自于大淘宝的良好的“内环境”，拥有流量、用户、商品展示、交易及支付的成熟体系，并且该内环境不断良性循环地发展壮大。经过多年的用户培养，淘宝网具有相当规模的用户群，无论是注册用户还是交易额，淘宝网都是首屈一指，而且天猫依托淘宝网强大的支持，具有不可小觑的内部环境优势。

天猫根植于淘宝网，淘宝技术是其强大的后盾。当年以个人网站名义出现的淘宝网凭借三招击败易趣：免费、安全支付、淘宝旺旺。随着淘宝网的发展，其系统也在不断地改进和创新，2003 年底，淘宝网原有的 MySQL 数据库已经撑不住快速增大的交易量和点击量，MySQL 被换成了 Oracle，除了 Oracle 自身的优点外，原因之一就是因为阿里巴巴拥有强大的 DBA 团队，其中成员包括冯春培、汪海、冯大辉、陈吉平。这是 Oracle 给全球的顶尖技术专家颁发的头衔，这在当年只有十几位，即使现在全球也只有 300 多位。随着淘宝网发展，陆续有更多的技术专家加入，有如此强大的技术后盾，淘宝网网站构架、功能设计、数据挖掘方面拥有绝对的竞争优势，这也是天猫的技术优势。

2. 网络外部性优势

虽然有京东商城、当当网等竞争者在不断追赶，天猫在 B2C 市场还是占有绝对领先地位。天猫的竞争优势来自其平台具有不可撼动的由先入优势而带来的网络外部性，这种网络外部性更多的是继承于淘宝网。网络外部性已经成为平台型 B2C 的一种重要的市场进入壁垒。一个新的平台尽管可以抓住天猫的服务承诺、产品品质、物流配送等薄弱环节方面，在局部市场上夺取一定市场份额甚至占据优势，但是对天猫的全面挑战仍然具有极大的难度。新的平台取得成功的关键不在于其服务是不是更好，而是在于其能否打破天猫的网络外部性优势。

网络外部性优势主要包括两个方面：锁定，正反馈效益，即强者更强，弱者更弱。天猫中的买家用户更多的是来自淘宝网，熟悉淘宝网购物流程，信任淘宝网提供的“支付宝”工具，如果买家转向其他平台，势必要付出高昂的转移成本，尤其对那些忠诚的买家来说，且不说需要重新花费大量时间熟悉新的购物流程和重新建立彼此间的信任，单是新的平台卖家基数小导致无法提供丰富的产品而产生的效用降低就会给用买家带来巨大的成本。对于天猫中的卖家而言，在天猫的运营流程、品牌的知名度、良好的客户关系等都会沉淀大量的成本，其转移到新的平台会更难。为了持续获得既得利益，买卖双方在一定程度上都被锁定在天猫这个平台中。天猫中的卖家都是经过严格审查的企业，其提供的产品和服务都有一定的保障，这又会吸引大量看重产品品质的买家加入，随着买家规模的大增，又会吸引大量有实力的卖家加入，如此良性循环，天猫的网络外部性的正反馈效益便显现出来，强者更强。

（三）天猫盈利方式

天猫采用卖场形式，其主要赢利来自于商家入驻平台所缴纳的技术服务年费和实时划扣技术服务费。具体来说，技术服务年费以一级类目为参照，分为3万元和6万元两个档次；实时划扣技术服务费是按照商家销售额的一定百分比（简称“费率”）提成。商城首页广告也是其利润一大来源。

天猫的盈利方式与自营+平台式的B2C的盈利方式最大的不同在于，天猫放弃了商品竞价排名，虽然这是一个大的收入来源，但是竞价排名会导致低价竞争进而无法保证产品质量，目前天猫的商品搜索只与商品质量、人气程度、商店信誉、收藏数量、售出量等有关，与商家是否做推广没有关系。天猫目前通过帮助商家盈利而抽取交易佣金的盈利模式非常良性，相比其他普遍亏损的B2C电商来说，具有很高的利润率，天描的利润率不仅远超大多数B2C电商，而且也已经达到了互联网公司的平均利润率。

天猫盈利的另一大特色在于，对于比如自营B2C的纯电子商务京东商城、传统渠道商国美进军电子商务等来说，天猫没有运营资金的压力，不用担心资金链的断裂，仅仅为商家提供优质服务并分享其交易利润，天猫的盈利模式能够良性发展。随着天猫的发展完善，在解决了信息流、资金流之后，天猫必然会在物流方面下功夫，未来物流方面必将成为一个新的利润来源。

四、平台化电子零售商的盈利方式

（一）盈利方式的拓展

根据上述的案例分析可以知道目前国内的B2C电子商务创新盈利模式较多，

但是国内 B2C 电子商务市场一个很大的问题就是模式同质化竞争严重，直接恶果就是价格战，竞争双方两败俱伤。但是还是有不少企业能够创新盈利模式，独辟蹊径地在细分领域内做到领先地位，下面介绍几种未来可能有不错前景的盈利模式[142]，如表 6-4 所示。

表 6-4 B2C 电商的典型盈利模式

	模式名称	模式简介	模式特点	典型企业	模式评价
盈利模式	订阅销售模式	类似报纸杂志的订阅，采用会员制度，每月支付一定费用后，用户可以获得网站为用户精挑细选的商品。该模式已经被应用到化妆品、服饰、食品等行业	体验服务，用户能够以较少费用体验到平时因为价格、空间等因素而接触不到的商品	国外：BirchBox，www.birchbox.com；国内：盒颜悦色，http：//mylux-box.com	先收钱后服务，增加了现金流。“锁定效应”培养顾客定期消费的习惯
	品牌折扣+限时抢购模式	采用限时抢购模式的网站会定期推出国际国内知名品牌的商品特卖活动，采用极低的折扣，限时限量刺激会员购买商品	资源稀缺、折扣诱人。限时抢购、把握用户买便宜的心理，采用饥饿营销	国外：Fab.com，国内：唯品会、京东商城、天猫、当当网等综合电商也会逢节日采用折扣促销	核心竞争力在于高端品牌供应商资源以及营销和运营能力
	反向定价/反向生产模式	给消费者部分参与生产和定价的权力，让用户体验到购买过程自营性和趣味性，能精准定位反向生产，并根据用户的心理期望价格及评价信息反向定价	精确定位用户群体、降低交易成本，并且可以降低库存	国外的代表企业是 Priceline、国内的代表是去哪儿网站的“越狱”频道	吸引价格敏感型顾客，并且可以降低企业成本，有效实现零库存
	推售模式	根据用户职业、爱好、性格等个性化数据向用户做出针对性的商品推荐，用户若喜欢其推荐的商品则付款购买，否则就可以拒绝所有推荐的商品。推售模式与订阅模式截然不同	精准的数据挖掘、专业化的个性推荐、用户拥有决定权	最先尝试推售模式的网站是 Shoe dazzle	采用此模式电商企业多销售自营品牌产品，“小作坊”式操作，属于限量销售，既保证了产品独家性又有效降低库存量
	租售结合模式	网站同时出租和出售商品，用户买下租用的商品则可以得到一定的优惠	出租、出售并行，以出租促进销售业务	出租艺术品为主业的 Article	暂时让渡使用权，给消费者体验。艺术品、服饰等垂直行业比较适合这个模式
	大规模定制模式	基于个性化需求，为单个客户和小批量多品种的市场定制生产任意数量的产品	无须承担库存风险，自营定价，用户互动参与	国内有卡当网、亿典定制等	电子商务定制时代，一定要能提供能让用户满意的个性化产品

（二）电商盈利模式再探讨

从中期看，第三方平台的拓展决定了综合性网络零售商未来的盈利模式与线下零售商有着本质的不同，图 6-8 则以沃尔玛、大润发以及亚马逊为例，对其经营模式进行比较：以自营零售低毛利甚至零毛利商品为手段拉动销售规模和网络流量，依靠开放第三方平台收取佣金收入及服务费将是未来综合性网络零售商的核心运营模式。

	运营主体	盈利来源	收入及毛利结构	核心要素
沃尔玛	·大卖场零售商 ·平均建筑面积1万~2万平方米	·进销商品赚差价 ·少量配套专业店招租，收取租金收入	·2011年，其他收入占总收入比0.45% ·其他业务毛利额占总毛利额1.79%	·优秀的供应链管理能力
大润发	·以大卖场为主导的社区购物中心 ·平均建筑面积3万平方米	·进销商品赚差价 ·多样化专业店招租，收取租金收入	·2011年，租赁收入占总收入比2.26% ·租赁业务毛利额占总毛利额10.44%	·优秀的供应链管理能力 ·良好的商业地段
亚马逊	·线上零售商及平台服务商 ·虚拟平台面积具备无边界性	·进销商品赚差价 ·第三方平台服务商，收取服务费	·2011年，第三方平台收入占总收入比8.1% ·第三方平台毛利额占总毛利额的30%	·优秀的供应链管理能力 ·足够大的流量来开放和运营第三方平台

图 6-8 线下渠道与线上渠道经营模式比较

资料来源：公司年报、兴业证券研究所。

事实上，随着未来网络零售生态圈的进一步成熟，我们认为综合性网络零售商的职能角色将会有进一步演变，最终应该可能会定位于平台以及供应链服务商（提供包括平台、仓储、物流、信息技术等服务），此时自营零售业务为公司贡献的盈利将会是一小部分（收入占比高，盈利占比小），各项服务费收入则可能成为公司盈利的核心来源。

第四节　C2C 平台业务选择

前面几节主要介绍的是 B2C 零售商的自营与平台业务的情况，可以看出 B2C 零售商正在不断地变化升级，这也源于 B2C 竞争的不断加剧。在 B2C 竞争愈演愈烈的情况下，C2C 则相对稳定一些。

C2C 即 Consumer to Consumer，指消费者个人与消费者个人之间的电子商务。C2C 电子商务模式的思想来源于传统的“跳蚤市场”。在跳蚤市场中，买卖双方可以进行一对一的讨价还价，只要双方同意，立刻可以完成交易。C2C 电子商务模式的本质是网上拍卖，就是通过为买卖双方提供一个在线交易平台，使卖方可以主动提供商品上网拍卖，而买方可以自行选择商品进行竞价。

一、C2C 运营模式及特点

C2C 电子商务平台即为买卖双方提供一个在线交易的平台，而这里的买卖双方都是“C”，即普通消费者。C2C 电子商务平台就是通过电子商务网站为买卖的用户双方提供一个在线交易平台，使卖方可以主动提供商品上网，而买方则可以自行选购自己中意的商品。另外，也有定义认为 C2C 电子商务网站“就是通过为买卖双方提供一个在线交易平台，使卖方可以主动提供商品上网拍卖，而买方可以自行选择商品进行竞价”。目前较为流行的 C2C 网络运行模式如图 6-9 所示，我国具有代表性的 C2C 网站有淘宝网。

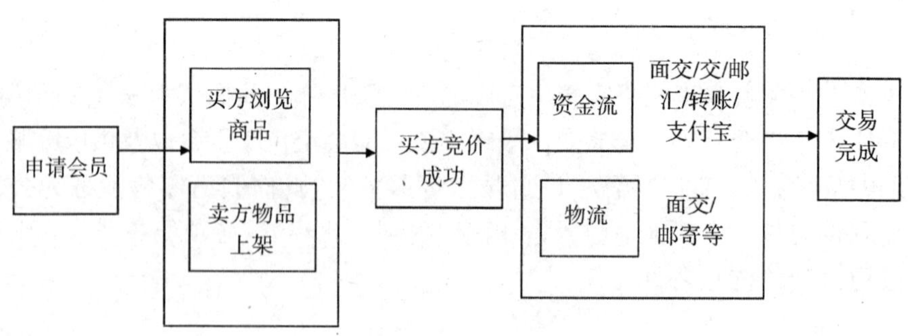

图 6-9　目前较为流行的 C2C 网站运营模式[143]

淘宝网的特点是:

(1) 仅是提供平台。其本身不直接参与到整个交易过程当中。

(2) 销售产品种类繁多,资源丰富。在销售平台上没有主营的商品,产品由大量的个体卖家提供,种类多,但是产品的质量也是参差不齐。

(3) 交易中的物流环节均由交易双方承担。以淘宝网为例,虽然有物流商与淘宝网合作,但是淘宝网本身不提供物流服务,而由第三方物流公司提供配送等服务。

(4) 交易双方承担各自的风险。在交易过程中,淘宝网并不担保当中所交易的产品的质量,质量都是由商家自己所提供的。

(5) 交易方式灵活,交易的方式可以由买家和卖家自行商量决定,双方可以选择见面交易,也可以选择邮汇等方式。

(6) 消费者选择度大,因为商家的数量较多,产品的重复度也较高,这样对于消费者来说就具有较好的优势,消费者可以真正地实现货比多家,选择他们认为最满意的产品。

(7) 提供信用体系。交易之后,双方都有可以对此次的交易过程给出信用评价,表达自己对交易过程的满意程度。

(8) 双方可以议价。卖家还可以提供竞价、拍卖、折扣等可以提高自身竞争力的服务。

二、C2C 电子零售商的主要盈利模式

现行的 C2C 电子商务平台提供商的利润来源主要是交易平台费用、“首页黄金铺位”、推荐费、搜索引擎竞价排名、广告收入等盈利方式[144][145]。

1. 交易平台费用[147]

主要包括登录费、交易费、店铺费以及特色功能费。登录费是指包括底价设置费以及商品登录费,也就是在平台商发布商品时需要支付的费用。交易费包括商品成交费、交易服务费。店铺费就是开设店铺需要向平台商缴纳的基本费用。特色功能费包括分类广告费、陈列改良费、图片服务费、卖家工具费、立即购买费等一系列的费用。

C2C 网站作为个人对个人(顾客对顾客)交易服务模式的电子商务交易平台,网站本身并不直接参与交易,但它必须对交易的双方以及交易的过程提供必要的、完善的服务,从而确保交易双方的正当利益能够不受侵害。当双方的利益都能够很好地维护时,可以吸引到更多的卖家与潜在买家光顾本网站,从而为网

站的生存与发展不断注入新鲜的血液。由此可见，为交易双方提供必要的、完善的交易服务并收取合理的费用完全可以得到双方的理解与接受，所以说，交易平台费用模式是 C2C 网站可持续的盈利模式之一，并随着不断地创新与探索，必将有着广阔的应用前景与巨大的商业价值。

2. “首页黄金铺位”推荐费[146]

据 Alexa 网站统计，有 70% 的上网用户只会浏览一个网站的首页，那些有购买目的用户除外。因此，70% 的用户会在很大程度上受到网站首页影响，因此网站首页的广告铺位和展位是非常具有商业价值的，这也是平台网站的盈利之一。对于 C2C 网站首页的“黄金铺位”，既可以通过定价销售也可以进行拍卖，这样平台网站会有较多的获益。

3. 搜索引擎竞价排名[147]

在平台网站上的商户有千千万万，而消费者在搜索某个商品时会进行有选择的浏览。因此网站可以推出搜索服务来提高效率，卖家可以通过购买关键字来提高自己的商品在搜索结果中的排名，来做成更多的交易。

4. 广告收入[148]

C2C 网站在网络中的地位就像大型超市在生活中的地位，它是网民经常光顾的地方，拥有超强的人气、频繁的点击率和数量庞大的会员。其中蕴藏的商机是所有企业都不想错过的。由此为网站带来的广告收入也应该是网站利润的一大来源。

C2C 网站之所以能受到广告投放人的青睐，是因为它有着众多的独特优势，主要表现在：C2C 网站本身就是一个购物平台，可以说是一个专门的交易市场，因而对于广告投放者来说，他们在此平台上直接进行商品与服务的宣传与销售的便利性是其他类型的网站无法比拟的；C2C 网站每天都有大量新增加的商品进入，这些商品也包括众多的特色商品和在生活中很难出售或购买的商品，因而对于有购物需求的网民来说，C2C 网站有更大的吸引力与影响力，从而可以吸引到更多的网民光顾本网站，提高广告的收视率。因此可以说，不管是现在还是将来，网络广告收入都是 C2C 网站赢利的重要来源，并占有着不可替代的角色。

三、代表性 C2C 电子零售商——淘宝

C2C 平台的战争已经结束，从 eBay 退出中国，到百度“有啊”的转型，虽然现在还有腾讯仍在坚持，但已经不能撼动大局。在 C2C 领域，淘宝网一家独大的地位已成定局，其占 90% 的市场[149]（见图 6-10）。国内主要 C2C 电子商务平台的情况如表 6-5 所示。

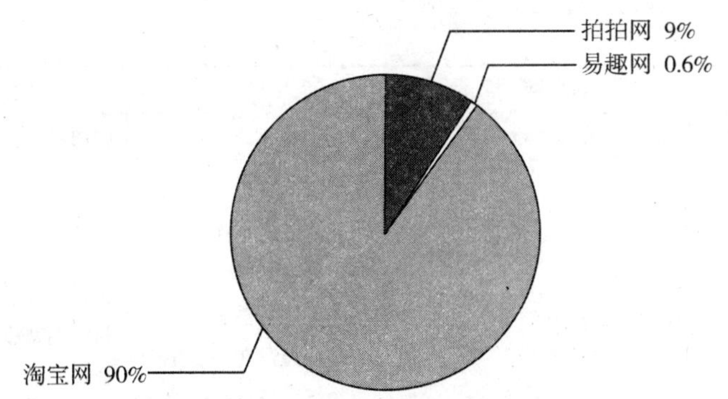

图 6-10　2011 年 C2C 市场份额情况

资料来源：艾瑞咨询。

表 6-5　国内主要 C2C 电子商务平台对比

		易趣网	淘宝网	拍拍网
创立时间		1999 年 8 月	2003 年 7 月	2005 年 9 月
战略		国际化，促成国内外买家、卖家达成交易	免费	丰富商品十互动社区
资金流	支付工具名称	PayPal	支付宝	财付通
	使用流程	拍下商品、Paypal 支付、收货确认、交易结束或 Paypal 退款	选择商品、付款到支付宝、收货确认、支付宝付（退）款	选择商品、付款到财付通、收货确认、交易结束或财付通退款
	使用范围	跨国	国内	国内
	安全保障	收货不满意，提供退款担保；买方支付信用担保	“收货满意后，卖家才能拿到钱”“全额赔付”	提供退货担保
	费用	年费、手续费	免费	免费
信息流	交易前	商品分类目录、主题频道、搜索引擎、比较购物等	宝贝分类目录、宝贝类目拼音索引、热门搜索、主题频道、搜索引擎、商品对比等	商品分类目录、主题频道、搜索引擎、宝贝类目拼音索引、热门搜索等
	交易中	竞拍、立即买交易程序；Skype 等	竞拍、一口价交易程序；阿里旺旺等	竞拍、一口价交易程序；腾讯 QQ 等
	交易后	电邮；社区（反馈论坛、聊天室、兴趣组、博客等栏目）；Skype 等	社区（站内信、论坛）；评价系统；客服电话；阿里旺旺	社区（论坛）评价系统；客服电话；腾讯 QQ 等

续表

		易趣网	淘宝网	拍拍网
物流	范围	国际十国内	国内	国内
	方式	物流联盟的方式，依托自身购物平台的信息资源，寻求与外部物流公司的合作	推荐物流服务方式，具体是淘宝网汇总所有合作物流公司的服务政策、运输费用、客服热线等信息供客户自行比较选择，通过在线下单获取相应物流服务选择一家物流公司合作，与深圳赛格股份有限公司合作，共同推出网上赛格专区；并实行新的运营模式，将由过去的卖家各自投递商品，转变为由赛格负责 统一配送，赛格提供注册商户的线下资质认证，并承诺物流配送的安全	选择一家物流公司合作，与深圳赛格股份有限公司合作，共同推出网上赛格专区，并实行新的运营模式，将由过去的卖家各自投递商品，转变为由赛格负责统一配送，赛格提供注册商户的线下资质认证，并承诺物流配送的安全

C2C 模式最早在美国诞生，eBay 目前是美国知名的 C2C 交易网站，也是当时淘宝网最大的竞争对手。1998 年 8 月，哈佛商学院的两个毕业生在上海创办了易趣网，不到半年的时间，易趣网获得“国内拍卖网站之冠”的称号，CNNIC2000 年发布的第 5 次《中国互联网络发展状况统计调查》中显示：易趣网以最高票数位居国内拍卖网站之首，成为中国最受欢迎的拍卖网站，易趣网在学习他者的过程中快速成长，成为中国 C2C 的代名词。2003 年 6 月，eBay 以 1.5 亿美元收购了易趣公司剩余 67% 的股份，成为美国易趣最大股东，eBay 通过美国易趣全资控股易趣。2003 年，淘宝网的 C2C 网站正式启动后很长一段时间，eBay 并没有把他列为自己的对手，而这就给了淘宝网迅速成长的机会。淘宝网于 2003 年 7 月 7 日投资 1 亿元建成，淘宝网的会员现已突破 1000 万，平均每月新增会员 100 万，专职在淘宝网上交易的店铺已达 10 万家，日平均访问量达 6000 万次，商品数以从原来注册时的 2 万件达到 700 万件，据淘宝网 2005 年前三季度的财务报告显示，通过淘宝网达成的交易总量已经超过 50 亿元人民币。从互联网实验室电子商务网站 CISI 人气榜的变化看，2004 年前，还没有淘宝网的位置，但从 2004 年 2 月开始，淘宝网以每月 768% 的速度上升到仅次于 eBay

易趣的第二位；在推出1年后，淘宝网排名已经超过eBay易趣位居第一，它确实成功了。

从2003年阿里巴巴成立淘宝网至今，淘宝网致力于打造立体商圈，建立网上最大的商品零售市场，2005年全年实现交易额超过80亿元，这种速度还是以淘宝网无法在中国访问量最大的几个门户网站做广告为前提的。2008年已实现交易额近1000亿元。“淘宝网的发展已经被认为中国互联网业发展二十年来的一个奇迹”，究竟是什么因素使得淘宝网在众多的第三方电子商务平台中脱颖而出呢？又究竟是什么原因使得淘宝网能够拥有制胜的核心竞争力？

1. 免费的策略迅速切入市场

免费是淘宝网直接针对eBay易趣而实施的非常强有力的竞争利器。eBay易趣坚持收费策略，包括店租、商品登录费、交易佣金，还有第三方图片费、仓储费、粗体显示费、推荐位费用等，尽管2005年末时，迫于C2C市场的竞争压力，eBay易趣也调整了其收费策略，允许用户免费开店等。然而淘宝网凭借免费这把利器，已经迅速切入了原本为易趣垄断的市场，并且在两年多时间里，占有了相当的市场份额。

2. 因地制宜，赢得用户

除了免费这一大亮点特色之外，淘宝网非常注重用户社区体验、界面友好、反应迅速和用户满意度，开发友好界面等因素。界面友好是很多网友对淘宝网的第一印象，其活泼的界面和相对较完善的功能使用户很容易进入状态，淘宝网很注意听取用户的意见，并曾多次邀请亚马逊网站原首席科学家来淘宝网进行讲学和调研，具体到一件产品如何分类、一个页面中产品摆放的细微位置变换所产生的影响。而易趣在被收购以后，从登录页面到销售方面，很多都是照搬美国eBay的一套模式，不太符合本土的习惯，因而失去了很多用户。淘宝网还为用户提供了良好的沟通方式，网上交易与传统方式不同，买卖无法面对面接触，因此沟通就显得更加重要。淘宝网通过“淘宝旺旺”这一聊天工具，使买方和卖方可以在线直接交流，甚至可能通过聊天成为朋友，这很符合中国人做生意的习惯，因此深受买卖双方的欢迎。

3. 建立安全支付系统推动安全交易

网络诈骗事件屡见不鲜，诈骗手法也越来越多，这也使得许多消费者对于网上消费望而却步，而淘宝网的安全支付系统“支付宝”在这方面的努力获得了用户的认可。买家在网站上购买了商品并付费，这笔钱首先到了支付宝，当买家收到商品并感到满意时，再通过网络授权支付宝付款给卖家，这样使得消费者多了一种保障，如果消费者与商家之间有纠纷，淘宝网的介入也保障了买卖双方的利益。对于 C2C 卖家，支付宝不收取任何交易费用，这就尽可能地降低了交易风险，因而赢得了用户的青睐。

淘宝网还设立了多重防线来保障交易的安全：全国首推卖家开店要先通过公安部门验证身份证信息，并有手机和信用卡认证；每个卖家有信用评价体系，如果卖家有欺诈行为，信用就会很低。此外，阿里巴巴宣布“支付宝”推出了“全额赔付”的制度，如果有消费者使用“支付宝”受骗而遭受了损失，支付宝将全部赔偿其损失。这一制度不仅显示了淘宝网解决电子商务支付问题的决心，也从另一方面表现了对“支付宝”的绝对信心，这也会增加消费者的信心。

四、盈利创新策略

从上述的描述可以知道 C2C 的盈利方式有很多，那如何在现有盈利方式的基础上再另辟新的盈利策略呢？国内外一些学者专家曾经提出过的盈利模式，但是由于各种原因，并未得到普遍的应用，这并不说明这些盈利模式有缺陷，可能是当前的一些条件不合适或者是未达到需要的条件，一旦条件满足了，这些盈利模式必将在 C2C 领域大展拳脚。这些潜在的盈利模式为：网上支付、物流、信用认证、网络通讯以及移动电子商务。

1. 网上支付[150]

C2C 网站在线支付工具的技术手段已经日臻成熟。各大网站为了推广在线支付工具，都推出了保障措施。如果交易双方在采用平台的在线支付系统时出现问题，蒙受损失，平台可以通过赔付制度对交易双方进行赔偿，来弥补双方的损失。在线支付工具不仅可以实现资金流迅速安全地转移，还可以弥补买卖双方在交易过程受到的损失。一般来说，平台为卖方提供信誉担保，为买方承担一定的交易风险，就是为买卖双方创造价值。一旦网上支付有了足够的用户，就可以考虑通过它来实现盈利。

网上支付和网上银行是与网络购物密切关联的两个网络应用。在网络购物尤其是 C2C 网络购物中，网上支付手段的使用已经较为普遍，B2C 网络购物在网上支付手段方面也逐渐丰富，这两项网络应用的发展都在促进网络购物的发展。

2. 信用认证[151]

随着进驻平台商户的不断增加，很多 C2C 电子商务网站开始提供信用认证的服务。虽然目前还没有 C2C 电子商务网站通过信用认证来盈利，但在 B2B 中却有成功的案例。例如，阿里巴巴就正是利用开展企业的信用认证，敲开了创收的大门。直到现在，诚信通仍然是阿里巴巴主要的收入来源之一。阿里巴巴诚信通会员可以享受四大特权：独享买家信息、第三方认证、优先排序和网上专业商铺。这些特权对于从事电子商务的商家而言非常有吸引力的。诚信通目前共有大约有 20 万会员，每个会员每年缴纳 2300 元的会员费，仅会员收入一项，就能为阿里巴巴带来 5 亿元左右的年收入。这种成功的经验对于 C2C 来说是一种可贵的参考。一旦能成功移植到 C2C 领域，并将为 C2C 的发展助力良多。

3. 网络通讯[152]

网络通讯是 C2C 平台运营的基础。目前，我国 C2C 电子商务网站免费向用户提供的网络通讯功能主要是电子邮件和即时通讯。在此基础上，C2C 电子商务网站可以考虑通过提供一些高级的网络通信功能来进行盈利。国外 C2C 电商平台 eBay 就已经通过 Skype 盈利。它在提供免费的基本功能基础上，提供拨打传统电话和移动电话、接听传统电话和移动电话、收发短信等一些高级的网络通信功能，并收取相应的费用。

4. 移动电子商务[153]

智能手机的广泛普及为 C2C 电子商务平台提供了另一扇大门。C2C 电子商务平台与移动通讯运营商合作。消费者可以通过手机随时随地访问电子商务网站，浏览商品信息，甚至下订单并进行移动支付。移动电子商务可以为消费者提供这种实用便捷的功能，拥有巨大的商机。C2C 电子商务平台可以与移动通讯运营商一起，制定更好的收费策略，如采用按流量收费、包月收费等多种可选择的收费方式，实行创新的盈利模式。

5. 物流

C2C 电子商务网站的一个主要特点就是订单交易数量多，但交易成交额往往较小[154]。有数据表明，我国 C2C 电子商务的交易规模已经达到数百亿元。由此可见，C2C 电子商务市场的飞速发展也催生了物流市场的突飞猛进。电子商务交易产生的大量订单，对于物流市场是一个严峻的考验，更是一个巨大的商机。许多 B2C 网站将物流列为提供的服务之一，甚至作为竞争的重要手段。Amazon、当当网都是这类网站中的典型。C2C 电子商务平台也可以考虑与物流企业进行战略合作，开发自己的特色物流服务，不仅能保证和提高现有的物流服务质量，同时还能在配送阶段实现盈利。

6. 金融手段

目前 C2C 电子商务平台为了招揽买家和卖家，对进入门槛要求较低，退出成本也相应较低。这种低成本低风险的制度使得平台上出现了许多不规范不诚信的交易行为，造成了很多损失。对此，C2C 电子商务平台可以利用一系列金融手段，如缴纳保证金等行为，增加卖家成本，促进诚信交易。例如，淘宝网提出了

“消费者保障计划”，对不同主营业务的 C2C 商铺收取 500～2000 元不等的保证金。保证金具有先行赔付的性质，主要是为了保障买家的利益，制约卖家不道德的欺诈行为。虽然缴纳保证金占用了卖家一部分的流动资金（缴纳的保证金被冻结在支付宝内），但对于卖家的约束为买家提供了更多保障，降低了消费者的感知风险，促使买家更乐于进行购买和交易。

第五节 电子零售商业务创新策略

近几年电子零售商的发展非常迅速，其交易量以及交易额也比较大，但是根据相关的统计可以知道，电商行业的发展仍有处于亏损的状态，本节将对电商行业的现状进行简单的描述，并根据行业发展的情况对其业务发展战略提出一些建议，从而希望能够有助于电子零售商的业务创新。

一、电子零售商行业的业务发展现状[155]

据相关消息，目前网络零售全行业处于低毛利，甚至大规模亏损的状态。据投资界人士透露，京东商城管理团队在中国香港举行的分析师会议中披露了一系列业务数据。根据公布的销售数字，京东商城 2011 年总收入为 212 亿元人民币，毛利率为 5.5%。在运营成本中，配送费用占比 6.6%、广告费用占 2.3%（2010 年广告费用支出为 4.9 亿元）、技术和管理费用率在 1.5% 左右，净亏损 5% 左右。作为业内领先的 B2C 电子商务平台，京东亏损 5% 左右，由此可见其他电商的状况也不容乐观。

数据显示，2011 年国美旗下电商库巴网和国美网上商城亏损总额近 4 亿元；当当网 2010 年亏损 2.84 亿元，2012 年第一季度当当网总净营收为 10.836 亿元，净亏损为 9950 万元，而 2010 年同期净利润为 310 万元。由此可见，电商行业目前的盈利状况确实令人担忧。

我国电子商务类零售商的发展可谓是充满变数。2010 年，中国的电子商务市场风光无限，京东商城、凡客等领头军的巨额融资，B2C 电商麦考林、当当网等企业的上市以及团购网站井喷式的爆发都让这个领域迅速升温。到了 2011 年，电子商务市场急转直下，价格战烽烟四起、团购泡沫破裂，B2C 市场投资泡沫产生，电商企业面临着前所未有的融资难题。2012 年，中国的电商企业仍然没有走出“有规模，不经济”的怪圈，融到资金的电商企业更是疯狂扩充品类、升级价格战、投建物流，继续依靠“跑马圈地”的方式扩充规模拖垮竞争者、抢占市场份额。结果，虽然拉拢了大批消费者，但极大地损害了公司的毛利率，高昂的成本也让电商们“鸭梨山大”。最终，电商行业华丽的外衣再也掩盖不住大部分企业仍处于亏损的现状。

二、电子零售商“亏”的原因

经历了电子商务的狂热浪潮之后，有必要理性冷静地分析一下国内电子商务企业亏损的原因。

（一）认为中国网购还处于爆发式增长时期

在电商发展前期，由于电子商务进入门槛较低，吸引了大量资金涌入，网购市场呈现爆发式增长。然而，电商企业在狂热的“跑马圈地”过程中缺乏足够的战略规划，不少企业急功近利，单纯追求用户规模，忽略品牌与商业模式的规划，使得企业的营销成本远远超过其收入。这个时期，虽然电商行业表面看去欣欣向荣，但整个产业背后是岌岌可危的巨大泡沫。即便如此，许多电商企业在网购市场开始细分、消费者网购习惯业已形成的激烈竞争态势下，仍旧遵从旧有的市场认知进行运营，未能冷静思考其市场定位，更缺乏商业模式的创新。

（二）大批 B2C 网站、团购网站的发展基本处于失控状态

电商网站之间恶性的价格竞争严重，综合平台化跟风，不计成本地提供全场免运费、30 天内无理由退换货等服务，使得大批网站难以破局。电商们盲目与竞争对手比较，为争取客户不计成本，盲目跟风，缺乏创新理念，难以理性地去考虑如何实现赢利。因此，电商市场差异化越来越小，行业同质化严重。

（三）电商扩张速度过快

消费者形成对品牌的认知需要一定的时间，然而，一些电商盲目扩张，超过了消费者对品牌认知的速度，使得电商品牌定位模糊，不利于电商企业的长期发展。当品牌定位尚未在目标消费者心中根深蒂固，长期经营的品类尚未充分渗透细分市场之时，许多电商就迫于持续赢利和困局的压力，急切地延伸品牌，简单地以规模求效益，把多种商业模式融为一体。这种忽视自身优势，盲目扩张品类的行为，进一步促使了电商网站的同质化。不仅导致品牌资产被稀释，还易形成商业模式定位不清、消费者认知模糊等风险。

三、电子零售商业务模式创新动力机制[156]

（一）经济利益驱动力

追求利润最大化一直是企业的追究目标，也是企业生存的法则。电商行业潜在的经济利益使得众多的电商趋之若鹜，为了争夺经济利益，各类电商会适时改变其业务模式，不断推陈出新，保持自身的竞争优势。商业模式创新是企业参与市场竞争的方式，企业追求经济利益，获取超额利润，是商业模式创新的根本动力，是企业商业模式创新的必要条件。

（二）环境变化

互联网的出现改变了企业的零售环境，零售企业间的竞争不再是简单的产品和服务的竞争，而是整个商业模式的创新之争，互联网的变化为商业模式创新搭建了技术平台。因此，高度关注外部产业竞争环境，包括政治、经济、文化环境是必要的，通过商业模式的持续创新，推动市场结构的变革，以差异化来实现创新，善于发现竞争对手的弱点，实施新的决策。可见，商业模式的创新是企业应对外部环境变化的有力手段，外部环境的变化会促使企业商业模式不断创新，以获得连续的竞争优势。

（三）企业的使命与愿景

企业的使命、愿景、战略及企业家精神都会促使企业进行商业模式创新。这会促使企业不断努力，不断满足客户需求，从而促进企业不断创新。可见，企业制定具有创新精神及宏伟的使命与愿景，能够激励企业为实现其目标而不断创新。谷歌具备战略耐心的使命是“整合全球信息，使人人皆可访问并从中受益”。具有创新精神的企业家精神及企业战略目标也会促使企业不断改善企业运营方式，提高企业经营效率，从而不断推动商业模式的持续创新。

四、电子零售商业务模式如何创新

国内的电子商务还远远没有到收获期，甚至没有成熟的可盈利的商业模式。在这场残酷的竞争中，无论是大型电商还是中小型电商，都需要理性地思索自己的核心竞争力，创新商业模式，故步自封只能意味着被边缘化、被淘汰。目前，已经有一些电商企业尝试着小角度甚至大规模创新商业模式，力争在未来的电商格局中赢得一席之地。

（一）业务范围拓展[157]

目前，中国网上零售企业所经营的商品品类主要集中在食品饮品、服装鞋帽、箱包、3C及家电产品、化妆品、图书音像制品等几大类。然而市场流通的商品还有品类，仍有许多产品领域有待开发，如药品、生鲜、农产品等。一些规模较小的电子商务平台已经开始尝试生鲜产品，虽然生鲜产品对物流配送的要求较高，但物流产业的进一步发展为电子商务的业务扩展提供了条件。进一步扩张产品品类，或扩大商品配送的地域范围，能够有机地降低它们的流通成本，为生产者和消费者谋福利，进一步促进商品的流通。

（二）加强市场营销

网上零售企业大都从大中型城市开始发展，面向的主要是一、二线城市中拥有消费能力、方便访问网络的年轻人群体。在这个相对狭窄的市场中，众多网络零售商的竞争日趋激烈，盈利空间越来越小。电子零售商可以通过市场拓展来寻求新的市场增长点，逐渐由大中城市向中小城市甚至城乡镇村蔓延，走“城市包围农村”的路线。不仅如此，国内的网上零售商还可以依托互联网开辟海外市场，进一步扩张市场范围。但是，无论是国内还是国外，市场扩展都必须加强物流、在线支付等后勤保障的建设。

电商企业加强市场营销还可以创新营销方式。在SNS网站出现之前，利用门户网站、BBS等站点进行传统的口碑营销、网络广告、事件营销等都起到了很好的营销效果，为电商企业的发展帮助很大。以微博、人人网、开心网等为代表的SNS网站，为网上零售企业的营销方式带来了新的机会。电商企业应该抓住这种不断出现的新生事物，通过微博营销、社区营销等手段实现成本更低、效果更精准的宣传。

（三）市场细分深耕

相较其他行业，电子零售商可以在网上运营更加细分的市场。在多家规模较大、实力雄厚的电商企业激烈竞争的市场中，仍然存在着不少中小电子零售商生存的空间。网络平台的优势之一是商品品类的极大丰富，然而，任何电子零售商企业均会有它们的品类短板，这也就是电子零售商创新的切入点。例如，京东商城主打3C家电已深入人心，而它在图书、食品等市场方面还在摸索前进；当当网号称综合性网上购物中心，但它目前最有优势的还是图书品类；凡客诚品以服装品类起家，也以其为强项，但是在新上线的家居、化妆品上仍然难以大展拳脚……因此，中小型电商可以通过细分市场，针对现有电子零售市场的空白或薄弱的市场精准定位，把有限的精力和资源投入到自己专注的核心领域，进而挖掘这个领域目标消费群的深度需求和长尾需求，提升自己的品牌价值。

除专注细分市场外，电商企业还可以利用大型电子商务公司自营的开放物流平台，降低物流成本，减轻企业负担。总之，必须从实际出发，结合企业自身的特点和优势来创新商业模式。即使从小角度行不通，也可以考虑应用大规模深度创新的商业模式，即凭借自己对行业的了解向电子商务产业链的上下游延伸与整合，开创属于自己的蓝海。

（四）移动业务应用

利用智能手机随时随地进行交易是电商行业发展的新的契机。多家商城加强了移动业务的开发和开展：京东商城 iPhone 客户端上线；凡客诚品推出了手机客户端和手机网站；手机淘宝开放平台正式宣布推出，刚起步的中小型电商也在用移动应用的方式创新解决电子商务问题。随着智能手机的快速普及、运营商无线网络的提速以及第三方移动支付业务的日益成熟，B2C 平台型电商纷纷布局移动购物。

（五）整合供应链[158]

国内的兰亭集势（Light In The Box）、DX（Deale Xtreme）、大龙网（Dino Direct）等跨国外贸类 B2C 网站是电商企业供应链整合的典型代表。其中，兰亭集势（Light In The Box）是目前中国最大的跨国外贸类 B2C 企业，该公司集合了国内的供应商向国际市场提供“长尾式采购”模式，整合了全球互联网供应链服务，并拥有自己的数据仓库和长期的物流合作伙伴。自 2006 年兰亭集势创立以来，截至 2010 年，企业的销售额已经增长了近 50 倍。通过创新的商业模式、领先的精准网络营销技术特别是世界一流的供应链体系，兰亭集势获得了长足的可持续的发展。

第七章　独立电子零售商的在线定价策略

在复杂的价格机制下，电子商务的增长使得零售商的利益得到提高。一个价格机制的成功施行需要大量顾客以及其消费习惯的数据。传统零售商拥有多类型的日常数据，包括零售终端的购买数据、商店物流数据以及顾客服务电话的记录。网络零售商接触到了另外一种形式的数据来源，即点击流数据。点击流数据提供了网站用户的行为记录，这些记录包括用户所使用的网站或者网页订单、用户浏览每个网页的时间、可能的电子邮件地址以及与用户有关的其他个人信息。因此，对于零售业来说，电子商务的增长使得更加复杂的定价机制具有可能性和盈利性。另外，电子商务降低了成本，促使价格变动更加频繁，同时，低价格可以使得消费者对于真实市场需求具有更好的了解。

产品定价机制可以被广泛地分为三个主要类型：通过公开公布的价格进行销售、通过个人协商价格进行销售以及通过拍卖机制进行销售。在这三个定价机制中的两个基本区别因素是决定最终销售价格的因素和在某一阶段决定最终销售价格的因素。第一个种类，也就是通过公开公布的价格进行销售，价格是被销售者公布出来并且不可以协议。购买者通常对他要支付的最终价格具有充分的了解。在发达国家的大多数零售商店通过公开公布价格进行销售。第二个种类，也就是产品通过个人协商的价格进行销售，在购买者首先进行购买活动时，他对于他要支付的最终价格没有什么了解。作为协商过程的部分，购买者和卖方对关于合同条款的许多条目进行密集的讨论，包括销售价格。协商阶段之后，卖家将决定最终的供给价格。购买者收到的企业价格来自于卖家并且决定他们的最终价格。第三个种类，也就是产品通过拍卖机制进行销售，在购买活动的开始阶段，卖家和购买者对于最后价格没有任何了解。依赖于特殊的拍卖机制，和每个条目价格一样，购买者获得的产品数量只有当购买者决定最终购买承诺时才会被揭露出来。最终价格是由参与拍卖的购买者和卖家的集合所定。通过商业买手报价请求回应所拍卖的商品是通常由第二个和第三个定价机制进行销售。报价请求的过程是一个（逆向）拍卖；购买者最终确定以后，对于初始陈述订单的修正或者其他形式的协商可能会因为产品供给更新或者买家需求变化而发生。

定价是营销4P组合中的重要组成，合理定价是产品成功销售的重要因素。因此，本章主要说明了电子零售商的在线定价的影响因素、有效定价的基本原理、定价方法以及定价的基本策略。对于互联网环境下的定价机制的了解与研究具有很大的作用，也是本书的重要组成部分。

第一节 电子零售商的在线定价现状

传统实体店的业务环境的特点是，消费者必须自己亲自进入商店查看商品并且作出购买决定。零售商面临的竞争主要是来自于地理距离相近的其他零售商。改变价格的决定需要承担宣传新价格所要支付的费用。更进一步，价格的改变往往需要在货架中每个商品贴上新的标签来向消费者告知新价格。这个过程不仅需要花费成本，也要花费时间。因此，对于他们销售的每个产品，传统实体店需要限制价格变动的次数。

无论如何，电子商务的出现促使开展业务的传统方法产生了根本性的改变。由于电子商务的自动化特性，因此实施价格改变只需较低的边际成本。考虑到任何给定时间的价格改变，低边际价格使得卖家变得更加灵活。通过一个简单的数据库条目，卖家就可以改变商品价格。这些数据库条目可以打印零售店内的条目以及改变商店网站的广告。也许，随着数字展示面板和电子货架标签在未来的广泛使用，这一过程在未来会变得更加简单。

电子零售是零售电子业务的“纯粹”形式，即零售商拥有网站上的虚拟商店并且没有任何实体零售点。电子零售的特征是使用网站展示商品进行销售并收取订单。由于许多原因，网站销售对于零售商具有很大的吸引力。这些年来，电子零售已经得到普及。零售商可以通过网站建立目录来展示商品。另外，网站建立的目录比刚好放入邮箱和商店的目录大得多。更进一步，如果没有竞争，电子零售具有显著的自动化流程如订单方面和顾客服务，从而减少交易成本。网站销售的特性是每笔交易具有更大的购买；零售商通常动态地展示互补商品以便吸引额外购买。电子零售也提供与顾客交流的丰富机会，同样地，自动化软件允许零售商以较低的价格提供额外服务。

根据商品的目标购买者，本节将不同定价机制的使用分为两类。这两种类别是：B2C 和 B2B。B2C 是零售商或者制造商直接向终端消费者进行销售；B2B 是零售商或者制造商向其他零售商或者制造商进行销售。B2B 业务通常搭配特殊报价（对报价请求的回应）、拍卖、交易促销、数量折扣和年度退款。特殊报价在某些时候可以被视为特殊情况下的逆向拍卖，即只有一轮的盲目拍卖。B2C 业务搭配每天低价（EDLP）、高低或者促销定价、季末降价、捆绑折扣、非线性定价、非价格促销、折扣券和先到先得特价。任何定价机制的采用和成功实施需要战略和战术计划。战略计划被用来决定在哪个市场上对哪个产品使用哪个定价机制。当定价机制决定以后，战术计划是在战略计划阶段决定已经选择的定价机制如何恰当实施。

作为双决定过程的例子，B2C 零售商面对一个战略决定：是否接受每日低价定价策略或者高低定价策略。这一决定依赖于目标市场、销售产品、长期品牌形象以及零售商总体营销和操作策略。代表性的是，中大型零售商对不同产品和市场使用不仅一个定价战略，甚至使用不同渠道。

在战略决定作出以后，零售商面临一系列的战术问题。同季节性商品（在季末间隙阶段）和折扣商品（在清仓大甩卖阶段）的降价决定一样，如果零售商采用每天低价定价战略，买家不得不决定可以被大多数销售季节使用单一销售价格。如果零售商采取高低定价战略，买家必须决定每个产品在销售旺季使用的一系列价格。买家必须协调定价决策与非价格促销决策。

第二节 在线定价的影响因素分析

网络环境下的定价受到多种因素的影响，相关因素如表 7–1 所示。总的来说，这些文献可以分为几个主要的部分：影响线上和线下价格竞争的互联网特性；消费者搜索成本和服务需求的异质性；线上和线下渠道的竞争；两个互联网特性可能引起较低的搜索和交易成本，以及通过增加竞争降低价格。互联网的其中一个特性是作为提供信息的媒介，可以很大地降低搜索成本，提高消费者的信息质量，增加竞争从而降低全价格。和这一特性相关的是，这一在线交易的能力可以将交易的地理障碍忽视掉，并且可以创造一个顾客密集的市场。拍卖定价已经解决了 1/3 的网络交易。

表 7-1 在线渠道定价的影响因素

变量	影响		文献参考	研究问题
	搜索和交易成本	价格		
网络特性				
信息可用性	在线购买降低成本	低价格，拍卖定价可行性	Bakos（1997）[159]，Brown 和 Goolsbee（2002）[160]，Zettelmeyer 等人（2006）[161]	在供给方面的信息影响
拍卖和其他的未标签价格机制	解决了地理限制，增加等待和风险	买者决定价格	Bajari 和 Hortacsu（2004）[162]，Pinker 等人（2003）[163]，Bruce 等人（2004）[164]，Spann 等人（2004）[165]，Dholakia（2005）[166]	声誉和其他因素对于意愿支付的影响
有限的线上搜索	线上搜索是有成本的	高价格，降低竞争，价格差别	Johnson 等人（2004）[167]，Chevalier 和 Goolsbee（2003）[168]，Bajari 和 Hortacsu（2003），Hong 和 Shum（2006）[171]	在线价格弹性和搜索成本
学习网站	降低了熟悉网站的相关成本	渗透定价创造顾客锁定	Johnson，Bellman 和 Lohse（2003），Farrell 和 Klemperer（2006）[172]	禁闭和线上卖者的影响程度
线上购买的风险	对于熟悉网站的忠诚度	对于熟悉和高相关的网站的溢价	Smith 和 Brynjolfsson（2001）[173]，Bruce 等人（2004）	忠诚度对于在线卖者的影响
消费者的异质性				
不同公司的搜索成本		持续的价格离差	Carlson 和 McAfee（1983）[174]，Pan 等人（2004）[175]	研究消费者交易价格离差而不是标签价格
具有相同成本函数的企业的搜索成本		价格离差，导致卖者相关价格波动	Varian（1980），Baye 和 Morgan（2001），Iyer 和 Pazgal（2003），Baye 等人（2004）	决定锁定，风险，服务和搜索成本的相关影响
零售服务的需求	消费者花费高价格获得服务，并降低搜索成本	价格离差引起价格随服务不同而不同	Ehrlich 和 Fisher（1982），Betancourt（2004），Pan 等人（2004）	

续表

变量	影响		文献参考	研究问题
	搜索和交易成本	价格		
线上和线下				
可替代性	线下优势：查看商品和直接购买，线上优势：旅行成本	如果是替代性的，线上和线下渠道同步低价	Goolsbee （2001）[170]，Ellison 和 Ellison （2006），Forman 等人 （2007）	更多研究线上和线下的替代性
旅行成本优势	重复购买时，线上价格低于线下价格	线上价格较高	Lal 和 Sarvary （1999）[178]	需要直接测试
多渠道	结合线上和线下的优势	更高的价格	Zettelmeyer （2000），Pan 等人（2002），Cao 和 Gruca （2003）[176]，Xing 等人 （2006）[177]	量化多渠道的服务优势

一、消费者搜索成本

在生活节奏加快、产品日趋多元化、城市范围日益扩大、通勤成本提高的今天，商品的搜索成本日益提高，在商品总成本中所占的比例也不断上升，消费者越来越关注是否能够快速便捷地寻找到合适的商品。目前，众多的电子商务网站如京东商城、淘宝网等能够得到蓬勃发展，一个重要原因就是它们能够有效地扩大消费者的产品搜索范围，降低搜索成本。自美国经济学家 Stigler （1961）[38] 提出搜索成本的概念并给出搜索成本研究的基础模型之后，国内外的经济学者对搜索成本进行了一系列的研究，并且获得了相当的成果，本书对这些文献进行述评，并指出搜索成本理论研究的未来发展方向。

自 Stigler 提出搜索成本的概念后，经济学界出现了两个主要的关于搜索成本的定义：一种观点把搜索成本归为交易成本的一种，认为搜索成本源于商品资讯与交易对象资讯的收集；另一种观点则将搜索成本划分为协调成本的一部分，认为消费者为了获取销售商所供应商品及其相关信息（如供应商的位置、信誉以及商品的价格、规格、质量和特性等）而作出的购买前投资。两种定义虽然有所差别，但是在一点上是一致的：搜索信息是需要付出代价的，搜索信息的活动给消费者带来一定的搜索成本。

我国学者[188]借鉴制度经济学里面的交易费用概念，进一步明确归纳了搜索成本的构成：搜索成本由两部分组成，一部分是调查不同的商店以及了解不同牌号商品的价格、质量和性能所需要的时间成本，这主要是一种“机会成本”；另一部分是现实支出的成本，如购买购物指南费用、交通费用、鞋底磨损、上网费用等。本书所涉及的搜索成本基本采用这个定义。

互联网通过降低搜索成本使得市场的竞争强度不断地增大。尽管没有充分理由表明互联网消除了搜索成本，或者引起了激烈的市场竞争，但是有充分的理由说明互联网使得消费者与信息的接触更加紧密，以此提高了销售者之间的竞争状态。这些证据和线上交易信息的获取有很大的关系，同样这些信息在完成线下交易时具有很大的作用。特别是，许多研究已经证明互联网降低了价格。通过许多价格方面的微观数据，可以消除已付价格和互联网使用差异的关系。从1995～1997年互联网降低了期限内的保险价格8%～15%。通过使用与交易价格相匹配的一系列数据，以及最近汽车购买者的调查数据，Zettelmeyer，Morton和Silva-Risso[161]证明对于价格数据的了解和参考互联网的数据，引起交易价格下降1.5%，这部分利益主要是被那些不喜欢讨价还价的顾客所获得。在互联网上面进行搜索信息显著降低了汽车购买者花在汽车销售商身上的时间，并且降低了花费在销售商身上的协商时间。

除了使得信息更加容易接触外，在线上进行购买通过减少旅游成本降低了交易成本。另外，互联网可以使得沟通无处不在，哪怕是身处遥远的地球的另一边，互联网消除了交易的地理障碍因素。并且，网站在设计的时候，可以贴上销售标签、出价以及买家的信誉信息。这也引起了拍卖购物方式和无标签价格机制在互联网上的普及。

二、线上和线下渠道的竞争

线上零售商具有低旅行成本的优势，线下零售商的优势是消费者可以查看商品，可以进行直接交易。由于这些差别，线上和线下卖家是存在内在性差别的。然而消费者更加喜欢使用两个渠道，在线上获得的信息通常被消费者用来提高自己对于线下交易的认识。一个卖家可能希望消费者使用两个渠道进行购买，在一个渠道进行交易的卖家可能和另一个渠道产生竞争。

Lal和Sarvary[178]的研究表明，在重复购买时，旅游成本使得垄断权力转移到线上，当不能到店里亲自购买时，转移到一个替代渠道是不可行的。因此，在线上重复购买的能力产生了转移成本，转移成本可以被卖家利用。同时这一因素也使得线上价格高于线下价格，线上卖家可以在他们之间产生相互竞争，因此便产生低的边际成本。更多的是，线上销售会导致成本经济，这一成本经济表现为存货和销售员工的减少。然后，这些可能被长距离小批量的货物所带来的高成本所抵销。因为这些抵销力的存在，所以这些线上价格高于还是低于线下价格并不是十分明了的。

由于线上和线下渠道在某种程度上是竞争的，这一定价因素应该被在线上和线下进行销售的卖家考虑。他们应该考虑到线上价格对于线下销售的影响，反之亦然。在某种程度上，线上和线下价格是替代的，这将导致多渠道零售商在线上定价时，比单渠道零售商少点侵略性。与这一致的是，Pan、Shankar 和 Ratchford[175]，Cao 和 Gruca[176]通过模型研究均发现，多渠道零售商应该比单渠道零售商收取更高的价格。对于多渠道零售商的线上、线下价格差异，Zettelmeyer[161]认为，线上渠道定价应该高于线下渠道。

正如上面所说的，如果可虑到与线下零售渠道的竞争，多渠道零售商应该比单一线上渠道的纯电子零售商定更高的价格，许多多渠道零售商定价的研究都验证了这一点[170][176][177]。当多渠道零售商比纯电子零售商在线价格更高时，也有研究表明[173][178]，多渠道零售商的线上价格低于同等商品在线下销售的价格。正如上面所说的，这可能是由于较低的线上成本造成的，如低服务成本、低线上搜索成本或在面临顾客的转换成本时锁住顾客的成本，或者这三个的组合。

三、电子商务相关的因素

（一）交易安全与隐私安全

Hoffillan 等人[179]发现网上购物一个最主要的障碍是消费者感觉网上购物有较大的风险。Zenweger[180]也认为感觉网上购物的不安全，是阻止网上购物发展的一个主要的因素。Rohm 等人[181]研究发现消费者在网上交易时，另一个问题是消费者担心使用组织会出卖他们私人隐私，不同的调查结果显示网上购物者对私人信息的担心。Balfour 等人[182]检验全球电子的消费者需求时强调交易安全性和个人隐私。在我国，根据 CNNIC 的报告，在网民不进行网上交易的原因中，交易安全性得不到保障、担心隐私受侵犯各占 61.5% 和 28.2%。可见，网络购物的交易安全和隐私安全是影响网上购物决策的重要影响因素。针对交易安全，目前我国很多的电子商务网站主要采用 SSL 和 SET 模式实现安全电子支付。虽然 SSL 协议是基于电子签名的传输安全模式协议，这种协议很好地解决了数据传输的认证性、私有性和完整性，但是由于交易双方没有交易记录，在交易结束后无法向第三方提供有效的证据，证明对方所做的交易。虽然能有效地防止交易过程中数据被篡改，但无法提供交易双方不可抵赖服务，还不能进行完整的电子交易。也就是说SSL运行的基点是商家对客户信息保密的承诺，缺乏客户对商家的认证，在认证交易双方方面几乎无能为力。换句话说，就是对数据的传输过程进行了有力的保障，对传输数据的双方没有约束性。而由 Visa 和 MasterCard 两大信用卡组织提出的以信用卡为基础的电子付款系统规范，用来确保在开放网络上持卡交易的安全性的 SET 支付模式虽然解决了多方认证，但是也存在着只适合于客户安装了“电子钱夹”的场合，使用成本高，且协议复杂的缺陷，目前在电子商务网站将成为安全电子支付的主流模式。

（二）企业形象

企业形象是企业通过外部特征和经营实力表现出来的被消费者和公众所认同的企业总体形象。企业的知名度、信誉度、美誉度是传统营销模式下的企业资产；在电子商务模式下，企业形象对消费者的行为同样产生了很大的影响。Suri、Long 和 Monroe[183]研究发现：随着在线商家数量的增加，通过互联网获得的信息也在增加，结果造成消费者的信息负担过度。随着提供给消费者的信息增加，他们会通过采用决策的捷径和直观推断来减少搜索成本。这些捷径可能是采取从熟悉的和信得过的站点购买的形式，即使那个站点的价格可能高于竞争站点的价格。Amazon. com、Barnes 和 Noble. com 以及 Borders. com 等在线书店收取高于其竞争对手的价格，仍然能够达到相当数量的销售量。可见，网络企业形象也会影响消费者的购买。网络销售商在与消费者的交往中，可以通过与消费者之间发生过的令消费者满意的购买经历，逐步获得消费者信任，建立起较高的客户忠诚度，当然也可以通过权威的第三方认证和推荐达到这个目的。

（三）网站页面设计

对于消费者网络购物来说，相关产品的页面浏览是第一步，国外学者研究发现网页设计将影响消费者的购买行为，进而对定价产生一定影响。Hoffillan 等人[184]研究发现，如果消费者最初就对网页很满意，他们就会在随后更乐意购买。但如果网页最初就富有激励或信息公布完全，他们就很少愿意进一步搜索或购买，即使后面有更多的激励或促销。也就是说，网页对消费者形成的第一印象会影响他们的下一步行动及购买行为：是否继续浏览或浏览更深入，或移到其他的网页，或干脆关闭网页。Mandel 和 Johnson[185]以安全和价格为背景图画和颜色进行激励，发现两种激励方式影响了产品属性特征，最终影响了消费者对产品的选择。

Omanson 等人[186]研究了如何利用网站设计的视觉形象的一致性影响消费者

对网络品牌及其产品的态度。通过实验得出，这些因素会影响消费者对网站的视觉一致性的感受，进而影响他们对网站的态度和它所宣传的产品态度。Kaynama[187]以网站的内容、接近性、导航性、设计、反应、背景和个性化以及顾客定制作为评价在线旅行机构服务质量的要素。Nielsen 对美国 10 个电子商务站点所作的调查统计表明，电子商务网站由于在可用性方面未能满足客户的要求而丧失一半以上的交易机会；相反，如果不存在可用性方面的问题，它们的销售量则可以提高 79%。

网站页面设计的影响具体从以下五个方面分析：

1. 购物的便利性

电子商务企业购物便利性的差异将影响价格离散，借助好的搜索工具、导航以及消费者对产品的评价功能能够快速查找和评价其所需购买的产品，从而减少搜索和转移成本，方便购物。我国目前电子商务销售网站在提供搜索方式、消费者论坛等服务上有很大差别。因此，提供一个高便利水平的电子商务网站可以提高价格。另外，购物的便利性将带给消费者愉悦的购物体验，进而影响在线市场的价格竞争。所以，一个网络销售商想要将自己的产品定较高的价格，赚取更多的利润，就必须提供很好的网上购物方便性，这可以通过精心设计的网站来实现，网站界面要亲切、友好、易用，要有完善的搜寻工具、提示工具以及更快速的登录、校验服务。

2. 产品信息的深度

网上产品信息的深度可以降低网上的价格敏感性。因此，那些能够提供丰富产品信息的网上销售商就能够定高价。因此，网络销售商应该提供更多的产品信息和较低的价格。网络销售商应该在自己的网站上面提供丰富的产品信息，这些产品信息要有一定的深度和广度，这些信息要包括网络销售商提供的各类产品的名称、编号、产品类别、产地、质量、数量、产品的样品图片、使用说明等，还应该包括与该产品有关的各种评论，其他消费者提供的建议，等等。

3. 网站速度

由于网络基础设施问题，目前我国网络速度比较慢，而且由于电子商务销售商 Web 服务器在网络中位置以及网站本身的内容设计，将影响消费者浏览和购物的速度和兴趣。

4. 有无完善的互动服务

个性化定制服务、根据服务对象（个人和团购）提供分类服务以及在线调查、通过电话、E-mail 等方式回复消费者的咨询、BBS、QQ 等聊天功能，都有可能提高潜在消费者对该网站的好感，提高消费者的品牌忠诚度。

5. 有无退货说明

网络消费者经常担心当送来的货物质量不符合要求时的退货问题。如果电子商务网站能够提供详细的退货说明，可以帮助消费者排除顾虑。

（四）配送与售后服务

据CNNIC调查分析，消费者认为网络购物的产品质量与售后服务方面存在问题的比例波动很大。在2005年，这一比例出现了较大的增加，感知网上所购产品质量、售后服务得不到保障的，占45.7%，居第二位。另外对于网上购物的配送渠道的问题，10.7%的用户感到“送货不及时”。而Meute等人、Oxley和Yeung[186]认为许多消费者怀疑网上购物的免费退货和退货的保证。其中，履约的可信度是配送与售后服务的一项重要的体现。在消费者心目中，网络销售商履约的可信度会影响网上产品的价格离散。网络销售商的履约可信度是非常重要的，在消费者心目中，网络销售商的履约可信度占据着很高的地位，网络销售商履约的可信度直接影响价格离散，从而带来同一产品价格高低的不同。履约的可信度包括：发货时间，即货物是否按照合同时间准时发出；发送的货物是否按照所承诺的数量、质量；对客户承诺的各种服务是否兑现。如果网络销售商具有较高的履约可信度，就会受到更多的消费者关注和信任，网络销售商就可以凭借拥有更多的忠实的客户而制定更高的价格。

总的来说，交易安全与隐私安全、企业形象、网站页面设计、配送与售后服务等非价格因素通过影响网络消费者的购物意愿，也就是影响消费者的价格敏感度，反过来影响销售商的价格，今后可将其进行合理量化，比如运用内容分析法对网站页面设计进行评估、运用问卷调查法对企业形象进行打分、运用实验法虚拟网络购物对交易安全与隐私安全和配送与售后服务进行分析等方法对非价格因素进行价格和价格离差的影响分析。

四、限制线上价格竞争的因素

Johnson等人[167]发现，在互联网上面进行搜索是受到限制的，并且只能在有限的几个网站上面进行搜索。这也说明在线搜索可能比许多人预测的要高，同样线上市场的竞争程度也不像我们所想的那样高。粗略地可以将这一原因归结于销售数据的缺乏，现存的关于线上市场价格弹性的研究还不能充分地说明网络市场已经达到完美的竞争。Chevalier和Goolsbee[168]发现对于书籍的需求价格弹性大概是3.5，而Barnes和Noble对于亚马逊的需求价格弹性分析所得到的数据只有0.45。消除价格弹性的影响，亚马逊的边际收益是负的，说明它的价格低于短期的收益最大化模型。一个可能的原因是亚马逊采取了渗透价格策略。另外一个低弹性需求的原因是，卖家通过使用设备使得实际的价格很难决定，以此来增加搜索成本和降低竞争[169]。

如果我们对于线上搜索成本有更多的了解，就可以得出结论：网络增加了效率。另外一个决定线上搜索成本的因素是Hong和Shum[171]发现的，他们认为，如果假设消费者进行最佳的搜索，以及卖家根据最佳混合定价模型进行定价，搜索成本可以从发布价格中发现。这一方法的基本思想是，一个既定的搜索成本表明一个来自最佳混合策略的价格发布频率。如果价格发布频率和最佳的吻合，那么搜索成本是可能被发现的。

如果搜索成本随着消费者不同而不同，这将和普遍的线上定价，以及特殊的价格差异的理解有关。在具有搜索成本的市场中，各种各样的均衡模型是存在的。当存在信息和无信息两个消费者群体的时候，可以采用暂时的价格歧视。这个市场具有一致的成本函数并且自由进入。因此企业将得以区分，有的企业可以通过吸引无信息消费者来获取盈余，同样有的企业可以通过降低价格来吸引信息消费者，这一模型中不存在平衡策略。纳什均衡策略可以使得企业选择随意的价格策略来使得期望收益最大化。这使得每个企业从无信息消费者身上得到盈余，偶尔可以通过最低价格和信息消费者产生交易。由于转换成本产生锁定效应已经在经济学文献中普遍存在。同时例外可能会产生，大多数共同的结果是转换成本产生锁定效果，以此导致激烈的竞争和市场开始时的低价格，后来可能会由于转换成本产生高价格。初始的市场份额成为宝贵的资源，这一资源将引起未来来自锁定效应的利润。另外一个重要的结果是存在“肥猫”效应，高市场份额的企业不能使锁定和新顾客的价格产生区别，这将导致新顾客流向份额较小的竞争者，并且继续利用他们现有的顾客。通常情况下，研究转换成本的文献预测初始占有的市场份额是通过低价格来进行的，后来是通过利用转换成本来提高他们的价格。这也同样预测具有大市场份额的企业会建立他们的价格保护伞，这也会使那些低价格的企业获得新进入市场的消费者。

风险是另外一个限制买家使用网络的原因，或者至少限制他们对于在线买家的选择。消费者普遍不倾向于从低价格排名的网站上进行购买，尽管来自不同卖家的价格是呈现在消费者面前的。因为网络买家不能提前看见他们的商品，必须要等待商品交付，面对的是安全风险，也没有机会解决这些问题。由于这些风险的存在，消费者更有可能光顾具有很强信誉的卖家。为了使得消费者继续光顾卖家，卖家需要使得消费者具有好的顾客体验。后者组成了转换成本的一种形式。假设信誉是重要的，消费者会希望具有很高的信誉以便产生价格溢价。消费者也希望卖家表明他们的信誉，或者使用其他的机制来澄清他们的信誉，如 eBay 排名。

关于信誉的实际数据是粗略的。尽管亚马逊不是低价格的卖家，但是它还是统治了书籍和 CD 的线上市场，并且涉及了其他的商品类目。同样，如前所述，卖家信誉与线上拍卖中的高价格有一定的关系。总体来说线上搜索成本是本质的，学习使用网站也是具有高代价的，产生锁定是可能的，并且卖家信誉是线上购买的重要因素。

第三节 网络市场有效定价的基本原理

本节对于有效定价的原理进行了总结，其中包含对于市场效率诸多营销因素的阐述，包括微观和宏观两个方面。这些诸多的定价影响因素还包含具体的更加细分的影响因素，本节也进行了详细的说明，给互联网定价提供了依据。

一、市场效率

在网络交易日益成为一个具有更多优势和发展潜力的销售模式时，企业、学者以及政府都非常关注这一商务渠道与传统市场的不同及其发展潜力。例如，电子商务市场是不是比传统市场具有更高的市场效率呢？在实证研究中，检验市场效率的主要指标包括价格水平、价格弹性、菜单成本以及价格离散等几个指标。

电子商务市场与传统市场价格水平的比较。Lee 研究了 1986 ~ 1995 年电子拍卖市场和传统拍卖市场上销售的旧车的价格，他研究发现电子商务市场中价格更高，并有逐步走高的趋势。Bailey 在 1998 年分别做了两次传统市场及电子商务市场上图书、音像制品等标准化产品的研究，他得出在 1996 年和 1997 年两年的时间内，图书、音像制品、软件的价格在电子商务市场上比在传统市场上更高[33]。同时，OECD 也有数据跟踪支持电子商务市场上价格更高，他们收集了网上和传统市场上书籍、音像制品和软件的 24000 个价格。Forrester Research 考察了 12 个产业中 150 家企业的 B2B 交易，研究认为电子商务市场商品价格与传统市场没有明显差别。Brynjofsson 和 Smith[173] 比较了 1998 ~ 1999 年的电子商务与传统市场上书籍和音像制品的价格，他们的研究结论得出，电子商务市场价格比传统市场价格低，即使考虑税收和运费，同等产品在电子商务市场的价格也要比传统市场低6%～10%。Ernst 和 Young 比较了 1998 年 1 月 3 家网上市场和传统市场 32 种消费品的价格，得出 88% 的产品在电子商务市场上较低，6% 的产品在电子商务市场和传统线下市场持平。Clay、Krishna 和 Wolff 观察了 1999 年 4 月和 1999 年 8 月到 2001 年 1 月间电子商务市场上 32 家书店的 399 种不同的图书的销售情况，发现电子商务市场上价格低，并且，销售分布很广泛的大众图书的价格在网上商店有持续下降趋势。

电子商务市场与传统市场价格弹性的比较。Degeratu、Rangaswamy 和 Wu 的研究认为电子商务市场上购物者的价格敏感性更低，但他们的研究范围限于食品杂货类商品，研究时间为 1996～1997 年。Goolsee 和 Austan[170] 的研究根据 25000 位网上购物者的数据统计，认为电子商务市场上购买者的价格弹性更高，且他们对地方税更敏感。Lynch 和 Ariely 模拟酒类产品的电子商务市场，得出电子商品市场上价格弹性更高的结论。Ellion 研究了计算机硬件，他选取了三种计算机硬件。他的研究结果显示主板和低质量的内存具有极高的价格弹性，而中质量内存表现出与低质量内存不同的价格弹性。Smith 和 Brynjoffson[173] 在 2001 年的另一份研究显示消费者对供货商在 Shopbots 价格比较表的序数位置非常敏感。

电子商务市场与传统市场菜单成本的比较。Bailey、Brynjofsson 和 Smith[173] 以及 OECD 的研究，均表明电子商务市场的菜单成本低于传统市场的菜单成本。

二、微观因素

（一）企业因素

1. 运营成本因素

主要包括商品成本、购置成本、网站维护费、广告费、客服费和人力资源成本。

（1）商品成本。由于电子商务可以使买卖双方直接在网上进行信息沟通，因此传统商务中的长渠道在电子商务环境下已没有生存的空间。这样企业在网上从事电子商务的类型只能有如下两种主要模式：制造企业—消费者（直销）、制造企业—多家网上商店—消费者（一层渠道分销）。前一种方式商品的成本就表现为商品的制造成本，而后者的商品成本则体现在商品的进价上。

（2）购置成本。电子商务的购置成本包括为实施电子商务而购买的各种软硬件的支出，具体可分为硬件成本和软件成本。商家需在计算机网络及数据库等科技含量较大的设备上进行一定的先期投入。在诸如电脑系统、信息采编、数据目录等方面投入很大。要想实现真正实时的网上交易，要求网络有非常快的响应速度和较高的带宽，这必须由服务器等软硬件提供对高速网络的支持。要想实现安全的网上交易，还必须要有“防火墙”等安全方面的软硬件。要想更好地为顾客服务，需分析顾客的信息，这也需要相应的分析软件。典型的电子商务硬件体系包括路由器、以太网交换机、负载平衡器、Web 服务器、应用服务器、数据库服务器以及付款系统。这些设施主要用来完成用户浏览查询、购买以及交易的需要。负载平衡器主要将 HTTP 对 Web 服务器的请求根据具体需求情况分配到不同的 Web 服务器及应用服务器上。由 Web 服务器、数据库服务器处理用户请求，运行 CG 工程序或其他应用程序，并完成网上交易过程。因此，体系中起关键作用的部分包括路由器、负载平衡器、服务器的处理能力、输入输出设备以及可用的存储空间。

（3）网站维护费。电子商务领域存在着激烈的竞争，为避免被淘汰的危险或者出于领先其他竞争者的心态。企业信息技术部门需要倾注大量的精力不定期地对电子商务软硬件系统进行升级，以确保网络系统的可靠性、安全性以及效益性。升级电子商务硬件系统相当于重新进行硬件购置；而电子商务中，由于被视为企业成败的关键的软件的发展速度很快，生命周期较短，这就使得软件升级维护成本相当昂贵。因此，网站的维护费用对电子商务企业来讲是不可忽视的。

（4）广告费。企业的电子商务也需要宣传，因而也需要付出宣传成本，具体包括：登陆各大搜索引擎的费用；各种街头广告费用；在报纸杂志、电视电台等新闻媒介上刊登广告的费用等。为了宣传网站，以上的开支是不可缺少的。如果要刻意宣传与其他网站的差异性，开支就比较大了。如请影视明星做网站的代言人，在节假日举办各种宣传活动等。

（5）客服费。电子商务企业主要存在两种客服方式：电话客服及网络客服。因为没有实体的店面，所以在线交易不能像实体店铺那样有销售员随时解答疑问，展示样品。当客户有疑问的时候，就只能通过客服进行询问。而电话客服费用较之网络客服费用高出许多。因此，如果虚拟商店的网站功能设计得非常人性化，就能使得顾客愿意使用网络咨询代替电话，如 Alllazon 的网站功能的设计就让消费者感到十分贴心，从而成功地减少了消费者打电话的频率。再则企业可以将商品介绍、技术支持、常见问题解答等信息全都放在企业的商务网上，客户有任何问题都可以先到这个页面上寻找是否有解决方案，这样企业客户服务部门的工作量将大大减少，客户服务费用也将随之下降。

（6）人力资源成本。人力资源成本不仅包括员工的薪水，还包括对员工的培训费用。电子商务对工作人员有很高的要求，需要聘请相应的技术人员或计算机技术熟练的商务人员，同时还需要管理信息系统（MIS）的员工，以及电子商务专业人员。这些员工的薪水必然较之普通企业员工高出许多。培训费用主要包括由卖方提供的培训及公司内部提供的培训，绝大部分培训费用属于商务先期的成本开支，即在使用电子商务之前发生；另一小部分是对员工的在职培训，目的是为了让已在从事电子商务工作的员工进行进修和深造，以了解和学习新技术和有关标准方面的变化和进展。

2. 商品因素

主要包括商品特色、商品质量以及商品品牌。

（1）商品特色。特色原指某企业商品有别于竞争商品的一些特点，现在则主要是指某企业商品在某一性能或设计方面所取得的优势，或商品在主要用途以外的其他用途。例如，某种热水器的操作使用特别方便，这就可视为一种特色。商品特色是企业竞争的工具，是企业在商品竞争中重点突出某一因素以出奇制胜的手段。互联网上消费敏感度比较大，为了降低消费者的在线价格敏感度，商家必须使他的商品有别于他人。在一个网上售酒的研究中发现，网上商店大量增加之后，各家商店商品价格可以被很容易地进行比较时，酒的价格敏感度就很大。然而，各家商店的竞争并没有影响到特殊酒的价格。因此，要避免比价系统对商品价格的影响，商家就必须提供有特色的商品和信息来提高商品的价格。

（2）商品质量。商品质量指的是商品适合一定的用途，可以满足生产需要或消费需要所具备的一些属性。商品质量涉及的因素比较多，一般来说，主要包括两个方面：一是耐用性。比如可连续使用时间、1 年内需维修的次数等。二是性能水平，指商品所具有的各种功能水平的高低。如电视机的清晰度、空调的噪音大小、冰箱的制冷能力、食品的营养成分、服装的面料和做工、脱粒机的效率等。

商品质量是任何市场销售形式的基础，强调网上商品质量的重要性，是由于网络的虚拟性和超时空性使消费者完全无法重复在传统销售方式中已经习惯了的购买过程形式，无法产生感观直接接触商品所得到的感受，而如果商品质量一旦存在问题，即便商品可退换也可维修，但对消费者而言，需要支付总成本就会增加，同时也难免出现其他一些连带的麻烦。所以，一个 B2C 企业销售的商品质量的高低，就会较线下商品对定价的影响大。

（3）商品品牌。在现代市场经济中，商品品牌绝不仅是一个商品的牌子，还是商品属性、利益、价值、文化、个性和用户的集合，品牌是企业不能忽视的无形资产。网络的开放性使得两个问题变得非常重要：一是网络中的信息纷繁复杂浩如烟海，品牌如何吸引消费者浏览时的注意力；二是在网络中消费者选择商品的余地非常宽泛，品牌如何增加被选择的概率。可以肯定的是，消费者在网上购买商品更加注重市场品牌形象，品牌的背后是企业的诚信，消费者相信了企业就会愿意购买它的商品。因此，大品牌商品的价格也自然会比同等商品价格高。

3. 物流因素

物流配送是电子商务的重要环节，它是衡量 B2C 电子商务成功与否的一个重要尺度。物流配送对于 B2C 电子商务有形商品定价的影响主要体现在物流的费用和速度上。物流配送的速度无疑是吸引消费者眼球、提高商品价格的极有重量的砝码。但是，B2C 电子商务的物流具有多品种、小批量、多批次、短周期的特点，难以形成物流配送的规模经济，这无疑又增加了商品的销售成本。

B2C 电子商务物流配送主要有三种模式：

（1）电子商务网站自己组建物流配送体系模式。该模式由 B2C 网站自己筹资组建物流配送系统。从客户网上订单的签订到货物最终到达用户手中采用一条龙服务，没有第三者的参与。它的一般方法是，在网民较密集地区设置仓库中心和配送点。使用这种配送方式使商家在配送的全过程中可以做到货物全程监控。同时，因配送点距离消费者近，其配送时间也较短，能够满足消费者即购即得的购物心理。所以，响应及时、全程监控是这种配送方式的最大优势。但是这种方式并不是每一个 B2C 企业都可以做到的。因为它需要强大的经济后台作支柱，需要耗费很多人力、物力。这会导致 B2C 企业初期物流费用的增加，进而导致商品成本的增加。

（2）通过第三方物流配送模式。第三方物流是指由物流劳务的供方与需方之外的第三方去完成物流服务的物流运作方式。也就是说，网站将物流配送方面完全包给专业的物流公司来实现，自己很少干预甚至于不干预。理论上物流应该采取外包的形式，因为从社会宏观角度讲，专业分工越来越细，这使得有限的资源得以最大的利用。B2C 企业也可利用第三方物流企业的专业物流技术和批量优势，缩短交货期、降低物流费用，从而改进电子商务企业的企业形象，降低物流成本，赢得更多顾客。但是 B2C 企业将物流外包以后，对于货物运送的监督就显得十分无力了。而且，如果送货量太小，送货费用一般会比特快专递的费用还要高，这会使网站得不偿失的。

（3）利用中国邮政服务配送模式。这也是被国内大多数 B2C 网站所采取的模式。它是网站根据消费者网上的购物清单和地址信息，将商品包装并到网站附近的邮局办理邮递手续。一般网站都会提供普通递送以及特快专递两种方式，同时列出各自的送货时间以及收费标准，让用户自行选择。中国邮政在我国覆盖范围极广，利用邮政可以将业务做到全国的每一个县市，这是其他物流方式无法做到的巨大优势。但是我国的邮政业服务质量不高，反应迟钝，周期过长，过程缓慢是它一直难以解决的问题。再则，其费用较高，一件小商品的邮购费用可能是商品本身价值的好几倍，这样将运费加于消费者头上，消费者会因运费高而拒绝购买商品，影响商品的销量，加于网站身上，网站此笔业务又将必定亏损。

以上三种模式在物流费用以及速度上各有特点，B2C 企业可以根据自己企业的实际情况选择物流模式，来尽可能降低物流对于企业定价的负面影响，努力给予足够合理的开发与利用，那么它对商品的价格来说将是一种非常富有竞争力的资源。

4. 安全因素

B2C 商品交易是透过互联网传输信息，达成彼此对交易条件的共识。虽然使得交易更方便，但同时面临的风险也更多了。在任何情况下，交易的安全总是人们关心的首要问题，能否给消费者提供一个安全的购物环境，也在很大程度上影响了消费者购物的决心以及期望价格，同时也会相应增加企业的运营成本。安全因素包括网站的安全、顾客信息的安全以及网上支付的安全三个方面。这些安全问题主要是由于两种原因所导致的：一是计算机病毒，二是网络犯罪。

（1）网站的安全。网站上每天的信息吞吐量都非常大，访问者相当多。这就使网站较容易感染病毒，如果没有良好的防毒系统，就会使网站遭到破坏，严重影响到网站的正常交易和企业形象。还有一些网络黑客对网站进行攻击扰乱系统，使网站不能正常运转，或者盗窃企业机密，以直接获取非法经济利益，而且金额往往较大。

（2）顾客信息的安全。目前在国内上网购物，客户对在线支付最大的担心是个人信息的安全，如消费者姓名、信用卡卡号与密码、个人家庭住址、身份证号码和电话号码等许多私密信息是否会被泄露。泄露的途径主要有两条：一是网络黑客侵入系统，盗取顾客信息（或者删除顾客信息库，对企业造成巨大损失）；二是 B2C 企业内部管理不善，造成非授权存取，致使顾客信息泄露。

（3）网上支付的安全。网上支付方式具备快捷便利、费用低等优势，但目前许多消费者因为担心付款过程中的安全性，也就是说支付的款项能否安全到达商家而不愿通过网上支付货款。这就无形间增加了交易成本。

5. 商誉因素

商誉是指企业获取超额收益的能力。通常是指企业由于所处的地理位置优越，或由于信誉良好而获得了客户的信任，或由于组织得当、生产经营效益高，或由于技术先进、掌握了生产的诀窍等原因而形成的无形价值。

一个企业的市场能做多大决定于它的商誉。商誉是企业的生命，是活在顾客心中的口碑，是衡量一个企业和品牌文化价值的天平。成功的企业没有不注重培育良好商誉的，因为商誉就是市场。电子商务是在虚拟网络环境下的交易，而互联网的虚拟性和不信任因素的增加，使得商誉对B2C电子商务企业来说就更为重要了。许多消费者出于交易及信息等安全因素的考虑，更多地倾向于去那些拥有良好商誉的电子商务企业，并且愿意为有商誉保障的交易而支付更高的价格。由于电子商务环境下的风险要高于线下市场许多，因此，商誉所能吸引的消费者要远远大于线下市场。同时，商誉对价格提升的影响也比线下市场大。

商誉的形成不是一朝一夕所能达到的，它是企业生产经营作风、企业信用等精神财富的多年积累，它的形成是一个较长的过程。商誉的维系也不是靠广告宣传出来的，而是靠真诚服务于客户实实在在做出来的。只要商誉存在并维系着，商誉就会带来更多的消费者，消费者对于商誉的忠诚度也会与日俱增。这样进入一种良性循环，商誉就会不断提升企业商品价值，获取更多利润。

（二）消费者因素

1. 消费心理因素

消费者的心理，如性格、态度、爱好和情绪等精神和意识都直接影响着人们的消费行为。影响价格的消费心理因素，主要表现为价格预期心理、求廉的价格心理、价格攀比心理、价格偏好心理、价格价值判断心理等。如在价格预期心理的作用下，涨价预期消费者抢购和囤积，跌价预期消费者观望；在求廉的价格心理作用下，消费者只要看见商家以较大的折扣或低价出售商品，就会产生强烈的购买欲望；在价格价值判断心理的作用下，由于信息不对称，消费者常常以价格的高低来判断商品的内在价值，价格高的商品价值就高，便宜则没好货等。

2. 时间因素

时间因素是指顾客在进行网上购物时所花费的时间对商品价格的影响，包括搜寻商品时间、商品交易时间以及跟踪等待商品时间。

（1）搜寻时间。消费者在线下购买商品时，总是需要去一家或者是几家商场，才能找到自己中意的商品。这不仅耗费了体力，同时也花去消费者大量的时间。而在互联网上寻找合适的商家与商品，消费者只需通过门户网站的搜索引擎、分类目录或者是互联网商店的搜索引擎、商品目录，就可找到所需的商店与商品。甚至有智能代理型网站可以帮助消费者搜寻并比价，使得消费者买到价廉物美的商品，这大大节省了消费者的时间。

（2）商品交易时间。B2C电子商务商品的交易时间由两部分构成，即商流和现金流的完成。消费者在线购买商品只需轻点几下鼠标，商品的归属权就暂时落入了消费者手中，相当便捷快速。但是消费者必须付款后才能真正地得到商品，而不同的付款方式就决定了交易时间的长短。如果消费者采用邮局汇款就会花费很多时间，而采用网上付款交易时间就会大为缩短，这也就是网上购物给人们带来快捷方便的主要表现。

(3) 跟踪等待商品时间。有些消费者付款之后，还要对款项是否已汇到B2C企业，何时进行发货进行查询。并且我国的电子商务物流运输系统的运输能力和效率都比较低，这也增加了消费者跟踪等待的时间。

总体上说，消费者花费的时间越少，愿意支付的价格就越高。对于不同的需求弹性，可以有不同的价格空间。对于那些无暇上街购买，而B2C企业又可以及时送到的某些急需商品，由于其需求弹性较小，因此价格高出常规消费者也是可以接受的。而那些并不急需某些商品，但却无暇上街购买的消费者，其需求弹性较前者大，但他们也可以接受稍高的价格。

3. 购物体验因素

一般地，顾客的消费过程是：购买商品获取其使用价值，逐渐享用其使用价值。但人们在以上消费过程中，在得到物质满足的同时，也有一个精神满足的过程。网上购物对于很多人来说还是一个新鲜、未尝试过的事物。一些消费者上网购物并不是因为网上商品的性价比较之线下商品高，有些人即便明知道所购物品价格偏高，还是会在网上购买，就是为了体验网上购物的乐趣。

4. 交易成本因素

交易成本因素有以下两种：其一，设备成本。消费者为了上网购物，必须有相关的设备：电脑、宽带猫/电话线等，而且上网费用也并不便宜。这些成本往往容易被消费者所忽视。其二，付款成本。不同的支付方式的手续费不同，例如，网上付款和货到付款都是不收取手续费的，而邮局汇款会按汇款额收取相应比例的手续费用。不同支付方式下商品的价格也有可能不同，因为商家有时会使用价格歧视的策略引导客户选择付款方式。

三、宏观因素

(一) 法律因素

开放性、全球性、低成本、高效率这些特征使电子商务在一定程度上改变了传统的贸易形态，产生了一些传统的贸易形态所不可能出现的法律问题。而且电子商务的交易过程涉及商家、金融、电信、公证、ISP和消费者等方面，其中任何一个环节出现问题，都可能引发纠纷。为了使电子商务得到法律的规范和保障，必须有新的法律规定与之相适应。电子商务法律的建立可以有效地减少交易纠纷，建立与增强全社会的信任与信心，使电子商务定价走向安全性、合理性、规范性。

狭义的电子商务法主要用于规范电子商务活动中双方的权利义务、合同，以及相关的程序要件，可以包括电子签名法、电子合同法等。而广义的电子商务法的范围要广得多，除电子签名、电子合同外，还包括对电子商务基础环境、安全认证、消费者保护、信息发布、市场准入、责任承担等多个环节的规范和调整。

我国电子商务立法所涉及的内容主要有：电子商务法的适用范围，电子合同的形式和效力问题，电子支付及金融管理，税收与保险，网络管理与信息安全保护问题，电子证据与电子签名的法律认定，政府的强制性措施及审查机制，市场准入规则，知识产权保护，消费者合法权益的保护，司法的国际管辖和国际协助等。电子商务立法是推动电子商务发展的前提和保障。拥有良好的电子商务法律环境，会使得电子商务交易更为安全可靠，增强参与各方的信任感，使电子商务定价机制更为完善。

（二）观念转化因素

在《中国互联网络热点调查报告（电子邮箱和网络购物）》中，在被问及未来是否会网络购物时，有过网络购物经历的被访者选择会的比例超过了90%，而没有网络购物经验的网民也有超过60%打算尝试，明确表示不会的比例均低于10%。有购物经历的网民未来购买意愿要强于无购物经历的网民，说明尝试过网上购物的网民对网上购物的优点具有更强的认同感，会更习惯网上购物的消费方式，这往往容易让购物网民形成网上购物的习惯。因此，如何让消费者转化观念迈出尝试网络购物的第一步很重要，这势必会产生跟进购物效果。这也正是目前购物网站需要解决的首要问题之一，毕竟没有购物经历的网民占大多数，他们具有巨大的市场潜力。

（三）网络发展因素

电子商务是随着互联网的普及而兴起的，互联网是电子商务的基础。互联网是“路”，电子商务是“路”上跑的“车”。“路”的一端连着商家，另一端连着用户，“路”的质量直接影响着商家与用户的沟通效果。因此，先进的计算机网络基础设施和宽松的电信政策就成为发展电子商务的前提。在我国由于电信行业的垄断机制以及经济实力和技术方面的原因，造成网络的基础设施建设还比较缓慢和滞后，同时我国上网费用过高，带宽有限，服务不及时造成已建成的网络离电子商务的要求相距甚远，影响了电子商务的发展。

（四）市场竞争因素

根据经济学原理，在完全竞争的市场环境中，完全相同的商品和服务应该具有相同的价格并且等于其边际成本；每个卖主都没有市场垄断力，它们只能作为市场价格的接受者而不能影响市场价格，且可以自由进入和退出市场；市场上有无数的卖主，但是，在长期中它们都无法获得超额利润，只能获得正常利润。这样就会提高市场效率，降低商品价格。

在 B2C 市场上，终端消费者的搜索范围显著扩大，而且销售商也面临更大范围内的同业竞争，这使得在线销售的竞争程度比传统市场上零售业的竞争程度更强。可以认为，在线环境给现实经济提供了一条通向市场完美和效率的道路，但要实现这个目标的道路却很漫长，也许永无止境。所以，尽管电子商务市场的均衡结果还远不是完全竞争的结果，但是，它使得市场的均衡结果进一步趋近于完全竞争。商品的价格也会随着竞争的加剧而降低。

第四节　在线定价策略

本节所介绍的是互联网环境下的定价方法、模式以及定价的策略。这些定价的一系列原则具有较广泛的应用以及实用性。同样，这些原则对于传统的零售领域也具有广泛的使用性。对于这些定价原则我们进行了详细的介绍。

一、在线商品定价模式

（一）在线竞价

在线竞价也叫拍卖竞价，是指卖方将要出售的商品的文字说明和图片等信息发布在网上，并指定起价和竞买期限，然后等待网民前来竞价，任何一个需求者都可以在网上和其他在线者展开竞买，经过几轮的竞价，低价者将被淘汰，最终出价最高的需求者将取得与卖方成交的权利。在线竞价的最大优势是将原本贵族化的交易方式，利用互联网的特点，变成了平民化的交易，无论何人、何时、何地都可以参与竞价买卖物品，并随时随地成交。

（二）弹性定价

消费者对顾客总价值和顾客总成本中各因素的重视程度不一，有人购物求快求便，有人更关注质量，也有人更在意价格。如果把顾客对总价值和总成本的要求都设定为一个直接影响产品价格的变量，不失为一种有效的定价方法，这就是弹性定价法。网络营销为企业根据每个顾客对产品和服务提出的不同要求来制定相应的价格提供了有力的技术支持。企业也可根据顾客所愿支付的价格提供柔性的产品设计和生产方案供顾客挑选。弹性定价满足顾客的个性化需求。在避免企业跌入“低价”的陷阱获取最大利润的同时，给予了顾客自主选择产品设计和价格的权利，让顾客从中体验到快乐，提高了他们的认知价值。

（三）在线 A2A 定价

A2A 是 Anyone To Anyone、Anywhere To Anywhere 和 Anytime To Anytime 的简称。它倡导的是一种随时随地和任何人的在线定价，卖方可以利用互联网的迅捷性直接针对市场终端客户制定价格，或是通过分销商实行市场定价，从而取得传统离线状态下无法比拟的优势。

（四）在线集体议价

集体议价是指利用网络的互动性和开放性，众多的在线客户通过一定的不规定性协议进行联合，就其共同的商品价格以集体的名义和供应商谈判的一种在线定价方式，也被称作集体竞价。其理论基础在于：浮动的价格平台上，商家出售大批量商品时，如果满足了一定数量的要求，其价格是可以下降的。

（五）在线双向定价

在线双向定价，是智慧型的对话式议价模式，它又称“一对一”定价，从形式上讲与离线买卖中的讨价还价并没有两样。与离线“一对一”定价相比，在线模式更有灵活性和节约成本的优势，原因在于通过在线与购买者进行价格的谈判显得更为合理化。一方面，排除了固定模式下的利润不确定性和差异化定价的顾客识别风险；另一方面，网络服务生的网上对话服务又比电话中心、电子邮件都便宜和及时，从而降低成本、提高效率。

二、在线定价策略

通常情况下，许多企业在制定定价策略时通常不会进行定价研究。他们很少设计或保持一种随时更新的信息系统来掌握有关价格变化、价格促销或产品引入和退市所引起的市场反应和竞争反应。然而，定价对于企业的利润至关重要。企业如果不掌握过去的定价决策的结果或者对于计划中的定价决策可能引发的后果一无所知，企业就不可能作出有把握的定价决策。因此，企业必须从以下六个方面出发来预估顾客和竞争对手对定价决策的反应：①确定商品的市场规模和需求空间。②确定并使顾客了解商品的功能和优势。③确足在顾客心目中，商品的价格与品质之间的关联程度。④确定顾客对价格差异的敏感性。⑤确定顾客购买商品的方式、可能接受的价格组合以及商品的唯一性问题。⑥确定竞争对手，并研究和预测相互定价调整所引起的反应及对策。表 7-2 列举的是几种常用的定价策略。

表 7–2　常用的定价策略

定价机制	描　述
特殊出价	定制价格是每个报价请求的特定价格。
拍卖	最简单的模式是，以最高的出价销售产品。有许多复杂的形式存在。
数量折扣	当订单总体购买量达到一定程度时，价格降低。
年度回扣	年末对购买者降价；根据一整年的购物价值决定降价幅度。
合同定价	在给定的时期，根据提前协商的购物量，以一定的价格进行销售，也可以以一定的价格—量倍数进行销售。
合作促销	两个或者两个以上企业对终端客户进行联合促销。
每日低价	商品以单一固定的价格进行销售；这个价格在一定时期内不会变化。
季末降价	季节性商品的习惯做法；在季末降低销售价格试图消化现有库存。
捆绑折扣	购买提前规定的商品组合。
非线性定价	不同大小的组合作为一个产品销售，不是直接成比例的组合尺寸。
非价格促销	提供非价格相关的动机刺激商品销售。
顾客忠诚度计划	对于所选产品，针对参加忠诚度计划的顾客以处理价格进行销售。
折扣券	选择一些顾客送优惠券，允许顾客对于某些产品以低价销售。
先到先得特价	在指定时间段购买产品，可以提供减价优惠。

三、在线定价方法

下面所介绍的定价法在传统零售商领域应用比较广泛，同样这些定价法在互联网领域也适用。其中，成本定价法考虑的是产品的一系列成本，包括生产成本、物流成本、促销成本以及人力成本。竞争定价法是根据竞争对手定价的一种定价原则，在传统和网络领域都有广泛的适用。价值定价法是依据购买者的认知价值，而不是销售者的成本来进行定价。新产品定价是考虑生产者的需求，如果生产者希望快速地掠夺市场，进行渗透就必须将价格定位较低，这样的一种定价方法叫做渗透定价法。同样，有的生产厂商也由于资金的原因，希望快速地收回投入生产的资金，则可以使用撇脂定价法。

（一）成本加成定价法

在商品定价中最简单的定价法就是成本加成定价法，即在产品的成本上加上一个标准的加成。加成可以在成本基础上计算，也可以依据售价计算。成本定价法是产品驱动的，企业设计一种它所认为好的产品，汇总该产品的全部生产成本，在此基础上制定一个既可以收回这些成本，又可以赚取目标利润的价格。这样，企业的营销活动就必须说服购买者，使他们认为产品的价值至少等于它的价格。如果后来证明价格太高，企业就只能降低价格加成，或减少销售量，二者都将带来利润的减少。通常情况下由于销售商不是简单地在销售他人提供的货物，因此不能使用简单的加成方法，需要计算包括固定成本、材料费、劳动力费用、管理费用等多方成本和支出费用，因此加成量也是可变的。成本加成定价法的缺点是忽略了产品的需求和竞争对手的价格。

（二）竞争定价法

当销售企业在很大程度上根据竞争对手的价格来对其产品定价，而很少考虑自己的成本和需求时，使用的就是竞争定价法。他们知道，购买者常常通过与类似竞争产品进行比较来判断价格。当某企业给顾客提供更具特色、有更好效用的产品时，它制定的价格就会比竞争产品的高；如果它的产品不具备竞争产品同样的特色和效用时，或者它想提高市场占有率时，就会制定较低的价格。随行就市定价法是一种流行的竞争定价法。它是指所有的企业对它们的产品索取同样的价格。在难以确定需求将如何随价格变化而变化时，人们倾向于使用这种方法。随行就市价格被认为是整个行业的集体智慧，它将为所有企业带来公平的收益。

（三）价值定价法

价值定价法是依据购买者的认知价值，而不是销售者的成本来进行定价的。这样，制定的价格要求与购买者所认知的价值一致。这意味着，企业在制定价格前无法设计产品或制定营销计划。在制定营销计划时，价格是与其他营销要素一起考虑的。其他营销要素包括产品设计与特色、分销方式以及促销手段。价值定价法的过程与成本定价法恰好相反。销售企业根据顾客对产品利益和效用的认知来制定目标价格，以此来决定产品的设计和可能的生产成本。这里的关键在于，企业所要制定的价格要与顾客认知的价值相吻合。

（四）新产品定价法

新投放市场的商品要面临巨大的挑战，其定价常用的是撇脂定价法与渗透定价法。

1. 撇脂定价法

企业推出新产品时，可能会在开始时制定非常高的价格，此时只有最具创新精神的顾客才愿意支付这个价格。企业制定高于正常价的价格，是为了尽快地收回最初的研发和促销费用。这就是说，制定远远高出成本的价格并大力促销该产品，以便吸引对价格不很敏感的那部分顾客。这种定价策略常常会增强企业的独特性和声誉并展现产品的优质形象。企业利用这种策略使新产品利润最大化。一段时间之后，企业将把价格降下来，以便下一批顾客——早期追随者开始接受该产品。之后，随着产品被广泛使用并引起越来越多的顾客的兴趣，企业将再次降价。较低的价格是为了吸引更多的人购买。这种定价策略试图从市场中每一不同层次顾客身上撇取最大收益。

撇脂定价法并不是在任何时候都可行，它只有在特定条件下才具有意义。这些条件包括：产品的品质与形象必须与较高的价格相一致；每一价位必须有足够多的购买者；小批量生产的成本不会高过大批量生产的成本太多（在这种情况下，即使价格低一些，大量的销售和较低的成本也可能带来更多的利润）；产品必须极具特色，以至于竞争者很难以低价进入市场。

2. *渗透定价法*

与撇脂定价法相反的是渗透定价法。这种策略的意图是快速渗透进入市场并占据较大市场份额。企业以较低的价格推出产品，以便获得大众市场的迅速认可和广泛销售。企业制定的渗透价仅略高于产品的总成本，以便企业可迅速地进入市场并获得高销量。使用这种策略的产品在市场推出时，通常伴随大量的广告与促销活动，并且辅之以特别的促销和折扣。有些企业采用渗透定价策略，这是因为高销售量可以进一步降低其成本，这样，那些无法达到同样销量的竞争对手就会因为无法降低成本而被迫很快地退出市场。渗透定价法的目标是通过较高的销售量，成为价格、成本领导者并保持最大的市场份额来控制市场。

渗透定价法并非总是可行的或必要的，它只有在一定的条件下才有意义：在顾客对商品价格非常敏感时才能奏效，否则，降低价格也无法吸引足够多的顾客；在生产和销售成本确实能随着销售量的增大而明显下降时才能成功，如果成本降不下来，则竞争对手会很容易跟进并提供同样低的价格；在驱逐竞争者时才有效。渗透定价法虽然是一项长远战略，但是在获得顾客对产品的认可之前利润可能很低。

另外，在定价策略中还有满意定价、心理定价、尾数定价、习惯定价等策略。

第八章　独立电子零售商的服务管理策略

由于更多的消费者选择线上购物以及燃油价格的波动（对旅行成本的影响），消费者可能会倾向于电子零售商，许多类型的电子零售商选择使用互联网，使得价格优势不再那么显著，并且使服务作为一个区分点传递了更多的价值。由于电子零售商的接受度在增加，消费者对于线上服务的期望也在提高。在主页上贴一个 800 号码意味着高服务品质的日子已经一去不复返。无论消费在哪里，消费者可以随时随地购买他们需要的东西。消费者期望零售商可以提供一个 24/7（一天内的 24 小时，一周内的 7 天，即全天候）的沟通选择服务，并且对于他们的态度能以一个及时的方式进行回应。没有消费者不希望得到好的服务，并且产品售后和购物过程得到提升。

本章主要详细地说明了电子服务质量的相关概念，电子服务质量的提升。通过对电子服务质量与电子忠诚度、电子满意度之间的关系，提出比较实用的服务质量模型（E-S-QUAL），并通过模型对管理方面的实践进行研究，提出相关的管理建议。本章的最后一节主要是对于 Sears. com 和京东商城的案例分析，具体地解析实践中服务质量的理解与提升。

第一节　电子服务的价值

本节第一部分对于电子服务与电子服务质量进行详细的阐述，并对相关的电子服务与电子服务质量定义进行梳理，并采用了 Fassnacht 和 Koese[189] 的定义如下：电子服务质量是电子服务能够有效地和有效率地履行相关顾客需求的层度。这不是间接定义，其中包括评估的概念，并且可以应用于许多种类的电子交易。第二部分主要是阐述电子服务质量学习以及应用的价值。

一、电子服务与电子服务质量的定义

到底什么是电子服务和电子服务质量？回答这个问题比提出这个问题要难得多，最主要的原因是许多现存的服务质量的定义和服务质量的组成是不明确并且具有歧义。Grönroos[190]定义服务质量（顾客感知质量）为："在期望（不确定）确定的情况下，服务质量的期望被拿来与已获得服务的感知质量进行比较。期望的不确定性通常与低劣的服务质量相关。" Parasuraman 等人[191]开发了 SEVIQUAL 方法，并且广泛地用于测量线下服务质量，并且同样是基于感知服务和期望服务的差异。然而，该定义是评估具有人传递的服务（传统零售商），并不一定适用于没有中间人联系的服务（电子零售商），在电子零售的环境下这一定义就不再适用。

因此，研究者将面临开发电子服务和电子服务质量定义这一任务。然而，这些定义在宽泛到狭窄之间变换，并且倾向于准确到电子服务具体构成；通常电子服务定义是间接的。表 8-1 是在文献中归纳的关于服务质量和服务的定义。Rust[194]定义电子服务为"提供的服务超过电子网络本身"，这一定义非常宽泛并且它包含的媒介不仅包括网络。可是在某种程度上是间接的（也就是在服务的基础上定义电子服务），并且该定义没有具体说明电子服务包括什么或者为什么它可能和非电子服务不同。Fassnacht 和 Koese[189]同意电子服务的定义并不存在，因此他们把电子服务定义为那些通过信息技术进行传递，通过信息技术的消费者和使用者进行互动。这一定义和 Rust 的定义在某一方面是相同的，他们在电子服务是什么方面都是宽泛和缺乏具体性的。Fassnacht 和 Koese[189]主张他们对于电子服务的定义没有包括任何形式的顾客与员工的互动（如电子邮件），这些互动是以电子为媒介的。在 Zeithaml 等人[192]和 Francis[196]的定义中，他们更关注于在线购物的服务。Zeithaml 等人[192]将服务定义为"在交易前、中、后发生的所有线索与接触"。这一定义在某种程度上比其他定义更加具体。因此我们接受 Burt 和 Sparks[193]的定义，电子零售是作为 B2C 的电子零售。我们采纳 Fassnacht 和 Koese[189]，Rust 和 Zeithaml[194]等人的关于电子服务的定义。我们将电子零售定义为在消费者与使用界面接触过程的前、中、后，所发生的所有线索与接触。这一定义具有一定的具体性，并且可以运用在线上银行业务、ATM 机器的使用、在线购物、电视购物、移动购物、在线预订酒店和目录购物。这一定义包括产品传递问题和顾客员工互动，如电话和电子邮件。然而，我们始终未能具体定义什么组成了电子服务。所有定义的总结见表 8-1。

表 8-1　电子服务和质量定义

作者	电子服务定义	电子服务质量定义
Collier 和 Bienstock[195]	11 个第一订单维度：隐私，设计，信息准确度，订单状态，互动公平，程序公平，结果公平等	电子服务和顾客对于服务结果的感知有关，当问题发生时这种服务是可以重新被感知的
Fassnacht 和 Koese[189]	电子服务是那些通过信息技术进行传递的，顾客可以通过信息技术和用户界面进行接触	在达到一定的阶段时，电子服务可以有效和有效率地履行顾客的需求
Francis[196]	互联网零售是一种服务，凭借这种服务顾客可以购买产品	互联网零售质量吸收了不仅服务结果的技术方面，还有服务过程的偶然方面
Rust[194]	在电子渠道上提供的服务	
Rust 和 Lemon[197]	电子服务是考虑顾客和企业之间的互动信息流，所提供的超级服务	
Santos[198]	电子服务是提供关于互动信息流的超级服务	在虚拟市场，消费者对于电子服务供应的优越性和质量总体评估和判断
Swaid 和 Wigand[199]		顾客服务质量是通过互联网提供的优秀服务质量
Swaid Wigand、Zeithaml 等人[199]	在交易前、中、后发生的所有线索和遭遇	互联网促进有效和有效率购物，购买和传递的层度

正如电子服务的定义是变动的一样，电子服务质量也是变化的。如表 8-1 中看到的一些研究文献中的定义一样。大多数定义吸收一些服务传递价值的概念。Swaid 和 Wigand[199] 认为电子服务质量是通过网络提供的优秀服务质量，该定义局限于通过网络提供的服务，并不包括 ATM 交易或者电视购物。Santos[198] 将电子服务质量定义为“在虚拟市场，消费者对于电子服务供应的优越性和质量总体评估和判断”。Francis 和 Zeithaml[196] 等人阐述的定义是指应用于网络的电子服务质量。为了区别于其他交易，我们采用 Fassnacht 和 Koese[189] 的定义如下：电子服务质量是电子服务能够有效和有效率地履行相关顾客需求的层度。这一定义不是间接的，包括评估的概念，并且可以应用许多种类的电子交易。

二、电子服务对电子零售商和消费者的价值

(一) 对电子零售商的价值

不像传统的零售商，销售代表是最基层的服务接触点。电子零售需要多样的接触点。这些接触点包括在线交流、电子邮件、常见问题解答和800号码。要知道提供和看重什么样的接触点，很大部分取决于零售商的顾客。18～25岁的购物者酷爱在线聊天，因为这是他们共同的沟通工具，较高的年龄结构更倾向于拒绝800号码。

理解顾客的服务选择是顾客个性化线上购物体验渴望的延伸。当顾客考虑到个人服务能力和自动化沟通的有效性时，购物者的渴望会更高。顾客所期盼的沟通和服务能力包括检查订单状态和订单管理，和订单相关的紧密的电子邮件沟通的线上门户。

人员布置和遍及整个网站的服务选择的有效性依赖于许多因素，如零售商预算、服务代理的数量和零售商的服务战略。然而，当创作一个服务战略的时候，预算的限制是在合理的考虑范围的，大多数情况下零售商使用预算作为借口来限制他们的服务渠道。购买者会抱怨限制他们获得服务的渠道这种行为。所有的零售商都具有服务预算，限制购买者有效的服务选择将阻碍零售商传递他们满足购物体验的承诺，并且购买者会产生对于零售商品牌质量的怀疑。

当提供服务选择的时候，零售商必须避免使用主页和产品页出现杂乱。一个效率使用网页空间的方法是，创建一个顾客服务按钮，当点击此按钮的时候将打开一个沟通选择菜单。这将使顾客更加容易地选择他们想要使用的服务方式，并不占用网页上面比较宝贵的地方。

提供给购物者如何和零售商互动的选择机会，对于创造一个满意的服务体验是很关键的。顾客们希望得到服务选择权，现实中真正可以自动操作的东西至少要给顾客选择的权利。

当选择顾客服务选择方式的时候，人员编制是另外一个考虑的事情。对于零售商来说，一个普遍存在的错误就是他们期望服务机构能够无误差地处理聊天、电话和电子邮件。通常也存在这样一个问题，一个擅长处理电话的代理在电话回应归类方面存在着不足。处理电话和在线聊天或者电子邮件所需要的技能是不一样的。

只有当零售商解决了费用和人员问题，他们才能精心制作服务策略。购物者导航，花费在浏览网页上的时间和确定购买之前的网站访问者是解决服务策略的

关键信息。服务策略的目标是寻找关于顾客行为的线索，只有这样才能决定和顾客互动的方式和时间。

在必要的时间和顾客互动可以将转化率平均提升 20% ~25%。在销售周期的前期当购物者研究一个产品的时候，在线聊天会有很好的效果，当在销售周期中，购物者涉入更深的情况下在线聊天效果会更好。

当开发一个服务策略的时候，零售商需要针对于顾客互动的方式和时间开发和测试商业规则。这些规则需要被测试，否则零售商不会知道与顾客互动的正确参数。同样重要的是，代理机构需要了解顾客在网站中的浏览路径，他们是怎样来到网站的，当他们互动发生时顾客正在浏览哪个网页。没有这些信息，服务代理不得不增加时间解决产品问题。在解决这个问题上，代理机构不应该有任何的延迟。任何顾客服务的重心应该是保证质量。

（二）对消费者的价值

正如电子零售改变了消费者的购物习惯，这也一样改变了消费者对于服务的期望。如果电子零售企业克扣对于消费者所承诺的服务，这带来的损失不仅是一个简简单单的销售额，他们可能影响顾客心目中的品牌信用。毫无疑问，互联网改变了消费者的消费期望，消费者渴望无论在何时何地都可以买到自己期望的产品。消费者有能力根据自己的情况去购买商品，所以消费者对于顾客服务的期望值在急剧上升。对于仅仅在主页上显示一个 800 号码的企业来说，他们必须提供各式各样的全天候的沟通选择，并且及时地对顾客的咨询给予回应，最重要的是积极主动地为顾客服务。时间选择和环境是衡量顾客服务质量的关键，零售企业必须知道什么时候为顾客提供积极而非侵略性的服务，这也是零售商应该提供的沟通选择。顾客积极地参与进来，这也是一个好的征兆。积极地维护顾客，并不意味着，仅仅展示零售商更加努力去创造消费者的购物体验是积极的选择，还必须要节省顾客的时间。第二个是更加关键点的因素，因为许多顾客选择在网上购物就是为了节省时间。

消费者的时间是宝贵的，当他们在疑问或者在争论是否进行购买一个条目的时候，他们希望得到帮助，这样他们可以更好地继续购物。积极有效地解决顾客服务问题非常关键，特别是当处理一个回执的时候。消费者并不想解释他们为什么送回一个条目，他们有自己的原因并希望尽快地解决他们的问题。互联网零售企业总是在鼓吹它们的价格优势，但是关于销售方面，服务是传递更多价值的一个差别点。一个有效的互动，展示了更高的兴趣等级，并且创造一个满意的购物体验，即使消费者返回了他们的条目。

第二节　电子服务质量对在线客户满意度的影响

本节主要阐述电子服务质量研究的数据来源及方法。第一部分对于电子服务质量的研究因素进行详细的讲解。第二部分对电子服务质量模型进行剖析与讲解，尽管这一模型具有实用性，但是需要大量的数据进行支撑。

一、电子服务质量研究的数据来源及方法

关于顾客服务文献中最重复的研究可能是电子服务质量和电子满意度是正相关的，许多这些研究是基于评估大学生对于电子服务质量的调查研究。调查研究由对于一组人进行提问（或者对于一些陈述的反应）组成。例如，Ba 和 Johansson[200]在营运和信息管理过程中调查了 149 名本科生和研究生。学生的任务是选择六个网站中的一个进行访问，并且选择三款产品中的一款。在访问这些网站之后，参与者自己完成问卷，包括对于电子服务质量的感知（也就是电子服务交付系统过程）。Collier 和 Bienstock[201]调查了 338 名本科生，这些本科生在完成问卷之前已经完成了一个或多个线上交易。当被调查对象填写问卷条目的时候，他们需要回忆与他们完成最后交易的一个电子零售商，这些问卷条目包括已处理的电子流程的质量和电子结果质量。那些和零售商之间存在问题的调查对象也被要求填写一个电子服务复苏条目。

同样，调查研究存在优势和劣势。调查研究依赖自我报告（也就是我们让调查对象报告某些东西），这是有缺陷的。首先，自我报告需要调查对象对过去事件的回忆（例如，“根据你在网上的最后一次购物经历，回答下列条款”），并且记忆很多情况下是不准确的。其次，一些研究表明，人们并不能准确地报告真正影响他们的事情（例如，“你对件事情满意的最重要的理由是 X、Y、Z?”）。所以尽管他们认为尽量给出最准确的回答，但是也有可能提供了不准确的答案。最后，在自我管理的调查过程中，他们可能提出他们自己都不了解的问题。

依赖于学生的调查研究并不像一般研究那样依赖更广泛的消费者范围，所以这些研究是具有争论性的。Evanschitzky 等人[202]调查了 595 名德国在线用户，一些被问及他们对于线上购物的满意问题时，一些是关于他们对于电子银行的满意问题。电子服务质量因素影响电子购物和电子银行的满意度，在 2 个零售商之间

这些因素有时是不一样的。Cristobal 等人[203]调查了在过去三个月至少购买或者使用一次网络服务的研究对象。他们发现感知电子服务质量（对于卓越和优秀的服务的评估）和满意度是正相关的。因为他们调查研究的对象来自于一般人群，他们研究的结果也就更有可能表现一般人群中的关系（例如，德国在线消费者，网络服务的购买和使用者）。

一些支持服务质量效果对于满意度具有影响的研究使用顾客评价作为数据，而不是依靠收集来自学生或者消费者的数据。Trabold 等人[204]使用来自客户评级网站上面的数据。这一研究特别有趣的地方就是他们调查了几个不同的在线的电子零售部门（例如，图书、衣服、电脑、电子产品）。消费者列出了有关电子服务质量的 8 个方面因素（例如，付费过程、准时交付、安全退货/退款）和他们的总体满意度。这些结果说明了电子服务的质量的几个维度，如付费过程、及时交付。所有的电子零售部门的管理部门可访问性和电子满意度是正相关的，在一些部门中，其他的一些服务质量维度和电子满意度具有一定的联系。Yang 等人[205]用 848 个消费者关于在线金融服务业的顾客评价作为数据进行了一个相似类型的研究。这些评价被用来分析以决定评价中所提到的电子服务质量的维度。然后，这个研究的另外一个部分，由 235 位线上顾客完成一个在线调查。研究结果表明，从这些顾客评价中识别出来的关于电子服务质量的维度和总体的电子满意度是正相关的。

一些实证性的研究已经研究出电子服务和电子满意度的关系。在实证研究中，研究者控制一个变量（独立变量或者自变量），然后测量它对一些结果（因变量）的影响。典型的是，研究者控制自变量，并且将因变量评估为独立变量的结果。在研究电子服务和电子满意度文献中，我们发现在许多调查研究中普遍存在的结果是，电子服务的质量和电子满意度呈正相关。根据一个实证策略，一个研究者可以发现电子服务质量的评价可以影响或者决定电子满意度的评价。或者用另外一种说法，电子满意度是电子服务质量的结果。

Vilnai-Yavetz 和 Rafaeli[206]设计了这样一个研究，哪些电子服务因素可能影响电子满意度。他们可能对电子商务和电子服务是如何影响消费者具有浓厚的兴趣。参与者被告知他们的任务是评估互联网的服务交付方式；他们观察一个关于服务供应商解释其如何使用产品的在线视频。每个参与者观看关于服务供应商的四个视频中的一个，这些服务提供者的办公室在美学水平和专业水平层面发生了变化。这些研究者的理由是通过视频传递的美学和专业性会影响电子满意度。尽管视频中提供的电子服务并不会因为视频的不同而产生变化，但是电子服务展示确实发生了变化，并且这些变化影响了电子满意度。审美和专业性影响电子满意度，所以在更美观和更专业的情况下电子满意度更高。

二、电子服务质量模型

（一）主要指标的阐述

电子服务质量评价的主要指标如图 8-1 所示。

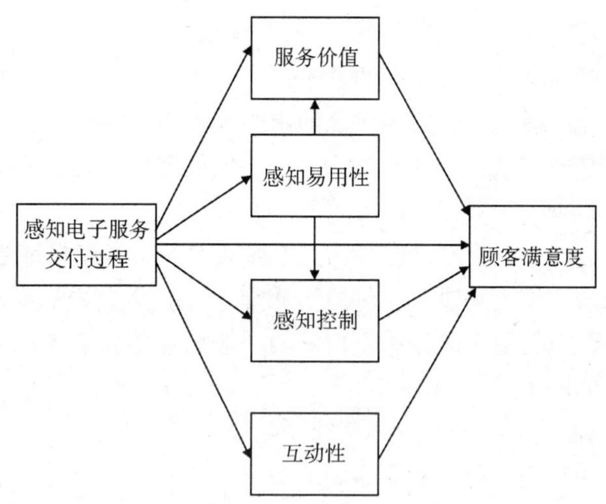

图 8-1　电子服务质量评价指标

1. 感知电子服务交付过程

因为没有现存的规模可以从顾客角度测量电子服务交付过程。新条目是根据 Heim 和 Sinha[207] 的电子服务过程分类法开发的。Heim 和 Sinha[207] 认为，网站导航、产品信息和呈现、订单处理和履行是主要的电子服务过程维度。因为研究并不是进行真实的产品购买，订单履行并没有被测量。五个条目被开发出来用以测量主体对于镶嵌在网站上的技术功能的感知，例如，网站导航、信息搜索和产品订购。

2. 服务价值

最近这些年服务价值被作为关键策略变量，用以解释消费者的购买行为和关系承诺。在服务的管理和营销中，价值的典型定义来自消费者角度。Heskett 等人[208] 将价值定义为消费者接受到的、与总成本相关的结果。感知价值被视为顾客对于产品效用的总体评价，这一评价是基于消费花费与收货。然而，价值感知被限制为功能性方面，包括社交性的、情绪性的，甚至认知价值部分。先前的研究表明构成消费者价值认知的三个基础是产品价格、产品质量和购物经验。Kerin 等人[209]研究价格、产品质量和购物经验对于零售商店价格感知的影响，得出的结论是购物经验比价格或者产品质量对商店价值具有更大的影响。

3. 感知易用性

易用性条目是从现有的尺度中收集的。感知易用性被 Davis[210]首先开发出来。

4. 感知控制

感知控制尺度的开发中，我们的重点是，这些条目应该涉及以技术为基础的服务接触。感知控制强调个人主观评价的重要性，不管评价者是否谨慎或者具有感知力。当这些基础需求不能满足时，消极结果如异化和失望，就会产生。

5. 互动性

如先前所提到的，大多数现存的信息系统文献中，互动尺度主要涉及网站的技术功能。我们研究重点是线上反应的沟通和社交层面。对于以前尺度的仔细研究，我们发现一些条目更多的是关于网站的一般满意度而不是互动方面。因此我们吸收了七个中的两个条目。

6. 顾客满意度

顾客满意度的产生就是基于顾客购买后与之前的期望所对比形成的，依据这种差距的正负以及距离程度产生三大情绪：欣喜、满意和抱怨。可以看到，一方面当期望过高时，容易导致落差的产生，此时顾客失望概率会加大，此时顾客期望与顾客满意度是呈负相关的关系的；另一方面也注意到，顾客在购买后的比较当中，往往将自身的感受水平向预期进行靠拢，这在某种程度上导致顾客期望与顾客满意度正向关系的形成。

（二）对模型的阐述

该模型表示，互动性不是缓和剂，而是作为电子服务交付系统过程和顾客满意度之间的调和剂。然而，这一关系中存在不寻常的因素。特别的是，随着电子服务交付系统的提高，这允许顾客在服务过程中作出更多的决定和选择。互动性并一定会提高顾客满意度。相反，如果顾客对于与服务提供者之间的交流需求持续增加，他对于网站的满意度在降低。这个发现和 Zeithaml 等人[211]研究一致。只有当顾客需要特殊的帮助时，如存在过程错误，他们才会感觉需要与顾客服务代表进行互动。许多焦点小组的参与者只对如何促进有效交易具有兴趣。

感知易用性直接影响用户对于技术的态度，在现今的研究中这是顾客满意度。感知易用性影响感知使用性，因为其他条件相同的情况下，技术更容易的使用，将更具有有用性。感知有用性在概念方面与这一模型中的服务价值具有关系。我们的结果是，感知易用性通过服务价值影响顾客满意度。

感知易用性是一个与顾客特有特性有关的构建。例如，当顾客会使用复杂的技术并且具有丰富的网购经验，他可能觉得他对业务引导具有很大的掌控性。另外，如果一个顾客不具有丰富的网购经验，他可能会觉得困惑不解并且不能够参与购物过程。直观地来说，这是有意义的。一个必须要解答的问题是：这一关系的理论基础是否合理？信息系统文献已经调查了电脑用户自我效能和电脑系统感知易用性之间的关系，并且发现重要的关系。另外，电脑自我效能被人们当做感知控制的概念模型。感知控制和易用性之间的是否有因果关系这一问题，并且如果有，在哪个方面，仍然没有得到答案。未来的研究肯定是检验这两个概念之间的精确关系。正如所假设的，电子服务交付系统流程对于顾客满意度具有积极的影响，从概念上讲，我们可以推测，大量定制服务定制化网站如果具有更加综合的技术功能，这样会使得顾客比在只具有基础功能的网站上购物得到更好的购物体验，尽管这一推测并没有充分的数据支持。

第三节 在线客户满意度对客户忠诚度的影响

本节主要说明的是顾客满意度与在线顾客忠诚度之间的关系。第一部分研究的主要是电子满意度与忠诚度的现状。第二部分主要是对在线顾客满意度对在线顾客忠诚度的模型进行剖析。第三部分是根据该模型提出相应的管理建议。

一、电子满意度与在线忠诚度研究现状

一些研究者调查了电子服务质量和电子忠诚度之间的关系。Swaid 和 Wigand[199] 针对网络体验对 557 个大学生进行了调查，并且这 557 个大学生完成了在线问卷。他们对于电子忠诚度的研究被称为忠诚偏好（也就是，接下来几年我更倾向于做 XYZ 相关的事情。或者我更倾向于考虑 XYZ 作为我购买服务的第一选择）。也有研究者将愿意在 XYZ 支付更高的价格进行购买作为价格容忍度忠诚。从概念化的角度，抱怨行为被定义为忠诚度的消极形式（也就是，可能会选择取消在 XYZ 购买，或者对 XYZ 产生抱怨）。电子服务忠诚度被区分为六个维度（信息质量、可靠性、响应性、保证、网站易用性、个性化），依靠这六

个维度对 XYZ 进行评估。研究的结果表明，电子服务质量的五个因素（可靠性、信息质量、网站易用性、响应性和保证）和偏好忠诚度是正相关的。可靠性和保证与容忍忠诚度具有一定的关系，响应性和抱怨行为具有一定的关系。

Yang 和 Peterson[212] 将他的研究称为“顾客感知价值，满意度和忠诚度”，并且他们调查了来自 18 个国家的 235 名消费者。这个研究最有趣的就是他们定义为电子满意度（也就是，订单履行、易用性、产品组合和安全/隐私）部分，在 Yang 等人[212] 的文章中定义为顾客服务忠诚度。此外，将订单履行、易用性、产品组合和安全/隐私定义为电子服务与研究的目的更加一致。所以这篇文章是关于电子服务质量和电子忠诚度。相应地，他们的结果证明电子服务质量和电子忠诚度呈正相关关系。同样，Chiu 等人[213] 发现，在五个电子服务质量维度和在顾客定义为行为目标之间呈正相关关系，行为目标包括评估忠诚度的条目（例如“我第一选择是使用……”，“我更倾向于使用……”，“我赞……网站）。当这三个调查研究说明电子服务质量和电子忠诚度呈正相关关系的时候，他的论据并不是充分的，可能这一结果通过第三个变量与满意度进行联系。

二、在线满意度对在线忠诚度的影响模型

客户的电子满意度对电子忠诚度的影响，受到多种因素的制约，模型如图 8-2 所示。

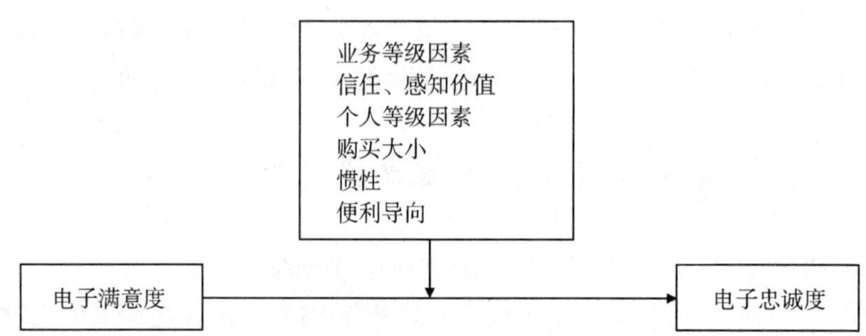

图 8-2 电子满意度对电子忠诚度的影响模型

早期的品牌忠诚度观点集中于重复购买。例如，Brown[214] 根据消费者的购买模式把忠诚度分为四类：不可分割忠诚、可分割忠诚、不稳定忠诚和不忠诚。Lipstein 和 Kuehn[215] 通过重复购买的可能性来测量顾客忠诚度。一些研究者表示基于行为对顾客忠诚度进行定义不具有充分性，因为他们不能区分真实的忠诚度

和虚假的忠诚度，例如，在顾客缺少选择的情况下。举例来说，一个消费者表面上对其一个特定的品牌和商店忠诚，但是在现实中，可能是由于他没有其他的选择，比如他缺少去另外一个商店的机会或者附近的商店没有他更加倾向的品牌。为了回应这些批评，研究者提出同时研究态度因素和行为因素。

Engel、Kollat 和 Blackwell[216]将品牌忠诚度定义为“某一消费者在一个时期内对于一种产品类别更倾向于购买某一个或者多个品牌”。Jacoby 表示忠诚度是受心理学影响的具有偏见的购买行为过程。其他的一些研究者将忠诚度定义为“针对品牌所产生的品牌一致性购买的赞同态度”。Keller[217]认为，当对于一个品牌的赞成态度以重复购买行为表现出来的时候，顾客忠诚度是存在的。Gremler 认为，当评估品牌忠诚度的时候，不仅要考虑态度维度而且要考虑行为维度。因此对于目前的研究目标，电子忠诚度被定义为顾客对于电子商务的赞成行为而引起的重复购买。

根据 Oliver 等人的观点，满意度是“当驳斥期望的情绪和消费者先前的购物行为结合所产生的总体心理学状态”。从他的角度来说，满意度可以被理解为产品需求或者消费体验固有的意外评估。在他的研究中，电子满意度被定义为，当考虑到对于某一特定的电子商务企业的先前购物体验时，消费者的满意度。

不满足的消费则更可能搜索关于替代方案的信息或者接受竞争对手的提议。此外，一个不满意的消费者抵抗现有零售商的企图，并且减少对于零售的依赖性。不满意的消费者有可能的话会期望重新定义他和零售商的关系。因为这些变量期望被应用于网络市场，可以认为：电子满意度等级越高，电子忠诚度的等级就越高。

Campbell 将惯性定义为，基于情境线索因素而不是强伙伴关系承诺的重复购买的一种状态。根据 Beatty 和 Smith 的研究，有 40% ~60% 的顾客出于习惯访问同一个商店进行购买。以同样一种方式，很大一部分客户标记他们最喜欢的电子商务网站的网址，较于其他的网站，更加倾向于访问这些网站。这些顾客是出于习惯访问这些网站，而不是基于电子业务所带来的感知收益和成本的有意识决定。当一个顾客具有更高的惯性水平时，电子忠诚度对于电子满意度的敏感性就越低。从另一个角度来说，当一个顾客的惯性较低时，电子满意度对于电子忠诚度的影响倾向就更高。

消费者的动机是很广泛的。尽管一些消费者被收集信息和省钱的需求所驱动，其他被便利需求所驱动。Jarvenpaa 和 Todd 发现在互联网上进行购物，便利性被作为感知的主要收益之一。比较非互联网用户和互联网用户，Donthu 和 Garcia 发现对于便利后者比前者更加需求。根据 Burke[218]的研究，当进行其他如锻炼、做饭或者照顾孩子的活动时，互联网用户重视和任意公司在任意时候进行业务交易的能力。Visa进行的一个调查研究表明，60%的互联网购物者穿着睡衣进行交易。一些作者讨论了作为电子商务成长的一个影响因素，便利性具有重要作用。便利需求驱动的客户不大可能麻烦自己为他所要购买的产品或者服务去屡次地搜索新的供应商。因此他们具有更高的忠诚度水平。

除了对顾客忠诚度起到直接作用外，便利导向预计同样也将间接地影响顾客满意度和顾客忠诚度之间的关系。对于某种程度上被便利性激励的顾客，同样也被一些如价格寻求、信息寻求等其他因素影响，满意度并不会太多地影响忠诚度，因为他们在不断地开发替代服务供应商。区别于低便利性导向的顾客，电子满意度和电子忠诚度关系对于具有高便利性为导向的顾客可能更强。

三、管理建议

（一）渠道建设扩大影响

众所周知，要培育顾客忠诚，信任是首要的，反过来，一个忠诚的顾客，必定有对商家、产品以及平台的信任感。对于虚假忠诚的顾客，首先要仔细辨别出来。另外，既然顾客满意，说明交易过程总体是愉快的。但没有特别的偏好则说明情感和关系方面有待加强。为了让顾客产生情感，卖家需要透过各种渠道告诉顾客，这个商家可信。

在渠道的建立方面，首先，要有健全的信誉评价体系，对于B2C电商来说，平台为他们提供了一套完整的商家信誉打分、顾客产品评价体系；其次，卖家还可以追踪评价，对于不满的评价，及时解释原因或作出赔偿等。除了平台本身的信誉体系，卖家还可以通过上面所述的网络社区来实现信誉传达。

（二）提高在线客服质量

在网络购物的交易过程中，在线客服几乎是顾客与卖家交流的唯一直接渠道。客服质量在很大程度上决定了消费者对卖家的印象。因此，持续的高水平服务质量也是让商家在激烈的竞争中脱颖而出，保持竞争优势的策略之一。客户服务包括售前客服和售后客服。售前客服主要处理顾客对产品的疑问等。因为网络购物不能像传统购物一样现场甄别选择产品，所以，这时面对顾客咨询，商家应当耐心解答，热情服务，设置足够的人员以及时回应顾客的问答。针对这些满意但无偏好的顾客，客服人员可以适当运用赠品等营销策略借机拉近与顾客的距离。与售前服务不同，售后客服更多的是处理产品的退换货问题以及物流问题等。由于网络信息的不对称，可能顾客会出现购买偏差，导致产品质量、外观等不符合自己的要求或者产品存在破损等瑕疵，甚至还会有来自顾客的收货地址写错、联系方式写错等问题，对此，商家一定要妥善处理。也许一次不闻不问可以省事，但可能因此就错失了一个顾客。对于满意度还不错但没有偏好的顾客，也许一次不满就会让其转换商家。因此，不管售前还是售后客服，商家都要做到耐心服务、周到服务，这样才能不断与顾客建立感情，但满意的顾客建立起对产品的偏好时，就很可能成为能为商家带来持久利润的忠诚顾客。

（三）恰当运用促销策略

生活中往往有亲和力的人更招人喜欢，品牌也是。品牌并不仅是一个静止的 Logo 或者海报，品牌的建立是一个不断与消费者互动和沟通的曲折过程。就像一个人也许不是十全十美，但因为拥有很多良好的品质而让周围人尊敬和喜爱一样，品牌也不能满足所有人群，品牌有自己的定位，但我们可以让品牌在自身定位的基础上尽可能地优秀。具体地可以通过一些促销活动，想办法拉拢顾客，让他们和品牌发生互动，引导他们去认知，并产生好的印象。例如，淘宝商城的免费试用、个别卖家的 1 元秒杀、摇奖券等。

（四）扩大品牌影响力

任何时候，我们都不能忽视品牌的力量。非忠诚的顾客既无行动也无情感依赖，但是鉴于行动在情感之后，所以，品牌不失为一种推动顾客建立感情并发出购买行为的好方法。品牌的魔力就在于它可以让陌生人对它有好感甚至一见倾心。品牌要有个性，有内涵，有内在价值所衬托出来的外在气质和吸引力，从而吸引与其个性相符的消费者。所以，商家要积极做好品牌建设，让品牌的正面形象和精神内涵与顾客产生共鸣，在顾客心中打下烙印。值得一提的是，品牌的形成不是一个简单的过程。要经历时间，经历曲折式的向上发展，通过借助媒体、借助广告、借助营销策略推动品牌在顾客心目中的形象建立。最后，当它成为一种文化时，那么就达到了品牌的最高境界。所以，品牌策略并不是每个企业每个商家都适合的，要斟酌内外环境，仔细考量。但是，良好的开始是成功的一半，对于 B2C 电子商务来说，顾客拥有了对品牌的好印象才会激发购买动机，产生购买行为，体验愉悦的购物，然后，重复购物，重复愉悦体验，最终会形成真正的顾客忠诚。亚马逊就是一个 B2C 品牌网站的典型实例。另外，B2C 卖家可以通过大篇幅的节日活动、线下宣传等扩大自己的影响力。

（五）营造便利的购物环境

对于那些忠诚度极低的顾客，便利性是一个重要的考量因素。鉴于 B2C 电子商务的网络购物依托网络或者平台载体，所以，商家应充分利用网络技术改善交易环境。具体可以从以下方面进行：

产品分类简单清楚，搜索引擎高效可用。导航，尤其产品分类与搜索对顾客挑选商品至关重要。网络信息纷繁复杂，过多的冗余信息浏览会推迟顾客选择满意商品的时间，也会降低顾客的满意度。而如果卖家能够做到产品分类明确易找，搜索功能高效准确，那么顾客对网站的好感将大大增加。另外，首页布局合理，重要信息突出显示也可以为卖家加分。

以上是从顾客购物流程中选择商品阶段出发，为顾客营造便利环境。下面从购物流程后半截分析如何营造便利的购物环境。当顾客选好商品，可能就要开始付款，所以多种付款方式结合可以充分方便各种顾客；但也许顾客突然想要继续选择商品，或者付款中间中断，这时，系统应当提供便利的条件让顾客在各个阶段之间自由流动。例如，支付被迫中断，那么顾客应当能在个人账户中查找交易记录或订单信息，可以继续付款，完成交易。

第四节 电子服务质量评估

本节主要是针对电子服务质量的研究简介，其中主要是对于电子服务质量的研究维度进行细分。另外，本节也对于 E-S-QUAL 模型进行了阐述，说明了 E-S-QUAL 模型的步骤与过程，以及相关的评估标准。

一、电子服务质量研究简介

随着电子服务业的竞争越来越激烈，仅仅只有网址和低价格已经不能保证电子商务的成功。电子服务质量俨然已经成为电子商务中重要的影响因素。电子服务质量对于购买意向、口头推荐、更高价格的意愿支付具有积极的影响。因此，检测影响顾客电子满意度和电子忠诚度的因素具有重要的意义。

随着对于电子服务质量的研究兴趣的增加，一些研究者开发出了评估电子服务质量的测量方法和鉴定影响电子服务质量评估的重要维度。例如，Zeithaml 等人[211]开发出基于消费者电子服务经验的研究方法——e-SERVQUAL 来测量电子服务质量。这一测量方法包括 11 个维度：进入、易于操作性、效率、灵活性、可靠性、个性、安全/隐私、响应性、保证/信任、网站美学和价格知识，这一测量方法被应用于很多的研究之中。Madu[201]基于文献综述提出电子服务质量的 15 个维度：网站性能、特性、结构、美学、可靠性、储存容量、服务能力、安全、信任、响应性、产品差异性、产品定制化、政策声誉、保证和移情作用。Yoo 和 Donthu 开发出 SITEQUAL 来测量电子零售商网站的感知质量。这一测量方法具有四个维度：易用性、美学设计、处理速度和安全。Wolfinbarger 和 Gilly 开发出来 eTailQ 来测量电子服务质量，该方法使用的是对于顾客访谈法和在线调查。eTailQ 由四个维度组成：网站设计、可靠性、隐私/安全和顾客服务。Parasuraman 等人[191]开发了 e-SQ 方法，该方法包含 E-S-QUAL 中的四个维度（效率、系统可用性、履行和隐私）和 E-RecS-QUAL 中的三个维度（响应性、补偿性和联系），同样，该方法使用的是访谈法和随机的互联网用户的在线调查。表 8-2 是 2000 年之后的所有研究维度的一个总结。

表 8-2　电子服务质量评估的维度

研究者	研究策略	样本	理论	关键维度	因变量
Liu 和 Amen	调查	1000 个企业的网站	无	信息/服务质量、系统适用性、娱乐性和系统设计	网站成功
Loiacono 等人	调查	本科生	推理行为/技术接受模型	信息适用性、互动性、信任、回应时间、理解性、直觉操作、视觉吸引/创新、情绪吸引、一致图片、在线竞争、相对优势	有用性、易用性、娱乐性和重复使用意图
Madu 和 madu (2002)[201]	内容分析	文献回顾	无	网站性能、特性、结构、美学、依赖性、储存容量、服务能力、安全、信任、响应性、产品差异性、产品定制、政策信誉、保证和移情作用	顾客满意度
Parasuraman 等人[191]的 E-S-QUAL/E-RecS-QUAL	调查	具有网上购物经验的互联网用户	工具框架	效率、系统稳定性、履行、隐私	感知价值、忠诚意图
Szymanski 和 Hise[44]	调查	在线购买过某一条目的互联网用户	无	方便，网站设计、销售规划、金融安全性	电子满意度
Wolfinbarger 和 Gilly 的 eTailQ	调查	互联网用户	无	网站设计、履行/依赖性、隐私/安全、顾客服务	质量、满意度、顾客忠诚度、网站态度

续表

研究者	研究策略	样本	理论	关键维度	因变量
Yoo 和 Donthu 的 SITEQUAL	调查	在校学生	无	易用性、美学设计、处理速度、安全	网站整体质量、网站态度、网站忠诚度、网站资产、网站重复访问意图
Zeithaml 等人[211]的 e-SERVQUAL	调查	互联网用户	无	访问、导航易用性、效率、灵活性、依赖性、个性化、安全/隐私、响应性、保证/信任、美学、价格信息	电子服务质量

二、E-S-QUAL 评估模型

（一）E-S-QUAL 量表简介

E-S-QUAL 是 Parasuraman、Zeithaml 和 Malhotra[211] 提出的评价商务网站服务质量的基本工具。

E-S-QUAL 量表虽然也未能得到普遍公认，但是却是比较简约的一个测量方法。E-S-QUAL 将网上服务交易质量分为两部分，第一部分是基本的 E-S-QUAL，也被称为核心的维度，包括四个方面，而第二部分是 E-RecS-QUAL，主要测量的是当商品有问题时，顾客需要换货或退货处理时的服务，Parasuraman 等人[191] 认为这也是网上交易服务很重要的一个方面，但是在开发量表时却发现很多人没有这方面的经历，所以将它单独做了一个部分。而我们在正式确定研究模型前也做了一定的调查，发现很多在网上购物的人也没有这样的经历，或者说有换货或退货这个需求，但是没有去做，这给取样带来了一定的困难。所以，本书只考察了基本的网上交易服务质量各维度对顾客满意度及忠诚度的影响，即只采用了基本的 E-S-QUAL 量表。

根据基本的 E-S-QUAL 量表，网上交易服务质量被分解为四个维度：有效性、履行性、系统可用性和私密性。有效性是指网站是比较容易进入和使用的，包括网站的接入速度和整个的导航设计以及信息的提供情况。履行性是指网站对订单的处理和发货情况是否可靠及时。系统可用性是指网站是否选择了正确合理的技术基础，是否安全不易受攻击。私密性也指安全性，是指网站对顾客的信息是否能够做到保密，支付是否安全。

（二）E-S-QUAL 量表的使用与标准选择

1. E-S-QUAL 使用流程

E-S-QUAL 使用具体包含六个步骤，如图 8-3 所示。

第 1 步：根据对公开文献的深入分析以及广泛的定性研究确定电子服务质量（e-SQ）的含义及涉及的范围

↓

第 2 步：从概念属性出发初步确定 e-SQ 包括的 11 个方面的内容，包括：可靠性、响应、访问、灵活性、导航、效率、保证性 / 信任、安全 / 隐私、价格、站点美工、个性化，提出包含 121个项目的标准

↓

第 3 步：对初步形成的标准开展在线的全国性调查

↓

第 4 步：通过迭代过程提出一个简约的标准

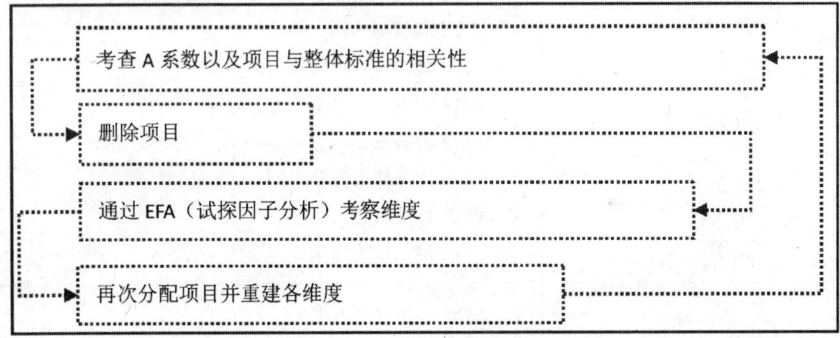

得到一个包括 4 个维度 22 个项目的标准 E-S-QUAL，以及 3 个维度 11 个项目的 E-RecS-QUAL 标准

↓

第 5 步：对最后的标准进行 CFA(验证因子分析)以及有效性测试

↓

第 6 步：对代表性顾客在线调查结果，执行该标准

图 8-3　E-S-QUAL 使用流程

这些流程通过一系列的步骤产生最后的标准，这些步骤与针对标准发展的传统指导方法具有一致性。上面的流程主要由前五个步骤组成。第一部分是对现存的与 SQ 和 e-SQ 有关的文献进行总览。从现存的文献和综合定性研究中总结出自己的见解。第二部分提供一个 e-SQ 的具体定义并且描绘具体的定义范围。第三部分记述初步的标准以及标准的量化特性，这一流程通过定性和实证研究对标准进行精炼。第四部分讨论了附加的实证研究，用以更加精炼标准的可靠性和有效性。另外，这一部分也是为了探索 e-SQ 对顾客总体质量和价值感知的影响程度，以及忠诚度意图。

2. 标准选择

E-S-QUAL 是度量电子服务质量的最基本工具，如果涉及售后服务则进一步利用另一个度量标准 E-RecS-QUAL，这两个标准包括的内容如表 8-3、表 8-4 所示。

表 8-3 E-S-QUAL 标准

要素	组成项目
Efficiency 高效性	EFF1 站点中很容易找到客户需要的内容 EFF2 容易到达站点中的任何地方 EFF3 能让客户很快地完成交易 EFF4 网站的信息组织得很好 EFF5 装载页面迅速 EFF6 网站使用简单 EFF7 能很快连上网站 EFF8 网站组织结构好
System Availability 系统可用性	SYS1 网站总是可用 SYS2 站点能很快启动与运行 SYS3 网站不会崩溃 SYS4 输入订购信息页面不会停滞不动
Fulfillment 履行性	FUL1 按承诺递送订单 FUL2 在适当的时间范围内准备好要递送的物品 FUL3 快速发送订购物品 FUL4 发送的是订购的物品 FUL5 声明有的物品不会无库存 FUL6 提供的物品是真实的 FUL7 对商品的递送承诺准确

续表

要素	组成项目
Privacy 隐私性	PRI1 保护客户的网上购物信息 PRI2 不与其他网站分享个人信息 PRI3 网站保护客户信用卡信息

注：网站性能评分采用 5 分制标准，1 分表示完全不同意，5 分表示完全同意。

资料来源：Parasuraman 等人（2005）[191]。

表 8-4　E-RecS-QUAL 标准

要素	组成项目
Responsiveness 响应性	RES1 提供方便的退货选项 RES2 能很好地处理退货 RES3 网站提供有意义的保证 RES4 如果交易未被处理会告诉客户该做什么 RES5 能迅速处理问题
Compensation 补偿	COM1 网站能补偿由于它自身产生的问题而导致的损失 COM2 能赔偿由于商品未能及时送达的损失 COM3 能接收退货
Contact 联系	CON1 网站提供公司的电话号码 CON2 网站有客户服务代表在线 CON3 如果客户有问题能提供人工服务

第五节　电子零售商的服务管理案例

一个具有较高满意度的顾客更加愿意持续在一个公司进行购买，在现今市场中，保持高的服务质量是企业生存的关键。作为国外最成功的电子零售企业，Sears. com 的整体零售额在美国网络零售商 500 排行中占到第八位，并且它增加新的服务属性来提供以顾客为中心服务环境，满足顾客的需要和需求。作为国内最成功的电子零售企业之一，京东商城的 B2C 购物网站交易规模市场份额排名第二，仅次于天猫商城，中国自主销售 B2C 购物网站交易规模市场份额排名第一。京东商城在配送和支付方式方面在互联网购物网站中具有巨大的优势，直接提高了京东商城的服务质量。

一、Sears. com

（一）案例简介

Sears. com 展示给顾客他们定制的个性化界面。

为了了解 AdYourWay 的特性，顾客需要登录他们的账号，登录以后顾客可以看见一个基于他们先前的购买和产品搜索的定制化的界面。

在那个网页上，购物者同样可以选择引起他们兴趣的条目，然后设计电子邮件来提示价格的下降。当价格是顾客能够接受的价格时，他们往往会选择进入条目，也可以设计多久提示一次价格变化，浏览他们关注的所有产品。

正如 Sears. com 的高级副总裁 David Friedman 所说的："我们正生存在以顾客为中心的零售环境，我们不断地在技术方面重新发明，并且在顾客相关的方面进行创新以提高与顾客的关心，AdYourWay 是一种独特的工具，它将购物的控制权还到顾客的手上，可以使他们管理和组织产品以及他们有兴趣的供给。"

Sears. com 在互联网前 500 排行中占到第八位，并且正在改变移动数字广告。

零售商很快将可以通过苹果公司的 iAd 移动广告网络传递他们的广告，当他们使用的移动终端是苹果公司的 iPhone 和 iPod Touch。同样它也使用 AdKeeper 提供一种服务，这个服务支持消费者将储存他们的线上广告可以稍后进行观看。当消费者忙于一些事情的时候，例如，看天气预报和预订机票，这一服务可以使消费者点击一下就能将广告发送到他们的私人网页。购物者在闲暇时可以通过集成中心进入，回顾、分类和分享他们所有 AdKeeper 中的广告。

随后，Sears. com 已经在网页策略方面进行了重要的改变。这个月月初，Sears. com 和 Kmart. com 为它们的网站公开了新的 logo。Sears. com 也对它们的网站做出了重要的改变，增加了用户自己的内容。例如，在 Sears. com 网站上的每个类的右边栏现在显示的是最受欢迎的产品，MySears 社区产品方面的相关评论，以及来自 Sears Blue Crew（提供家庭和产品维修服务，产品手册）相关服务。

新 Sears 网站也支持购物者在类别网页上自定义他们心目中认为的产品样式，以及他们如何看待搜索结果，如品牌和排名。购物者可以选择从 Kmart. com、Sears. com 或者在 Sears. com 市场贩卖商品的商人那里进行购买。

为了互相协调网站的变化，Sears 宣布开放一个商店社区，这是一个小型的网站，顾客可以在这个网站创建文件，关注其他的购物者，访问评级以及回顾。

（二）案例分析

正如上面提到的，提到最多的电子服务质量的维度就是安全性、响应性、可靠性和网站设计。电子零售企业应该确定他们企业包括足够的属性来满足这四个维度。提及网上购物的时候，在许多的文章中安全性已经被提及了很多次。如果消费者感觉网站购物是不安全的，消费者在完成购物之前会选择退出该网站。电子零售商应该提供足够的与安全相关的信息，例如，信用卡欺诈保护和安全认证（如 VeriSign 和 BBB），这样在顾客输入他们信用卡信息的时候才能感觉到更安全。因为网络购物者很难和电子零售商有直接交流，所以在网络购物的时候，电子零售商如何有效率地解决问题和提供迅捷服务是关键的因素。为了及时解决消费者的问题，比较有益的方法是，提供 800 号码和网络沟通方式，如在线聊天。当零售商提供满意度保证信息的时候，响应性提高了灵活的反馈和交易政策。这些信息降低了与网上购物相关的顾客感知风险。根据 Collier 和 Bienstock 的研究，消费者在网络购物时，主要在意的是期望产品或者服务的交付。如果零售商不能以及时的态度交付产品，消费者可能不会选择重新访问网站并进行购买。通过与有声望的航运公司（如 FedEx 或者 UPS）结盟，零售商可以电子邮件的形式告知消费者大概的航运与交付日期，或者提供消费者订单跟踪流程，这样可以缓解消费者关注。通过提供这些服务，消费能够更加准确地估计交付日期。根据 Schaffer 的说法，30% 的消费者在购物之前就会退出网站，因为页面上不能让消费者很方便地发现他们的需要。网站设计的时候，要考虑到让消费者更加容易发现信息，使用简单，促进快速交易。发现信息过程的复杂性和处理订单缓慢将会影响消费者的购物态度和购物意图。为了充分地利用网站以便消费者能够快速准确地发现需求和完成交易，在网站上面设置一个搜索引擎、网站地图和快速结账是非常有效的方式。

根据 Kim 等人的研究，线上零售商不能在他们的网站上面提供足够的信息，同样弗雷斯特研究公司发布的一份报告也说明，主流的网站设计方面总是存在不足的。不仅提供消费者感兴趣的产品很重要，提供消费者全方位的电子服务质量来满足客户体验也是至关重要的。正如在这一节提到的那样，已经有大量的研究明确地说明了全方位的电子服务质量对于顾客满意度和电子忠诚度的影响。各种研究也强调全方位电子服务质量对于占据市场份额、投资回收、购物意图和利润增长具有积极的影响。在经济不安全时期，顾客忠诚度产生竞争优势，转而影响利润。电子零售商从顾客角度关注服务质量和提供个性化的服务是一个明智的选择。错误地理解顾客需求和提供不令人满意的服务对于业务的成功会产生有害的影响，因此，在现今的商业市场中获得成功，提供全方位的服务质量是不可避免的选择。

根据盖普雷民意调查，尽管电子商务在成长，但是大多数消费者还是选择传统的零售门店购买衣服。在一个对7000个成人的调查中，盖普雷发现当购买衣服时只有7%的消费者选择在网店里面进行购买，有77%的成人更倾向于在传统商店进行购买。和年轻消费者不同的是，年纪较大的消费者比较倾向于在线下进行购买。

二、京东商城

（一）案例简介

京东商城（以下简称京东）已经成为全国第一大自主网络零售商，京东在2013年3月26日修改域名“360buy”为“www. jd. com”，修改后的域名更加方便用户记忆，减少了成本。随后，在4月1日修改了原来“360buy”的logo为“Joy”金属狗，成为京东官方的新logo和吉祥物。

和主流的互联网电商一样，京东用户登录界面以后可以查询其消费订单、记录以及产品推荐。方便消费者对于自己的购物记录进行了解，以及对消费进行规划。同时也增加京东对于顾客消费习惯的了解。用户也可以登录京东社区参加一些社区活动，如0元试用、有奖问答以及评测试用。同样，用户可以在社区内与其他用户进行交流，并且可以发帖说明自己的购物体验和产品质量，与其他用户进行交流。这更加方便顾客对于网站的使用，增加了易用性。京东也可以通过论坛社区和用户进行交流，增加彼此的互动性。

京东的网页页面设计相对比较简洁，便于顾客使用。将产品的类别列举出来，一目了然。京东也已经从3C为主的互联网购物网站发展成为综合的网络购物平台。

作为中国具有领导地位的网购企业，京东一直在致力于打造企业的物流配送，将物流作为企业发展的重心。到2013年9月为止，京东已向全国1225个区县提供自营配送服务，支持货到付款、POS机刷卡和售后上门服务。

2009年，京东网上商城陆续在天津、苏州、杭州、南京、深圳、宁波、无锡、济南等23座重点城市建立了城市配送站，最终，配送站将覆盖全国200座城市，均由自建快递公司提供物流配送、货到付款、移动POS刷卡、上门取换件等服务。此外，京、沪、粤三地仓储中心也已扩容至8万平方米，仓储吞吐量全面提升。目前，分布在华北、华东、华南的三大物流中心覆盖了全国各大城市。

2010 年 4 月初，京东商城在北京等城市率先推出“211 限时达”配送服务，即当日上午 11：00 前提交的现货订单（天津、东莞、深圳、杭州为上午 10 点前，以订单出库后完成拣货时间点开始计算），当日送达；夜里 11：00 前提交的现货订单（以订单出库后完成拣货时间点开始计算），次日 15：00 前送达。京东依靠强大的物流，还先后推出“次日达”、“夜间配送”、“预约配送”、“售后 100 分”、“全国上门取件”、“先行赔付”等多项特色服务，通过不断优化的服务引领网络零售市场，率先为中国电子商务行业树立了诚信经营的标杆，节省了用户的时间。

截止到 2013 年 4 月，京东拥有 1 亿个优质用户，经营 13 大类数万个品牌数百万种优质商品，日均访问量超过 2 亿，京东的自建物流体系由 6 大物流中心、27 个城市仓储中心、近 1000 个配送站、300 个自提点组成，覆盖全国 1000 个区县。

（二）案例分析

1. 加强与供应商沟通以增加顾客满意度

加强与供应商沟通，维持产品的优质与价格的平稳，提高性价比，增加顾客满意度。确保商品信息与实物相符，充分保证产品品质，这是网络商城生存的基本准则。面对繁多的商品，在对各商品的文字或图片描述中难免出现夸大或不实的信息，这将导致顾客作出违背自己意愿的购买决定，而顾客最终发现自己的商品与网上描述存在较大差异时，这种失望将引发顾客的不满，基于国人的隐忍心理，大部分人在产品无大碍的情况下会选择沉默，这点从顾客抱怨数据中可以看出，但沉默并不代表接受现状，这部分顾客群体中很大一部分人会在下次的购买中以实际行动来对这次购买过程进行回应（如转向其他网络商城或到实体店进行挑选等）。分析出现商品描述与实际不符的原因有两点：一是网络商城主观上并未重视货源是否具有可靠性。这种情况一般出现在中小网络商城中。二是网络商城客观上想得到更好的货源，但由于与供应商的关系程度，出现在某些商品上货源的次优。而京东商城作为国内网络购物行业的先锋，出现第二种情况的可能性比较大。因而，在此建议京东商城能够与每一商品类别的最优供应商加强合作，以“求贤若渴”的人才观广纳优质供应商，最大限度保障货源的高品质和维持价格的优质（价格在同类网络商城中处于低位运行）。

2. 加大对顾客投诉的处理以提高顾客满意度

加大对顾客投诉的处理，重视与客户的互动沟通，提高顾客满意度，减少顾客抱怨。根据调查，顾客对于网络商城普遍存在一定的抱怨程度。顾客抱怨对网络商城来说是挑战更是财富。网络商城要珍视顾客的投诉，这些投诉在一定程度上对于完善网络商城服务体系具有重要参考价值。

3. 不断强化配送体系以提高配送的满意度

不断强化配送体系，完善物流管理体系，提高物流配送的满意度。对于网上商城，保证商品能够在最短的时间内到达顾客的手中，必须要依靠现代化的物流配送体系来完成。物流配送有两性，一是及时性，二是准确性，二者稍有差错就会不可避免地造成顾客的失望，甚至投诉。从某种方面来说这涉及对顾客的负责任程度。京东商城的发货配送在调查中得分并不是很高，建议在送达时间上要处于行业的领先水平，要能够确保物品能够准确送达目标顾客的手中，希望京东商城能够在物流配送环节选择最佳的服务性价比。

4. 健全售后服务体系以提高售后服务的满意度

网络商城售出的商品数量异常繁多，不可避免地会出现所售商品出现质量等问题，这种情况对某个人来说一般出现的概率比较小，但一旦出现，如果处理不好，可能就会产生致命的后果——该顾客的流失。生活中会出现网络商城与厂家互相推诿责任的情况，这种思维存在于相当一部分人的头脑当中，使得大部分的消费者积极性都受到重挫。建议京东商城把售后服务放在事关公司发展的重要位置上，对自己网站所有的商品或服务向顾客做出明确的保障，积极配合顾客处理所出现的种种问题。

5. 不断增加顾客的“感知质量”以提高顾客满意度

围绕顾客满意为中心，不断增加顾客的“感知质量”，从而提高顾客满意度。除了在传统分析中重视增强产品可靠性及顾客的服务性上，希望作为国内网络购物行业领头羊的京东商城能够研发出新的“感知质量”。随着网络购物行业被大众所逐渐接受，消费者对于网络购物环境已经相当熟悉，原有的网络购物特色优势正逐渐消失，加之众网络商城的互相仿效，使网络商城间的共性不断加大，特色经营正成为网络商城们追逐的下一焦点。京东商城无论从经济还是技术实力上，都具备超强的研究基础。建议京东商城能够在提升顾客满意度的大前提下，研发出新的顾客“感知质量”，这无论是对京东商城自身经营还是对于我国整个电子商务行业的发展来说都具有重要的意义。

第四篇

制造商引入电子渠道的双渠道发展战略

第九章　制造商的双渠道战略决策

电子渠道不仅使消费者的购物变得更加简捷，同时也成为了影响厂商竞争的一个重要因素。网络技术的发展和电子商务的广泛应用，使得制造商有了更多的渠道选择，越来越多的制造商在已有传统渠道的基础上导入电子渠道，从而形成双渠道模式。对制造商而言，如何设计和优化管理双渠道成为一个非常重要的战略。本章针对制造商引入电子渠道，首先，分析了引入电子渠道对销售业绩的利弊和影响因素，阐述了制造商引入电子渠道的先决因素和产出效应；其次，探讨了制造商的双渠道开发战略；最后，讨论了双渠道环境下的产品策略和定价策略。

第一节　制造商引入电子渠道的市场价值

电子渠道指的是制造企业自建网站或电子商务平台进行产品零售活动的过程，是一种建立在互联网或局域网的平台上的新型流通渠道。制造商引入电子渠道可能有利有弊，也受到很多因素的影响，只有充分了解这些，才能为制造商是否引入电子渠道做出判断。

一、制造商引入电子渠道对销售业绩的利弊分析

互联网的出现使得很多老牌企业重新探索全新的分销渠道，新的电子渠道像一把“双刃剑”，给制造商带来机遇提高业绩的同时，它也可以给制造商带来威胁破坏业绩。下面从需求和供应两方面分别探讨电子渠道对制造商业绩可能带来的正面影响和负面影响。

（一）对业绩的正面影响

1. 有利于需求扩张

互联网能够在三个方面促进业绩，包括：市场扩张、品牌转换和关系深化。市场扩张主要挖掘有需求但是不方便在柜台上购买的新客户上。例如，雅诗兰黛希望通过互联网能够吸引那些不在化妆品柜台购买的消费者，这样就能把潜在顾客从竞争者手中夺来。同时发现如果不做线上销售，那么很可能以前那些买你产品的顾客，因为不喜欢到柜台上去购买而改变了品牌的选择，她们会选择网上的其他品牌作为替代。所以，可以通过新的渠道来拓展消费市场，吸引更多的消费者来购买产品。最后，需求可能扩展到深层的关系，就是提供更多的产品或服务给现有的顾客。当成功地吸引了顾客时，可以通过电子渠道去提供给顾客新的产品或者服务，增加与客户之间的关系，增加它们的品牌忠诚度。

2. 可以适度提高价格

有研究表明当网络购物者的比例非常高的时候，产品的性能不再是消费者购买的主要原因，互联网可能为它们提高价格提供机会[219][220]。在没有互联网时，消费者需要花费成本去实体店体验新的产品，了解新产品性能。现在有了互联网，消费者再也不用去实体店，节省了消费者购物的时间和精力，消费者要了解产品的性能，最重要的是依靠对产品品牌的信任，因此，在这种情况下，消费者通过网络购买产品时对品牌更加有忠诚度。由于忠诚的顾客对价格不那么敏感，企业可以借此提高价格，享受更高的利润。最后，在互联网的新兴发展阶段，能够具备上网购买技能的消费者往往比较富裕，因此提高价格消费者不会那么敏感，这样制造商能在提高价格的过程中获得利润。

3. 降低物流成本

网络分销可以帮助公司大幅度降低物流成本。对于虚拟产品可以通过数字化形式传递，分销成本往往减少50%～90%。对于实体商品，分销成本减少往往超过25%。这些成本减少可以归因于多种因素，例如，在此过程中因为交易进程比较简单，可以减少文本工作、人为错误以及客户纠纷，库存成本也因为绕过中间商减少了成本，同时一些市场功能也间接转移到客户身上[221][222]。

4. 降低交易成本

组织的创新往往能够降低交易成本。通过建立一个电子渠道，公司可以绕过中间商减少交易成本，降低与顾客直接交流的管理成本。而制造商要通过分销商推销产品，这就增加了中间成本，即使制造商自建卖点，也需要人工费和其他固定的投资费用，所以制造商通过电子渠道可以极大地降低交易成本。

（二）对业绩的负面影响

同样，制造商在利用电子渠道的同时，在需求和供应方面对制造商本身也可能具有不利的影响。主要表现为：

1. 可能会导致需求减少

在原有的渠道系统里添加电子渠道可能涉及渠道的转换（消费者渠道选择转换到另一个渠道里）。当消费者在新的渠道里购买产品的数量比从原来渠道里购买的少时，增加电子渠道会导致总的销售额下降。因为新渠道的建立会导致渠道冲突，分销商将不再支持该公司的产品，消费者将不再注意到该公司的产品，这就导致了销售额的下降，转而消费者选择其他的品牌作为替代品，顾客资源转移到其他竞争者手上。

2. 降低价格

当更多的公司参与网上竞争时，替代品将更加多，竞争更加激烈。对于很多公司来说，互联网带来的主要威胁是利润可以通过价格竞争而减少[223]，因为互联网可以增加消费者的力量，消费者的搜索成本很低，当消费者购买商品时，它可以迅速地不计成本地找出所有在线厂家的产品，进行价格、性能的对比，最终选择物美价廉的产品。厂家为了竞争，就会降低价格参与竞争，这样产品价格会降低，产品的利润率会被拉下去[224]。

3. 更高的物流成本

电子渠道的成本有两个方面，一是固定的启动成本，如购买电脑硬件和软件等；二是涉及更高支出的变量成本，比如渠道意识的创新成本。当需要维护原有的渠道的成本费用不能变的情况下，制造商为了谋求新的网上渠道就必须增加创新成本，去构建新的电子渠道，而公司又无法预测在构建新的电子渠道时是否一定能对业绩产生好的影响，所以制造商需要增加额外的机会成本使得新的渠道能够正常运行。同时为了提供个性化服务，满足不同需求的消费者，制造商也需要加大成本投资。

4. 更高的交易成本

当新的电子渠道建立时，现有渠道会视其为竞争关系。它们担心一旦公司直接接触消费者，它们的销售额将会减少。此外，较低的物流成本和电子渠道中容易形成的规模经济可能导致公司降低产品价格，这会对现有渠道的利润率产生压力。当价格产生差异后，渠道之间会产生摩擦，渠道冲突就会发生，现有的公司渠道成员可能有不满情绪，从而减少他们对公司产品的支持，甚至报复和停止产品的销售。为了防止现有的公司渠道卸责，公司需要更加广泛地监视它们，检查它们是否实践协议，如果没有遵守，要求它们执行这些协议，这就会增加事后交易成本，去维护该渠道的通畅。在最近的一次消费品制造商调查中，66%的公司表示存在渠道冲突。这就需要公司花费很大的精力去防止渠道冲突对公司业绩的影响，这又会增加公司的成本。

二、制造商引入电子渠道的业绩影响因素

当制造商引入电子渠道时，其业绩受到公司自身特性、电子渠道引入的策略、市场特点三个方面因素的影响。

（一）公司特性

不同的公司有不同的特点，在引入电子渠道时将会对业绩产生不一样的影响。首先每个公司都有特点，它们积累了有形的和无形的资产，比如金融储备、设备、品牌资产、股权、员工技能、渠道价值和营销的专业知识。这些公司特定的资源和能力可能会影响公司新渠道引入的有效性。我们考虑公司资源能力的三个因素，即渠道权利、直销渠道经验和公司规模。它们都会在制造商引入电子渠道时对业绩产生很大的影响。

1. 渠道权利

渠道权利在营销渠道研究中是一个至关重要的概念。Emerson 权利依赖理论中对权利的定义是这样的：公司的渠道权利取决于经销商，取决于经销商的激励投资和可替代性。激励投资是指经销商所拥有资源和成果的价值，这与公司的销售额和利润是挂钩的，公司的销售额越多，利润越高，渠道权利就越大[225]。可替代性涉及超越公司业绩的困难性，因为公司缺乏伙伴，可选择的数量越少，取代原来渠道获得更高销售和利润的可能性就困难，所以经销商渠道权利就大[226]。

当公司引入电子渠道时，渠道冲突会导致传统渠道失去愿景。然而传统的渠道是否会失去愿景取决于渠道的力量。当公司的渠道权利很小时，经销商之间会出现投机倒把的现象，例如，经销商会不再支持本公司的产品，反而支持推动竞争者的产品，这会导致企业客户源的流失。为了限制不利因素的发展，公司又要付出更高的事后交易成本。相反，公司的传统渠道强大，电子商务的引入相对比较顺畅。

2. 直销渠道经验

通常认为经验有两个方面：强度和范围。它们在两个明显不同甚至对立的方面影响公司。在电子渠道中，公司经验的强度指公司在引入电子渠道之前直销渠道运行的时间跨度。公司经验的范围指的是在引入电子渠道之前直销渠道运行的

数量。

(1) 经验的强度。有经验的公司将会有更多更实用的信息面对不确定因素；可以更容易地转移技术和管理资源[227]，所以有经验的公司在物流成本上有显著的优势。但是也有人认为[228]公司遵循老路径就不能适应它们将要进入的环境和制度，这样会陷入危机。所以认为没有经验的公司经常会不遵循老的路径，这在快速变化的互联网环境中，当科技改变太快时，就可以给他们提供一个差异化优势[229]。

(2) 经验的范围。当网络渠道建立的时候，许多直销渠道已经开始运转，被认为对需求产生负面的影响。公司的直销渠道越多，新的网络渠道就越不会被重视。新的渠道如果只是略有不同，是不太可能吸引新的顾客需求，还有可能导致渠道转移和自相残杀[230]。

至于供应方面的影响，学习型公司可以从渠道转换中获利，从而减少了新渠道投资的固有风险，同时利用互联网开拓了潜在的消费市场，然而采取互联网作为额外的分销渠道会对现有的分销渠道产生压力。公司直销渠道越多，原有的分销渠道就要越谨慎，它们会认为这是向直销渠道转换的前奏[231]，作为回应，经销商会不再支持公司的产品，反而支持竞争者的产品[232]。相反，对于竞争者，这会导致公司的顾客源转移到竞争者手中，为了阻止这个不利情况，公司的事后交易成本会增加。

3. 公司的规模

在需求方面，小企业在电子渠道的引入中比大企业获利更多[233]，因为互联网极大地扩展了小公司地理到达限制。它们能通过引入电子渠道吸引来自世界各地的新的顾客。以前由于大企业的实力，这些顾客购买只能局限于这些大企业中，现在随着互联网的发展，公司即使小也能够通过互联网消除地理限制，极大地扩张了消费市场，并在品牌的转换中获利。同时，大公司有很强的信誉，在网上购物消费者希望产品更加有保障，所以愿意花费高价格从大公司、知名公司去买产品，它们认为大公司的产品质量更加可靠，它们发布的信息更加可信，同时能够准时交付货物，退货也更加有保障[234]。

在供应方面有人认为，大公司可以享受规模经济，公司越大，履行分销市场功能时越有效，因此它的物流成本很低[235]，然而如果不引入电子商务渠道，多年以来，市场专家高成本的投资建立起来的渠道将变得无用[236]，新的市场份额将被更多的小企业占据，所以大公司需要引入电子渠道，否则拥有资源优势的大公司可能不再像以前那样拥有成本优势了。

（二）电子渠道引入的策略

电子渠道的引入可以为企业获得竞争优势，电子渠道引入的策略通常涉及进入的先后和宣传力度两个决策。

1. 进入的先后

在需求方面，进入的顺序可能对市场的扩展、品牌的转换、关系的深化和价格有很大影响。首先，受益机会会随着市场扩展效应而下降。当公司先进入，将会抢占制高点，扩展新市场，将后来的公司远远地抛在身后[237]，它们通过技术上的改变来满足客户需要，会创造机遇得到更多的顾客资源，而后面进入新市场的公司，业绩就会受到前面公司抢占的影响，留下很少的机会给后进入者。其次，早期引入电子渠道的公司也享受着品牌转换的优势。当竞争者没有引入电子渠道时，早期进入者可以从竞争者手上吸引顾客，避免了自己的客户会更换到竞争者手中。此外，抢占先机可能会形成客户偏好，消费者会更认可这个品牌，当一个新的品牌进入时，消费者的第一选择依然是早期进入的产品，消费者可能更不愿意为了后来的企业改变品牌选择，因为这涉及风险，消费者需要把风险降低到最低，消费者无法了解后进入的产品的性能是否比前者优越，为了降低最小风险的情况下，消费者会依然选择前者。再次，推迟渠道的引入给人感觉不是一个动态的、更新的公司。消费者觉得公司跟不上时代的步调，这会导致公司失去商誉，影响到消费者购买他们产品的决定[238]。最后，早行动可以获得更高的利润，因为市场里没有其他竞争者，导致了短暂的垄断事实，于是公司可以提高价格获得更多的利润。

在供应方面，早进入可能对分销成本有积极的影响。除了经验优势外，会有营销成本优势。后来者需要更多的营销支持，让消费者改变对已有品牌的选择，消除消费者一时偏好的障碍。

然而一些研究者认为模仿先行者是有利可图的。因为技术的不成熟，带来效益的不确定性使得推迟电子渠道的引用可能是有利的。当新的技术变得成熟时，应该立即使用新技术，这可能使后来者跨越式地超过先行者，先行者因为没有先例的经验可以模仿，往往会付出昂贵的成本代价创新新技术、了解新渠道。相比之下，一些公司等待竞争公司先走一步，然后能够学习他们的经验以避免走错路，甚至以更低的成本做到更好。

2. 宣传力度

战略介绍的第二个方面涉及宣传力度。这可能对需求市场扩张、品牌转换和定价有积极的影响。宣传在建立消费者品牌意识和引导消费者品牌转换方面很有帮助，因为信息来源的相对可靠，能够帮助消费者减少对新渠道的不安全感，从而建立最基本的信任。消费者通过大量的宣传会让消费者对新渠道、新的产品具有很强的偏好性。宣传也可以为消费者建立选择性需求的环境，通过鼓励消费者选择，使消费者进行品牌转换，为公司争取客户源。此外，宣传还可能影响价格的敏感度，市场力量学派学者认为，宣传可以增加品牌的忠诚度，减少价格弹性[239]，因此更多的宣传可以使公司通过电子渠道获得更高的产品价格和服务价格。在供应方面，宣传比起维护一个公共关系部门更加廉价免费[240]。

（三）市场特点

市场特点主要有产品的需求增长和渠道需求增长两个方面。

1. 产品的需求增长

产品的需求进化可能从三个方面去影响新渠道的绩效。首先，产品需求高增长速度意味着激励各公司增加渠道系统去满足各类消费群体日益增长的需要，这种努力可能导致市场的扩张。其次，由于未开发市场的需求，在快速增长的市场上，企业不仅提供传统渠道还提供新电子渠道，所以完全替代者很少，公司不需要参与一场零和游戏。最后，在快速增长的市场中，顾客对价格的敏感度会降低。

从供应方面，影响产品需求在于渠道冲突和交易成本。相反，在快速发展的市场中公司与原渠道的摩擦都应该减少，因为原有渠道的销售额基本上不受影响。

2. 渠道需求增长

从需求拉动型到创新型角度看，公司增加电子渠道能使它得到潜在的受益，而且还会随着互联网覆盖区面的增大而增长。这种增长可能来自新顾客需求或消费者渠道选择的转变，甚至是渠道价格的变化。总的来说，它表明随着互联网的影响力增加，人们能够更好地使用互联网，消费者市场将更加巨大。同时利用电子渠道的公司越来越多，参与竞争的产品也越来越多，公司将倾向于避免在互联网上进行价格折扣。因此，随着互联网的飞速发展，互联网上的产品价格会增加，再也不需要低于传统渠道价格。目前情况下，互联网价格高于传统价格是由于市场的不完善，但随着市场的成熟和发展这种情况将会消失。

在供应方面，当电子渠道需求增长时，分销商面临着顾客源的竞争。这时，经销商会忽略公司的产品反而会支持竞争者的产品。为了避免顾客源的流失，公司需要采取措施监督分销商，这又会导致更大的管理成本。

第二节　制造商引入电子渠道的先决因素和产出效应

制造商在引入电子渠道时，一方面受到很多先决的影响因素，制造商应该根据这些先决因素，调整自身的电子渠道战略；另一方面，电子渠道可以有效地促进与商品交易有关的信息流、商流和货币流流动速度和效率。相对于买卖双方（制造商和消费者）而言，卖者降低交易成本和获得商业便利，带来了产出效益，买者也得到更多的让渡价值。

一、引入电子渠道的先决因素

当制造商引入电子渠道时，受到公司相关因素和环境因素等先决因素的影响。而公司的相关因素包括高层管理层对电子商务的重视程度、公司组织学习能力、公司营销观念，环境因素包括顾客的话语权和规范性压力。

（一）公司相关因素

1. 高层管理层对电子商务的重视程度

最高层对互联网态度显著影响电子渠道决策的引入。特别是，电子商务战略成为了许多公司的商业规划战略中的核心战略。由于高层是公司规划战略的决策者，高层人员对于公司电子商务的发展是非常重要的。具体来说，高层人员有能力减少部门间的冲突并加快各部门对于电子商务的共识，构建电子渠道[241]。此外，引入电子商务需要大量的资金支持，这些都需要得到高层的支持和肯定。

而高层重视电子商务很可能影响公司整个电子渠道的发展，他们期望比别人更强调此项目的发展应用。在交流的过程中，电子商务能促使信息流、知识流在业务部门里自由流动，能够整合以前大量复杂的信息，并将整合后的有价值的信息应用到知识管理系统里[242]。然而，公司里，内部经理和跨部门经理都倾向于保留信息而不是共享信息，从而妨碍信息、资金的共享。在这种背景下，高层就要有能力减少内部部门的冲突，促进信息的共享。在订单和采购的进程中实现电子商务，能够在信息共享网络上和组织安排上，重组和调整顾客及供应商这些外部关系。

2. 公司组织学习能力

组织的学习能力主要指公司的评估能力，采用和应用外部知识的能力，识别新信息的能力，最终吸收它，并把它应用到商业上的能力[243]。

学习能力高的公司可以采取多种方式促进电子商务发展。电子商务不再具有明确、结构清晰的特点，不会遵循一个固定的程序模式，它是一个持续不断同化和转化过程，因此，愿意学习的公司会促进电子商务高水平的实现。要有这样的意愿，公司必须有足够的吸引能力使企业愿意学习，能够识别电子商务的前景，促进新技术发展，同时研究电子商务，并不断地模仿思考，可以增强公司电子商务的操作水平。此外，学习的另一个重要部分是组织范围的信息传播，它促进了公司人员对于信息共享、外部环境分析和内部的策略实施的理解[244]。

3. 公司营销观念

不同营销观念的公司对于电子渠道的引入会产生不同的影响，一般会分为顾客导向型公司和竞争者导向型公司。

（1）顾客导向型公司。顾客导向被定义为为了持续的创造价值，充分理解买家意愿的组织的能力并连续地、积极地满足顾客的需求[245]。顾客导向的一个重要的组成部分是灵敏度，即对未来市场的预测，通过预测客户未来需求来满足顾客的渴望。因此，这样的公司对新技术的引入特别是对于电子商务的引入以及电子渠道的构建有更积极的态度。

在流程水平上，更高的顾客导向在三个方面很可能影响电子商务的引入。首先，以顾客为导向的公司会频繁地寻求与客户交流信息，以便更好地了解它们的需求并提高服务水平。其次，这样的公司试图通过提高供应链效率来更好地和供应商进行交流和协调，了解市场的反馈，以便做出调整回应。由于顾客导向更注重利用一切方式去实现顾客价值，反过来也导致了在业务上的跨边界活动[246]。实际上，更注重顾客导向的企业会更加需要引进电子商务来增加交流，更倾向于努力加大资源去满足顾客需求。同时采取积极主动的态度去创新、促进有效的顾客交易和加强并形成牢固的客户关系，这些更需要通过引入电子渠道。最后，具有高度客户导向的公司在行政领域也会支持创新。为了更好地服务顾客，以顾客为导向的公司在内部管理流程中实现电子商务计划，这样在处理商业发票这样的顾客需求时更加有效率。

（2）竞争者导向。这指的是有能力和意愿去识别、分析和回应竞争者的行为。以目标竞争对手作为参照系，竞争导向企业积极地创造竞争环境氛围，不断寻求和发现自身的优点和缺点，改变自身的战略。因此企业为了时刻关注环境的变化以及积极适应环境，会快速引入和实施电子商务，加大对电子商务的投资。

在流程水平上，竞争者导向的公司很重视信息，顾客导向和竞争者导向在获取买家和竞争者信息和传播信息方面都是很积极的。在需求和供应方面，积极地和合伙人交流，了解当前竞争环境，做好迎接挑战的准备。

在订单和采购流程中，实施电子商务计划需要较高的财政支持。然而，在竞争中提高灵敏度本身就会促进创新的引用，企业会在订单和采购流程中加大投资引入电子商务。

（二）环境因素

1. *顾客的话语权*

以顾客为中心的公司往往具有前瞻性，会积极应对、满足顾客的需求[247]。顾客的权利相反，是指顾客要求公司能够提供某些服务。因此，应对顾客反应是被动的，而不是主动的。

顾客权利的力量迫使企业加强投资改进技术。这样，当重要的客户需要时，有能力和资源为顾客提供服务，所以那些大型的公司不断地从事研究充满困难的科技创新。它们认为与其努力主动地追求电子商务，更应该此时加快电子商务的引入，计划实施很大程度上来自于顾客和其他实体环境的影响结果。

在流程水平上，顾客将在业务交易的接口上对企业施加压力。首先，随着商业的进步，消费者更加有能力进行业务来往，已经习惯在线服务和网上订单跟踪以及通过邮件更新等方式。相应地，这迫使企业采用新的技术，在供应链各个方面促进和顾客的流畅交流。其次，顾客在线搜索很方便同时交易成本很低，这也促使业务能够在线下单，使得企业引入电子商务。特别是，当一个大客户需要买一大批产品时，在线下单将获得更大的益处，所以企业加速电子商务的引入。

2. *规范性压力*

当一个行业普遍采用某一种方式，成为一种潜在的标准时，其他公司都会争相模仿，否则被认为不上层次。当规范性压力很高时，组织采取创新不是因为他们对潜在创新效率和回报的评估，而是因为许多企业采取了创新而拥有的一种压力。在电子商务背景下，规范性压力尤为突出，如果不从事电子商务，企业将会落后，最后退出市场，导致有规范性压力的公司不管它们自身是否需要都纷纷进入电子商务的领域。

二、引入电子渠道的产出效应

公司在引入电子渠道时对于产出的影响是多方面的。比如在交流、内部管理、订单、采购、价格以及市场份额与盈利等都对产出效益产生了影响。

（一）电子商务在交流上的产出效应

在线交流可以在很多方面提高效率。电子通信交流缩短了顾客到达的时间，大大加快了应对顾客需求的进程。同时电子商务流程降低了材料的成本，例如，我们经常利用纸质和顾客交流的过程。

根据销售业绩和顾客满意度，电子商务促进信息流动可以帮助提高销售量，当一个新产品被介绍出来时可以直接和顾客沟通。同时还可以通过提供网上信息，故障排除指南和其他的服务资源提高顾客满意度，不仅销售业绩而且顾客满意度都会因此而收益。

在关系发展上，在线交流可以帮助企业加强与合伙人、供应商的交流，提高信息交流质量。此外，积极地共享重要的产品计划和库存信息，会引起更多的生产关系。进一步，将合伙人和供应商的公司业务系统和网络信息储备库集中在一起，这些成员很可能在此共享中建立信任、承诺。

（二）电子商务在内部管理上的产出效应

内部管理是指一整套与财务管理、会计、旅费、工资、员工福利等有关的内部处理活动。对于一系列的行政活动，电子商务流程的应用可以减少错误的发生率和缩短员工处理事务的时间，同时大大简化相关手续，可以提高内部运营效率。

电子商务在企业内部管理上的应用，可以在多方面中影响顾客满意度。首先可以为员工提供一个舒适、支持、高效的工作环境，从而更好地处理客户的需求，间接地影响顾客满意度。此外，在信息密集的环境中，公司的大量业务是收集和协调与顾客有关的各种信息。只有这样才能为顾客提供可靠的保证，更好地服务顾客，这表明公司一直处于服务的状态，可以随时满足客户需求，提高顾客的满意度。

在内部管理中运用电子商务可以帮助企业和合伙人、供应商建立信息共享，增加相互之间的关系。同时在这样的信息平台中，通过对会计和财务的管理使交易更快、更透明。

（三）电子商务在订单上的产出效应

订单是由下单、订单监控、顾客提交付款等一系列活动组成。下单完全被电子商务所取代，消费者必须能够处理在线交易的所有方面，包括订单位置、在线跟踪、付款。电子商务上下单会影响公司业绩。首先，它提高了效率，降低了下单成本和其他相关中介成本。其次，它通过营造一个自由的中介环境为顾客访问公司所提供的产品和服务，从而可以提高销售业绩。此外客户还可以跟踪询问他们下达的订单，避免错误和延迟，得到了客户的广泛好评。

（四）电子商务在采购上的产出效应

电子采购涉及网上供应商的搜索、质量确定、网上预订位置、网上竞标、在线订单、全程监控等一套相关的活动。企业通过电子采购可以提高效率，通过严格的供求平衡，找到成本价格更低的供应商，并进行交易。最后，电子商务可以帮助企业与供应商发展关系，电子商务通过业务得到它们的供应商的资源承诺，保证它们的生产更加顺畅。这样的承诺能促进它们的信任和持久的关系，能够保证双方理解对方的意图，确保长期成功的商业关系。

（五）电子商务引入在价格上的产出效应

大部分学者在电子商务引入后，线上渠道的价格研究是他们的重点。因为电子商务的引入减少了消费者的搜索成本和公司的分销成本。公司就能够减少网上市场的价格，同时降低搜索成本能使公司的剩余需求曲线更有弹性，如果把它们反映在边际成本上的变化上就是降低了产品的价格，实现了利润最大化。

这些降价的行为使得电子商务市场中的竞争更加激烈。这使得一些小企业能通过网上平台，通过更低的价格成本优势，获取更多的顾客，改变本来顾客对于其他品牌的偏好。因为消费者可以很容易地得到各家商品的信息，在产品性能大体一致的情况下，他们将向价格低的卖家去购买。

当然网上购物也会存在一些问题，通常商家不仅只集中销售产品，还通常附带辅助服务。消费者会觉得卖家的产品都差不多，更倾向于价格低的。所以卖家集中精力是将价格降到最低来吸引顾客，但却附加了昂贵的辅助服务，而提供这些服务卖家可能没有明确的定价。所以这涉及商家的信誉问题，商家的品牌和信誉至关重要。我们可以运用互联网，创建比对网站，消费者通过这样的网站可以对所有类似的产品进行比较，查看他们的信息，进行比对，最终选择价格合理的产品及服务。

消费者可以通过互联网查看商品的信息，对产品进行比对，最终做出一个最合理的选择。与此同时，互联网也可以让一个公司监视其他公司是否在价格上进行了共谋，监视其他人的行为，这使其作弊很难，一个公司或者几个公司就不可能偷偷地打折扣吸引更多的客户，增加销售量。

（六）电子商务引入在市场份额、盈利能力上的产出效应

产品市场的在线销售的出现影响的不仅仅是价格，消费者搜索成本的减少，生产者分销成本的差异性会改变整个产业的基本结构。

因为电子商务技术，消费者更容易找到低价卖家，成本更低的企业（或在同一成本下提供高质量服务的企业）将抓住这巨大的商业份额，远远地抛弃高成本者。即使正如上面讨论的，企业分销成本的降低导致价格的下降会导致更激烈的网上竞争，但是这种市场规模和消费潜力十分巨大，低成本公司在剧烈的竞争环境中仍然有利可图。另外，高成本公司收到巨大的打击，不仅它们的定价能力下降，其市场份额也下降。因为顾客倾向于更低的价格，这些高成本的公司将有被淘汰的风险。这样一些小型的公司通过电子渠道得到了新的客户源，这些客户源一般分为两类，一类是更看重低价格的顾客，另一类是不太愿意付出柜台购买的时间和金钱成本的顾客。小企业因此得到了很大的发展，业绩得到很大的提升。而大的企业，它的价格控制权被削弱，新的市场份额可能会被低成本的公司所占据，业绩增长缓慢。

总的来说，对于制造商而言，首先，可以降低管理成本，没有店面管理费，可在任意地点办公，通讯费用低；其次，可以更好地与客户沟通，可以更低成本、更快速地直接了解客户的需求和市场；最后，可以为顾客提供全天候的服务和个性化服务，从而扩大市场占有率。对于消费者来说，一方面购物地点不受限制，由于网络超越空间性，使得消费者能够跨越千里购买自己需要的商品；另一方面购物选择的范围更广阔，由于电子商务的商业网站利用了先进的信息系统以及相应的高效货物配送了系统，无须货架，无须门面，因此商品品种不受物理空间的限制。可供商品品种的数量，理论上可以达到信息系统和配送系统的承载上限。因此，消费者可以比较各种各样的商品，然后作出理性的购买决策。

第三节　制造商的双渠道开发战略

随着电子渠道的引入，制造商从原来的单一传统渠道战略变为双渠道战略。这也为制造商带来了管理上的难题。制造商充分考虑影响渠道开发的战略因素，了解新渠道的特点以及和传统渠道的不同，结合自身公司的特点建立符合自己的双渠道战略。如此的双渠道战略能够为企业业绩带来更大的效益。

一、影响制造商渠道开发战略的因素

制造商进行渠道开发时，受到很多因素的影响，包括外部环境因素、内部环境因素以及其他因素。

（一）外部环境因素

1. 宏观经济政治环境

国际国内经济发展的态势、经济周期、政治环境以及社会文化环境是企业在选择渠道模式时必须考虑的因素。

经济环境是指一个国家或地区的经济制度和经济活动水平，它包括经济制度的效率和生产率，与之相联系的概念可以具体到人口分布、资源分布、经济周期、通货膨胀、科学技术发展水平等。经济环境对渠道的构成有重大影响，例如，西方国家以自助服务出售食物为主的超级市场的出现，是以科学技术发展到一定水平，消费者能看懂包装上的文字为前提的。同样在非洲等一些比较贫穷的地方，首先他们的网络覆盖率就很少，能上网的人，以及有条件上网和会上网技能的人都很少，显然线上销售对于在那里的制造企业不能适合。

社会文化环境包括一个国家或地区的思想意识形态、道德规范、社会风气社会习俗、生活方式、民族特性等许多因素，与之相联系的概念可以具体到消费者的时尚爱好和其他与市场营销有关的一切社会行为。比如在中国，销售人员的直销行为通常被认为是传销的形式，很多消费者对此避而远之。

2. 竞争环境

竞争环境是指其他企业对分销渠道及其成员施加的压力，也就是使该渠道的成员面临被夺去市场的压力。竞争会影响渠道行为，渠道成员在面临竞争时有两种基本选择：一是与竞争对手进行同样的业务活动，但必须比竞争对手做得更好；二是可以做与竞争对手不同的业务行为。另外，现在有些企业与竞争对手合作，开发共同的电子商务平台，形成既竞争又合作的关系。

3. 国家的有关法律法规

渠道的良好运行是以法律为保障的，尤其是在电子商务环境下，需要完善的针对电子商务安全、信任等方面的法律。同时，法律因素也会影响渠道的决策，法律规定禁止“可能会严重减少竞争或者倾向于垄断”的各种渠道安排。

（二）内部环境因素

1. 企业自身因素

企业的整体发展战略目标一般来说是影响企业的渠道选择的首要因素，企业的渠道模式只有支持企业的整体发展战略目标的实现才算是有效渠道模式。比如某制造商为了实现其战略目标，在策略上需要控制市场零售价格，需要控制分销渠道，就要加强销售力量，从事直接销售，使用较短的分销渠道。但是制造商能否这样做又取决于其声誉、财力、经营管理能力等。企业对销售渠道的管理能力、分销及市场经验等也是非常重要的影响因素。

2. 产品因素

产品与服务适合哪种类型的营销渠道需要考察分析。主要考虑产品标准化程度、产品质量、购买规模、产品归类及可获得性等因素。有许多产品由于其本身特性决定不适合网络营销，硬要搬上网络必然失败。人们的消费观念对网络购买行为的偏好在不断增加，有些产品原来不适合网络销售，随着人们观念的转变还有技术对一些难题的攻克，可能就变得适合网络销售。因此，在选择销售渠道时应当充分考虑产品的特性，如价值大小、体积与重量、时尚性、技术性和售后服务、产品数量、产品市场寿命周期等因素。

3. 市场因素

生产商以消费者需求为出发点，根据消费者需求及购买行为细分市场。不同的顾客群体对产品的需求和在购买过程中表现出的行为是不同的。按照劳伦斯·弗里德曼的观点，根据客户对一个渠道的接受程度和意愿将客户希望利用的购买渠道和他们真正的购买行为衔接起来，是形成一个成功渠道的关键内容。不同的行业中，市场还可以根据行业特点进一步细分。以工业品市场为例，美国学者兰根将工业品市场划分为四个消费群体：程序购买者、关系购买者、交易购买者和竞价购买者。对细分市场渠道偏好的考察，可以用价格敏感度、服务敏感度和营销需求三个指标判别。还要考察市场覆盖率、建设成本、市场竞争力，并且潜在顾客的状况、市场的地区性、消费者购买习惯、商品的季节性、竞争性、销量等因素对选择营销渠道结构都是重要的。

（三）其他因素

1. 经济因素

对于企业来说，要考虑的主要因素是所需支付的成本与所获得的收益或利润。电子商务渠道的巨大优势吸引着众多企业，对于原有的制造商要计算采用新渠道所要花费的成本及预期带来的利润。对于新兴企业来说则不受考虑转变营销渠道带来的一系列问题的困扰，但是也要选择适合企业发展的渠道。

2. 渠道支持体系建设水平

企业无论采用传统渠道还是网络营销渠道，都需要与之配套的支撑体系确保物流、资金流、信息流的畅通，主要包括物流水平、信息化水平及客户关系管理等。

二、制造商的传统渠道模式及其不足

随着电子商务的广泛应用，市场细分和营销渠道的不断增加，存在多种营销渠道结构。企业需要对营销渠道进行选择，既可以采用传统的单一的营销渠道，也可以同时采用传统渠道与网络渠道。

（一）传统制造商营销渠道结构模式分析

产品在从生产者到消费者转移的过程中，渠道成员之间会发生信息流、商流、物流和资金流的业务联系，这些业务联系构成了“渠道流程”，正是渠道流程中的四种流将渠道成员有机地联系在一起。生产企业可以通过信息流实现顾客信息的搜集、反馈及产品的促销，顾客也可以将自己的需求信息传递给生产企业和供应商；营销渠道的各个成员逐次往上一级订购产品，到厂家时就形成批量订货，这就构成了商流；物流是产品实体在营销渠道中的运动，物流水平的高低直接影响产品的价格及流动效率；在供应链中资金的流动、资金的融通关系到企业能否长期生存和发展。

营销渠道既然是一个组织，便有其营销渠道结构。渠道功能是渠道成员所从事的各种类型的作业任务，这些作业任务可以以不同的组合分配给渠道成员，而渠道结构是指拥有一定作业任务的渠道成员间的关系。

营销渠道根据在生产者和消费者之间是否使用中间商或其使用的类型和多少，分为五种不同结构，如图 9-1 所示。也可简单划分为直接营销渠道和间接营销渠道。直接营销渠道是没有中间商介入，生产者直接把产品转移到消费者的营销渠道。间接营销渠道是指产品从生产者转移到消费者要经过中间商的营销渠道。间接营销渠道根据产品经过的中间商的多少划分为不同层次的营销渠道。影响渠道结构的关键因素有服务和营销成本。营销渠道通过执行一定的职能和过程来提供服务。提供服务项的多少、服务水平的确定，均取决于企业所掌握资源的多少、渠道成员的能力，以及客户需求的数量、渠道成员的资源与用户需求数量相互作用的结果，在考虑以上因素后就形成了渠道的结构。

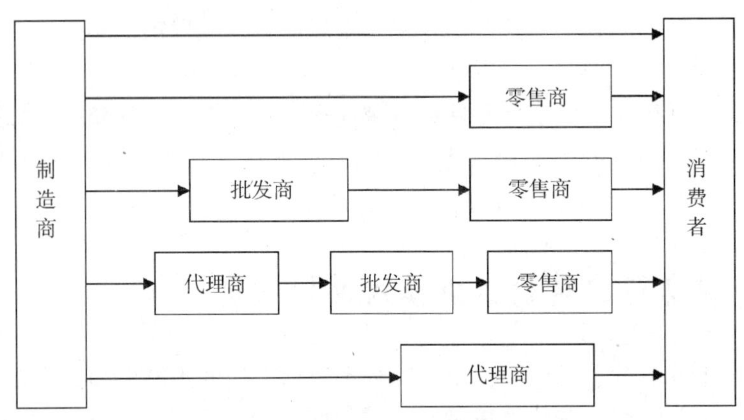

图 9-1　制造商的传统渠道结构

（二）传统营销渠道的不足

传统营销渠道为实现企业与市场的对接，多采用间接营销渠道，注重营销渠道的层次、长度、宽度、深度等方面。随着电子商务的广泛应用和营销理念的不断发展，传统渠道结构在提高企业的灵活性及适应性，特别是在把握消费者需求等方面，存在着许多无法克服的缺陷。

1. 信息传递效率低

传统营销渠道层次过多，受信息传递方式的限制，生产企业信息收集不全面，传递效率低下，企业无法及时了解消费者的意见，也无法有效进行产品和营销改进，以更好地满足消费者需求，从而失去了快速响应市场的能力。信息流的不畅，物流效率的低下，会降低资金流的效率，资金的短缺使企业不能合理安排生产。经销商无法进货，间接影响了供应链中的商流。由此可见，传统商务模式的营销渠道难以满足现代消费者个性、高效的需求模式。

2. 渠道开拓成本高

在传统营销渠道中，渠道的扩展意味着更多中间商的参与，企业不得不出让一部分的利润给分销商，终端客户也不得不承担高昂的最终价格。并且企业必须采用电视广告、专职人员促销的宣传模式，浪费了大量的人力和财力。

3. 难以有效控制渠道

在传统商务模式中，随着渠道的深入，企业和二、三级中间商之间的关系越来越疏远，控制逐步减弱，到了最重要的终端客户，企业的控制力却几乎为零。

4. 物流效率低

在传统营销渠道中，物流过程中没有采取标准的条码技术、EDI 数据交换技术、全球卫星定位技术、地理信息系统、射频技术等，使生产企业、经销商及消费者缺乏对物流信息的了解、监控及调节，降低了物流的效率。

三、电子商务对传统营销渠道的影响

电子商务极大地丰富了营销渠道，使营销渠道由一元到多元、由简单变多样、由单项静止变为多项互动，缩短了营销时间，提高了营销效率，使原来的不可能变为可能，实现了营销渠道质的飞跃。

（一）渠道关系的变化

电子商务促使了供应链资源优化整合，有助于稳定、紧密的渠道关系的形成。在传统的供应链条上，各环节彼此信息封闭，为了自己利益的最大化，企业和上下游之间的利益争夺激烈，彼此关系的基础倾向于互不信任，渠道运行不稳定。电子商务使渠道各环节的信息收集、分析能力增强，同时为了应对竞争的压力，渠道各参与主体不得不改变过去的观念，由相互提防向彼此协作转化，力求双赢和多赢结果。在此基础上，渠道利用电子商务手段，整合业务流程、信息资源、人员协作过程，共享渠道设施、设备，构建知识共享体系，增强渠道的竞争力，进而实现与整个供应链的集成。

（二）电子商务打破了企业价值链环节

电子商务使得买卖双方可以更紧密地结合在一起，市场不再有形，成为无形的市场。电子商务使价值链中不再需要的机能消失，中间商和贸易商都会因为电子商务的兴起而逐渐消失，而增值的中间商都会兴起，如专业行销公司、专业物流公司等。当企业采用传统的营销方式进行商务活动时，商品必须通过批发商、分销商等多种中间渠道才能到达顾客手中，这一过程在整个商务活动中形成了一个价值链，共同分享了商务活动中产生的利润，电子商务已打破了这种价值链的局限。

（三）渠道权利发生变化

在电子商务环境下，终端零售商的权利增强，制造商对营销渠道的控制力增强。信息技术的发展非常有利于零售商力量的增强，他们掌握着产品销售与客户需求的全面数据，从而增强了零售商讨价还价的能力，而这对于制造商的赢利能力造成了极大的压力。电子商务的引入使得制造商的信息权力不断扩大，通过网络直接接触顾客，降低对中间商发布和反馈市场信息的依赖，获得更多的权利。在制造商完全绕开中间商的电子商务直销模式下，制造商几乎可以获得完全的渠道控制权。

（四）新型中间商的出现

新中间商包括实际中间商和网络中间商。实际中间商是指在电子商务环境下借助信息技术积极进行业务创新、组织创新和管理创新，改变传统的信息获取、交换和处理方式，提高与生产者和消费者的沟通效率，提高服务质量创新，有效降低了交易成本的传统中间商。网络中间商服务器、工作站和各种网络设备作为技术支持，实现了传统中间商的所有功能，同时还具备了传统中间商不具备的新功能。网络中间商利用电子信息网络，融合了互联网技术，搜集生产者和消费者的信息，定期在生产者和消费者之间传送，拉近消费者与所需商品或者服务之间的时间和空间距离，形成一个良性循环。它由此提高了中间商的交易效率、专门化程度和规模经济效益。

四、电子商务模式下制造商的渠道开发模式

（一）传统渠道与网络直销渠道相结合

传统渠道与网络直销渠道相结合，即制造商既使用传统渠道又使用网络直销渠道直接与顾客接触。如图 9-2 所示：对制造商而言，网络直销渠道最大的吸引力在于可直接向消费者销售商品和大幅度降低交易成本，但同时出现的传统营销渠道和电子渠道的冲突，特别是制造商与中间商竞相争夺顾客，损害了彼此的关系，使制造商的渠道管理和协调变得更加复杂，成本急剧上升。

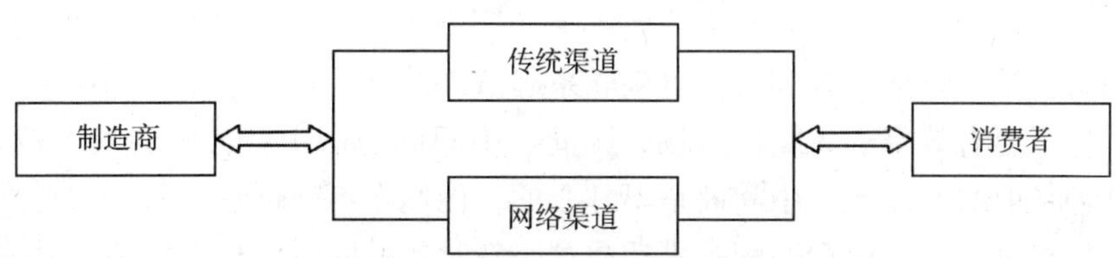

图 9-2 传统渠道与网络直销渠道相结合

在这种渠道模式下，制造商面临着是否进行网络直销的选择。一方面，网络给制造商提供了很多好处，除了可以缩减成本、领导时尚潮流、促销产品，接收及时的产品定购和订单处理外，特别是在原有渠道受阻的时候还可以作为产品线较宽及生产能力较强的企业新的产品流出通道，网络直销会在与竞争对手的竞争中争取更多的市场份额。另一方面，制造商担心网络直销会影响现有的分销网络关系，使渠道协调成本增加，特别是再中介化的威胁，很可能会使中间商退出，使原有营销渠道崩溃。因此，网络直销渠道在带给制造商利益的同时，在渠道管理协调方面也提出了挑战，但这并没有阻碍其发展，因为新的管理理论和方法在不断地推陈出新，为新旧渠道冲突的解决提供了可行的方案。此外，传统制造商采用网络直销渠道可以实现权力的制衡。过去 20 多年中经济影响的重心已经从制造商转移到分销商，制造企业间的激烈竞争为零售商对制造商提出强硬要求提供了机会，渠道的控制权逐渐由零售商取得，成为了市场渠道的控制者。双重渠道的采用对制造商而言是应对上述问题的一种有效营销渠道策略。在线销售的最大特点就是可以绕开中间商，直接与消费者接触。因此，传统中间商就面临着被排除的危险。正是这一压力，使得渠道的权利又渐渐地向制造商转移，实现了渠道权利的制衡。

（二）中间商分销模式

所谓中间商分销模式是指传统中间商特别是零售商既从事实体业务又从事网络销售业务，如图 9-3 所示。实际上，受电子商务影响最大的是传统中间商。

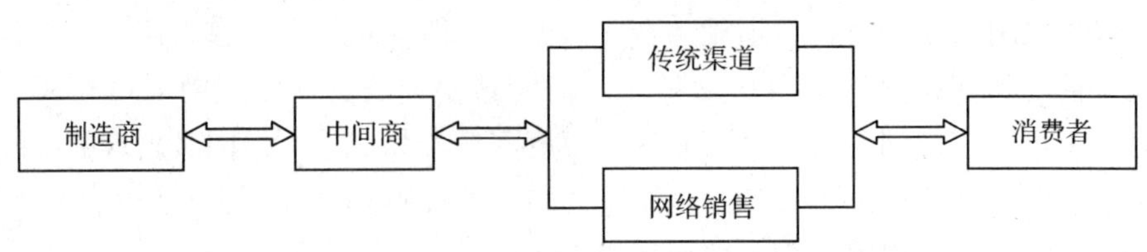

图 9-3　中间商分销渠道

网络营销可以把买方和卖方直接联系起来，并且提高了效率，降低了交易成本，产生了更有效率的无摩擦市场。因此，中间商的作用就会削弱甚至被取消。面对这种被取缔的命运，中间商是不甘心的，他们在不断创造一些新的功能如集成、信赖提供、简易化和匹配等来适应这个新时代的同时，也在着手建立网络营销渠道。网络营销渠道可以提供给中间商更多的接触消费者的机会，还可以使他们更好地控制销售和营销活动，支持现存的非网络渠道，使其通过网站进入他们所希望的市场，减少交易成本。

这种模式也有其缺点，比如商品的调换和退货问题，商品在一渠道里展示却在另一渠道里销售或者是在一个渠道里销售，却可以在其他渠道中退货或调换。原有的应用于非在线储存的分销库存系统会与新的应用于在线储存的中心库存管理信息系统进行竞争，虽然可以尝试把两者集成，但相应地，两者协调的成本将会进一步增加。因此，同采用二元渠道策略的制造商一样，传统中间商建立网络营销渠道后，所面对的挑战主要也是管理协调而非技术方面的问题。同时，新兴的中间商也对传统中间商产生了冲击。基于互联网的新型网络间接营销渠道与传统间接分销渠道有着很大不同，传统间接分销渠道可能有多个中间环节，如一级批发商、三级批发商、零售商，而网络间接营销渠道只需要一个中间环节。

（三）制造商网络直销模式

传统制造商经过多年的辛苦建立了一套网络销售的营销体系，并精细地进行着维护和完善。但是，它们很难完全取缔原有的传统渠道而从事完全网络销售。对传统制造商而言，没必要完全取缔中间商，可以采用传统渠道与网络渠道相结合的结构的策略。但新兴起的制造商没有这样的顾虑，它们可以在公司成立时起就直接采用网络营销渠道。如图 9-4 所示。

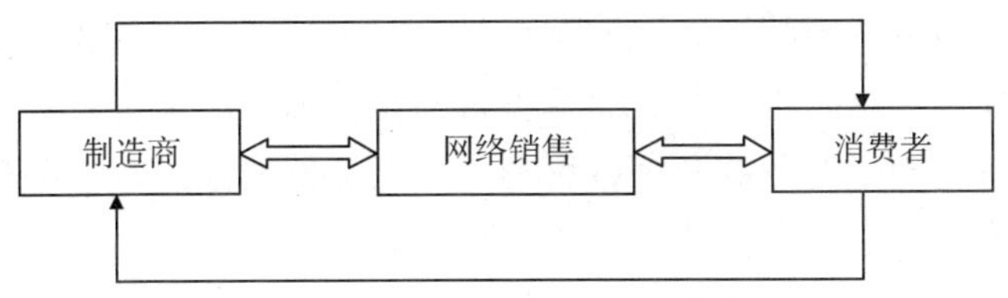

图 9-4　制造商网络直销模式

这种模式的优势主要有两个：第一个是价格优势，因为没有中间商，产品可以从制造商直接送到消费者手中，从而取消了二级价格差，使得制造商可以以更低的价格向他的最终消费者提供产品。第二个是降低库存成本，采取定制式营销没有成品库存。戴尔公司的生产方式属于定制式，即只有消费者通过电话或戴尔的网站定制产品后，公司才开始根据顾客的要求进行生产，节省库存及管理费用，避免了许多风险，同时也给顾客提供了高度个性化的服务。

这种模式的不足之处在于它不是对所有的产品和服务类型都适用的，除 PC 外，图书和酒类很容易借助互联网进行销售，因为这些产品不需要大量的描述。但非常时髦的产品展示起来就有困难了，如在线销售的时装退货率相当高。数字产品虽然不会遇到与物理产品相关的物流方面的问题，却可能遇到定价和版权管理方面的麻烦，因为它们可以被拷贝，如音乐、软件等产品。另外，物流支持可靠性以及顾客服务质量趋于多样化，都可能成为决定这种运营模式成败的关键因素。

（四）中间商网络直销模式

网络中间商的出现可以说是新技术毁灭旧技术的结果。基于互联网的电子商务能通过中间商产生新型的规模经济和知识，可以促使新型网络中间商的发展。如图 9-5 所示，像其他市场一样，网络市场也需要定价、交易过程和协调、库存管理、质量保证和控制等程序。因此，当电子商务市场的成长在使某些特定类型的中间商，如传统中间商消亡的同时，电子商务市场会通过促进新型电子中间商的成长来弥补由于旧中间商的消亡而造成的市场缺陷。

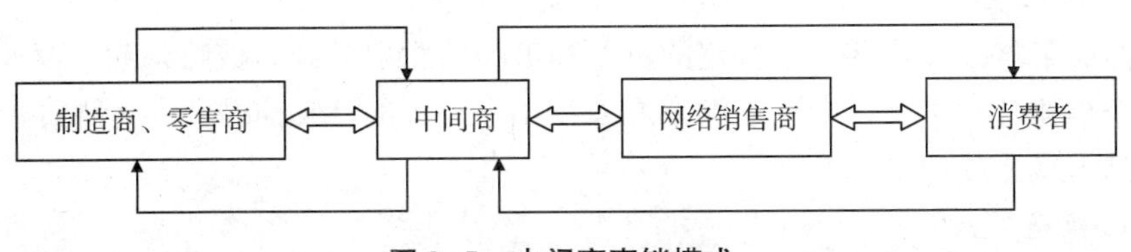

图 9-5　中间商直销模式

这些新型的网络的中间商共同的特点是：没有传统的零售实体地址，其功能是通过使用计算机网络技术把制造商或零售商直接与最终消费者连接起来提供信息化的服务。这些网络业务的开展，创造了一些新的商业模式，如报价模式、寻求最佳价格模式、动态经纪模式、电子出价模式等。

与新型中间商比起来，传统中间商从事完全网络销售的最大障碍在于他们在非网络交易资产上的大量投资，这些投资使得他们很难完全转换到网络销售上，如何处理实体资产如商场店铺，以及员工的安排等都是很难解决的问题。此外，在电子商务市场中如何重新布置他们的能力也需要仔细考虑。当然也有些传统中间商通过管理创新及一系列改进，进行网络销售，开拓网上市场。

五、制造商的双渠道开发战略

随着网络直销的兴起，任何企业都想充分利用网络直销的优越性来提升自身竞争优势。对大多数企业来说，直销渠道有很多传统渠道无法比拟的优势，例如，能更好地控制价格、能够为顾客提供更多的产品选择和更好的服务、更易于收集顾客信息以及更有利于供应商与零售商进行谈判等。当直销渠道得到越来越多企业青睐的同时，传统零售渠道是否还有存在的价值呢？我们认为零售商可以通过广告、顾客培训、收集市场信息、追踪订单以及品牌忠诚度建设等措施有效地创造和满足顾客需求。因此，同时开辟零售和直销渠道将比单一渠道更具竞争优势。我们认为企业应该有效发挥两者之间的互补性，而不是替代性。在许多交易的过程中，零售渠道与直销渠道往往可以并存。因此，有效地设计和运用多渠道销售策略可以增强企业的综合竞争力，给企业带来更多收益。

（一）双渠道开发战略

经理人在设计双渠道开发战略时需要考虑到公司战略、环境和渠道结构的特性以及影响它们的因素。同时，只有设计的双渠道战略符合公司战略和环境以及渠道结构，才能使业绩达到最好。

下面本章介绍商业策略、环境和渠道结构的特征以及其影响因素。

1. 商业策略

商业策略是公司在一个特定的行业和市场的竞争方式。波特认为，商业策略的两个重要分类主要是专注于客户和竞争对手。Miles 和 Snow's 认为侧重于创新和产品市场变化速度。

2. 环境

本章认为环境中最重要的三个因素：动态的、复杂性、慷慨给予。动态的是指市场环境变化的频率和市场因素的不可预测性；复杂性指竞争对手、供应商、买家、其他环境参与者的数量和多样性，公司决策需要考虑这些再制定战略；慷慨给予是指企业资源能力的可用性、可获取性。

3. 渠道结构

涉及在渠道组织中关系、权利和交流的模式。包括专业化、集中化和规范化、专业化适合于劳动分工，代表了在不同渠道里任务的区别。集权关于决策权的归属，表明当局关注渠道成员的程度。

在知道商业策略、环境和渠道结构的特征和影响因素后，将它们两两组合会得出不同的开发战略。

1. 策略和环境组合

不同的商业策略在不同的环境中运作的效果不同，在复杂动态的环境中客户拥有不同的需要。创新和差异化定制变得很有必要，环境越不稳定，公司采取差异化的战略越有用，这是以市场的活跃程度和产品市场的创新为基础的。高慷慨的环境下公司能够提供对创新和差异化资源的需求，相反在常规化和正规化运作的过程中，在较为确定性和稳定性的环境中，低成本战略最好。在低复杂的动态环境中，固定投资维持较低的成本可以减少风险。因为既不是顾客也不是竞争对手改变了他们的行为策略，公司不需要为了创新产品和修改产品来维持更新。此外，在资源有限的时候，公司应该专注于提高效率和降低成本，无须定制产品迎合消费者需求变化。

2. 环境和结构组合

虽然分散非集中的结构通常可以快速响应变化复杂的环境，但是在最稳定的、最不复杂的和不慷慨的环境中正规化和集中式结构被认为是最好的。在稳定的环境中，公司能预测的因素包括原材料的供应、客户的需求、运行的需求、集中化和正式化的结构都与性能优越联系起来。要么内部组织结构的集中，要么外部组织结构的集中，能带来更好的协调和控制，这种正相关关系，只适用于稳定环境。不同的环境有不同的渠道要求，一般来说，在稳定、很少资源的环境下，渠道一般更加正规化、专业化、集中化。相反，动态、慷慨、复杂的环境，渠道一般不太正式，比较分散，有较多的渠道系统。因此，在动态不确定的环境中更倾向于综合的渠道和使用自身的销售力量。

3. 策略和结构组合

研究表明，分散的、非正式的专业组织结构能够适应差异化战略。这种结构能满足不同顾客差异化的需求以及保持对竞争者行为反应的意识，此外拥有专业技能和劳动分工明确的专业化结构能够更好地执行复杂的活动，比如差异化策略。通过低成本策略能够严格控制需求，这意味着成本领先的组织是非正式的、成本集中的和非专业化的。在这样的结构里，规范的程序有利于惯例性质的活动，同时降低风险和管理成本。然而，劳动分工明确的专业组织结构运用此策略不太可能满足顾客的需求，因为成本领先的主要目标就是降低成本，使可用资源能够得到有效利用，增加结构的正规化和集中化。

（二）双渠道开发步骤

当公司双渠道战略适应了外部的环境和公司的战略方向，那么公司的双渠道开发才能够对业绩起到积极的作用。这是公司开发双渠道的前提。而对于双渠道的开发步骤，可按如图 9-6 所示的程序执行。

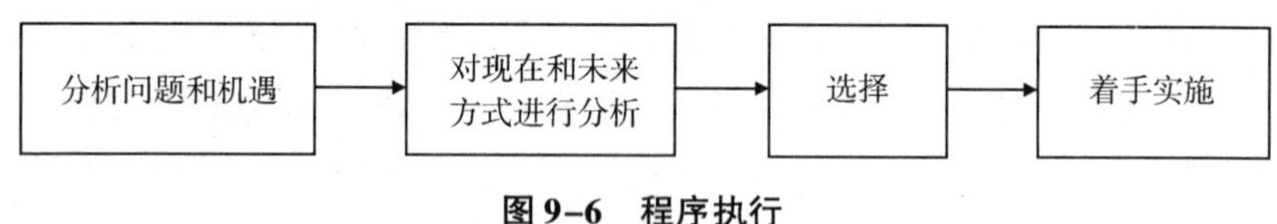

图 9-6　程序执行

首先，分析问题和机遇。本章把这些分为三类，即降低成本、经验的提升和提高顾客的访问量，通常公司要对这三个方面进行结合。

其次，对现在和未来方式进行分析。包括对传统的市场的分析、顾客群的识别、重点产品的提供。这些提供和顾客细分集中在渠道的规划中——当前和未来。规划中分析了顾客群和解决方案，形成了为每个顾客在每个点上提供购买和服务的通道。

再次，进行选择。评估每个渠道的成本和产生顾客价值的能力，评估消费者在每个店的购买和服务过程中的偏好，最后选出对最重要的渠道进行投资。

最后，着手实施。渠道创新对组织很有挑战性，因为它涉及如何吸引消费者，企业需要了解客户需求并迅速响应。企业只有通过不断的学习，才能适应新的环境要求，最后形成一个成熟的渠道机制。

第四节　双渠道环境下的产品策略

在双渠道环境下，由于存在渠道冲突，企业只有实行正确的产品策略，包括线上线下销售的产品选择以及各渠道品牌策略的制定等，制造商的双渠道产品策略才能够为企业的业绩带来最大效益。

一、双渠道销售的产品的选择

因为双渠道之间会存在冲突，所以要对销售的产品进行选择。当一种新的渠道产生时，势必会对另一种渠道产生威胁，可能会抢占旧的渠道的客户源，这样使得旧渠道的业绩下降，使得两条渠道产生冲突，严重影响公司的业绩。电子商务的发展推动了网络渠道的产生，拥有传统渠道系统的企业引入网络渠道后，会使制造商和零售商成为竞争者，破坏双方的合作关系，导致渠道冲突的产生。对于渠道冲突的产生，公司有必要对双渠道的销售产品进行选择。

（一）产品差异化策略

产品策略是指制造商为了避免直接跟传统营销渠道分销商造成冲突而在电子直销渠道上销售差异化产品，这样做的目的能够避免消费者将其与传统营销渠道中的产品做直接的比较，从而避免使用两种渠道分销同样的产品带来的渠道冲突。差异化产品指的是进行差异化设计和包装的产品或只在网上销售传统营销渠道中没有的产品，制造商可以从以下四个方面进行产品差异化。

1. 人为制造产品差异

采取措施使得在电子商务渠道与传统渠道中销售的产品存在人为差异，重新赋予产品不同的品牌或者名称，即使它和传统营销渠道销售的产品没有本质区别，比如打造一个副品牌或者子品牌，专门用于网上销售。一些制造商和品牌商已经在尝试着推出专门给互联网销售的品牌，比如美特斯邦威就推出了 AM PM 作为专门的面向电子渠道的品牌。或者通过定制机型、款型，提供网上或者某个网站独家经营的商品。其实今后即便是在互联网的渠道商，每个平台的特性也不一样，制造商和品牌商可以根据每个渠道的不同特性，推出适合这类渠道的消费群体的商品。

2. 依据消费特点将不同渠道的产品区分开

制造商可以将那些实体店销售成本偏高，适合于网上销售的产品放在互联网上销售，也还可以将市场重新细分，将网上直销的注意力集中在那部分愿意、喜欢或是习惯于网上购物的消费者身上。可以按消费者购买习惯和目标消费者的购买需要将企业生产的不同产品分配给适合的渠道，大包装的产品、团体定购的产品在网络渠道销售更好，因为消费者希望可以享受送货上门服务来实现物流成本的分摊。

3. 设计新产品线

针对在线顾客的需求设计新的产品线，如雅诗兰黛在其网站提供化妆品的定期填充、耐久性产品的维修保养、日常用品的会员福利俱乐部。又比如吉普森吉他考虑到在网络上销售吉他会与经销商产生冲突，所以仅出售吉他弦和零件等附属配件给消费者。

4. 按产品生命周期来确定产品销售渠道

按产品所处的生命周期将企业生产的不同产品分配给适合的渠道。在新产品导入市场初期，由于产品的不确定性风险很大，网络渠道风险较小，可选择在网络渠道进行销售。而成长期和成熟期的产品，则应扩大消费者的接触面，可在网络渠道和传统渠道同时销售。衰退期的产品，可以选择退出市场或退出网络渠道，保留传统渠道，因为低利润和较少的销售量，不足以弥补由网络渠道的快速消费者反应所带来的投入。

但是产品管理策略并没有从本质上解决渠道利益冲突的问题，一方面，制造商网上销售同类差异化产品也会从现有的传统渠道市场中抢夺一部分客户资源，从而影响到传统营销渠道分销商的利益；另一方面，制造商网上销售不同类的差异化产品对传统渠道市场来说也是一种威胁，传统渠道的产品组合得不到更新或者更新的速度太慢，都会影响到市场占有份额，从而影响到传统营销渠道分销商的利益。此外，产品管理策略并不能解决电子直销渠道的便捷性问题，消费者不能快速地获取产品，同时也很难获得售后服务将会影响到电子直销渠道的市场份额。虽然产品管理策略无法从根本上解决渠道冲突的问题，但是产品管理策略能在一定程度上降低渠道冲突。

（二）产品无差异化策略

如果双渠道的销售产品没有办法不产生竞争的话，那么只能进行双渠道的价格策略。迹象表明大多数渠道冲突是由价格引起的，并且互联网上的价格侵蚀也成为关注的焦点。越来越多的制造商认识到，通过降价来与渠道成员竞争是不明智的，不要在互联网上提供打折服务。所以，许多研究建议，制造商对它们网站上销售的商品在定价时要高于它们渠道成员的零售价，这样可以降低冲突的水平。运动用品的制造商耐克，在 1999 年 2 月建立了自己的网络渠道之前和之后，都与其传统零售商进行了沟通，向它们解释公司建立网上渠道并不会影响他们的销售活动和绩效。耐克承诺说其网站所售产品的价格就是价格表上所列的价格，不会打折扣。价格上的差别是产生渠道冲突的一个重要因素，零售商往往会对价格有着很强的敏感性，因而容易做出过激的行动。而且，对大多数消费者来说，价格仍是作购买决策的一个重要因素。因此，当制造商采用电子商务分销渠道时，就需特别注意其价格策略，如在线销售的产品与传统渠道销售的产品极其相似时，在线销售的产品价格应不低于传统渠道销售的产品价格。

二、不同渠道产生的品牌效应

各个渠道会在不同方面直接或间接地影响产品品牌形象，当注意到这些方面时，对于塑造令消费者满意的品牌形象至关重要。一旦在消费者中间建立起良好的品牌形象，消费者会变得更加忠诚。

（一）市场渠道的直接品牌效应

渠道品牌效应会因为不同的因素而改变，Ailawadi 和 Keller 提出了访问、店内气氛、价格和促销、同类产品服务分类和类别品牌项目分类五个形象因素[248]，这在消费者对商店评价和选择决策上起到重要的标准作用。

1. 访问

这个特性涉及消费者到达一个零售商店所需要的时间、精力和所花费的成本。访问的次数将取决于商店的实际位置、和消费者之间的距离，以及消费者到达商店所花费的时间。而对于电子渠道而言，要保证网络能连接到所有零售店的网站。

2. 店内气氛

店内气氛的元素可分为三大类[249]：物理特性，如设计、照明、布局；环境特性，如音乐和气味；社交特性，如顾客类型、员工的可用性、友谊。商店的气氛会随着这些因素的改变而改变。在线商店气氛可能取决的因素如网站的功能、设计、外观和人格[250]。

3. 价格和促销

零售商的价格形象是受以下因素的影响：平均价格水平；随着时间价格的变化；促销的频率和深度以及零售商低价格促销的自我定位；线上线下都流行价格促销活动。

4. 同类产品服务分类

消费者对零售商提供的不同产品和服务认知的宽度和范围取决于渠道。在网上，消费者周围充斥着零售商所销售的一系列产品。在线下，消费者可以浏览实体商店或者广告去了解零售商产品的范围。在这两种形式中，如果零售商所卖产品没有突出点，消费者就不会太在意产品。

5. 类别品牌项目分类

消费者对零售商产品的观念深度和零售商所提供的产品品牌、规格是相关的。当零售商都提供相同的同类产品和服务，那么品牌的类别分类、包装、规格更加重要，更能满足消费者的需求。消费者的这些观念对于零售商塑造品牌很有意义，换句话说，零售商储存、展示、促销或者其他方式对待品牌都会影响到消费者对这个品牌的情感。

渠道之间各有差异，如它们是否允许双向沟通、渠道覆盖率、吸引的顾客类别以及允许经验参与的程度。这些渠道差异会在品牌意识、品牌协同、品牌态度、品牌情感和品牌活动五个方面产生影响。

1. 品牌意识

在展示和推广品牌时，渠道购买方式将影响品牌意识。例如，对于消费品，产品的存货的地点、渠道方式很重要。某种程度中，零售渠道在促进品牌认知度上将发挥特别重要的作用。同样，品牌信息在页面上的显示和页面的位置也会影响消费者对其网上的关注。

2. 品牌协同

渠道在品牌形成和协同的强化中扮演着极其重要的角色，渠道通过将产品准确地卖给消费者能够影响公司业绩和品牌的形象。此外，他们也能通过虚拟的品牌形象，将其转移到他们销售的产品品牌中来间接地影响形象协同。

渠道在管理品牌形象上非常有益，通过零售商形象协作的虚拟性——谁在商店里购物，是什么样的购物商店，店里员工的样子和特征，店里的设施还有其他。产品品牌的形象可以被毁掉也可以被创造、影响。因为顾客和员工在网上是不可见的，电子渠道可能在建立品牌的形象关联性上不是非常的有效。但是，电子渠道可以提供更为详细的产品信息，可以帮助建立和加强业绩的关联性。

3. 品牌态度

在评价和感受方面渠道可以扮演非常重要的角色。考虑到消费者决定性属性，无论购买时是在商店还是在网上，评价都是在购货点上形成。零售商通过销售人员、网上信息和其他手段去塑造最终的评价是至关重要的。零售商把产品通过在哪里去储存、展示，与促销品牌和产品方面塑造可考虑的部分是很有影响的。它们还可以在产品比较中用不同的方式影响评价和购买意图，最终制造商可以通过它们的经验去影响消费者对品牌的感情。比如打造一个激动人心、更令人兴奋的零售商店环境或者耀眼的网站。

4. 品牌情感

实体店，无论是公司拥有还是独立拥有，社区里的顾客和销售员可以建立一系列友谊，比如 Nordstrom 鼓励培养他们销售人员和顾客之间的长期业务关系的培养。对于消费者，可能和某一个销售人员建立特殊的感情，消费者把这种感情作为产品品牌的全部，所以一个公司制定策略时要清楚所雇人员对于企业公司的影响。

电子渠道可以通过交流影响感情，通过培育社区建设和通过情感回报消费者，从而使消费者喜欢一个品牌。另外，无视渠道的形式，如果一个品牌不被渠道人员善待的话或者以一些方式使它变得低端，这些行为都会伤害消费者对品牌的情感。

5. *品牌活动*

品牌活动对品牌价值起到至关重要的作用。渠道通过提供额外的产品策略可以促进品牌活动。比如一些制造商通过在线下的展示，促进消费者购买的欲望，又在线上进行促销活动，提供一系列服务。这些都会增加消费者对于产品品牌的感情。

（二）品牌渠道的非直接品牌效应

产品资产的维度有很多，渠道可以有很多潜在的因素影响品牌资产的建立，也有很多潜在的非直接因素影响品牌的沟通和销售。

在众多的产品品牌中，一些品牌很容易被消费者所遗忘，其中三个因素在起着作用。①零售商的意识和知识。如果消费者对零售商的认知不熟悉，那么无法建立产品的品牌资产。理想情况下，消费者会倾向于零售商，会对零售商有一些强烈的好感，会经常与零售商保持联系，也常常对零售商有积极的评价和感受。②零售商知识的价值。鉴于消费者对零售商的情感有一个潜在的正面评价，某种程度上认为这些与品牌是相关的，零售商知识的价值根据品牌和产品的不同而不同。消费者与零售商的联系、评价和感情都和品牌价值有关，然而其他方面和消费者似乎没有任何联系。③零售商知识的转让。假设知道消费者对于零售商的评价和情感可以转移成消费者愿意在零售商购买商品的品牌，那么他们之间真的有关联吗？关键问题在于零售商如何将品牌与零售商优惠的价格，独特的产品和服务方式以及消费者对零售商的评价、感情联系起来。这种转移将取决于很多因素，比如适应零售商本身、产品品牌和在产品牌接受度这三个方面。这些特性是自有品牌和商店品牌成功的关键。

换句话说，涉及间接形象效果的问题源于零售商所卖产品品牌。当消费者访问零售商时，消费者会对零售商进行推断，或者对所买产品进行假设。比如这些商店只出售高质量、高价值商品，所以这些特定产品必须质量好、价格高。

商店形象的转移对一个品牌来说既可以是正面的也可以是负面的。对于许多高端品牌，自然增长战略都是通过挖掘新的客户，从低价格分销渠道中去拓展客户群。这样的大众市场扩张策略可能是危险的。然而，根据现有顾客和零售商的反应，当里维斯为他的牛仔裤决定扩大分销渠道时，包括巨大的市场份额的 Sears 和 Pennies、梅西百货决定放弃这个品牌，因为它们觉得该品牌的形象已经很低。在20世纪80年代中期品牌的振兴计划决定让牛仔裤回归到百货商店连锁里，后来里维斯小心地将品牌打进Target和Wal-Mart打折零售店。

研究发现在渠道里，有时消费者对零售商产品品牌的评估，质量不是最重要的[251]。然而，研究也表明，在某种环境下，零售商的形象和声誉对于品牌的评估扮演着非常重要的角色[252]。

（三）双渠道品牌策略

就店铺样式上，为什么制造商要探索差异化产品的选择？第一，因为渠道上不同类别的产品吸引不同的消费者，不同区域也有不同的产品策略，可以因此做个分类。第二，通过店铺形式区分产品可以改善与零售商的关系。本章先简要分析第二个原因，再转到第一个原因，研究品牌是如何通过渠道区分产品的。

供应商通过两种方法影响渠道之间竞争：

1. 品牌

不同零售商形式会有不同的收益率，但它们销售的核心产品或服务是相同的。由于不同零售商提供服务的水平差异，导致不同零售商之间产生价格竞争。对于知名品牌，这种现象是特别明显的。由于渠道之间的价格变得更透明，从而强化了零售竞争。大品牌的非弹性需求越大，在不同零售商处的弹性需求就越大。因此在一个激烈竞争的环境中，零售商对这些品牌进行折扣促销，从而获取更好的销售条款，也因此恶化了与供应商之间的关系。

2. 供应链安排

不同的店铺样式对成本的影响也不同，类似的在促销花费上、在新产品发布的合作上、在广告投入的积极性上、在备货多少的敏捷度上以及其他方面都有不同。为了实现有效的供应链，下货频率、物品尺寸、每箱物品的数量，甚至包装尺寸都该是不同的。

制造商可能要考虑他们对零售商之间竞争这个问题上的间接影响。然而，零售商为了减少重复分类，获得更好的销售环境，也给制造商带来了麻烦。由于缺乏供应商合作，零售商通过在自由品牌上多花力气来使得他们的分类更加清楚明了。他们也可以通过自己可控制的杠杆手段，实现低利润、少销量。比如减少货架空间，接受更高缺货率，低质量的货架布局，减少购物冲动，降低产品多样性。

品牌策略可看成由两个基本的替代方案组成，一个是制造商卖自己的品牌，另一个是生产以零售商名义卖的产品。表9-1显示了如何从上述两种替代方案转化为更多的方案选择，它主要从两个维度去考虑，一个是产品差异化，另一个是品牌的差异化。快速消费品市场的主要宗旨是一种产品应该以相同品牌销售到各地。在过去，这意味着一个品牌下只有一种产品。随后，商品开始在相同的品牌下以不同的包装提供到市场（如关于尺寸、物品的数量、便捷性）去迎合不同消费者的偏好，通常相同的品牌下有不同的产品规格，一个品牌下有一系列产品。

在表 9-1 中，特定的渠道可以通过添加符号或者名字形成一个复杂的品牌概念，即一个品牌的定义要和给定的商店特色一致。在不改变品牌名称时要考虑对特定渠道进行特定包装。但是加入品牌规格，使得渠道差异化加强，降低了重复分类。根据涉及的产品类别，这种方法可以在一个原始的品牌下销售一组相同产品或一组特定的渠道包装，甚至是一个特定渠道对应一个产品规格。进一步的渠道定制品牌的策略可以在不同的店铺去卖不同的品牌。只关心产品的制造商经常这样做，它们通过大型的服务商场、药房和香水商店去卖不同的品牌。虽然这增加了促销成本，但是如果销售的数量足够的大，这些成本可以因为避免了内在的渠道竞争而得到弥补。

表 9-1　多渠道零售和品牌策略

	单一品牌	每种渠道的品牌线	渠道品牌	自有品牌
无区别	品牌识别单个产品	在既定渠道进行销售并只有一个符号或名称的品牌	同一产品因为销售渠道的不同而促使品牌不同	供应商以它自己的品牌供应相同产品
尺寸和包装上区别	在不同的尺寸上品牌识别单个产品包装增加了便利性	在既定渠道进行销售并只有一个符号或名称，同时具有不同包装的品牌	以不同的渠道供应时，品牌和包装各不相同	与供应商的品牌具有不同的包装
产品规格区别	品牌识别一系列产品	在既定渠道进行销售并只有一个符号或名称，同时具有不同产品规格的品牌	以不同的渠道供应时，品牌和规格各不相同	与供应商的品牌具有不同的产品规格

如表 9-1 所示，这些是很基本的选择，利用专卖的权利去卖不同产品规格，对于一个零售商而言要么从包装上变动，要么改变产品规格，比如耐克就是这么做的。但是在这个以零售商为主导、大型国际零售商不断发展的时代，产品销售数量是可以确保的。对于制造商而言要么自己卖自己的品牌产品，要么借助于零售商卖产品，这对于制造商来说是一个很重要的选择，能制定一个正确的品牌策略对制造商而言将是一个巨大的优势。

第五节　制造商双渠道定价策略

对于引入电子渠道的制造商而言，如何缓解或消除渠道冲突并充分利用电子渠道的优势，对成功地管理双渠道供应链至关重要。一些制造商为了减少渠道冲突，电子渠道本身并不出售产品，厂商只是将网络作为产品的宣传媒介，展示产品信息，扩大品牌影响力，指引消费者到实体店进行购买。而另一些厂商，为了防止渠道冲突，将电子渠道的定价高于或至少等于传统渠道的定价。如宝洁公司在淘宝商城的官网，所有产品的定价与实体店的定价一样。近来出现很多企业在网上虚拟店的产品定价与传统实体店的定价几乎一致，这些产品类别涵盖玩具、护肤品、电子、运动器材等。尽管还没有电子渠道和传统渠道定价的实证研究，有研究宣称几乎三分之二的公司对产品网络销售定价与传统实体零售定价保持一致。而如软件、CD、书籍等标准化商品，厂商在网络虚拟店的定价一般低于传统实体店的零售价。因此，如何对双渠道定价对于实施双渠道战略的公司来说十分重要，这涉及每个公司的业绩。

渠道定价是供应链管理的一个重要方面，制造商需要通过建立科学、合理、有效的定价策略最大化自己的收益，并取得与零售商的合作，20 世纪许多文献已经对传统单一分销渠道中制造商与零售商之间的定价问题进行了广泛的研究。而在双渠道环境下，制造商不仅需要制定批发价格，而且还要确定网络直销价格，尽管渠道成员没有改变，但由于消费者可能在两种渠道之间发生转移，渠道成员的关系发生了一定的变化，引起了渠道结构和利润状况的改变。众多学者针对不同情境，研究了制造商的双渠道定价问题。制造商通常可以采用实体渠道和电子渠道一致性定价策略和无价格约束的双渠道定价策略。

一、基于一致定价的制造商双渠道定价策略

（一）一致性双渠道定价策略的形式

1. 批发价保持不变的双渠道定价策略

首先制造商确定批发价，零售商给定批发价和制造商承诺渠道价格一致的情况下最大化自身利润确定最优传统渠道零售价。传统渠道分销成本越高，渠道定价越高，渠道需求越低。批发价给定，最优零售价是零售商根据自身利润最大化

所确定。所以电子渠道的分销成本对影响零售价、市场需求和零售商的利润没有影响。传统渠道购物努力越高，零售价越低，电子渠道购物努力越高，零售价越高。当消费者从传统渠道购物很不方便时，零售商趋于采用低价格吸引消费者。当消费者从电子渠道购物很不方便时，消费者更偏好于从传统渠道购买商品。零售商趋向于提高零售价以提高增加收入。任一渠道的购物努力成本上升，都会造成渠道需求转移，降低渠道自身需求量的同时提高另一渠道的需求量。消费者对电子渠道的接受度越高，零售价越低，传统渠道需求越低，需求量的下降幅度小于价格的下降幅度。因此，消费者从传统渠道购物越方便，传统渠道需求量越高，电子渠道需求越低，此时，零售商采用高价格策略能获得更大的利润。电子渠道的购物便利性越低，电子渠道的需求量越低。电子渠道只有降低价格，吸引顾客。如果没有人从电子商务渠道购物，那么所有的消费者只会选择传统渠道购物，电子渠道不产生任何订单，所有的最优策略值与只有传统分销渠道时一致。

2. 零售价格保持不变的双渠道定价策略

传统渠道分销成本升高，使制造商和零售商分别提高批发价和零售价，从而降低了渠道需求量，批发价的上升幅度大于零售价的上升幅度，零售商的高价策略无法弥补销量下降所带来的损失，所以零售商的利润是下降的。当零售商的分销成本较高时，制造商降低批发价有一定的补偿效应。消费者对电子渠道接受度越高，电子渠道市场需求量越高，但是不影响价格和零售商的销量及利润。消费者传统渠道购物努力成本升高时，零售商的销量降低。同时电子渠道的销量升高，此时，零售商倾向于降低价格以刺激需求，虽然制造商也降低了批发价，但是批发价的降低幅度小于零售价的降低幅度，所以零售商的利润也是下降的。消费者从电子渠道购物越不方便，电子渠道的销量越低。此时，所有的消费者只会选择传统渠道购物，电子渠道不产生任何订单，所有的最优策略值与只有传统分销渠道时一致。

3. 极大化制造商利润的双渠道定价策略

在渠道等价的承诺下，制造商不考虑保持原来的批发价或零售价。首先，在知道零售商会如何反应的情况下选择批发价以最大化自身利润。其次，在给定批发价下零售商最大化自身利润确定传统渠道零售价。最后，制造商令电子渠道价格等于传统渠道价格。当消费者对电子渠道的接受度较高时，传统渠道购物努力成本越高，批发价越高，零售价越低，市场总需求越低，此时，电子渠道销量的增量小于传统渠道销量的减量。当消费者对电子渠道的接受度较低时，传统渠道购物努力成本越高，批发价越高，零售价越低，市场总需求越高，此时，电子渠道销量的增量大于传统渠道销量的减量。

（二）一致性双渠道定价策略效果的影响因素

为简单起见，将渠道等价的三种不同策略批发价保持不变、零售价保持不变、极大化制造商利润分别简称为策略 1、策略 2、策略 3。

1. 品牌忠诚消费者占比的影响分析

由研究知道品牌忠诚消费者占比越高，零售商的利润越高。所以零售商在策略 3 的利润总是最高的，策略 2 次之，策略 1 最小。而制造商的利润是品牌忠诚度的减函数。所以随着品牌忠诚消费者占比越高，制造商利润越低。且与零售商一样，制造商在策略 3 时利润总是最高的，策略 2 次之，策略 1 最小。

2. 消费者电子渠道接受度的影响分析

当消费者所感知的电子渠道效用损失的大小对零售商的利润几乎没有影响时，零售商在策略 2 时利润最高，策略 3 次之，策略 1 最小。在策略 3 下，制造商利润是电子渠道效用损失的减函数，即是消费者电子渠道接受度的增函数。策略 1 和策略 2 下，制造商利润是电子渠道效用损失的增函数，即是消费者电子渠道接受度的减函数。电子渠道效用损失越小，即消费者对电子渠道的接受度越高，制造商在策略 3 下的利润越高，而在策略 1 及策略 2 下却越低。

3. 电子渠道购物努力成本的影响分析

在三种渠道等价策略下，零售商的利润是电子渠道购物努力成本的二次函数，且零售商的利润没有绝对的大小关系。电子渠道购物较便利时，则零售商在策略 1 时利润最大，策略 2 时次之，策略 3 时最小。电子渠道购物较不便利时，策略 2 零售商利润最大，策略 2 次之，策略 3 最小。而三种等价策略下，制造商的利润都是电子渠道购物努力成本的减函数，电子渠道购物努力成本越低，即电子渠道购物越便利，制造商的利润越高。

4. 零售商单位分销成本的影响分析

零售商的利润是零售商单位分销成本的减函数，零售商的利润在策略 3 时最大，策略 2 次之，策略 1 最小。而制造商的利润也是零售商单位分销成本的减函数，所以制造商的利润在策略 3 时最大，策略 2 次之，策略 1 最好。

5. 制造商电子渠道单位直销成本的影响分析

在策略 1 和策略 2 下，零售商的利润是常数，与制造商电子渠道单位直销成本无关。策略 3 下，零售商的利润是制造商电子渠道单位直销成本的二次函数，零售商在策略 3 下利润最大，策略 2 时次之，策略 1 时最小。而制造商的利润是电子渠道单位直销成本的增函数，制造商在策略 2 时利润最大，策略 3 时次之，策略 1 时最小。

二、渠道价格无限制条件下制造商的双渠道策略

假设不受渠道等价条件的限制，本章主要考虑在Stackelberg竞争模式下，双渠道供应链的竞争性定价策略。假定，制造商作为博弈的领导者，首先选择批发价和电子直销渠道价格以最大化自身利润。零售商作为博弈的跟随者，在观察到批发价和电子渠道价格后，最大化自身利润选择最优的传统渠道价格。

（一）供应链分散控制下的双渠道定价

当消费者对电子渠道接受度较高，从电子渠道购物较便利，且电子渠道分销成本较低时，品牌忠诚消费者越多，传统渠道的需求量越低。批发价、传统渠道零售价和电子渠道需求是随着制造商传统渠道的分销成本的增加而增加，传统渠道需求和总需求是随着制造商传统渠道的分销成本的减少而减少。传统渠道分销成本升高时，批发价和传统渠道零售价都上升，传统渠道零售价的升高降低了传统渠道的需求量，提高了电子渠道的需求量，且总需求量是下降的，说明传统渠道需求量的下降幅度大于电子渠道需求量的上升幅度。除了批发价外，零售商分销成本对其他参数的影响和制造商一致。批发价随着零售商分销成本的增加而减少，当零售商的分销成本较高时，制造商降低批发价给予零售商一定的支持。渠道价格随着传统渠道需求的增加而增加，电子渠道需求随着总需求的增加而减少。当电子渠道分销成本升高时，制造商和零售商同时调高传统渠道和电子渠道的价格，传统渠道销量会变好，电子渠道的销量变差，且总市场需求量降低。为了获得更大的市场份额，制造商和零售商均有动力压缩成本。

消费者对电子渠道接受度越高，电子渠道定价越高，同时零售商为了留住原来的消费者必须降价。批发价、传统渠道价格和需求量及总需求量随着消费者传统分销渠道付出努力的增加而减少，电子渠道需求随着消费者传统分销渠道付出努力的增加而增加，消费者传统渠道购物成本上升时，批发价的降价幅度小于传统渠道零售价的降价幅度，传统渠道需求量下降，电子渠道需求量上升，总市场需求下降。传统渠道零售价和需求量随着消费者电子直销渠道需付出的购物努力的增加而增加，电子渠道直销价和需求量及市场总需求量是随着消费者电子直销渠道需付出的购物努力的增加而减少。当消费者电子渠道购物成本上升时，虽然制造商对电子渠道采取了降价措施，但是仍然会造成电子渠道销量的损失，相反，零售商此时上调价格还会带来销量的上升，但是市场的总需求是下降的。可以看到，除了对电子渠道直销价的影响方向不同外，制造商电子渠道直销成本和对消费者电子直销渠道需付出的购物努力对其他参数影响一致。

由此可以得到管理启示：

(1) 当品牌忠诚消费者占比较高时，为了获得最大的利润，零售商宜采用降价策略。

(2) 零售商分销成本上升时，制造商趋向于降低批发价，给予零售商一定的补偿。

(3) 零售商受激励降低渠道分销成本以获得更大的销量。

(4) 制造商降低传统渠道分销成本，可获得更大的市场覆盖率，但是会损害到电子渠道的销量。制造商降低电子渠道分销成本，可提高电子渠道的销量及总的市场覆盖率，但是会损害到传统渠道的销量。所以，制造商可能会优先于考虑改进电子渠道的分销效益。

当所有的品牌忠诚消费者都从电子渠道购买商品时，传统渠道需求和零售商的利润随着品牌忠诚的消费者的增多而减少，电子渠道需求随着品牌忠诚的消费者的增多而增多，品牌忠诚的消费者越多，渠道间需求转移的消费者越多。分销成本的上升，提高了零售价，降低了传统渠道的销量，从而降低了零售商的利润。零售商分销成本上升时，批发价的下降对零售商有一定的补偿作用。电子渠道定价越高，电子渠道需求量和市场总需求量越低。消费者电子渠道购物越便利，电子渠道定价越高，电子渠道需求量和总需求量越高，此时制造商的高价策略并不会损失销量。当消费者对电子渠道接受度升高时，为了获得最大的利润值，制造商应采取高价策略，且此时电子渠道销量和市场总需求量仍然是上升的。消费者传统渠道购物努力成本下降时，批发价和零售价都上升，同时刺激了需求，提高了零售商的利润。

从上述分析，可以得到以下管理启示：

(1) 制造商和零售商都有激励致力于降低渠道分销成本，提高渠道购物便利性，从而获得更高的定价权和更大的市场份额。

(2) 当品牌忠诚消费者占比越大，消费者对电子渠道接受度越高，制造商引入电子渠道对零售商的销量和利润损害越大，此时，零售商的抵触心理越大。

(二) 供应链集中控制下的双渠道定价

假设供应链制造商集中控制下，基于供应链利润最大化，确定最优的电子渠道直销价和传统渠道零售价。

供应链集中控制下，品牌忠诚消费者占比越多，市场覆盖率和供应链利润越大。传统渠道分销成本提高，使传统渠道零售价上升，传统渠道的需求量下降，电子渠道需求量上升，电子渠道需求量的上升幅度小于传统渠道需求量的下降幅度，从而使市场总需求量下降。当消费者对电子渠道接受度升高时，制造商的高价策略仍然会提高电子渠道的销量和市场的总销量，从而提高供应链利润。消费者渠道购物努力成本越高，该渠道定价及需求量越低，虽然另一渠道需求量有所提升，但是市场总需求和供应链利润都有所下降。

若品牌忠诚消费者占比越多，传统渠道需求量越小，电子渠道需求量和市场总需求量越多。传统渠道分销成本越高，传统渠道零售价越高，传统渠道需求量和市场总需求量越低，供应链利润越低。电子渠道分销成本越高，电子渠道零售价越高，电子渠道需求量和市场总需求量越低，供应链利润越低。消费者对电子渠道接受度越高，电子渠道定价越高，电子渠道需求量和市场总需求量越高，供应链利润越高。渠道购物努力成本越高，渠道定价越低，渠道需求量和市场总需求量越低，供应链利润越低。

从上述分析，可得到下述管理启示：

（1）为了获得更高的市场占有率，制造商可以采取以下策略：产品品牌建设，降低渠道分销成本，改进渠道购物便利性。

（2）为了获得更高的供应链利润，制造商可以采取以下策略：降低渠道分销成本，改进渠道购物便利性。

（3）消费者对电子渠道接受度较高时，制造商宜采用高价策略，此时电子渠道销量、市场总销量和供应链利润均会提高。

（4）当消费者渠道购物努力成本上升时，制造商对该渠道宜采用低价策略，以减少消费者和利润的损失。

第十章　制造商引入电子渠道后的双渠道协调策略

随着电子商务、网络技术以及物流技术的迅速发展，越来越多的制造企业在通过传统零售渠道分销产品的同时，开辟电子市场来直接向消费者销售产品，重新构建其分销渠道。在计算机行业，联想、HP、IBM 等在传统优势渠道基础上增加电子销售渠道，而 DELL 在电子渠道优势基础上开辟传统销售渠道。这些事例并不是孤立的，类似的模式在其他产品中也可以看到，如数码相机的柯达、美能达等，家电行业如创维、海尔、美的、长虹、海信等纷纷入驻京东商城、苏宁易购、天猫等购物平台开辟电子销售渠道。凡此种种，无论国内外，均可见传统渠道和电子渠道的双渠道组合模式正成为一种新的发展趋势。随着双渠道模式的普遍应用，多渠道环境下的渠道结构安排、渠道冲突问题以及双渠道冲突的管理已经越来越引起企业界和学者的广泛关注和重视。

本章主要是对制造商引入电子渠道后所遇到的重要问题进行分析，希望可以帮助广大管理者走出暂时的管理困境。本章的内容安排分为两部分：第一部分主要是围绕以上三个热点问题进行的详细阐述，第二部分给出了两个相关案例的分析。

第一节　制造商引入电子渠道的双渠道结构

制造商引入电子渠道会存在自建直接电子渠道或通过第三方电子渠道等多种形式，相应地，制造商的双渠道结构会存在差异。本节主要是对制造商引入电子渠道的双渠道结构进行分析。本节首先介绍几种典型的双渠道结构；其次，详细解释双渠道流行的原因；最后，说明双渠道模式所面临的一些挑战和困难。

一、制造商引入电子渠道的双渠道结构形式

制造商喜欢引入电子渠道在线销售，组成双渠道系统在激烈的竞争环境中立于不败之地，那么，具有魔力的双渠道系统看起来到底是什么样子？为了便于理解，本章首先给出关于双渠道系统的一个例证，以期读者能有一个宏观的把握。如图 10-1 所示。

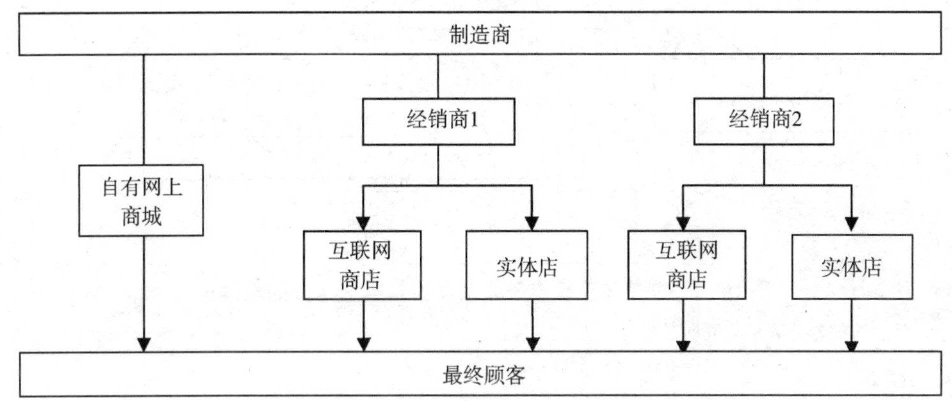

图 10-1　一个典型的双渠道营销系统

例如，美国 Mattel（美泰），全球最大的玩具制造商，当销售它的 Fisher-Price（费雪牌）玩具时，似乎就是用这种方式来运作的。在 2004 年的 11 月，Sesame Street E-L-M-O 玩具在 Mattel 的在线网站（www. fisher-pricestore. com）上只要 30 美元就可以得到，它也同样可以在传统实体渠道上买到并且价格与电子渠道的价格相同；在 www. toysrus. com 网站上，Mattel 的玩具 R Us 的在线交易价格为 19. 95 美元；在 www. walmart. com（沃尔玛的在线网站）上，该交易价格变为 19. 72 美元；并且可能在 Toys R Us 和沃尔玛的实体店价格也是如此。

以上给出了双渠道营销系统的某种结构图，并且列举了 Mattel 应用双渠道系统销售玩具的事实。为了进一步加深读者对双渠道营销系统的理解，接下来会向读者介绍几种典型的双渠道结构模式。通常情况下分为三种。

（一）制造商引入直接电子渠道和实体渠道组成的双渠道结构

在制造者直接电子渠道和实体渠道组成的双渠道结构中，如图 10-2 所示，制造商创造了自有的电子渠道和它自己的传统经销商渠道直接竞争。例如，制造

商 Tupperware 就是用这种方式来销售自己的塑料包装盒，同时通过传统标准渠道和互联网销售。在这个案例中，出现了去中介化，也就是说，中间机构被制造商忽略了。另外，中国白色家电巨头海尔也建立了自有的直接电子渠道海尔商城（eHaier. com）在线销售自有品牌的产品。它的营销渠道模式和该种情况相似，但是海尔同时也在多渠道零售商苏宁等处销售某些产品。

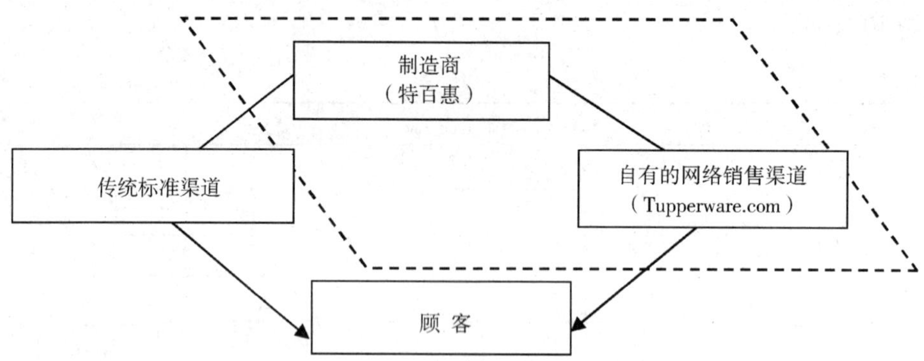

图 10-2　制造者直接电子渠道和实体渠道组成的双渠道

注：虚线部分表示共同所有权。

（二）制造商引入独立电商和实体渠道组成的双渠道结构

在制造商引入独立电商和实体渠道组成的双渠道结构中，如图 10-3 所示，除了通过传统标准的渠道销售以外，制造商还决定通过专业的互联网零售商（即不拥有任何实体商店的零售商）销售。例如，Callaway 的高尔夫产品，既可以在传统实体店买到，也可以在专业的互联网零售商（buy. com）处买到。美的、

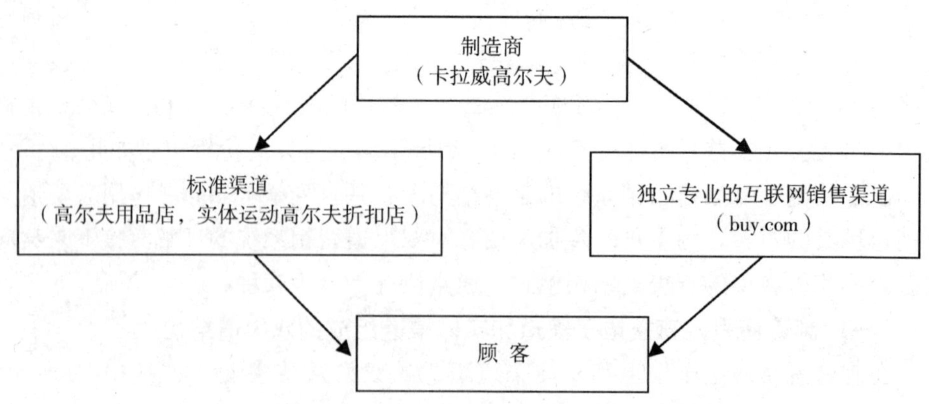

图 10-3　制造商引入独立电商和实体渠道组成的双渠道

长虹、创维等家电制造商的产品既可以在电子购物平台京东商城上买到，也可以在传统渠道零售店处获得。

（三）制造商引入多渠道零售商（在线+实体）组成的双渠道结构

在制造商引入多渠道零售商的双渠道结构中，如图 10-4 所示，描述了当制造商的经销商启动自己的在线业务时的情形。如美国书籍出版商 Simon 和 Schuster 公司通过美国多渠道零售商 Barnes 和 Noble（邦诺）书店销售就是这种情况的一个例证。另外，在中国大陆，佳能、三星、海尔等除了传统的标准渠道如专卖店以外，都有通过多渠道零售商苏宁、国美、宏图三胞等在线销售。

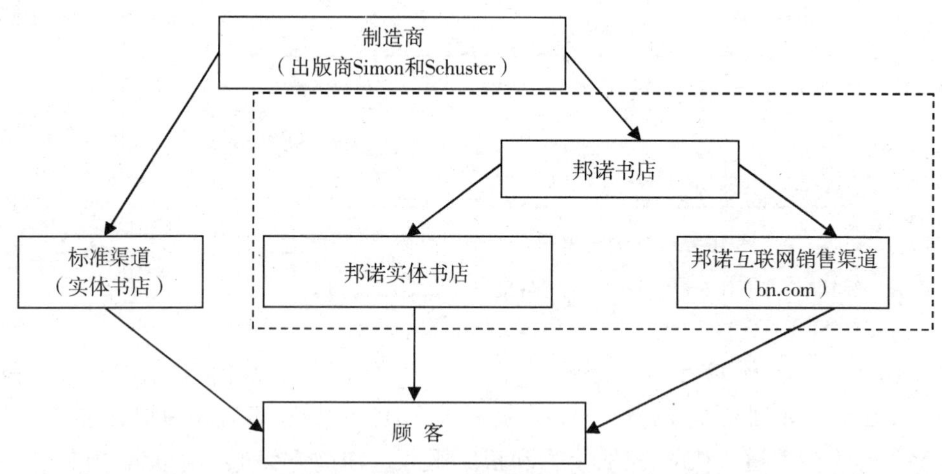

图 10-4 制造商引入多渠道零售商的双渠道结构

注：图中虚线部分表示共同所有权。

二、双渠道结构的优势

如前所述，双渠道营销系统越来越成为各个企业竞相采用的模式，在如今这个渠道为王的时代，双渠道模式正成为各个企业战胜竞争对手的一个强有力的武器。那么，双渠道营销系统究竟具有哪些优势？下面将从企业和顾客两方面来试着分析，力求让读者对双渠道模式的优缺点有一个全面的了解。

（一）对顾客的益处

网上购买通过很多方式使得购买者受益。它会很方便：顾客不需要和拥堵的交通作斗争，不需要寻找停车位并且艰难跋涉地通过商店和过道去寻找和检查商品。他们可以通过浏览邮寄目录或者网页来进行比较购物。电子渠道从来不会关闭它们的门。网上购买方便而且私密性很好。顾客几乎很少遭遇到购买的麻烦事并且不需要对销售员或者对劝说进行任何形式的回应。企业购买者可以不用等待和把自己的时间与销售员捆绑起来而了解和购买所需的产品。因此，顾客能够选择何时、何地和怎样去获取产品信息、订购产品或要求服务。换句话说，当购买时，在单一交易的不同阶段，顾客可以从一个渠道转换到另一个渠道。互联网渠道和实体渠道的整合已经被 Steinfield 和 Bouwman 所阐明[253]，如图 10-5 所示。

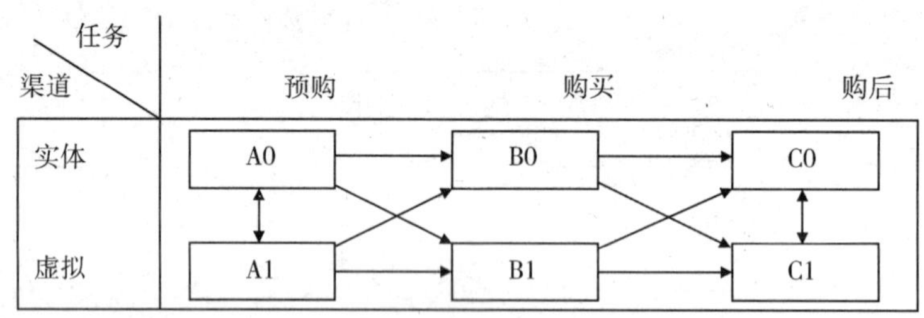

图 10-5　在混合电子商务企业中使用实体和虚拟渠道

注：所谓混合电子商务企业是指拥有实体和电子营销渠道的企业。

例如，一名顾客可能在虚拟渠道（A1）收集产品的信息，在实体途径（B0）购买，并且在虚拟渠道（C1）获得售后服务；或者可以在虚拟渠道（B1）购买，在实体渠道（C0）获取货物和售后服务。在这方面的例子有美国著名时装连锁销售公司 Eddie Bauer 和中国的苏宁电器。所以，渠道越整合，购买产品和获得服务的途径就越多。

互联网经常给购买者提供更大的产品访问和选择权。例如，互联网的极限是整个世界。没有实体界限的限制，互联网卖家可以提供一个几乎没有极限的选择。互联网还可以让消费者对产品和卖家进行广泛的选择，给予购买者获取有关公司和所需产品的相对丰富的信息的权利。优秀的网站能够比最热心的销售员所提供的信息还要多而且是以更有用的形式出现。例如，Amazon. com 提供最优的 10 种产品列表，广泛的产品描述，专家和用户的产品评论以及基于顾客以前购买基础上的推荐。

此外，在线购买是交互和即时的。购买者经常可以和卖家的网站互动去创造信息、产品和他们想要的服务的精确配置，然后马上订购或下载它们。而且，互联网还给予了消费者一个更大的控制权，即互联网授予了消费者更多的权力，在此之前还没有出现过这样的事。这是有关消费者控制的新现实。

（二）对企业的益处

电子渠道同样也给企业带来许多益处。首先，互联网是建立顾客关系的一个强有力的工具。由于它的一对一、交互性，互联网是一个特别有效的营销工具，公司可以和顾客在线互动以了解更多的特殊需求和需要。反过来，在线顾客可以提问公司并且自愿反馈。基于这个持续的互动，公司可以精炼产品和服务来提高顾客价值和满意度。此外，在最近的营销出版物中，多渠道顾客的概念出现了。结果表明，越来越多的顾客在他们的购买决定中依赖多渠道因而需要多渠道。在一个高科技行业 B2B 环境下的一项研究显示，多渠道顾客更加信任公司，更忠诚，会花更多的钱。在商店，多渠道购物者除了购买起初在线研究过的产品之外，还平均多花费 30% 在冲动性购买上[254]。因此，多渠道顾客的价值高于单渠道顾客的价值。所以，企业可以通过使用双渠道而获得更高的顾客价值和顾客忠诚，强化其在消费者心目中的地位。

企业使用双渠道还可以扩大市场覆盖面和提高销售增长率。双渠道的优势之一是每个渠道表现出了一套独特的特点，给企业提供了适应多变的顾客需求和购买模式的机会。因此，当顾客有不同的服务需求，或顾客对促销有不同的反应，或顾客对价格的反应不同时，此时企业需要用双渠道去更好地满足他们的需求。

互联网和其他的电子渠道产生了额外的优势，如减少成本和提高速度及效率。电子营销者避免了维持商店和相关的租金、保险和公用设施的成本开销。

比如戴尔和通用电气之类的公司通过使用互联网去直接联系供应商、工厂、分销商和顾客，有效地削减了成本并且把节约的成本传递给了顾客。由于顾客和卖家直接交易，电子营销者的成本较低并且提高了渠道和物流功能（如订购程序、库存处理、配送）和贸易促销的效率。最终，电子交流通常比通过信件纸质交流的成本要低。例如，一个公司可以制造数字目录，这比印刷并且邮寄纸质目录的成本要低得多。

电子营销同样具有很大的灵活性，允许营销者针对它的供应品和程序作出持续的调整。例如，一旦一个纸质目录被邮寄到了最终的顾客或企业消费者那里，直到下一个目录被送到前，产品、价格和其他的目录特色都被固定了。然而，一个在线目录可以被每天甚至每小时调整，从而可以改变产品的组合、价格和促销去匹配不断变化的市场环境。

此外，互联网是一个全球性的媒介，它允许买家和卖家在几秒钟之内从一个国家点击进入到另一个国家。甚至小的电子卖家也发现他们有权限到全球市场去。

综上所述，不难看出双渠道营销系统对顾客和企业的确具有很多的益处。

三、双渠道结构带来的挑战

虽然企业可以从双渠道的使用中获益，但该系统同样也提出了一些挑战。

(一) 双渠道结构导致渠道冲突

公司计划引进电子渠道的一个非常严重的担忧是渠道冲突问题。当企业引进了互联网渠道时，渠道冲突将会出现，因为传统渠道将会感受到电子渠道成就的威胁。这是可以理解的，因为加入互联网使得公司的互联网渠道成为它的实体渠道的竞争者，并且，渠道的分流效果会出现进而影响渠道成员之间的利益与和谐。有一个巨大的担心是那些正在建立电子商务网站的公司正在疏远经销商，尤其是那些正在首次跟顾客建立直接联系的公司。出现这种情况的原因是双渠道冲突是直接的渠道对抗行为，并且可以迅速恶化为旨在摧毁、伤害或者阻止一个相互依存关系中的另一方的行为。这种功能失调的冲突是有害的，因为各种渠道的相互冲突的目标可能会导致顾客内部冲突，提高顾客混淆和不满意的可能性，最终会导致公司的盈利下降。此外，根据一份针对 50 个消费品制造商所做的调查[254]来看，66%的制造商表示，渠道冲突是管理在线销售策略时面对的最严重的问题。所以，无论环境如何，渠道冲突都不应该被忽略，因为在一种情况下的冲突很可能会导致另一方面的冲突，继而引发连锁反应并且最终威胁现存渠道成员间的关系。

(二) 双渠道结构摧毁传统细分标准

如果顾客使用不止一种渠道去购买所需产品，那么采用互联网作为细分机制的益处会被削弱。当顾客暴露在多渠道环境下，企业差异化的企图会失败。所提供产品和价格的不一致常常导致顾客的混淆和不满意。顾客可以很容易地从互联网上获取信息使得这些问题尤其相关。信息通常是公开可得的并且顾客一般匿名访问网站。例如，企业需要去维护传统渠道和互联网渠道的一致性，然而这恰恰可能会阻止企业去为从传统渠道购买产品的细分顾客段和从互联网渠道购买产品的细分顾客段分别设计一套产品和价格以满足多样的顾客需求，最终会降低企业的市场覆盖率和竞争力。

(三) 双渠道结构导致协调问题

在管理多种分销渠道的过程中，有很多任务和决策需要去协调。例如，如果企业用训练有素的销售人员和丰富的库存来响应顾客的询问和需求，那么广告会更有成效。类似地，制造商的库存水平和工作进度安排是建立在各个营销渠道销量的基础上的。互联网使得渠道间的协调变得更加困难并且经常会在渠道和公司间导致摩擦。如果不能很好地协调使用多种营销渠道时所遇到的种种问题，将会导致渠道成员间关系紧张，甚至会威胁公司的生存。

第二节 制造商引入电子渠道的双渠道冲突及其评价

为了能够有效地削减或最小化引入电子渠道所带来的渠道冲突，防止其对公司的目标带来不利的影响，管理者必须首先了解双渠道冲突产生的真正原因；其次，知道其类型和表现形式，这样才能对症下药，保持冲突在合理的范围内；最后，还需要对双渠道冲突的严重性进行评估，决定是否到了必须要解决的地步。

一、双渠道冲突产生的原因

在互联网出现以前，已经识别出的双渠道冲突的主要原因可以被归为五类，即目标不兼容、领域冲突、对现实的认知差异以及态度和结构方面的原因。

（一）目标不兼容

目标不兼容和随之而来的冲突，非常常见，也就是说，一个渠道成员的目标会经常和另外一个渠道成员的目标不兼容，伴随着经销商的使用，变得更加明显。虽然相比于企业自己拥有销售队伍，使用经销商会更加便宜并且为企业提供了更大的灵活性，但是协调和众多经销商之间的关系仍然是一个挑战，因为它们是具有多样的供应商和产品线的独立企业。经销商和供应商都想去最大化它们的利润，然而，关于如何去完成它的想法却不同。例如，制造商可能想通过低价政策去实现快速的市场渗透，相反，经销商可能更喜欢获得高利润和追求短期利润率。对于经销商而言这意味着对顾客收取更高的费用，同时要降低自己的花费，另外，供应商想看到经销商几乎完全相反的做法。因此，冲突问题可能包括价格和服务是否被维持在了一个合理的水平上。

（二）领域冲突

当一个渠道成员感知到另一个渠道成员没有在自己的领域内尽好自己的责任时，领域冲突会出现。这意味着，某个渠道成员正在用错误的方式工作，或者根本没有做这项工作，或者试着去做另外一个渠道成员的工作。Stern 和 El-Ansary 认为[255]渠道领域内的四个关键的元素是被服务的人数、代理的区域、履行的功能或任务以及采用的技术。冲突问题可能包括在给定的区域内谁有权利去代理某种产品，也就是说，当制造商同时使用若干个营销渠道时，渠道成员有时会发现它们努力竞争去服务的是同一组客户，而这又肯定会导致渠道冲突。另一个常见的冲突原因是售前和售后的支持，也就是说，营销渠道成员为谁应该做，应该怎样去做和应该怎样补偿他们而争论。一个更深的冲突原因是库存，因为供应商经常认为代理商有义务和责任去持有大量的库存，然而，代理商却想供应商能够快速地为其补充货源。

（三）对现实的认知差异

虽然营销系统内的个人目标可能一致，领域也被很好地规定，但是渠道冲突仍然可能出现，因为渠道成员对现实的认知不同，也就是说，渠道成员对相同情况的认识有冲突。这是一个重要的冲突源泉，因为它表明对相同的情形，渠道成员响应的行为不同，而这恰恰会让渠道成员沮丧，产生冲突。产生误解的一个主要的原因是不同的渠道成员被暴露在不同的信息和影响因素之下，这就相当于给予它们同一个整体画面的不同部分。为了在渠道成员之间实现所需的协调，渠道内的良好交流是必需的。信息太多和太少一样不好，因为渠道成员过多的接触会使它们超负荷并且导致功能失调的后果。因此，应当就进行适当的活动所必需的接触数量来检查交流。

（四）态度的原因

Etgar[256]讨论了冲突的态度和结构方面的原因。态度的原因与对渠道角色、期望、认知和渠道交流的分歧有关。角色是指某种确定的工作职位所规定的行为。如果一个人的行为与既定的角色不一致，或者每个渠道成员的角色不够清晰确定，冲突就会出现。由于在信息可得性、信息处理能力和经验方面的差异，渠道成员的期望是不同的。渠道成员也对渠道和其环境的认知不同。例如，经销商可能不会去注意它们没有经营的市场的情况，然而，制造商可能强调渠道间的竞争和需求的更广泛的含义。交流是指营销渠道内有持续不断的沟通的事实。新产品的信息、促销运动、技术创新等，不得不从制造商转移到经销商，与此同时，经销商不得不告知制造商有关市场的情况，顾客对产品的反应等。当交流运转不正常的时候，误解就会出现，错误的战略会被执行，相互沮丧的情绪会产生。

（五）结构性的原因

结构性的原因由三种因素构成：目标分歧、对稀缺资源的争夺和自主权的驱动。目标分歧作为渠道冲突原因之一已经在这节中被描述过了。对稀缺资源的争夺出现在当某个渠道对资源的需求超过对其有效地供给时。例如，不同的渠道成员（如经销商和批发商）可能会为某个特定市场的专有权而竞争。自主权的驱动意味着一方试图去控制另外一方，例如，某个制造商企图通过建议零售价格列表去控制零售商的定价。

Etgar[256]所指的自主权的驱动力被其他的学者称为权力（如 Hunt 和 Nevin[257]）。权力被 Gaski[258]描述为让某人去做他本来不会去做的事的能力。在 20 世纪 70 年代期间，渠道关系中的权力得到了相当大的重视。当然在承认权力和冲突之间存在关系的所有人中，并不都持有相同的观点。一些研究者声称渠道中冲突的出现是因为上级企图去控制下属的行为，下属抵抗这种行为，然而其他的研究者视权力是冲突的结果，或是对冲突的反应。但是大多数研究者承认在权力和冲突之间存在因果关系并且该关系能够而且确实在两个方向都在继续发生。

以上所提的冲突的原因，都是在互联网存在以前就已经被识别出来的，并且还将继续在包括互联网在内的双渠道冲突之中存在。为了方便读者对加入互联网后渠道冲突原因的理解，下面用第一节中的三种典型的双渠道结构模式来进行分析。

1. 制造商引入直接电子渠道的双渠道冲突原因

当加入互联网渠道时，如果制造商想去最大化整个营销渠道的利润，目标冲突会出现，其中之一是电子渠道，因为 Coughlan 等人[259]认为电子渠道可以为制造商提供比传统的实体渠道更高的销售利润率。加之，企业为了弥补建立和运营新渠道的成本，可能迫使顾客去从电子渠道直接购买，而不是通过经销商。

随着互联网允许企业跟顾客去建立一个直接的买卖渠道，电子商务的出现使得领域冲突变成了一个更为强烈的问题。也就是说，一个制造商的在线销售可能直接分流实体渠道的顾客，因此，会在被服务的顾客上导致冲突。当然，实体渠道确信，如果网站购物不存在，那些选择在网上购物的顾客就会到实体店去购买。而且，互联网打破了传统的领域边界，因为它能够从实体渠道所服务的市场区域的任何地方带走生意，从而在市场独占权（领域权）上导致领域冲突。

当公司通过自有的互联网渠道销售时，在渠道成员所履行的功能和职责上也会出现领域冲突。顾客会访问实体店、检查产品、询问职员有关产品的一些问题、核对价格，然后在线购买产品。这是一个“免费搭车”的经典例子，因为实体店零售商承担了服务顾客的成本，但是却没有收到任何形式的补偿，因为它没有获得该产品的销售。如果某位顾客从制造商的互联网渠道购买了东西却决定在实体零售店返还产品，此时，可能会出现更深一层的渠道冲突。一般来说，零售商不会同意回购此项目，因为不然的话，它将毫无补偿地承担了成本。

在制造商引入直接电子渠道的双渠道模式中，制造商和零售商之间会经常出现对现实的不同认知。制造商经常认为零售商仅仅是扩大了市场覆盖范围，从那些不能或者不愿意用任何其他的方式购买该公司产品的消费者处生成了销售而已。实际上，多达38%的调查对象在1999年的节日中在线购买的花费比1998年的要多[259]，原因是他们虽然能够在网上购买产品但是这些产品却并不容易到达他们工作或居住的地方。即使如此，实体经销商很可能感到制造商网站上的销售已经从它们那里偷走了销售额。

2. 制造商引入独立电商的双渠道冲突原因

同样，当制造商决定不在自己的网站上销售，而是去使用一个纯粹的互联网零售商（电商）作为替代时，目标、领域和对现实不同认知的冲突可能会出现。但是，在这种情况下，冲突可能不限于制造商及其经销商之间，它也可能在实体零售商和其在线对手之间直接出现。相互竞争的经销商可能是目标非常不同的两个公司。为了维持企业资本的流动性，电商常常有强烈的需要去获得销售量和市场份额，因为它试图为了它的产品类型，发展和支配电子渠道。因此，为了销量，电商可能削减价格、提供免费配送或者其他的一些激励措施。另外，实体经销商发现很难去和电商竞争，因为相比于电商，它们收取的产品价格更高而且它们还经常聚焦于短期的利润和成本视角。当然，“免费搭车”在这种渠道结构中也是可能的。于是，实体零售商面临由其预售服务条款所引起的更高的成本结构，同时电商享受着一个较低的边际销售成本，这种情况进一步地限制了它和电商在价格上的竞争能力。应该注意的是，在制造商引入独立电商的双渠道模式中，制造商没有直接地控制由不同的经销商所提供的定价和服务。因此，制造商在防止传统零售商和电商之间的渠道冲突的能力上是有限的。

3. 制造商引入多渠道零售商的双渠道冲突原因

在制造商引入多渠道零售商的双渠道模式中同样有在线销售发生，但是，在这里，制造商的某位经销商同时经营电子渠道和传统线下实体店。它可能看起来和制造商引入独立电商的双渠道模式中的冲突情形很像，但是有一个主要的差异，即在线经销商把激烈的在线竞争对实体渠道的消极影响内在化了（至少部分是），因为在线经销商也可能会遭遇到电子渠道对其实体渠道销售的分流。也就是说，在线收取更低的价格将会导致顾客从实体店转移到网上渠道，从而混合经销商（拥有电子和实体渠道的经销商）会分流它自己的销量。此外，混合经销商还冒着使顾客混淆的风险，即顾客可能会怀疑是否它在不同的渠道中提供了不同的条件。因此，相比于实体店提供的产品，混合经销商更可能对它的线上产品提供相对公平的价格和条件。从而，在此种结构模式中，实体渠道和电子渠道之间的潜在冲突要比制造商引入独立电商的双渠道模式中的两者之间的冲突少。

二、双渠道冲突的类型和形式

渠道冲突虽然常被认为是一种状态，但它也是一个过程。Coughlan[259]认为，渠道冲突是某个渠道成员反对它的渠道伙伴的一种行为。从不同的角度看待双渠道冲突，会得到不同的渠道冲突类型和表现形式，清楚地了解渠道冲突的形式可以方便很好地去管理它。

（一）按冲突程度划分

根据冲突的程度划分，双渠道冲突可以分为潜在冲突、感知冲突、情感冲突和显性冲突四种不同的表现形式，如表 10-1 所示。

表 10-1　渠道冲突形式的定义

概念	概念性定义
潜在冲突	当争论的条件合适但是组织没有意识到时存在
感知冲突	当某个渠道成员感觉到某种反对的存在时，感知冲突就会出现
情感冲突	带有负面情绪的感知冲突
显性冲突	渠道成员尝试去阻止其他成员实现目标时

当争论的条件合适但是组织没有意识到时，潜在冲突出现了，它又通常是比较低水平的以至于渠道成员不能够完全感觉到它。然而，当某个渠道成员感觉到某种反对的存在时，感知冲突就会出现，这里的某种反对可以是观点、认知、情感的反对，也可以是利益、目的的反对。当感知冲突带有某种负面情绪，如愤怒、沮丧、忧虑等时，它就会变为情感冲突。在这种冲突水平上，组织成员开始去个性化他们的差异。如果没能很好地进行管理，情感冲突就会很快升级为由实际行为所表达的显性冲突。在最坏的情况下，一方会试图去对另一方采取破坏或报复性的措施。

（二）按冲突结果划分

根据冲突的结果划分，双渠道冲突可以分为功能失调性冲突和功能性冲突。冲突常常被认为是功能失调的（即有害的），伤害了渠道关系的和谐。当然，这在一般情况下是正确的。然而，冲突也可以是功能性的（即有用的），因为渠道成员可以借此互相带动去提高自己的表现。通过引起和消解它们的分歧，渠道成员激励彼此去做得更好并且互相挑战去打破旧的习惯和假定。

（三）按冲突方向划分

根据冲突的方向划分，双渠道冲突可以分为水平冲突和垂直冲突。水平冲突是指渠道中级别相同的公司之间的冲突。例如，在同一个领域内竞争的两个公司，可能会由于不同的定价策略而发生冲突。垂直冲突会出现在分销渠道内不同级别的公司之间并且科特勒等认为它比水平冲突要更常见。垂直冲突的产生主要有两个原因：一种是生产商的渠道扁平化策略执行时，上下游之间的竞争冲突；另一种是争取大客户时，不同级别的经销商为了维护自己的利益都会使出浑身解数来争取订单。

（四）按冲突主体划分

根据渠道冲突的主体来分，双渠道冲突主要表现在如下三个方面。

1. 网络中间商与传统分销商之间的冲突（如图 10-6 所示）

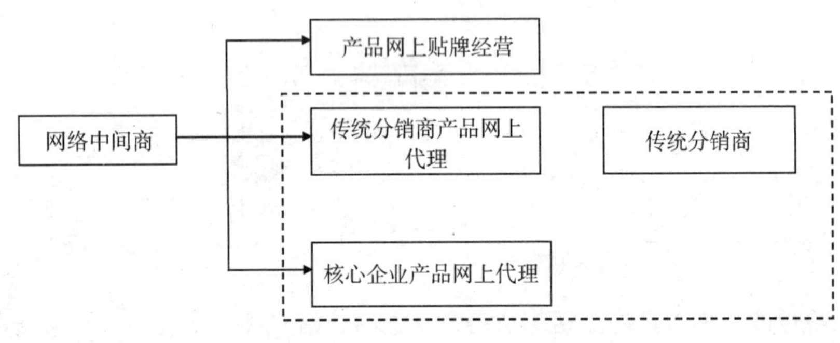

图 10-6　网络中间商的组成

电子商务的发展促使了网络中间商的诞生，其中包括：

（1）自建品牌的网络中间商。这类中间商往往紧跟时代潮流，贴牌经营传统市场中的畅销产品，这类中间商在网上非常常见，尤其是淘宝网上的众多皇冠级商家，这类中间商对传统渠道的冲突往往不太明显，因为它们有自己的专门的品牌。

（2）代理传统分销商产品的网络中间商。这类中间商一般都建立有网上购物平台，同时为了达到更好的销售业绩，他们往往经营多种品牌的产品，而这些产品来源于传统的多家分销商，由于网上销售成本低，故可能售价要远低于传统的零售商，这就和传统渠道产生了冲突。

（3）代理核心企业产品的网络中间商。这类中间商为了进一步降低成本，往往直接与核心企业联系，申请成为网上品牌代理商。这类中间商由于成本更低，所以和传统渠道的冲突更加激烈。

2. 核心企业与传统分销商之间的冲突

目前越来越多的核心企业意识到网络市场巨大的潜力，纷纷开通网络渠道，尤其是电子服务行业、家居日用行业、服装饰品行业和化妆品行业等，他们除了拓展传统渠道，而且还自营电子商务，建立电子商城官方网站，所以众多消费者被企业官方网站所吸引，这对传统分销渠道的发展造成了一定的威胁。

3. 核心企业与网络中间商之间的冲突

网络中间商的产品源于核心企业，而核心企业为了抓住机遇，在电子商务快速发展的进程中取得一席之地，自己也经营电子商城，这对网络中间商也将是很大的威胁。

三、双渠道冲突的评价

当评价渠道冲突的水平时，尽管它是一个过程，但它常常也被认为是由很多插曲和事件构成的一种情形。Rosenberg 和 Stern[260] 开发了这个过程的一个简化模型但是没有解释这个模型的所有不同的部分。他们说该模型是有根据的，而证据是来自对多部门冲突和有关渠道文献的回顾，并且该模型强调了冲突过程的主要方面，如图 10-7 所示。

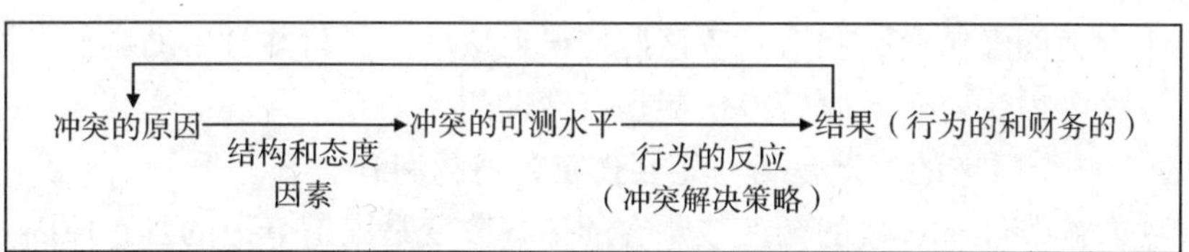

图 10-7 渠道内部冲突过程

每个冲突情形都将由渠道成员基于它们的历史关系来解释，也就是说，如果冲突经常在渠道关系中出现，每一次新的冲突情形都会由一个渠道成员判断是否它的对应伙伴是不称职的、经营不守信用等。随着时间的推移，功能失调的冲突的一个特点是，很难说冲突是由什么原因造成的。相反，一个积极的历史关系，会创造一个积极的未来，因为一个冲突事件将会被淡化或者得到宽容的解读。

为了更好地辨别哪一个渠道冲突是真正危险的，管理部门需要去回答四个问题[261]：所有的渠道是在同时服务相同的顾客吗？当渠道成员实际上相互受益时，它们会错误地认为是在相互竞争吗？一个渠道恶化的盈利能力是否是由另一个新渠道直接造成？一个渠道的衰退一定会伤害公司的利润吗？

（一）所有的渠道是否是在同时服务相同的顾客

一些看上去有冲突的渠道反而可能是企业的成长机会，因为看似会带来冲突的渠道本质上会服务于一个原有渠道未服务的领域。为了发现是否是这种情况，经理应该确定公司有多少收入发生冲突，也就是说，无论何时，当两个或更多个渠道同时企图去销售相同的产品给相同的顾客时，发生冲突的收入是多少。按照以往的经验[262]，当10%~30%的收入发生冲突时，破坏性行为将会出现。

（二）当渠道成员实际上相互受益时，它们会否错误地认为是在相互竞争

当它们实际上正在扩大产品的使用或建立品牌的知名度和威望时，表面上看起来似乎新渠道和旧渠道间发生了冲突，但是情况却未必如此。例如，起初耐克在芝加哥市中心的 Nike Town 品牌旗舰店被认为是对经销商销售耐克产品的一个主要的威胁，但是这个行动后来被证明却恰恰是整个渠道销量增加的原因。

（三）一个渠道恶化的盈利能力是否是由另一个新渠道直接造成

在一个渠道内选择正确的经销商常常被认为和决定使用哪个渠道一样重要。当一个渠道不再有竞争能力时，糟糕的经营，而不是冲突，可能是真正的原因。因此，当一个差的经销商是唯一一个抱怨冲突结果的经销商的时候，制造商应该评价该经销商失败的可能性，并且，如果失败了的话，会给自己带来多少损失。其后，制造商应该决定是否支持该经销商，如果不支持，管理部门必须通过使用其他的更可行的经销商去弥补由于去除该经销商所导致的利润的损失量。为了避免依靠不合适的经销商，制造商应该监控渠道伙伴的经营并且帮助它们发展技能和能力，这种做法对于不时转换伙伴是有帮助的。

（四）一个渠道的衰退是否一定会伤害公司的利润

有些时候，经济气候的转变或顾客的偏好改变是渠道衰退的真正原因。如果一个渠道的恶化是由于顾客的爱好改变所致，管理部门必须优先考虑新渠道，同时不要攻击衰退的渠道，尤其重要的是不要去刺激衰退的渠道，如果它仍然能够发挥一定的作用的话。例如，在美国，专业的宠物食物制造商积极地和宠物连锁店 PETsMART 和大型超市 Petco 合作，与此同时也支持小宠物店的运营，因为后者仍然占据了60%的专业宠物食物的销量。

在回答了上面的问题后，如果一个渠道冲突被判定为功能失调的并且有大量的销量是通过发生冲突的渠道销售的，制造商必须采取行动去缓和局势（见图10-8）。根据经验，如果一个发生冲突的渠道没有衰退，并且承担了多于10~15个百分点的销量和利润，这时需要引起注意。

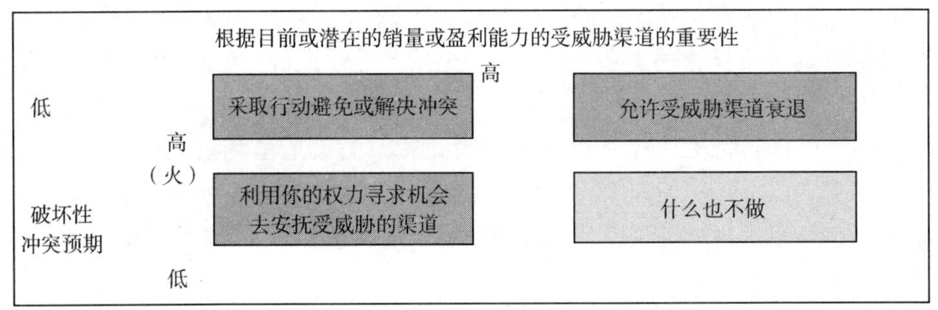

图 10-8 决策制定框架

为了评估渠道冲突的严重性，可以去询问很多的问题，例如，管理部门花了多少时间去处理该冲突？渠道冲突出现在哪里？当管理部门花了大量的时间处理顾客的抱怨，或者试图解决内部纠纷时，需要引起警惕。McDonald[263]认为渠道冲突超过适当水平的最简单迹象是一个比正常水平要高的人员和商业伙伴的周转率。同样，当顾客开始意识到了冲突的时候，冲突此时已经到了很严重的地步。然而，严重性这个词不应该被错误地解释为等同于功能失调，因为，冲突同样可以是功能性的。

剩余的所提的问题可以被分成五个不同的种类，即渠道的重要性、冲突的收入、冲突问题、渠道成员的反应和顾客的反应。当加入互联网时用来捕获渠道冲突严重性的概念化和对策呈现在表 10-2 中。

表 10-2 捕获渠道冲突的严重性的对策

概念范围	概念	概念化	措 施
评价渠道冲突的严重性	渠道重要性	依制造商而言，某个营销渠道的相对重要性	对不同营销渠道对公司重要性的评价（受访者感知）
	冲突的收入	公司的不同营销渠道同时服务相同顾客的程度	对受访者在公司的不同营销渠道服务相同顾客上观点的评价（受访者感知）
	冲突问题	渠道冲突涉及的问题	对渠道关系中涉及的主要冲突问题的评价（受访者感知）
	渠道成员反应	渠道成员对冲突的反应	对渠道成员对冲突反应的评价（受访者感知）
	顾客反应	顾客对渠道冲突的反应	对顾客对渠道冲突反应的评价（受访者感知）

以上这些方法都只是定性的，要想较为准确地判定渠道冲突严重性的大小，方便接下来的进一步管理，必须对渠道冲突的严重性进行一定的量化才行，即渠道冲突必须要可测度。

Brown 和 Day[264] 在一个制造商和经销商关系的渠道里测量了渠道冲突。基于这个研究，Coughlan 等人[259] 认为为了诊断渠道冲突的真实水平，管理部门必须收集四种信息，也就是说，计算冲突问题个数、重要性、分歧的频率和争议的强度。

步骤 1：计算冲突问题个数。渠道关系中双方之间主要的相关问题是什么？为了反映渠道关系的主要方面，这些问题应该被计算在内，不管它们现在是否在争论中。一些重要的应注意事项可能是库存、产品的配送等。

步骤 2：重要性。对于每个问题，评价它对经销商的重要性。这个可以通过判断或询问经销商来完成。例如，经销商可能被要求用 0 ~ 10 范围内的数字（一般到非常重要）来表明每个问题对经销商的盈利能力的重要程度。

步骤 3：分歧的频率。对于每个问题，可以靠判断或者靠收集伙伴在这个问题之上的争论的频率的数据来评估。例如，经销商可能被要求回忆上一年自己与制造商在某问题上的讨论，并且用 0 ~ 10 的数字来表明涉及分歧的那些讨论的频率。

步骤 4：争议的强度。对于每个问题，靠判断或收集双方在某问题（双方的立场相距多远）上的差异的数据来评价。例如，经销商可能用 0 ~ 10 的范围来表明它们就某个问题与制造商讨论时的争执的强度。

在收集了以上信息之后，这四种信息应当被结合起来形成一个针对每个显性冲突问题的指标：

$$冲突 = \sum_{i=1}^{N} 重要性_i \times 频率_i \times 强度_i \ [\Sigma(\bullet)表示对括号里的内容求和]$$

在所有的 N 个冲突问题（在步骤 1 中收集的）之中加入它们的产品，形成一个针对渠道冲突的指标。

这些估计可以与经销商相比去评价最严重的冲突出现在哪里和为什么会出现。这个简单的公式给了评价冲突严重性一个很好的视角，因为它允许诊断专家准确地指出双方在哪里和为什么会相互反对。通常情况下，渠道关系中涉及的问题越多，冲突的风险越大。如果双方的观点很少有差异（低频率），这个问题就被认为是不太受关注（低重要性）或者双方在这个问题上分歧较少（低强度）。也就是说，如果某个显性冲突问题的组成成分中的任何因素较低，那么，所涉及的问题就并非是渠道冲突的真正源泉。

Magrath 和 Hardy[265]已经运用实证测量方法验证了上述公式的可行性。在此过程中，他们发现冲突频率的变化范围可以从较小的争执一直到苦涩的关系。另外，渠道冲突的强度，可以从容易被遗忘的小冲突发展到法律诉讼。总而言之，分歧的频率、强度和重要性的组合使得把渠道冲突的水平分成低等、中等、高等成为可能。一旦管理部门判定现存的渠道冲突是潜在的危险，它就必须决定该去对它做些什么。

第三节 双渠道冲突管理

随着公司增加电子渠道去提高销量，它们的经营面临着创造渠道冲突的风险。Kotler[266]认为一些渠道冲突是结构性的并且会导致对不断变化环境的更好的适应性，但是太大就会是功能失调的。挑战并非是消除冲突而是去怎样更好地管理它。如图 10-9 所示。

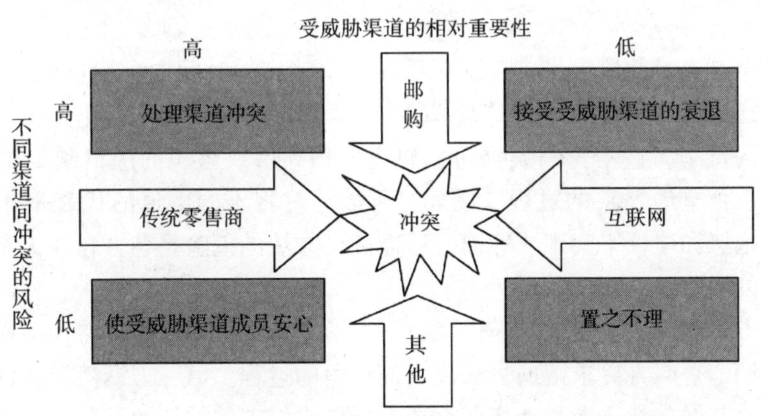

图 10-9 关于不同类型的渠道冲突应该怎样被处理的渠道冲突矩阵

图 10-9 展示了由 Jelassi 等人[267]所分析的传统实体零售店应该对线下和线上渠道之间的可能冲突如何反应的渠道冲突矩阵。例如，如果冲突的风险高并且受威胁渠道的相对重要性很高，公司需要去处理渠道冲突。相关文献当中已经提出了若干个最小化渠道冲突问题的方法，这些方法可以被归类为共同价值观、制度化、定价、产品和产品版本、品牌名称、补偿和沟通协调方法七大类。

一、共同价值观

有若干个有效管理渠道冲突的机制。其中之一是采用共同的价值观。Kotler[266]认为渠道成员应该就它们联合追求的基本目标达成协议，无论该目标是生存、市场份额、高质量还是顾客满意度。它们通常在渠道面临外部威胁，例如，一个更有效率的竞争性渠道的出现，一个不利的法规，或者消费者欲望转移时这样做。

二、制度化的方法来最小化渠道冲突

Coughlan 等人[259]认为制度化的措施指的是在纷争硬化成敌对的态度甚至是冲突之前稀释和分散它的机制，如第三方机制和关系规范，像行业协会的联合会员就是这样的一种方法。例如，美国食品杂货制造商和食品营销学会之间有良好的合作关系，这种合作导致了通用的产品代码（upc）的发展。可以假定，行业协会可以考虑到食品制造商和零售商之间的问题并且以一种有序的方式解决掉它们。

另一个是人员交流项目，它意味着在一个特定的时间内，职员可以被交换，因此，渠道成员将会被鼓励去发展解决方案而不是参与冲突。选举是另一个鼓励渠道合作的机制。它是一个吸收新思想进入领导层或组织的决策制定层（如咨询委员会、董事局等）的过程，例如，可以通过将不同渠道的代表聚集在一起公开讨论抱怨和建议来实现。然而，后面两个方法的危险是各方存在无意中透露敏感信息的风险。

第三方机制，也就是调解与仲裁，可以防止冲突出现或者保持冲突在允许的范围内。调解是双方寻求帮助去解决它们纷争的过程。第三方调停者，试图安全解决争议，其中包括让参与者相互交谈，帮助它们理解它们的问题，并提出可能的解决方案。调解者通常对情况有一个新鲜的观点和可能意识到冲突的涉及方所不能意识到的机会并且一般在调解双方的冲突上是熟练的。另外，在仲裁中，第三方作出该怎样解决冲突情况的决定。仲裁可以是强制的或自愿的。强制的仲裁是一个过程，在其中双方被法律要求去递交它们的争论给第三方，而自愿的仲裁则是双方义务递交他们的争论给第三方。仲裁比调解有优势，优势是如果当事人反对这种处理的话可以责备仲裁者，仲裁达成的最终解决方案对当事双方都有约束力。Webb[268]建议公司当问题确实出现时，应该使用一个特定的协议进行沟通。强关系准则同样可以成为阻止渠道冲突的一种方式。Heide 和 John[269]已经确定了关系准则的三个维度，即灵活性、信息交流和团结。灵活性是指去适应变化环境的意愿，信息交流意指双方主动为渠道伙伴提供有用的信息的预期，与此同时团结意味着渠道成员相互试图建立关系。

三、最小化渠道冲突的定价措施

另一个建议用来最小化渠道冲突的方法是刻意地把网上的价格定得比零售店要高，从而在没有真正与公司的零售商竞争的情况下提高品牌意识。这种方法被玩具制造商 Mattel 所利用，它刻意地把网上价格定得比零售店价格高 15%。一个相似的方法是在所有的渠道内收取相同的价格，但是不包括运输和电子渠道的处理费用，它们最终会导致在线顾客付出更高的价格。生产运动鞋和其他运动装备的制造商耐克公司，就是这样的一个例子，它允许客户在线购买，但会在其完整零售价格上加上运费和处理费用。

在所有的可用的营销渠道上以相同的价格提供产品是另一个被建议用来避免渠道冲突的定价方法。例如，意大利沃达丰（Omnitel Vodafone），在同样的条件下在其传统渠道和网站上提供预付电话信用卡服务。King[270]认为在互联网上以低价出售产品会让公司和渠道伙伴，如零售商之间产生冲突。这个已被 Steinfield 等人[253]在对 18 家荷兰的混合电子商务公司进行的研究中所证实。他们发现，几乎无一例外，管理部门都认为抵制绕过现有渠道的诱惑的重要性，否则将会导致渠道冲突。此外，Forrester[254]认为今天的消费者希望在一个商店查看和触摸产品，然后在网上购买；或者在线研究产品，此后在实体店购买它们。他们还希望拥有在网上购买商品，然后在传统商店返回或交换的可能性。所以，在一个公司的不同营销渠道内以不同的价格提供相同的产品会在顾客中制造怒气。

然而，有些公司线上的价格比它们的其他的营销渠道要低。例如，Cortese 和 Stepanek[271]声称航空公司主要使用互联网方式来销售空缺席位，因为它们经常发送电子邮件给顾客通知最后一刻的票价。然而，其他的学者认为价格差异化的另一个原因是因为航空业和银行业已经能够降低传统交易的成本（即旅行社佣金、订舱费等）。所以，他们对旅游企业经常提供在线预订折扣，银行经常为进行日常的网上银行交易的顾客提供更低的交易费用和更好的利率一点也不感到惊讶。在网上针对同样的产品收取大幅低价的其他公司的例子是 Broderbound Software、Barnes 和 Noble。例如，Broderbound Software 给予在网上订购该公司任何产品的所有顾客每个订单以 5 美元的折扣；Barnes 和 Noble，在它的实体店，以出版商建议价格的30%的折扣提供精装纽约时报畅销书，平装纽约时报畅销书以一个20%的折扣出售，其他的精装书以一个10%的折扣销售，而其他的平装书是不打折的。然而在互联网上，Barnes 和 Noble 以30%的折扣出售所有精装书和以20%的折扣出售所有的平装书。Brynjolfsson 和 Smith[272]发现无论是单独考虑价格还是包括运输费用的价格等，相比于传统的零售商，互联网零售商收取的价格都较低，这被他们通过比较在互联网和传统零售商渠道所销售的 CDs 和书籍所证实。Friberg 和 Sandström[273]同样也发现书籍和 CD 在网上的售价比较低（平均低15%），然而，和前面的研究大不相同，他们发现当在网上购买单件的商品时，如果包含运输费用在内，获得该件物品的总费用好像和在传统商店一样。

Smith 等人[274]建议公司可以通过拍卖的形式在互联网上出售过剩的产能，以此来避免渠道冲突，例如，航空公司和酒店可以通过这种方式出售过剩的产能。由于此种方法会让互联网渠道有一个相关价格的不确定性，因而顾客会把在网上销售的产品与通过实体渠道售卖的那些产品视作不相同。换句话说，拍卖价格让公司在不用导致渠道冲突的情况下，拥有一个在线销售便宜产品的机会。当然，拍卖价格在某些情况下甚至会导致顾客支付更高的在线价格。

因此，三种定价方法，即更高的在线价格、在所有营销渠道中设定相同的价格和拍卖定价，可以用来减少渠道冲突。

四、产品和产品版本的方法来最小化渠道冲突

多种产品或产品版本让管理部门有机会通过不同的渠道把不同的细分市场作为目标。实际上，价格差别（即在同一时间对相同的产品收取不同的价格）最明显的来源是产品版本，因为如果产品在某些方面有差异，对顾客收取不同的价格将不会让其感到惊讶。换句话说，通过使用多样的产品版本，公司避免了在不同的渠道内对相同的产品收取不同的价格的尴尬。一些制造商正在通过限制它们在网上的供应品对它们的中间商让步，即在线销售传统渠道不销售的产品，这有时又被称为是另一类的独家销售。通过该种独家销售，双方都从独有的安排中获益，卖方获得更忠诚和可靠的批发商店，经销商获得特殊商品的稳定供应源和更强的卖方支持。

宝洁公司就是这样做的，其在网上渠道售卖的产品，在它的传统渠道不可得。玩具制造商 Mattel，是另外一个这样做的企业，它的某些热门货在它的网站上根本不提供。一个额外的例子是电子商务先锋 Levi Strauss 和 Co，在1998年，

它推出了 Levi. com 网站，为在线客户提供定制的牛仔裤并送到他们家门口。一开始，渠道合作伙伴也被邀请去在线卖服装，但是在 1999 年 5 月，Levi Strauss 和 Co 表示，它将单独在线出售其商品，然而，仅仅一年之后，该公司停止了网络销售，把所有的互联网销售机会返回给拥有网络商店的零售商，这显然是因为其认为它与零售商的关系需要得到加强。然而，产品变化并不一定需要那样的大，只要通过引入小的产品修改或通过使用不同的名称或数字，制造商就可以创造假象的区别。然而，这种方法可能不会在互联网环境中起作用，因为许多互联网用户使用价格和特征去比较网站的产品而不是依靠型号。

另一种方法是提供产品包。产品包方法的基础是提供一些客户重视的互补产品并且如果顾客想得到的话，在其他的地方只能够单独获得。例如，当在线销售葡萄酒时可以附带提供与其互补的食谱，尽管葡萄酒可以在别的地方买到，但是当顾客将葡萄酒和特定的菜肴一起享用时，将会被确保感到某种程度的满意。

第三种方法是在线销售时考虑产品所在的生命周期阶段。当某种产品处于生命周期的初期时，在网上出售该种产品是不太可能干预渠道伙伴的销售的，然而，在产品生命周期的成熟期和衰退期，通过电子渠道提供产品可能会分流现在分销渠道的销量。即为了避免渠道冲突，应该在线提供处于产品生命周期初期的产品。

所以，产品和产品版本方法关注这样的事实，所提供的产品或者产品包并非通过公司所有的营销渠道都可获得。

五、品牌名称的方法来最小化渠道冲突

品牌名称方法是指当在线提供产品时使用不同的品牌名称，其目的是通过减少终端顾客直接对比的可能性来减少渠道冲突，这种方法的目标之一是能够与低价竞争者竞争，同时还能继续用高端产品服务高价位段。Hilleke 和 Butscher[275] 认为，大多数情况下，品牌之间的价格差别在 30% ~40%。例如，一个荷兰的自行车经销商，已经开发了一个单独的网络品牌，其售价低于该品牌在商店里的售价，因为企业的在线采购成本更低。换句话说，通过使用不同的品牌名称，渠道之间的竞争可以减少。然而，即使一个电子商务零售商为了减少竞争，选择引进它自己的私有品牌，即由它独家销售的一个品牌，但是这种方法也可能由于在线客户使用比较网站而失去其有效性。另外，Alba 等人[276] 认为一个品牌是一个能够为顾客提供某种程度的产品质量的搜索属性，因此，在不同的营销渠道内品牌要不要分开，主要是在灵活性和信任之间的选择问题。当一个现有的品牌延伸

到互联网时，管理部门就失去了灵活性，因为共享品牌使它更难以利用互联网来瞄准不同的顾客细分段，它也同样让企业很难以不同的价格在线提供不同的产品，因为这样的提供可能会使顾客感到困惑和不信任。另外，如果一个品牌被认可和尊重，那么把它扩展到互联网会给网站带来即时的信任，但当使用不同的品牌名称时竞争优势就会消失。

六、补偿的方法来最小化渠道冲突

补偿的方法是指在线销售对线下渠道进行补偿。Tuite[277]认为对资金的控制给管理部门提供了一个可以鼓励合作行为的强有力的工具。确实，相当大领域的证据表明，经济激励是解决冲突的最好办法之一，然而经济激励并不仅是提供一个更好的价格或更高的津贴。Friedman 和 Furey[278]甚至指出，收入信贷分配的重组是避免渠道冲突的最容易的方式。换句话说，为了减少功能失调性的渠道冲突，公平的补偿线下渠道是很重要的。

Coughlan 等人[259]认为一个公司内的渠道冲突可以被分配成本和收入的公司会计和执行补偿的资源管理员所处理。相互依赖的公司之间的渠道冲突是没有这么容易去解决的。供应商没有给予补偿机制以足够的重视，电子商务的增长将会使得公司间的渠道冲突成为一个更严峻的问题，因为“免费搭车”将会变得极其普遍。为了应对这种情况，供应商和经销商被迫去发展新的经营方式，例如，通过添加固定支付（相当于薪水）、收费服务（相当于开支账户）或代理佣金等，让一个渠道成员自动对另一个成员进行销售补偿（相当于团队奖励）。

当一个渠道衰退时，为了避免渠道冲突，制造商可以考虑改善该渠道的经济情况，这通常会同时提高它的表现。例如，Bucklin 等人[261]认为制造商可以向经销商提供回扣，或者在产品之间调整利润以反映分销商提供的服务，如果它满足增值服务的确定需求的话。

除了仅仅通过零售商渠道提供折扣以外，一些企业的在线价格通常和它们的零售商价格一样，这是因为除了别的原因之外，它们还想去奖励那些到它们的商店购物的顾客。化妆品制造商 Estèe Lauder，就是用这种方式销售它的倩碧产品，也就是说，Estèe Lauder 对网上顾客直销，但是它不提供它的零售商所提供的各种各样的促销活动，如 Macy's 会每年进行若干次，只要每次购买大于 15 美元就赠送若干个免费产品的促销活动。

Coughlan 等人[259]认为当渠道成员由于添加了新的渠道，不再履行所有的渠道功能时，它们不能指望收到传统的利润或佣金，反而，只能对它们所履行的功能进行补偿。若干个公司似乎在使用这种方法。当摩托车制造商 Ducati 在网上出售它的摩托车时，尽管它的经销商最少地参与了销售过程，但还是收到了佣金，虽然佣金的数量几乎只有平常的一半，这是因为经销商没有承担任何的营销或库存成本。Ethan Allen Interiors 公司的网站上的订单能在最近的零售店被满足，前提是使用该订单 70% 的销售利润作为交换[279]。前 Compaq 公司，在向最终顾客直接销售个人电脑时，会由于经销商为其推荐客户而补偿其大约 6% 的佣金[279]。

七、沟通和协调的方法最小化渠道冲突

Webb[280]认为沟通和协调的方法是指在多种营销渠道内提高沟通和协调有效性的沟通和协调的机制。在冲突发生前，清楚而明确地沟通和协调每个渠道的角色是消除它的有效的方法之一。沟通和协调是一种机制，供应商可以影响它们所经历的渠道冲突的水平，包括和它们的外部分销伙伴以及内部负责管理不同渠道的子单元之间的冲突水平。Webb[280]认为通过在渠道内和公司内适当地协调分销活动，供应商可以管理渠道冲突的三种原因，即目标不兼容、领域不一致和对现实的不同认知。

基于以上的讨论因素，Coughlan[259]等为供应商提出了 11 种方式去最小化引入电子渠道可能带来的渠道冲突，如表 10-3 所示。

表 10-3 11 种方法去最小化电子商务带来的渠道冲突

序号	行　动	概念
1	在供应商网站上的价格不能比顾客从渠道成员那发现的价格低	定价
2	把网上订单的履行转移给渠道伙伴	经济激励 （补偿的一种）
3	提供产品和服务的信息但是不要接受订单	产品 （可得性）
4	使用供应商的网站去推销渠道伙伴	共同价值观
5	鼓励渠道伙伴在供应商网站上做广告	共同价值观
6	限制在线提供的产品为一个特别能使在线顾客感兴趣的产品子集而不是整个产品线	产品
7	在线使用一个唯一的产品品牌	品牌名称

续表

序号	行　动	概念
8	在线提供产品生命周期初期的产品，因此当需求快速增长时，网站分流渠道伙伴成果的可能性较小	产品
9	沟通公司的内部和外部的分销策略，以便成员能够知道网站预期扮演的角色	沟通/协调
10	协调分销策略的要素（通过建议第 9 条很容易做到）。这个包括以下步骤如支付代理佣金，制定参与规则和设定角色和责任等	制度化的方法
11	呼吁共同的价值观，如做最可能迎合顾客需求的工作	共同价值观

第四节　双渠道冲突管理案例

双渠道冲突的例子在现实生活中到处可见，本节主要给读者介绍两个有关双渠道冲突的案例，并且针对这两个案例重点分析双渠道冲突产生的原因、渠道冲突的评价、削减渠道冲突的方式以及双渠道冲突管理的效果。

一、杜卡迪摩托车控股公司

（一）杜卡迪渠道介绍

杜卡迪摩托车控股公司，是一个生产高端价位、高性能摩托车的意大利制造商。公司坐落在意大利博洛尼亚的帕尼加莱区，由杜卡迪兄弟成立于 1926 年，在那时，它的产品包括日益增长的无线电通信领域的工业零部件。在 1946 年，单汽缸引擎 Cucciolo 被引进，即一个自行车的小型辅助电动机，很快，Cucciolo 成为一个真正的迷你摩托车。到 50 年代中期，杜卡迪的产品还包括了若干个摩托车模型，从那以后，杜卡迪摩托车已经统治了世界超级摩托车锦标赛。1983 年，杜卡迪被 Cagiva 集团收购，在新的管理下，杜卡迪的摩托车市场份额有所扩大并且引入了新的摩托车模型，加强了对比赛的投入。1995 年，尽管产品创新和比赛都获得了成功，杜卡迪却陷入了深度金融危机，该公司被其现在的主人——得克萨斯太平洋集团所接管，美国该投资公司把资金和一批国际经理带到了公司。

被得克萨斯太平洋集团收购后不久，杜卡迪通报其销量和利润均在不断增加，即从 1996 年产量大约为 12000 台，增加到 2000 年的大约 40000 台，与此同时，雇员数量仅仅从 600 人增加到 1200 人。2000 年实际上是摩托车市场增长的顶峰，因为除了别的原因之外，这一年是为欧洲人更新摩托车提供特定的税收激励和补贴的结束年。自那时起，杜卡迪销量一直相对稳定，并且 2003 年大约销售了 37000 辆摩托车。换句话说，公司在销量方面已经达到了上限，因此只有开发和推出新产品，才有可能保持销量的继续增长。公司有能力一年生产大约 70000 辆摩托车，这仅仅是增加生产班次，或者是最终建立新的产品线的问题。但是，由于美国市场占公司销售额的 16% 左右，美元收入的大幅下降已经伤害到了公司的盈利能力，因此，在 2004 年期间公司开除了 200 名员工，计划在 2005 年再开除 50 人。

欧盟的规定，加之环境和噪声法规，已经使得公司和当地的摩托车配件供应商很难合作。因此，杜卡迪摩托车的部件大部分是从德国、瑞典和意大利的欧洲主要供应商处购买，即使如此，所有的杜卡迪摩托车仍然都在意大利博洛尼亚生产。杜卡迪的主要竞争对手是日本摩托车制造商，如本田、雅马哈、铃木和川崎重工。

虽然杜卡迪是一个小公司，但它有能力去研发在比赛水平和街头摩托车水平上都有竞争力的安全引擎，与此同时，大多数竞争者却不得不从其他的公司购买引擎。杜卡迪的引擎声也非常有特点，所以，杜卡迪把引擎作为它的核心竞争力之一。另一个核心竞争力是品牌，杜卡迪改变了公司和其品牌，使得其从一个工业公司变为了娱乐公司。尽管焦点在摩托车上，但是管理部门声称公司也在为它的顾客或者杜卡迪迷、狂热者和粉丝提供摩托车娱乐业务。

自 1996 年以来，杜卡迪已经建立了一个授权业务，该业务为它每年带来 220 万欧元的纯利润，而且，公司有一个服装和附件业务每年的销售额大约为 3 千万欧元。在意大利，杜卡迪直接从博洛尼亚发货给它的零售商。在它的其他主要市场，也就是北美、英国、德国、法国、日本、比荷卢经济联盟和瑞典，杜卡迪拥有全资子公司，意大利的经销商和全资子公司占了公司销量的 90%。所有其他的国家皆由分销商来处理，主要的分销商是南非、澳大利亚、瑞士和西班牙，因此其销量集中在西欧、北美、日本和澳大利亚。杜卡迪营销渠道系统如图 10-10 所示。

自从 1996 年以来，管理部门已经削减了经销商的数量。今天，其全球网络包括大约 800 个销售点，其中，大约 200 个是杜卡迪商店，它们销售了公司大部分的产量。例如，在意大利，商店的数量已经从 200 个减少到 50 个，基本上，那 50 个商店是单一品牌的杜卡迪商店，大约每年销售 13000 台。在美国，杜卡迪有 200 个销售点，但是这些都是多线经销商，它们大约销售 6000 台/年。尽管该公司想要有更多的单一品牌的专卖店，但它负担不起相关的高昂成本，同时，

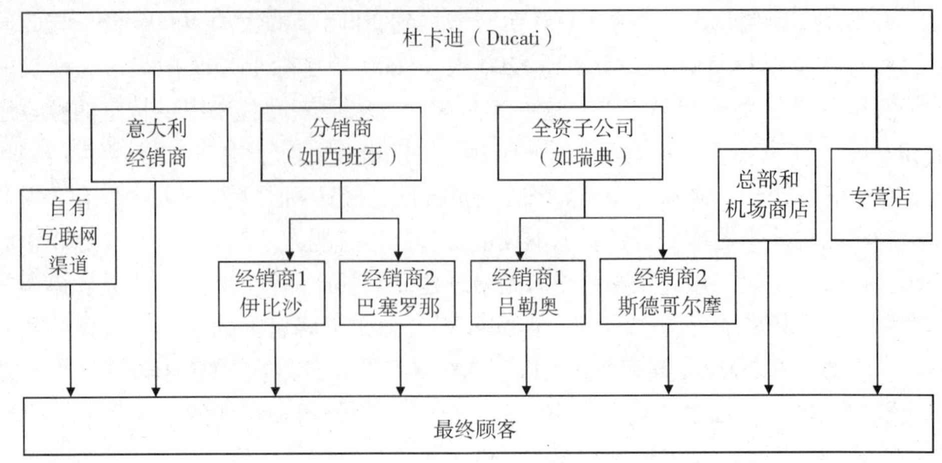

图 10-10 杜卡迪的营销渠道系统

杜卡迪还在它的总部和博洛尼亚机场开设了商店。在总部和机场商店，公司不出售任何摩托车，但出售 T 恤、皮夹克等。另外，在专营店，除了服装和配件外，公司销售已经在杜卡迪活动中被使用过的摩托车，即公司每年使用大约 250 辆它们需要在年底出售的摩托车。

杜卡迪不仅通过实体营销渠道销售其产品。在 2000 年 1 月 1 日早上 00:01，杜卡迪在线独家推出了一个特别版的摩托车 MH900e，如图 10-11 所示，即客户只能在线购买摩托车，该摩托车的价格为€15000，31 分钟后，第一年的产量即销售一空。

图 10-11 MH900e

不久以后，杜卡迪通过建立 www. ducati. com（一个坐落在总部经营厂址外面的独立的伙伴企业）增加了其对互联网的投入。除 MH9000e 之外，其他三个摩托车模型已经在互联网上独家销售，总计3000 辆：996R 是€26000，Fogarty 是€18000，999R 是€30000。杜卡迪也以一个非常高的价格在网上出售自行车，该种自行车是由自行车制造商比安奇研发，但它是以杜卡迪品牌名称在线销售的。管理部门把这个当作一种实验来进行，因为它想要理解杜卡迪品牌的局限性在哪里。自行车的销售不是很成功。杜卡迪还在互联网上销售一些服装和配件。一些已经由杜卡迪的许可公司开发出的产品也在网上销售，但不一定要通过经销商网络。配件分为三个类别：技术配件（发动机装备）、轮子或其他重要的自行车配件；轻配件，如碳纤维配件、审美配件；技术装备（皮夹克和头盔）。技术配件无法在线提供，除法律原因之外，还由于公司无法直接向最终客户出售配件，因为如果它们没有被正确地安装在摩托车上，将会很危险，换句话说，这些类型的零件需要经销商的协助。另外，在线可获得轻配件，因为它们不涉及摩托车的安全性。技术装置，如皮革竞赛套装，不在线销售，因为客户很难在没有试用一个皮革西装或一个头盔的情况下决定他们真正需要什么样的尺寸。www. ducati. com，之后 ducati. com，主要致力于与社区有关的活动，即和杜卡迪的终端客户在线交互。这里是指各种交互，从简单地问客户关于他们的个人生活情况到让客户在该网站发表文章、图片等。Ducati. com 进行了网上调查，如 Censimento 杜卡迪，该公司询问了其在线顾客 45 个问题，收到 18000 份的答案。通常，在线调查是用来帮助确认产品决策或修改它们。在 2004 年，杜卡迪的网站绝对造访人次超过 800 万，并且拥有 14 万活跃注册用户，同年，著名的金融报纸 Sole 24 ORE 证实 ducati. com 获“最佳汽车网站”。最近，ducati. com 被杜卡迪整合，即作为杜卡迪的内部部门，现在，所有的人员都坐落在杜卡迪总部的一个大型的、开放的工作区域内。

（二）杜卡迪渠道冲突的原因

当杜卡迪开始在线销售时，其和经销商之间的冲突出现了，其原因主要来自目标、领域、沟通三个方面。

1. 目标冲突

一方面，杜卡迪的经销商想成为唯一推出杜卡迪摩托车的经销商，想成为与顾客的交会点；另一方面，杜卡迪想从顾客那里得到直接的反馈，为顾客创造娱乐，推出它的互联网项目并且在公司的普通分销网络外进行实验。由于经销商和杜卡迪的目标不同，目标冲突出现。

2. 领域冲突

当杜卡迪开始在网上销售时，领域冲突也出现了。Coughlan 等人[259]认为如果实体经销商为顾客提供服务而没有得到补偿，领域冲突会出现，由于销售通过了互联网渠道，因此这种现象也被称为“免费搭车”行为。然而，在杜卡迪案例中，经销商收到了它们提供服务的补偿。尽管如此，经销商却都很难过，因为它们想要提供推出摩托车的服务并且感到被杜卡迪忽略了，因为它们的这个机会被杜卡迪剥夺了。经销商想要出现在行动发生的地方，它们想成为与顾客的交会点并且它们想成为与顾客关系的出发点。换句话说，通过在线销售摩托车，杜卡迪履行了成为与顾客的第一交会点的功能，而该功能常常属于经销商，因此，经销商觉得被绕过了。另一个杜卡迪的经销商觉得被绕过的原因是它们认为如果摩托车销售权当初给了它们，它们也能够出售摩托车，并且然后它们还可以收到全额代理佣金而不是它们现在所收到的有关在线销售的减少的代理佣金。

3. 沟通冲突

然而，根据管理部门的观点，当杜卡迪加入互联网营销渠道时，渠道冲突的主要原因是无功能的沟通。也就是当沟通不是清晰的、一贯的、均匀的、及时的或当它太冗余时，沟通冲突会出现在杜卡迪与经销商、杜卡迪与客户、经销商和客户以及杜卡迪内部部门之间。

尽管还没有在文献中明确地表达什么是渠道冲突的主要原因，但是 Alba 等人[276]认为相比于以前，互联网的加入会导致更多的领域冲突。然而，杜卡迪认为尽管由于互联网的加入使它经历了一些渠道冲突，但它并没有因为互联网渠道的加入而导致与经销商经历比以前更多的冲突，并且，正如已经提到过的那样，不适当的工作沟通是杜卡迪在线销售 MH900e 时冲突的主要原因。

相比于那些包含在参照标准内的原因，杜卡迪没有讨论冲突的任何其他的原因。

表 10-4 对杜卡迪加入互联网时渠道冲突的原因进行了概述，包括了概念化，使用的方法和对杜卡迪不同渠道冲突原因作用的评估。灰色部分表明渠道冲突的原因和参照标准不匹配。在这里的参照标准为渠道冲突原因的三个方面：目标冲突、领域冲突和沟通冲突。

表 10-4 在杜卡迪内部对渠道冲突原因的案例分析

渠道冲突原因的概念化	使用的方法	杜卡迪的渠道冲突的原因
目标冲突	评估渠道成员之间不同目标作为冲突产生的原因的作用（受访者感知）	杜卡迪和它的经销商之间的目标冲突出现
领域冲突	评估一个渠道成员被另一个渠道成员绕过作为冲突原因的作用（受访者感知）	杜卡迪和它的经销商之间的领域冲突出现
		尽管杜卡迪因为网上销售而补偿它的经销商
		但是领域冲突并没有由于互联网渠道的增加而增加
沟通冲突	评估在营销渠道内没有适当的沟通作为冲突原因的作用（受访者感知）	杜卡迪和它的渠道伙伴之间的沟通冲突出现
		并且被管理部门认为是冲突的主要原因

（三）杜卡迪渠道冲突严重性的评价

测量渠道冲突严重性的建议方法有非常结构化的，也就是计算冲突问题数，同时使用重要性加权、分歧的频率和争议强度和更加非正式的方法，例如，评估顾客和渠道成员对冲突的反应等。杜卡迪没有使用任何结构性方法，例如，正式的调查等，去测度它和经销商之间的冲突水平。反而，当加入互联网营销渠道时，管理部门花费了很多时间去和经销商同时也和内部讨论。管理部门声称在线销售摩托车时出现的渠道冲突对公司不构成威胁，即管理部门认为和经销商之间出现的一些问题没有对公司至关重要。为了核实这个观点，参照标准中用来判断渠道冲突的严重性的五个问题将会被收集的数据来检验。这五个问题是：渠道重要性、冲突的收入、冲突的问题、渠道伙伴和顾客的反应。

1. 渠道重要性

关于渠道的重要性，经销商的渠道对杜卡迪极其重要，没有经销商的支持，杜卡迪不可能销售摩托车。Bucklin 等人[261]认为一个冲突的渠道没有衰退并且承担了10%～15%的销量，这种现象需要引起注意。和这种观点相一致，在发起在线销售摩托车之前，杜卡迪实施了一些减少渠道冲突的方法，这点将会在下一个标题探讨。尽管管理部门知道这些销售将会使得其与经销商之间发生冲突，但是相比于与经销商之间的冲突结果，启动公司互联网项目的优势和传统网络之外的实验被认为要更有利于公司。即使如此，在在线销售了摩托车四次以后，杜卡迪意识到使得它和经销商的关系有风险实在太冒险了，因此，在线摩托车的销量已经停滞不前。

2. 冲突的收入

关于冲突的收入，即是否有两个或更多个渠道同时用相同的产品服务相同的顾客，在网上销售的摩托车是否在其他的任何营销渠道内不可得。然而，管理部门认为，除了少数例外，网上购买了摩托车的顾客与那些通过经销商购买摩托车的顾客相同。换句话说，如果摩托车起初是通过经销商网络销售，那些从网上购买的顾客几乎仍然会买，因此，某种程度上与理论相矛盾，没有真正的收入发生冲突，因为在线销售的摩托车没有通过经销商渠道销售，即渠道没有同时服务相同的顾客。但是如果可能的话，从网上渠道购买摩托车的几乎相同的顾客会从经销商处购买。因此，经销商的感知是杜卡迪窃取了它们的顾客，即渠道服务相同的顾客。关于销售的服装和配件，那些从网上购买产品的都是远离经销商的顾客。换句话说，这些在线顾客的地理概况不同于通过经销商购买的顾客，因此没有收入冲突。

3. 冲突的问题

杜卡迪和其经销商之间的渠道关系的主要冲突问题包括产品可得性、奖励系统、顾客分配和沟通问题。产品可得性关注经销商的这种主张，即它们认为如果摩托车的销售权过去给它们的话，它们会以相同的速度卖掉 MH900e（及其后继者）。这也带来了对奖励系统的不满，因为如果杜卡迪摩托车的销售权起初给了经销商的话，它们就可以收到全部佣金而不是它们现在收到的有关在线销售的减少的一部分。顾客分配关注这样的问题，即经销商希望杜卡迪迫使粉丝俱乐部喜爱它们，然而杜卡迪没有采取这种做法，即杜卡迪不想像警察一样。沟通问题涉及什么时候经销商被杜卡迪误导和什么时候顾客在经销商之前得到信息。Webb[280]认为定价、产品可得性、奖励系统、顾客分配、促销和资源分配是包括互联网在内的营销渠道系统的主要冲突原因。可以看出，其中三个问题杜卡迪没有提到：定价、促销和资源分配，然而杜卡迪提出了沟通问题构成了一个冲突问题，但是在 Webb[280]的研究中没有提到。在 Webb[280]所辨识出的那些冲突问题中，价格被认为可能是最大的冲突原因。但是，正如已经陈述的，定价并没有被杜卡迪在渠道冲突原因中所提到。

4. 渠道成员的反应

有关渠道成员的反应，根据 McDonald[263]，超出了适当水平的渠道冲突的最简单的标志是，一个比正常的渠道伙伴变更率高的变更率。当在线销售 MH900e 时，杜卡迪从经销商那得到了一些坏的反应，但是尽管经销商心烦，它们没有一个由于杜卡迪在线销售摩托而想去停止销售杜卡迪摩托车。管理部门不认为经销商的反应对公司而言是一个关键的问题，但是在线销售四次以后，它们决定不再去进一步做任何的可能削弱经销商网络的事。这就是两年以来为什么摩托车没有在线销售的原因之一，并且这也是为什么管理部门没有计划在未来去在线销售任何摩托车的原因。杜卡迪仍然销售服装和配饰，但是经销商对这种销售的反应没有负面的。

5. *顾客的反应*

有关顾客的反应，根据管理部门的观点，当在线销售摩托车时，杜卡迪和其经销商之间出现了渠道冲突，但是没有对杜卡迪的顾客造成很大干扰。反而，对于顾客和杜卡迪，出现的冲突是非常积极的，因为在线销售摩托车给粉丝们创造了兴奋点，并且同样允许杜卡迪从顾客那里获得直接的反馈。

6. *品牌的影响*

有一个问题没有被包含在上述类别中，即冲突对品牌的影响。那就是，当在线销售摩托车时，杜卡迪选择去接受它与经销商之间的冲突，因为它收到了很多积极的舆论，并且它为杜卡迪粉丝创造了兴奋点。换句话说，当杜卡迪在线销售MH900e时，它从媒体和客户那得到了很多积极的响应，而这种响应能够对杜卡迪的品牌产生贡献，即杜卡迪和其经销商之间渠道冲突的最重要的结果是对它的品牌产生了积极的影响。

和渠道冲突的严重性评价有关的实证结果呈现在表10-5中。灰色部分表示调查结果和参照标准不匹配。

表10-5　在杜卡迪内部案例分析渠道冲突的严重性

概念化评估渠道冲突的严重性	使用的方法	杜卡迪渠道冲突的严重性
渠道的重要性	评估不同的营销渠道对公司的重要性（受访者感知）	经销商渠道对杜卡迪相当重要，即离开经销商的帮助杜卡迪无法销售摩托车
		在发起在线销售摩托车前，已经实施了减少渠道冲突的方法去减少其与经销商的冲突
冲突的收入	评估受访者对公司的不同营销渠道服务相同的顾客的观点（受访者感知）	如果可能的话，那些从网上购买摩托车的顾客本来会从经销商那购买。因此，尽管没有真正的收入冲突，经销商的感知是渠道正在服务相同的顾客
		从网上购买衣服和配饰的顾客是那些附近没有任何经销商的顾客
冲突的问题	评估渠道关系中涉及的主要冲突问题（受访者感知）	杜卡迪提出四个没有排名的冲突问题：产品可得性、客户分配、奖励系统、沟通问题
		先前的研究认定价格可能是渠道冲突的最大的原因，但是，价格对杜卡迪不是一个冲突问题

续表

概念化评估渠道冲突的严重性	使用的方法	杜卡迪渠道冲突的严重性
渠道成员的反应	评估渠道成员对冲突的反应（受访者感知）	起初，经销商的反应没有被认为会给杜卡迪带来真正的问题。但随着时间的推移，这种情况改变了
顾客的反应	评估顾客对冲突的反应（受访者感知）	顾客没有受到杜卡迪和它的经销商之间的渠道冲突的多大干扰
品牌的影响	评估渠道冲突对公司品牌的影响（受访者感知）	由于在线销售摩托车所制造的渠道冲突的最重要的结果是对杜卡迪的品牌产生了积极的影响

因此，当公司开始销售 MH900e 时，似乎出现的渠道冲突对杜卡迪不是一个严重的问题。反而，它为公司的顾客创造了兴奋点，允许管理部门从顾客那获取直接的反馈，在传统网络外实验，并且帮助它们创造杜卡迪品牌。然而，由于在线销售摩托车四次以后，顾客和社会不再有新鲜感了，因此，想要的宣传效果并没有实现。同样，由于在线顾客几乎和线下顾客相同，因此公司不可能通过摩托车的在线销售影响更多的顾客。由于不管所使用的渠道是什么，当销售摩托车时经销商都是至关重要的，因此，管理部门认为不值得再去拿和经销商之间的关系来冒险。换句话说，尽管杜卡迪说没有由于在线摩托车的销售而经历过危险的渠道冲突，看起来，最后，管理部门还是判断渠道冲突对杜卡迪有功能失调的后果，因此，在线销售摩托车被终止了。另外，在线销售衣服和配饰，并没有在杜卡迪和它的经销商之间导致任何冲突。这些销售给了杜卡迪去接近那些远离经销商的顾客的机会，并且同时也给杜卡迪提供了去控制互联网渠道的可能性，因此，在线销售配饰和服装仍然继续。正如管理部门所述，没有办法去避免互联网经营，即如果杜卡迪不能管理互联网渠道，那么它的经销商将会开始在线销售并且将会导致与领域有关的冲突。

（四）杜卡迪减少渠道冲突的方法

1. 制度化的方法

杜卡迪利用了一些制度化的方法，由于没有经销商的支持不可能销售摩托车，即顾客不得不在一国之内选择一个参考经销商，因为摩托车毕竟需要运送给购买者。尽管在线销售的配饰和衣服是从杜卡迪直接发给顾客，但同样的方法已被使用过，即顾客不得不去选择一个参考经销商。补偿的方法已被 Tsay 和

Agrawal[279]讨论过，但是顾客选择一个参考经销商实际上是一种制度的方法，不需要一定涉及补偿。杜卡迪的在线销售结果会一个月公布给经销商一次，而且，杜卡迪会通过它在博洛尼亚的直销店销售用过的摩托车（那些已经因为不同的活动而被使用过的）。顾客可以没有成本地在任何经销商那里获得购买的摩托车，即对于顾客和经销商而言运输是免费的。杜卡迪同时也在这个直销店推出新款摩托车，但是不卖它们，在这里假定顾客是指经销商。

2. *定价的方法*

在参照标准内已经认定了三种不同的定价措施，即更高的在线价格，所有营销渠道内相同的价格和拍卖价格，据说都可以减少渠道冲突。由于 MH900e（和它的继任者）仅可以通过互联网渠道获得，因此，定价不是一个问题。然而，杜卡迪的大部分的配件和服装在公司的所有营销渠道内都可以获得。杜卡迪采用厂商建议零售价（MSRP），意味着服装和配饰的在线价格和经销商提供的价格相同。杜卡迪声称定价并没有导致其和经销商任何的冲突，因为一旦运输成本和关税被包括在内，在线的总购买价格比经销商提供的价格要高。

3. *产品版本方法*

产品版本方法，即提供的产品或产品包不是通过公司所有的营销渠道都可得，已经被认为是一种减少渠道冲突的方法。一些杜卡迪的服装和配饰并非通过所有的营销渠道都可得，原因主要是法律或实际情况。因为法律规定，杜卡迪不可以直接向最终的顾客销售，因为如果摩托车安装错误会很危险，并且，由于实际的原因，杜卡迪不能在线销售诸如竞赛皮革装备等给顾客，因为他们需要穿上试试才能知道实际需要的尺寸。换句话说，那些产品仅仅通过经销商处可得，并且和理论一致，在杜卡迪和经销商之间并没有出现渠道冲突。然而，Ancarani[281]认为制造商可以在线销售传统渠道不提供的产品，否则会导致渠道冲突。相反，尽管杜卡迪仅仅在线提供 MH900e（和它的继任者），其和经销商之间的冲突出现了，那些冲突是为什么两年以来电子渠道不提供摩托车的原因之一。

4. *品牌名称方法*

在不同的渠道使用不同的品牌名称没有被杜卡迪使用。

5. *补偿方法*

Coughlan 等人[259]指出经销商补偿机制的发展一直是一个被企业忽视的领域。然而，杜卡迪已经研发了一个在加入互联网渠道以前怎样去补偿经销商的方法。补偿包括佣金，即摩托车销售额的百分比，通常比普通的佣金低，原因是经销商没有任何营销库存的成本等，但是它们至少得到了把摩托车推荐给顾客的补偿。关于在线销售配饰和衣服，经销商同样得到了补偿，同时在这个案子中，佣金比经销商收到的直接销售佣金要少。然而，在这个案例中，经销商根本不涉及销售，经销商收到佣金的唯一原因是顾客选择了那个经销商作为参考经销商，即顾客为了实现在线购买的成果不得不选择一个参考经销商。除了以资金形式的补偿外，经销商同时也获得客户的信息。这给经销商机会去接触那些选它作为参考经销商的在线顾客，即去邀请他们参与活动等。

6. *沟通方法*

尽管研究者认为为了避免渠道冲突，在营销渠道系统内适当的工作沟通是必要的，但是关于应该怎样做在文献中很少被提及。然而，杜卡迪采用了若干种沟通方法，那就是，为了减少信息传递中的差异所造成的冲突，杜卡迪把 ducati. com 整合进了杜卡迪，并且现在所有的团队人员都被集中在了杜卡迪总部的一个大型开放工作区域内。为了确保所有营销渠道内的产品定位是相同的，管理部门研发了一个有关定位的基础文本，然后分发到所有的内部和外部营销渠道。基础文本的使用同样帮助杜卡迪避免了和它的顾客之间的冲突，因为许多顾客比杜卡迪营销人员、销售员和主管更了解摩托车，并且顾客对品牌有不同切入点，因此，所传递的信息非常清晰，避免冲突太过激烈。杜卡迪同时使用了一个外联网去提高和经销商的沟通，这样可以在分销网络内减少冲突。为了减少不同顾客群体之间的冲突，根据图腾的概念，杜卡迪设计了网站，即杜卡迪努力让顾客欣赏它的全部，不管他们对公司持有什么样的切入点（引擎、设计、竞赛等）。

对有关冲突减少措施的实证结果的简短描述见表 10-6。灰色部分表示调查结果和参照标准不匹配。在参照标准中有六种不同的方法能够被用来减少渠道冲突，即制度化、定价、产品版本、品牌名称、补偿和沟通措施。

表 10-6 在杜卡迪内部案例分析减少冲突的方法

概念化减少冲突的方法	使用的方法	杜卡迪减少冲突的方法
制度化的方法	对公司利用的旨在分歧升级为冲突之前分散它的制度机制进行描述（受访者描述）	在线顾客不得不在产品交付内部渠道选择参考经销商
		杜卡迪在线销售的结果每月公布给经销商
		如果顾客希望的话，杜卡迪使用过的摩托车可以免费从直销店发给经销商
		在杜卡迪的直销店曝光新款摩托车，但不销售给顾客，这里假定顾客是指经销商

续表

概念化减少冲突的方法	使用的方法	杜卡迪减少冲突的方法
定价方法	为了减少渠道冲突，对不同营销渠道使用的价格水平进行描述（受访者描述）	由于购买衣服和配饰的总的在线价格比从经销商处购买的总价格高，定价没有冲突
产品版本方法	描述公司使用的产品版本方法（受访者描述）	当仅在线销售 MH900e 时经销商和杜卡迪之间的渠道冲突出现
		仅在经销商渠道可得衣服和配饰，并没有在杜卡迪和其经销商之间导致冲突
品牌名称方法	描述公司使用的品牌名称方法（受访者描述）	杜卡迪没有在不同的渠道使用不同品牌名称
补偿方法	描述公司使用的补偿方法（受访者描述）	经销商推荐在线销售的摩托车给最终的顾客的佣金减少了
		由于没有实际参与在线销售服装和配饰，参考经销商的佣金减少了
		参考经销商的在线顾客的信息
沟通方法	描述公司使用的沟通方法（受访者描述）	为了减少沟通冲突，ducati. com 被整合进了杜卡迪
		为了提高沟通的一致性，减少渠道冲突，一个描述产品定位的基础文本被分发到了所有渠道
		使用外联网去减少和其经销商之间的冲突
		设计网站去减少不同客户群体之间的冲突

（五）渠道冲突的管理效果

一方面，加入电子渠道销售摩托车后，公司的电子渠道与传统渠道的冲突出现了，然而通过以上一些方法的使用，最终，杜卡迪没有由于在线摩托车的销售而经历过危险的渠道冲突，即它最小化了电子渠道和传统渠道间的冲突。另一方面，在线销售摩托车衣服和配饰，并没有在杜卡迪和它的经销商之间导致任何冲突，原因是杜卡迪采取了定价、产品和补偿等减少渠道冲突的方法。因而可以说杜卡迪的双渠道管理效果还是挺不错的，因为无论如何冲突都不可避免，企业只能把它保持在合理的范围内。

二、北欧航空公司

（一）北欧航空公司渠道介绍

北欧航空公司（以下简称SAS），是在1946年通过合并丹麦、挪威和瑞典三个国家的航空公司而成立。如今，SAS已是第四大欧洲航空组织和北欧地区最大的上市航空公司。SAS每日大约有1445个往返于欧洲内部、北美和亚洲的146个目的地的航次。该公司是星空联盟（世界最大的航空联盟）的一个成员，连同它的星空联盟合作伙伴，SAS可以到达全球范围内超过770个目的地。SAS除了参与星空联盟以外，自1996年以来还与德国汉莎航空公司成立了一个战略联盟，即公司间协调路线、时间表和容量。SAS集团还包括支持航空公司运营的公司，以及经营酒店业务领域。

大多数欧洲航空公司，包括SAS，过去常常是至少被政府拥有一半的股份，但是在20世纪90年代，欧盟强制通过放松管制欧洲航空旅行行业。因为这种放松管制，航空旅行行业饱受产能过剩之苦，在欧洲有数十个公司破产。2001年的“9·11”事件是削弱该行业的一个主要的冲击，2003年的SARS对该行业是另一个打击。此外，尤其是在北欧，激烈的竞争导致价格暴跌，因此，总的情况是欧洲航空业自1998年以来还没有盈利。因此，过去的几年里SAS的财务已经相当有问题。

虽然成为一个大公司可以有优势，如利用协同效应的能力，先前完全整合的SAS面临不断增长的成本压力，因而并没有取得竞争优势。因此，在2004年10月，为了减少复杂性和澄清盈利责任，SAS的三个全资子公司外加SAS国际在丹麦、挪威和瑞典成立。三家子公司专注于各自的国内市场。SAS国际作为一个独立的业务单位来经营，并负责到美国和亚洲的洲际航空公司业务以及斯堪的纳维亚以外的销售。在2004年，SAS实施了周转计划并且减少了2130名雇员，与2003年同期相比，这降低了超过100亿瑞典克朗的成本。

SAS的竞争对手是在斯堪的纳维亚和欧洲其他国家的航空公司，主要是法航/荷航、英国航空公司、芬兰航空公司、瑞典FlyNordic和Flyme航空公司。其他的竞争对手包括马士基航空、马尔默航空和西班牙国家航空。

SAS管理着四个不同的营销渠道，即旅行社和公司自有渠道以及线下和电子渠道。最近几年，SAS对互联网销售渠道的认知已经增长了很多，并且SAS为了提高效率，已经投入很多资金去发展在线销售系统。主要的旅行社都有自己的网站作为它们的传统渠道的补充，即所谓的混合代理。例如，瑞典最大的旅行社和美国运通（前 Nyman 和 Schultz）引进了在线预订作为其标准的解决方案，如果客户更愿意人工服务，如电话服务，它会加收费用，SAS 认为这是一个表明市场越来越成熟的迹象。一些较小的旅行社仅通过传统渠道经营，即所谓传统代理，然后有旅行社只在网上经营，即所谓的网络代理。SAS 通过自己的电话销售中心和自己的网站 www. scandinavian. net 销售，因此，SAS 的营销渠道系统如图 10-12 所示。

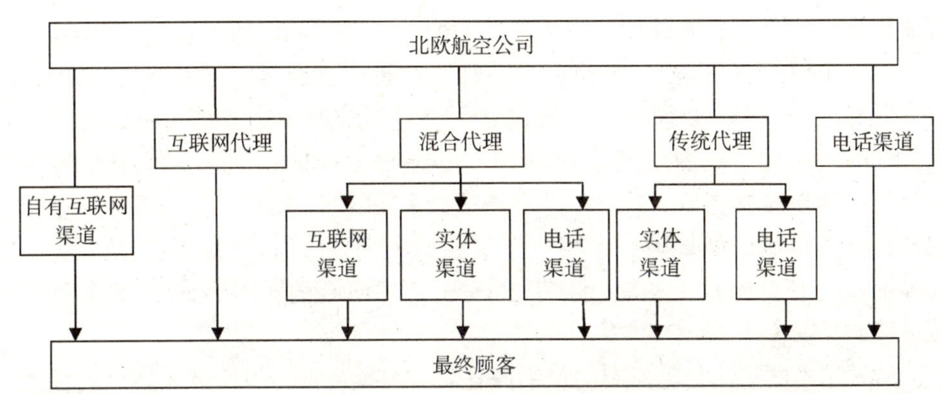

图 10-12 SAS 的营销渠道系统

SAS 的大多数销售是通过旅行社，即在 2004 年，代理商占 56%（挪威）到 84%（SAS 国际）的预订量，而电话销售占了 9%（丹麦）到 23%（挪威）。互联网渠道拥有 6%（SAS 国际）到 21%（在挪威和瑞典）的总预订量。在过去几年，SAS 自有网站的机票销量一直在大幅增加，但这一增长主要来自 SAS 电话销售，而不是来自旅行社的销售。

SAS 已经在去年针对航空旅行市场上的三种不同的客户群体，即舒适、生产率和低票价客户改变了产品供应，提供三个不同类型的机票。舒适的客户是那些优先考虑额外的舒适和服务，如飞机上的舒适度、休息室的使用权和更好的飞行服务。生产率的客户聚焦于灵活的旅行、效率和节约时间，他们想要有效率地利用旅行时间。低票价的客户在不想额外支付费用的同时拥有在最低票价利用航空旅行的可能性。

SAS 还在几个国际航班上推出了 Snowflake 品牌，因为公司想进入低成本航空市场。在过去的几年，许多航空公司都已经进入了这个市场，提供不同的产品，进而客户对于一个航班可以支付非常低的价格。顾客准确地知道他们支付的是什么，如从一些偏远的机场起飞的权力，实际的飞行以及额外的成本等。由于这个概念是完全集中在价格上，它不提供开发任何产品优势的机会，因此，它完全不同于SAS的理念。为了能够竞争，SAS推出了Snowflake，因为管理部门相信，在它们的正规品牌和产品之间不能容纳低成本产品。然而，Snowflake是从SAS普通的机场出发，而不像一些低成本的航空公司那样从一些偏远的机场出发。在短时间内，Snowflake在客户中间成了公认的声誉好的品牌。在Snowflake的网站上提供的目的地包括伦敦、法兰克福、柏林、布鲁塞尔、杜塞尔多夫、米兰、尼斯、罗马等。这些目的地和其他几个也由Snowflake经营的目的地一样，都是至少由两个低成本航空公司瑞安航空和瑞典FlyNordic所经营。

当一个旅行社订购一个SAS的机票，它通常会通过一般的流通系统，即GDS预订系统。SAS必须为每个通过这个预订系统的预定缴纳一定的费用。然而，Snowflake是SAS独立拥有的网站（www. flysnowflake. com），像其他廉价航空公司，如瑞安航空等一样，它没有链接到GDS预订系统，同样的情况适用于SAS自有的其他网站。因此，相比于通过旅行社购买，当顾客在SAS网站或Snowflake上预订旅行机票时，对于SAS而言是便宜的，因为SAS不需要支付GDS预订费。

SAS基本的想法是，所有的产品应在所有渠道可得，但这需要高效的成本控制。因此，Snowflake不可以在最昂贵的渠道获得，因为从经济的观点这是不可能的。这意味着，Snowflake的票只能在互联网上通过SAS的网站得到，换句话说，因为Snowflake票价很便宜，在GDS预订系统上供应Snowflake，它不会有利可图，因为预订费相对太高。

SAS也一直致力于刺激电子商务，即鼓励客户选择电子票而不是纸质机票，因为它是最便宜的配送方式。电子机票相当于无票旅行，即客户不需使用纸质机票办理登机手续。相反，客户的订单，都会通过电子方式存储在SAS预订系统中，客户可以使用，例如，信用卡或他们的飞行积分卡进行预约。

2005年3月30日，北欧航空公司开始在所有的瑞典国内目的地销售30万张票价为450瑞典克朗的低价机票，票价包括了所有的税费并且可在www. sas. se网站上预订，也可以通过旅行社或电话预订，但那样价格可能由于其他服务费用而稍微不同。从相同的日期开始，所有的瑞典国内机票都为电子票，所以，如果客户更喜欢纸质票，他们不得不转向SAS的电话销售或旅行社进行预订，并支付额外费用（100瑞典克朗，通过SAS的电话销售）得到票据。推出低价票是非常成功的，仅仅五天之后，SAS已经卖出了30万张机票中的5万张。

（二）SAS渠道冲突的原因

1. 目标冲突

当SAS加入互联网渠道时，目标冲突出现了，因为SAS想通过互联网渠道提高销量，然而，旅行机构想通过它们的渠道提高销量。当仅仅通过 SAS 自有的网站去提供 Snowflake 时，管理部门的主要目标是保持低成本。然而，旅行机构对此有所反应，因为它们的目标是为顾客提供最好的服务，并且认为如果 Snowflake 被纳入 GDS 预订系统中会更好，因为相比于独立的网站，操作它们的普通的预定系统会更容易。另外一个目标冲突原因是旅行机构想保持销售回扣，因为那是一个主要的收入源，然而 SAS 决定去除佣金，因为这只是资金的一个循环，并且由于公司想去适应不断变化的顾客偏好，即客户本身想要处理简单的旅行。

2. 领域冲突

关于服务的顾客，通过不同的渠道购买的顾客截然不同，即通过旅行机构购买的主要是企业，或者是购买复杂旅行的私人，然而，通过 SAS 直接渠道购买的顾客主要是购 A 地到 B 地简单旅行的顾客。然而，顾客决定在哪里购票，这意味着在不同的顾客群体间没有无可争议的边界，所以，旅行社认为 SAS 通过它的直接渠道销售是在试图窃取它们的顾客。有关覆盖的领域，唯一存在的界限是一些产品仅仅在线可得，但是这对 SAS 和旅行社同样适用。关于执行的功能或任务，如果顾客在瑞典国内飞行时想要纸质机票，他们不得不联系 SAS 的电话渠道或旅行社，因为电子机票仅在互联网上销售，所以，这个案例中所采用的技术是互联网。然而，尽管那些产品仅仅在互联网上可得，冲突出现是因为 SAS 的电话渠道和传统的旅行社（没有互联网的渠道）感到被忽略了，并且因此都想可以利用电子票，换句话说，领域冲突在 SAS 的直接渠道和 SAS 以及它的旅行社之间出现了。

3. 沟通冲突

沟通冲突同样存在于 SAS 和它的经销商之间。当旅行社缺乏信息并且不知道正在发生什么，它们会变得不安全，会导致冲突，也就是当旅行社不知道哪个顾客群体购买票，SAS 在哪里或为什么正在做某事，渠道冲突会出现。所以管理部门一般认为渠道冲突是由无功能的沟通所导致。

正如 Alba 等人[276]所认为的那样，通常随着互联网渠道的加入，会比以前出现更多的领域冲突。虽然 SAS 认为领域冲突和沟通冲突是主要的冲突原因，但是管理部门宣称相比于互联网加入以前，SAS 并没有体验到更多的冲突。

有关互联网加入以后的渠道冲突原因的实证结果如表 10-7 所示。灰色部分表示实证结果和参照标准不匹配。

表 10-7 在 SAS 内分析渠道冲突的原因

概念化渠道冲突的原因	使用的方法	SAS 渠道冲突的原因
目标冲突	评价渠道成员间不同的目标作为冲突原因的作用（受访者感知）	在 SAS 和旅行机构间出现了目标冲突
领域冲突	评价一个渠道成员被另一个渠道成员忽略作为冲突原因的作用（受访者感知）	在 SAS 和它的渠道成员之间出现领域冲突 并且被管理部门认为是导致和旅行机构冲突的一个主要原因 领域冲突并没有由于互联网渠道的加入而增加
沟通冲突	评价在营销渠道内没有适当的工作沟通作为冲突原因的作用（受访者感知）	在 SAS 和旅行社间出现了沟通冲突 并且被管理部门认为是主要的冲突原因之一

（三）评价 SAS 渠道冲突的严重性

SAS 与瑞典旅行社 SRF 会举行例行会议，虽然这不是 Couglan 等人建议的测度渠道冲突的结构性方法，但是会议给了 SAS 了解什么时候冲突超过适当水平的机会。管理部门不认为 SAS 和旅行社之间有大的冲突，并且它们认为已经出现的危险冲突和互联网关系不大。参照标准内有五个问题去评价渠道冲突的严重性，即渠道重要性、冲突的收入、冲突问题、渠道成员的反应和顾客的反应。

1. 渠道重要性

由于 SAS 订单量的 56%（挪威）到 84%（SAS 国际）是通过旅行社完成的，因此旅行社渠道对 SAS 很重要。SAS 的互联网销售（既包括 SAS 自有互联网渠道也包括旅行社互联网渠道）所占的市场份额正在逐渐增加，但是 SAS 认为，市场份额的增加主要是由于电话销售，而不是主要来自旅行社。

2. 冲突的收入

有关冲突的收入，即是否有两个或更多个渠道同时服务相同的顾客。根据 SAS 的管理部门的观点，大多数情况下，不同渠道服务的顾客不相同，也就是从 SAS 的直接渠道购票的顾客和从旅行社购票的顾客大不相同。

3. 冲突问题

SAS 的渠道关系中主要冲突问题涉及定价、产品可得性、奖励系统、顾客分配和沟通问题。定价意味着这样的事实，由于 SAS 想唤起顾客对在线销售的兴趣和让顾客选择互联网渠道，所以 SAS 的在线产品价格比其他渠道价格要低。

但是，由于SAS的电话渠道和旅行社反对这种做法，现在除了少数的在线促销外，SAS已经终止了在线低价的措施，并且在线的促销在拥有网站的旅行社那里仍然可得。产品可得性关注这样的事实，一些产品仅在线可得，另一些产品可以在传统渠道获得。SAS仅在自有网站上推出Snowflake品牌，已经导致了和旅行社的冲突。管理部门认为当奖励系统改变了，即去除了佣金时，会在SAS和旅行社之间导致危险的冲突，因为旅行社认为它们被忽略了。但是在和旅行社长时间地讨论后，它们开始了解了SAS变革的重要性。SAS如今不提供任何销售佣金，旅行社也已适应了并且转而收取顾客服务费。顾客分配是指不同渠道间的交叉，即顾客既从SAS的直接渠道订票也从旅行社订票。虽然SAS努力在和旅行社的沟通过程中保持清醒，但有时候SAS和旅行社之间也会出现沟通问题，因为旅行社误解了SAS所传递的信息，即沟通问题同样是一个冲突问题。

4. 顾客的反应

根据SAS管理部门的观点，SAS和它的经销商之间的冲突并没有对顾客造成很大的干扰。但是由于在去除佣金后，媒体报道了如此多的冲突，顾客也开始注意冲突了。

5. 渠道成员的反应和品牌的影响

当SAS去除了销售佣金后，媒体主要反映旅行社在冲突上的观点，并且旅行社甚至一度不让顾客预订SAS的机票。因此，舆论对SAS的品牌造成了负面影响。但是，渠道冲突对公司品牌的影响没有在渠道管理文献中被讨论。

有关渠道冲突严重性评价的实证结果如表10-8所示。灰色部分表示结果和参照标准不匹配。

表10-8 在SAS内部案例分析渠道冲突的严重性

概念化评价渠道冲突的严重性	使用的方法	SAS渠道冲突的严重性
渠道重要性	评价不同营销渠道对公司的重要性（受访者感知）	旅行社渠道对SAS非常重要，因为56%～84%的SAS机票预订都通过该机构
		在去除了付给旅行社的销售佣金后，SAS采取了减少冲突的措施
冲突的收入	评价受访者对公司的不同营销渠道服务相同的顾客的看法（受访者感知）	从SAS的直接渠道购买的顾客不同于从旅行社渠道购买的顾客

续表

概念化评价渠道冲突的严重性	使用的方法	SAS 渠道冲突的严重性
冲突问题	评价在渠道关系中涉及的主要冲突问题（受访者感知）	SAS 提到了五个冲突问题： • 定价 • 顾客分配 • 产品可得性 • 奖励系统 • 沟通问题 先前的研究认定定价可能是渠道冲突的最大原因，但是佣金的去除，即奖励系统，对 SAS 而言是最危险的冲突问题
渠道成员的反应	评价渠道成员对冲突的反应（受访者感知）	当去除了佣金时，旅行机构对 SAS 的反应是危险的
顾客的反应	评价顾客对渠道冲突的反应（受访者感知）	顾客没有受 SAS 和旅行机构之间的渠道冲突大的干扰
品牌的影响	评价渠道冲突怎样影响公司的品牌（受访者感知）	当去除了给旅行机构的销售佣金时，渠道冲突出现了对 SAS 的品牌负面的影响

（四）SAS 减少渠道冲突的方法

1. 制度化的方法

制度化的方法是指行业协会的联合会员、人员交换项目、仲裁、调解、建立关系的活动等。SAS 和旅行社的定期会议相当于行业协会的联合会员。SAS 定期派人上门和旅行社沟通（通常一个月两次），目的是告知旅行社有关新产品和新活动的信息，SAS 致力于和旅行社创造双赢的局面。因此这些建立关系的活动间接帮助减少了渠道冲突。

2. 定价的方法

有关定价方法，起初 SAS 采取在线低价的措施，但是遭到其他渠道的反对，因而，SAS 决定所有渠道的产品或服务价格相同，并且 SAS 同时停止了“仅仅在线价格”的活动，其他的在线促销活动也在 SAS 的其他渠道可得。为了减少去除佣金后和旅行社之间的冲突，SAS 在其直接渠道收取销售服务费，这种做法的主要目的是让旅行社能够很容易地收取它们提供服务的费用。

3. 产品版本的方法

有关产品版本方法，SAS 采用了产品版本方法，即 SAS 仅仅在线提供瑞典国内航班的电子机票。如果顾客更喜欢纸质机票的话，必须向 SAS 的电话销售和旅行社预订，并且支付额外的费用。换句话说，SAS 的产品版本方法让它可以通过不同渠道来瞄准不同的顾客群体。

4. 品牌名称的方法

有关品牌名称的方法，SAS 仅仅在线（www.flysnowflake.com）推出 Snowflake 品牌，目的是进军低成本航空市场，同时为了降低成本，SAS 推出了 Snowflake 网站。通过使用这种方法，SAS 不需要支付任何的预订费用。但是由于这样让旅行社很难最好地服务顾客，因而遭到了它们的反对，产生了一些摩擦。

5. 补偿的方法

SAS 没有对通过其直接渠道的销售对旅行社进行补偿。

6. 沟通的方法

有关沟通方法，SAS 通过引进外联网与旅行社加强沟通，例如，所有的销售信息都公布在外联网上。外联网同时也让 SAS 更容易去强调某个特定的问题。

有关 SAS 在加入互联网后减少渠道冲突的方法的实证结果见表 10-9。灰色部分表示实证结果和参照标准不匹配。参照标准内有六种不同的方法，即制度化方法、定价方法、产品版本方法、品牌名称方法、补偿方法、沟通方法。

表 10-9 在 SAS 内案例分析减少渠道冲突的方法

概念化减少冲突的方法	使用的方法	SAS 的减少冲突的方法
制度化方法	描述公司利用的制度机制，该制度机制旨在在分歧升级为冲突前分散它（受访者描述）	通过和旅行社以及 SRF 建立关系的例行会议
定价方法	描述不同营销渠道使用的旨在最小化渠道冲突的价格水平（受访者描述）	SAS 过去常常通过自有的互联网渠道提供比所有其他的渠道的价格要低的产品，这导致了渠道冲突
		当 SAS 去除了对旅行机构的佣金时引进了一种销售服务费，目的是让旅行机构更容易收取它们的服务费
		今天 SAS 在所有的营销渠道内提供相同的价格并且有时在线价格更低
产品版本方法	描述公司使用的产品版本方法（受访者描述）	SAS 在不同的营销渠道内使用产品版本方法去瞄准不同的顾客群体

续表

概念化减少冲突的方法	使用的方法	SAS 的减少冲突的方法
品牌名称方法	描绘公司使用品牌名称方法（受访者描述）	在一个脱离 GDS 预定系统的网站上，引进 Snowflake 品牌和低价航空公司竞争，导致了和旅行社的冲突
		短期内，Snowflake 成为了一个知名的声誉好的品牌
补偿方法	描述公司使用的补偿方法（受访者描述）	SAS 没有通过其直接渠道的销售对旅行社进行补偿
沟通方法	描述公司使用的沟通方法（受访者描述）	在广告方面，SAS 和旅行社同样被提及
		使用外联网去减少和旅行社的沟通冲突

（五）SAS 渠道冲突管理效果

正如 SAS 的管理部门认为的那样，通过积极的双渠道管理，SAS 使得引进电子渠道后的不同渠道间的冲突最小化了，并且没有对 SAS 和旅行社之间的关系造成很大的负面影响，也就是说，SAS 把冲突控制在了合理的范围内。

第五篇

传统零售商引入电子渠道的多渠道发展战略

第十一章　零售商引入电子渠道的战略决策

多渠道零售商为消费者方便的购物提供了多种模式，包括实体商店、目录营销、网站、公用凉亭等。因为存在不同形式和层级水平的多渠道，整合质量较好的多渠道模式应该是可以满足以下情况的：消费者通过 A 渠道搜索商品信息，在 B 渠道购买，最后在 C 渠道获取商品。多渠道零售发挥协同作用可以增加顾客群，增加收入获得更大的销售份额。

计划、发展和维护一个整合良好的多渠道策略不是一件容易的工作，它需要非常细节的计划和一个能高效链接多渠道的基础结构[282]。例如，拥有电子渠道和传统渠道的零售商需要运行良好的信息系统作为基础。多渠道零售商还需要有配送商品的机制，包括仓储。多渠道零售商还要考虑一系列重要的操作问题包括[283][284]：①寻找交叉销售机会。例如，零售商在他的商务名片、商品发票和购物袋上印刷自己的网站地址，也可以根据消费者在网上输入的邮政编码，为顾客列出离他最近的商店。②零售商针对每个渠道该进行怎样的产品分类策略以及在交叉渠道上产品重叠的程度。③不同渠道的商品价格需要一致吗？④如何计划发展和维持消费者对所有渠道一致的印象。⑤零售商需要确定每个渠道的角色，如消费者更倾向在电子渠道搜索产品信息，决定价格，在传统渠道进行购买，因为消费者希望看到商品，体验商品并立即获得商品。⑥通过多渠道策略利用零售商资产的最佳机会是什么？例如，许多基于目录营销的零售商拥有物流系统，他们利用该资产的最佳机会可能是采用网络营销。⑦现存的供应商关系会阻碍零售商引入新的渠道吗？⑧零售商销售的产品是否适合引入新渠道？这些都是在引入新渠道时需要零售商认真考虑的问题。

本章主要探讨了实体零售商引入电子渠道的战略，为零售商开展多渠道策略提供有价值的参考。本章首先对传统零售商引入电子渠道的可行性进行了分析，在此基础上阐述了影响零售商引入电子渠道的因素，最后探讨了零售商的多渠道战略以及多渠道组合战略。

第一节 传统零售商引入电子渠道的可行性

传统零售商引入电子渠道成为多渠道零售商，它们不再使用单一渠道提供产品或服务。多渠道零售商从事多渠道零售，收入的主要来源是零售活动。本节重点分析提供产品而不是服务的多渠道零售行为，因为对服务而言产品管理和配送管理相比产品而言都非常简单。多渠道零售相比实体渠道零售操作要更复杂、更具挑战。零售商需要管理大量的分类产品库存单位、频繁地修改每个库存单位的零售组合，与复杂的、大量的最终用户互动，与供应商交流。有些还要对配送物流体系负责。除了这些复杂的运作，给顾客带来潜在的福利也至关重要[285][286]。因此，本节将综合阐述传统零售商引入电子渠道的可行性以及需要考虑的问题。

零售商实行多渠道策略经营其业务有很多的优势，包括降低业务成本、对公司财务绩效产生积极影响等。本节从理论基础分析出发，分析了传统零售商引入电子渠道的可行性，之后分析了多渠道策略的优势，最后阐述了零售商引入电子渠道的一些障碍。

一、零售商引入电子渠道的理论基础

在电子商务发展的早期，对电子渠道的主要竞争优势的认识是其降低了业务成本[287]。业务成本包括买方和卖方收集信息、协商、结算、确保贸易伙伴遵守合同等成本[288]。互联网减少了两类交易成本，即协调交易成本和保障交易的成本。交易成本的减少促进消费者在较远的地理距离中寻找低价格、高服务、高质量的销售商[289]。交易成本理论经常用来解释电子渠道的出现和发展。它一定程度上解释了电子渠道销售商在与现有的传统模式竞争取得局部胜利的原因。另外，许多关于电子渠道销售的分析都存在相似的偏见，认为纯网络公司相比传统实体公司享受更大的经济优势。大多数人认为，基于网络的交易相比传统渠道具有操作、成本、规模和范围优势，包括：可以访问更广的市场，更低的库存和建设成本，原材料采购有更大的灵活性，改善交易自动化和数字挖掘能力，绕开中间商能力，更低的菜单成本可以更快速地响应市场变化，捆绑互补产品更加简易，提供24×7访问更加简单（一周7天，一天24小时），给潜在消费者提供信息的深度没有限制等[290]。然而，这些分析主要是将现存的传统渠道与电子渠道

相比较，忽略了将传统渠道和电子渠道联合发挥潜在协同效应的好处。现在发展电子渠道开始强调这些潜在协同，批评早期过度强调单纯网络交易模式[291]。这种观点认为多渠道零售商具有开发互补资产的能力，并从该能力中获利，与新兴的单纯网络渠道销售商相竞争。多渠道销售商具有供应商和经销商关系网，市场权利，市场经验和顾客群，还有品牌认知和其他的互补资产，这些可以使它们获得更大的优势。这种优势不仅是因为多渠道的方式可以获得新顾客，提供新服务，也因为每个渠道有外部效应，会导致增加的购买和减少的成本[292]。经典的竞争战略理论强调利用有形资产和无形资产之间相互关系的重要性，因为重要的协同效应资源可以带来竞争优势[293]。同时发挥多渠道的协同作用可以防止渠道冲突的破坏。信息系统研究强调网络可以实现在降低成本、实行差异化和扩展地理范围方面发挥竞争优势。多渠道销售商相比单纯的网络销售商可以避免一个重要的问题，那就是信任问题[294]。这些都从理论方面说明了传统渠道引入电子渠道的可行性。

二、零售商引入电子渠道的动机

多渠道销售对公司的财务绩效产生积极影响，包括：潜在的成本节约；进入新市场；增加顾客满意和顾客忠诚；建立战略优势；差异化。

（一）潜在的成本节约

传统渠道零售商投资固定成本发展电子商务技术，减少顾客服务可变成本，利用范围和规模经济，消费者可以利用网络自己执行部分消费者服务和活动。例如，产品比较、价格比较、搜索相关产品信息、组配产品捆绑、下订单、支付等。传统零售商引入电子渠道时低成本获取客户可使其存在的品牌价值、市场禀赋、顾客群等进一步放大。存在的供应链基础设施、分销的专业知识和供应商关系同样可以利用来减少增加一个渠道的成本。传统渠道受空间限制产品陈列有限，引入的电子渠道可以提供更多的产品分类，这也会减少库存成本。电子渠道的信息传输成本显著更低，零售商可以用快速有效的方式尝试各种元素的营销组合。最后，电子渠道购物的个人配送和退货可能引发的成本也可以通过在传统渠道取货和退货而抵消掉。

（二）进入新市场

传统渠道零售商的市场局限在于他们的实体店有地域限制，增加电子渠道可以在不建立额外店面的前提下扩大市场，零售商利用有限的位置发挥范围经济。早期研究主要集中在通过渠道选择分割零售市场，或是实体商店或是网络商店或是多渠道商店，结果发现多渠道零售更吸引消费者。有大量的实验性证据表明多渠道销售是具有吸引力的市场。通常，相比单一渠道，多渠道消费者会花费更多，有更高的终身价值。这些消费者选择多渠道是因为多渠道在满足消费者需求方面更有效，更具针对性。随着网络销售的发展，消费者最终会成为多渠道消费者，这意味着基于渠道选择的市场划分在将来就不再有用。取而代之的是新的细分规则，它是基于消费者关于渠道特有活动的决策过程产生的效应。

（三）顾客满意和顾客忠诚

零售商引入电子渠道可以获得新的在线顾客，拓展了市场范围和市场渗透，帮助零售商更快成长。多渠道策略使用联合渠道，发挥每个渠道优势，克服劣势，更好地满足消费者需求。传统商店渠道可以提供一些独特的好处即使用五官评估商品、面对面个人服务、选择现金支付、享受购物娱乐、获取社会经验、立刻获取商品等。承认这些优点的同时也要看到其存在的劣势，即消费者可能需要花费更多的时间和精力逛商店，商店也会在顾客有休闲时间的时候不营业，消费者有时很难找出有知识的销售员提供有用的信息。而电子渠道可以克服上述部分缺陷。消费者可以在任何时间任何地点购物，并花费更少的时间和旅行成本，有更广的商品选择，坐在家里购物可享有身体安全。此外，互联网还有互动性，消费者可以在购物前获得足够多的信息。更重要的是基于互联网的信息易于调整，更好地迎合消费者需求。多渠道零售商可以获得更大的顾客占有率。使用多渠道购物的消费者比使用单渠道购物的消费者花费更多。早在 2001 年美国学者就做了实证研究，发现对于同一个零售商，光顾其传统商店又访问其网上商店的消费者比只光顾单一的传统渠道的消费者每年多花费 600 美元[295]。除了提高顾客满意和占有更多顾客，多渠道销售还增加了顾客忠诚，首先电子渠道丰富的信息加载配合传统的销售渠道容易使顾客熟悉和信任，这些有助于发挥多渠道锁住效应，传统渠道零售商把产品品牌引入电子渠道，减低电子渠道顾客感知风险，增加可靠性，保证顾客对电子渠道的光顾。零售商对渠道基础建设与个性化建设投资也有利于增加顾客信任，因为这意味着零售商对消费者的一种长期承诺，最终会带来价格溢价。利用客户关系管理个性化在线购物体验会进一步增强顾客忠诚。

（四）战略优势的创造

多渠道零售商可以在不容易被竞争者发现和模仿的情况下发展资源，零售商保存适当的客户信息，为用户提供无缝体验。这些资源可以建立顾客忠诚，减少成本，为多渠道零售商发展战略优势提供机会。在传统渠道的交易中，客户用现金或是第三方信用卡支付，零售商很难将顾客和具体的交易联合起来，对传统渠道零售商来说，获取大量的客户购买历史数据信息成为难点。为了解决这个问题，许多传统零售商鼓励顾客使用会员积分卡或向消费者询问个人信息如电话号码。相比之下，互联网和目录营销商可以收集交易的所有信息，因为他们需要顾客的信息来配送商品。除此之外，电子渠道销售商还可以收集顾客的搜索记录。因此，多渠道零售商有更大的机会发展顾客大量的专有资料，并使用这些资料更有效地瞄准他们的市场活动。

另一个多渠道零售商占有的战略资源是消费者可以根据每个渠道的环节优势在不同购买阶段选择不同的渠道。当与多渠道零售商互动时，消费者希望获得一次无缝体验。例如，他们希望通过零售商的网上渠道或目录渠道购买商品，在传统的商店渠道取物或者退货；或者商店里没有的商品可以通过网上渠道购买送货上门，还有许多顾客可能在线搜索产品价格特征最后在实体店中购买。戴尔公司使用多渠道战略，在其实体店里展示新型打印机的效果或是音响的功能，顾客在商店中体验完，可以通过戴尔传统的电子渠道或电话订购，也可以在店内直接订购。无缝体验操作复杂，是一项挑战性极强的工作，一旦成功，竞争者很难模仿复制[296]。

（五）差异化

许多倒闭的纯互联网零售商指出，基于技术辅助式运营来获得持续的竞争优势是一项极其困难的工作。由于开放的平台和互联网的共同标准，最佳实践很快被复制，导致最后还是价格竞争，这侵蚀利润，对所有的参与者都产生消极影响。通过增值服务，差异化开始形成。现在的零售商可以利用互联网技术，查看顾客的购买历史，确定目标顾客，提供个性化、定制化的服务。他们可以让顾客参与到设计独特版本和产品分类中，为其提供专有的内容和信息，在传统渠道、目录营销和电子渠道中创造协同增效效应，提高顾客便利和服务。把相互作用的决策小助手加入到电子渠道店面优化了消费者决策，因此可以增加消费者的感知价值。最后，调查显示，电子渠道购物者在沉浸感、享受方面与实用性购物方面同等重要，因此，零售商通过改进的宽带链接和多媒体技术，利用电子渠道栩栩如生、令人愉快和“逃离现实”（如虚幻角色扮演）等元素，增强购物体验中的美感和嬉闹感，通过有效设计创造认知丰富，审美丰富的购物环境，可以增强消费者的体验价值，强化电子渠道的差异化。

许多现存零售商引入电子渠道并成功地合并互联网优势，使他们的产品和服务差异化。例如，美国服装公司 Gap 通过在线顾客调查帮助形成其产品选择。它还引入虚拟试衣间，配合着令人愉快的音乐，将新提供的全套服饰让具有男性和女性特征的模特试穿。欧迪办公提供在线空间规划设计工具，百思买集团有一个精心设计的礼物想法中心，根据顾客条件推荐产品。英国食物零售商特斯科基于顾客在实体店的购买历史，提供在线个性化动态促销。Victoria’s Secret 网站为顾客提供愿望清单和礼物注册，帮助顾客选择礼物与其他附件，使顾客购物更加容易和方便。通过提供更好的服务创造更高的感知价值，零售商利用他们的多渠道战略为新进入者提供壁垒。

三、零售商引入电子渠道的障碍

多渠道策略具有众多的优势，但是它并不适合所有的零售商。因为不是所有的零售商都有引入电子渠道的资金和管理资源，即使引入电子渠道，多渠道也不都能发挥相同的协同效应。

（一）市场份额和销售量潜在减少

增加电子渠道经常被提及的挑战是其潜在侵蚀传统渠道的销售量。从理论角度来说，没有明确的理由认为互联网及其利用会增加消费者总体消费水平，甚至会引起收入在不同渠道成员之间的再分配。如果传统渠道提供的产品都能在电子渠道提供，那么电子渠道的方便性很有可能使传统渠道不必要存在。这最终会减少企业在传统渠道获得的资产回报，减少企业投资及库存，对企业的盈亏底线产生直接的负面影响。此外，由于低的信息搜索成本，竞争者在提供性价比更高的产品时，零售商的忠诚会被侵蚀，零售商的市场份额、销售量甚至收入都存在潜在减少的可能。

（二）渠道冲突的存在威胁电子渠道的发展

当同样的商品或服务同时出现在传统渠道与电子渠道出现了困难时，主要体现在：① 价格竞争，消费者比较线上线下价格，销售商的价格透明度提高，最后获胜的是成本最低的零售商。② 非排他性，零售商没有可靠的方法分割市场，结果消费者为追求利益可以相当容易地转变购买渠道。有些顾客在零售商的电子渠道查找产品信息，最后在传统渠道购买，传统渠道侵蚀了电子渠道的利润。

（三）增加电子渠道带来运作挑战

从运作挑战来看，管理每个渠道需要独特的技能和资源，因此发挥运作协同效应是非常困难的。例如，支持传统渠道的零售分销中心设计的时候，需要考虑从入库站台到出库站台的卡车花费最低的操作时间运商品包装箱。由于直接转运（即来自不同供货商的产品聚集到物流分配中心，但这些货物并不是储存起来供以后进行分拣，而是直接穿过仓库，载入正在等待的货车，然后送给特定的顾客）这些包装箱至少在分配中心停留一天时间。相反，支持目录渠道或电子渠道的分配中心设计时面临的现实是分销中心接受包装箱中的商品后打开包装箱，分拣商品，然后再重新打包送给单个消费者。这些渠道需要不同的包装方式适应对单个商品的运送，与包装箱运送截然不同。

（四）成本增加因素

从成本相关因素来看，实体商店增加一个强有力的电子渠道需要花费数百万元的成本，此外协调渠道也产生新的成本。一些零售商考虑技术基础设施成本需要很大的固定成本，但是交易成本和可变成本的减少会发挥杠杆作用，减少总体成本，但是很多人是否定这一论断的。维持一个网站和其相关的后台系统每年需要花费 1500 万 ~2500 万美元[297]。随着网站的流量增长，软件和硬件还有仓库花费都是不固定的。

整合传统渠道与电子渠道不仅需要投资 IT 资源，何况许多零售商缺乏这些资源。即便投资了 IT 资源，为发挥 IT 资源的潜在效益，零售商需要投资大量的无形资产，如新的组织管理结构、知识工作者，还需要重新设计监管、报告、激励制度。这些都需要大量的成本投入。

（五）组织文化和冲突

许多零售商发现在现有业务中整合电子渠道相比成立独立的电子商务网站要困难。最大的挑战就是发展新工艺、组织模式和激励。引入电子渠道会导致组织内部的士气问题，也会导致消费者和供应商的混淆。如果激励措施没有跟上，实体商店的管理者会将电子渠道视为竞争者，会导致渠道冲突。渠道冲突是引入电子渠道公司最担心的问题之一。在现有的实体商店中增加在线交流和交易渠道在企业资源分配、不同渠道目标和补偿机制上产生冲突。尽管这一竞争可能帮助企业有效分配渠道的优先顺序，它也会使公司的中心政策焦点从顾客需求上转移。公司引入电子渠道带来的冲突最终也会带来销售减少。

在电子渠道使用零售商的现有品牌，会因为失败的整合操作对现有品牌产生不利影响，甚至边缘化企业的品牌资产。例如，蒂芙尼在它的网站上提供相对便宜的珠宝而在实体店销售其标志性订婚钻戒。对于这类重要的产品类别，蒂芙尼如果选择使用电子渠道消费，消费者则会因为在电子渠道享受不到必要的个人服务而降低顾客满意度，最终影响品牌形象。

四、零售商引入电子渠道的业绩效应

本节前面的论述主要专注于零售商引入电子渠道采用多渠道发展战略潜在的优势及风险。越来越多的现有零售商提供了丰富的数据来检测之前关于这些战略是否有效，以及能否给企业带来盈利。现有的研究重点在多渠道策略是否会影响顾客满意、顾客忠诚以及销售收入，很少有实证研究关注零售商引入电子渠道的财务业绩效应。

评价电子渠道的业绩与评价传统渠道的业绩在方法上有很大不同。评价传统渠道的业绩经常使用的标准是传统的诸如边际利润、资产周转率、资产收益率和每平方英寸的销售额。对大部分电子渠道零售商而言，在线零售早期阶段的收益率都是负的。因此，业绩测定可选择的方法包括网站流量、订货量和重复访问量。当到了多渠道零售商主导电子零售阶段时，缺乏强调盈利能力甚至缺乏强调销售已经严重影响了各个电子零售商的互动。更多传统的财务和运作方面的零售业绩测定方法应该被采用，用这些方法来评价作为销售渠道和营销渠道的零售商网站对企业总业绩的影响。

下面本书重点阐述在线营销和销售对零售商财务和运作业绩方面影响的研究，并讨论关于其他行业采用电子渠道产生的业绩影响的一些研究成果。

一项有名的实验直接调查了传统渠道零售商采用电子渠道对企业业绩的影响[298]。这个调查使用了 83 个代表不同美国保险监督官协会编码的零售商档案数据，主要检测他们采用互联网的速度、电子联盟形成的速度和 Tobin's Q 松弛资源①。研究表明，越早宣布采用电子渠道的零售商对企业的股票估价越有积极影响，松弛资源②越加强这种关系。宣布电子联盟形成的速度也积极地影响企业股票业绩。宣布采用电子渠道销售只改善了之前使用目录营销的零售商的市场价值，而松弛资源弱化了这种关系。这可能反映出投资者担忧潜在的渠道之间相互侵蚀或者这表明使用传统渠道业绩测定方法的局限性。由于传统业绩测定方法在短期内不能反映电子渠道对销售的影响，可能更适合测定多渠道零售的长期影响、企业技术和资产投资。

另一项实验是对 42 家在线零售商 2 年的财务和运作业绩进行的研究[299]，其主要探索零售商电子商务订单登记的差异、比较纯电子渠道零售商与多渠道零售商最后比较具有专业知识的零售商和多面手零售商。基于多层次重复分类的方法，该实验得出了总结：多渠道零售商相比纯电子商渠道零售商具有更高的在线市场份额和市场效率（销售额与营销费用的比率），但是，多渠道零售商的在线销售边际利润则并不高于纯电子渠道零售商。这可能表明现有零售商电子渠道的优势在于它引起线下销售。而线下销售没有被测定，原因是样本中大量零售商是纯电子渠道零售商，缺乏可以用于比较的数据。具有专业知识的零售商占有更低

① Tobin's Q 松弛资源是用来测量传统渠道业绩的一种方法。

② 留存收益和营运资本与总资产的比率。

的市场份额，但是边际利润较零售商高。这表明在电子零售市场的利基策略具有可行性。在样本数据中，早期进入电子渠道的零售商与后来进入的零售商在市场份额、市场效率和盈利能力上均有不同。

对著名唱片销售公司 Tower Record 的在线销售唱片实际数据研究在线消费活动对线下销售的影响[300]。特别是潜在变量时间序列分析的结果表明在线访问越多，线下销售量越少，但是这种负面影响并不明显，可以说在线销售并不会侵蚀线下业务。但是需要明确的是该实验不代表普遍现象，更不代表销售非数字产品的零售情况。

为了理解多渠道零售，一些关于其他行业的在线渠道的业绩影响研究层出不穷。有学者利用案例分析的方法追踪报纸行业的股票价格[301]。结果发现，运作许多直接渠道的企业增加新的电子渠道到他们根深蒂固的渠道时，会给财务带来打击。出现这一结果可能是新的电子渠道侵蚀了部分发行量和广告。实证还发现早期的追随者相比电子商务先驱与后进入竞争者能更好地运作，股票业绩也较为出色。当然，对新闻行业，在线渠道会侵蚀传统渠道这一观点也有学者反驳，认为电子渠道并不会使根深蒂固的传统渠道无效，电子渠道的侵蚀效应只有在线上线下提供的产品分类过于重叠时发生。也有对金融服务公司引入电子渠道的研究，结果发现多渠道带来更高的销售业绩，但是渠道的盈利能力更弱了。在短期时间内，多渠道可能会增加成本，对顾客保留有消极影响，但是在长期，当消费者逐渐接受新渠道时，企业会减少成本，改善盈利能力。学者对中国台湾一家金融服务公司做长期的跟踪，研究宣布增加电子渠道和基于资本市场的业绩测定方法之间的关系。业绩测定表明增加电子渠道能带来积极效果。对于技术密集型企业（通讯、计算机硬件、半导体和制造设备）研究采用电子渠道对财务业绩的影响。研究结果发现采用电子渠道对整个行业的业绩有显著影响，包括效率、销售量、顾客满意和关系发展。但是采购和下订单采用电子渠道不影响任何业绩估量，这可能是由于这些是整个过程较早的阶段，并且这些过程都是些标准化的过程。关于采用电子渠道的财务和运作业绩的研究是有限的，目前尚未得到经常一致的结论。

第二节 传统零售商引入电子渠道的影响因素

传统渠道零售商引入电子渠道受产品、企业、渠道等多种因素的影响，本节主要对这些因素进行分析。

一、产品因素

第一组影响来源于零售商提供产品和服务的具体类型。产品的物理性质、价值、购买频率会影响电子渠道的使用。无论真实的零售商在哪，互联网都可以让顾客意识到电子渠道零售商的存在。然而，对于产品却存在空间维度，影响它们生产和消费的位置，一些产品和服务只能在局部地区生产和消费，如一些运输成本高的大型电气用具。大部分产品和服务类型可以在任何地方生产，通过电子或物理的方式交付给消费者。如果消费者感觉产品需要通过触摸或体验才能判断质量，或是很难运输，电子渠道则不太适合销售这类产品。一些零售商主要是通过实体零售店获利，电子渠道只是一个展示的门店，而一些零售商的网店则是可以订货和交易的。

二、企业因素

（一）企业结构

连锁店和单一经营店管理不同数量的门店，因此可能采用不同的多渠道策略。增加电子渠道可以帮助企业在实体店面的基础上扩宽销售范围，获得新的地域市场。只有一家门店的零售商在销售地域上有限制，无法获得在其地理范围之外的顾客。连锁店在不同地理位置有其门店，很可能已经建立了分销中心，在多家零售店的管理方面更有经验，这些中心和已获得的经验形成规模效应，可以用来有效地处理电子渠道订单。

（二）企业资源

早期的研究强调企业利用 IT 革新能力的资源，现在研究人员认为已存的 IT 资源，包括企业个人计算机的数量、计算机联网的程度等可以很好地利用来从事电子商务。其他的企业资源包括企业的商标名称，现存供应商关系质量，还有其他的一系列互补资源像资金、人力资源可以进一步促进电子商务的发展。如果企业早期从事目录营销，那么它现有的结构和商业模式完全可以应用以简化处理电子渠道业务的难度。

三、渠道因素

（一）电子渠道特性

电子渠道的特征就是它可以以互动的形式存储、分销、搜索大量的信息。比起印制的目录，它是更优一级的媒体。它潜在的优势在于可操作性、成本、规模优势和客户信息收集等。这种优势说明了电子渠道与传统渠道可能很好地互补。

Peterson 引入一个适合应用于电子渠道零售背景的产品和服务分类系统[302]。这个系统包含三个维度：成本与购买频率、价值主张、差异化程度。渠道特性由物理的和技术上的属性定义，产品和服务特性依赖于公司的价值主张。

（二）电子渠道对行业的影响

非居间化假设①是早期电子商务发展对行业结构影响的假设，这一假设经常受到批判。因为中间商特别是网络中间商具有特定的价值主张，将在网络环境下继续扮演重要的作用。事实上，不同的行业出现了越来越复杂的和多样的分销渠道结构，各种革新的分销策略都得到发展特别是针对电子产品的。Giaglis 等开发了一个产品和行业特性的权变模式，用来帮助理解或者预测电子市场的中介现象[303]。

多渠道观点强调面对一个特定公司的管理问题。但是多渠道策略的补充会持久地影响行业，如建立中间组织合作。当定义一个多渠道策略，它可以帮助分辨价值链中潜在和现存的威胁和机会，如出现新的角色或新成员。

（三）渠道冲突

在任何的交易关系中，冲突是至关重要的因素。在 20 世纪 70 年代到 80 年代期间渠道冲突和相关的权利问题得到很多关注。最近考虑到在线销售策略，渠道冲突问题被许多企业列为最重要的问题。在单渠道和多渠道结构中进行冲突水平实验发现增加一个渠道加重了原有的冲突。将传统渠道与新的电子渠道结合避免了功能失调的冲突。由于具体的冲突结果与成员的互动和反应有重大关系，采用渠道冲突管理很有必要。尽管提出了大量的冲突管理策略，管理者仍然面临着确定功能性冲突与功能失调性冲突的界限的困难。当设计和补充一个多渠道策略，要考虑到内部和外部参与人员的目的和目标受到多渠道路径的影响这一问题。

（四）消费者渠道选择

消费者渠道选择决定一个特定的多渠道系统将如何得到实际的使用。技术和基于技术的服务的实际部署很可能使模型的使用与设计者最初的意图不同。回顾大量学者关于研究消费者行为的工作可以发现，很少有学者研究在多渠道活动背景下的消费者行为。然而，回顾关于消费者在信息搜索与产品购买对线上或线下的选择研究中，我们可以假设企业在一个渠道中的活动会影响消费者是否使用以及如何使用另一个渠道的决定。消费者对企业品牌的熟悉程度，对过去购买经验

---

① 非居间化假设是指通过减少中间环节达到直接和客户沟通的目的。

的总结以及自身的生活方式等也影响消费者的渠道选择。浏览器对消费者渠道选择也存在影响，一个有趣的发现是研究人员鉴定出一组浏览器从未将浏览转变成实际的购买。

第三节　零售商引入在线渠道的多渠道战略

多渠道零售指的是零售商同时使用多种零售渠道来销售其产品。多渠道战略的发展经历了很长时间，但是只在近年来变得更加重要成为论题，主要原因在于新的分销渠道出现，特别是电子渠道的出现和发展。实行多渠道战略，零售商可以从不同的零售业态获得渠道特有的益处，这无疑也给消费者带来福利，零售商同时也要面对不同渠道存在的缺点。本节将重点介绍多渠道战略的分类，阐述不同的多渠道战略，最后描述多渠道零售商的发展趋势。

一、多渠道战略分类

本部分将介绍多渠道策略的框架，并列举零售行业的四个例子来说明如何使用多渠道策略。

（一）来自零售行业的四个案例分析

1. 德国阿尔迪（Aldi）超市的多渠道活动

阿尔迪在德国的连锁店达到3600多家，遍布16个州，国外连锁店1000余家，其中仅在美国东部20余个州即开办了近600家分店。到目前，阿尔迪的年营业收入达到340亿美元，成为德国最大的食品连锁零售企业。阿尔迪坚持高效率地使用折扣战略，同时使用少量的自有品牌产品，这些产品物美价廉。除了核心的标准食品和家居用品，阿尔迪每一到两周还提供一系列的“年货”。阿尔迪的商业模式非常的成功，在全球零售商中排名前8。

阿尔迪的网站（http://www. aldi. com，http://www. aldi. de/fr/nl/…）具有以下功能：首先它类似于一个商店定位器，可以查到连锁店的具体位置；介绍公司的基本资料、基本分类中的新产品；网站重点内容在于不断更新廉价“年货”信息。消费者不能在网上下单，公司唯一在线市场工具是每周一封电邮时事通讯。因此，互联网主要是作为促销渠道，互联网上呈现的只是传统商店中分类的一个小子集，包含的内容很少，对传统渠道的交易没有重大的影响，也没有在阿尔迪的市场交流中发挥积极倡导的作用。

2. 荷兰阿诺德（Ahold）超市的多渠道活动

阿诺德是荷兰最大的食品零售商，连锁店达到5000家以上，即使美国有其零售巨头沃尔玛，阿诺德也在美国占有重要的市场，主要占据美国的东部和南部市场。阿诺德在美国有六家传统零售店和一个网上超市 Peapod（豆荚公司）。Peapod 是一个有自己品牌的独立公司，2000 年阿尔德控制了 Peapod，在 2001 年 Peapod 完全附属阿尔德。在美国，该公司提供在线销售活动，在五个都市圈提供送货服务，在芝加哥，Peapod 运作自己的基础设施，包括仓库和配送中心。在其他区域，Peapod 与阿诺德的大型超市合作。因此它采用的是独立分销中心与阿诺德连锁商店基础设施的混合模式。因此，Peapod 一方面可以拓展地理范围，另一方面可以低成本销售。购物连锁店与 Peapod 的在线销售相链接，将传统销售与电子渠道销售结合。

3. 瑞士 LeShop 连锁的多渠道活动

LeShop 成立于 1997 年，是瑞士第一家在线超级市场，提供遍及全国的配送服务。曾经一度繁荣发展后，2002 年，其主要股票持有者决定缩减投资，它几乎要申请破产。但是 LeShop 的管理者找到了一些私人投资者和具有热情的客户，这使它可以继续所有的活动。之后一直保持稳定增长。

LeShop 近年来的发展成为业界研究多渠道问题一个有趣的例子。在 2003 年 9 月，LeShop 宣布与 Migros（瑞士零售公司）实行战略联盟，这一战略使 LeShop 与 Migros 的网上商店得到很好的融合，两个网站，http：//www. migros-shop. ch 和 http：//www. leshop. ch 都可以进入同一在线超级市场。LeShop 的配送合伙人确保整个瑞士范围在第二天可送达货物。Migros 的基础设施与 LeShop 的分销中心联合，这个新的商店 2004 年上线，提供的产品种类繁多，达到 6000 余种。这一成功的举措是 LeShop 不得不限制每天的订单，因为商店的各种资源已经被充分利用。LeShop 与 Migros 共同促进这一新的网上商店。LeShop 受益于 Migros 传统零售市场的强大品牌。

4. 英国特斯科（Tesco）连锁的多渠道活动

特斯科连锁是英国领先的食品零售商，在《财富》全球 500 强中，特斯科位居第 107 位。而公司在 20 世纪 90 年代涉足电子商务业务后，仅仅用了 5 年便一跃成为英国第一大食品零售商，占有 15.5% 的市场份额。顾客上门购物也给特斯科带来很高的利润，其税前利润上升了 10.8%，达 15 亿美元。早在 90 年代，特斯科在激烈的价格竞争中，依靠销售非食物物品和国际扩张取得成功。特斯科重新定义消费者中心论，将核心目标定位为创造顾客价值以获得顾客终身忠诚。其忠诚顾客奖励计划“会员卡”已经成为行业中顾客概况和顾客关系管理的标准。

特斯科在1996年成立其电子渠道，直到2000年电子渠道只限于提供食品，并只在局部地区实行。之后，特斯科超越在线食品零售，提供范围更广的产品，很短时间后特斯科已经成为世界最大、盈利最多的互联网食品商。特斯科的电子渠道与其他在线零售商的差别在于它不运作自己的仓库，消费者可以在当地熟悉的特斯科商店的网上商店购买，每个特斯科商店的价格和存货系统都直接与tesco. com相连，因此消费者可以以熟悉的价格挑选产品。订单由当地商店和电子渠道的两小时传递窗构成。对在线消费者收取5英镑的运输费用说明相比平均水平，特斯科的顾客对其产品价格敏感度小。特斯科的忠诚顾客奖励计划“会员卡”很好地补充了其渠道整合，无论消费者选择哪种渠道，其购物行为均被记录下来，优化个性化营销活动。

（二）多渠道战略分类

从电子渠道与传统渠道的关系以及各自的角色角度，多渠道战略可以在根本上不相同。阿诺德与特斯科的电子渠道以及传统渠道均得到充分利用，两种渠道发挥相同的分销渠道作用。然而它们在渠道依存方面的策略不同。阿诺德的分销策略中，电子渠道和传统渠道独立地服务市场。在特斯科的案例中，电子渠道与传统渠道相整合，互相支持。两者都鼓励消费者在渠道间转换。

分销策略要么偏向于电子渠道，要么偏向于传统渠道。未被偏重的渠道则主要扮演着辅助渠道的角色，指导消费者选择被偏向的那个渠道。即使辅助渠道可以完成交易，销售商主要鼓励顾客选择偏重的分销渠道。阿尔迪与LeShop都选择这种策略。图11-1综述了这些多渠道策略。接下来，本节重点具体介绍这些多渠道策略。

1. 传统渠道占主导地位策略

在传统渠道占主导地位策略中，电子渠道扮演支撑角色，主要用来增加传统渠道的配置效率。网站提供商店的具体地理位置，提供实体商店里部分产品信息和有限的额外服务如售后信息。零售企业使用这种策略可能的动机包括：提供产品的商店网被优化，形成一个精致的分销系统；通过店内顾客咨询服务实行差异化策略，电子渠道则不能提供这种咨询。

阿尔迪明显地追求多渠道策略。阿尔迪被定位为成本领先者，追求低复杂、不提供不必要的服务方法，提供相对少的产品种类。店铺直送充分利用分销系统。阿尔迪的顾客趋向于价格敏感的客户，他们不太愿意为多渠道服务（如店内取物或送货上门）支付额外费用。由于阿尔迪低的边际利润，不受额外费用地提供这些服务可能花费很大的成本。

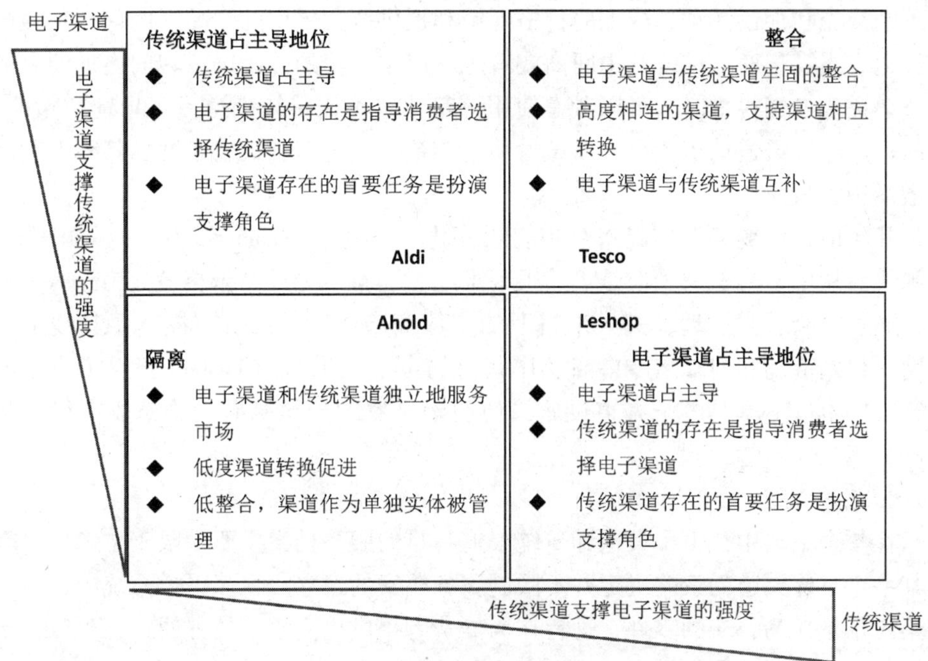

图 11-1 多渠道策略框架

资料来源：Henderson，J. C.，Venkatraman，N.. Strategic Alignment：Leveraging Information Technology for Transforming Organizations［J］. IBM Systems Journal，1993，32，（1）.

2. 隔离策略

当电子渠道和传统渠道被分离管理，作为独立的实体，可能经营不同的品牌名称，这是隔离策略。不使用交际活动或者激励、外显链接来鼓励客户在渠道间转换。使用这种策略可能是为了避免渠道冲突，使用不同的基于渠道的定价规则确定不同的目标市场或者是电子渠道与传统渠道针对的是不同区域的顾客。

经营连锁超市和在线的豆荚公司，阿诺德在英国市场追求的是隔离策略。两个不同的连锁超市被用来作为豆荚在线商业的物理基础。因此，作为多渠道零售商，阿诺德拓展自己的在线交易不需要重新定位其连锁超市，反而阿诺德作为电子渠道零售商受益于豆荚公司，并加强了豆荚的声誉。连锁超市设计履行豆荚的线上业务只是提供豆荚低成本进入基础设施的途径。渠道冲突的可能性更低，因为连锁超市设计在线活动不是完全的忽略。电子商务的优势是拓展了现存传统渠道占主导模式的地理市场，阿诺德利用其商店基础设施拓展在线业务的地理范围。

3. 电子渠道占主导地位策略

在电子渠道占主导地位策略中，配置传统渠道指导消费者使用公司的网站。

线下的交流和促销活动、线上的价格促销和提供范围更广的产品目的都是加强电子渠道。当零售商尝试绕开中间商或者想从成本密集的传统渠道转向更加便宜的电子渠道改变销售量时，可以考虑使用该策略。类比传统渠道占主导地位策略，以前单纯电子渠道销售商也可以试着使用传统渠道的基础设施来增加其线上利润或增加销售量。

几年前，一场轻微的经济衰退打击了电子商务，Leshop 作为单纯的电子渠道零售商从中幸存下来，但是仍然很艰难地去经营。之后与米格罗（Migros）合作，通过行销联盟活动、进入米格罗的实体商店网络，Leshop 提高了其线下呈现度。促销活动和与知名零售商合作获得的声誉成果帮助 Leshop 获得了更多的顾客。Leshop 分享其电子渠道设施，使用米格罗的分销基础设施，成本得到大幅度下降。

4. 整合策略

在整合策略中，电子渠道和传统渠道各自的服务档案主要受限于技术，有利于某一个具体渠道的策略决定并不限制服务档案的建立。在多渠道系统中，每一个渠道都是作为补充的零件，这旨在为消费者提供更高水平的方便，如可以在不同购物阶段跳跃性选择渠道。这种形式的差异化战略有助于收取额外费用，但同时也会带来额外的成本。

特斯科被定位为以服务为主的零售商，即提供低档的产品，也提供迎合高层次消费者的产品。它追求的是整合战略，通过忠诚顾客奖励计划“会员卡”，特斯科拥有大量的客户资料，这为引进新服务评估提供了好的基础。特斯科的网站提供在线销售，配送到家和大量的信息服务。大多数功能需要顾客基于会员卡号注册登录。实体商店通过发传单和在顾客发票上打印消息通知消费者信息。特斯科不提供在交易阶段的任何时点上让消费者转换渠道的功能。在线订购、店内取物这种活动特斯科目前也无法提供。

（三）多渠道战略联合

对于管理者而言，联合使用电子渠道与传统渠道服务消费者面临着许多困难，多渠道战略框架图基于电子渠道和传统渠道的角色与相对定位描绘了这些渠道的不同。四个案例的分类与讨论指出了每个公司选择多渠道案例的偶然因素，本节开始时分析不同在线活动，下面将拓展分析组织和策略的背景以更好地解释观察的不同。多渠道策略联合的主题是将策略转化成经常实行的具体措施。

1. 战略联合模型

Henderson 和 Venkatraman 发展了战略联合模型[304]，该模型用来描述当联合 IT 与业务时管理者的策略选择。模型将信息技术和业务作为管理问题中的独立领域，因此它是在区分信息技术与业务区别的基础上建立的。另外，模型还分为外部视图和内部视图两块，如图 11-2 所示。

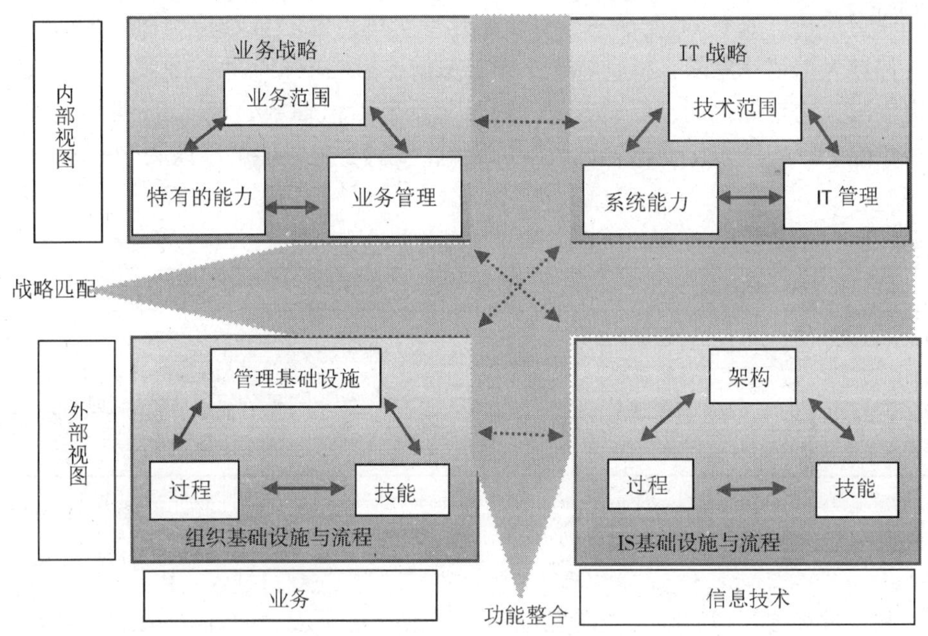

图 11-2　策略联合模型

资料来源：Henderson，J. C.，Venkatraman，N.. Strategic Alignment：Leveraging Information Technology for Transforming Organizations [J]. IBM Systems Journal，1993.

外部视图专注于竞争企业的商业舞台完成“业务战略”和“IT 战略”[304]。内部视图则着眼于制度上的、组织的和基础结构系统，这些确保企业的核心业务顺利进行。这包含模型剩下的两个领域“组织基础设施与流程”和“IS 基础设施与流程”，四个领域中每一个都由三大子集具体说明[305]。模型的基本假定是管理者在内部和外部领域之间实现战略协调（图中的垂直关系）的能力与业务成功有关联。进一步地，这种协调构造是动态的，受行业和市场的变化影响。策略联合模型将业务和信息技术作为独立的领域，因此还需另外假定水平域间协调的必要即功能整合。它描述了信息技术领域和业务领域在策略和运作水平上管理者所做的战略联合选择。最后，由于两个领域都是平等的，具有相同的能力彼此威胁或是相互加强，更会对整个盈利能力产生重要影响，这深刻地改变了策略管理对 IT 领域的观点。

策略联合的概念要求平衡模型中包含四个部分透视图。由于存在潜在的内部矛盾和冲突，透视图之间的二元配合很难完成。因此，所谓的联合透视图即为描述特定的连接业务和IT策略、运作的“管理模式”。每一个透视图至少包含3个域和联合路径。如表11-1所示，列出了这3个域以及联合路径。在每个透视图中，锚域表示第一象限，枢轴域表示第二象限，影响域表示第三象限。锚域又称稳定象限，它是催化剂、促成者或者说是驱动器。枢轴域处理问题/机会，又称软弱象限。影响域直接受枢轴域改变的影响。表11-1具体解释该联合透视图。

表11-1 联合透视图中的3大域[306]

锚 域	枢轴域	影响域
锚域是透视图的催化剂，有时它是变化的驱动力量。它是起点，该域通常情况下是最稳定的域，在驱动规划过程中占有强有力的地位	枢轴域处理被传达的问题或机会。锚域是帮助传达该域的催化剂	枢轴域的任何改变会影响到该域，因此成为影响域。管理者需要确认能充分理解那些改变对影响域的影响

资料来源：Henderson，J. C.，Venkatraman，N.. Strategic Alignment：Leveraging Information Technology for Transforming Organizations［J］. IBM Systems Journal，1993，32（1）.

联合过程的管理面临着战略匹配和功能整合是否成功的挑战。Luftman在联合透视图中详细说明每个透视图持有的三个域时，观点与前面阐述的稍微不同。

关于战略联合模型有大量的更深层次的应用。Papp和Luftman鉴定了附加的联合透视图，并发表了实验性数据，将模型与现实的业务案例相结合以证明模型的存在意义。而且，将透视图用于描述更加复杂的流程。战略联合概念被应用到大量的特定的业务领域和功能中去，如应用于电子商务中。

2. 多渠道战略联合

战略联合模型可以应用于评价信息系统的具体功能性应用，如市场营销。本节采用Luftman的思想，用战略联合模型来解决引进多渠道战略联合时面临的具体问题[305]。专注于协调传统营销战略和基础设施以及协调相应的在线策略和基础设施。战略联合应用于多渠道活动的协调时需要对模型的元素进行修改，并细化它的范围。

市场营销和在线策略的联合不同于最初Henderson和Venkatraman的观点，他们将重点放在总体业务和组织活动的信息技术方面。而修正过的多渠道战略联合模型描述了一些不同之处。具体的差异通过图11-3可以看出。

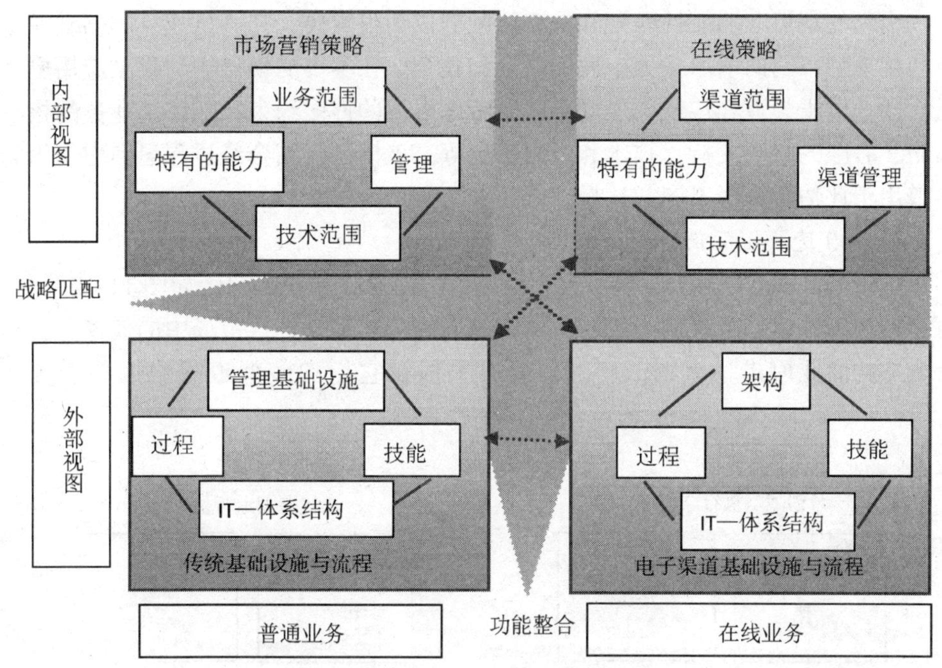

图 11-3　渠道战略联合模型

资料来源：Henderson, J. C., Venkatraman, N.. Strategic Alignment: Leveraging Information Technology for Transforming Organizations [J]. IBM Systems Journal, 1993, 32 (1).

在内部视图中，市场营销策略和在线策略是初步概念稿，每个策略都包含使用 IT 策略的实践反思，然而，将这两个策略在应用于多渠道战略中是经过深思熟虑的。首先要明确本节所阐述的市场营销策略是指一个公司所有活动的计划，并且这些计划是以顾客为导向，并包含部分传统业务。在线策略也是一种市场计划，只是它只参与处理电子渠道的顾客导向活动。营销策略与传统业务范围密切相关，而在线策略重点只是电子渠道业务。它无须与传统业务进行强有力的组合，可以发展成为更加独立的带有渠道范围特征的活动。在外部领域中，具有挑战的管理工作就是营销策略和在线策略的功能性整合。因此，内部领域不包含 Henderson 和 Venkatraman 的业务/IT 二象性，传统基础设施和流程与电子渠道基础设施和流程之间存在明显的差异。两个领域都包含 IT 体系结构和已知的最初战略联合模型的子集。在内部领域的功能性整合不仅是一个协调过程、管理任务和人员因素任务，还是一个联合 IT 体系结构和信息管理的任务。功能性整合不是势在必行的，电子渠道和传统业务基础设施和流程之间的功能性整合很高。

最后，渠道战略联合模型提供了公司或合作网络的在线活动和线下活动协调的一个新的观点。功能性匹配和战略匹配的成功很重要，充满挑战。本书破除了最初始模型声明的争取最大限度的联合和整合。在本书的模型中，模型应用更具灵活性。电子渠道和传统渠道联合时要考虑出现的许多约束，如传统业务的核心策略、有限的财政支持、技术和人力资源等。该模型将结合经过深思熟虑使用的渠道用于评估和解释不同的选择。

3. 联合透视图案例分析

基于 Luftman 的方法，本节将介绍四个不同的联合透视图，如图 11-4 所示，每个透视图都以一个案例来说明。所有的案例公司都是各自市场中的佼佼者，具有成熟的商业模式和市场战略。因此本书假设它们的多渠道战略远超于实验阶段。

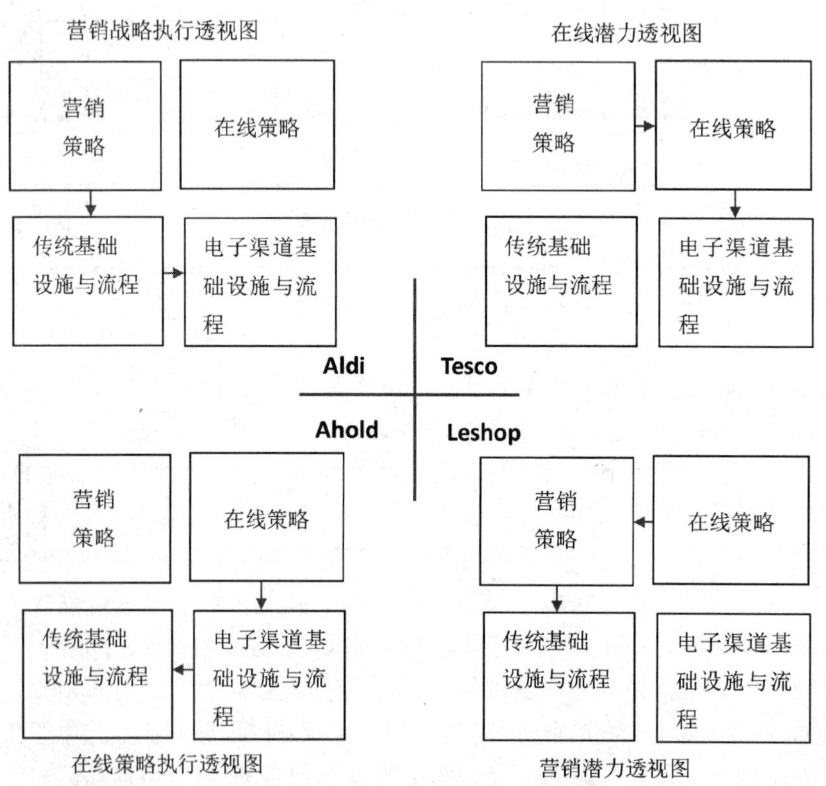

图 11-4　四个案例的联合透视图[306]

资料来源：Luftman，J. N.. Glossary of Strategic Alignment Terminology. In：Luftman，J. N.（ed.）Competing in the Information Age：Strategic Alignment in Practice［M］. Oxford University Press，Oxford，1996：404-411.

在营销战略执行透视图中，传统业务营销战略驱动发展综合的基础设施和流程，并决定电子渠道基础设施和流程的结构。该透视图是经典的等级战略管理体系的镜子[307]。一个营销策略通常专注于其特有的能力、清晰地描述业务范围、严格控制电子渠道的使用。一个复杂精细的在线策略存在的可能性很低，使用电子渠道的机会仅限于有限的范围内，该范围由传统营销策略预先确定。

本节将具体解释每个案例的联合透视图，对案例进行分解。首先将介绍 Aldi 的营销策略执行。Aldi 的联合路径可以通过表 11-2 清晰地表现出来。

表 11-2 Aldi 的营销战略执行

Aldi	锚 域	枢轴域	影响域
营销策略执行透视图	营销策略	传统基础设施与流程	电子渠道基础设施与流程
	Aldi 不提供不必要的服务，实行成本领导者营销战略，几乎不提供基于信息技术的服务或其他服务	Aldi 的基础设施专注于实体零售店；传统渠道的设计是按照高度流线型设计的，严格遵守营销战略。交流手段稀少，但是能高效圆满完成每周特价商品的销售	营销策略实施的结果是电子渠道的使用和发挥的功能有限；电子渠道主要用来辅助交流

资料来源：Henderson，J. C.，Venkatraman，N.，Oldach，S.. Aligning Business and IT Strategies. In：Luftman，J. N.（ed.）Competing in the Information Age：Strategic Alignment in Practice［M］. Oxford University Press，Oxford，1996：21-42.

接下来介绍在线策略执行透视图，如图 11-4 所示，在线策略是电子渠道基础设施和流程发生变化的稳定器和驱动器。这样看来，制定和通过在线策略是为了发挥补充作用。为了实现在线策略和电子渠道基础设施和流程的战略匹配，管理者需要创造开展在线活动的欲望基础。目前在在线策略的子集中再次应用了战略管理典型的等级体系观点。然而，联合路径的其他部分影响了传统的线下业务。如果渠道不能完成自治，那么电子渠道的活动在一定程度上会影响公司运作其他传统渠道的方式。顾客通过交流手段或许会察觉这一影响。对于内部业务的运作的结构改变在此处都可适用。

Ahold 的案例描述了在线策略执行透视图。在线业务和传统业务的联系很可能只服从内部视图的联合活动。在线营销战略和传统营销战略的功能整合程度很低[308]。表 11-3 阐述了在线策略的联合路径。

表 11-3 Ahold 的在线策略执行

Ahold	锚域	枢轴域	影响域
	在线策略	电子渠道基础设施和流程	传统基础设施和流程
在线策略执行透视图	Ahold 决定使用在线策略，并且不影响连锁商店的传统营销活动。通过获得豆荚公司获得能力，成功进入在线零售市场	通过获得豆荚公司，Ahold 即时得到成熟的有能力的电子渠道零售商的基础设施，这个域的依据最初的创作发生变化	基于连锁店的基础设施，豆荚拓展了业务，这也影响了综合的基础设施各渠道之间共享物流设备等

资料来源：Henderson，J. C.，Venkatraman，N.，Oldach，S.. Aligning Business and IT Strategies. In：Luftman，J. N.（ed.）Competing in the Information Age：Strategic Alignment in Practice［M］. Oxford University Press，Oxford，1996：21-42.

联合透视图的第三部分是在线潜力透视图。在线潜力透视图中，企业响应总的营销战略，在此基础上形成其在线策略。在线策略的构想中详细说明了电子渠道基础设施和流程的必需性。该透视图的核心特征是它具有精细的营销战略，并明确阐述了营销战略延伸进入电子渠道的必要。在线策略与总的营销战略密切相关，甚至可以说是总的营销战略的一个完全整合的子集。在顾客看来，这点是清晰可见的，因为企业提供了跨渠道的、复杂的一整套服务。营销战略努力去开发电子渠道潜力，发挥其杠杆作用服务顾客，进行顾客关系管理活动等。电子渠道基础设施和流程随之而来的是受在线策略履行的影响。重点在于外部领域的功能性整合，在一个战略层面对传统业务和在线业务及各自的能力进行联合。战略匹配主要针对在线业务。一个成功的在线基础设施和传统基础设施功能性整合在于高度整合多渠道系统。

Tesco 具有强大的营销战略。该公司主要通过提供高度个性化服务和与销售相关的服务建立顾客忠诚。它通过若干触点服务顾客的协调制度来整合传统渠道和电子渠道。在线策略补充了公司的营销战略。因此，表 11-4 所示的 Tesco 的案例很好地诠释了在线潜力透视图。

联合透视图的最后一部分为营销潜力透视图。它主要处理电子渠道能力的开发，去影响企业的传统战略定位。这很有可能就形成了新的独特能力和新的业务关系模式，治理结构可能会形成。传统结构和战略变化之后又会导致传统基础设施和流程的重新设计。表现出这种联合路径的企业具有代表性的柔性结构，并恪守承诺不断改变，不断学习。随着分配的在线潜力的演化，影响传统业务方法的能力也形成了。在线策略不仅是营销策略的一部分，并且是这些改变的稳定器和驱动器。在线策略的革新甚至对传统基础设施和流程发挥中介影响。

表 11-4　Tesco 的在线潜力透视图

Tesco	锚域	枢轴域	影响域
	市场策略	在线策略	电子渠道基础设施和流程
在线潜力透视图	Tesco 的营销策略是以顾客为中心，为顾客创造价值以获得顾客忠诚。具体的方法是大量的顾客数据收集。所有的渠道共同运作并发挥互补作用	Tesco 追求的在线策略旨在实现服务的充分性和向顾客提供一切可能的服务。战略性顾客数据信息管理和整合非常成熟，并发挥部分战略能力	在线策略带来了非常复杂的基础设施和众多的运作。系统整合度高。线下活动同步地提供交易和交流活动

资料来源：Henderson, J. C., Venkatraman, N., Oldach, S.. Aligning Business and IT Strategies. In: Luftman, J. N. (ed.) Competing in the Information Age: Strategic Alignment in Practice [M]. Oxford University Press, Oxford, 1996: 21-42.

Leshop 曾经是纯电子渠道零售商，没有实体的零售店。在线策略很简单，目标就是向其所在的瑞士市场提供在线配送服务。由于出现财政危机，公司需要新的战略。因此引进新的治理手段和新的渠道（传统渠道）刻不容缓[309]。表 11-5 清晰地阐明了 Leshop 的营销潜力各个域。

表 11-5　Leshop 的营销潜力透视图

Leshop	锚　域	枢轴域	影响域
	在线策略	营销策略	传统渠道基础设施和流程
营销潜力透视图	Leshop 的在线策略是一开始设定的单独策略，不存在传统/实体零售店的营销策略。主要的目标就是发展在线配送业务	Leshop 需要重新定义其狭隘的策略范围和能力。需要发展一个更为复杂的营销策略，公司与 Migros 合作。这产生了店内品牌联合，产品种类更加丰富，公司提供的产品更具可视性	传统基础设施和流程面临着改变。物流和设备在新的关系中得到整合，现在营销运作和信息技术系统等都发生了很大变化

资料来源：Henderson, J. C., Venkatraman, N., Oldach, S.. Aligning Business and IT Strategies. In: Luftman, J. N. (ed.) Competing in the Information Age: Strategic Alignment in Practice [M]. Oxford University Press, Oxford, 1996: 21-42.

多渠道战略联合模型认为影响零售商的在线活动主要的偶然因素是其传统营销策略。将该模型用于四个案例后可以看出，该模型可以用于多渠道零售商重建战略决策。表 11-6 对模型的应用做出了简要总结与概括。与简单地强调多渠道策略就是更高水平的整合形成鲜明对比，该模型更具灵活性，从根本上说明了多渠道策略的不同和基于不同偶然因素的适当联合。这是该模型的主要贡献之一，当然该模型需要应用于更多的案例，不断完善。

表 11-6 多渠道联合案例的总结

		锚域	枢轴域	影响域
Aldi	营销策略执行透视图	Aldi 不提供不必要的服务，实行成本领导者营销战略，几乎不提供基于信息技术的服务或其他服务	Aldi 一个主要的基础设施部件是零售店，特价商品有效的沟通吸引额外的消费者光顾商店	结果是非常有限的电子渠道基础设施不需要大范围地提供服务
Tesco	在线潜力透视图	Tesco 营销策略是基于将消费者看成个体，中心活动也是基于会员卡的顾客信息数据展开	Tesco 发现电子渠道的辅助潜力，并基于丰富的能力，在线功能较为综合	在线策略使电子渠道的基础设施变得复杂（新的物流需求，扩展的网站内容，整合的 IT 系统）
Ahold	在线策略执行透视图	Ahold 决定使用在线策略，并且不影响连锁商店的传统营销活动。通过获得豆荚公司获得能力	通过获得豆荚公司，Ahold 即时得到成熟的有能力的电子渠道零售商的基础设施	基于连锁店的基础设施，豆荚拓展了业务，这也影响了综合的基础设施
Leshop	营销潜力透视图	Leshop 的核心能力是其专注于在线业务，它有能力提供单纯的在线销售活动	由于不令人满意的成果，Leshop 改变其营销策略，米格罗公司带来了品牌联合，新的更多的产品种类和更高的产品能见度	Leshop 的基础设施受这些改变的影响，由于物理基础设施与 IT 基础设施可以共享，在经营上和资金上双方可以合作

资料来源：Henderson, J. C., Venkatraman, N., Oldach, S.. Aligning Business and IT Strategies. In: Luftman, J. N. (ed.) Competing in the Information Age: Strategic Alignment in Practice [M]. Oxford University Press, Oxford, 1996: 21-42.

二、多渠道零售商的发展趋势

（一）多渠道零售形式

弗雷斯特研究公司 2010 年作了一项调查声称电子商务销售量占总零售销售量的 7%，但是在电子渠道影响下的线下销售量（在实体店购买前进行过价格比较）占总销售量的 42%，这一比例未来还会上升。因此，许多零售商实行多渠道战略，联合若干零售形式如实体店加网店、目录营销加网店等。这样零售商可以从不同的零售形式中获益，当然，他们也需要克服不同渠道的弊端，表 11-7 给出不同渠道的优劣势。

表 11-7　零售形式的相对优劣势比较

维　度	超级市场	百货公司	专卖店	目录商	电子渠道零售商
提供可考虑的替代选择					
产品种类	中	中	低	低	低
每个种类可选择的产品子种类	中	低	中	中	低
筛选替代选择形成“考虑集合”					
选择“考虑集合”	中	高	中	低	低
提供从“考虑集合”中作出选择的信息					
数量	中	中	中	中	中
质量	高	高	高	中	低
替代选择比较	中	中	高	低	低
订单和履行：业务成本					
配送时间	低	低	低	高	高
配送成本	高	高	高	低	高
顾客交易成本供应商设施成本	高	高	高	低	低
订货地点	少	少	少	每个地方	许多
其他获益					
娱乐	低	高	中	低	低
社交	中	高	中	低	低
个人隐私	低	低	低	高	高

资料来源：本书整理得到。

多渠道零售商使用品牌保护策略，公司所有的零售形式都采用相同的零售品牌，提供统一的品牌形象。因此零售渠道的整合是多渠道零售商面临的难题。零售渠道整合的具体规章制度很重要，因为顾客在购买过程可能涉及多个渠道。在图 11-5 中列出了多渠道零售最重要的形式。基于这些主要的形式如实体店、目录商、电子渠道零售商，多渠道整合成为可能。在接下来的一节，本书将简要介绍这一多渠道整合。

图 11-5 多渠道零售商类型

资料来源：Barry Berman，Shawn Thelen. A guide to developing and managing a well-integrated multi-channel retail [J]. International Journal of Retail & Distribution Management，2004.

（二）多渠道零售商的发展趋势

在实体商店中，消费者会观察到很多与销售相关的元素：店内设计、布景、香气、美学等，这些都有助于完善销售体验。实际上，店内环境的处理在当代零售业中越来越普遍。制造氛围可以给消费者创造独一无二的体验。而这些开始从传统渠道向电子渠道扩展。

电子渠道的潜在优势在本书前几章节均详细阐述到，最近的研究发现电子渠道销售可以驱动传统渠道销售。2008 年，澳大利亚零售业研究中心对澳大利亚谷歌展开了一项调查研究，主要研究澳大利亚消费者（选择的消费者是消费家用电器、电脑、游戏和娱乐产品的群体）如何在电子渠道和传统渠道之间互动。调查发现接近一半的澳大利亚消费者在进入实体商店之前都会在网上搜集产品信息。事实上，接受调查的消费者中 1/4 认为在线领域成为研究消费者线下行为的重要资源。为支撑这一发现，来自尼尔森在线的研究发现在实体商店购买家用电器的消费者 80% 在购买前浏览过公司的网站。另外，53% 选择的实体商店是之前浏览网站花费时间最长的商家。现在对越来越多的产品种类都在研究在线行为对线下行为的影响，甚至还包括宠物食物等。

那么，现在零售商面临的问题就是电子渠道如何发挥杠杆作用成为提供竞争优势的工具，尤其是在竞争混乱的地带。当展望国际新兴多渠道零售商发展趋势时，可以发现答案。本书考虑三个趋势，分别是定制化服务、参与和便利。

1. 定制化服务

在线领域逐渐成为消费者线下体验的补充。给消费者提供一个机会，在线上依照顾客的具体要求制造线下已存的产品，这样的实践已经流传了一段时间，这类产品从鞋子到糖果，种类很多。例如，耐克容许顾客在其官网上定制鞋子，妙趣可以让顾客根据个人讯息和图像定制糖果。这些网站补充了消费者的线下体验。这个方法可以让消费者通过定制，生产出代表自己的品牌，可以通过这个品牌向别人传达讯息，让别人知道他是谁。一些零售商可以容许消费者在零售范围内定制产品。零售商像 PUMA 提供更富个性的“Mongolian Shoe BBQ”系列。很多人应该都吃过蒙古烧烤，可自由挑选大堆不同的肉类和蔬菜，然后交由大厨“炒埋一碟”，吃过觉得味道一般，但在拣材料的过程中，感觉却很满足。PUMA 新推出“Mongolian Shoe BBQ”系列，顾名思义，灵感就是源自蒙古烧烤，设计师觉得自选材料十分富有个人风格，于是便生出“Mongolian Shoe BBQ”这个概念。BBQ 鞋以 20 世纪 80 年代推出的 Cabana Racer 跑鞋为蓝本，每双鞋分成 13 个部分，顾客可以在设置在店内的电脑里挑选颜色、图案和布料，制作属于自己的鞋子，一双鞋大概要价 130 美元，三个星期可制作完成。

耐克和妙趣将有关线下产品与线上定制化接洽时，这种趋势在两方面都开始了，以相同的方式，传统的电子渠道零售商开始融合线下范围。随着虚拟世界的崛起，线下品牌和设计被整合进入虚拟范围。由于虚拟世界的出现，在线品牌在虚拟社区发展起来，现在又进入线下领域。例如，一些公司容许消费者将“阿凡达时尚”变为现实世界的服装。两大时尚品牌（EA 和 H&M）则举办了一场“模拟人生时尚服装秀”，任何“模拟人生”玩家都可以参加，使用游戏的设计工具设计一套受 H&M 启发的套装并将其上传到网上。获胜的套装可以在近 1000 家分布在中国大陆、中国香港、美国、英国、荷兰、比利时、法国、德国的 H&M 零售店购买到。

Ponoko. com 进一步发展了大规模定制化服务，这个公司可以让消费者将任何虚拟设计变成实物。为自己创造产品，使用者还可以通过 Ponoko 的在线系统销售自己的设计。在 Ponoko 网站上销售商与顾客的互动形成了设计者和顾客的虚拟社区。每个人都可以在论坛中阅读设计者的相关博客，浏览有特色的设计。这种首创性也强调了虚拟社区的发展在当今社会网络中越来越普遍。这种交流的好处之一是提供消费者和品牌本身之间接触的机会。

2. 参与

网络社区是指使用网络作为他们最初交流媒介的一个群体。一个给定的组织是否被定义为社区主要考虑到它们共同的目标和互动的强度与特征。有许多技术可以帮助零售商接触顾客。类似会员这样的顾客忠诚计划已经很普及了，现在越来越多的虚拟社区被使用。美国的 Dorothy Lane 超市是食品市场的专家，它成立了 Dorothy Lane 超市儿童俱乐部，利用在线工具成立社区让孩子的购物旅途更加有趣。这个卡通虚拟网鼓励消费者与零售商进行不间断的互动，顾客可以收集虚拟交易卡，这种卡可以在网上拍卖。收集这种卡片，孩子们需要上网下载代码。在澳大利亚，沃尔沃斯正在寻找可以通过虚拟社区获利的方法，零售商努力改善消费者的在线消费选择。沃尔沃斯成立了一个互动的“孩子网”提供孩子食谱、玩游戏等，鼓励消费者参与。这些趋势不仅仅限于零售行业，社会媒体如博客、论坛、虚拟社区等的演化在金融服务公司得到引人注目的发展。虚拟社区的用途越来越广，从手机顾客反馈到教育、营销自己的顾客和潜在顾客。

美国 T 恤品牌 Threadless 是利用互动社区销售 T 恤非常成功的一个很好的例子，其互动社区发展越来越强大。这个品牌成立时将自己定位为潮流在线 T 恤设计门户，容许顾客登录设计自己的 T 恤，并可以销售自己的创意 T 恤。现在这个品牌在芝加哥开了第一家实体店，这家实体店包括商业区和长廊，在这里虚拟社区获胜的设计可在此展示。这家实体店的主要目的之一是每周推出真实的、新鲜设计的 T 恤成品。迄今为止，还没有一款 Threadless 的 T 恤是失败的，每件最后投入生产的设计都被抢购一空。能做到这一点，它具有黏性十足的社交网络粉丝群功不可没。

3. 便利

第三个多渠道零售趋势涉及便利性，零售商联合电子渠道和传统渠道，给消费者提供机会进行更加便利的购物。早期，消费者需要去商店观看商品，回家后决定是否购买。现在购物，特别是对大量购买，绝大多数是先在网上查看信息，再去实体店检查商品，之后回到网络进行价格比较，在线下单或在实体店购买。如今老练的多渠道消费者将购物看成是个多步骤过程，因为在不同购物阶段，不同渠道具有独特的价值。

在线购买，店内取货的选择不仅仅会增加消费者的便利性，也给消费者带来好的商业形象。研究显示电子渠道购物者在实体商店取货时会进行额外的购买。通过在线提供实体店里不常有的产品，零售商有效率地增加了供应的产品种类，因此不仅增加了市场份额，也增加了顾客占有率。

美国电子产品零售商“Circuit City”是被公认的经营在店内取货方面非常出色的零售商。1999 年，Circuit City 使用它已有的整合订单管理和存货系统开展了店内取货项目。这个项目较为成功。当 Circuit City 问消费者如何提供一个更好的多渠道体验，其中一个需求就是在店内取货项目——这一项目当时已经展开。因此零售商进行了24/24取货项目，即消费者通过电子渠道或电话服务中心购物，可在存货确认的24分钟内取到货物。如果这24分钟的保障没有达到，Circuit City会给顾客一张价值24美元的消费卡。

精明的零售商有效地结合电子渠道和传统渠道，使用不同的技术平台给消费者在实体店中享受在线功能。例如，零售终端机给消费者提供便利的服务如婚宴礼物的注册、非商店产品的订购、招聘信息、产品信息、公司信息和有针对性的服务。Prada（意大利最奢侈品牌）可以让消费者编制他们试穿过的一套服装，创造他们自己的网页，并可以给朋友发邮件征求意见。零售商可以支持多种应用程序，最成功的应用程序是那些取代花费时间排队的程序。这包括飞机的电子票和火车电子票、商店自动售货、产品通道的信息终端机等。

然而要知道不是所有的零售商都追求这种电子渠道和传统渠道的无缝对接。现在出现了一种为线下世界提供服务的电子渠道。一些零售商与纯网络商竞争，近来像社交网站的发展使得这些概念可行。“Social Flowers”的创造可以让消费者向他们的facebook好友送花，使用者只要将这个应用安装在facebook中就可以选择好友，挑选植物礼物然后支付。“社交花店”之后发送给接受者一封邮件，通过facebook要他们的地址，花由美国和加拿大当地30000个花店中的一个配送到位。新西兰干洗店“Dry it online”是一个在线提供干洗衣服的零售商，通过在线支付，消费者直接在工作的地方拿取衣物。由于便利是现代消费者行为的一个主要驱动力，像这样的服务可能更容易成功。

第四节　零售商引入电子渠道的组合元素

传统零售商引入电子渠道以扩充渠道，而电子渠道本身的形式就十分丰富。本节具体介绍电子渠道的零售形式，因为零售形式的多样化以及具体到电子渠道零售形式的多样化，为零售商进行渠道组合提供了可能性，本节简要介绍零售商引入电子渠道的组合元素，具体的组合策略将在第十二章具体介绍。

一、电子渠道的零售形式与媒介

由于技术发展的高动态，电子渠道提供了非常具有创新性的环境。不是所有的电子渠道零售都遵从相同的商业模式，与商店形式的分类相似，电子渠道零售中的购物模式也可以区分为许多种。图 11-6 给出了电子渠道中最重要的零售模式，每个模式都挑选了一些例子，本书是按照它们独特的销售主张（USPs）分类的，这也是消费者为什么会选择在这一特别的模式购买的主要原因。本节接下来将具体介绍图 11-6 中的电子渠道的各种零售形式。

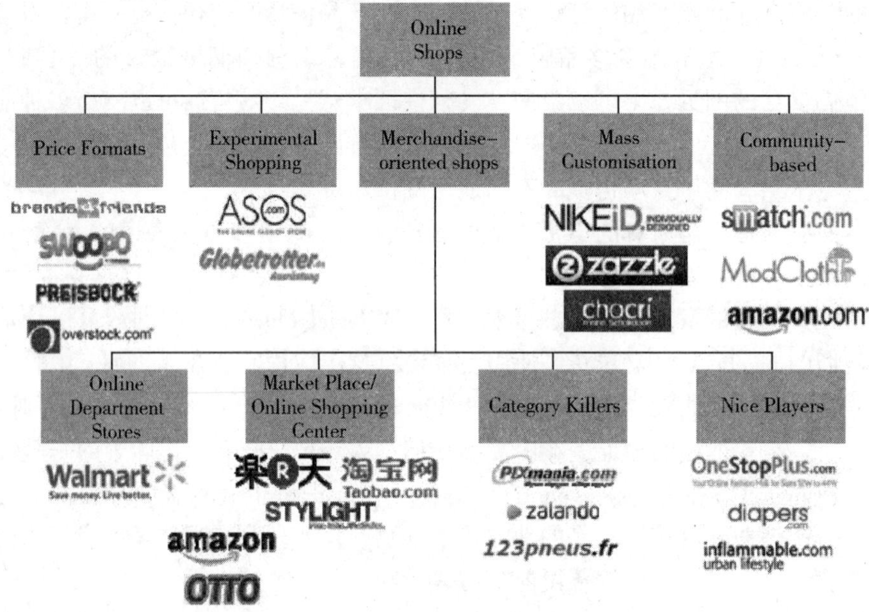

图 11-6　电子渠道的零售模式

资料来源：Barry Berman，Shawn Thelen. A guide to developing and managing a well-integrated multi-channel retail［J］. International Journal of Retail & Distribution Management，2004.

（一）电子渠道零售的价格模式

关于价格模式，一般的价格策略在电子渠道零售中也可以被差异化。例如，有些电子渠道零售商提供在线折扣，将产品销售价格降到平均价格以下。而一些以质量为中心的零售商会因为自己提供专有的服务而索要高价。在电子渠道零售商中，低价格形式如折扣销售商店、工厂零售部还包括有些网站，如 overstock. com、tesco 在线，提供仓库剩余产品或是前一季度剩下的产品。

在线出清零售商的一个特殊形式是会员购物俱乐部，如吉尔特集团，会员在购买名牌产品时可以享受很高的折扣。通过这个购物渠道，零售商组织有时间限制的在线购物活动，只向会员提供服装、配饰、家居用品、玩具等品类的清仓处理销售。顾客想成为其会员主要是通过其他会员特邀或是获得会员资格的候补名单。这种不公开的会员基础有一个好处就是这些零售商提供的产品不会出现在比价网站上，因此不会因价格因素损坏品牌形象。

另一种价格模式被称为 live 购物，这个价格模式的特征是产品分类有限，通常只有两三个产品，以非常低的价格出现在购物平台上，产品在有限的时间内被销售，通常是 24 小时。这种时间限制和品类有限的特征促使消费者迅速作出购物决策，顾客经常是因为一时兴奋而买下东西。这种形式一般是专门化的零售商才使用的，他们运作这种 live 购物平台。现在一般的电子渠道零售商开始在他们的网上商店中整合进 live 购物形式。

其他的在发展的价格形式还包括像互联网价格比价或自己出价等，但不是所有的价格模式都很成功。

（二）经验和社区导向的电子渠道零售

在线交流中信息技术的发展给电子渠道零售带来了新局面，尤其是对经验产品。通过使用视频文件、形象化符号、用户社区或其他的互动手段，许多零售商网站完成了交易升级进程。零售商使用这些方法向顾客传达更加精致的信息。一些公司提供令消费者感动的购物环境。他们提供透彻的产品规格信息和使用情景，并使用产品评级系统，在该系统里消费者可以讨论产品，给产品打分。

在这些形式的电子渠道零售店中，社区变得越来越重要。基于社区的电子渠道零售已经成为零售观念中的一部分。例如，亚马逊网站中，产品评级和讨论已经被整合进入了实际零售中。Smatch. com 使用社区作为产品搜索平台的基础，该平台链接了几个零售网站的产品。现在许多零售商已经专注将这些社会互动整合进他们的营销效能中。

（三）大规模定制

电子渠道零售带来了新的商业模式，在网络环境下，形成了一种特殊的产品搭配策略，这主要涉及产品的个性化。在重视这种策略的电子渠道零售商店中，顾客为装备个性化产品可以更改产品规格等。有代表性的是顾客可以组合不同的产品元素（如形式、颜色、材料等）创造属于自己的有个性化配置的产品。通常，零售商提供一套标准的产品元素，这些元素是可以定制的。

制造商也经常使用这一策略，他们使用电子渠道直接销售产品给顾客。许多纺织品制造商使用这种策略，如耐克、阿迪达斯。一些电脑制造商像戴尔也会提供一些个性化的定制服务。现在大规模定制已经扩展到食品等领域。

（四）商品导向的电子渠道零售

在基于分类的电子渠道零售商店中，顾客首先要搜索商品。在线零售的分类策略中一个普通形式就是在线开售网上百货公司，零售商提供种类丰富、深度分类的产品。亚马逊就自豪地宣布自己相比其他零售商可能是提供了最宽的产品分类。像沃尔玛这样的公司在电子渠道零售中也很突出，因为它提供了相当广的产品类别。这一策略相当于综合的商品目录零售商。

在网络环境中，更常见的就是专卖店在线零售。这一策略需要零售商更加关注分类。零售商一般只提供一个或若干个产品分类。与传统专卖店相似，零售商针对特定的细分市场提供较窄的产品分类，但提供的产品深度很大。利基市场参与者也关注这一策略，他们会提供具有特色风格的服装。如 inflammable. com 专注于提供具有城市风格的衣服、婴儿用品；Diaper. com 则专门提供大码服装。

由于在网络环境下，价格信息透明度高，这些在线专卖店零售商压力巨大，网上的价格战很普遍。销售廉价商品的在线零售杀手如法国的 Pixmania 在家用电器领域实行侵略价格；Zalando 在鞋子、服装、配饰领域实行侵略价格；123pneus 在轮胎领域以非常低的价格提供分类完全的产品品类。

在吸引顾客方面，电子渠道零售商面临着很大的挑战，因此电子渠道的零售商店必须重视建立高效的沟通手段。这样，在线的营业成本会增加，尤其是那些重视建立情感或者体验购物环境的零售商，因为提供具有个性化的选择，所以成本会更高。解决这些问题一个可行的方法是零售商之间协作，使用共同的平台。这就形成了在线购物中心，在购物平台上，消费者有更多的产品选择。与传统的个体电子渠道零售商相比，这些平台网站的产品由多个零售商提供，像淘宝网、易趣网等就属于这一类。

（五）在线零售的媒介

在线购物即通过个人电脑、笔记本电脑、新的数字设备（如智能手机、平板电脑、可以上网的电视等）在零售商网站购物。图 11-7 给出了具体的在线零售媒介。手机购物作为其中一种媒介形式目前发展迅速，从长期来看移动商务与手机、便携式移动设备密切相关。能上网的电视使得在线购物由“卧室”走向“客厅”，这一现象逐渐成为主流。移动互联网和通过电视上网这些方式与固定互联网有明显的差异，这些差异将给电子渠道零售商带来挑战和机遇。

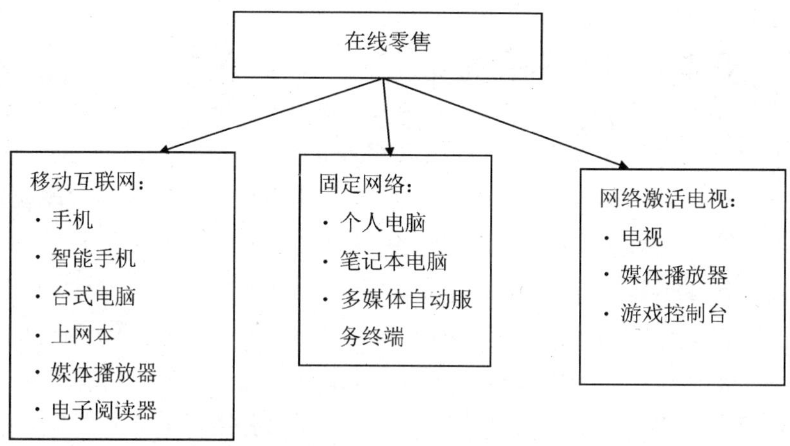

图 11-7　电子渠道零售媒介

二、多渠道零售商的特点及客户行为

世界范围内零售业仍然是传统商店零售形式占主导，95% 的食品零售和 80% 的非食品零售是靠传统的基于商店的零售商实现的，电子渠道零售商仍然只占一小部分。然而展开电子渠道销售的积极性很强，电子商务在过去几年年营业额增长迅速，其他的零售形式则保持不变甚至有所下降。因此，传统渠道零售商对投资引进电子渠道十分热衷。实施多渠道战略，零售商需要通过调整零售组合元素来决定怎样采取他们的商业模式。同时，还要面对许多的运作挑战。

在多渠道零售中，消费者期望在每个渠道得到至少相同水平的服务、建议和信息。他们期望所有的渠道都有相同的顾客忠诚计划，希望可以在网上商店订货，在实体商店取货，希望在电子渠道购买的商品可以在实体商店退货或换货。这种渠道跳跃是顾客正当的愿望，然而被证明要实现是非常困难的。

在线消费者把从传统商店获得的看法与经验转移到网上商店，线下消费者则把从网上购物经验转移到传统商店。对于同一经销商，如果消费者在某一个渠道获得一个不好的购物经验，他们会把这种不好的经验转到其他渠道。由于消费者的期望没有得到满足，他们会适应自己的购物习惯，最坏的情况是停止购买。因此，对于多渠道零售商至关重要的是确保每个渠道都达到相同的顾客期望水平。

三、多渠道零售组合元素

多渠道零售组合由多种变量的组合组成，包括地理位置、推销、交流、价格、服务、产品范围和相关人员，这些形成一个零售活动的总体策略营销成分。正是这些因素的正确组合决定了一个零售概念是否可行，能否成功。

相比传统渠道零售商，在线销售渠道不仅是一个新的渠道，还是一个新的商业模式，传统渠道的销售经验可能不再有效[310]。对传统零售渠道而言，决定成功的因素像商店位置、销售人员和物料管理不再是电子渠道成功的因素。

传统渠道零售商决定引入电子渠道必须确保两种销售渠道能很好共存。必须决定如何适应每个渠道零售组合的不同元素，确定该选择什么产品策略，采用哪种价格，怎样获得一个始终如一的企业形象，还要明确每个渠道扮演什么样的角色[311]。本节主要介绍零售组合中最重要的变量，描述这些变量的主要争论点，评估它们在传统渠道、电子渠道和多渠道战略中的关联和重要性。

（一）产品组合

产品组合是决定零售活动中重要的变量。传统渠道零售商开展额外的电子渠道，它必须决定在新的渠道中提供哪种产品组合。它可以在新渠道提供同一产品组合或者现有产品组合的一部分或者完全不同附加产品组合。

（二）商店的位置

实体商店的成功与否受它的地理位置的影响。要确定地理位置是否吸引商店的目标顾客，传统渠道零售商要分析社会经济学数据、运输路径、竞争对手组合、成本和管理问题。这些对传统零售商店起决定性影响的参数对纯网络销售渠道毫无影响，网站独立于地理位置。但是对于多渠道战略，地理位置仍然重要，商店网络的密度对于提供店内取物服务、退货和售后服务而言是重要的因素。

（三）价格

应用价格政策要充分考虑到商店的环境区域，顾客来源区的社会经济和地方竞争者的价格水平。由于电子渠道实现了全球价格透明和对竞争者的价格曝光，使原先实体商店的地区性价格政策不适合在电子渠道实行。多渠道零售商的价格政策遇到具体的困难包括：互联网上的全球价格透明度，传统渠道和电子渠道特定成本结构，现有的特定提供，支付手段的不同。这些都致使在多渠道中应用始终如一的价格政策是困难的。特别是价格透明度，使零售商在不同渠道对相同产品采用不同价格变得难以实施。

（四）服务、店内取货与退货

多渠道服务由特别的配送选择（配送速度、配送时间、订单状态信息）、换货政策、退货政策、再筹资、售后服务、支付选择和消费信贷组成。多渠道零售可以提供配送订单服务，也可以选择让顾客按订单在店内取货。这个服务容许消费者按喜好自由选择如何取物。

容许顾客在店内退货或者换货可以避免通过邮寄快递而产生的金钱与时间成本，这项服务提供了顾客与销售人员的个人联系，有助于增加顾客忠诚，增加额外销售。

（五）相关人员

销售人员在实体商店销售中发挥决定性作用。他们欢迎顾客，提供咨询和建议而影响销售。他们的行为和态度影响着商店的气氛和商店理念。这一参数与纯网络零售商无太大关系，除了电话咨询或配送服务人员。但是在多渠道策略中，销售人员需要建议顾客使用不同的渠道，他们需要让顾客感觉不同的渠道之间没有差异和障碍。

第十二章　多渠道零售商的渠道整合战略

越来越多的实体零售商也开始尝试引入电子渠道，利用多渠道整合的优势运营。然而，多渠道管理并不是一件易事。成功的多渠道运营是将不同渠道的优势进行有机整合，而不是进行简单的渠道拼凑。缺乏渠道整合策略的企业，反而有可能因渠道冲突损失惨重，得不偿失。本章从四个方面描述了多渠道零售商的渠道整合战略。首先分析了零售商进行多渠道整合的可行性，分析了渠道整合的价值、面临的挑战和可能存在的问题。接着从整合要素、协同来源、整合方式等方面为零售商整合多渠道提供了方案。多渠道在提升客户忠诚方面也有突出作用。最后，多渠道零售商需要一个有效的渠道整合执行系统来对多渠道进行管理。

第一节　多渠道零售商渠道整合的可行性

本节的重点是分析多渠道零售商渠道整合的可行性。零售商冒着风险，花费一定成本进行多渠道运营是否值得？多渠道整合还有哪些可能的挑战和问题？本节都将一一进行解答。

一、渠道整合的价值

（一）多渠道整合的协同作用结果

多渠道零售商是否应该整合他们的渠道，在现有业务的基础上加入互联网业务还未有定论。许多公司最初的选择是拆分组织，将互联网业务独立分拆出来，或者至少授予互联网业务自治管理的权限。美国图书零售商 Barnes 和 Noble 就是采用了这种策略，它实质上已经放弃了公司的实体资产业务，而这曾经是公司资产最大的组成部分。原因是 Barnes 和 Noble 早期经常受到互联网业务的大肆宣传的影响，认为实体业务已然进入发展的尾声甚至即将被淘汰。

如今许多电子零售商已经不复存在，多渠道零售商在线上和线下渠道都展开了激烈的竞争。越来越多的线下竞争者意识到多渠道整合是一个更可取的策略[313]。Answerthink's Retail Solutions Group 研究发现，美国一些多渠道零售商在他们获取数据的最后一年获得了 82% ~93% 的增长，而他们都有一个共同的特点：在不同的渠道为消费者提供了一致的购物体验。这是因为它使得不同的渠道协同起来为消费者服务。这反过来还能够提高零售商在客户获取、扩展和客户保留方面的能力。因此，大多数情况下，虽然实现多渠道协同有许多困难，但比起多个渠道各自为战，独立地为消费者提供服务，多渠道协同作用的优势更为明显[312]。

Steinfield 等人第一次指出实体商店和网站之间潜在的协同作用[1]。他们审查了消费者在所有的购买和消费活动中，可能从多渠道整合中获取的潜在利益。图 12-1 描述了消费者的购买和消费过程（Purchase and Consumption Process，PCP)，它囊括了消费者为满足其需要可能执行的所有活动。它分为售前和售后两部分，消费者在这个过程中与商家进行接触，因而客户行为会受到显著的影响。PCP 是关于客户扩展和保留的周期性过程，消费者后续的购买行为会受到早期与商家交互体验的极大影响。由于它包括了零售商和客户之间所有可能的接触点，因此 PCP 是一个研究跨渠道协同效应的理想框架。

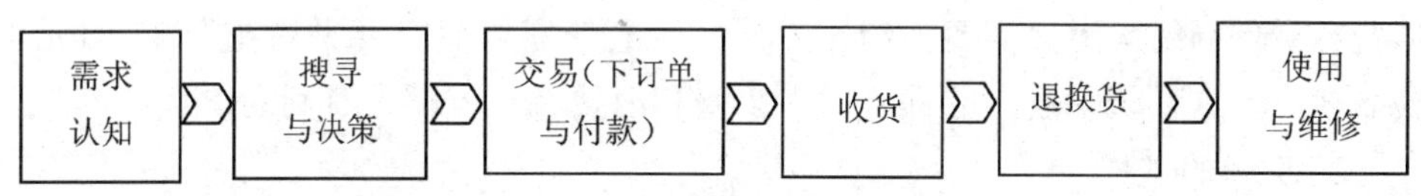

图 12-1　PCP 购买和消费过程

下面我们基于 PCP，联系多渠道整合的三个目标对协同效应进行讨论（见图 12-2)。讨论的重点是网站和实体商店之间的协同效应。

1. 增强的认知

作为与零售商交互的第一步，消费者首先需要对零售商和商品有印象，即所谓对零售商或商品的认知。零售商争夺这种消费者的认知，因为这对于吸引客户至关重要。然而，无论是实体零售商还是电子零售商，这都是很困难的。实体零售商经常通过商铺地理位置的优越性创建消费者对商品和品牌的认知[314]。然而，一旦没有占据绝佳的地理位置，他们就处于劣势。创建消费者的认知对在线电子零售商也是一大挑战，因为他们无法从地理位置中受益。因此，电子零售企

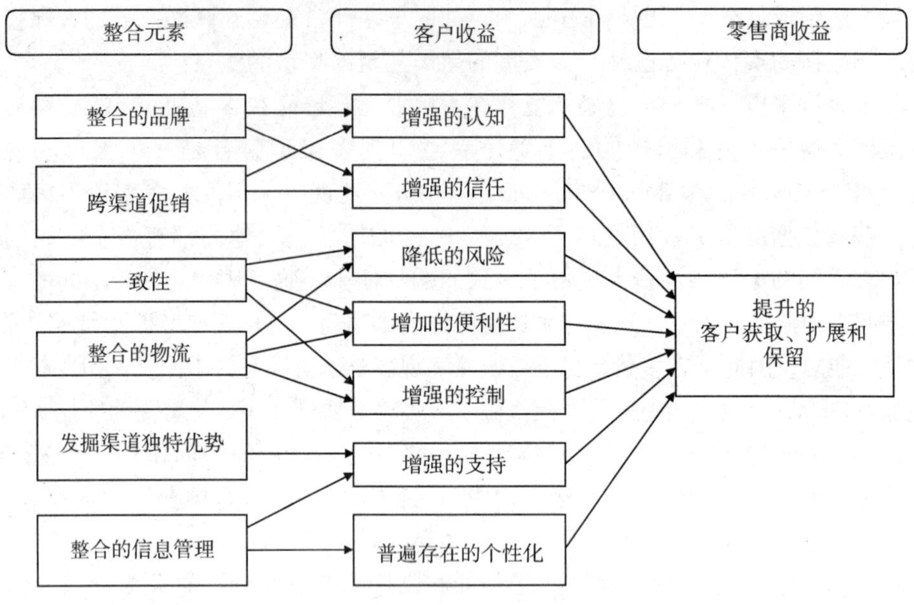

图 12-2 整合元素和协同效应

业需要在市场营销和广告上花费更多的投入，作为他们获取客户的成本。

通过多渠道整合，零售商可以利用他们的网站和实体商店彼此作用，促进不同渠道的消费者认知水平。根据麦肯锡的一项研究，多渠道零售商把实体渠道的消费者带进网络渠道只需要大约 5 美元，而电子零售商需要平均花费 45 美元来获取客户。这种认知创造的提升对零售商和消费者双方都是有利的。

2. 增强的信任

消费者信任和风险感知可作为影响消费者购买意愿的相互依赖的因素。感知的风险和交易的潜在收益决定了消费者是否信任对方，或者信任控制机制。信任可以是一种信仰或期望，零售商许下了相关承诺，那么消费者就可以依赖他们，相信他们不会利用消费者的劣势来盈利。尤其在零售商与消费者的第一次互动中，信任是格外重要的，这很大程度上决定了零售商能否获取客户[315]。

缺乏在线消费者的信任是电子零售业的一个重要阻碍。消费者对于如何进行购物和支付以及隐私、安全和伦理的信息的相关使用规范有一定程度的预期[316]。网络的发展只有数十年，缺乏足够的信任建构，因而电子零售商想获得与实体零售商一样的信任是很难的，这常常导致消费者不信任他们的商业行为。消费者的信任还受卖方投资的实体资产、设施和人员的影响[317]。另外，与商家的事前交互，与信息丰富的售货员沟通，以及强大的社会和法律的保护对于消费者信任的建构都有着积极的影响。因此，将电子商店与传统零售网点结合起来可以有效地增加消费者信任。这种结合必须足够紧密，让消费者觉得在线渠道与线下渠道不是各自独立的。

3. 降低的风险

风险可定义为消费者对参加某项活动的不确定性和不良后果的感知。消费者购买行为受到感知风险的显著影响，并因此影响客户的获取、扩展与保留。降低感知风险与更积极的购物态度有关。此外，当感知风险较小时，消费者可能会绕过搜索和评价阶段[318]，从而降低了零售商进行破坏性的价格竞争的可能性。

有两类风险会对电子零售业产生较大的阻碍，即个人风险和绩效风险。前者涉及可能的有害后果，比如信用卡号码失窃；后者是关于一件购买的商品能否得到预期效果的担忧。电子渠道更高的感知风险主要来自于感知信息的有限和个人交互的缺乏[319]，客户可能因此想获得额外的保证来抵消这些风险。多渠道零售商有许多方式可以减少在线风险，如向客户提供购买前在实体店铺内的商品检查，或者网上订购线下取货，或者保证线上购买的商品能在线下商店退换等服务。相对地，在线提供足够的信息也能够帮助减小线下的风险。

4. 增加的便利性

客户满意度的一个最重要的条件是购物的便利性[320]。反过来，客户满意度可能会对客户的获取、扩展和保留产生积极的影响。便利性包括定位商家、寻找物品、预订和取消订单，退货和退款的易用性，以及订单的及时交货。多渠道整合提供了很多机会改善这些因素。便利性也意味着购买活动可以随时随地进行。因此，线上和线下渠道的结合应该能进一步提高购物的便捷性。消费者可能会通过在线渠道或线下渠道，或者综合两种渠道来进行搜索，在某个渠道订购商品而通过其他渠道取货。

5. 增强的控制

感知控制对客户满意度具有积极作用。消费者可能选择不同的渠道，这种可能性增加了客户感知控制的水平。此外，感知控制的水平会随着资源的可得性和行为机会的增加而得到提升[321]。网站，作为一种客户自助使用的工具，可以精确地为消费者提供一些资源和机会。与只使用实体店铺相比，使用支持线下购买的零售商网站（如进行信息搜索或售后支持）能进一步增加消费者的感知控制。

6. 增加的支持

消费者选择理论的一个分支认为，作为消费者是“最终欲望”的生产者或“选择的终极对象”[322]。消费者的生产力取决于一系列已经拥有的商品和服务，分配给生产的时间，以及能够把商品和服务在给定的时间分成各种数量的最终愿望。增值服务和辅助商品可以支持客户的生产者角色，并因为不同客户不同的能力和知识而有所差异。提供这种支持也能够减少商品化的风险。增强的支持尤其能加强客户扩展和保留。多渠道整合给零售商提供支持的能力，与交易发生的渠道无关。此外，由于多渠道的客户可以利用所有的渠道，一些辅助商品和服务具有特定渠道的特点，可以利用各自的渠道优势。

7. 普遍存在的个性化

当市场成功匹配消费者的个性化需求时，消费者就能参与到相关的市场行为中来。相应地，客户保留程度也就越高[323]。对于部分零售商来说，个性化需要更好地理解客户的需求，从而提供更恰当的商品和服务。多渠道整合允许零售商收集跨渠道的信息，从而更全面地描述客户偏好，进而在多个渠道匹配个性化的需要。客户保留和扩展也因此而加强。此外，从多个渠道获取综合的客户偏好信息也有利于客户获取。最后，如果零售商能保证消费者接触到各种渠道的所有个人信息（如过去的购买记录），客户将从中获得更多的直接收益。

（二）跨渠道合作和竞争优势

解释企业选择跨渠道合作的原因，还可以从以下两个应用广泛的战略管理理论框架角度出发，即市场主导论和资源主导论。

1. 市场主导论

市场主导论是假设企业在市场中的地位决定它的独特性和成功。从这个意义上说，充分理解市场是制定一个成功的竞争战略的先决条件。根据波特的“五力模型”，驱动市场竞争的五个力量包括现有竞争对手之间的对抗、供应商的议价能力、买方讨价还价的能力、替代商品的威胁和进入壁垒[324]。

尽管部署互联网技术给传统公司带来了许多好处（如信息的广泛使用和业务流程的改进），但是互联网也给利用这些优势获取利润增加了难度，因为网络对于竞争力的有效效应是负面的。这种现象被波特称为“互联网的大悖论”[325]。波特的三个与跨渠道策略直接相关的理论成果应该被高度关注：第一，由于在线商品很难保护其专利权，互联网会减少竞争对手之间的差异性，从而加剧他们之间的对抗；第二，一个行业内在线渠道的建立降低了用户的转换成本，从而增加了最终用户讨价还价的能力；第三，在线渠道是一种新的替代威胁，几乎所有的线下渠道都受到影响。这是由于互联网能同时提供沟通、分销和服务三大功能，因此可以应用在客户生命周期的每个阶段。例如，在音乐行业，互联网上广泛分布的 MP3 文件大大威胁了通过传统的零售商店分销的光盘。

近几年，波特的研究沿着客户的期望和需求产生了一些变化。这些变化源于消费者对于个性化、移动性、便利性和自主决策的需求增加。由于客户的议价能力的提高，他们的行为已经发生了改变。如今，最终用户常常同时使用线上和线下渠道互为补充；他们在一种渠道内浏览商品信息，而在另一个渠道购买，并根据他们的需求目标选择最好的商品、最优质的服务和最合理的价格。跨渠道客户的每次购买，都会根据自己的需求灵活使用各种渠道，在不同的渠道里灵活转换，进行购买售前、销售和售后的活动。客户甚至希望可以选择特定的渠道来接收商品有关的信息、联系零售商，甚至购买或更换商品。

通常，个人的购买决策还可能涉及竞争对手的渠道。例如，客户在一家当地书店决定购买某图书（预售阶段），但最后在 Amazon. com 上完成了交易（销售阶段）。因此，为了避免客户从自己的一个渠道转移到竞争对手的渠道，企业需要适应消费者的需求进行渠道组合，建立覆盖整个客户生命周期的渠道联盟，确保消费者在任何时间、任何地点都能够进行购买活动。

技术进步和消费者行为的变化暗示跨渠道的概念将成为很多行业的驱动力。在线渠道带来的许多好处之一，是很多传统企业已经开始实施线上渠道和线下渠道相结合的策略。还有许多电子企业需要基于全新的混合型价值链重新调整他们的战略，以汇集线上和线下的商业活动。

市场主导论表明，跨渠道的概念可能是维持竞争优势必不可少的因素。然而，这并不能完全解释用合作的方式实现跨渠道的潜力。同样，考虑到电子企业运营环境的不稳定性，这种基于静态环境的假设是比较片面的。因此，“制定可持续的企业战略时，应该围绕企业能够做什么，而不是围绕企业应当满足什么需求”[326]。

2. 资源主导论

公司的资源主导理论（Resource-based View，RBV）关注公司的内部组织，特别是关注其内部资源和能力。RBV 理论假设不同种类的资源分布在公司的不同部门，而且这种资源的差异会一直存在。因此，研究人员推断，当公司对资源的处置是有价值的、罕见的、可模仿但不可替代时，它们就能够实现竞争策略的优势，而且这种优势不会被竞争对手轻易地复制[327]。

根据 RBV 理论，合作源于想获得合作伙伴有价值的资源与能力，而这种资源与能力“不能有效地通过市场交易而取得”[328]。同样，基于企业核心能力的假设，合作应该建立在一组共享的能力上，目的是获取更广阔的市场，或者更优质的顾客感知利益。因为培养这种能力往往是困难而又昂贵的，所以企业应集中在他们当前的核心竞争力上，而把另外的业务外包给更擅长的合作伙伴。

电子企业的核心竞争力天生就与传统企业有很大的不同。因此，经常能看到一些电子企业的独特功能和传统企业的专业资源互补的例子。这些资源的组合被称作跨渠道的互补性[329]。例如，传统企业通常拥有一个地区甚至一个国家的潜在客户网。这样的客户网可以被电子企业利用，用来平衡其市场准入方面的财政赤字。作为回报，合资企业建立了在线分销渠道，而这通常基于合作伙伴现有的网络。

谈到实体资源，企业实体贸易的运营毫无疑问发生于他们潜在的网络经济合作伙伴之前。实体经济企业配备有制度完善的渠道，例如商店，使他们能够直接接触其客户。研究表明，这种线下资产可以作为在线商品的补充，因为“通过网络购买商品的顾客非常重视通过线上线下渠道相结合的零售网点获得售后服务的可能性”[330]。例如，可以在商店退换在电子平台上购买的商品。

除了实物资产，无形资产可能也是每个合作伙伴都很感兴趣的。当为已有的线下渠道添加在线渠道时，传统企业的管理就开始面临一些问题，因为在线渠道需要完全不同的技能来管理。跨渠道的合作可以避免这种问题，因为电子企业在网络技术和电子商务策略上具有明显的专业知识优势。此外，一个企业渠道组合的复杂性随着新增加的渠道成指数增加，因为跨渠道的服务质量必须保持一致。在这种环境下，与在特定的渠道方面拥有优势的企业合作，可以帮助控制成本，提高渠道利用的效果和效率。

无形资产包括品牌等战略性资产。虽然成熟的网络经济玩家，比如 eBay，往往投入大量资源来建设一个品牌，但这不是年轻的电子企业真正有效的方法。同样，许多电子企业的企业形象仅仅获得少量增长。与传统企业集团相反，电子企业缺乏明显的买方—卖方信任。这与技术有关，也与交易伙伴自身缺乏知名品牌有关。在这种背景下，信任一个成熟的品牌，可以弥补缺失的经验和信息。

3. 综合观点

综合市场主导和资源主导的观点如图 12-3 所示，基于市场主导的观点应用于解释需要跨渠道的战略，RBV 思路解释了实现这些协作方法的策略将带来的福利。

基于市场主导的观点和 RBV 思路能够解释跨渠道的合作与竞争优势之间的关系。然而事实上，网络资源的专利权很难保护，这使得时间因素成为制定策略必须考虑的一个重要方面，而且竞争优势持续的时间也是不可预知的[331]。因此，受在线渠道深入影响的行业，以及伴随在线渠道而生的行业里，商业模式和整个市场的结构尚不清楚，故而面临的挑战不仅是实现其竞争优势，还有如何维持这种优势。

解释企业如何以及为什么在这些行业实现竞争优势，研究人员已经扩展了 RBV 的思路。他们认为动态能力是一系列的过程，是公司“整合、重新配置、构建和发布资源——去适应甚至引起市场的变化”[332]。从跨渠道合作的角度，

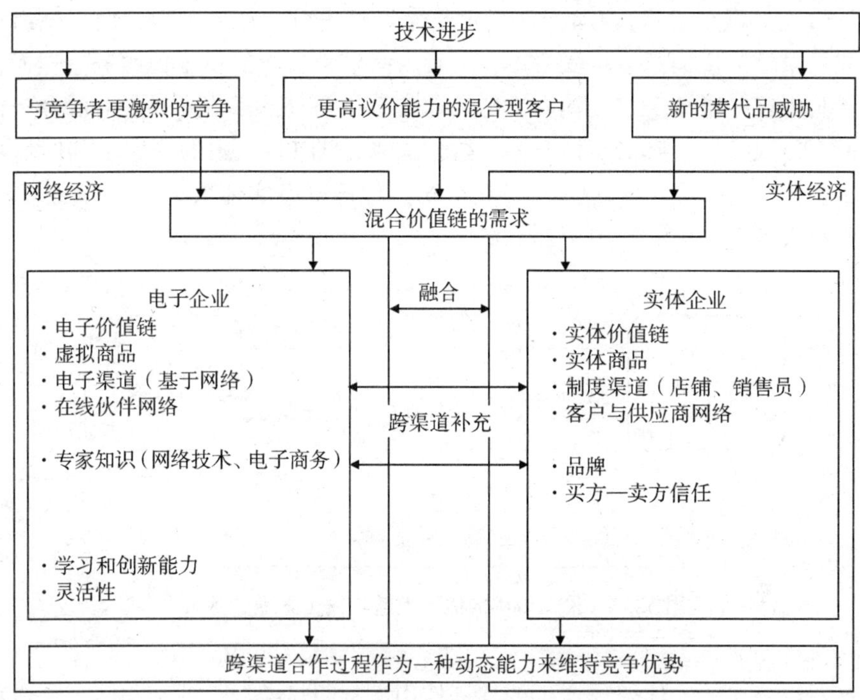

图 12-3 市场主导和资源主导的综合观点

这些过程可以通过各自的合作伙伴影响外部资源。因此可以假设，成功的跨渠道合作代表企业的一种动态能力，是利用合作伙伴的资源产生适应市场的先决条件。

电子企业开发这些功能可能更加容易，因为网络经济中许多商业模式是明显依赖协作的。同时，电子企业比起成熟的公司往往具有更优秀的学习和创新能力。相反，传统企业的管理者往往具有较低的模糊承受能力和风险承受能力，经常需要面对行政壁垒。这允许电子企业能够以客户为中心进行更高程度的创新。因此，实体经济企业应该把电子企业作为灵活而紧凑的业务合作伙伴，专注于解决产生的创新性问题，采用新的方法来营销并获取更多的客户。传统的公司则带来大部分的资产：品牌、商品、分销渠道和供应商网络、客户关系和实体网点。

（三）协同应用和效益

在线下渠道与线上渠道相结合的模式中，有三种基本的价值链关系普遍存在。第一组企业主要是批发商或供应商，他们一般使用线下渠道与线上渠道来销售，是“B2B 批发商”。他们同时使用两种渠道为消费者提供服务，受图 12-4 中区域 1 的影响。第二组 B2B 企业主要是向其他零售商或经销商供货的供应商或批发商（如汽车、自行车）。这组企业受到第一组企业的影响，因为这组企业使用线上渠道提供信息、接受订单，或者为终端消费者提供增值服务。然而，不是为了利用这些服务绕过经销商，他们通常选择与外部零售商/经销商网络合作，由他们交付或维护实际的实体产品。这种关系是图 12-4 中的区域 1 和区域 2 共同表示。第三组企业主要是 B2C 零售公司，他们既有实体渠道，又有线上渠道。这组关系表现在图 12-4 中的区域 3。

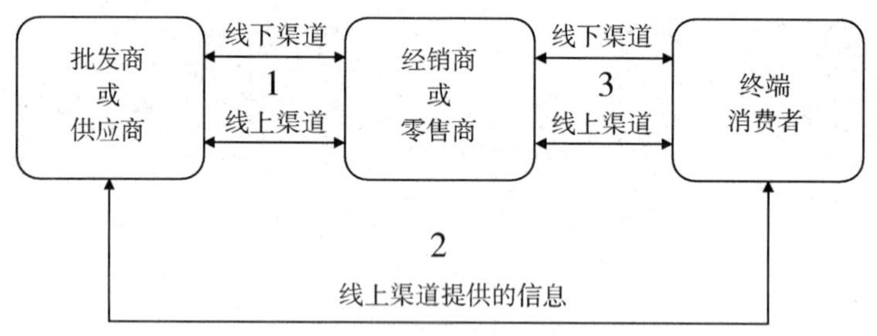

图 12-4　价值链中的线下渠道与线上渠道的关系

这三组公司的实体资产产生的杠杆作用没有明显差异。线上与线下渠道相结合的模式在 B2B 企业和 B2C 企业中一样广泛。最大的区别在于，B2B 企业，如电信供应商或网络运营商，更有可能依靠区域代理商，并强调与客户的长期关系。他们使用线上渠道是为了节约劳动力成本、提高销售人员的盈利能力，以及为客户提供长期服务。线上线下渠道协同的应用及其收益有以下四个方面，如图 12-5 所示。

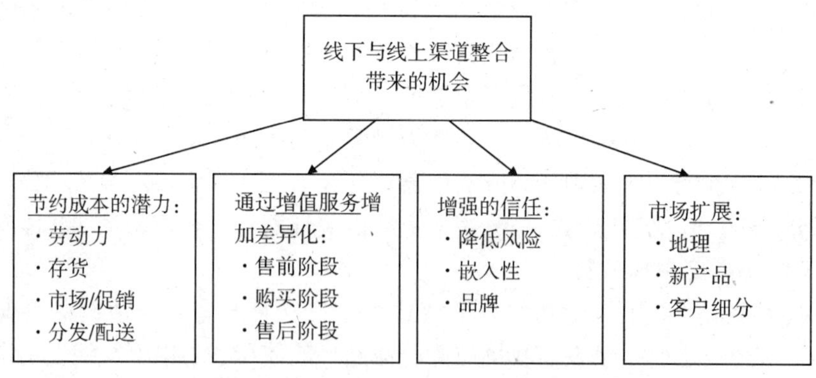

图 12-5　线下与线上渠道整合产生的协同效应

1. 节约成本的潜力

这三组企业中使用渠道组合或者计划服务来降低成本。焦点在于使用渠道组合来提供商品或服务，比通过单一渠道的成本更低。降低成本可以从以下四个角度出发：

（1）存货：一些公司已经减少或计划减少本地实体折扣店的库存，转而使用线上渠道为客户提供全面的商品和服务。它们大多是 B2C 企业，在租金昂贵但人流量大的地方拥有零售商店，比如书籍和音乐零售商。节省的部分成本可能源于减少零售商店的过剩库存，减少每个店铺存货的比例，以及缩小实体店的规模。减少大量的小容量物品能为大容量的物品或新货物腾出空间。

（2）人力资本：节约成本的另一个主要来源是更高的劳动效率。许多 B2C 企业使用线上渠道作为补充，将原本属于店内员工的大部分工作转移给消费者自助进行。客户自行搜索商品信息，在线或在店里下订单。自助服务不仅降低成本，还可以增加客户满意度。实体店铺就可以因此减少雇用的员工数量，或者让员工把精力投入到销售、市场推广和其他工作中来。银行和大多数 B2B 公司尤其应该致力于增加销售人员从事更高价值活动的时间。

（3）分发/配送：B2B 企业通过经销商网络进行销售，而经销商则倾向于将商品的分发和配送交给他们的合作伙伴来完成。许多 B2C 零售商的实体店铺同时也是在线订单的线下取货地点。这大大节约了成本。许多公司一直试图在有限的成本下尽可能为消费者提供送货上门服务，而如果客户能接受自己提货且乐于自己提货，就为公司节省了分发和配送商品的成本。如果消费者要求将在线预订的商品送到某实体商店，那么实体店就能聚合多个订单。同时这种做法还可以与定期的库存补充结合起来，进而进一步节约了成本。由企业在当地的某实体店铺提供的送货上门服务可以提高分配的成本效益。

（4）市场/促销：对于 B2B 和 B2C 企业，综合的渠道策略为商品市场和促销的协同提供了机会。网络能够促进商品和服务，还能突出实体商铺及其商品的特色。同样，实体店铺内公司的宣传资料和现有的广告，都能够促进线上渠道的发展。企业以前将印刷好的商品目录邮寄给客户，而现在可以通过网络低成本更广泛地传播。使用网络吸引客户比通过传统呼叫中心或互访吸引客户所需的成本更低。

显而易见，这些提升效率、削减成本的机会对于应用这些方法的公司有着广泛的影响。减少维护实体店铺网络的成本，如允许公司添加或维护较小市场的门店，或在租金过于昂贵的地区缩小商铺的面积。这样一来，以前不盈利的服务现在可能能够盈利，而不单成为运营的必要成本。

2. 通过增值服务增加差异化

整合的渠道之间互相补充，能帮助企业提供新品种的服务、提高顾客价值，并帮助增加企业的差异化。一些增值服务与企业的盈利能力直接相关。差异化的协同效应可以大致分为售前阶段/信息阶段、购买阶段和售后阶段。

（1）售前阶段/信息阶段：这个阶段中，有两个渠道使得客户受益。客户在实体商店检查商品，然后在网上下订单。他们可以使用线上渠道收集信息，然后去商店查看商品。订购过程可能发生在实体店里，也可能由消费者在家里通过互联网完成。这与B2C企业和B2B企业都息息相关。以B2B企业为例，电信运营商业务中心，其实体店铺的目的是展示商品，然后消费者通过在线渠道下单。公司还可以使用线上渠道作为库存的补充，在线上提供商品的详细信息。

（2）购买阶段：这个阶段包括在线服务支持线下购买的例子。例如，除了通过传统的店铺销售以外，企业还提供在线订购，消费者可以从这种额外服务中获得更便捷、更灵活的购物体验，甚至能够在实体店铺内自行取货。在许多B2C的案例中，零售商会通知消费者货物已经备好以供拿取的时间和地点，避免了消费者取货时不必要的奔波。越来越多的B2B企业与经销商网络合作，使用线上渠道为消费者提供"按单定制"服务。以自行车厂商为例，自行车零件供应商将消费者购买的DIY自行车零件发货到当地经销商，然后在那里拼凑和组装起来销售给消费者。

（3）售后阶段：包括线上、线下协同提供的在线账户管理、社会支持、忠诚度计划和各种售后活动，如安装、维修、服务提醒和培训。例如，网络设备供应商的客户通常使用线上渠道预定服务网点的安装和服务。汽车经销商则计划当客户的车辆需要服务时，能利用其网站以及电子邮件提醒客户，并安排访问。

3. 增强的信任

线下渠道的使用会使消费者对线上渠道产生更强的信任。尤其对于B2C零售商处理更多短暂的客户关系时，这种渠道协同更为关键。相比纯互联网公司，线上线下渠道相结合的企业可以通过三个方面增强消费者对他们的信任，包括减少消费者风险、融入当地的社会和商业网络、利用品牌知名度。降低感知风险是由于消费者可以亲临体验实体店铺，在这里退货或投诉。融入当地的社会和商业网络可以增进企业的社会声誉，甚至能够因此节省为此付出的昂贵的法律费用。特别是对于风险较高的交易，消费者还有可能把企业的社会关系看成一种约束机制。不仅如此，在竞争激烈的行业，消费者可能更青睐已经投身于本地市场的企业。最后，品牌也可以构建消费者对于商品的信心和信任。企业能够利用自己知名度高的品牌使消费者在网络上更方便地搜索到他们，而且信任他们的附属服务。

4. 市场扩展

第四种协同作用是使用线上渠道帮助公司扩展并进入新的市场。一般来说，B2C 零售商比 B2B 公司更重视这个方面，也许是因为 B2B 企业更关注长期的客户关系。利用线上渠道可以帮助企业超出其实体店铺的范围扩大自身的影响力，找到全新的地理市场、全新的商品市场或者全新类型的买家，其中每一种都为现有的线下渠道提供独特的优势，大体可以被分为两大类：商品市场扩展与地理市场扩展。

商品市场扩展包括使用网络管理库存过剩，以增加现有的商品种类。消费者可以通过网络查看更多的商品，而更小规模的店铺可以因此与较大的超市和网上商店“品类杀手”更有效地竞争。网络还可以帮助公司扩展商品范围，为客户提供补充商品。

地理市场扩展是指许多公司利用网络进入新的地区，尤其是当公司在其他地区的竞争力较弱，商品供给不足，或在该地区市场效率低下时。例如，荷兰的自行车经销商可以通过网络跨境销售，将自行车卖给德国的客户。有趣的是，地理市场扩展还使得公司的一些售前赞助商消失了。尤其是提供语言或特定的文化商品的行业，如书籍和音乐厂商，都开始将其业务往海外转移。

二、渠道整合面临的挑战

零售商制定成功的多渠道策略时面临四大挑战，即组织结构、数据集成、消费者分析、评价和性能指标。

（一）组织结构

建立适当的组织结构可以说是所有多渠道零售商共同面临的最大挑战。大多数零售企业分散经营自己的渠道。许多企业在每个渠道设置单独的库存管理、销售、市场营销、金融、分析，甚至商品开发部门。在电子商务发展的早期阶段，一些零售商故意给他们的网络渠道授予高度的自主权，从而吸引高管人才，鼓励其发展。例如，2000 年沃尔玛开始冒险进入互联网零售业。它以全新的管理团队建立了子公司 walmart. com，把其总部选在硅谷，而不是阿肯色州的 Bentonville，从而便于获得大量的互联网高管和技术人才。尽管沃尔玛以其集中的组织结构闻名于世，但 walmart. com 高度自治，旨在针对高收入消费者。大多数拥有店铺和目录渠道的零售商还保持一个独立的组织结构，其中一部分原因是不同渠道在执行过程和营销技巧上存在实质性的差异，而这一定程度上与企业的历史有关，如果公司开始只有店铺渠道或只有目录渠道的话。对于许多公司来说，新的线上渠道通常在与目录渠道相同的管理下，现在被称为“直销部门”或者“交互营销部门”（如 Eddie Bauer、Jcpenny、Victoria's Secret）。随着网络渠道的迅速发展，许多零售企业的高管已经看到了直销渠道和线上渠道在组织内地位的提升，很多直接渠道直接向公司的 COO 或 CEO 进行汇报[333]。

分散的组织结构的优势包括：①在每个渠道内，有更多精力关注独特的竞争态势，并进行更灵活的应对。②允许每个渠道调整其自己的零售组合服务于不同的市场。③帮助吸引和留住特定渠道内有经验的高管[334]。然而，分散的组织结构也造成越来越棘手的问题，尤其是零售商努力实现跨渠道的协同效应，以及消费者期望多渠道的无缝体验时。为了运营多个渠道，企业创建了重复的团队，因此降低了业务流程的效率，还易产生跨渠道的内部冲突。而且由于跨渠道销售的各自为政，往往会导致不同渠道不一致的客户体验。根据 Gartner Inc. 的研究显示，76% 的多渠道零售商不能完全整合品牌市场，其中 74% 不能完全协调不同渠道的促销计划。

最近的一项工业研究发现，尽管许多独立结构的零售商获得了巨大的发展和丰厚的回报，然而随着时间的推移，缺乏整合导致了效率低下和客户困惑。当企业进行自上而下的授权时，跨渠道是最有可能成功的。考虑到正式组织结构变化的复杂性，咨询公司德勤建议零售商也考虑建立非正式的组织结构来支持多渠道的环境，如开发一个跨职能的指导委员会，形成跨渠道的领导和专家网络。事实上，这种所谓的“半集成”结构似乎是多渠道零售商目前最常见的结构[335]。

有关组织结构的决策不是二选一的，而是各项功能整合程度与标准化的对决。没有一种解决方案是适合所有企业的。每个多渠道零售商必须决定整合什么功能、独立什么功能。它需要考虑到公司以前和现在的管理结构、品牌战略和每个渠道的兼容性，现有分销渠道、信息系统和它们向新渠道的转移，以及吸引高管人才和外部资本的需求[336]。

为了鼓励跨渠道的协同，零售商还必须重新审视和修改他们现有的薪酬系统，从顶层高管到销售助理，再到前线和消费者直接接触的客服代表。“人们总是做被激励的事”，亚伯丁集团（Aberdeen Group）的零售业研究主管 Paula Rosenblum 说。她认为，设计正确的薪酬激励机制是一种简单的方法，能让零售商在当前分散的组织结构中接受多渠道的概念。但设计一个理想的薪酬系统并不是一件易事。假设目录渠道为实体商店和互联网渠道带来了额外的销售收入，那么怎么正确认定反映在目录渠道会计报表以外的销售额呢？零售商应如何奖励那些在网上或目录渠道销售中，表现出良好的交叉销售绩效的员工呢？当消费者来到店铺退换在其他渠道购买的商品时，零售商应如何激励商店员工为这些消费者提供完美服务呢？零售商需要仔细考虑这些问题，设计有效的薪酬系统来减少冲突、鼓励和奖励跨渠道的合作。这些挑战与下面讨论的绩效指标也有关。

（二）数据集成

制定成功的多渠道策略时面临的另一个重大的挑战是建立一套整合的信息技术（IT）基础设施，以便联系不同渠道的数据，并进行整体分析。尽管零售商对于一些关键功能是采取整合策略还是单独管理的策略有不同的偏好，但是，建立一个集中的数据库是得到普遍共识的。应对这一挑战有两个重要的方面：首先是建立一套 IT 基础设施来收集和处理从所有渠道获得的购买数据，即内信息流；其次是要知道能从这些数据中得到什么结论，如何提取与包装交付相关的信息，并把这些相关信息反馈给每个渠道内的决策者，即外信息流。

传统的数据收集和管理方法以每个渠道为中心，这意味着许多零售商不能跟踪跨渠道的交易信息，也没办法衡量他们对于多渠道客户的盈利能力。多渠道策略要求企业采用以客户为中心的数据集成方法。例如，直接渠道（目录渠道、线上渠道）非常适合于唯一识别客户并长期跟踪其行为。然而，当相同的客户与该公司通过传统的实体商店交互时，零售商把这个记录与其在直接渠道的购买历史联系起来就有些难度了。大多数零售商无法连接这两个彼此独立的数据库，从而错过了许多真正有价值的多渠道客户。如果零售商可以准确地连接两个数据库并生成一个数据库，他们就能够衡量顾客价值，定位适当的营销资源，并跟踪客户在不同阶段的进化。整合顾客消费行为的统一视图的关键是使用客户交易数据来构建 CRM 和资源分配模型。更多以客户为中心的方法的细节可以查看 Verhoef 等的数据集合[337]。

（三）消费者分析

如今，消费者可能会浏览商品目录，在网上搜索商品信息，在实体店购物，并通过呼叫中心服务寻求售后服务。消费者逛街和购物的多渠道化越来越明显。为监督消费者在某家零售商的购物经历、满意度和忠诚度，需要对消费者的决策过程有一个更好的理解，采用新的方法进行分析。例如，零售商需要把消费者搜索信息的行为与购买行为联系起来，这需要线上渠道的点击量和线下渠道店内监控的购物路径分析数据，并使用消费者跨渠道购物数据的集成数据库。此外，零售商同时需要注意心理因素的影响，如消费者渠道选择决策的目标和偏见[338]。

需要强调的一个重要问题是，零售商锻炼分析消费者心理和行为的技巧时需要特别注意安全和隐私问题。尽管收集客户信息可以使零售商为消费者提供更高的价值，但许多消费者担心信息会被泄露，特别是在线上渠道。61%的成年美国人表示，他们非常担心在线购买时个人隐私的信息的泄露，这个比例在2006年是47%[339]。需要更多的研究来了解多渠道零售商如何缓解顾客的这些担忧，鼓励顾客把信息交给他们，从而因此充分开发多渠道供应的能力。

（四）评价和性能指标

考虑到每个渠道的特殊性质和不同渠道的零售组合决策，激励多渠道的协同迫切需要开发和执行正式的绩效指标。亚伯丁集团的一项研究显示，大多数多渠道零售商不经常衡量他们多渠道的价值[340]。更为难的是，一些在其他渠道普遍使用的绩效评估指标，如同店销售额（“对比”）、每平方英尺的销售和毛利率（对于实体商店渠道来说）、每平方英寸的销售和毛利率（对于目录渠道来说）并不适用于新兴的互联网渠道。稳定的客户群、销售预测的准确性和风险状况也可能因渠道不同而不同。此外，如何衡量在一个渠道内营销活动对于消费者意识、品牌偏好、销售、利润和客户满意度的影响也没有定论。有的学者呼吁将跨渠道弹性矩阵作为跨渠道决策支持系统的一个关键元素[341]。这个领域的发展会直接影响到零售商使用的跨渠道绩效指标。

三、渠道整合面临的运作问题

一般来说，零售商的运营主要是集中在高效地补充存货、降低成本和缩短商品周转时间上。为客户提供在线渠道，零售商必须用与实体店铺不同的方式来管理。电子化供应链是电子零售商最昂贵也是最关键的业务，物流和库存管理成为核心竞争力[342]。大量实例表明，保证充足的货品、分拣和包装、快速低成本地运输和配送是关键因素。

下面讨论电子零售商主要的运营问题，这是决定其多渠道零售整体性能的关键因素。

（一）商品供应水平

商品可得性是衡量客户满意度最重要的参数之一。

实体商店的客户通常可以在商店比较不同的商品，店铺的商品可用性是指在商店货架上摆放商品。客户可以询问销售人员商品是否有存货，或者何时再次补货。

在线客户端需要在网站上显示尽可能丰富的信息，而不仅是商品参数。在线渠道提供了显示商品库存的可能性，甚至能够显示多渠道环境下剩余的库存和所在的店铺及位置。消费者可以在实体商店试用商品、直接购买或者退货。

显示商品是否存量充足、补货的延迟都是影响销售和客户满意度的重要因素。

（二）存货

商店经常会收到直接从制造商，或者从综合的物流平台发来的货物，承担暂时的仓储或交叉运输职能。

由于在线订单可能由不同的商品组成，而这些商品可能来自不同的仓库。它们组合而成的订单一般难以缩减成本并快速交付。此时，设立中央仓库和订单履行中心可能更适应在线渠道的需求。

当然，多渠道零售商也可以直接在实体商店提货以准备网上订单。

对于一个网上订单，零售商可以灵活地采用各种方式将商品交付给客户。从多个仓库取货，能为客户提供更多购买的选择，因为多个渠道可以共享存货，实体店内的库存也因此可以为线上客户供货[343]。

集中库存更容易监测不同商品的库存水平。如果零售商同时用线下商店的库存为线上客户备货，那么这些不同地点的库存水平是很难监控的。这对多渠道零售商同样是个难题。多渠道客户在网上订购商品，也可以在附近的商铺退货。

商品可用性的信息是客户购买决策的一个关键参数，因而库存信息的准确性是非常重要的。

（三）订单确认和履行

线上渠道，客户搜索想购买的商品类型和数量，并提交付款信息（通常是通过信用卡），在线渠道因此成为一个自助服务通道[344]。消费者输入的所有信息都触发了订单准备和交付过程。

一般来说，零售商把商品成箱成件地从中央配送中心运输到商店，而后必须重新考虑订单的准备，因为这种大批量的供货不是专门为小型客户订单服务的。零售商必须重新编排这些订单，按照每个订单的需求，把成箱的商品分拆后单独包装，再配送给客户。

零售商的另一个选择是在线下商店里提货准备线上订单。在这样的商店里，商品不仅可以直接出售，也可以为线上客户服务。

此外，零售商还可以合并来自多个仓库的订单，从仓库和商店分别提货，组合成用户需要的订单。这需要一个特定的过程。零售商备货的过程越复杂，保持较高的质量和效率就变得越困难。

（四）商品交付

除了商品的可用性，不同的送货方式也为线上渠道客户的购买决策提供了重要的参数。不同的送货服务水平决定了零售商的差异：如在 24 小时内交付，在一个提货点交付，或使用国家邮政等。

为客户送货上门是线上渠道的重要特点，需要解决运营的成本和组织问题。

消费者的在线订单通常较小，零售商要尽可能采用高效的方式，并在承诺的交货时间内送达。送货的成本可以完全或部分由客户支付。这是线上客户选择零售商的一个重要依据，因为线下渠道没有这种直接的交付成本。另外，交货成本也可以用来作为一个营销工具，为客户提供特殊优惠，如为客户下一个订单免配送费，或设定免配送费的最小订货量（如订单超过 99 元则免费送货）。

（五）逆向物流

线下商店的客户通常可以在购买前看到、触摸和试用商品。客户的退货有诸多条件的限制。客户也经常选择换货，返回商店的商品被重新摆放回货架，出现缺陷的商品则被处理掉。

而在线客户不能直接看到、触摸和试用商品，因此，电子零售商通常为不满意的客户提供良好的退换货服务。

在客户眼里，退换货的处理必须快。零售商要么接受换货，要么赔偿消费者，这个过程必须是高效的。退换货不仅耗费了人工，而且影响库存管理。在客户眼里，线下的实体店铺是更方便的退换货渠道。

第二节　多渠道零售商的渠道整合策略

多渠道零售商运用多层次品牌策略，意味着公司所有的零售模式都使用相同的零售品牌，在所有渠道为消费者提供一个一致的品牌图像。因此，零售渠道的整合是零售商仍苦苦探索的重大问题。在多渠道零售业内，零售渠道的整合是非常重要的，因为客户常常同时结合使用几个零售渠道完成购买。例如，消费者可以从目录渠道获得最初的品牌和商品类型的信息，再在实体商店内检查商品的物理性质（如颜色、材料、内容等），接着在网上查询价格和可用性相关的信息，并在网上完成交易，最后在实体店拿货甚至退换货。

本节从渠道整合的要素、渠道协同的来源、管理策略、整合方式、冲突应对等几个方面阐释了多渠道零售商的渠道整合策略，并结合英国 NEXT 品牌的案例进行了分析。

一、渠道整合的要素

在美国，大多数互联网用户喜欢在购物时使用多个渠道。研究发现，82% 的受访者更喜欢使用多个渠道了解新商品，77%的客户在网上搜索商品信息，59%的客户选择通过邮寄或在实体商店获得商品，39%的客户希望能够通过两个渠道退货。客户使用多渠道与零售商进行交互期间，多渠道整合提供了平台来满足这些消费者的需求，从而导致了多渠道的协同效应。多渠道协同效应已经得到了广泛认可。然而，多渠道整合的具体要求和策略是不明确的。目前，大多数零售商仍在尝试不同的策略和途径。

下面，从六个不同的客户接口（即零售商和消费者之间的接触点）讨论多渠道协同和整合的要求，如图12-6所示。换句话说，这些因素决定消费者怎么看待与多渠道零售商的互动，以及消费者在购买和消费过程中利用不同渠道的能力。

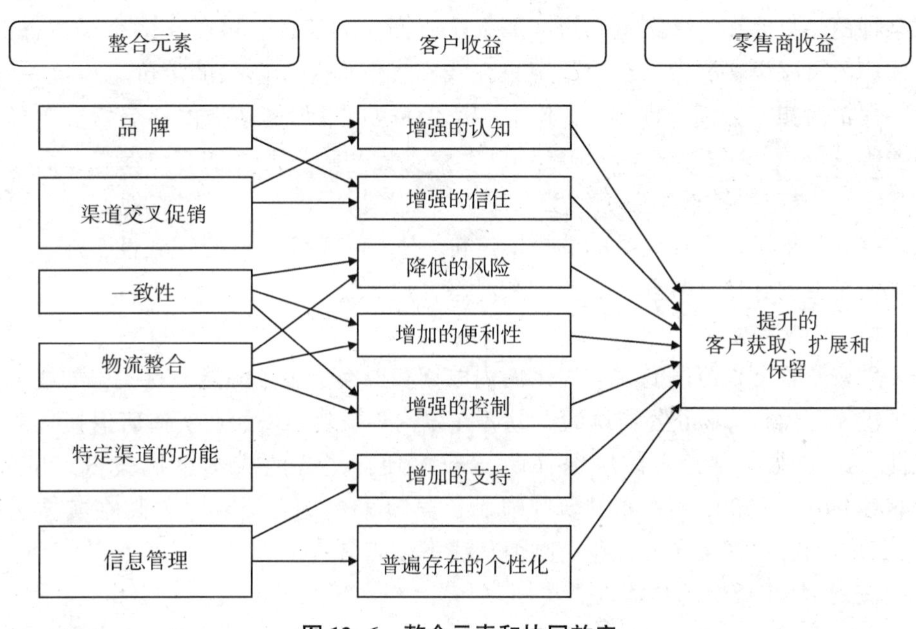

图12-6　整合元素和协同效应

（一）品牌

跨渠道品牌整合，即在不同的渠道使用相同的品牌名称、标志、口号和颜色，并在多渠道输送相同的品牌图像，以加强客户跨渠道的品牌认知度和品牌联想。这提高了消费者的认知创造（例如，消费者经常简单输入零售商的名称从而找到网站）和信任（品牌是零售商和其商品的质量的代表）。此外，消费者在多个渠道看到相同的品牌名称能提高对品牌本身的认知度。

（二）渠道交叉促销

渠道交叉促销包括零售商在不同的渠道提供信息，同时为消费者使用多个渠道设立资费上的激励（例如，赠予消费者优惠券）。交叉促销能够把消费者引向其他渠道，这加强了客户对于多渠道的联系的感知，并对其他渠道提高了认识和信任。以 Gateway 为例，为达成这个目的，它成功地运用了实体样板房。同样，加州的服装零售商 Gap 把它的实体店作为其网站的一个强大的广告媒介。另外，Web 站点也可以为实体店带来交易，尤其是对于一些地理位置较差的零售商更为明显。

（三）一致性

一致性使得用户可以放心地选择各种渠道购物，增加了消费者的便利性和控制，降低风险。这需要零售商在线上渠道和线下渠道都准备充足的主要商品。如果某种商品只能在一种渠道销售，那么这种商品的信息也可以在多个渠道查询。实体店内可以设置展台供客户预定只在线出售的商品。商品的定价也应该一致，包括促销折扣（如清仓促销）。不过，零售商也可以为网站提供特定的折扣（如运费优惠等）。一致性甚至应该延伸到客户支持和政策上（如客户保障、商品退货政策）。缺乏一致性会破坏消费者对于多渠道协同的感知，限制他们对于渠道的选择。如果零售商在商品的选择、定价、支持和政策上缺乏一致性，那么不仅会失去重要的客户，甚至还会扰乱和激怒客户。

（四）物流整合

零售商整合物流的能力与提供店内取货和退换货服务的能力有关，如线上渠道提供库存信息。Gap 公司认为，顾客在线购买服装会增加在实体店退换货的可能性，这主要是因为实体店退换货比较方便，花费的成本也比较低。Jupiter Media Metrix 在 2001 年发布的研究显示，美国 83% 的在线买家青睐在实体店退货，59% 的客户喜欢在线订购商品但从线下商店拿货。

（五）特定渠道的功能

不同渠道的特定功能可以满足客户的不同需求。线下的实体商店在商品展示和与客户进行互动方面是有优越性的，如客户可以与售货员互动、轻松浏览目录、询问呼叫中心，而网站在客户寻求信息化服务以及数码配件方面则更胜一筹。多渠道整合并不意味着特定渠道的优势的磨灭。相反，多渠道零售商可以利用特定渠道的独特功能提高他们的客户服务。通过多渠道整合，这种增强的支持可以帮助零售商得到几乎全部的客户群。这样的渠道分工也可以节约成本。然而，这需要零售商精心地操作，因为当客户发现他们需要的服务或商品只能在他们不能访问的渠道内获得时可能会大发雷霆。

（六）信息管理

信息管理可以为客户提供信息服务，为客户创建个性化的环境。这不仅提高了零售商响应客户需求的能力，甚至能积极地预测客户需求[345]。另外，顾客也应该被给予在渠道内访问他们的个人信息的权利。生成个性化渠道因此需要收集客户在所有渠道的信息并整合，包括消费者使用跨渠道寻求销售支持的各种行为信息。目前，只有少数零售商能做到这种程度。Jupiter Media Metrix 的研究显示，只有 18% 的多渠道零售商有能力评估客户的综合账户活动，而 67% 的在线消费者希望商店的工作人员能够查看他们的在线账户信息。一方面，跨渠道信息管理的一大难题是客户在不同渠道的行为可能是不同的。零售商在解释数据时要考虑到这些差异。另一方面，比较不同渠道之间的信息可以帮助零售商识别不同渠道的优点和弱点。最后要注意的是，零售商必须解决客户关于个人隐私的担忧。

二、渠道协同的来源

线上渠道和线下渠道相结合的企业有大量潜在的多渠道协同来源，如图 12-7 所示，而纯粹的互联网公司或纯粹的传统渠道公司则没有。根据经典竞争优势理论，竞争优势的来源是共同的基础设施、共同运营、共同的营销和共同的客户[346]。

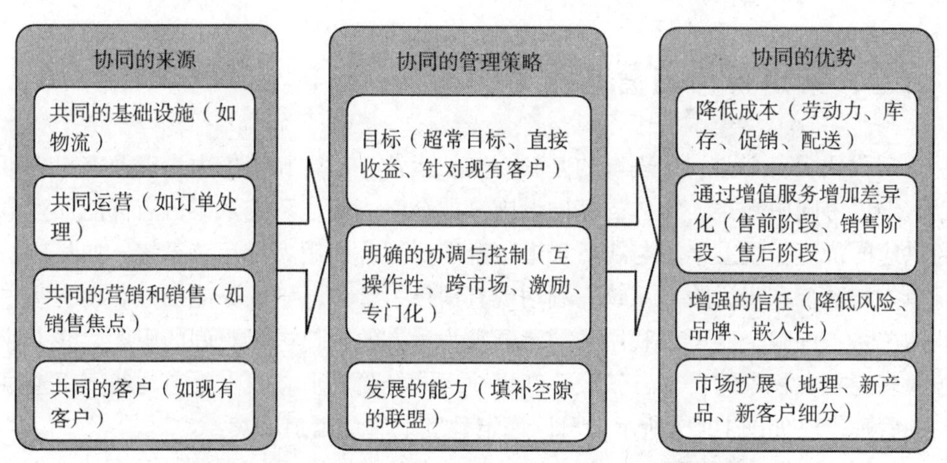

图 12-7 线上与线下渠道协同的来源、管理策略与优势

（一）共同的基础设施

使用公共的基础设施是公司依赖于同一个物流系统（仓库、卡车等）处理电子商务分散的商品以及将商品交付给自己的零售店。另一个重要的基础设施是可共享的 IT 基础设施。最近的实证研究表明，事实上，更多企业结合现有的 IT 基础设施建立自己的电子商务，效果可能更好[347]。

（二）共同运营

订单处理系统之间共享线上渠道和线下渠道就是共同运营的一个很好的例子。它可以跟踪客户在渠道之间的转移，发掘成本节约的潜力。

（三）共同的营销

线上渠道和线下渠道也可能有着共同的营销和销售资产，如常见的商品目录、了解商品和客户需求并指导潜在买家的销售人员，或者广告和促销活动。

（四）共同的客户

线上渠道和线下渠道相结合的企业可能面临这种情况：不同的渠道可能拥有同一批潜在买家。这使得线上渠道和线下渠道相结合的企业能够同时满足客户便捷性和即时性的需要，为客户进行更好的服务，提高客户保留的能力。因此，在某种程度上，线上渠道和线下渠道能够协调分享这些资产，获得更好的效果。

（五）共同的资产

渠道协同的来源的另外一种观点是线上渠道和线下渠道相结合的企业拥有许多形式的互补资产，而纯粹的互联网公司可能不会有。已建立的公司有现成的供应商和经销商关系网、市场经验、客户群和其他互补资产，可以使他们像电子商务企业那样更好地创新。

三、渠道协同的管理策略

实践证明，企业利用现有的基础设施、运营、市场和销售力量以及客户也可以从渠道协同中受益。实体的基础设施，如仓库、配送系统及零售店都能加强电商供应的价值。线上渠道与线下渠道整合需要配合使用大量运营系统，如集成的订单处理系统和售后服务系统。利用现有销售力量和电子商务能加强和现有客户间的关系。许多企业可以利用共同运营来为远方的客户进行更好的服务。线上业务大多建立在积累的目录营销经验和远途运输经验之上。线上渠道与线下渠道协同的管理策略如图 12-7 所示，可以一定程度地避免渠道冲突。

（一）目标调整策略

企业花了许多工夫去说服现有的线下零售店接受线上渠道，让他们明白线上渠道与他们是合作共赢的关系，而不是纯粹的零和博弈。一些企业还认为实体零售商的管理层人员制定的电子商务策略，也是线上渠道产生的间接效益。关注线上渠道的主要焦点并不是依靠线上渠道直接赚取的利润，而是由此能加强与客户的关系，从而为企业提供间接的效益。目标调整策略还表现在决定优先集中地对现有客户和已经有实体店的社区进行管理。B2B 企业如此强调现有客户的原因是显而易见的。它是礼品专卖店的一种明确的战略，与所在的地区有紧密的联系。实体店的地理位置和线上渠道的紧密联系也是书籍零售商尝试线上渠道关注的重点。

（二）协调和控制策略

实现对于多渠道的协调和控制的管理行为也有许多。在某种程度上，每家企业都试图协调不同的渠道以保证渠道间的互操作性。许多公司重新设计业务流程和/或信息系统，以保证线上渠道与线下渠道之间的互操作性。电子产品零售商就是个突出的例子。为了使客户能在线搜索商品库存，他们不仅重新设计了整个商店的数据库系统，还开发了一个新的业务流程使这项服务能够正常运行。

企业为跨渠道合作制定了许多激励方案，特别是通过开发补偿计划，使线下渠道的员工或业主能通过线上渠道受益。这在需要企业迎合用户的行业更是有效。大部分起源于网络的客户订单根据客户的账户或所在的地理位置被分派到特定的实体商店进行配货和发送。然而，许多消费者导向的零售商也在做同样的事情，即使零售商店完全属于母公司。例如，电子产品零售商依据响应网络订单的速度奖励店铺经理。

企业还积极促进线上渠道和线下渠道的交叉销售。例如，提供优惠券、礼品卡，在线高亮显示店内的活动，利用网站的 URL 提供贴花和海报等，都是常用的交叉促销方法。

最后，企业在跨渠道中选择合适的位置提供专业化服务。例如，银行努力将低利润的大众市场服务迁移到更高效的网络渠道中进行，在网上银行提供更有利的利率，以鼓励客户使用线上渠道。

（三）能力发展

为确保足够的电子商务能力，许多企业结成联盟，填补线上渠道和线下渠道之间的重要差距。这种企业联盟相当普遍，特别是与其他的互联网公司结盟，以提供重要的服务或扩展到新的市场。例如，建筑材料供应商与家居建材电子商务公司结盟，为家居消费者提供服务。另一个例子是音乐零售商和广泛使用的数字音乐网站之间的联盟，零售商可以因此提供流行的个性化服务。

图 12-7 中的框架强调使用协同策略来降低成本、区分产品和服务、建立信任、扩展到新的市场。许多企业依靠互联网渠道，把终端客户从产品信息搜索、下单、填写表单等其他日常任务中解放出来，从而提高了劳动生产率。在许多行业，如工业零部件供应商或建筑材料供应商，即使订单在本地备货，而不是从中

央配送点备货，线上渠道也能使销售人员更有效率。

利用线上渠道来区分公司的产品和服务也是有效的。例如，可以使用网络为消费者提供产品定制服务，如汽车制造商允许客户“按单定制”车辆，然后通过经销商来销售。网络还可以帮助客户取货，或取得更多的售后服务。

渠道的有机结合可以明显地提高消费者信任。许多企业基于已有品牌的力量提高了线上的销售额。例如，一些知名的电子和音乐零售商，都允许客户在线下商店退换货，即使商品是从线上渠道购买的。在美国，银行曾经试图建立一个完全独立的网络品牌，但是由于未能利用现有客户对于原有品牌的信任，最后被迫重新规划网络银行战略，转而考虑与传统银行结合。许多影响较大的品牌和连锁商店还能提供定位服务和许多独特的本地服务，作为整合线上线下渠道的手段。一个常见的策略是在品牌的中央网站设置直接到达本地零售商店页面的链接。

添加线上渠道也能帮助企业进行市场扩展，尤其对于那些还未在全国建立广泛的线下渠道链的企业。例如，礼品专卖店能够从各个省份甚至从国外获得新订单，尽管他们也强调促进实体店的特点，但有效利用网站能为实体店带来客流量，促进销售。又如，建筑材料供应商企业，以前只为企业客户服务，现在通过网络，可以将业务延伸到消费者市场。

四、渠道整合的方式

保证渠道的互操作性可以有效促进企业获得可持续的优势，因此也可以得出渠道间的合作形式。根据合作伙伴所提供的资源来区分合作方式似乎是可行的。如果企业间进行简单合作，那么资源整合一般较为松散，而更紧密的合作就要求真正整合不同企业的资源与能力。如果企业进行持续性的紧密合作，那么对于资源和能力的安排就更复杂，也因此具有更多风险[348]。

不同渠道在信息传递、分销和客户服务上各有千秋。因此，合作的形式可以用渠道功能来区分。然而，合作不仅影响到客户生命周期的售前、销售和售后阶段，同时也影响商品本身。因此，基于最终利益的整合形式分类需要考虑目前的状态是否需要提升，是否需要培养一种新的状态。

在这种背景下，基于两个维度区分合作形式，如图 12-8 所示，分别是资源贡献（纵轴）和产生的效益（横轴），形成了五种跨渠道的合作形式。这些合作形式并不是独立的，而更像是企业的整体合作营销策略的一部分。在实践中，合作伙伴还将面对这些形式的混合，因为合作通常致力于获取多种形式的协同效应。

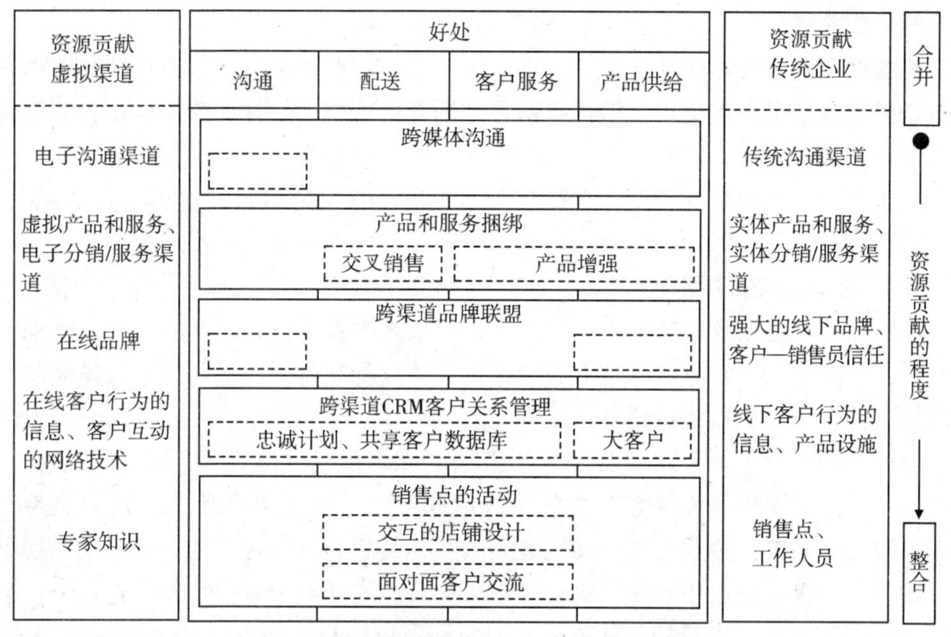

图 12-8 跨渠道合作形式的分类

（一）跨媒体沟通

网络和印刷媒体的战略组合优化了广告。线上渠道的特性可快速和全面地实现与客户的交互，而印刷媒体则能够引起客户的注意，快速激发客户的兴趣[349]。显然，整合在线和传统媒体的密集的跨媒体沟通具有显著的优势。实施这种战略时，利用合作伙伴的渠道比使用传统大众媒体（如印刷媒体和电视）更能够大幅度降低成本。在线企业可以从邮件、线下的合作伙伴的建筑物上、汽车车体上或销售终端的杂志等渠道的广告上获利，而传统广告公司可以在合作伙伴的互联网平台上投放广告。

（二）商品和服务捆绑销售

跨渠道媒体只是改善沟通，重点是商品及其配送，尤其是线上和线下商品或服务实现捆绑时，目的是提升消费者的顾客价值。

一个商品可以被分为三个层次："核心商品"、"一般商品" 和 "附加商品"[350]。依照客户的预期，顾客价值可能已经随着一般商品的增强而增加。例如，一家电子企业在互联网上与当地汽车租赁机构合作，因此客户可以在同一次交易中为度假胜地租一辆汽车。在附加商品层次，竞争基于售后服务、担保和交付，可能甚至超过了客户预期。例如，在现有渠道的基础上建立一个新的服务渠道，以供各自的合作伙伴使用（如互联网服务门户或交付服务）。

虽然第一个合作伙伴通常旨在增强自己的核心商品，第二个合作伙伴可能旨在获得额外的分销渠道以接触现有销售范围外的客户。这样的跨渠道销售通常是合作伙伴提供的独立服务，旨在向现有客户销售适当的商品。这种策略不仅大大提高了客户需求满足的质量，也提高了客户需求满足的数量，提高了盈利能力，减少了成本。

（三）跨渠道的品牌联盟

引入跨渠道的商品捆绑时，两个合作伙伴在各自的广告中共同表现双方商品的特色可能会增加双方的品牌形象和宣传。当这种联盟中线上与线下渠道品牌一致的时候，感知质量将得到整体提升[351]。

广告联盟对于新品牌或要进入新市场的知名品牌尤其重要。不管是哪种情况，利用合作伙伴的优势并与之分摊成本都可以被用于提升品牌认知和品牌知识。因此，当电子企业与拥有已经建立的实体品牌的伙伴合作建立更强大的线下市场，或者传统企业想与在某块在线市场小有所成的电子企业合作以把业务扩展到这块在线市场（本身的品牌较弱）时，跨渠道的品牌联盟是非常有益的。

（四）跨渠道的客户关系管理（CRM）

信息技术的发展改变了获取竞争优势的方式。在网络经济的框架里，数字信息渠道的发展将促进把信息作为一种生产要素进行更广泛的经济生产。从效率和有效性角度来看，有关客户的信息影响了竞争优势的基础。

CRM 可以被视为是一种“管理方法，在客户接触点结合了 IT 和业务流程优化的思想”[352]。当在 CRM 领域合作时，合作伙伴可以整合他们的信息和知识资源。一个共同的客户数据库，包含从线上渠道和实体渠道获取的数据，可能有助于解决整个“客户难题”，支持许多运营和战略决策。互联网使它容易确定哪些用户访问了什么网站，从而允许电子企业在短时间内生成高质量的客户档案，使他们能够对客户进行个体描述。相反，要想有效地收集客户的个人数据，传统零售商需要跨越线上和线下的渠道间隔，可能需要通过会员卡或优惠券进行客户识别和客户忠诚度计划。

客户价值最大化意味着客户成为价值创造过程中不可或缺的部分，并对价值创造产生重要的影响。随着网络的发展，大规模定制的新潜能得以激发。“定制意味着为消费者提供特定的商品或服务来响应特定客户的需求，而大规模定制意味着用具有成本效益的方式来实现这个过程”[353]。为了实现永久性的客户个人问题解决方案，线上企业、线下企业和客户三方合作是可行的，如图 12-9 所示。因此，客户贡献识别和解决问题所需的信息，线上企业贡献互联网技术，使客户能以一种有效的方式个性化地配置实体商品，而线下企业则实现商品的生产和交付。

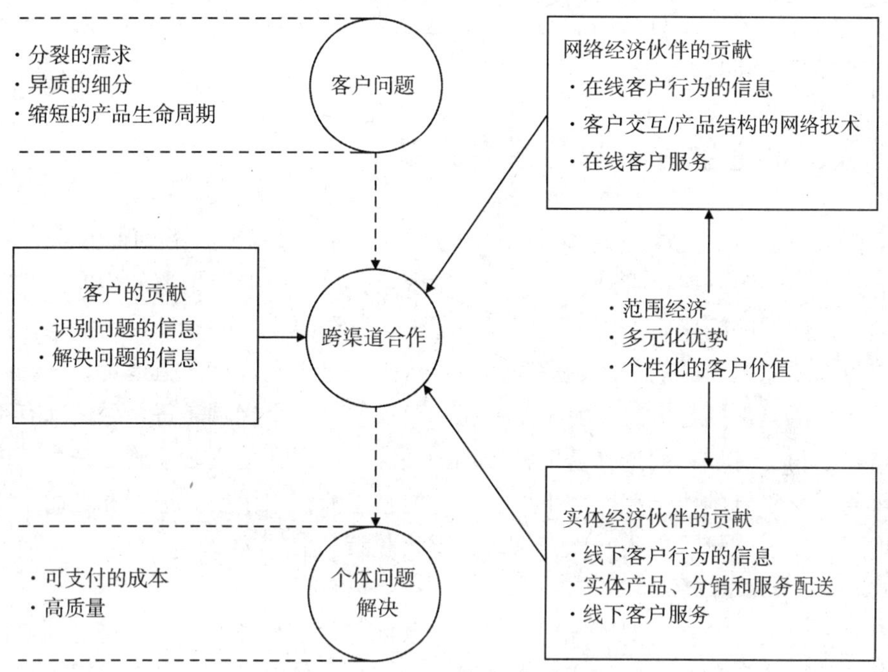

图 12-9 大规模定制的合作方法

（五）销售网点活动

由于日益增长的市场集中化和国际化，以及日益增长的邮件订单分销渠道的发展，销售网点的竞争压力越来越大。传统零售商因此实现线上渠道与实体渠道结合的商业模式，使用电子市场的互联性来为更广泛的市场提供产品或服务。这也包括使用交互式自助服务机，使得零售商能利用互联网的力量为更广泛的市场提供客户关怀，帮助客户自助获取商品和服务。同样，在合作伙伴的网点设置交互式自助服务机可以使电子企业把业务扩展到实体。这样，电子企业的服务创新就通过线下合作伙伴为客户提供了额外价值。

为了克服跨渠道媒体的不连续性，交互式自助服务机通常与基于会员卡的客户忠诚度计划结合起来。协作的跨渠道客户忠诚度计划可能包括在各自伙伴企业内的积分累计与兑换，店内终端提供的电子价格折扣券，以及在实体现金取款处使用的打印好的网络优惠券。另外，线下伙伴还能分发“电子优惠券”，具有独特的识别代码，客户可以在线上现金取款处使用。

相比媒体渠道，机构渠道（如商店和销售人员）使得传统的零售商可以向客户提供面对面的服务。因此，合作伙伴的零售终端也可以在预售、销售和售后阶段为消费者实现面对面的渠道功能，包括购买实体商品的实践经验、个人咨询、维修服务和交流。

五、渠道整合实施的组合策略

整合渠道需要关注一些关键的零售组合决策，如每个渠道的商品组合的选择、定价、促销、库存管理、实现和退货政策，以及协调跨渠道的程度。这些零售商必须解决的问题有：跨渠道的平等定价，不同渠道的降价和促销活动，如何确定每个渠道内商品的分类和适当的库存水平，是否允许跨渠道退货。这些决策的一个极端是保持每个渠道完全均质化的商品，另一个极端是每个渠道都有不同的特点。很少有零售商选择这两种极端的做法。相反，他们必须确定跨渠道内每个零售组合工具的协调程度。下面，我们将重点介绍以下研究进展和悬而未决的问题：多渠道定价、分类与库存管理、退货政策和促销。

（一）多渠道定价

公司需要在消费者对不同渠道价格的预期与每个渠道的成本结构之间取得微妙的平衡。相比传统的实体商店渠道，相同商品通过电子渠道销售能减少信息不对称和买家的搜索成本，这会导致商品较低的定价。此外，研究也表明，控制了服务质量的差异后，纯粹的电子零售商的电子渠道的价格与拥有实体店铺的零售商的电子渠道价格相同或者略低[354]。这些较低的价格会导致线上渠道和线下渠道之间，消费者对于价格不确定的预期的修正。

尽管如此，各个渠道的成本结构是截然不同的。一般来说，直接渠道成本中的一大块是可变成本，由于拣选、包装、运输、加工返回等的不同而不同，而实体商店的成本主要是固定成本，如房地产投资、公共事业、保险、推销和劳动成本。因此，从经济学的角度来看，直接渠道应该收取更高的价格，因为他们的边际成本高，而实体店为了补充其固定成本，对生成足够销售量的需求更敏感，因此定价应该更积极（更低）。这种成本结构的固有差异使得直接渠道不符合消费者低价的预期。零售商也因此面临着定价困境，即如何符合消费者的期望，同时仍然保持不同渠道的盈利能力。

对于以渠道为中心的企业，不同渠道定价的协调问题更加严重，各个渠道的关键决策都不同。如果渠道经理作出独立决策，以最大化其渠道的收益，这可能导致不同渠道价格的显著不同。研究表明，多渠道零售商采用的定价策略都随时间发生了变化，这样，多渠道零售商在电子渠道的价格更加接近于纯电子零售商电子渠道的价格，而不是相同零售商的其他渠道的价格。因此，与纯电子零售商竞争的话，多渠道零售商可能需要适应他们的定价策略，尽管成本结构和战略目标存在差别。

尽管如此，人们也可以辩称，公司应该保持相同商品在不同渠道内统一的价格，只要制定了跨渠道的协同定价机制。例如，对于那些需要更高水平的采摘、包装、运输或退换成本的商品，直接渠道内更适合设定更高的价格，从而增加实体店的客流量。同样，对于需要实体商店携带大量不同种类的低利润商品，更适合在直接渠道内设置更低的价格，以提高后者的影响。这些定价决策说明提高整个零售组织的总利润，平衡均质化与协同性是十分复杂的。

（二）分类与库存管理

对于携带数以百计的商品类别和成千上万的 SKU 的多渠道零售商，协调跨渠道的商品分类是一个复杂而重要的决定。一个客户的渠道选择可能取决于每个渠道各种各样的广度和深度。商店选择相关的文献表明，分类的排名紧随地理位置和价格，成为商店选择的主要推动力[355]。商店的选择也受品种导向行为的影响。在一个多渠道的购物环境中，品种导向可以由不同渠道不同分类的购买表现出来。客户为寻求更多的品种，不得不使用多个渠道去满足其需求。搬运商品的成本在不同的渠道是不同的。例如，零售商可以在电子渠道上出售非常广泛而深入的商品分类，而实体渠道内设置一个同样大的分类的成本很高，因为个体店铺容量有限，存货持有成本也更高。因此，多渠道零售商必须根据每个渠道的宽度仔细确定适当的商品分类，同时维持跨渠道分类的宽度以保持竞争力。

多渠道零售商有一个独特的机会来利用不同渠道的优势以提升客户满意度，同时降低销售成本和库存成本。事实上，和实体渠道相比，大多数多渠道零售商现在在直接渠道设置更多的商品分类。如果一个商品没有库存或从来不在某个特定的渠道销售，那么允许和鼓励客户跨渠道购买。例如，JCPenney and Macy's 的商店中商品的种类较少，但是通过店内互联网自助或目录为消费者提供订购额外尺码、颜色、设计的选择。另一个很好的例子是沃尔玛，它在网上放置更多的商品种类，从而限制了必须放在店内的库存的数量。同样，一些零售商只展示大多数商品种类的模型，因为如果在店内放置全部商品，会占用大量店面空间，并且具有高昂的运输和储藏成本。这种方法允许消费者在商店内检查商品，并且从直接渠道订购。

（三）退货政策

研究表明，处理商品的退换是一个公司 CRM 策略的重要组成部分。根据商品类别的不同，退货率可以从 10% 到 25% 不等[356]。退货与多渠道购物的可能性之间是一个开口向下的二次函数关系[357]。换句话说，在中间范围的退货客户更有可能通过多渠道购物。同样，研究表明，当前退货行为与未来购买的可能性和客户终身价值呈开口向下的二次函数关系。它也表明，增加退货政策的宽松更有可能增强信任、便利和因此导致的重复购买。然而，它也可能导致了更多的重复退货。同样，退货的可选价值提高时，顾客更倾向于重复购买。在市场营销资源分配决策中忽视客户退货行为可能导致次优的结果。一家高端男士服装配饰企业的多渠道零售商的数据显示，客户通过直接渠道（目录和互联网）的交易和多渠道有不成比例的高退货率（高达 22% 的订单），而且这不能解释退货会导致这些客户高于最优的资源配置。

一些多渠道零售商利用商品退货的场合，将其作为与消费者额外的接触点，允许零售商加强他们与客户的关系。这些零售商不仅让购物者从店铺转向在线购物，还让他们从网上购物返回商店。这个政策不仅方便了客户，提升了客户满意度，还为零售商提供了在商店访问中的交叉销售和提升销售机会。尽管如此，这些政策还是对零售商的供应链都造成了极大的破坏。由于大多数多渠道零售商的实体店中商品种类较少，他们处理不是店铺售出的商品时，必须运回他们的仓库。这个反向供应链会损失企业的盈利能力。因此，多渠道零售商需要仔细考虑这样的问题：什么是最优的退货政策？哪类商品允许跨渠道退货？跨渠道退货是否应收取退货费或其他费用？

（四）促销

之前关于多渠道零售业的促销的研究是相当稀少的。几项研究已经表明，公司可以积极地使用促销作为鼓励客户适应或转移到特定渠道的工具。客户更容易使用互联网而不是目录或商店渠道寻找价格促销的信息。他们认为，公司应该使用这些结论去设计其协同促销策略，如在一个渠道发放优惠券，并可以兑换成其他渠道内使用的优惠。同样，多渠道的客户比单渠道的客户更容易使用促销优惠，多渠道客户经常因为这些折扣购买更多商品。

忠诚性促销在网上商店更有利可图，而竞争性促销活动在线下商店更有效[358]。最优水平的定制与跨渠道一致的促销信息一样，定制在网络渠道的效果优于线下渠道，而且会根据商品种类的不同而变化。传统上我们认可大多数促销，尤其是价格促销活动的作用是战术性质的，主要针对短期利益、诱导试验、刺激需求，或反击竞争性的促销活动。上面的线上/线下的比较显示，多渠道零售商可以使用促销战略提升目标渠道的客户流量。此外，我们认为，促销战略能导致所需的渠道内商品类别的增加，从而管理跨渠道的需求，优化供应链，并更有效地管理多渠道竞争。

六、渠道整合冲突的应对策略

如何避免线上渠道与线下渠道之间的冲突？什么步骤可以使得企业从跨渠道整合中更好地获益？抵制诱惑绕过现有的渠道是很重要的，渠道冲突在不同的公司的表现形式可能是不同的。B2B 和 B2C 企业采用以下举措，提高了跨渠道合作的成功率。

（一）创建一个共识：需要一个电子商务频道

许多公司努力建立起一个共识：我们需要一个电子商务渠道。这常常得到实体销售网点的明确反对，银行业尤其突出。起初分支机构的部门经理表示强烈反对，然而一旦他们清楚意识到竞争正在不断加剧，电子商务可以帮助当地分支机构减少无益的日常事务时，分支机构就成为积极的支持者。除了解决实体渠道的阻力以外，建立共识的活动还包括征集创新的跨渠道合作方案，从而在电子渠道创造了全面的承诺。

（二）关注现有的客户基础和可送达的地区

电子商务相关的研究往往关注访问新的、遥远的客户的能力，但如何使用电子商务丰富现有的客户关系是至关重要的。最初是寻求改善客户保留和盈利能力的方法，但是这些方法并没有现成的方案。关注现有客户可能包括：为电子商务客户提供方便的访问，可以通过公司现有的营销渠道增加新服务的意识；现有客户更有可能是使用新服务的潜在客户；现有客户如果遇到困难，知道去哪里寻求帮助。

（三）注意电子商务间接产生的利润

通过互联网为客户提供的增值服务对于客户使用现有的实体网点、公司的公众形象和顾客忠诚度都有积极影响。例如，银行在发达地区的门户网站提供自己的服务得到的效果并不理想。门户网站也许是不成功的，但它增强了银行在当地的形象。某书店也承认其网站并没有带来显著的销售业绩，但这是其忠实顾客所期望的服务。在音乐商店，关注店内 CD 烧录带来了更多的客流量。

（四）设计组织奖励方案，促进渠道合作

渠道合作源于采取明确的措施确保电子商务的奖励计划没有对现有销售网点产生不利。在银行业，这种分配方案确保任何在线交易产生的收入都归入当地网

络银行的账户。在其他零售业，选择在实体商店拿取和支付在线购物增加了实体商店的销售额。如果员工薪酬计划与销售业绩相关，电子渠道必须确保不减少实体商店的销售业绩。然而并不是所有的公司都重视这个建议。电信运营商并没有把在线销售的份额归入实体零售网点的销售，因此在零售商店，销售人员并不是很支持中央网络渠道。

（五）积极进行跨渠道促销

跨渠道促销是一种普遍的方式。公司想在每个渠道都增加销售额。在银行业，银行分支机构的员工积极推动、鼓励和指导客户使用在线渠道。在音乐商店，游客到零售商店可以免费拿一张光盘，享受其合作伙伴——互联网服务提供商提供的免费上网服务，访问音乐商店在内的网站。在其他行业，许多公司使用简单的促销定位器来促进他们的实体渠道。甚至广告和库存公告都被用来为实体店铺带来客流。更复杂的网络——实体促销也被广泛运用。例如，在银行，只要在线的客户表示对一些需要建议的服务感兴趣，比如抵押贷款或商业银行服务，他们就在当地的分支机构为消费者提供金融服务专家的咨询。也有公司在实体店铺提供在线折扣或优惠券。

（六）使用每个通道的优势通过跨渠道的专门化服务

线上渠道也有不同的优势和弱点。一些企业采用双渠道的方法来为服务分配最合适的渠道。这种渠道专业化在银行业表现很突出，形成激励措施——通过降低交易费用，提供更有优势的客户利率利息促进客户使用在线或电话管理日常银行事务，而在需要建议的业务上则鼓励客户进入国内分支机构进行当面的沟通。在汽车行业，汽车经销商和汽车进口商都认识到线上渠道的作用是提供信息和获取互补服务信息（如贷款、保险等）来支持消费者购买汽车。然而，一个可以提供提货、维修服务，并测试驱动器的实体店铺是至关重要的。他们使用每个渠道，如使用网络提供详细的商品信息、帮助定位、客户预约，或引导消费者进入实体店铺。然而，渠道专业化有时也会产生问题，如对于自行车经销商，他们只专注于网络的折扣销售和为遥远的客户服务，而忽视了实体店铺在本地销售和高端商品销售中的作用。这使得客户变得困惑，甚至会失去在线购买的一些业务。

（七）寻找机会来创建新的双渠道商品和服务

双渠道的最常见的例子是使用在线渠道创建订单、定做商品，然后再从当地的实体店铺提货。自行车配件的进口商、书店零售连锁店、音乐商店等发展新的服务时都遵循这种客户控制商品的方法。

（八）协调并确保渠道之间最低程度的互通性

一方面，公司经常把电子渠道放在与传统渠道平行的位置，甚至要求客户通过快递而不是实体店退回在线订购的商品。而另一方面，管理者又试图实现无缝对接的渠道整合。所以，在交易不同的阶段，无论是线上渠道还是实体渠道都不应该被重复使用。这通常意味着可以在线下订单，在实体店提货，然后在实体店进行退换货或维修服务。整合系统必须更加发达，以适应信息在跨渠道的传播。这不是一件容易的事。一些健康食品商店和许多自行车经销商与零件进口商合作，并没有链接到互联网的电脑，在线订单必须传真给商店和经销商。跨渠道的互操作性（在线查看店内库存）需要昂贵的代价，集成旧的和新的信息系统并不容易。因此他们不能获得跨渠道的无缝运营。

（九）形成联盟填补渠道间的缺口

对于传统的实体店铺来说，只做电子商务是非常困难的，因为实体商店通常太小，库存有限，缺乏广泛的品牌认知，也缺乏 IT 技能维护高质量的网站。在这些情况下，许多商家成立了联盟以弥补其不足。例如，在线健康食品中介，与一些实体的健康食品杂货市场结盟，在当地提供提货和付款服务。自行车经销商与自行车配件进口商结盟，为消费者提供装配、交付和服务。这些联盟是合理的，因为网络中介代表实体商店产生了额外的业务，这其中并不具备专业的开发技术，还促进了各自电子商务渠道的发展。

七、多渠道整合案例

NEXT 是英国一家提供男装、女装、儿童时装和配饰，以及一系列家居用品的零售商。NEXT 品牌和零售概念形成于 1982 年，开始时提供多款自有品牌女装和配饰。1984 年 NEXT 引入了男装，1985 年引入童装和家居用品，1987 年发展成一个全线时尚供应商。1988 年，除了已经建立的实体零售店，它又开始为顾客提供 NEXT Directory 的商品目录。而后，在 1999 年，NEXT 开始在网站 www. NEXT. co. uk 上提供在线目录。

近年来，网络成为 NEXT 订单的主要来源。现在，超过 70% 的家用商品订单是在网上进行的，覆盖了英国 200 万以上的活跃用户。2010 年，NEXT 的总利润中，64% 来自实体零售店，11% 来自目录营销，超过 25% 的利润源于网络。

NEXT 还有其他的公司业务，包括负责 NEXT 的品牌产品的设计、供应和购买的 NEXT SOURCING；2008 年收购了品牌 Lipsy，其产品主要针对年轻时尚的女性群体；品牌 Venturn，为想将客户管理外包出去的客户提供专业客户管理服务。母公司 NEXT 集团，在伦敦证券交易所上市。截至 2010 年 1 月，公司的财务总收入是 34 亿英镑，净利润 3.64 亿英镑，比 2009 年增长了 20%。

（一）NEXT 的商业战略是“一个品牌，三种渠道”

自从 1982 年 NEXT 建立了零售链，公司就作为一家单独的渠道零售商运营，通过零售商店出售商品。这个时期，公司战略目标在于新的零售概念：精品高档零售店。随后几年，NEXT 提供多种多样的产品，建立了覆盖几乎全部生活用品的品牌联盟。六年后，公司将 NEXT Directory 目录（一本 350 页的精装硬皮目录）作为第二种渠道对零售店进行补充。然而，这种目录营销早期并不成功，公司并未因此获利。在五年多以后的 1993 年，把普通零售店和邮寄到家的目录有机结合的商业模式的潜力才逐渐显现出来，公司的“一个品牌，两种渠道”模式才正式形成。由于在目录渠道也提供同样质量的产品，NEXT 获得了巨大的成功。1999 年，第一家网上商店开业，NEXT 的商业战略开始向“一个品牌，三种渠道”转换。

在 NEXT 品牌旗下，公司运营了多渠道的零售系统，包括三种渠道：

（1）零售店：在英国和爱尔兰有超过 500 家零售店；在欧洲大陆、斯堪的纳维亚半岛、俄罗斯、中东、印度和日本，有超过 180 家店，开拓了国际市场。

（2）目录渠道：在 2010 秋/冬目录中，容纳了 1300 多页的产品，为男士、女士、孩子提供了全面的产品选择。同时还有家具产品的额外目录。

（3）网络商店：1999 年在国内建立了网站 www.NEXT.co.uk，2009 年还通过网站 www.NEXTdirect.com 将家居用品业务扩展到美国等 30 多个国家。

同时，243 万活跃用户使用目录和网络购买家居用品。网络订单的比例从 2001 年的 7% 增长到 2010 年的 70%。网络商店的交易量近年来居于上风，比零售店更多。从 2010 年 8 月到 12 月，NEXT 的零售店交易量下降了 3%，而 NEXT Directory 交易量上升了 9%。

（二）每种渠道的优势和服务

NEXT 的每种渠道都提供独特的服务，如表 12-1 所示。

表 12-1 各种渠道的优势和服务

渠道	优势/特色服务
零售店	· 可以触摸、试用商品 · 与售货员沟通 · 立即拿货 · 没有运送和交货的时间延迟

续表

渠道	优势/特色服务
网店	·扩展了产品范围（电器、鲜花和礼物） ·更多图片和产品信息 ·客户评论 ·24/7 不间断服务 ·“最新单品”产品和价格更新迅速 ·迷你店铺（“As seen in”，“NEXT TV”，Catwalk Looks） ·检索功能 ·便于查询产品库存 ·个人账户（包括账户总额、余额、最近购买记录、配送地址） ·时尚评论 ·设计博客 ·电子杂志
目录	·轻便、易于处理 ·便于浏览 ·方便在客户间进行传阅和分享 ·24/7 不间断通过电话进行服务

（三）渠道整合

NEXT 提供几种跨渠道的功能，简化客户的购买过程，加强客户满意度：

（1）Quickshop：客户可以根据产品的目录编号在线购物。因此，他们可以快速而方便地订购在目录上看好的商品。

（2）在线订购订单：可以在网络商店购买免费赠送的目录。

（3）找到一个商店：通过输入城市或邮编，客户可以查询到最近的零售商店，以及具体的地址和交通路线。客户还可以找到更多关于营业时间、商品范围和服务的信息。

（4）免费存储交付：客户可从网上订货，在零售商店取货。同样，已经下了订单和配送的货物可以退至零售商店。

（5）目录卡：使用一个目录卡，同一个目录账户可在零售商店进行货物的购买、退货或更换。

NEXT 建议客户访问和使用个性化的零售渠道。因此，每个渠道都可以与其他渠道结合使用。当客户在零售商店购物时，他们可以在互联网商店查询参考；当他们访问网络商店时还可以查询目录。

（四）小结

在这个案例中，NEXT 不断从单一渠道零售商供应商向多渠道整合供应商发展。NEXT 的第一次尝试新渠道——目录渠道时，体会到完全分离的、自给自足的渠道不是客户想要的体验。通过应用新“一个品牌，两个（加上后来发展的网络渠道是三个）渠道”的商业战略，多渠道整合的系统的潜力逐渐被发掘出来。除了渠道的整合，NEXT 还促进每个渠道独特特性和优势的发挥。例如，在最近几年，网络商店的相关性已经大幅增加，考虑到 NEXT 在线市场的发展，未来这种关联性会进一步增强。

第三节　多渠道零售商的渠道整合提升客户忠诚策略

零售商进行多渠道运营还能够有效地提升客户忠诚。本节介绍了多渠道整合提升客户忠诚的三种途径，并结合宜家和百思买的案例进行了生动的说明。

一、多渠道整合提升客户忠诚的途径

（一）社会营销活动和客户承诺的建立

“也许围绕社会媒体最危险的神话只是它的一种时尚。”自从 20 世纪 90 年代互联网发展以来，内容管理功能逐渐向社会平台转变。Vemuri 主张，“社会媒体领域不再是一种能盈利的好奇，也不是很快消失的趋势”，事实也被零售商的实践所证明，“社交媒体正在改变消费者收集商品信息的方式”。更准确地说，消费者倾向于分享和接收评价、个人品牌的建议、商品价格和促销活动的动态、卖方可靠性和客户的售后体验。社会媒体正在成为全球性的消费现象，极大地影响了沟通工具和策略，因为它会侵蚀营销经理人对于网络信息的内容、时间和频率的控制。根据尼尔森 2009 年的报告，世界上 2/3 的网民访问社交网络或博客。这使得社会媒体行业领先电子邮件，成为第四个产生巨大影响的工具（前三位分别是 Web 搜索、门户网站和电脑软件应用程序）。更惊人的是，在线用户花费在社交网络上的时间增长了 80% 以上，Facebook 成为全球第一的社交网站。

Facebook 的巨大影响力可以通过下面的比较得以最佳的描述：广播达到

5000万用户需要38年，电视只需要13年，但Facebook为了达到1亿用户只需要不到9个月。如今，Facebook拥有超过5亿的活跃用户，50%的人每天登录这个网站，并且在这个网站上花费越来越多的时间。此外，2008年4月至2009年4月，用户花在Facebook上的时间总数获得近700%的年增长。所以，Facebook为商家提供了巨大的潜在商机，可以利用部分综合社会营销策略来吸引顾客。然而，社交媒体不仅是Facebook。社会网络还包括广泛的口碑论坛，包括博客、论坛、聊天室、C2C邮件、商品或服务的评级网站和论坛、网络讨论版、移动博客（包含数字音频、图片、电影或照片的网站）以及社交网络网站。

2010年，索利斯写道，社交媒体是“信息的民主化，把人们从读者变成了出版商。这是一种广播机制的转变，一对多模式变成了多对多模式，成为植根于作者之间、读者之间以及同行之间的对话”。这种现象代表了产生认知和联系的一个机会，可以建立与消费者的关系，从而增加销售。社会媒体也为企业和消费者之间提供了一个交流平台，不仅促进了促销相关的沟通（即公司与客户对话），还促进了研究相关的沟通（即客户与公司对话）。随着社交媒体的持续增长和发展，它的市场潜力和机会也与日俱增。如果得到有效的利用，后者对任何组织都是有巨大价值的工具。从这个角度出发，社会媒体应该被视为促销组合的混合元素之一，因为它事实上已经成为了消费者传播商品和服务信息的手段，它本身就要求组织转变他们的沟通实践，与消费者进行互动，而不是单向地向消费者传递信息。

社会媒体还影响客户承诺——关系质量的三个维度之一——这种影响能够更好地从消费者参与线上社区的观点来说明。应用社会认同理论可以解释。社会认同是指“归属于一个群体的感知，结果是个人参与了群体的认知，即认为‘我’是群体的一个成员”。品牌社区认同是指消费者与品牌社区关系的强度[359]。因此，消费者加入一个社区，意味着他们产生了社会认同，即消费者“认为自己成为一个特定的社会实体的成员”。Casalo等人认为，这是“人们认为他自己归属于（线上）社区的一部分的程度”，而2006年Bagozzi和Dholakia认为，它表现为“感情的依恋和归属感”。从这个角度出发，认同是“参与团体的情感的结果”，也可以称为感情承诺。

作为很受斯洛文尼亚人欢迎的社交媒体应用程序，Big Bang决定聚焦在Facebook重度使用者身上。Big Bang使用Facebook教育消费者，并为触发它的客户承诺实现双向沟通。这样一个整体的以客户为中心管理的Facebook应用程序使得Big Bang的Facebook网站成为全国拥有最多社区成员的零售商。Facebook也被用来支持其他网络营销活动，如Big Bang用广告游戏和创造性的网络竞赛来建立客户承诺。

2005 年，Svahn 定义广告游戏为“一个目标导向的竞争性的活动，有一整套协议规则的框架，目的是主动或被动地帮助信息携带与传播，而这些信息被用来劝说玩家改变游戏外的行为”。也就是说，广告游戏的主要目的是采用一种有趣的方式，通过增加品牌识别或其他方法提高商品或服务的销售。因此，它可以提供一种接触客户的新方法。特别是广告游戏似乎吸引了广泛的网络用户，它跨越了性别差异和年龄差异，覆盖了从青少年到 30 岁早期的用户。

Big Bang 也利用广告游戏在液晶和等离子电视品牌上发挥了巨大作用。广告游戏将液晶和等离子电视品牌整合进游戏。玩家被激励获得最高分来赢得每周奖励。通过长期举行比赛、挑选每周的赢家，Big Bang 因此成功地引诱玩家最大化地暴露于一个特定的品牌下。广告游戏也可以很容易集成到社交媒体应用程序中，以达到甚至实现更高水平的承诺和参与。为此，Big Bang 的广告游戏每周在公司的 Facebook 网站上公布特殊代码，发布奖励积分。不仅如此，Facebook 的应用程序还允许玩家分享和发布他们的游戏成绩，其他应用程序用户也可以看到和评论，这反过来又吸引了大批游戏玩家的参与。

创造性的网络竞赛可以视为一个广告游戏的子类型，参与者可以创建和/或出版他们的作品。自我说服比他人说服更有效[360]，一个玩家的承诺可以被创造性的网络竞赛所加强。因此，Big Bang 使用创造性的网络竞赛提升特定的家电品牌的竞争优势。例如，组织玩家挑战设计冰箱门贴的比赛。与广告游戏一样，网络创意竞赛也支持与 Facebook 的应用程序联系，以鼓励用户向朋友发布和分享他们的作品。通过这种方式，其他的应用程序用户可以看到和评论作品，并产生动力去实现自己的创造力，在微网站与内置网页上比赛创意。接入其他的社会媒体应用程序为玩家提供了非常大的投票池，也因此获得了巨大的品牌效益。在设计比赛结束时，获得最高选票的设计作品获胜。

（二）简化信息搜索以提高客户满意度

一般来说，当人们付出的越多，他们参与决策的欲望就越高，因为他们更关心能否作出正确的决策。正因为如此，高度参与的客户固有的动机就是获得更详细的商品信息。如 Big Bang 的消费者行为研究显示，消费电子商品的复杂性和/或更高的货币价值通常会引发客户进行积极的信息搜索，即努力阅读材料、咨询朋友、在线调研、参观商店从而获取商品相关的信息。由于互联网的可访问性，现在的消费者明显倾向于使用互联网进行搜索，这一事实不应该被零售商忽视，他们可以利用这个理想的营销渠道，以极低的成本传送大量的信息。

从零售商的角度来看，零售市场简化的需求越来越旺盛。结果，迅速而容易地解决客户的问题应该是零售商最首要的任务，因为消费者现在倾向于寻求简单的、用户友好的商品和服务，来简化他们的生活。按照这种哲学，Big Bang 提供一个有用的、易于使用的丰富的微媒体网站。根据 IAB，富媒体是“可以与消费者互动的广告（而不是仅仅动画和不含有效点击率的网页功能）格式。这些广告可以被单独使用或结合各种技术使用，包括但不限于声音、视频或 Flash，采用编程语言（如 Java、JavaScript 和 DHTML）”。不是试图强迫消费者使用某些渠道，Big Bang 认为首先应该吸引顾客到一个特定的渠道，然后按照战略对他们分别定位。特别受游客欢迎的微型 Big Bang 的富媒体是所谓的商品演示视频剪辑，它是说明性的，非常容易理解。这种视频形式越来越受欢迎，因为它的生产和展示成本很低，支持客户进行购买。此外，富媒体视频技术也和更强的购买意愿的结果相关。科恩也表明，零售商可以通过视频，在客户购买商品前对商品进行更好的说明，特别是一些需要培训和指导的复杂商品。当视频使得观众产生兴趣时，视频就成为病毒式营销的一个强大工具。

Big Bang 全天不间断地在富媒体微网站上提供高度说明性和引导性的信息来提高顾客的满意度。这是零售商了解消费者购买过程的重要步骤。这个过程里在线活动发挥了重要的作用，尤其是在信息搜索阶段和商品选择与评估阶段。通过在线渠道提供信息是便捷的，在客户群中的影响也比较大，能提高客户的技术能力，通知和教育他们某些商品的特点。富媒体以一个简单的微型和友好的方式，减少客户信息搜索的时间和精力。

在这个意义上，Big Bang 可以说是简化了消费者的生活，也就是说，它通过促进消费者的信息研究阶段达到甚至超出了客户的期望。从这个积极的服务经验得知，消费相关的满足感的评估可能发生，导致更高层次的 Big Bang 客户满意度。由于消费者倾向于使用一个渠道浏览信息，而使用另一个渠道采购，这种客户通常具有必要的技术信息，能更快更容易地进行购买决策。他们选择喜欢的商店，也因此体验到一个更愉快的和令人满意的线下购物体验。

（三）管理线下联系人建立客户信任

员工与客户接触要么产生客户关系，要么破坏客户关系。因此，销售人员通常扮演一个重要的角色。零售服务接触的关键因素是消费者对销售助理信任的程度，因为这种信任的存在决定了他们之间的关系质量。当客户与销售人员建立了信任感和亲密关系时，这样的关系就可以接受偶尔的考验，并随着时间不断发展。

长期来说，客户信任销售人员的重要性在高风险水平的行业中更加重要。也就是说，风险理论认为，大多数消费者在作出购买决策时将体验某种程度的不确定性，他们的决定基于不完整、不完美的信息。在这种不确定的情况下，消费者可能会采取额外的措施来减少感知风险，如依靠另一个人的建议。这就是人际关系和信任连续发挥作用的时候。这还表明所谓的商业信息来源（如从销售人员那里寻求意见）的重要性。尤其是面对复杂的购买决策，当一个消费者缺乏经验和/或缺乏商品或服务相关的知识时，就会在购买决策过程中面临高水平的不确定性，从而更需要人际互动和额外的信息。也就是说，感知风险越高，消费者的技术能力越低，则人际关系越重要。在这种情况下，销售人员的专业知识可以减少客户的不确定性和脆弱性，因此能使他们作出更有信心的购买决策。

在消费电子零售行业，客户的信任是最重要的，因为电子商品市场是公认的风险性行业。这个行业中，客户作出购买决策需要额外进行问题解决的过程。高水平的风险或不确定性通常源于以下事实：目前市场上大多数的商品要求非常高水平的技术能力和专业知识。然而，典型的电子商品客户仍然追求“触摸体验”，在传统渠道试用，并谈论效果。这含蓄地表明，普通的消费者只拥有适度水平的技术能力，缺乏足量的专业知识。因此，消费者倾向于寻求固定的销售点，在购买前访问商店进行商品的质量检查，以减少在线订购的不确定性，尤其当在线订购的商品不能满足其交货时间的期望时。

在这种情况下，当顾客通常缺乏精确的信息和足量的专业知识时，客户信任销售人员就成为一个先决条件。为确保“无惊喜”的商品采购，减少商品风险，传统渠道的销售人员要提供专业知识，以一种值得信任的方式帮助消费者理解商品，因为“销售人员的能力是信任的基础，这包括技能、专长和能力，这样的销售人员提供的信息是有效和可靠的”。作为一个拥有传统的销售基础设施的零售商，拥有热情和专业知识的员工作为支持，Big Bang 成功管理成千上万的日常客户联系。以值得信赖的态度减少顾客感知风险，尤其是当顾客与销售人员沟通以熟悉和了解商品时，Big Bang 还成功触发关系质量的第三个部分，即客户信任。总之，“零售业是关于客户直接联系的行业”——无论是线上还是线下——这是当代多渠道客户所期望的。

二、案例

（一）宜家的多渠道活动筛选

宜家是瑞典一家家居零售商，采用简单易用的网站促进营销沟通，提升客户的购物体验。事实上，从多渠道零售的角度来看，它不仅向在线客户传达了详细的商品演示，还把多渠道零售变得更加彻底和全面。例如，网站提供实时的库存信息查询，方便客户规划到宜家采购的行程。此外，网站还提供商品的确切位置，帮助客户在店内进行商品的定位和检索。同时，为节省客户的精力和体力，宜家提供在线规划工具，使客户在访问商店之前就熟悉特定的商品类别，这反过来又促进了线下的购物体验。客户可以因此提前熟悉特定商品的类别、升级、尺寸和商品可能的特点，做好更充分的准备，在宜家的商店中结合专业销售人员的协助做出更好的判断。

（二）百思买的多渠道活动筛选

百思买是一家消费电子商品的专业零售商，利用网站试图创建跨渠道的无缝的客户体验。为实现这个目的，它已经实现各种各样的多渠道活动。例如，百思买提供便捷的多渠道零售方案，消费者可以直接从店铺提货，或者对于一些大件商品，可以直接从最近的仓库提货。这种方案使得消费者免除了运费，减少了包裹递送的担忧，更迅速地接受商品。同样，顾客也可以在任何商店退换在线订购的商品，从而避免可能产生的运费，加快退款。为创建无缝的客户体验，百思买也提供客户忠诚计划，无论在哪种渠道购物都可以获得积分。当积分达到了奖励标准时，客户将收到一封电子邮件，提示用户可以在线打印奖励证明。奖励证明可以在网上兑换，也可以在商店兑换。百思买还通过邮件为礼品卡客户提供在线查询卡内余额的服务。同时，百思买突出的计算机技术支持服务还能帮助顾客找到在当地商品退换货的最佳方案。

第四节　多渠道零售商的渠道整合执行系统

多渠道整合运营需要一系列部门的配合，是一个复杂的过程。零售商必须建立一个完整高效的执行系统，才能为消费者在跨渠道提供一致的购物体验，从而获得整合的协同效应。本节将多渠道中常见的执行系统进行分类，并描述了这种系统的评价指标和方法，以帮助企业进行执行系统的建立与优化。

一、多渠道整合执行系统类型

运营多渠道策略，零售商必须建立一个执行系统来完成商品交付。这个执行系统组织了订单预订到交付的整个过程，必须匹配商业模型，并实现良好的退换货体验。在实践中，零售商正在使用不同的执行系统，重点是对订单的准备工作。

多渠道零售本身就应该提供给客户自由选择下订单的地点和方式，以及交付商品的地点和方式。客户最主要的选择是去商店还是在网上购物。如果在网上购物，客户可以额外在家里收货或者在附近的零售商商店提货。零售商必须设立一个执行系统，能够尊重客户选择的交货模式，要么创建一个新的物流基础设施，要么通过调整现有的流程使用现有的物流。

从客户期望的角度来看，为了能够执行系统分析，必须决定区分客户能选择的交付选项。客户可以选择在线购买直接送货上门或选择去零售商的实体店购买商品。这个线下店铺提货是只有多渠道零售商可以提供的交付选项，30%～40%的客户选择这种方式。客户进商店是为了购买商品、搜索、比较、选择和支付商品。单渠道商店购物者可能因此不受多渠道执行系统组织的影响。

（一）直接送货上门

直接送货上门就是通过零售商自有物流、专门的物流服务商或通过外部提货点网络完成的。在进入这个“交货管道”之前，商品都必须经过挑选、准备、包装和派货，可以在一个中央仓库完成或通过配送中心、商店，或这些部门协同完成。

1. 直接从中央仓库交付

从一个中央仓库进行商品的挑选、准备和包装，如图 12-10（a）所示。这个中央仓库可以是一个特制的专门服务在线渠道的实体部门或利用现有仓库的存货运营（在这种情况下还必须同时担当商品的仓储职能）。

2. 直接从商店交付

从商店进行商品的挑选、准备和包装。在这种情况下，运营商按照特定顺序选择商品并从货架上撤下，然后包装和发送给客户，如图 12-10（b）所示。

3. 直接多渠道合并交付

如果所需的物品的订单不是储存在同一个地方，那么中央仓库和实体店铺必须协商作出商品挑选的命令，然后挑选物品后合并，在一个站点准备和包装，如图 12-10（c）所示。在某些情况下，多渠道零售商可能会将订单拆分为两个不同的包裹，避免了提高成本和交付延误。

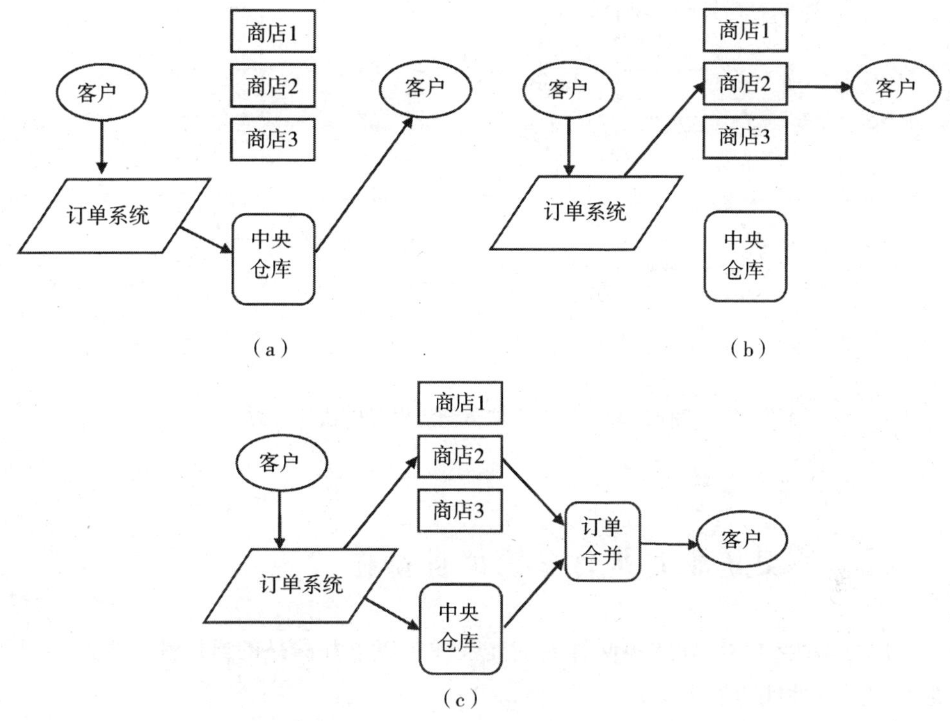

图 12-10 直接送货上门的执行系统

（二）客户在实体商店提货

客户网上订购后可以选择临近的零售商的商店自行提货。在这种情况下，商品都必须在商店挑选、准备、包装和保存。

1. 直接在店内准备订单

如果客户订单内的所有商品在预定店铺都有存货，那么直接在店内进行商品的挑选、准备和包装，如图 12-11（a）所示。

2. 多地库存在店内整合

如果客户订单内的一些商品不在客户选择的商店内，那么商店内没有的商品就可以从中央仓库（或其他店铺）补充。这些商品必须合并后在预定商店内准备和包装，如图 12-11（b）所示。一些特殊情况下，中央仓库可以将所有预定的商品全部挑选包装完毕后再发货到预定的店铺，不需要预定店铺进行额外的商品补充。

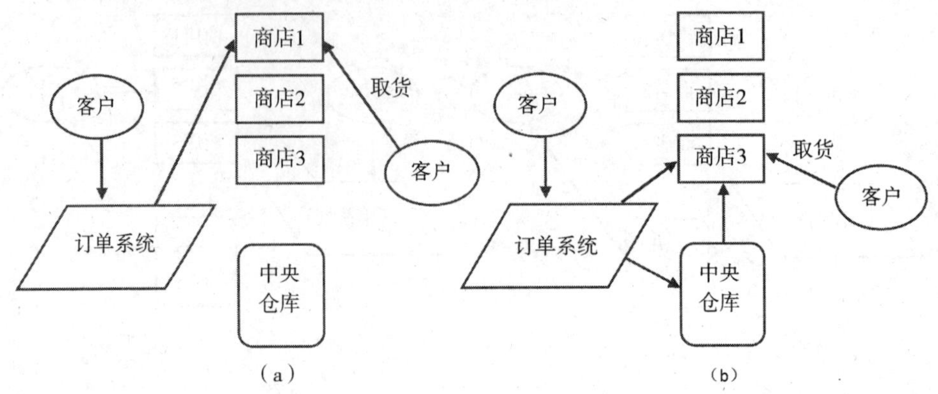

图 12–11　客户在实体商店提货的执行系统

二、多渠道整合执行系统评价指标

执行系统的差异导致不同程度的复杂性、成本和商品的可用性，因此客户满意度和经济性能也有差异。

探索如何实现一个适合给定的商业模式的系统，必须评估不同的多渠道执行系统的整体性能，结合以下两个角度分析：一方面扩展给定执行系统以满足顾客的期望；另一方面分析了每个模型的经济性能。

在建议的框架内，将比较不同的执行系统的几个参数，这些参数与客户的期望和经济性能有关。执行系统作为分析的自变量，而框架的不同参数作为因变量。

所用到的参数源于主要策略元素和运营挑战的研究。

考虑到执行系统的经济表现，结合广泛使用的指标来描述物流和执行的性能，对整体执行系统效率的不同维度进行评估[361]：

（1）库存效率：指可靠的销售预测和最佳的商品补给，以减少存货风险，监控不同地点的库存水平的能力，以及平衡不同地点的库存的能力。

（2）挑选效率：存货的有效组织和挑选区域，以供订单准备。

（3）配送成本效率：商品从仓库到顾客或所需的提货点的交付总成本。

（4）渠道组织效率：销售员之间的信息交换渠道和实时数据的可用性。

（5）执行系统的基础设施成本：执行系统的必要的投资、租金或外包成本。

（6）商品返回处理效率：退换货服务过程中的速度及质量，从商品接待到交换或退款的客户。

分析指示客户预期的三个参数：

（1）商品可得性：所需的商品的可得性。

（2）投递速度：订单确认到交付的整个过程的时间。

（3）商品购买和退换的容易程度：客户拿到所交付的商品/取货或退货/换货的容易程度。

为了更精确地评估如何执行系统的客户预期，从 ServQual 框架内找到一些参数完善了这些参数，来衡量服务质量。然而，衡量传统的服务质量的参数可能不适用于网络环境。针对网络环境，Bressolles 开发了 NetQual 框架专门评估电子渠道的服务质量。

有了多渠道零售提供了“传统”和“在线”服务的经验，结合这两种方法来确定所有关于客户预期的维度，仅保留那些可能直接影响模型实现的因素。因此，结合了 ServQual 和 NetQual 两个框架，可选择以下指标进行分析：

（1）信息的质量和数量（NetQual）：表示在线渠道或店铺在可得性和提供信息的正确性方面的商品可得性、存货水平、交货时间等。

（2）承诺的可靠性和尊重（ServQual 和 NetQual）：表示交付商品的数量、价格、描述和时间上符合承诺的水平。

（3）供给（NetQual）：表示在不同渠道上可用商品范围的长度和宽度。

（4）保障（ServQual）：表示客户购买、提货和交易时商店的能力和友好的工作人员。

在该评价系统中，没有保留那些对执行系统有间接影响的元素。这些元素构成了分析框架，为整体执行系统的性能提出了分析框架。

三、多渠道整合执行系统评价方法

现在运用这个拟议的框架描述五个执行系统，根据确定的目的探讨多渠道零售商之间适合的业务模型和具体执行系统。

为分析上述的每个执行系统，将根据不同执行系统的不同特征探索每个参数的敏感性。我们为每个参数计分，依照效率分为三个层级：效率高得 2 分、效率中等得 1 分、效率低得 0 分。使用这种定性的评价，简要讨论了零售混合业态的不同元素和运营挑战，旨在比较不同的执行系统中同一个参数的相对效率。该执行系统的评价如表 12-2 所示，评价指标包括客户期望和经济效益两个方面。

表 12-2　多渠道整合执行系统评价

执行系统	送货上门			客户到店提货	
	中央仓库备货	商店备货	多仓库协同备货	商店备货	多仓库协同备货
客户期望					
信息的质量与数量	高（2）	中（1）	低（0）	中（1）	低（0）
承诺的可靠性与尊重	高（2）	中（1）	低（0）	中（1）	低（0）
供给	中（1）	低（0）	高（2）	低（0）	高（2）
商品可得性	中（1）	低（0）	高（2）	低（0）	高（2）
投递速度	中（1）	高（2）	低（0）	高（2）	低（0）
产品购买和退换的容易程度	低（0）	高（2）	中（1）	高（2）	中（1）
保障	低（0）	低（0）	低（0）	高（2）	高（2）
经济效益					
存货效率	高（2）	中（1）	低（0）	中（1）	低（0）
挑选效率	高（2）	低（0）	低（0）	低（0）	低（0）
配送成本效率	中（1）	高（2）	低（0）	高（2）	低（0）
渠道组织效率	高（2）	中（1）	低（0）	中（1）	低（0）
系统的基础设施成本	低（0）	高（2）	中（1）	高（2）	中（1）
商品返回处理效率	高（2）	低（0）	中（1）	低（0）	中（1）
客户期望总分	7	6	5	8	7
经济效益总分	9	6	2	6	2
总　分	16	12	7	14	9

（一）客户期望

1. 信息的质量和数量

客户期待正确的信息，尤其是有关不同渠道的不同价格、不同的交货成本信息，以及其他参数，如商品可得性、交货速度和商品特点的相关信息。零售商的挑战总是在于在每个渠道提供正确的信息。

库存的集中为正确的信息提供了良好的条件（得分：2），而从商店准备的订单提升了准确统计商店库存的难度（得分：1）。如果订单必须由几个仓库（包括中央仓库和商店）共同准备，那么获取关于库存的准确信息将是非常困难的，信息的质量可能非常低（得分：0）。

2. 承诺的可靠性和尊重

客户期望零售商信守承诺，特别是在交货时间和送货服务方面。由中央仓库准备的订单应该有助于零售商信守在交货时间和送货服务上的承诺，因为中央仓库的信息质量高，实现过程可以优化（得分：2）。由商店准备的订单在追踪所有商品的实时存货水平上有一些难度，因而只能保证中等水平的对承诺的可靠性和尊重（得分：1）。而由多个仓库协同准备的订单相比在这方面的水平最低（得分：0）。

3. 供给

客户期望每个渠道供给的商品都能满足其对于该渠道的期望，不管每个渠道中的商品范围是大还是小，都应该与该渠道相适应。零售商必须能够确保每个渠道都能满足消费者对于该渠道的期望。

订单是由多个仓库协同准备，可以为消费者提供完整范围的商品（得分：2）。由商店单独准备的订单所覆盖的商品可能很难找到（得分：0）。

4. 商品可得性

客户希望在所选择的渠道买到想买的商品。

由中央仓库准备的订单相对于其他选择，可能只能保证中等水平的商品可得性（得分：1），因为可得性取决于它的库存和预测库存的精度。商店只能保证一个低水平的商品可得性，因为每种商品的库存都有限，而且商店的顾客还在源源不断地消耗着商店的库存（得分：0）。

由多个仓库协同准备的订单能使用不同的仓库（商店和中央仓库），因此能保证高水平的商品可得性（得分：2），尤其是对于单个较大的订单时。

5. 投递速度

顾客通常期望零售商能告知他们商品的到货日期，并且尽快收到所购买的商品。因此，零售商不得不尽快地完成商品的投递和交付，这需要一个外部的投递服务提供商。

中央仓库通常与终端用户有一段距离，这个距离可能比较远，因此需要耗费大量的时间。因此只能保证中等水平的投递速度（得分：1）。而商店比较接近终端用户，在商店准备的订单交付的速度比较快（得分：2）。而由多个仓库协同准备的订单准备通常需要更长的时间，因此交货速度更低（得分：0）。

6. 商品购买和退换的容易程度

客户希望零售商能提供较容易的商品选择、预定和退换服务。

从中央仓库送货上门可能使得商品的退换比较困难（得分：0），消费者必须使用邮递服务才能退回商品（除非零售商拥有密集的实体商店网络，而且这个实体渠道与线上渠道紧密整合，可以满足客户退换在线购买商品的需要）。由商店准备的订单通常由最接近客户的商店完成，因此最容易访问（得分：2）。由多个仓库协同准备的订单只能提供中等程度的购买和退换易用性（得分：1）。尽管客户可以在最近的商店退货，但是如果该商店没有想要换取的商品，那么换货基本上是不可能的。

7. 保障

客户期望商店能提供周全友好的服务人员，帮助他们购买、挑选商品，预订或者退换商品。同样，在客户服务热线或者商品投递方面，客户也希望遇到尽职尽责、态度友好的服务人员。这些功能通常是外包给其他企业来完成的，尤其是后者。零售商必须专注于自己的销售人员，确保他们在所有渠道提供一致的信息，从而为消费者保障他们期望的服务水平。这种服务人员的保障性只能由商店渠道来提供，所以得分为 2，其他渠道得分为 0。

（二）经济效益

1. 库存效率

对于零售商来说，库存管理的效率是至关重要的：保持和监控库存水平，平衡不同仓库的库存，预测销售和商品订单重置对于商品可得性的影响，以及因此带来的对商品销售的影响，都说明库存的效率和成本一样，都是零售商需要重视的关键因素。

中央仓库的管理可以提供一个高水平的效率（得分：2），而商店只能提供一个中等水平的效率（得分：1），因为每种商品的数量少，而且由于客户源源不断地购买，商品的库存一直处于变动的状态。多个仓库协同的库存是库存效率最低的（得分：0）。

2. 挑选效率

选择从哪个仓库准备订单是整个实现过程的关键步骤，与仓库的运营成本紧密相关。然而，这个过程对客户来说是透明的。

中央仓库可以使拣选过程最优化，通过计划和减少挑选过程中的步骤来进行（得分：2）。由于商品有不同的体积和类型，所以可以把存货分开放在纸箱里，或者打开纸箱挑选，或为存货和挑选开辟单独的区域。单独的商店或者多仓库的协同不可能实现挑选的最优化（得分：0）。商店的布局和商品位置的规划是为了尽量延长顾客在店里的时间，而不是为了优化客户挑选的过程。

3. 配送成本效率

客户期望为在线购买商品的配送支付最少的额外成本，零售商必须减少交付的整体成本。

如果订单的交付由中央仓库准备，那么一般商品是由中央仓库为客户送货上门的，因此只能获得中等的效率（得分：1）。而中央仓库送货到商店，其配送成本效率最高（得分：2），因为到终端用户的距离缩短了。客户从预定的商店拿货，对于零售商来说配送的成本较低。多个仓库协同的订单的配送（无论是送货上门还是送到商店以供客户拿货）是效率最低的（得分：0），因为这种订单需要耗费多方面的控制和运输成本。

4. 渠道组织效率

如上所述，客户希望能够同时使用不同的渠道。因此，零售商应该把所有渠道整合在一起进行管理。

由中央仓库准备的送货上门订单是最简单、最高效的组织（得分：2）。由商店准备的订单包括了在线和实体两个渠道，因此增加了复杂性（分数：1）。多仓库准备的订单则进一步增加了复杂性，因此实现一个高效的渠道组织是最难的（得分：0）。

5. 执行系统的基础设施成本

当建立特定的网站作为库存和配送中心时，或者必须修改已经存在的设施的设计和组织时，实现过程可能产生重要的投资费用。租用或外包这种基础设施产生的额外成本也包含在内。

由中央仓库准备的订单产生较高的基础设施成本（得分：0），而商店订单的额外基础设施成本最低（得分：2）。由多个仓库协同准备的订单可能产生中等程度的基础设施成本（得分：1），以组织与合并订单。

6. 商品返回处理效率

客户期望他们的退换货申请可以被快速地处理，以尽快得到换取的商品或者获得退款。因此，零售商必须提供尽快的、高效的商品返回过程。

中央仓库允许创建优化的商品返回过程（得分：2），以检查退货、重新打包、补充库存，并把换的货尽快交付给客户。多仓库协同只能提供较低的返回效率（得分：1），返回的商品可能到达不同的仓库，而所交换的商品可能在另外的仓库。商店则更难以提供良好的返回过程（得分：0），特别是商店不提供返回的商品时。

附 件

传统企业开展网络零售网站排名

序号	连锁百强排名	公司简称	网店名	网 址
1	2	苏宁电器	苏宁易购	http：//www. suning. com
2	2	国美电器	国美电器网上商城	http：//www. gome. com. cn
			库巴购物网	http：//www. coo8. com
3	39	银泰百货	银泰网	http：//www. yintai. com
4	8	百胜餐饮集团	肯德基宅急送	http：//www. 4008823823. com. cn/kfc/index. htm
			必胜宅急送	http：//www. 4008123123. com
5	57	麦当劳	麦乐送网上订餐	http：//www. 4008-517-517. cn
6	7	家乐福	家乐福在线商城	http：//www. carrefour. com. cn/Default-New. aspx
7	1	百联集团	百联 E 城	http：//www. blemall. com
			佳家建材家居网	http：//www. jaja123. com
8	25	天虹商场	网上天虹	http：//www. myrainbow. cn
9	37	人人乐	人人乐购网上商城	http：//www. rrlgou. com
10	32	新世界百货	新世界百货网上商城	http：//www. xinbaigo. com
11	16	宏图三胞	宏图三胞 · 慧买网	http：//huimai100. com
12	76	百佳超市（中国内地）	百佳网上超级市场	http：//www1. parknshop. com/WebShop/LoginPage. do
13	12	银座商城	银座网上商城	www. yinzuo100. com
14	9	沃尔玛	山姆会员网上商店	http：//www. samsclub. cn/sams/homepage. jsp
			1 号店	http：//www. yihaodian. com
15	24	利群集团	利群商城	http：//www. liqunshop. com
			利群医药信息网	http：//www. lqyaopin. com

续表

序号	连锁百强排名	公司简称	网店名	网 址
16	21	王府井集团	劲购网	http：//www. goonow. com
17	87	海王星辰	海王星辰健康药房网	http：//www. star365. com
18	11	大商集团	大商网上商城	http：//www. 66buy. cn
19	38	锦江麦德龙	麦德龙	http：//www. metromall. com. cn
20	97	汇银家电	汇银品易网	www. pinyi108. com
21	15	海航商业	优悦生活	www. yoye. cn
			民生 e 购网	http：//www. msegou. com
22	29	金鹰国际商贸集团	时尚金鹰网	http：//www. goodee. cn/eshop
23	70	中国春天百货集团	赛特春天	http：//www. saite. com
24	5	康成投资（大润发）	大润发网络购物	https：//www. rt-drive. com. tw
25	41	欧尚（中国）	欧尚网购	http：//www. auchan. com. cn
26	95	重庆和平药房	和平药房网上商城	http：//www. hp1997. com
27	54	广百股份	广百·百购网	http：//www. igrandbuy. com
28	72	邯郸市阳光百货	阳光天天购团购网	http：//ygttg. com
			阳光天天购旗舰店	http：//www. 365sunshop. com
			阳光天天购淘宝店	http：//hdyg. taobao. com
29	13	农工商	便利通网	http：//www. chblt. com
			农工商红利会员店	http：//email. chblt. com/ngs
30	56	迪信通	迪信通商城	http：//www. dixintong. com/default. asp
31	17	中百集团	中百商网	http：//www. zon100. com
32	52	卜蜂莲花	卜蜂莲花购物网站	http：//www. ourlotus. com
33	60	成都红旗	红旗连锁网购商城	http：//www. hqls. com. cn/netshop/webindex. asp
34	34	徽商集团	徽之尚商城	http：//www. hzsmall. com
35	36	北京首商集团	西单商场 i 购物	http：//www. igo5. com
36	99	南宁百货大楼	美美购	http：//www. nnbh. cn
37	77	青岛维客	点点网	http：//www. weeklydd. com
38	35	合肥百货大楼	百大易商城	http：//www. bdemall. com
39	58	伊藤洋华堂	伊藤洋华堂网络超市	http：//shop. iy-cd. com
40	63	三江购物俱乐部	三江购物网	www. sanjiang. com

续表

序号	连锁百强排名	公司简称	网店名	网　址
41	44	山东潍坊百货	中百便利网上商城	http：//zbbl. zhong100. com
42	22	长春欧亚集团	欧亚 e 购	http：//www. oysd. cn
43	93	中山市壹加壹	壹加壹商城	http：//www. zsyijiayi. com
44	18	石家庄北国人百	北国如意购物网	http：//www. ruyigou. cn
45	47	辽宁兴隆大家庭	网上兴隆	www. xigoo. net
46	79	东方家园	东方宜居网	http：//www. ohome. cn
47	6	重庆商社新世纪百货	世纪购	http：//www. sjgo365. com
		重庆百货大楼	网上逛重百	http：//www. cbmall. cn
48	4	华润万家	万家摩尔	http：//www. crvmore. com
49	23	文峰大世界	文峰大世界网上商城	http：//www. wfdsj. com. cn/shop
50	28	新一佳	新一佳网上商城	http：//www. xyj-shop. com
			新一佳 每天惠服务	http：//meitianhui. taobao. com/view _ page-244647683. htm
51	61	友谊阿波罗	友谊阿波罗网上商城	http：//9448. net/newjrdshop
52	83	浙江人本超市	人本网上超市	http：//www. rbcs. cn
53	19	武汉武商集团	世贸商城	http：//www. wssmgc. com
54	78	全福元商业集团	全福元商业集团	http：//www. sgbhdl. com：8080/ehdshop/webshop/index/index. jsp
55	42	山东新星集团	新星网上商城	http：//www. xinxing100. net/index. php
56	46	中商集团	中商购物网	http：//www. aizsw. com/zs/default. html
57	53	广州屈臣氏	屈臣氏天猫旗舰店	http：//watsons. tmall. com/shop/view _ shop. htm？ prt = 1337154081657&prc = 1
58	65	中央商场	南京中央商场旗舰店	http：//njzysc. tmall. com
59	68	广州友谊集团	广州友谊商店	http：//121. 8. 125. 2：6080

注：1. 网站排名依据三个流量时间点（2012 年 5 月 22 日、6 月 6 日、6 月 13 日）的排名均值所得。

2. 集团或企业旗下有多个网址，取流量最大的，但同时注明其他网址。

3. 排名中有个别为委托开店，在“网店名”和“网址”中可看出。

美国网络零售百强名单

Rank	Company Name	Category	Online sales	2011 Growth
1	Amazon. com. Inc.	Mass Merchant	$ 48080000000	40. 60%
2	Staples Inc.	Office Supplies	$ 10600000000	3. 90%
3	Apple Inc.	Computers/Electronics	$ 6660000000	27. 40%
4	Walmart. com	Mass Merchant	$ 4900000000	19. 70%
5	Dell Inc.	Computers/Electronics	$ 4609728000	-4. 00%
6	Office Depot Inc.	Office Supplies	$ 4100000000	0. 00%
7	Liberty Interactive Corp.	Mass Merchant	$ 3760000000	23. 70%
8	Sears Holdings Corp.	Mass Merchant	$ 3604288201	16. 00%
9	Netflix Inc.	Books/Music/Videos	$ 3204577000	48. 40%
10	CDW Corp.	Computers/Electronics	$ 3000100000	10. 40%
11	Best Buy Co.	Computers/Electronics	$ 2950000000	18. 00%
12	OfficeMax Inc.	Office Supplies	$ 2901497618	1. 50%
13	Newegg Inc.	Computers/Electronics	$ 2700000000	8. 00%
14	Macy's Inc.	Mass Merchant	$ 2246375040	40. 00%
15	W. W. Grainger Inc.	Hardware/Home Improvement	$ 2187000000	21. 50%
16	Sony Electronics Inc.	Computers/Electronics	$ 1980000000	1. 30%
17	Costco Wholesale Corp.	Mass Merchant	$ 1900000000	11. 80%
18	L. L. Bean Inc.	Apparel/ Accessories	$ 1716502219	25. 00%
19	Victoria'-s Secret Direct & Bath and Body Works	Apparel/ Accessories	$ 1630000000	4. 30%
20	J. C. Penney Co. Inc.	Mass Merchant	$ 1590000000	3. 90%
21	HP Home & Home Office Store	Computers/Electronics	$ 1579695777	2. 00%
22	Gap Inc. Direct	Apparel/ Accessories	$ 1560000000	20. 00%
23	Target Corp.	Mass Merchant	$ 1460154982	9. 80%
24	Williams-Sonoma Inc.	Housewares/Home Furnishings	$ 1410000000	17. 80%
25	Systemax Inc.	Computers/Electronics	$ 1370000000	3. 60%
26	HSN Inc.	Mass Merchant	$ 1333012000	13. 40%
27	Overstock. com Inc.	Mass Merchant	$ 1054000000	-3. 30%
28	Kohl's Corp.	Mass Merchant	$ 1012700000	36. 20%
29	Toys "R" Us Inc.	Toys/Hobbies	$ 1000000000	27. 90%
30	Amway	Health/Beauty	$ 980000000	7. 40%

续表

Rank	Company Name	Category	Online sales	2011 Growth
31	Nordstrom Inc.	Apparel/Accessories	$916500000	30.00%
32	BarnesandNoble. com Inc.	Books/Music/Videos	$858100000	49.80%
33	Walgreen Co.	Food/Drug	$819000000	194.30%
34	Redcats USA	Apparel/Accessories	$817338000	7.40%
35	Vistaprint NV	Office Supplies	$817000000	21.90%
36	Buy. com Inc.	Mass Merchant	$805000000	8.70%
37	Avon Products Inc.	Health/Beauty	$774000000	0.70%
38	Saks Direct	Apparel/Accessories	$748585546	28.00%
39	PC Connection Inc.	Computers/Electronics	$742500000	22.50%
40	Symantec Corp.	Computers/Electronics	$704000000	4.30%
41	Neiman Marcus Group Inc.	Apparel/Accessories	$653700000	13.90%
42	Home Depot Inc.	Hardware/Home Improvement	$634000000	15.30%
43	Cabela's Inc.	Sporting Goods	$602610750	5.00%
44	Musician's Friend Inc.	Specialty/Non-apparel	$580000000	6.20%
45	Abercrombie & Fitch Co.	Apparel/Accessories	$552600000	36.40%
46	Fanatics Inc.	Apparel/Accessories	$525000000	181.80%
47	Lowe's Cos. Inc.	Hardware/Home Improvement	$510000000	70.00%
48	Urban Outfitters Inc.	Apparel/Accessories	$504900000	16.40%
49	Gilt Groupe	Apparel/Accessories	$500000100	19.00%
50	Wayfair LLC	Housewares/Home Furnishings	$500000000	31.60%
51	1-800-Flowers. com Inc.	Flowers/Gifts	$485400000	3.30%
52	Peapod LLG	Food/Drug	$479000000	6.10%
53	Shutterfly Inc.	Specialty/Non-apparel	$473300000	53.80%
54	Foot Locker Inc.	Apparel/Accessories	$457000000	21.90%
55	GameStop Corp.	Toys/Hobbies	$455000000	56.90%
56	J. Crew Group Inc.	Apparel/Accessories	$444970714	12.00%
57	PC Mall Inc.	Computers/Electronics	$415000000	9.50%
58	Estee Lauder Cos. Inc.	Health/Beauty	$414000000	29.00%
59	Crate and Barrel	Housewares/Home Furnishings	$407000000	11.50%
60	Ancestry. com Inc.	Specialty/Non-apparel	$399661000	32.80%
61	Weight Watchers International Inc.	Food/Drug	$399500000	67.30%

续表

Rank	Company Name	Category	Online sales	2011 Growth
62	YOOX Group	Apparel/Accessories	$ 396562000	42. 40%
63	Scholastic Inc.	Books/Music/Videos	$ 390000000	4. 00%
64	Recreational Equipment Inc.	Sporting Goods	$ 389900000	22. 40%
65	American Eagle Outfitters Inc.	Apparel/Accessories	$ 388720000	13. 00%
66	Zones	Office Supplies	$ 388000000	25. 60%
67	Follett Higher Education Group	Books/Music/Videos	$ 380000000	10. 50%
68	Deluxe Corp.	Office Supplies	$ 379700000	11. 10%
69	Ralph Lauren Media LLC	Apparel/Accessories	$ 369000000	23. 00%
70	Market America	Mass Merchant	$ 354770833	6. 80%
71	Blue Nile Inc.	Jewelry	$ 348000000	4. 50%
72	Nike Inc.	Apparel/Accessories	$ 343200000	32. 00%
73	Chico's FAS Inc.	Apparel/Accessories	$ 332500000	142. 00%
74	Microsoft Corp.	Computers/Electronics	$ 332200000	10. 00%
75	1-800 Contacts Inc.	Health/Beauty	$ 332000000	18. 60%
76	U. S. Auto Parts Network	Automotive Parts/Accessories	$ 327072000	24. 70%
77	Oriental Trading Co. Inc.	Specialty/Non-apparel	$ 320000000	2. 60%
78	FTD Group Inc.	Flowers/Gifts	$ 319000000	9. 20%
79	Disney Shopping Inc.	Specialty/Non-apparel	$ 312047640	14. 00%
80	FreshDirect LLC	Food/Drug	$ 300100000	11. 60%
81	Build. com Inc.	Hardware/Home Improvement	$ 300000000	23. 50%
82	Bluestem Brands Inc.	Apparel/Accessories	$ 295000000	28. 30%
83	Green Mountain Coffee Roasters Inc.	Food/Drug	$ 290700000	58. 00%
84	RueLaLa. com	Mass Merchant	$ 290000000	23. 10%
85	Hayneedle Inc.	Mass Merchant	$ 270000000	1. 60%
86	Vitacost. com Inc.	Health/Beauty	$ 260500000	18. 00%
87	Net-a-Porter LLC	Apparel/Accessories	$ 260000000	18. 50%
88	CVS Caremark Corp.	Food/Drug	$ 258283621	11. 00%
89	Northern Tool+Equipment Co.	Hardware/Home Improvement	$ 252500000	12. 20%
90	Shoebuy. com Inc.	Apparel/Accessories	$ 251000000	14. 10%
91	ShopNBC. com	Mass Merchant	$ 249604000	7. 70%
92	Ann Inc.	Apparel/Accessories	$ 248300000	31. 00%

续表

Rank	Company Name	Category	Online sales	2011 Growth
93	Nutrisystem Inc.	Food/Drug	$ 248017741	-20. 50%
94	Sierra Trading Post Inc.	Apparel/Accessories	$ 236000000	7. 50%
95	Bass Pro Outdoor Online LLC	Sporting Goods	$ 234132786	5. 00%
96	Army & Air Force Exchange Service	Mass Merchant	$ 231146000	13. 90%
97	Edible Arrangements International LLC	Food/Drug	$ 227086190	22. 50%
98	Eddie Bauer LLC	Apparel/Accessories	$ 223000000	15. 10%
99	Orchard Brands Corp.	Apparel/Accessories	$ 220000000	-9. 50%
100	Hudson's Bay	Apparel/Accessories	$ 210000000	6. 10%

数据来源：Internet Retailer。

2012 年中国 B2C 在线零售商交易额 Top30 榜单

排名	网站名称	创始人/CEO	网站类别	企业类型	2012 年交易额（亿元）	2012 年交易额增长率（%）
1	天猫	张勇	综合百货	网上渠道	2072. 0	91. 4
2	京东商城	刘强东	综合百货	网上渠道	660. 0	113. 6
3	苏宁易购	张近东	数码家电	传统企业	188. 0	147. 3
4	QQ 商城	吴宵光	综合百货	网上渠道	115. 0	117. 0
5	亚马逊（中国）	N/A	综合百货	网上渠道	105. 0	75. 0
6	小米手机官网	雷军	数码家电	网上渠道	100. 0	—
7	当当网	李国庆、俞渝	综合百货	网上渠道	74. 5	78. 2
8	易迅网	卜广齐	数码家电	网上渠道	57. 9	144. 2
9	唯品会	沈亚、洪晓波	服装服饰	网上渠道	54. 4	280. 1
10	凡客诚品	陈年	服装服饰	网上渠道	45. 0	28. 6
10	1 号店	于刚	综合百货	网上渠道	45. 0	65. 4
12	库巴网	丁东华	数码家电	网上渠道	35. 8	70. 5
13	新蛋网	周昭武	数码家电	网上渠道	19. 0	26. 7
14	聚美优品	陈欧	美容保健	网上渠道	18. 0	350. 0
15	乐蜂网	王立成	美容保健	网上渠道	14. 8	134. 9
16	国美电器	韩德鹏	数码家电	传统企业	14. 3	43. 0
17	梦芭莎	李恕东、佘欣承	服装服饰	网上渠道	13. 0	8. 3
18	酒仙网	郝洪峰	酒类	网上渠道	12. 0	200. 0

续表

排名	网站名称	创始人/CEO	网站类别	企业类型	2012 年交易额（亿元）	2012 年交易额增长率（%）
19	天翼手机网	马道杰	数码家电	传统企业	8.0	73.9
20	V+	陈年	服装服饰	网上渠道	7.8	160.0
21	天天网	鞠传国	美容保健	网上渠道	7.0	100.0
21	走秀网	纪文泓	服装服饰	网上渠道	7.0	40.0
23	联想官方商城	杨侠	数码家电	传统企业	6.5	116.7
24	麦网	顾备春	服装服饰	网上渠道	5.8	-22.3
25	银泰网	廖斌	综合百货	传统企业	5.6	250.0
26	麦包包	叶海峰	箱包	网上渠道	5.3	6.0
27	好乐买	李树斌、鲁明	鞋类	网上渠道	5.0	-16.7
28	中粮我买网	宁高宁	食品	传统企业	4.3	138.9
29	绿森数码	娄韶山	数码家电	网上渠道	4.2	40.0
30	优购网	张学军	鞋类	传统企业	4.0	233.3

参考文献

[1] 2012 年度中国电子商务市场数据监测报告[R]. 中国电子商务研究中心，2012.

[2] 2012 年度中国电子商务行业发展态势[R]. 艾瑞咨询，2012.

[3] 2012-2016 年中国 B2C 电子商务市场调查及发展现状分析报告[R]. 中国情报网，2012.

[4] 2013 年中国互联网络发展状况统计报告[R]. 中国互联网络信息中心，2013，7.

[5] 2012 年中国 B2C 在线零售商 Top50 研究报告[R]. 艾瑞咨询公司，2012.

[6] 2012 年中国网络购物市场研究报告[R]. 中国互联网络信息中心，2012.

[7] 2012 年中国网络购物用户行为研究报告[R]. 艾瑞咨询，2012.

[8] 2012 年度传统零售商开展网络零售研究报告[R]. 中国连锁经营协会，2012.

[9] Perkins, Ben. The European Retail Grocery Market Overview [J]. British Food Journal, 2001, 103 (10): 744-748.

[10] Hoffman, Donna L. and Thomas P. Novak. Marketing in Hypermedia Computer-Mediated Environments: Conceptual Foundations [J]. Journal of Marketing, 1996, 60 (July): 50-68.

[11] Swinyard, William R. and Scott M. Smith. Why People (Don't) Shop Online: A Lifestyle Study of the Internet Consumer [J]. Psychology and Marketing, 2003, 20 (7): 567-597.

[12] Grewal, Dhruv, Gopalkrishnan R. Iyer and Michael Levy. Internet Retailing: Enablers, Limiters and Market Consequences [J]. Journal of Business Research, 2004 (57): 703-713.

[13] Degeratu, Alexandru M., Arvind Rangaswamy and Jianan Wu. Consumer Choice Behavior in Online and Traditional Supermarkets: The Effects of Brand Name, Price, and Other Search Attributes [J]. International Journal of Research in Marketing, 2000 (17): 55-78.

[14] Klatzky, Roberta L., Susan J. Lederman and Dana E. Matula. Haptic Exploration in the Presence of Vision [J]. Journal of Experimental Psychology: Human Perception and Performance, 1993, 19 (4): 726-743.

[15] Williamson, O. Markets and Hierarchies: Analysis and Antitrust Implications [M].

New York: Free Press, 1975.

[16] Gefen, D., Karahanna, E., and Straub, D. W. Potential and Repeat e-Consumers: The Role of Perceived e-Vendor Trustworthiness vis-à-vis TAM [J]. IEEE Transactions on Engineering Management, 2003, 50 (3): 307-321.

[17] McKnight, D. H, Choudhury, V., and Kacmar, C.. Developing and Validating Trust Measures for e-Commerce: An Integrative Typology [J]. Information Systems Research, 2002, 13 (3): 334-359.

[18] Brynjolfsson, Erik and Smith, Michael D.. Frictionless Commerce? A Comparison of Internet and Conventional Retailers [J]. Management Science, 2000, 46 (4): 563-585.

[19] Scott Morton, Fiona, Florian Zettelmeyer, and Jorge Silva-Risso. Internet Car Retailing [J]. Journal of Industrial Economics, 2001, 49 (4): 501-519.

[20] Brown, Jeffrey R. and Austan Goolsbee. Does the Internet Make Markets More Competitive? Evidence from the Life Insurance Industry [J]. Journal of Political Economy, 2002, 110 (3): 481-507.

[21] Simon, Hermann. Preismanagement: Analyse, Strategie, Umsetzung [M]. 2nd ed. Gabler, Wiesbaden, 1992.

[22] Zettelmeyer, Florian, Fiona Scott Morton, Jorge Silva-Risso. How the internet lowers prices: Evidence from matched survey and automobile transaction data [J]. Journal of Marketing Research, 2006, 43 (2): 168-181.

[23] Reibstein, David J.. What attracts customers to online stores, and what keeps them coming back? [J]. Academy of Marketing Science Journal, 2002, 30 (4): 465-473.

[24] Kuksov, Dmitri. Buyer search costs and endogenous product design [J]. Marketing Science, 2004, 23 (4): 490-499.

[25] 盛天翔，刘春林．电子渠道与传统渠道价格差异的竞争分析[J]．管理科学，2011 (6).

[26] Shankar, Venkatesh, Arvind Rangaswamy, Michael Pusateri. Customer price sensitivity and the online medium [W]. Smith Papers Online. College Park, MD, 1999.

[27] Danaher, Peter J., Isaac W. Wilson, Robert A. Davis. A comparison of online and offline consumer brand loyalty [J]. Marketing Science, 2003, 22 (4): 461-476.

[28] Bell, David R. and James M. Lattin. Shopping Behavior and Consumer Preference for Retail Price Format: Why 'Large Basket' Shoppers Prefer EDLP [J]. Marketing Science, 1998, 17 (1): 66-88.

[29] Lal, Rajiv and Ram Rao. Supermarket Competition: The Case of Every Day Low Pricing [J]. Marketing Science, 1997, 16 (1): 60-80.

[30] Merrick, Amy. Costly Ad Circulars Precipitate Departure of Kmart's President [J]. The Wall Street Journal, 2002, 18 (1).

[31] Chen, Yuxin, Chakravarthi Narasimhan, and John Zhang. Research Note: Consumer Heterogeneity and Competitive Price - Matching Guarantees [J]. Marketing Science, 2001, 20 (3): 300-314.

[32] Xia, Lan, Kent B. Monroe, and Jennifer L. Cox. The Price Is Unfair! A Conceptual Framework of Price Fairness Perceptions [J]. Journal of Marketing, 2004, 68 (4): 1-15.

[33] Barbara K. Pope, and Sanjay Jain. Pricing Digital Content Product Lines: A Model and Application for the National Academies Press [J]. Marketing Science, 2009, 28 (4): 620-636.

[34] Kannan, P. K., Ai-Mei Chang, and Andrew B. Whinston. Marketing Information on the I-Way [R]. Special Issue on Marketing on the Internet: Communications of the ACM, 1998: 35-43.

[35] Danaher, Peter. Optimal Pricing of New Subscription Services: Analysis of a Market Experiment [J]. Marketing Science, 2002, 21: 119-138.

[36] Lal, Miklos Sarvary. When and How is the Internet Likely to Decrease Price Competition? [J]. Marketing Science, 1999, 18 (4): 485-503.

[37] Johnson, Wendy W. Moe, Peter S. Fader, Steven Bellman, and Gerald L. Lohse. On the Depth and Dynamics of Online Search Behavior [J]. Management Science, 2004, 50 (3): 299-308.

[38] Mazumdar, Tridib and Kent B. Monroe. The Effects of Buyers' Intentions to Learn Price Information on Price Encoding [J]. Journal of Retailing, 1990, 66 (1): 15-18.

[39] Deleersnyder, Barbara, Marnik G. Dekimpe, Miklos Sarvary, and Philip M. Parker. Weathering Tight Economic Times: The Sales Evolution of Consumer Durables over the Business Cycle [J]. Quantitative Marketing and Economics, 2004, 2 (4): 347-383.

[40] Varian, Hal. A Model of Sales [J]. American Economic Review, 1980, 71 (3): 651-659.

[41] Iyer, Ganesh and Amit Pazgal. Internet Shopping Agents: Virtual Co - Location and Competition [J]. Marketing Science, 2003, 22 (1): 85-106.

[42] Baye, Patrick Scholten. Price Dispersion in the Small and the Large: Evidence from an Internet Price Comparison Site [J]. Journal of Industrial Economics, 2004, 52 (4): 463-496.

[43] 王海萍. 在线消费者分类研究述评[J]. 华东经济管理, 2011, 25 (3): 147-149.

[44] Marta Arce-Urriza, Javier Cebollada. The Internet as a Shopping Channel and Database Description: An Empirical Application to Online Grocery Shopping [J]. E - business & E - Commerce, 2009 (1).

[45] 梁方. 电子商务环境下消费者心理特征研究[J]. 现代商贸工业, 2010 (24).

[46] 孙思. B2C 电子商务模式下的消费者行为分析[D]. 武汉: 华中师范大学硕士学位论文, 2007.

[47] 褚福灵. 网络营销与策划[M]. 北京: 经济科学出版社, 2007.

[48] 王颖纯. 电子商务营销[M]. 北京：电子工业出版社，2008.

[49] 2013 年中国网络购物市场分析报告[R]. 中国电子商务研究中心.

[50] 闫涛蔚，梁文玲等. 电子商务营销[M]. 北京：人民邮电出版社，2003.

[51] Emmanouela E. Manganari, George J. Siomkos and Adam P. Vrechopoulos. Store Atmosphere in Web Retailing [J]. European Journal of Marketing, 2009, 11 (9): 1140-1153.

[52] 刘枚莲. 电子商务环境下的消费者行为研究[D]. 武汉：华中科技大学博士学位论文，2004.

[53] Carol Warfield. Consumers' Prior Experience and Attitudes as Predictors of Their Online Shopping Beliefs, Attitudes, and Purchase Intentions in A Multichannel Shopping Environment [D]. Doctor of Philosophy article of Auburn University, 2008.

[54] Yakov Bart, Venkatesh Shankar. Are the Drivers and Role of Online Trust the Same for All Web Sites and Consumers: A Large - Scale Exploratory Empirical Study [J]. Journal of Marketing, 2005, 10 (69): 133-152.

[55] 严中华，关士续，米加宁. 基于制度的 B2B 电子商务信任模式的理论研究 [J]. 科研管理，2004，25 (2): 76-81.

[56] Lee, M. K. O., & Turban, E. A Trust Model for Consumer Internet Shopping [J]. International Journal of Electronic Commerce, 2001, 6 (1): 75-91.

[57] Neil T. Glennie. Examining Trust Factor Relationships in the Online Business - To - Consumer Environment [D]. The Doctor article of North Central University, 2010.

[58] Ann E. Schlosser, Tiffany Barnett White, & Susan M. Lloyd. Converting Web Site Visitors into Buyers: How Web Site Investment Increases Consumer Trusting Beliefs and Online Purchase Intentions [J]. Journal of Marketing, 2006 (70): 133-148.

[59] Kenneth L. Flick. Assessing Consumer Acceptance of Online Shopping: Examining Factors Affecting Purchase Intentions [D]. The Doctor article of North Central University, 2009.

[60] Sandra M. Forsythe. The Role Of Product Brand Image And Online Store Image On Perceived Risks And Online Purchase Intentions [D]. The Doctor article of Auburn University, 2009.

[61] Toñ ita Pereá y Monsuwé, Benedict G. C. Dellaert and Ko de Ruyter. What Drives Consumers to Shop Online? A literature review [J]. International Journal of Service Industry Management, 2004, 15 (1): 102-121.

[62] 赵宏霞. B2C 环境下消费者信任的影响因素及作用机理研究[D]. 辽宁：辽宁工程技术大学博士学位论文，2010.

[63] McKnight, D. H., Cummings, L. L., Chervany, N. L.. Initial Trust Formation in New Organizational Relationship [J]. Academy of Management Review, 1998, 23 (3): 473-490.

[64] Charles Dennis, Bill Merrilees. E - Consumer Behaviour [J]. European Journal of

Marketing, 2009, 10 (9): 1121-1139.

[65] Lina Zhou, Liwei Dai, Dongsong zhang. Online Shopping Acceptance Model-A Critical Survey of Consumer Factors in Online Shopping [J]. Journal of Electronic Commerce Research, 2007, 8 (1): 41-62.

[66] Kuan-Pin Chiang, Ruby Roy Dholakia. Factors Driving Consumer Intention to Shop Online: An Empirical Investigation [J]. Journal of Consumer Psychology, 2003 (13): 177-183.

[67] Mingzhu Fang, Runde Lu. An Study of the Effects of Negative Online Reviews on Consumer Purchase Decision [R]. The Conference on Web Based Business Management, 2010: 661-665.

[68] 雍艳．体验型产品在线评论对消费者决策影响效应的研究[D]. 北京：北京邮电大学硕士学位论文，2012.

[69] 王帆．网络购物顾客满意度研究——以京东网上商城为例[D]. 上海：华东理工大学硕士学位论文，2012.

[70] M. Rice. What Makes Users Revisit a Web Site [J]. Marketing News, 1997, 31 (6): 12-13.

[71] 马椿荣，由莉颖．从顾客满意到顾客忠诚[J]. 边疆经济与文化，2007 (6): 83-84.

[72] 何艳，欧绍华．满意顾客的忠诚度影响因素研究[J]. 求索，2010 (4): 86-88.

[73] 魏蕾．电子商务环境下消费者购买行为研究及趋势分析[J]. 陕西教育（高教），2013 (4): 25-26.

[74] Christy MK Cheung, Gloria WW Chan. A Critical Review of Online Consumer Behavior: Empirical Research [J]. Journal of Electronic Commerce in Organizations, 2005.

[75] 赵芬．在线消费者购买意向模型与影响因素——以 B2C 在线图书消费为例[D]. 天津：天津师范大学硕士学位论文，2011.

[76] 李娟，曾小春．电子商务环境下消费者购买决策过程研究[R]. 经济发展与管理创新（全国经济管理院校工业技术学研究会第十届学术年会论文集），2010.

[77] Arndt. Word of Mouth Advertising: A Review of the Literature [J]. Advertising Research Federation, 1967 (71).

[78] Bickart, B. & Schindler, R. M. Internet Forums as Influential Sources of Consumer Information [J]. Journal of Interactive Marketing, 2001, 15 (3): 31-40.

[79] 章晶晶．网络环境下口碑再传播意愿的影响因素研究[D]. 杭州：浙江大学硕士研究生论文，2007.

[80] 雍艳．体验型产品在线评论对消费者决策影响效应的研究[D]. 北京：北京邮电大学硕士研究生论文，2012.

[81] 赖幸．网络口碑对消费者行为的影响及营销策略[D]. 上海：复旦大学硕士研究生论文，2011.

［82］陈思祎，何志荣．从消费者角度探究 B2C 电子商务购物售后评价体系的弊端——以天猫商城为例［J］．电子商务，2013（8）．

［83］张玉芳．中国 C2C 在线客户评论对消费者购买决策影响的实证研究——以淘宝网为例［D］．广州：暨南大学硕士研究生论文，2011．

［84］郝媛媛．在线评论对消费者感知与购买行为影响的实证研究［D］．哈尔滨：哈尔滨工业大学博士研究生论文，2010．

［85］张紫琼等．互联网商品评论情感分析研究综述［J］．管理科学学报，2010，（6）：84-96．

［86］乔欢．信息行为学［M］．北京：北京师范大学出版社，2010．

［87］李枫林，刘昌平，胡媛．网络消费者在线评论搜寻行为研究［J］．情报科学，2012（5）．

［88］李兆飞．在线消费者产品评论发表动机的研究［D］．哈尔滨：哈尔滨工业大学硕士研究生论文，2011．

［89］蒋英播，常亚平．消费者网络口碑传播的动机研究［D］．武汉：华中科技大学硕士研究生论文，2009．

［90］Fogg，B. J. & Tseng. Credibility and Computing Technology［J］. Communications of Association for Computing Machinery，1999，42（5）：39-44.

［91］Whitehead，J. L. . Factors of Source Credibility［J］. Quarterly Journal of Speech. 1968，（54）：59-63.

［92］Ohanian，R. . Construction and validation of a Scale to Measure Celebrity［J］. Journal of Advertising，1990，19（3）：39-52.

［93］Gilly，M. C. ，Graham，J. L. ，Wolfinbarger，M. F. &Yale，L. J. . A Dyadic Study of Interpersonal Information Search［J］. Academy of Marketing Science，1998，26（2）：83-100.

［94］Bansal，H. S. &Voyer，P. A. . Word-of-mouth Processes within a Services Purchase Decision context［J］. Journal of Service Research，2000，3（2）：166-167.

［95］Sun，T. ，Youn. S. ，Wu. G. H. & Kuntaraporn，M. Online Word-of-mouth（or mouse）：An Exploration of Its Antecedents and Consequences［J］. Journal of Internet Mediated Communication，2006，（11）：1104-1127.

［96］郑有为．网络口碑类型对消费决策的影响机制研究［D］．上海：上海交通大学硕士研究生论文，2011．

［97］PF Bone. Word-of-mouth Effects on Short-term and Long-term Product Judgments［J］. Journal of Business Research，1995，32（3）：213-223.

［98］韦福祥，姚亚男．顾客性别与口碑传播相关关系研究［J］．天津工业大学学报，2007，26（1）：73-77．

［99］CIC 网络口碑研究咨询公司．洞察网络口碑主题：网络口碑在购买决策中扮演的角色［R］．网络口碑白皮书系列，2009：5-11．

[100] Keaveney, Susan M.. Customer Switching Behavior in Service Industries: An Exploratory Study [J]. Journal of Marketing, 1995 (59), 71-82.

[101] 费平花. 负面口碑对消费者品牌转换行为的影响研究——以手机为例[D]. 杭州: 浙江工商大学硕士研究生论文, 2010.

[102] F. Nicosia. Consumer Decision Processes [J]. Marketing and Advertising Implications. Prentice Hall, 1966.

[103] Howard, J.. A Marketing management analysis and planning [M]. Richard D. Irwin, Inc, 1963.

[104] Teo T. S. H., Yeong Y. D.. Assessing the consumer decision process in the digital marketplace [J]. The International Journal of Management Science, 2003, 31 (5): 349-363.

[105] Payne J. W., Bettman J. R., & Johnson E. J.. The Adaptive Decision Maker [M]. Cambridge, UK: Cambridge University Press, 1993.

[106] Xia L. & Sudharshan D.. Effects of Interruptions on Consumer Online Decision Processes [J]. Journal of Consumer Psychology, 2002, 12 (3), 265-280.

[107] Vroomen B., Donkers B., Verhoef P. C., Franses P. H.. Selecting Profitable Customers for Complex Services on the Internet [J]. Journal of Service Research, 2005 (1), 37-47.

[108] 范小军, 陈宏明. 多零售渠道环境下的零售渠道战略发展模式研究[J]. 软科学, 2008 (12): 80-85.

[109] 符国群. 消费者行为学[M], 北京: 高等教育出版社, 2000: 370.

[110] Nicholson M., Clarke I., Blakemore M.. One Brand, Three Ways to Shop: Situational Varia-bles and Multichannel Consumer Behavior [J]. International Review of Retail Distribution and Consumer Research, 2002, 12 (2): 131-148.

[111] 代祺, 周庭锐等. 情境视角下从众与反从众消费行为研究[J]. 管理科学, 2007, 20 (4): 39.

[112] Kotler P.. Marketing Management: Analysis, Planning, Implementation, and ControlUS [J]. Ninth Edition Prentice-Hall International INC, 1999: 78-256.

[113] Steinfield C., Bouwman H., Adelaar T.. The dynamics of click - and - mortar electronic commerce: Opportunities and management strategies [J]. International Journal of Electronic Commerce, 2002, 7 (1): 93-119.

[114] Verhoef P. C., Neslin S. A., Vroomen B.. Multichannel customer management: Understanding the research-shopper phenomenon [J]. International Journal of Research in Marketing, 2007, 24 (2): 129-148.

[115] Chiu H. C., Hsieh Y. C., Roan J., Tseng K. J., Hsieh J. K.. The challenge for multichannel service: Cross - channel free - riding behavior [EB/OL]. doi: 10.1016/j.elerap.2010.07.002, 2010.

[116] Thomas J. S. , Sullivan U. Y.. Managing marketing communications with multichannel customers [J]. Journal of Marketing, 2005, 69 (4): 239-251.

[117] Gupta A. , Su B. C. , Walter Z.. Risk profile and consumer shopping behavior in electronic and traditional channels [J]. Decision Support Systems, 2004, 38 (3): 347-367.

[118] Kauffman R. , Lee D. , Lee J. , Yoo B.. A hybrid firms pricing strategy in electronic commerce under channel migration [J]. International Journal of Electronic Commerce, 2009, 14 (1): 11-54.

[119] Choi S. , Mattile A. S.. Perceived fairness of price differences across channels: The moderating role of price frame and norm perceptions [J]. Journal of Marketing Theory and P-ractice, 2009, 17 (1): 37-47.

[120] Pookulangara S.. Examining consumers Channel-migration intention utilizing theory of planned behavior: A multi - group analysis [J]. Electronic Commerce Studies, 2010 (2): 97-116.

[121] Steinfield C. , Bouwman H. , Adelaar T.. The dynamics of click - and - mortar electronic commerce: Opportunities and management strategies [J]. International Journal of Electronic Commerce, 2002, 7 (1): 93-119.

[122] Van Baal S. , Dach C.. Free riding and customer retention across retailers channels [J]. Journal of Interactive Marketing, 2005, 19 (2): 75-85.

[123] Venkatesan R. , Kumar V. , Bohling T.. Optimal CRM using Bayesian decision theory: An application for customer selection [J]. Journal of Marketing Research, 2007, 44 (4): 579-594.

[124] Gensler S. , Dekimpe M. G. , Skiera B.. Evaluating channel performance in multi-channel environments [J]. Journal of Retailing and Consumer Services, 2007, 14 (1): 17-23.

[125] Ansari A. , Mela C. F. , Neslin S. A.. Customer channel migration [J]. Journal of Marketing Research, 2008, 45 (1): 60-76.

[126] Chu J. , Chintagunta P. , Cebollada J.. A comparison of within - household price sensitivity across online and offline channels [J]. Marketing Science, 2008, 27 (2): 283-299.

[127] Phene, A. , Fladmoe-Lind quist, K. , and Marsh, L.. Break through innovations in theUS biotechnology industry: the effects of technological space and geographic origin [J]. Strategic Management Journal, 2006, 27 (4): 369-388.

[128] Huang T. , Oppewal H.. Why consumers hesitate to shop online? [J]. International Journal of Retail and Distribution Management, 2006, 34 (5): 334-353.

[129] 2012 年综合性网络零售商盈利模式探讨——商业零售行业系列研究报告之二 [R]. 兴业证券研究所.

[130] Baojun Jiang, Kinshuk Jerath, Kannan Srinivasan. Firm Strategies in the "Mid Tail" of Platform-Based Retailing [J]. Marketing Science, 2010 (4).

[131] V. Abhishek, K. Jerath, Z. Zhang, et al.. To Platform-Sell or Resell? Channel Structures in Electronic Retailing [W]. Working Paper, University of Pennsylvania, 2012 (12).

[132] Erik Brynjolfsson, Yu (Jerey) Hu, and Mohammad S. Rahman. Battle of the Retail Channels: How Product Selection and Geography Drive Cross - Channel Competition [J]. Management Science, 2009, 55 (11): 1755-1765.

[133] Austan Goolsbee. Competition in the Computer Industry: Online versus Retail [J]. The Journal of Industrial Economics, 2001, 49 (4): 487-499.

[134] Michael D.. Smith and Rahul Telang. Piracy or Promotion? The Impact of Broadband Internet Penetration on DVD Sales [J]. Information Economics and Policy, 2010, 22 (4): 289-298. Special Issue: Digital Piracy.

[135] John Hilton and David Wiley. The Short-Term Influence of Free Digital Versions of Books on Print Sales [J]. The Journal of Electronic Publishing, 2010, 13 (1).

[136] Gerrit Heinemann, Christoph Schwarzl. Risks and Benefits of New Online Retailing [J]. New Online Retailing, 2010.

[137] 刘子龙. B2C 商业模式比较研究[J]. 电子商务, 2009 (4).

[138] 李洋. 我国自主销售 B2C 发展模式及现状分析[J]. 科技信息, 2010 (10).

[139] 吴恒亮. 浅析我国 B2C 电子商务发展的若干问题[J]. 改革与战略, 2008 (12).

[140] 朱源泉. 京东商城: B2C 电子商务的新星[J]. 企业改革与管理, 2011 (6).

[141] 2012 年传统零售商开展网络零售研究报告[R]. 中国连锁经营协会.

[142] 宋园林. 国内 B2C 电子商务盈利模式分析[D]. 大连: 东北财经大学硕士学位论文, 2012.

[143] 赵冉, 徐炜. C2C 第三方电子商务平台的商业模式研究[D]. 北京: 首都经济贸易大学硕士研究生论文, 2009.

[144] http: //www. soidc. net/articles/1182227802497/20080507/1210128597673_ 1. html.

[145] 胡书君, 黄绢. 淘宝网盈利模式研究[J]. 现代商业, 2008 (17).

[146] 金涛. 电子商务盈利模式的分析[D]. 天津: 天津大学硕士学位论文, 2009.

[147] 张跃. C2C 电子商务平台盈利模式研究[D]. 长春: 吉林大学硕士学位论文, 2009.

[148] 陈仿. 我国电子商务的盈利模式研究[D]. 北京: 北京工商大学硕士学位论文, 2006.

[149] 熊方杰. 淘宝网站盈利模式拓展研究[D]. 济南: 山东大学硕士学位论文, 2010.

[150] 张跃强. C2C 市场赢利模式的实证研究与探索[J]. 铜陵学院学报, 2008, 1, 123-124.

[151] 观点: B2B 是 Web2.0 网站中最为赚钱的网站[EB/OL]. (2006-9-20).

[152] 杨剑. 中国电子商务大盘点: 动荡与收获并存[EB/OL]. (2006-05-12) [2007-

06-02].

[153] 阴雅婷．电商深耕“缝隙市场”[J]. 销售与渠道（管理版），2012（9）.

[154] 汪孔文．互联网环境下零售商业模式创新[D]. 厦门：华侨大学硕士学位论文，2011.

[155] 催文嘉．中国网上零售企业商业模式及其改进对策研究[D]. 北京：首都经济贸易大学硕士学位论文，2012.

[156] 宋倩，王能．互联网条件下国内零售企业商业模式创新[J]. 电子商务杂志．2013（4）.

[157] 王宝明．基于 WEB2.0 的电子商务商业模式影响因素研究[D]. 河南：河南工业大学硕士学位论文，2010.

[158] http://www.cmmo.cn/article-108029-1.html.

[159] Bakos, Y.. Reducing Buyer Search Costs: Implications for Electronic Marketplaces [J]. Management Science, 1997, 43 (12): 1676-1692.

[160] Brown, J., and A. Goolsbee. Does the Internet Make Markets More Competitive? Evidence from the Life Insurance Industry [J]. Journal of Political Economy, 2002, 110 (3): 481-507.

[161] Zettelmeyer, F.. Expanding to the Internet: Pricing and Communications Strategies When Firms Compete on Multiple Channels [J]. Journal of Marketing Research, 2000, 37 (3): 292-308.

[162] Bajari, P. and A. Hortacsu. The Winner's Curse, Reserve Prices, and Endogenous Entry: Empirical Insights from eBay Auctions [J]. Rand Journal of Economics, 2003, 34 (2): 329-355.

[163] Pinker, E., A. Seidmann, and Y. Vakrat. Managing Online Auctions: Current Business and Research Issues [J]. Management Science, 2003, 49 (11): 1457-1484.

[164] Bruce, N., E. Haruvy, and R. Rao. Seller Rating, Price, and Default in Online Auctions [J]. Journal of Interactive Marketing, 2004, 18 (4): 37-50.

[165] Spann, M., B. Skiera, and B. Schafers. Measuring Individual Frictional Costs and Willingness-to-Pay via Name-Your-Own-Price Mechanisms [J]. Journal of Interactive Marketing, 2004, 18 (4): 22-36.

[166] Dholakia, U.. The Usefulness of Bidders' Reputation Ratings to Sellers in Online Auctions [J]. Journal of Interactive Marketing, 2005, 19 (1): 31-40.

[167] Johnson, E., S. Bellman, and G. Lohse. Cognitive Lock-In and the Power Law of Practice, Journal of Marketing, 2003, 67 (2): 62-75.

[168] Chevalier, J. and A. Goolsbee. Measuring Prices and Price Competition Online: Amazon vs Barnes and Noble [J]. Quantitative Marketing and Economics, 2003, 1 (2): 203-222.

[169] Garbarino, E.. Then and Now: Reality and Perceptions in the Evolution of Online and Offline Pricing (Working Paper) [J]. Cleveland, OH: Weatherhead School of Management, Case Western Reserve University, 2006.

[170] Goolsbee, A. Competition in the Computer Industry: Online Versus Retail [J]. Journal of Industrial Economics, 2001, 49 (4): 487-499.

[171] Bailey, Joseph. Intermediation and Electronic Markets: Aggregation and Pricing in Internet Commerce [J]. Doctoral dissertation. MIT, Cambridge, MA, 1998.

[172] Farrell, J. and P. Klemperer. Coordination and Lock-In: Competition with Switching Costs and Network Effects [W]. (Working Paper) Oxford, UK: Oxford University, 2006.

[173] Smith, M. and E. Brynjolfsson. Consumer Decisions-Making at an Internet Shopbot: Brand Still Matters [J]. Journal of Industrial Economics, 2001, 49 (4): 541-565.

[174] Carlson, J. and R. McAfee. Discrete Equilibrium Price Dispersion [J]. Journal of Political Economy, 1983 (91): 480-493.

[175] Pan, X., B. Ratchford, and V. Shankar. Can Price Dispersion in Online Markets be Explained by Differences in E-Tailer Service Quality [J]. Journal of the Academy of Marketing Science, 2002 (30): 433-445.

[176] Cao, Y. and T. Gruca. The Effect of Stock Market Dynamics on Internet Price Competition [J]. Journal of Services Research, 2003, 6 (1): 24-36.

[177] Xing, X., Z. Yang, and F. Tang. A Comparison of Time-Varying Online Price and Price Dispersion between Multichannel and Dotcom DVD Retailers [J]. Journal of Interactive Marketing, 2006, 20 (2): 3-20.

[178] Lal, R. and M. Sarvary. When and How is the Internet Likely to Decrease Price Competition [J]. Marketing Science, 1999, 18 (4): 485-503.

[179] Hofflllan, Novak and Chattrjee. Commercial Scenarios for the Web: Opportunities and Challenges [J]. Journal of Computer - Mediated Communication, Special Issue on Electronic Commerce, 1995, 1 (3).

[180] Zellweger, P. Web - based sales: Defining the cognitive buyer [J]. Electronic Markets, 1997, 7 (3): 10-16.

[181] Rohm, A.J., & Milne. G.R.. Consumers' Privacy concerns about direct marketers' use of personal medical information [R]. In J.F. Hair, Jr. (Ed.), Proceedings of the 1999 Association for Health Care Research Conference, 1999, 27-37. Breckenridge, CO.

[182] Balfour, A., Farquhar B. & Langrnann G.. The consumer needs in global Electronic commerce [J]. Electronic Markets, 1998, 8 (2): 9-12.

[183] Rajneesh Suri, Ma Long, and Kent B. Monroe. The Impact of the Internet and Consumer Motivation on the Evaluation of Prices [J]. Journal of Business Research, 2001 (55): 1-12.

[184] Hoffman, Donna L. and Thomas P. Novak. Marketing in Hypermedia Computer-Mediated Environments: Conceptual Foundations [J]. Journal of Marketing, 1996, 60 (7): 50-68.

[185] Mandel J. Constructing Preference Online: Can Web Pages Change What You want [W]. Working Paper, University of Pennsylvania, 1998.

[186] Joanne Oxley, Bernard Y, Yeung. E-commerce Readiness: Institutional Environment and International Competitiveness [J]. Journal of International Business Studies, 2001 (32): 4.

[187] Kaynama, S. A.. A Proposal to Assess the Service Quality of Online Travel Agencies: An exploratory study [J]. Journal of Professional Services Marketing, 2000, 21 (1): 63-88.

[188] 施圣炜，黄桐城. 中介参与下信息搜寻成本三方对策模型研究[J]. 情报杂志，2005，7.

[189] Fassnacht, M. and Koese, I.. Quality of electronic services: Conceptualizing and testing a hierarchical model [J]. Journal of Service Research, 2006, 9 (1): 19-31.

[190] Grönroos, C. A. Service model and its marketing implications [J]. European Journal of Marketing, 1984, 18 (4): 36-44.

[191] Parasuraman, A., Zeithaml, V. A. and Malhotra, A.. E-S-QUAL: A multiple-item scale for assessing electronic service quality [J]. Journal of Service Research, 2005, 7 (3): 213-33.

[192] Zeithaml, V. A., Parasuraman, A. and Malhotra, A.. Service quality delivery through web sites: A critical review of extant knowledge [J]. Journal of the Academy of Marketing Science, 2002, 30 (4): 362-375.

[193] Burt, S. and Sparks, L.. E-commerce and the retail process: A review [J]. Journal of Retailing and Consumer Services, 2003 (10): 275-286.

[194] Rust, R. T.. The rise of e-service [J]. Journal of Service Research, 2001, 3 (5): 283-284.

[195] Collier, J. E. and Bienstock, C. C.. Measuring service quality in e-retailing [J]. Journal of Service Research, 2006, 8 (3): 260-275.

[196] Francis, J. E.. Internet retailing quality: One size does not fit all [J]. Managing Service Quality, 2007, 17 (3): 341-355.

[197] Rust, R. T. and Lemon, K. N.. E-service and the consumer [J]. International Journal of Electronic Commerce, 2001, 5 (3): 85-101.

[198] Santos, J.. E-service quality: A model of virtual service quality dimensions [J]. Managing Service Quality, 2003, 13 (3): 233-246.

[199] Swaid, S. I. and Wigand, R. T.. Measuring the quality of e-service: Scale development and initial validation [J]. Journal of Electronic Commerce Research, 2009, 10 (1): 3-28.

[200] Ba, S. and Johansson, W. C.. An exploratory study of the impact of e - service process on online customer satisfaction [J]. Productions and Operations Management, 2008, 17 (1): 107-119.

[201] Madu, C. N. and Madu, A. A.. Dimensions of e-quality [J]. International Journal of Quality & Reliability Management, 2002, 19 (3): 246-258.

[202] Evanschitzky, H., lyer, G., Hesse, J. and Ahlert, D.. E - satisfaction: a re - examination [J]. Journal of Retailing, 2004, 80 (3): 239-247.

[203] Cristobal, E., Flavian, C. and Guinaliu, M.. Perceived e-service quality (PeSQ): Measurement validation and effects on consumer satisfaction and web site loyalty [J]. Managing Service Quality, 2007, 17 (3): 317-340.

[204] Trabold, L. M. Trabold, G. R. H. and Field, J. M.. Comparing e - service performance across industry sectors [J]. International Journal of Retail & Distribution Management, 2006, 34 (4/5): 240-257.

[205] Yang, Z. and Fang, X.. Online service quality dimensions and their relationships with satisfaction: A content analysis of customer reviews of securities brokerage services [J]. International Journal of Service Industry Management, 2004, 15 (3): 302-326.

[206] Vilnai - Yavetz, I. and Rafaeli, A.. Aesthetics and professionalism of virtual servicescapes [J]. Journal of Service Research, 2006, 8 (3): 245-259.

[207] Heim, G. and K. Sinha. Service process configurations in electronic retailing: a taxonomic analysis of electronic food retailers [J]. Production and Operations Management, 2002, 11 (1): 54-74.

[208] Heskett, J. L., T. O. Jones, G. W. Loveman, W. E. Sasser, Jr., and L. A. Schlesinger. Putting the service - profit chain to work [J]. Harvard Business Journal, 1994, March-April: 164-174.

[209] Kerin, R. A., A. Jain, and D. J. Howard. Store Shopping Experience and Consumer Price Quality-Value Perceptions [J]. Journal of Retailing, 1992 (68): 376-397.

[210] Davis, F.. Perceived usefulness, perceived use of ease, and user acceptance of information technology [J]. MIS Quarterly, 1989, 13 (3): 319-340.

[211] Zeithaml, V. A., A. Parasuraman, and A. Malhotra. Service quality delivery through web sites: a critical review of extant knowledge [J]. Journal of the Academy of Marketing Science, 2002, 30 (4): 362-375.

[212] Yang, Z. and Peterson, R. T.. Customer perceived value, satisfaction, and loyalty: the role of switching costs [J]. Psychology & Marketing, 2004, 21 (10): 799-822.

[213] Chiu, H - C., Hsieh, Y - C. and Kao, C - Y.. Website quality and customer's behavioural intention: An exploratory study of the role of information asymmetry [J]. Total Quality Management, 2005, 16 (2): 185-197.

[214] Brown, G. H.. Brand loyalty —fact or fiction [J]. Advertising Age, 1952 (23): 53-55.

[215] Lipstein, B.. The dynamics of brand loyalty and brand switching. Proceedings of the Fifth Annual Conference of the Advertising Research Foundation [M]. New York: Advertising Research Foundation, 1959: 101-108.

[216] Engel, J. F., Kollat, D., & Blackwell, R. D.. Consumer behavior [M]. New York: Dryden Press, 1982.

[217] Keller, K. L.. Conceptualizing, measuring, and managing customer-based brand equity [J]. Journal of Marketing, 1993 (57): 1-22.

[218] Burke, R. R.. Do you see what I see. The future of virtual shopping [J]. Journal of the Academy of Marketing Science, 1997 (25): 352-360.

[219] Lal, Rajiv, John D. Little, and J. Miguel Villas-Boas. A Theory of Foreward Buying, Merchandising and Trade Deals [J]. Marketing Science, 1996, 15 (1).

[220] Miklos, Sarvary. when and how is the internet likely to decease price competion [J]. Marketing Science, 1999, 18 (4).

[221] Hoffman, Donna L.. The Revolution Will Not Be Televised: Introduction to the Special Issue on Marketing Science and the Internet [J]. Marketing Science, 2000, 19 (1).

[222] Thomas P. Novak, and Patrali Chatterjee. Commercial Scenarios for the Web: Opportunities and Challenges [J]. Journal of Computer Mediated Communication, 1995, 1 (3).

[223] Alba, Joseph, John Lynch, Barton Weitz, Chris Janiszewski, Richard Lutz, Alan Sawyer, and Stacy Wood. Interactive Home Shopping: Consumer, Retailer, and Manufacturer Incentives to Participate in Electronic Marketplaces [J]. Journal of Marketing, 1997, 61 (6).

[224] Degeratu, Alexandru M., Arvind Rangaswamy, and Jianan Wu. Consumer Choice Behavior in Online and Traditional Supermarkets: The Effects of Brand Name, Price, and Other Search Attributes [J]. International Journal of Research in Marketing, 2000, 17 (1).

[225] Frazier, Gary L.. Organizing and Managing Channels of Distribution [J]. Journal of the Academy of Marketing Science, 1999, 27 (2).

[226] Buchanan, Lauranne. Vertical Trade Relationships: The Role of Dependence and Symmetry in Attaining Organizational Goals [J]. Journal of Marketing Research, 1992, 29 (2).

[227] Ansoff, H. Igor. Corporate Strategy [M]. New York: McGraw-Hill, 1965.

[228] Singh, Jitendra V. and Charles J. Lumsden. Theory and Research in Organizational Ecology [J]. Annual Review of Sociology, 1990, 16 (3).

[229] Grant, Robert M.. The Resource-Based Theory of Competitive Advantage: Implications for Strategy Formulation [J]. California Management Review, 1991, 33 (3).

[230] Friedman, Lawrence G. and Timothy R. Furey. The Channel Advantage [M]. Oxford: Butterworth Heinemann, 1999, 26 (3).

[231] Dutta, Shantanu, Mark Bergen, Jan B. Heide, and George John. Understanding Dual Distribution: The Case of Reps and House Accounts [J]. Journal of Law, Economics, and Organization, 1995, 11 (1).

[232] Frazier, Gary L.. Organizing and Managing Channels of Distribution [J]. Journal of the Academy of Marketing Science, 1999, 27 (2).

[233] Alba, Joseph, John Lynch, Barton Weitz, Chris Janiszewski, Richard Lutz, Alan Sawyer, and Stacy Wood. Interactive Home Shopping: Consumer, Retailer, and Manufacturer Incentives to Participate in Electronic Marketplaces [J]. Journal of Marketing, 1997, 61 (7).

[234] Smith, Michael D, Joseph Bailey, and Erik Brynjolfsson. Understanding Digital Markets: Review and Assessment in Understanding the Digital Economy [M]. Erik Brynjolfsson and Brian Kahin, eds. Boston: MIT Press, 2001, 29 (2).

[235] Anderson, Erin. The Salesperson as Outside Agent or Employee: A Transaction Cost Analysis [J]. Marketing Science, 1985, 4 (3).

[236] Mitchell, Will. Whether and When? Probability and Timing of Incumbents' Entry into Emerging Technological Subfields [J] Administrative Science Quarterly, 1989, 34 (2).

[237] Kerin, Roger A., P. Rajan Varadarajan, and Robert A. Peterson. First - Mover Advantage: A Synthesis, Conceptual Framework, and Research Propositions [J]. Journal of Marketing, 1992, 56 (10).

[238] Hendricks, Kevin B. and Vinod R. Singhal. Delays in New Product Introductions and the Market Value of the Firm: The Consequences of Being Late to the Market [J]. Management Science, 1997, 43 (4).

[239] Comanor, William S. and Thomas A. Wilson. The Effect of Advertising on Competition: A Survey [J]. Journal of Economic Literature, 1979, 17 (6).

[240] Assael, Henry, Marketing [M]. Fort Worth, TX: The Dryden Press, 1988.

An Incremental Analysis [J]. Management Science 1986, 32 (11).

[241] Dess, Gregory G. and Nancy Origer. Environment, Structure, and Consensus in Strategy Formulation: A Conceptual Integration [J]. Academy of Management Review, 1987, 12 (3).

[242] Sawhney, Mohan and Jeff Zabin. 2001. The Seven Steps to Nirvana [M]. New York: McGraw-Hill, 2001.

[243] Cohen, Wesley M. and Daniel A., Levinthal. Absorptive Capacity: A New Perspective on Learning and Innovation [J]. Administrative Science Quarterly, 1990, 35 (3).

[244] Sinkula, James M.. Market Information Processing and Organizational Learning [J]. Journal of Marketing, 1994, 58 (1).

[245] Narver, John C. and Stanley F. Slater. The Effects of a Market Orientation on Business Profitability [J]. Journal of Marketing, 1990, 54 (10).

[246] Han Jin K., Namwoon Kim, and Rajendra K. Srivastava. Market Orientation and Organizational Performance: Is Innovation a Missing Link [J]. Journal of Marketing, 1998, 62 (10).

[247] Jaworski, Bernard J. and Ajay L. Kohli. Market Orientation: antecedents and Consequences [J]. Journal of Marketing, 1993, 57 (7).

[248] Ailawadi, Kusum L. and Kevin Lane Keller. Understanding Retail Branding: Conceptual Insights and Research Priorities [J]. Journal of Retailing, 2004, 80.

[249] Baker, Julie, A. Parsuraman, Dhruv Grewal, and Glenn B. Voss. The Influence of Multiple Store Environment Cues on Perceived Merchandise Value and Patronage Intentions [J]. Journal of Marketing, 2002, 66 (4).

[250] Rayport, Jeffrey F. and Bernard Jaworski. E-Commerce [M]. New York, NY: McGraw-Hill Irwin, 2000.

[251] Dawar, Niraj and Philip Parker. Marketing Universals: The Use of Brand Name, Price, Physical Appearance, and Retailers' Reputation as Signals of Product Quality [J]. Journal of Marketing, 1994, 58 (2).

[252] Lee, Kyoungmi and Sharon Shavitt. The Use of Cues Depends on Goals: Store Reputation Affects Product Judgments When Social Identity Goals Are Salient [J]. Journal of Consumer Psychology, 2006, 16 (3).

[253] Steinfield, C., Bouwman, H., & Adelaar, T.. The Dynamics of Click-and-Mortar Electronic Commerce: Opportunities and Management Strategies [J]. International Journal of Electronic Commerce, 2002, 7 (1): 93-119.

[254] Forrester. Retail First Look: Research & Event Highlights From Forrester [EB/OL]. Retrieved 5 October, from http://www.forrester.com/FirstLook/Vertical/Issue/0, 6454, 181, 00.html.

[255] Stern, L. W., & El-Ansary, A. I.. Marketing Channels [M]. Englewood Cliffs, New Jersey: Prentice Hall Inc.

[256] Etgar, M.. Sources and Types of Intrachannel Conflict [J]. Journal of Retailing, 55 (Spring), 61-78.

[257] Hunt, S. D., & Nevin, J. R.. Power in a Channel of Distribution: Sources and Consequences [J]. Journal of Marketing Research, 1974, 11 (May): 186-193.

[258] Gaski, J. F.. The Theory of Power and Conflict in Channels of Distribution [J]. Journal of Marketing, 1998, 48 (Summer): 9-29.

[259] Coughlan, A. T., Anderson, E., Stern, L. W., & El-Ansary, A. I.. Marketing Channels (6th ed.) [M]. Upper Saddle River, New Jersey: Prentice-Hall, Inc.

[260] Rosenberg, L. J., & Stern, L. W.. Conflict Measurement in the Distribution Channel [J]. Journal of Marketing Research, 1971, 8 (November): 437-442.

[261] Bucklin, C. B., Thomas-Graham, P. A., & Webster, E. A.. Channel conflict:

When is it dangerous? [J]. The McKinsey Quarterly (3), 1997: 36-43.

[262] Moriarty, R. T., & Moran, U.. Managing Hybrid Marketing Systems [J]. Harvard Business Review, 1990, 68 (6): 146-155.

[263] McDonald, L.. Managing Channel Conflict [J]. Mortgage Banking, 1999, 60 (1): 88-99.

[264] Brown, J. R., & Day, R. L.. Measures of Manifest Conflict in Distribution Channels [J]. Journal of Marketing Research, 1981, 18 (August): 263-274.

[265] Magrath, A. J., & Hardy, K. G.. Avoiding the Pitfalls in Managing Distribution Channels [J]. Business Horizons, 1987, 30 (September-October): 29-33.

[266] Kotler, P.. Marketing Management: Analysis, Planning, Implementation, and Control (6th ed.) [M]. Englewood Cliffs, New Jersey: Prentice Hall, 1988.

[267] Jelassi, T., & Leenen, S.. An E-Commerce Sales Model for Manufacturing Companies: A Conceptual Framework and a European Example [J]. European Management Journal, 2003, 21 (1): 38-47.

[268] Webb, K. L.. Understanding Hybrid Channel Conflict: A Conceptual Model and Four Case Studies [D]. The University of North Carolina, Chapel Hill, 1997.

[269] Heide, J. B., & John, G.. Do Norms Matter in Marketing Relationships? [J]. Journal of Marketing, 1992, 56 (2): 32-44.

[270] King, J.. New covenants ease online channel war [J]. Computerworld, 1999, 33, 24.

[271] Cortese, A. E., & Stepanek, M.. Good-bye to fixed pricing? [J]. Business Week, 1998, May 4: 70-76.

[272] Brynjolfsson, E., & Smith, M. D.. Frictionless Commerce? A Comparison of Internet and Conventional Retailers [J]. Management Science, 2000, 46 (4): 563-585.

[273] Friberg, R., Ganslandt, M., & Sandström, M.. E-Commerce and Prices - Theory and Evidence (No. S57) [M]. Stockholm: Handelns utredningsinstitut (HUI), 2000.

[274] Smith, M. D., Bailey, J. & Brynjolfsson, E.. Understanding Digital Markets: Review and Assessment [EB/OL]. http://ebusiness.mit.edu/research/papers/140%20erikb,%20digital%20markets.pdf, 1999.

[275] Hilleke, K., & Butscher, S. A.. How to use a two-product strategy against low-price competition. Pricing Strategy & Practice, 1997, 5 (3): 108-115.

[276] Alba, J., Lynch, J., Weitz, B. A., Janiszewski, C., Lutz, R., Sawyer, A., et al.. Interactive Home Shopping: Consumer, Retailer, and Manufacturer Incentives to Participate in Electronic Marketplaces [J]. Journal of Marketing, 1997, 61 (July): 38-53.

[277] Tuite, M.. Toward a Theory of Joint Decision Making. In M. Tuite, R. Chisholm & M. Radnor (eds.), Interorganizational Decision Making (pp. 9-19) [M]. Chicago: Aldine

Publishing Company, 1972.

[278] Friedman, L. G., & Furey, T. R.. The Channel Advantage: Going to market with multiple sales channels to reach more customers, sell more products, make more profit [M]. Oxford: Butterworth-Heinemann, 1999.

[279] Tsay, A. A., & Agrawal, N.. Channel Conflict and Coordination in the E-Commerce Age [J]. Production and Operations Management, 2004, 13 (1): 93-110.

[280] Webb, K. L., & Hogan, J. E.. Hybrid channel conflict: causes and effects on channel performance [J]. Journal of Business & Industrial Marketing, 2002, 17 (5): 338-356.

[281] Ancarani, F.. Pricing and the Internet: Frictionless Commerce or Pricer's Paradise? [J]. European Management Journal, 2002, 20 (6): 680-687.

[282] 宿春礼. 营销渠道管理方法[M]. 北京: 机械工业出版社, 2004.

[283] 马同斌. 现代企业营销渠道[M]. 北京: 中国时代经济出版社, 2004.

[284] 陈美菊. 基于消费者心理的中小企业网络市场开拓策略研究[J]. 商业时代, 2010 (3).

[285] 第25次中国互联网络发展状况统计报告[R]. CNNIC, 2010 (1).

[286] 邵国云, 张威. 电商运营: 渠道如何不冲垮线下门店[J]. 销售与市场, 2010 (3).

[287] Bakos, J. Y.. Reducing Buyer Search Costs: Implications for Electronic Marketplaces [J]. Management Science, 1997, 43 (12).

[288] Williamson, O.. Markets and Hierarchies: Analysis and Antitrust Implications [M]. New York, NY: Free Press, 1975.

[289] Wildman, S. Guerin - Calvert, M.. Electronic Services Networks: Functions, Structures, and Public Policy [M]. New York, NY: Free Press, 1991.

[290] Choi, S., Stahl, D. O. and Whinston, A.. The Economics of Electronic Commerce: The Essential Economics of Doing Business in the Electronic Marketplace, Indianapolis [M]. IN: MacMillan, 1997.

[291] Friedman, L. G. and Furey, T. R.. The Channel Advantage: Going to Market with Multiple Sales Channels to Reach More Customers, Sell More Products, Make More Profit [M]. Boston, MA: Butterworth Heinemann, 1999.

[292] Pine, B. J., Gilmore, J. H.. The Experience Economy: Work is Theatre & Every Business a Stage [M]. Boston: Harvard Business School Press, 1999.

[293] Porter, M. E.. Competitive advantage: Creating and Sustaining Superior Performance [M]. New York, NY: Free Press, 1985.

[294] Barry Berman, Shawn Thelen. A guide to developing and managing a well-integrated multi-channel retail [J]. International Journal of Retail & Distribution Management, 2004.

[295] Iryna Pentina. Performance implications of Multi-channel Strategy Decisions [D]. University of North Texas, 2008.

[296] Jie Zhang, Paul W. Farris, John W. Irvin. Crafting Integrated Multichannel Retailing Strategies [J]. Journal of Interactive Marketing, 2010 (24).

[297] Barsh, Joanna, Blair Crawford, and Chris Grosso, How E-Tailing can Rise from the Ashes [J]. The McKinsey Quarterly, 2000 (3).

[298] Lee, Ruby P. and Rajdeep Grewal. Strategic Responses to New Technologies and Their Impact on Firm Performance [J]. Journal of Marketing, 2004 (10).

[299] Min, Sungwook and Mary Wolfinbarger. Market Share, Profit Margin, and Marketing Efficiency of Early Movers, Bricks and Clicks, and Specialists in E-Commerce [J]. Journal of Business Research, 2005, 58, 8.

[300] Biyalogorsky, Eyal and Prasad Naik. Clicks and Mortar: The Effect of On-line Activities on Off-line Sales [J]. Marketing Letters, 2003, 14 (1).

[301] Geyskens, Inge, Katrijn Gielens, and Marnik G. Dekimpe. The Market Valuation of Internet Channel Additions [J]. Journal of Marketing, 2002, 66 (2).

[302] Peterson, R. A., Balasubramanian, S., and Bronnenberg, B. J.. Exploring the implications of the Internet for consumer marketing [J]. Journal of the Academy of Marketing Science, 1997, 25 (4).

[303] Giaglis, G. M. Klein, S, O'Keefe, R. M.. The role of intermediaries in electronic marketplaces: developing a contingency model [J]. Information Systems Journal, 2002, 12 (3).

[304] Henderson, J. C., Venkatraman, N.. Strategic Alignment: Leveraging information technology for transforming organizations [M]. IBM Systems Journal, 1993, 32 (1).

[305] Luftman, J. N.. Applying the Strategic Alignment Model. In: Luftman, J. N. (ed.) Competing in the Information Age: Strategic Alignment in Practice [M]. Oxford University Press, Oxford, 1996: 43-69.

[306] Luftman, J. N.. Glossary of Strategic Alignment Terminology. In: Luftman, J. N. (ed.) Competing in the Information Age: Strategic Alignment in Practice [M]. Oxford University Press, Oxford, 1996: 404-411.

[307] Henderson, J. C., Venkatraman, N., Oldach, S.. Aligning Business and IT Strategies. In: Luftman, J. N. (ed.) Competing in the Information Age: Strategic Alignment in Practice [M]. Oxford University Press, Oxford, 1996: 21-42.

[308] Ahold. Company Profile [EB/OL]. http://www.ahold.com/aboutahold/companyprofile.asp, 2004.

[309] LeShop.ch. Corporate Information [EB/OL]. http://info.leshop.ch/uk/Welcome.html, 2004.

[310] Nakayama, M.. Aligning IT Resources for E-Commerce. In: Papp, R. (ed.) Strategic Information Technology: Opportunities for Competitive Advantage [M]. Idea Group, Hershey, 2001: 185-199.

[311] Papp, R., Luftman, J. N.. Business and IT Strategy Alignment: New Perspectives and Assessments [R]. In: Proceedings of the Proceedings of the AIS Inaugural Americas Conference on Information Systems. Pittsburgh, 1995.

[312] Gulati, R. and Garino, J.. Get the Right Mix of Bricks & Clicks [J]. Harvard Business Review, 2000, 78 (3).

[313] Steinfield, C., Mahler, A., and Bauer, J.. Electronic Commerce and the Local Merchant: Opportunities for Synergy Between Physical and Web Presence [J]. Electronic Markets, 1999, 9 (2).

[314] Newman, J. W. and Staelin, R.. Prepurchase Information Seeking for New Cars and Major Household Appliances [J]. Journal of Marketing Research, 1972, 9 (8).

[315] Tan, Y. and Thoen, W.. Toward a Generic Model of Trust for Electronic Commerce [J]. International Journal of Electronic Commerce, 2000, 5 (2).

[316] Lei, J. and Robey, D.. Explaining Cybernation: An Organizational Analysis of Electronic Retailing [J]. International Journal of Electronic Commerce, 1999, 3 (4).

[317] Doney, P. M. and Cannon, J. P.. An Examination of the Nature of Trust in Buyer-Seller Relationships [J]. Journal of Marketing, 1997 (61): 35-51.

[318] Hauser, J. R., Urban, G. L., and Weinberg, B. D.. How Consumers Allocate their Time When Searching for Information [J]. Journal of Marketing Research, 1993, 30, November: 452-466.

[319] Kolesar, M. B. and Galbraith, R.. A Services - Marketing Perspective on E - Retailing: Implications for E-Retailers and Directions for Further Research [J]. Internet Research, 2000, 10 (5): 424-438.

[320] Szymanski, D. M. and Hise, R. T.. E - Satisfaction: An Initial Examination [J]. Journal of Retailing, 2000, 76 (3), Fall: 309-322.

[321] Keen, C., Ruyter, K. D., Wetzels, M., and Feinberg, R.. An Empirical Analysis of Consumer Preferences Regarding Alternative Service Delivery Modes in Emerging Electronic Service Markets [J]. Quarterly Journal of Electronic Commerce, 2000, 1 (1): 31-47.

[322] Stigler, G. J. and Becker, G. S.. De gustibus non est disputandum [J]. The American Economic Review, 1977, 67 (2), March: 76-90.

[323] Lei, J. and Robey, D.. Explaining Cybermediation: An Organizational Analysis of E-lectronic Retailing [J]. International Journal of Electronic Commerce, 1999, 3 (4), June: 47-66.

[324] Porter, M. E.. Competitive Strategy: Techniques for Analyzing Industries and Competitors [J]. London: Free Press, 1980.

[325] Porter, M. E.. Strategy and the Internet [J]. Harvard Business Review, Vol. 79,

No. 3: 62-78.

[326] Grant, R. M.. The resource-based theory of competitive advantage: Implications for strategy formulation [J]. California Management Review, Vol. 33, No. 3: 114-135.

[327] Barney, J. B.. Firm resources and sustained competitive advantage [J]. Journal of Management, Vol. 17, No. 1: 99-120.

[328] Wernerfeld, B.. The resource-based view of the firm: ten years after [J]. Strategic Management Journal, Vol. 16, No. 3: 171-174.

[329] Kollmann, T., Häel, M.. Cross-Channel Cooperation: The Bundling of Online and Offline Business Models [M]. DUV, Wiesbaden, 2006.

[330] Amit, R., Zott, C.. Value Creation in E-Business [J]. Strategic Management Journal, Vol. 22: 493-520.

[331] Porter, M. E.. Strategy and the Internet [J]. Harvard Business Review, Vol. 79, No. 3: 62-78.

[332] Eisenhardt, K. M., Martin, J. A.. Dynamic capabilities: what are they? [J]. Strategic Management Journal, Vol. 21: 1105-1121.

[333] [335] Shop. org and J. C. Williams. Group Organizing for Cross-channel Retailing [W]. Working Paper, Shop. org and J. C. Williams Group, 2008.

[334] Gulati, Ranjay and Jason Garino. Get the Right Mix of Bricks and Clicks [J]. Harvard Business Review, 2000, 78 (3): 107-14.

[336] Gulati, Ranjay and Jason Garino. Get the Right Mix of Bricks and Clicks [J]. Harvard Business Review, 2000, 78 (3): 107-114.

[337] Verhoef, Peter C. and Bas Donkers. The Effect of Acquisition Channels on Customer Loyalty and Cross-buying [J]. Journal of Interactive Marketing, 2005, 19 (2): 31-43.

[338] Balasubramanian, Sridhar, Rajagopal Raghunathan, and Vijay Mahajan. Consumers in a Multichannel Environment: Product Utility, Process Utility, and Channel Choice [J]. Journal of Interactive Marketing, 2005, 19 (2): 12-30.

[339] Digital Future Study Annual Digital Future Study. Center for the Digital Future [R]. Working Paper, Annenberg School for Communication, University of Southern California, 2008.

[340] Aberdeen. The Multi-Channel Retail Benchmark Report [R]. Aberdeen Group, Inc., 2005, December.

[341] Neslin, Scott A., Dhruv Grewal, Robert Leghorn, Venkatesh Shankar, Marije L. Teerling, Jacquelyn S. Thomas, and Peter C. Verhoef. Challenges and Opportunities in Multichannel Management [J]. Journal of Service Research, 2006, 9 (2): 95-112.

[342] Benghozi P. -J.. Relations interentreprises et nouveaux modèles d'affaires [J]. Revue économique, 2006, 52, No. hors série: 165-190.

[343] Agatz N., Fleischmann M., van Nunen J.. E-fulfillment and Multi-Channel

Distribution – A Review [J]. European Journal of Operational Research, 2008, 187: 339-356.

[344] Falk T., Schepers J., Hammerschmidt M., Bauer H.. Identifying Cross – Channel Dissynergies for Multichannel Service Providers [J]. Journal of Service Research, 2007, 10 (2): 143-160.

[345] Winer, R. S. A.. Framework for Customer Relationship Management [J]. California Management Review, 2001, 43 (4), Summer: 89-105.

[346] Porter, M. E.. Competitive Advantage: Creating and Sustaining Superior Performance [M]. New York: Free Press, 1985.

[347] Zhu, K. and K. Kraemer. Electronic Commerce Metrics: Assessing the Value of e-commerce to Firm Performance with Data from the Manufacturing Sector [J]. Information Systems Research, 2002 (6).

[348] Lorange, P., Roos, J.. Analytical steps in the formation of strategic alliances [J]. Journal of Organizational Change Management, Vol. 4, No. 1: 60-72.

[349] Jones, S. K., Spiegel, T.. Marketing Convergence: How the Leading Companies Are Profiting from Integrating Online and Offline Marketing Strategies [W]. Working Paper, SouthWestern/Thomson, Mason, 2003.

[350] Kotler, P.. Marketing Management [M]. Prentice Hall, Stuttgart, 2002.

[351] Levin, A. M., Levin, I. P., Heath, C. E.. Product category dependent consumer preferences for online and offline shopping features and their influence on multichannel retail alliances [J]. Journal of Electronic Commerce Research, Vol. 4, No. 3: 85-93.

[352] Hippner, H., Die (R). Evolution des Customer Relationship Management [J]. Marketing Zeitschrift für Forschung und Praxis, Vol. 27, No. 2: 115-134.

[353] Pine, B. J., Peppers, D., Rogers, M.. Do You Want to Keep Your Customers Forever? [J]. Harvard Business Review, Vol. 73, No. 2: 103-114.

[354] Pan, Xing, Brian Ratchford, and Venkatesh Shankar. Can Price Dispersion in Online Markets Be Explained by Differences in E-tailer Service Quality? [J]. Journal of the Academy of Marketing Science, 2002, 30 (4): 433-445.

[355] Hoch, Stephen J., Eric T.. Bradlow, and Brian Wansink. The Variety of an Assortment [J]. Marketing Science, 1999, 18 (4): 527-546.

[356] Hess, James D. and Glenn E. Mayhew. Modeling Merchandise Returns in Direct Marketing [J]. Journal of Direct Marketing, 1997, 11 (2): 20-35.

[357] Kumar, V. and Rajkumar Venkatesan. Who Are the Multichannel Shoppers and How Do They Perform? Correlates of Multichannel Shopping Behavior [J]. Journal of Interactive Marketing, 2005, 19 (2): 44-61.

[358] Zhang, Jie and Michel Wedel. The Effectiveness of Customized Promotions in Online and Offline Stores [J]. Journal of Marketing Research, 2009, 46 (2): 190-206.

[359] Algesheimer, R., Dholakia, U. M., and Herrmann, A.. The Social Influence of Brand Community: Evidence from European Car Clubs [J]. Journal of Marketing, 2005, 69 (3): 19-34.

[360] Bogost, I.. Persuasive Games: The Expressive Power of Videogames [M]. MIT Press, Cambridge, 2007.

[361] Agatz, A. H. N., Fleischman, M., and van Nunen, A. E. E. J.. E-fulfi llment and multichannel distribution-A review [J]. European Journal of Operational Research, 2008, 187 (2): 339-356.